에듀윌이
너를
지지할게
ENERGY

시작하는 방법은
말을 멈추고
즉시 행동하는 것이다.

– 월트 디즈니(Walt Disney)

2025

에듀윌 9급공무원 기본서

한국사 근대 태동기~현대

기출분석의 모든 것

최근 5개년 출제 문항 수

2024~2020 9급 국가직, 지방직/서울시 기준

구분	PART	CHAPTER	2024	2023		2022		2021		2020		합계
			국9	국9	지/서9	국9	지/서9	국9	지/서9	국9	지/서9	
선사 ~ 근세	우리 역사의 기원과 형성	한국사의 바른 이해										0
		선사 시대의 우리 역사		1	1			1		1		4
		국가의 형성				1			1		1	3
	고대의 우리 역사	고대의 정치	2	3	1	2	4	2	2	3	3	22
		고대의 경제										0
		고대의 사회										0
		고대의 문화	1		1	2		1	2			7
	중세의 우리 역사	중세의 정치	1	2	1	1	3	1	4	1	3	17
		중세의 경제	1			1						2
		중세의 사회							1	1		2
		중세의 문화	2	1	2	2	1		1	1		10
	근세의 우리 역사	근세의 정치	1	1	2	2		1	1		1	9
		근세의 경제										0
		근세의 사회						1	1	1		3
		근세의 문화	1	1	1		2	1		1	2	9
근대 태동기 ~ 현대	근대 태동기의 우리 역사	근대 태동기의 정치	1	1	2	1	1	1	1	2	1	11
		근대 태동기의 경제		1				1				2
		근대 태동기의 사회							1			1
		근대 태동기의 문화				1	1		1	1	1	5
	근대사(개항기)	흥선 대원군의 개혁 정치와 문호의 개방		2			1	1	2	2		9
		근대 국가 수립 운동	2	1	2	1	1				1	8
		일제의 침략과 국권 수호 운동	1			2	1		1			5
		개항 이후의 경제·사회·문화	1	1	2	1		2				7
	일제 강점기	일제의 식민 통치와 항일 민족 운동	2	2	1	1	1	1	2	1		11
		일제 강점기 경제의 변화						1	1			2
		일제 강점기 사회 운동	1		1						1	3
		민족 문화 수호 운동	2	1	1					2	2	8
	현대 사회의 발전	대한민국 정부 수립과 6·25 전쟁	1	1	2	1	1	2	1	1	1	11
		민주주의의 시련과 발전		1			2	1	1		1	6
		북한의 역사와 통일을 위한 노력										0
		현대의 경제·사회·문화 발전							1	1	1	3
합계			20	20	20	20	20	20	20	20	20	180

구분	PART	CHAPTER	출제 개념
선사 ~ 근세	우리 역사의 기원과 형성	한국사의 바른 이해	사실로서의 역사, 기록으로서의 역사, 사료 비판
		선사 시대의 우리 역사	구석기·신석기·청동기·초기 철기 시대의 유물과 유적지
		국가의 형성	단군 조선(부왕, 준왕), 위만 조선(위만, 우거왕), 부여, 고구려, 옥저, 동예, 삼한, 제천 행사, 서옥제, 가족 공동 무덤, 민며느리제, 책화, 천군, 소도
	고대의 우리 역사	고대의 정치	태조왕, 고국천왕(진대법), 고국원왕의 전사, 소수림왕, 광개토 대왕, 장수왕, 광개토 대왕릉비, 충주(중원) 고구려비, 고이왕, 근초고왕, 무령왕, 성왕, 지증왕, 법흥왕, 진흥왕, 김유신, 문무왕, 신문왕, 경덕왕, 신라 하대, 무왕, 문왕, 선왕, 5경 15부 62주
		고대의 경제	민정 문서(신라 촌락 문서), 녹읍, 식읍, 관료전, 정전, 장보고
		고대의 사회	화랑도, 진골 귀족의 생활 모습, 골품 제도, 화백 회의, 제가 회의, 정사암 회의, 호족과 6두품, 원종과 애노의 난
		고대의 문화	원효, 의상, 교종, 선종, 풍수지리 사상, 고분, 벽화, 승탑과 탑비, 고대 국가의 탑(정림사지 5층 석탑, 미륵사지 석탑, 황룡사 9층 목탑, 분황사 탑), 삼국의 불상
	중세의 우리 역사	중세의 정치	후삼국의 통일 과정, 태조, 광종, 성종, 최승로, 도병마사(도평의사사), 대간, 음서, 묘청(서경 천도 운동), 무신정변, 최충헌, 최우, 삼별초, 서희, 강조, 대외 항쟁(거란, 여진, 몽골, 홍건적, 왜구), 충선왕, 공민왕의 개혁 정책, 위화도 회군
		중세의 경제	전시과 제도, 공음전, 한인전, 구분전, 외역전, 『농상집요』, 주전도감, 은병(활구), 관영 상점, 벽란도
		중세의 사회	광학보, 중류, 향리, 호족, 문벌 귀족, 권문세족, 신진 사대부, 여성의 지위, 향·소·부곡민의 사회적 지위
		중세의 문화	관학 진흥 정책, 9재 학당, 사학 12도, 의천, 지눌, 혜심, 천태종, 조계종, 수선사 결사, 요세, 『삼국사기』, 『동명왕편』, 『삼국유사』, 『제왕운기』, 『직지심체요절』, 대장경, 속장경, 주심포 양식, 연등회, 팔관회, 고려의 불상과 탑
	근세의 우리 역사	근세의 정치	태조, 태종, 세종, 세조, 성종, 『경국대전』, 삼사, 과거제, 훈구, 사림, 조광조, 사화, 붕당의 형성과 전개, 동인, 서인, 임진왜란
		근세의 경제	과전법, 직전법, 관수 관급제, 공법(전분 6등법과 연분 9등법), 방납의 폐단, 『농사직설』
		근세의 사회	양천제, 족보(성화보), 서얼, 중인, 공노비와 사노비, 서원과 향약, 한성(서울)의 역사
		근세의 문화	성리학, 이황과 이이, 『성학십도』, 『성학집요』, 『고려사』, 『동국통감』, 『조선왕조실록』, 성균관, 향교, 『조선왕조의궤』, 『혼일강리역대국도지도』, 경복궁, 창덕궁, 창경궁
근대 태동기 ~ 현대	근대 태동기의 우리 역사	근대 태동기의 정치	광해군, 정묘호란, 병자호란, 훈련도감, 속오군, 환국, 완론 탕평, 준론 탕평, 영조, 정조, 초계문신제, 세도 정치, 간도와 독도
		근대 태동기의 경제	영정법, 대동법, 균역법, 결작, 이앙법, 광작, 화폐의 전국적 유통, 신해통공, 선대제 수공업, 만상, 송상, 경강상인, 내상, 전황
		근대 태동기의 사회	양자제의 보편화, 친영 제도, 신분제의 동요, 향전, 신유박해, 황사영의 백서 사건, 동학
		근대 태동기의 문화	호락 논쟁, 『동사강목』(안정복), 『발해고』(유득공), 『동사』(이종휘), 정약용, 이익, 유형원, 중농주의 실학, 유수원, 박지원, 박제가, 홍대용, 중상주의 실학, 서민 문화, 풍속화, 법주사 팔상전, 화엄사 각황전, 금산사 미륵전, 수원 화성
	근대사(개항기)	흥선 대원군의 개혁 정치와 문호의 개방	흥선 대원군의 개혁 정치, 병인양요, 신미양요, 강화도 조약, 조미 수호 통상 조약
		근대 국가 수립 운동	임오군란, 제물포 조약, 조청 상민 수륙 무역 장정, 갑신정변, 톈진 조약, 거문도 사건, 동학 농민 운동, 갑오개혁, 「홍범 14조」, 을미사변, 을미개혁, 독립 협회, 대한 제국, 광무개혁, 지계
		일제의 침략과 국권 수호 운동	러일 전쟁, 한일 의정서, 제1차 한일 협약, 을사늑약, 한일 신협약, 을미의병, 을사의병, 정미의병, 서울 진공 작전, 안중근, 보안회, 대한 자강회, 신민회
		개항 이후의 경제·사회·문화	방곡령, 상권 수호 운동, 농광 회사, 국채 보상 운동, 대한 천일 은행, 화폐 정리 사업, 근대 시설, 원산 학사, 육영 공원, 「교육 입국 조서」, 『독사신론』, 주시경과 지석영, 〈한성순보〉, 〈제국신문〉, 〈황성신문〉, 〈대한매일신보〉, 〈만세보〉, 「유교구신론」
	일제 강점기	일제의 식민 통치와 항일 민족 운동	일제의 식민 정책(조선 태형령, 치안 유지법, 국가 총동원법), 독립 의군부, 대한 광복회, 1910년대 국외 항일 운동, 3·1 운동, 대한민국 임시 정부, 의열단과 한인 애국단, 봉오동 전투, 청산리 대첩, 간도 참변, 자유시 참변, 3부 통합, 한국 독립군, 조선 혁명군, 조선 의용대, 한국광복군, 민족 혁명당
		일제 강점기 경제의 변화	토지 조사 사업, 회사령, 산미 증식 계획, 농촌 진흥 운동, 징용·징병·공출·배급, 물산 장려 운동
		일제 강점기 사회 운동	정우회, 신간회, 근우회, 암태도 소작 쟁의, 원산 총파업, 형평 운동
		민족 문화 수호 운동	제1차 조선 교육령, 조선어 연구회, 조선어 학회, 박은식, 신채호, 정인보, 문일평, 안재홍, 사회 경제 사학, 백남운, 실증주의 사학, 진단 학회, 민립대학 설립 운동, 신경향파 문학, 나운규의 「아리랑」, 일제 강점기 의·식·주의 변화
	현대 사회의 발전	대한민국 정부 수립과 6·25 전쟁	카이로 회담, 조선 건국 준비 위원회, 모스크바 3국 외상 회의, 신탁 통치, 미소 공동 위원회, 정읍 발언(이승만), 좌우 합작 위원회, 좌우 합작 7원칙, 남북 협상, 5·10 총선거, 대한민국 정부 수립, 반민법, 반민 특위, 6·25 전쟁
		민주주의의 시련과 발전	발췌 개헌, 사사오입 개헌, 제3대 대통령·제4대 부통령 선거(1956), 진보당 사건, 4·19 혁명, 장면 내각, 5·16 군사 정변, 6·3 시위(1964), 「브라운 각서」, 유신 헌법, 통일 주체 국민 회의, 긴급 조치, 10·26 사태, 5·18 민주화 운동, 4·13 호헌 조치, 6월 민주 항쟁(1987), 6·29 선언과 대통령 직선제, 노태우 정부, 김영삼 정부, 김대중 정부, 노무현 정부, 이명박 정부, 박근혜 정부, 문재인 정부
		북한의 역사와 통일을 위한 노력	북한 정권 수립 과정, 7·4 남북 공동 성명, 남북한 이산가족 고향 방문, 남북한 동시 유엔 가입(1991), 남북 기본 합의서, 한반도 비핵화 선언, 6·15 남북 공동 선언, 10·4 남북 공동 선언, 4·27 판문점 선언
		현대의 경제·사회·문화 발전	농지 개혁법, 원조 경제와 삼백 산업, 경제 개발 계획, 박정희 정부의 공업화 정책, 3저 호황, 금융 실명제, OECD 가입, IMF 구제 금융 사태, 금 모으기 운동

이 책의 구성

영역별 구성

선사~근세 / 근대 태동기~현대

이론 학습

1. [선사~근세]편은 역사 이론, 선사 시대, 초기 국가(고조선, 부여, 고구려, 옥저, 동예, 삼한), 고대 국가(삼국~남북국), 중세 국가(고려 시대), 근세(조선 전기)의 정치·경제·사회·문화를 다루고 있다.
2. [근대 태동기~현대]편은 근대 태동기(조선 후기), 근대사(개항기), 일제 강점기, 현대사 내용을 충실한 기출 문제 분석을 바탕으로 하여 수록하였다.
3. 특히 근대사(개항기)~현대사에서는 '사건의 선후 관계를 나열'하는 문제가 자주 출제되기 때문에 각 파트를 본격적으로 학습하기 전에 중요 사건을 정리한 연표(연표로 보는 핵심정리)를 수록하여 시대적 흐름을 직관적으로 빠르게 파악할 수 있도록 하였다.

바로 확인문제 및 풍부한 자료 수록

중요한 이론 밑에는 '바로 확인문제'를 수록하여 문제 적응력을 높일 수 있게 하였고, 풍부한 '사료', '심화' 자료와 사진 및 지도를 수록하여 공부하는 데 도움이 되도록 배치하였다.

부록

1. [선사~근세]편 부록에는 한국의 유네스코 지정 유산, 역대 왕계표를 수록하여 역사 지식의 외연을 넓힐 수 있도록 하였다.
2. [근대 태동기~현대]편 부록에는 꼭 알아야 할, 근현대 인물 20인을 수록하여 근현대사에서 자주 언급되는 인물을 정리하였다. 이를 통해 학습과 관련된 내용뿐 아니라 해당 인물의 생애, 업적 등을 스토리 형식으로 쉽게 파악할 수 있을 것이다.

개념 적용문제

개념 적용문제에는 기본서의 순서와 동일하게 단원별 핵심 문제와 최신기출 문제를 풍부하게 수록하였으니 이론 학습 후 실제 연습 차원에서 공부하면 좋을 것이다.

> 기출분석 > 개념 > 바로 확인문제 > 개념 적용문제

스탠드형 우리 역사 흐름표

[스탠드형 우리 역사 흐름표]는 공무원 시험을 처음 준비하는 초시생들이 한국사의 흐름을 정확하고 빠르게 파악하는 데 유용한 자료이다. 파트별로 꼭 알아두어야 하는 중요 사건만을 흐름대로 제시하였기 때문에, 각 시대별 키워드를 파악하는 데도 효과적이다. 책상에 세워 두고 습관적으로 사건의 흐름을 파악할 수 있도록 하자.

탄탄한 기출분석 &
기출분석 기반의 개념

최근 5개년 출제 문항 수
2024~2020 9급
국가직, 지방직/서울시
기준

구분	PART	CHAPTER	2024 국9	2023 국9	2023 지/서9	2022 국9	2022 지/서9	2021 국9	2021 지/서9	2020 국9	2020 지/서9	합계
선사 ~ 근세	우리 역사의 기원과 형성	한국사의 바른 이해										0
		선사 시대의 우리 역사		1	1		1		1		1	4
		국가의 형성				1			1		1	3
	고대의 우리 역사	고대의 정치	2	3	1	2	4	2	2	3	3	22
		고대의 경제										0
		고대의 사회										0
		고대의 문화	1		1	2		1	2			7
	중세의 우리 역사	중세의 정치	1	2	1	1	3	1	4	1	3	17
		중세의 경제	1			1						2
		중세의 사회						1		1		2
		중세의 문화	2	1	2	2	1		1		1	10
	근세의 우리 역사	근세의 정치	1	1	2	1		2		1	1	9
		근세의 경제										0
		근세의 사회						1	1		1	3
		근세의 문화	1	1	1		2	1		2	9	9
	근대 태동기의 우리 역사	근대 태동기의 정치			2		1	3		2	1	11

최근 5개년 출제 개념
2024~2020 9급
국가직, 지방직/서울시
기준

구분	PART	CHAPTER	출제 개념
선사 ~ 근세	우리 역사의 기원과 형성	한국사의 바른 이해	사실로서의 역사, 기록으로서의 역사, 사료 비판
		선사 시대의 우리 역사	구석기·신석기·청동기 초기 철기 시대의 유물과 유적지
		국가의 형성	단군 조선부흥운동, 위만조선, 유이민, 부여, 고구려, 옥저, 동예, 삼한, 제천 행사, 서옥제, 가족 공동 무덤, 민며느리제, 책화, 천군, 소도
	고대의 우리 역사	고대의 정치	태조왕, 고국천왕(진대법), 고국원왕의 전사, 소수림왕, 광개토 대왕, 장수왕, 광개토 대왕릉비, 충주(중원) 고구려비, 고이왕, 근초고왕, 무령왕, 성왕, 지증왕, 법흥왕, 진흥왕, 김유신, 문무왕, 신문왕, 경덕왕, 신라 하대, 무왕, 무령, 성왕, 5경 15부 62주
		고대의 경제	민정 문서(신라 촌락 문서), 녹읍, 식읍, 관료전, 정전고
		고대의 사회	화랑도, 진골 귀족의 생활 모습, 골품 제도, 화백 회의, 제가 회의, 정사암 회의, 혼주과 6두품, 원종과 애노의 난
		고대의 문화	원효, 의상, 교종, 선종, 풍수지리 사상, 교육, 벽화, 승탑과 탑비, 고대 국가의 탑(정림사지 5층 석탑), 이불병좌상, 석굴, 황룡사 9층 목탑, 분황사 탑, 상대의 불상
	중세의 우리 역사	중세의 정치	후삼국의 통일 과정, 태조, 광종, 성종, 최승로, 도병마사(도평의사사), 대간, 음서, 묘청(서경 천도 운동), 무신정변, 최충헌, 최우, 삼별초, 서희, 강조, 대외 항쟁과 영향 강동 6주, 별무반, 쌍성총관부, 공민왕의 개혁
		중세의 경제	전시과 제도, 공음전, 한인전, 외역전, 외역전, 『농상집요』, 주전도감, 벽란도(국제 상업 항구)
		중세의 사회	광작보, 중류, 향리, 호족, 문벌 귀족, 권문세족, 신진 사대부, 여성의 지위 향 소 부곡민의 사회적 지위
		중세의 문화	관학 진흥, 향교, 9재 학당, 사학 12도, 의천, 지눌, 혜심, 천태종과 수선사 결사, 요세, 『삼국사기』, 『동명왕편』, 『삼국유사』, 『제왕운기』, 『직지심체요절』, 대장경, 속장경, 주심포 양식, 연등회, 팔관회, 고려의 불상과 불탑
	근세의 우리 역사	근세의 정치	태조, 태종, 세종, 세조, 성종, 『경국대전』, 의정부·6조·사간원·사헌부·홍문관, 전랑, 서원, 붕당의 형성과 전개, 통신사, 서원, 임진왜란
		근세의 경제	과전법, 직전법, 관수 관급제, 공법(전분 6등법과 연분 9등법), 방납의 폐단, 『농사직설』
		근세의 사회	양천제도, 특수성(향교), 서얼, 중인, 공노비와 사노비, 『경국대전』, 『제왕운감』, 향약, 한성부의 역할
		근세의 문화	성리학, 이황과 이이, 『성학십도』, 『성학집요』, 『고려사』, 『동국통감』, 『조선왕조실록』, 성균관, 향교, 『조선방역지도』, 『혼일강리역대국도지도』, 분청사기, 청화백자
	근대 태동기의 우리 역사	근대 태동기의 정치	광해군, 정묘호란, 병자호란, 효종(북벌 운동), 붕당정치의 변화, 속오군, 환국, 완론 탕평, 준론 탕평, 정조, 수원 화성, 규장각, 장용영, 초계문신제, 제도 정비, 신도의 폐지
		근대 태동기의 경제	양난 이후 수취 제도, 신분제와 붕당, 향전, 신향(부농) 향촌사회 민란의 변화
		근대 태동기의 사회	농촌사회의 변화, 유수원, 박지원, 박제가, 홍대용, 중상주의 실학, 서민 문화, 풍속화, 법주사 팔

탄탄한 기출분석

최근 5개년 9급 기출을 분석하여 영역별 출제 문항 수와 출제개념을 분석하였다. 본격적인 개념학습 전에 영역별 출제비중과 개념을 먼저 파악하면 학습의 나침반으로 활용할 수 있을 것이다.

▶ 최근 5개년 출제 문항 수: 최근 5개년 동안 국가직, 지방직/서울시 9급 시험에서 영역별로 몇 문항이 출제되었는지 분석하였다.
▶ 최근 5개년 출제 개념: 최근 5개년 동안 국가직, 지방직/서울시 9급 시험에서 영역별로 어떤 개념이 출제되었는지 분석하였다.

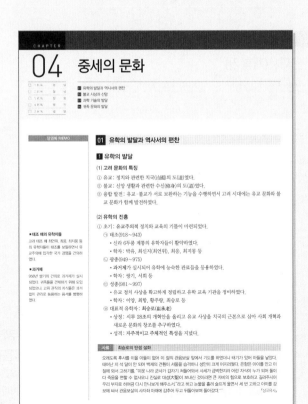

기출분석 기반의 개념

학습효과를 높일 수 있도록 개념을 체계적으로 배열하였고, 베이직한 내용은 본문에, 더 알아두어야 할 내용은 【단권화 MEMO】에 수록하였다. 또한 기출문제를 기반으로 하여 뽑아낸 관련 [사료]와 [심화]를 함께 수록하였으니 이론과 함께 확인하면 더 깊은 이해가 가능할 것이다.

▶ Daily 회독체크표: 챕터마다 회독체크와 공부한 날을 기입할 수 있다.
▶ [사료], [심화]: 기출을 기반으로 한 이론 관련 사료나 심화 내용을 담았다.

단계별 문제풀이

바로 확인문제

개념학습 후 2회독 효과!

이론과 관련된 문제를 바로 풀어볼 수 있도록 배치하여, 앞서 학습한 개념을 확실히 익힐 수 있도록 하였다.

개념 적용문제

챕터별 공무원 기출 & 예상문제 풀이로 문제 적용력 향상!

챕터별 최신 공무원 기출문제와 예상문제를 수록하여 개념이 어떻게 출제되는지, 유형은 어떠한지 파악할 수 있도록 하였다.

회독플래너 &
풍부한 학습자료
PDF &
2024년 최신기출
무료특강

회독플래너

회독 실패율 ZERO!

실패율 없이 회독을 할 수 있도록 5회독플래너를 제공한다. 앞면에는 회독의 방향성을 잡을 수 있도록 가이드라인을 제시하였고, 뒷면에는 직접 공부한 날짜를 매일 기록하여 누적된 회독 횟수를 확인할 수 있도록 하였다.

▶ [앞] 회독플래너
▶ [뒤] 직접 체크하는 회독플래너

풍부한 학습자료 PDF

빈틈없는 완벽 마무리!

개념 학습 OX 문제, 주제별 학습자료, 핵심테마 50선 핸드북을 PDF로 제공하여 실전 감각을 높이고 역사 지식의 외연을 넓힐 수 있도록 구성하였다.

※ 다운로드 방법: 에듀윌 도서몰(book.eduwill.net) 접속 → 도서자료실 → 부가 학습자료에서 다운로드 또는 좌측 QR코드를 통해 바로 접속

2024년 최신기출 무료특강

최신기출 전격 해부!

2024년 최신기출 해설특강으로 출제경향을 꼼꼼히 살피고 약점을 파악할 수 있도록 구성하였다.

※ 지방직/서울시 9급 시험 해설특강은 해당 시험일로부터 30일 이내에 업로드될 예정입니다.

※ 접속 방법: 에듀윌 도서몰(book.eduwill.net) 접속 → 동영상강의실에서 수강 또는 좌측 QR코드를 통해 바로 접속

이 책의 차례

부가학습자료 회독플래너, 풍부한 학습자료 PDF, 2024년 최신기출 무료특강

- 기출분석의 모든 것
- 이 책의 구성

5개년 챕터별 출제비중 & 출제개념

CHAPTER 01 근대 태동기의 정치	58%	광해군, 정묘호란, 병자호란, 훈련도감, 속오군, 환국, 완론 탕평, 준론 탕평, 영조, 정조, 초계문신제, 세도 정치, 간도와 독도
CHAPTER 02 근대 태동기의 경제	11%	영정법, 대동법, 균역법, 결작, 이앙법, 광작, 화폐의 전국적 유통, 신해통공, 선대제 수공업, 만상, 송상, 경강상인, 내상, 전황
CHAPTER 03 근대 태동기의 사회	5%	양자제의 보편화, 친영 제도, 신분제의 동요, 향전, 신유박해, 황사영의 백서 사건, 동학
CHAPTER 04 근대 태동기의 문화	26%	호락 논쟁, 『동사강목』(안정복), 『발해고』(유득공), 『동사』(이종휘), 정약용, 이익, 유형원, 중농주의 실학, 유수원, 박지원, 박제가, 홍대용, 중상주의 실학, 서민 문화, 풍속화, 법주사 팔상전, 화엄사 각황전, 금산사 미륵전, 수원 화성

한눈에 보는 흐름 연표

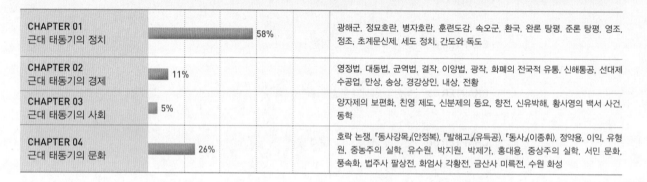

【1608】 광해군, 대동법 실시(경기도) 【1623】 인조반정 【1624】 이괄의 난 【1635】 인조, 영정법 실시

1600~

【1610】 광해군, 『동의보감』 편찬(허준) 【1627】 인조, 정묘호란 【1636】 인조, 병자호란

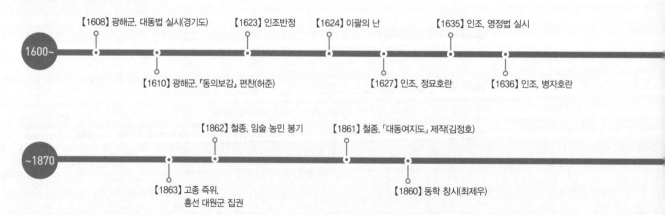

【1862】 철종, 임술 농민 봉기 【1861】 철종, 「대동여지도」 제작(김정호)

~1870

【1863】 고종 즉위, 흥선 대원군 집권 【1860】 동학 창시(최제우)

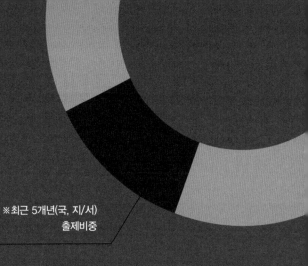

※최근 5개년(국, 지/서)
출제비중

11%

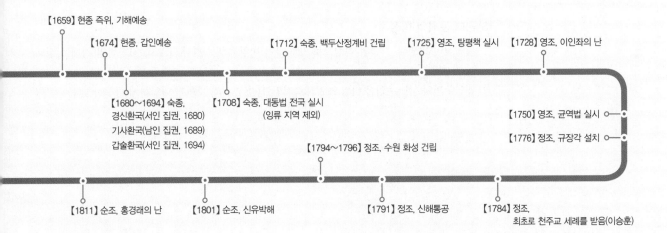

【1659】 현종 즉위, 기해예송

【1674】 현종, 갑인예송

【1712】 숙종, 백두산정계비 건립

【1725】 영조, 탕평책 실시

【1728】 영조, 이인좌의 난

【1680~1694】 숙종,
경신환국(서인 집권, 1680)
기사환국(남인 집권, 1689)
갑술환국(서인 집권, 1694)

【1708】 숙종, 대동법 전국 실시
(잉류 지역 제외)

【1750】 영조, 균역법 실시

【1776】 정조, 규장각 설치

【1794~1796】 정조, 수원 화성 건립

【1811】 순조, 홍경래의 난

【1801】 순조, 신유박해

【1791】 정조, 신해통공

【1784】 정조,
최초로 천주교 세례를 받음(이승훈)

01 근대 태동기의 정치

단권화 MEMO

■ 서양의 근대 사회
- 17세기 전반 폴란드의 신학자 보에티우스(1588~1676)는 교회사를 연구하면서 3시대 구분법을 사용하였다. 그는 기원후 500~600년경까지를 '고대', 1517년까지를 '중간기', 그 이후를 새로운 세대, 즉 '근대'로 구분하였다.
- 17세기 말 독일의 역사학자 켈라리우스(1638~1707)는 유럽의 역사를 고대·중세·근대로 3분하는 법을 일반화하였다. 그는 4세기 초 콘스탄티누스 대제까지를 고대사, 1453년까지를 중세사, 그 이후를 근대사로 설정하였다. 이러한 시기 구분법은 보에티우스의 교회사 구분법을 세속의 역사까지 확대하여 적용한 것이라고 할 수 있다.
- 3시대 구분법을 정착시키고 서양사만이 아니라 세계사의 시대 구분으로 일반화시키는 데 기여하였던 것은 마르크스의 사회 발전 단계설이었다. 마르크스가 고대를 노예제 사회, 중세를 봉건제 사회, 근대를 자본제 사회로 규정함으로써 3시대 구분법이 유럽사의 시대 구분에서 보편적인 역사 발전의 법칙으로 보강되었던 것이다.

01 근대의 세계

1 서양의 근대

16세기 이후 유럽에서는 근대적인 발전이 이루어졌다. 즉, 절대왕정과 시민혁명, 산업혁명을 거치면서 근대 유럽 세계가 확립되었다.

(1) 절대왕정(絕對王政)
① 중앙 집권 체제: 지방 분권적인 봉건 체제가 무너지면서 국왕 중심의 중앙 집권 체제를 추구하는 절대왕정 국가가 성립하였다.
② 중상주의 정책: 절대왕정은 관료제와 상비군을 정비하였고, 이를 위하여 중상주의 정책을 추진하고 식민지 획득에 힘썼다.

(2) 시민사회(市民社會)
절대왕정에 뒤이은 시민혁명과 산업혁명은 근대 사회의 형성에 크게 기여하였다.
① 시민혁명
  ㉠ 17세기 영국의 청교도 혁명과 명예혁명에서 시작하여 미국의 독립혁명, 프랑스혁명으로 이어졌다.
  ㉡ 이 운동은 경제적으로 성장한 근대 시민 계급이 중심이 되어 절대왕정을 무너뜨리고 국가 권력을 봉건 세력으로부터 시민에게 넘긴 일련의 정치 변혁으로서, 자유주의 및 민주주의를 발전시키려는 것이었다.
② 산업혁명: 산업혁명은 18세기에 자본, 노동력, 자원, 해외 시장을 갖춘 영국에서 시작하여 19세기에는 유럽 전역으로 확대되어 자본주의 사회를 확립하였다.

(3) 근대 문화의 형성
① 계속적인 발명과 기술의 혁신으로 생산력이 비약적으로 증대되었고, 지속적인 경제 성장이 가능해졌다.
② 개인주의와 합리주의를 바탕으로 세속적인 인간 중심의 문화가 다양하게 발전하였다.

2 동양의 근대

(1) 서세동점(西勢東漸)

① 열강의 아시아 침략
  - ㉠ 배경 : 서양의 근대화는 상대적으로 동양 사회에 위협을 주었다. 산업혁명이 확산되면서 자본주의가 발달하게 되자 국력을 증강한 서양의 열강들은 후진 지역으로의 진출을 꾀하였다.
  - ㉡ 경과 : 이에 비하여 그동안 번영을 자랑하였던 청을 비롯한 아시아의 전통 왕조들은 내부적인 취약성으로 점차 쇠약해져서 새로운 상황에 능동적으로 대처하지 못하였다.
  - ㉢ 목적 : 서양 열강의 아시아 침략은 전에 볼 수 없었던 위협으로서, 아시아 대부분의 지역을 식민지 또는 반식민지로 만들어 원료의 공급지와 상품 시장을 확보하려는 것이었다.

② 동양 제국의 대응
  - ㉠ 사강 개화 운동 : 열강의 도전에 직면하여 아시아 여러 나라는 각기 나라를 지키기 위한 민족 운동과 함께 개혁을 통하여 자강을 달성하려는 개화 운동을 추진하였다.
  - ㉡ 식민지로의 전락 : 아시아 여러 나라는 각기 나라를 지키기 위한 민족 운동을 줄기차게 전개하였음에도 불구하고, 강력한 무력을 앞세운 서양 열강에 복속되어 대부분 식민지로 전락하였다.

(2) 동양 근대화의 제문제

아시아 여러 나라는 식민지로 전락하면서도 근대적 제도의 도입과 산업화를 추진하였다. 그러나 그것은 진정한 근대화의 과정이라기보다는 식민지 체제로의 편입 과정이었기 때문에 동양의 근대화는 여러 면에서 문제점을 지니고 있었다.

02 광해군의 중립 외교와 호란

1 광해군의 정책

(1) 광해군의 대내 정책

선조의 뒤를 이어 즉위한 광해군은 대내적으로 전후의 복구를 위한 정책을 실시하였다.

① 양전 사업과 호적 정리를 통하여 피폐된 산업을 일으키고 국가 수입을 늘렸다.
② 성곽과 무기를 수리하는 등 국방 대책에 힘을 기울였다.
③ 『동의보감』을 편찬하였고, 소실된 실록을 재인쇄하였으며, 지방의 사고(史庫)를 정비하였다.
④ 임진왜란 때 소실된 창덕궁을 재건하는 등 과도한 토목 공사로 백성의 부담이 가중되었다.
⑤ 대동법 최초 실시(1608) : 1608년 선혜청을 설치하고, 경기도에서 대동법을 실시하였다.

(2) 대륙의 정세 변화

① 후금의 건국(1616) : 임진왜란을 겪는 동안에 조선과 명의 힘이 약화된 틈을 타서 압록강 북쪽에 살던 건주위 여진의 추장 누르하치가 부족을 통일하고 후금을 건국하였다.
② 후금의 세력 확장 : 계속하여 서쪽으로 세력을 확장하던 후금은 명에 대하여 전쟁을 포고하였다. 이에 명은 후금을 공격하는 한편 조선에 원군을 요청하였다.

■ 동양의 근대 사회

동양보다 먼저 근대화에 성공한 서양 사회는 아직 전근대 사회 단계에 머물러 있던 동양으로 세력을 확대하였다. 흔히 '서세동점(西勢東漸)'이라고 불리는 이 시기에 동양 사회는 서양 세력의 노골적인 침략에 시달리게 되었으며 이 과정에서 급격한 정치적·경제적·사상적인 변화를 겪었다. 근대의 초입에서 동양 사회의 가장 시급한 과제는 어떻게 서양 열강의 침략으로부터 벗어나 근대 민족 국가를 형성할 것인가 하는 것이었다.

■ 일본의 성공

일본은 서양 열강과 적응하여 적극적인 근대화 정책을 추진한 결과 제국주의 열강 대열에 끼게 되었다.

(3) 광해군의 대외 정책 : 중립 외교

명과 후금 사이에서 신중한 **중립 외교** 정책으로 대처하였다.

① 성격 : 임진왜란 때 명의 도움을 받은 조선은 명의 후금 공격 요구를 거절할 수 없었고, 새롭게 성장하는 후금과 적대 관계를 맺을 수도 없었다.

② 파견 : 광해군은 강홍립을 도원수로 삼아 1만 3,000여 명의 군대를 이끌고 명을 지원하게 하되 적극적으로 나서지 말고 상황에 따라 대처하도록 명령하였다.

③ 결과 : 조명 연합군은 후금군에게 패하였고 강홍립 등은 후금에 항복하였다.

④ 향후 : 명의 원군 요청은 계속되었지만 광해군은 이를 적절히 거절하면서 후금과 친선을 꾀하는 중립적인 정책을 취하였다. 이러한 중립 외교 정책은 서인들의 반발을 사 **인조반정** (1623)이 일어나는 빌미를 제공하였다.

> **사료 광해군의 중립 외교 정책**
>
> 지금 우리가 계책으로 삼는 것은 군신 상하가 모든 일에 힘써 정벌할 준비에 온 생각을 쏟아서 군사를 기르고, 장수를 뽑으며, 인재를 거두어 쓰고, 백성의 걱정을 펴 주어 인심을 기쁘게 하며, 크게 둔전을 개간하고, 병기를 조련하며, 성지를 잘 수리하여 모든 것을 정리한 뒤에야 정세에 대처할 수 있을 것이로다. 그렇게 하지 않고 혹 태만히 하면 큰 화가 곧바로 이를 것이니, 어찌 두렵지도 않은가?   『광해군일기』

> **사료 인조반정의 명분**
>
> 왕대비가 교서를 내려 중외에 선유하였는데 내용은 다음과 같다. "…… 우리나라가 중국 조정을 섬겨 온 것이 200여 년이라. 의리로는 곧 군신이며 은혜로는 부자와 같다. 그리고 임진년에 재조(再造)해 준 그 은혜는 만세토록 잊을 수 없는 것이다. 선왕께서 40년 동안 재위하시면서 지성으로 섬기어 평생에 서쪽을 등지고 앉지도 않았다. 광해는 배은망덕하여 천명을 두려워하지 않고 속으로 다른 뜻을 품고 오랑캐에게 성의를 베풀었으며, 기미년(1619, 광해군 11년) 오랑캐를 정벌할 때는 은밀히 장수를 시켜 동태를 보아 행동하게 하여 끝내 전군이 오랑캐에게 투항함으로써 추한 소문이 사해에 펼쳐지게 하였다.   『인조실록』

2 호란의 발발과 전개

▲ 정묘호란과 병자호란

(1) 정묘호란(인조 5년, 1627)

① 원인

ㅤㄱ 인조의 친명 배금(親明排金) 정책 : 서인은 광해군의 중립 외교 정책을 비판하고, 친명
ㅤㅤ 배금 정책을 추진하여 후금을 자극하였다.

ㅤㄴ 모문룡 사건 : 명의 장군 모문룡이 후금에 빼앗긴 요동(遼東)을 탈환하고자 군대를 거느
ㅤㅤ 리고 평안도 철산군 가도(椵島)에 주둔하여 후금을 긴장시켰다.

ㅤㄷ 이괄의 난(1624)

ㅤㅤ• 인조반정 때 공을 세운 이괄이 논공행상에 불만을 품고 인조 2년(1624)에 일으킨 반
ㅤㅤ 란이다.

ㅤㅤ• 반란이 실패하여 주모자 한명련이 처형되자 그의 아들인 한윤 등이 후금으로 도망하
ㅤㅤ 여 인조 즉위의 부당성과 조선 정벌을 요청하였다.

> **사료** **이괄의 난**
>
> 인조가 밤에 국청(鞫廳)의 신하들을 불러 만났다. 좌찬성 이귀(1557~1633)가 "이괄이 몰래 다른 뜻을 품고
> 강한 군사를 장악하고 있으니, 일찍 꾀하지 않으면 훗날 반드시 제압하기 어려울 것입니다. 하물며 모든 역
> 적들의 공초로 흉악한 모의가 드러났으니, 의금부에 잡아 정상을 국문하지 않을 수 없습니다."라고 아뢰었
> 다. 인조가 "이괄은 충성스럽고 의로운 사람인데 어찌 반역의 마음을 가졌겠는가. 이는 필시 흉악한 무리가
> 그의 위세를 빌리고자 한 말이다. 경은 어찌하여 그가 반드시 반역할 것이라는 상황을 자세히 알고 있는가?"
> 라고 물었다. 이귀가 아뢰기를, "이괄의 반역 모의는 신이 잘 모르지만 그 아들 이전(李栴)이 반역을 꾀한 정
> 상은 신이 잘 알고 있습니다. 어찌 아들이 아는데 아버지가 모를 리가 있겠습니까."라고 하였다. 인조가 이르
> 기를. "사람들이 경이 반역한다고 고한다면 내가 믿겠는가. 이괄의 일이 어찌 이와 다르겠는가." 하니, 이귀
> 가 아뢰기를, "고변한 사람이 있다면 어찌 신이라 해서 온전히 놓아두고 묻지 않을 수 있겠습니까? 잡아 가
> 두고 국문하여 그 진위를 살핀 뒤에 처치해야 할 것입니다." 하였으나, 인조는 답하지 않았다.　　　『인조실록』

② 경과

ㅤㄱ 후금의 침략 : 후금은 광해군 폐위를 문제 삼아 조선을 침략하였다. 이들은 평안도 의
ㅤㅤ 주, 안주를 연이어 점령하고, 평양을 거쳐 황해도 평산까지 점령하였다. 이에 소현 세자
ㅤㅤ 는 전주로 남하하고, 인조는 강화도로 피란하였다.

ㅤㄴ 의병의 항쟁 : 철산 용골산성의 정봉수와 의주의 이립 등은 의병을 일으키고 관군과 합세
ㅤㅤ 하여 적에 대항하였다.

③ 결과

ㅤㄱ 후금의 군대는 보급로가 끊어지자 강화를 제의하였다.

ㅤㄴ 본래 후금의 일차적인 목표는 중국 대륙의 장악에 있었고, 조선도 적극적으로 항전할 힘
ㅤㅤ 이 없었기 때문에 쉽게 화의가 이루어질 수 있었다.

ㅤㄷ 정묘약조 체결 : 형제의 맹약, 군대 철수, 명과의 외교 계속 허용, 조공의 약속, 국경 호
ㅤㅤ 시(國境互市)의 약속 등을 내용으로 강화 조약을 체결하였다.

> **사료** **정묘약조**
>
> 대금국(大金國) 한(汗)은 조선 국왕(朝鮮國王) 제(弟)에게 글을 전한다.　　　　　　　　　　　　『인조실록』

■ 이괄의 난(1624)

이괄은 인조반정 때 공이 컸음에도 불
구하고 2등 공신으로 책봉되었을 뿐
만 아니라 평안 병사 겸 부원수로 임
명되어 외지에 부임하게 되었다. 이에
앙심을 품고 사전에 치밀히 계획해 반
란을 일으켰다. 이때 인조는 서울을 떠
나 공주로 피난하였고, 이괄은 도성을
점령한 후, 선조의 아들 흥안군 이제
(李瑅)를 왕으로 추대하였다. 그러나
도원수 장만에게 대패하였고, 이괄과
한명련 등은 부하 장수들에게 죽임을
당하였다. 한편 반란이 실패하자 한명
련의 아들인 한윤(韓潤) 등이 후금으
로 도망하여 국내의 불안한 정세를 알
리며 후금의 남침을 종용하였다. 이러
한 움직임은 1627년 정묘호란의 원인
이 되었다.

(2) 병자호란(인조 14년, 1636)

① 원인

㉠ 후금은 세력을 더욱 확장하여 국호를 '청'이라 고치고, 심양을 수도로 하였다.

㉡ 군신 관계를 맺자는 청의 요구에 조선에서는 '외교적 교섭을 통하여 문제를 해결하자'는 주화론과 '청의 요구에 굴복하지 말고 전쟁까지도 불사하자'는 주전론이 대립하였다.

② 경과

㉠ 대세가 주전론으로 기울자 청은 다시 대군을 이끌고 침입해 왔다.

㉡ 청군은 당시 임경업이 지키고 있던 백마산성(평안북도 의주 지역)을 우회하여 한양으로 빠르게 남하하였다.

㉢ 인조는 남한산성으로 피난하여 청군에 대항하였으나, 결국 청에 항복하였다. 이후 인조는 삼전도에서 삼배구고두례(三拜九叩頭禮)라는 치욕적인 항복 의례를 실시하였다(삼전도의 굴욕).

③ 결과

㉠ 조선은 청과 군신 관계를 맺고, 명과의 외교를 단절하였다.

㉡ 두 왕자(소현 세자, 봉림 대군)와 강경한 척화론자들(삼학사: 윤집, 홍익한, 오달제)이 청에 인질로 잡혀갔으며, 삼학사는 청에서 순절하였다.

▲ 남한산성 북문(경기도 광주)
남한산성은 병자호란 중 인조가 피신하였던 곳이고, 이후 도성 방위의 임무를 맡았다.

사료 청에 대한 주화론과 주전론

❶ **최명길의 주화론**

화친을 맺어 국가를 보존하는 것보다 차라리 의를 지켜 망하는 것이 옳다고 하였으나 이것은 신하가 절개를 지키는 데 쓰이는 말입니다. …… 자기의 힘을 헤아리지 아니하고 경망하게 큰소리를 쳐서 오랑캐들의 노여움을 도발, 마침내는 백성이 도탄에 빠지고 종묘와 사직에 제사 지내지 못하게 된다면 그 허물이 이보다 클 수 있겠습니까. …… 늘 생각해 보아도 우리의 국력은 현재 바닥나 있고 오랑캐의 병력은 강성합니다. 정묘년(1627)의 맹약을 아직 지켜서 몇 년이라도 화를 늦추시고, 그동안을 이용하여 인정을 베풀어서 민심을 수습하고 성을 쌓으며, 군량을 저축하여 방어를 더욱 튼튼하게 하되 군사를 집합시켜 일사불란하게 하여 적의 허점을 노리는 것이 우리로서는 최상의 계책일 것입니다.
『지천집』

❷ **윤집의 주전론(척화론)**

화의로 백성과 나라를 망치기가 …… 오늘날과 같이 심한 적이 없습니다. 중국(명)은 우리나라에 있어서 곧 부모요, 오랑캐(청)는 우리나라에 있어서 곧 부모의 원수입니다. 신하된 자로서 부모의 원수와 형제가 되어서 부모를 저버리겠습니까. 하물며 임진왜란의 일은 터럭만 한 것도 황제의 힘이어서 우리나라가 살아 숨 쉬는 한 은혜를 잊기 어렵습니다. …… 차라리 나라가 없어질지라도 의리는 저버릴 수 없습니다. …… 또한 어찌 이런 시기에 다시 화의를 주장할 수 있겠습니까.
『인조실록』

사료 병자호란의 발발

홍서봉 등이 한(汗)의 글을 받아 되돌아왔는데, 그 글에, "대청국의 황제는 조선의 관리와 백성들에게 알린다. 짐이 이번에 정벌하러 온 것은 원래 죽이기를 좋아하고, 얻기를 탐해서가 아니다. 본래는 늘 서로 화친하려고 했는데, 그대 나라의 군신이 먼저 불화의 단서를 야기시켰다."라고 하였다.
『인조실록』

(3) 호란의 영향

청군의 침입은 왜군의 침입에 비하여 기간이 짧았고 지역적으로도 일부에 한정되었기 때문에 피해가 적은 편이었다.

① 서북 지방의 황폐화: 청군이 거쳐 간 서북 지방은 약탈과 살육에 의하여 황폐해졌고, 무엇 보다 정신적인 충격이 매우 컸다.

② 굴욕적인 항복의 충격: 그동안 조선에 조공을 바쳐 왔고, 조선에서도 오랑캐로 여겨 왔던 여진족이 세운 나라와 거꾸로 군신 관계를 맺게 되고, 임금이 굴욕적인 항복을 하였다는 사실은 조선인들에게 커다란 충격이었다.

> **사료** 삼전도의 굴욕
>
> 임금이 걸어서 진(陣) 앞에 이르고, 용골대 등이 임금을 진문(陣門) 동쪽에 머물게 하였다. 용골대가 들어가 보고하고 나와 한의 말을 전하기를, "지난날의 일을 말하려 하면 길다. 이제 용단을 내려 왔으니 매우 다행스럽고 기쁘다." 하자 임금이 대답하기를, "천은(天恩)이 망극합니다." 하였다. 용골대 등이 인도하여 들어가 단(壇) 아래에 북쪽을 향해 자리를 마련하고 임금에게 자리로 나가기를 청하였는데, 청나라 사람을 시켜 여창(臚唱)하게 하였다. 임금이 세 번 절하고 아홉 번 머리를 조아리는 예를 행하였다.   『인조실록』

③ 소현 세자와 심양관
  ㉠ 소현 세자는 병자호란 이후 당시 청의 수도인 심양에서 9년 동안 인질 생활을 하였다.
  ㉡ 심양관: 소현 세자와 봉림 대군이 머물던 관소로서, 조선과 청의 외교를 조율하던 외교 공관이었다. 당시 소현 세자는 심양관의 운영비 마련을 위해 조선과 청의 무역을 주관 하거나 담배나 소금을 팔기도 하였다.
  ㉢ 소현 세자는 현실적으로 청의 존재를 인정하면서 청의 왕족 및 장군들과 친교를 맺고 양국 관계를 정상화하는 데 노력하였다.
  ㉣ 한편 1644년 9월에 북경(北京)에 들어가 70여 일을 머물면서 독일인 신부 아담 샬 (Schall, J. A.)과 친교를 쌓았고, 천문·수학·천주교 서적과 여지구(輿地球)·천주상 (天主像)을 전래하는 등 서양 문물을 적극적으로 수용하려 하였다.

3 북벌 운동의 전개

(1) 북벌론(北伐論)

① 의미: 문화의 수준이 높은 조선이 문화의 수준이 낮은 오랑캐에게 당한 수치를 씻고, 임진 왜란 때 조선을 도와준 명에 대한 의리를 지켜 명을 대신하여 복수하자는 주장이었다.

② 형식적 외교
  ㉠ 병자호란이 끝나고 청과 군신 관계를 맺은 조선은 겉으로는 청에 사대하는 형식의 외교 를 추진하였다.
  ㉡ 내심으로는 은밀하게 국방에 힘을 기울이면서 청에 대한 북벌을 준비하였다.

③ 전개
  ㉠ 초기: 효종은 청에 반대하는 입장을 강하게 내세웠던 송시열, 송준길, 이완 등을 중용 하여 군대를 양성하고 성곽을 수리하는 등 북벌을 준비하였다.
  ㉡ 후기: 숙종 때에도 청의 정세 변화를 이용하여 윤휴를 중심으로 북벌의 움직임이 제기 되기도 하였으나(1674, 1675), 현실적으로 북벌을 실천에 옮기지는 못하였다.

■ **인조의 견제**

인조는 서인 중 일부 소장파들의 강경한 척화 주전론이 청의 침략을 불러일으켰다고 생각하여 일부 남인을 등용하였다. 이에 서인들은 북벌론을 주장하면서 반대 세력들의 진출을 견제하려 하였다.

■ **효종의 북벌 계획**

어영청을 본영으로 삼고 이완을 등용하여 군사를 조련하였다. 하멜에게는 신식 무기를 제작하게 하여 포병 부대인 별파진을 구성하였다.

④ 서인 정권 유지의 명분: 북벌론은 패전의 책임을 져야 할 처지였던 서인들이 정권을 계속 유지하기 위한 수단으로 이용하기도 하였다.

⑤ 북학 운동으로의 전환: 18세기 후반에 이르러서는 청의 문물을 적극 수용해야 한다는 북학 운동이 대두되었다.

■ 송시열의 기축봉사
「기축봉사」는 효종 즉위 초 시무(時務) 및 유학의 정치적 이상을 13개 조항에 걸쳐 개진한 것으로서, 특히 마지막 조항인 "정치를 잘하여 오랑캐를 물리치라(修政事以攘夷狄)."에 강조점을 두고 있다.

■ 폐사군의 일부 복설
숙종 때는 삼남 지방에 대한 양전 사업이 완료되었고, 남구만의 주장으로 (세종 때 설치하였다가 폐지한) 폐사군의 일부를 복설하였다.

사료　송시열의 기축봉사

우리나라는 신종 황제의 은혜를 힘입어 임진년의 변란에 종사가 이미 폐허가 되었다가 다시 존재하게 되었고, 백성이 거의 다 없어질 뻔 하다가 다시 소생되지 않았습니까? 우리나라의 풀 한 포기, 나무 한 그루, 백성의 머리털 하나까지도 황제의 은혜를 입은 것입니다. 그렇다면 오늘날 크게 원통해 하는 것이 온 천하에 그 누가 우리와 같겠습니까? 더구나 광해군(光海君)이 인륜의 도리가 없어서 강홍립, 김경서로 하여금 전 군사를 오랑캐에 투항하여 천하 사람들이 우리더러 다 같이 오랑캐가 된다고 말하게 하였는데, 우리 대행 대왕(大行大王)께서 정의를 내걸고 반정(反正)을 하여 더러운 오점을 통쾌하게 씻어서 해와 별처럼 밝은 세상을 만들어 놓았습니다. 그러니 한 나라의 백성은 길이 천하 후세에 할 말이 있을 것입니다. 게다가 대행 대왕께서 지성으로 명나라를 섬겨 늘 은혜를 입어 언제나 틈이 없었습니다. 그런데 정묘년(1627, 인조 5년) 이후로 갑자기 북로(北虜)에게 위협을 당하여 울분을 참고 충절을 나타내지 못하였습니다. 정축년(1637, 인조 15년) 이후의 일은 절대 신하로서는 차마 말할 바가 아닙니다. 무엇보다도 오랑캐에게 원병을 보내는 일을 앞에서 보아야만 했고 정역(鄭逆)이 항례(抗禮)할 때도 끝내 처단하지 못하였으니, 신하가 한 번 죽는 것이 이처럼 어렵단 말입니까?　　　　　　　　　　　　　　　　　　　　　　　　　　　　　　　『송자대전』

(2) 나선 정벌(羅禪征伐)

① 1차(효종 5년, 1654): 헤이룽강 유역에 침입한 러시아를 청의 요청으로 파견된 변급(邊岌)이 격퇴하였다.

② 2차(효종 9년, 1658): 신류(申瀏)가 조총군을 이끌고 러시아군을 격퇴하였다.

③ 의의: 효종의 요절로 북벌은 실패하였으나 그 가능성을 시사한 사건이 나선 정벌이다.

사료　나선 정벌

청차(淸差) 이일선(李一善)이 칙서를 가지고 왔는데, 영의정 정태화(鄭太和) 등이 상에게 성문 밖에서 맞이할 것을 권하니, 승지 서원리(徐元履)도 그 말에 적극 찬동하였다. 상이 서교(西郊)에 나아가 맞이하고 희정당(熙政堂)에서 접견하였다. 이일선이 말하기를, "대국이 군병을 동원하여 나선(羅禪)을 토벌하려는데 군량이 매우 부족합니다. 본국에서도 군병을 도와주어야 하니 본국에서 다섯 달 치 군량을 보내 주시오." 하니 상이 이르기를, "적의 형세는 어떠하오?" 하자 이일선이 말하기를, "적병은 1,000여 명에 지나지 않는다고 하나, 저희들이 이처럼 달려오게 된 것은 북로(北路)에 비축한 것이 없음을 염려한 나머지, 내지(內地)의 곡물을 수송하여 군량을 대 주려고 하기 때문입니다." 하니 상이 이르기를, "먼 지역에 군량을 운송하자면 형세상 매우 어렵기는 하겠으나, 어찌 요구에 응하지 않을 수 있겠소."라고 하였다.　　　　　　　　　　『효종실록』

● 밑줄 친 '왕'의 재위 기간 중에 있었던 사실로 옳은 것은?

17. 국가직 7급 추가

> 최명길이 마침내 국서를 가지고 비변사에서 다시 수정하였다. 예조 판서 김상헌이 밖에서 들어와 그 글을 보고는 통곡하면서 찢어 버리고, 왕께 아뢰기를 "명분이 일단 정해진 뒤에는 적이 반드시 우리에게 군신의 의리를 요구할 것이니 성을 나가는 일을 면하지 못할 것입니다. …… 깊이 생각하소서."라고 하였다.

① 수도 외곽의 방어를 위하여 총융청을 설치하였다.

② 훈련도감을 신설하고 포수, 사수, 살수 등 삼수병을 두었다.

③ 북벌 계획에 따라 어영청을 정비하여 화포병과 기병을 늘렸다.

④ 도성을 수비하기 위해 기병과 훈련도감군의 일부를 주축으로 금위영을 설치하였다.

● (가), (나)의 현실 인식을 가진 세력에 대한 설명으로 옳지 않은 것은?

21. 경찰직 1차

> (가) 오늘날에 시세를 헤아리지 않고 경솔히 오랑캐와 관계를 끊다가 원수는 갚지 못하고 패배에 먼저 이르게 된다면, 또한 선왕께서 수치를 참고 몸을 굽혀 종사를 연장한 본의가 아닙니다. 삼가 원하건대 전하께서는 마음을 굳게 정하시기를 '이 오랑캐는 임금과 아버지의 큰 원수이니, 맹세코 차마 한 하늘 밑에 살 수 없다.'고 하시어 원한을 축적하십시오.
>
> (나) 우리를 저들과 비교해 본다면 진실로 한 치의 나은 점도 없다. 그럼에도 단지 머리를 깎지 않고 상투를 튼 것만 가지고 스스로 천하에 제일이라고 하면서 지금은 옛날의 중국이 아니라고 말한다. 그 산천은 비린내 노린내 천지라고 나무라고, 그 인민은 개나 양이라고 욕을 하고, 그 언어는 오랑캐말이라고 모함하면서 중국 고유의 훌륭한 법과 아름다운 제도마저 배척해 버리고 만다.

① (가) - 명 황제의 제사를 지내기도 하였다.

② (가) - 북벌에 필요한 군사력을 강화하고자 하였다.

③ (나) - 화이론에 따라 국제 문제를 해결하고자 하였다.

④ (나) - 청의 중국 지배 현실을 인정해야 한다고 주장하였다.

● 다음의 주장과 관련된 조치를 〈보기〉에서 모두 고르면?

> 화의가 나라를 망친 것은 어제오늘의 일이 아닙니다. 옛날부터 그러하였으나, 오늘날처럼 심한 적은 없었습니다. 명은 우리나라에는 부모의 나라입니다. (신하된 자로서) 부모의 원수와 형제의 의를 맺고, 부모의 은혜를 저버릴 수 있겠습니까?
>
> 「인조실록」

┤ 보기 ├

ㄱ. 대보단을 세우고 명나라 황제를 제사 지냈다.

ㄴ. 국왕의 친위군과 수도를 경비하는 군사력을 강화하였다.

ㄷ. 『병장도설』을 편찬하여 군사 훈련의 지침서로 사용하였다.

ㄹ. 5위제를 실시하고 진법 훈련을 행하였다.

① ㄱ, ㄴ　　② ㄱ, ㄷ　　③ ㄴ, ㄷ　　④ ㄴ, ㄹ

|정답해설| 제시된 자료는 병자호란 당시 주화론자 최명길과 척화론자 김상헌의 의견 대립을 보여 주고 있다. 따라서 당시의 왕은 '인조'이다. 인조 때 수도 외곽 방어를 위해 총융청을 설치하였다.

|오답해설|
② 임진왜란 중인 선조 때 훈련도감을 신설하고 포수, 사수, 살수 등 삼수병을 두었다.
③ 효종 때 북벌 계획에 따라 어영청을 정비하여 화포병과 기병 수를 늘렸다.
④ 숙종 때 금위영이 설치되어 5군영 제도가 완성되었다.

|정답| ①

|정답해설| (가) 서인 송시열의 북벌론. (나) 실학자 박제가의 북학론과 관련한 사료이다. 전통적인 화이론에 입각한 주장은 북벌론에 해당한다.

|오답해설|
①② 북벌론은 전통적 화이관(중화와 오랑캐를 구분하는 이론)을 바탕으로 북벌 운동을 추진하였다. 송시열의 유지에 따라 만동묘를 세워 명 황제를 제사 지내기도 하였다.
④ 북학파는 청이 중국을 지배하고 있다는 현실을 인정하고 그들의 선진 문화를 받아들여 조선을 개혁하고자 하였다.

|정답| ③

|정답해설| 제시된 사료는 주전론에 대한 주장이다. 호란 이후 조선 내에서는 북벌에 대한 논의가 크게 일었으나, 대보단이 설치되고 친위군 및 중앙군이 강화되는 수준에서 종결되었다. 대보단은 명나라 신종의 재조지은(임진왜란 때 도와준 은혜)을 기리기 위해 숙종 때 창덕궁 내에 설치된 사당이다.

|오답해설|
ㄷ. 『병장도설』은 군사 훈련 지침서이다. 영조 때 기존의 『진법(陣法)』을 재간행하여 『병장도설』로 개칭하였다.
ㄹ. 5위제는 조선 초기 중앙군에 해당한다.

|정답| ①

03 통치 체제(정치, 군사)의 변화

1 정치 구조의 변화

붕당 정치가 전개되면서 정치 구조 면에서도 비변사의 기능이 강화되고, 언론 삼사의 기능이 바뀌는 등 여러 변화가 나타났다.

(1) 비변사의 기능 강화

① 설치 : 중종 5년(1510) 삼포 왜란(三浦倭亂) 이후, 지변사재상(국방 업무에 정통한 재상 및 국경 지방의 요직을 지낸 사람들)이 국방 문제를 논의하던 임시 기구로 설치되었다. 이후 명종 10년(1555) 을묘왜변이 일어난 후에는 상설 기구로 발전하였다. 비변사는 비국(備局)·묘당(廟堂)·주사(籌司)라고도 하였다.

② 기능 강화 : 임진왜란을 맞아 국가적인 위기를 타개하기 위한 대책을 수립하기 위하여 고위 관원들이 합의하는 기구의 필요성이 증대되자 비변사의 구성원이 확대되고 기능이 강화되었다.

　㉠ 구성원의 확대 : 임진왜란 이후 전·현직 정승을 비롯하여 이·호·예·병·형조의 판서와 참판(공조를 제외한 5조의 판서와 참판, 공조판서·공조참판은 구성원에서 제외), 각 군영 대장, 대제학, 강화 유수 등 국가의 중요 관원들로 구성원이 확대되었다.

　㉡ 기능의 강화 : 군사 문제뿐만 아니라 외교·재정·사회·인사 문제 등 거의 모든 정무를 총괄하였다. 전란이 끝난 뒤에도 폐허의 복구와 사회·경제적 변동에 효율적으로 대처하고, 붕당 간의 이해관계를 조정하기 위하여 비변사의 구성과 기능은 그대로 유지되었다.

③ 영향 : 비변사의 기능이 강화되자 왕권이 약화되고 의정부와 6조 중심의 행정 체계도 유명무실해졌다. 특히 19세기에 이르러서는 비변사가 세도 정치의 중심 기구로서의 역할을 담당하였다.

④ 폐지 : 흥선 대원군의 개혁 정책으로 비변사가 폐지되어(1865), 일반 정무는 다시 의정부가 담당하고 국방 문제는 삼군부가 담당하게 되었다.

> **사료** 비변사의 기능 강화
>
> 여진과의 전쟁 때문에 임시로 비변사를 설치하였는데 재신(宰臣)으로서 이 일을 맡은 사람을 지변재상(知邊宰相)이라고 불렀습니다. 그러나 이것은 일시적인 전쟁 때문에 설치한 것으로서 국가의 중요한 모든 일을 맡긴 것은 아니었습니다. 그런데 오늘에 와서는 큰일이건 작은 일이건 중요한 것으로 취급되지 않는 것이 없는데, 의정부는 한갓 헛이름만 지니고 6조는 모두 그 직임을 상실하였습니다. 명칭은 '변방의 방비를 담당하는 것'이라고 하면서 과거에 대한 판하(判下)나 비빈(妃嬪)을 간택하는 일까지도 모두 여기를 경유하여 나옵니다.
>
> 『효종실록』

(2) 삼사의 언론 기능 변질

① 삼사의 변질 : 삼사의 언론 기능도 변질되어 삼사가 각 붕당의 이해관계를 대변하기도 하였다. 삼사는 공론을 반영하기보다는 상대 세력에 대한 비판을 통하여 자기 세력의 유지와 상대 세력의 견제에 앞장서고 있었다.

② 자천권(自薦權) : 이조 및 병조의 전랑(銓郎)들도 중하급 관원들에 대한 인사권과 자기 후임자를 스스로 추천할 수 있는 권한을 행사하면서 자기 세력을 확대하고 상대 세력을 몰아내는 데 앞장섰다.

③ 혁파: 삼사의 언론 기능과 전랑의 권한은 붕당 간의 대립을 격화시키는 장치로 인식되어 영조와 정조의 탕평 정치를 거치면서 혁파되었다. 한편 삼사가 제도적으로 폐지된 것은 제1차 갑오개혁 시기이다.

바로 확인문제

● 다음 밑줄 친 '이 기구'에 대한 설명으로 가장 적절하지 않은 것은?   14. 경찰직 1차

> 김익희가 상소하여 말하기를, "요즘 이 기구가 큰일이건 작은 일이건 모두 취급합니다. 의정부는 한갓 겉 이름만 지니고 육조는 할 일을 모두 빼앗기고 말았습니다. 이름은 '변방을 담당하는 것'이라고 하면서 과거에 대한 판정이나 비빈 간택까지도 모두 여기서 합니다."라고 하였다.

① 명종 때에 을묘왜변을 계기로 처음 만들어진 임시 회의 기구이다.
② 세도 정치 시기에도 핵심적인 정치 기구로 자리 잡았다.
③ 의정부의 의정과 공조 판서를 제외한 판서 등 주요 관직자가 참여하는 합좌 기관이다.
④ 고종 때에 흥선 대원군에 의해 사실상 폐지되었다.

|정답해설| 밑줄 친 '이 기구'는 '비변사'로, 중종 때 삼포 왜란을 계기로 처음 만들어졌으며, 1555년 명종 때 을묘왜변을 계기로 상설 기구화되었다.

|정답| ①

2 군사 제도의 변화

(1) 중앙 군사 제도의 개편

① 개편 방향
  ㉠ 5위를 중심으로 운영되던 조선 초기의 중앙군은 16세기 이후 군역의 대립이 일반화되면서 제 기능을 수행하지 못하였다.
  ㉡ 임진왜란 초기에 어이없는 패전을 경험한 조정에서는 새로운 군대의 필요성을 절감하고, 왜군을 물리치는 데 효과적인 편제와 군사 훈련 방식을 모색하였다.
② 5군영의 설치
  ㉠ 훈련도감(1593)
    • 설치: 임진왜란 중 유성룡의 건의로 용병제를 토대로 한 훈련도감을 설치하였다.
    • 편제: 훈련도감의 군병은 **삼수병(포수·사수·살수)**으로 편성되었는데, 이들은 장기간 근무를 하고 일정한 급료를 받는 상비군으로서, 의무병이 아닌 **직업 군인의 성격**을 갖는 군인이었다.
    • 훈련도감의 군인들은 부족한 급료를 보충하기 위해 면포와 수공업 제품의 판매를 통하여 난전에 가담하기도 하였다.
  ㉡ 어영청(1623): 인조반정 이후 국내의 혼란한 정국을 대비하고, 후금을 방비하기 위해 창설되었다. 이후 효종 때 북벌 운동의 중심 기구로 성장하였다.
  ㉢ 총융청(1624): 이괄의 난을 진압한 직후에 설치되었고, 북한산성 및 경기 일대(수원, 광주, 양주, 장단, 남양)의 수비를 담당하였다.
  ㉣ 수어청(1626): 남한산성의 수비를 위해 설치한 군영으로서, 광주 유수(廣州留守)가 지휘를 담당하였다.
  ㉤ 금위영(1682): 병조 판서 김석주의 건의에 따라 병조 소속의 정초군(精抄軍)과 훈련도감 소속의 훈련별대를 합쳐 조직하였다.

■ 척계광의 『기효신서』
『기효신서(紀效新書)』는 명의 장군 척계광(戚繼光)이 저술한 병서(1560)로, 훈련도감과 속오군의 창설 및 운영에 지침서가 되었다.

■ 장번급료병제
장기간 근무를 하고 일정한 급료를 받는 직업 군인 제도이다.

● 5군영

군명	설치 시기	주요 임무	편제
훈련도감	선조(1593)	수도 방어	삼수병(포수·사수·살수)
어영청	인조(1623)	수도 방어	번상병
총융청	인조(1624)	북한산성 및 경기 일대	경기도 속오군
수어청	인조(1626)	남한산성	경기도 속오군
금위영	숙종(1682)	수도 방어	번상병(기병·보병)

③ 5군영의 성격
　ㄱ 임기응변적 설치
　　• 5군영은 대외 관계 및 국내 정세의 변화에 따라 임기응변적으로 설치되었다.
　　• 후금과의 항쟁 과정에서 국방력 강화를 명분으로 어영청·총융청·수어청 등이 설치되었고, 숙종 때 금위영이 추가로 설치되어 17세기 말에는 5군영 체제가 갖추어졌다.
　ㄴ 서인 정권의 군사적 기반
　　• 붕당 정치기에 군영은 서인 정권의 군사적 기반이 되기도 하였다.
　　• 인조반정과 뒤이은 이괄의 난을 경험한 뒤 정국의 주도권을 장악한 서인은 또 다른 군사적 도전을 막고 정권을 유지하기 위하여 자신들이 장악하는 군대의 필요성을 절감하였고, 이에 새로운 군영을 설치하고 그 운영을 장악하였다.

남인들은 훈련별대(현종 10년, 1669)를 통해 군사적 기반을 강화하여 서인들과 경쟁하였다.

사료 　훈련도감의 설치

국왕의 행차가 서울로 돌아왔으나, 도성 안은 타다 남은 건물 잔해와 시체로 가득하였다. 굶주림에 시달린 사람들은 인육을 먹기도 하고, 외방에는 곳곳에서 도적들이 일어났다. 이때 상(上)께서 도감(都監)을 설치하여 군사를 훈련하라고 명하시며 나를 도제조로 삼으셨다. 나는 청하기를 "당속미(唐粟米) 1천 석을 군량으로 하되, 한 사람당 하루에 2되씩 준다고 하여 군인을 모집하면 응하는 이가 사방에서 모여들 것입니다." 하였다. …… 얼마 안 되어 수천 명을 얻어 조총 쏘는 법과 창칼 쓰는 기술을 가르치고 초관(哨官)과 파총(把摠)을 세워 그들을 거느리게 하였다. 또 당번을 정하여 궁중을 숙직하게 하고, 국왕 행차가 있을 때 이들로써 호위하게 하니 민심이 점차 안정되었다.

유성룡, 『서애집』

바로 확인문제

● 조선 후기 설치된 5군영에 대한 설명으로 가장 적절한 것은?　　18. 경찰직 3차

① 1652년 남한산성에 금위영을 두고 광주 및 그 부근의 제진을 경비케 하였다.
② 1682년 서울에 총포병과 기병을 위주로 한 정예부대인 수어청을 두었다.
③ 1624년 서울과 경기의 경비를 강화하기 위해서 총융청을 설치하고 경기 내의 군인을 여기에 소속시켜 경기 지역의 제진을 통솔케 하였다.
④ 1626년 도성 수비를 목적으로 기병과 훈련도감군의 일부를 주축으로 어영청을 설치함으로써 임란 중에 만들어진 훈련도감을 포함해서 5군영의 체제가 완성되었다.

| 정답해설 | 1624년 경기 내의 군인을 배속시켜 총융청을 설치하고 서울 및 경기의 경비를 강화하였다.

| 오답해설 |
① 금위영은 숙종 때(숙종 8년, 1682) 설치된 군영이다. 남한산성 방어는 수어청이 담당하였다.
② 1682년 병조 판서 김석주의 건의로 총포병과 기병 위주로 금위영을 설치하였다.
④ 기병과 훈련도감군의 일부를 주축으로 금위영을 설치하여 5군영 체제가 완성되었다.

| 정답 | ③

(2) 지방 군사 제도의 개편

① 제승방략(制勝方略) 체제

- ㉠ 조선 초기에 실시되던 진관 체제는 많은 외적의 침입을 방어하는 데에는 효과가 없어 16세기 후반에 제승방략 체제를 수립하였다.
- ㉡ 제승방략 체제란 유사시에 필요한 방어처에 각 지역의 병력을 동원하여 중앙에서 파견되는 장수가 지휘하는 방어 체제를 말한다.
- ㉢ 제승방략 체제가 임진왜란 중에도 큰 효과를 거두지 못하자 다시 진관(鎭管)을 복구하고 속오법에 따라 군대를 편제하는 속오군 체제로 정비하였다.

② 속오군(束伍軍)

- ㉠ 편제: 위로는 양반에서부터 아래로는 노비에 이르기까지 모두 속오군으로 편제되었다.
- ㉡ 동원: 속오군은 농한기에만 훈련을 받았는데, 평상시에는 생업에 종사하면서 향촌 사회를 지키다가 적이 침입해 오면 전투에 동원되었다.

③ (전임)영장 제도: 1627년(인조 5년) 「영장절목(營將節目)」의 반포와 함께 무신 당상관을 전임(專任)영장으로 파견하여 속오군(束伍軍)의 조련(操鍊)을 담당하게 하였다. 그러나 1637년(인조 15년) 전임영장제가 혁파된 뒤 후, 수령이 영장을 겸임하는 겸영장(兼營將) 제도가 운영되었다. 1654년(효종 5년) 전임영장제가 다시 시행되었으나 효종 사후에 삼남 지방은 전임영장제로, 그 외의 지역은 겸영장제로 운영되었다.

바로 확인문제

● 지방 군사 제도의 변천 과정을 시대순으로 바르게 나열한 것은?

18. 지방직 7급

| ㄱ. 국방 요지인 영·진에 소속되어 복무하는 영진군이 있었다.
| ㄴ. 양반부터 천인에 이르는 신분으로 구성된 속오군이 편성되었다.
| ㄷ. 10정은 각 주마다 1정씩 배치되었는데, 한주(漢州)에는 2정이 설치되었다.
| ㄹ. 5도의 일반 군현에 주둔하는 주현군과 양계 지역의 주진군으로 구성되었다.

① ㄱ – ㄴ – ㄷ – ㄹ
② ㄱ – ㄷ – ㄹ – ㄴ
③ ㄷ – ㄱ – ㄹ – ㄴ
④ ㄷ – ㄹ – ㄱ – ㄴ

04 붕당 정치의 전개*

(1) 동인의 분열

① 동인의 우세: 동인과 서인이 나뉜 후 처음에는 동인이 우세한 가운데 정국이 운영되었다.

② 남·북인의 분당

- ㉠ 원인: 동인은 정여립 모반 사건(기축옥사, 1589), 건저의 사건(1591) 등을 계기로 온건파인 남인과 급진파인 북인으로 나뉘었다.
- ㉡ 정국의 주도: 처음에는 남인이 정국을 주도하였으나, 임진왜란이 끝난 뒤 북인이 집권하여 광해군 때까지 정국을 주도하였다.

사료 정여립 모반 사건(1589)

기축년(1589) 10월 2일 황해 감사 한준의 비밀 장계가 들어왔다. 이날 밤 삼정승, 육승지, 의금부 당상관들을 급히 들어오게 하고, …… 임금이 비밀 장계를 내려서 보이니, 그것은 안악 군수 이축, 재령 군수 박충간, 신전 군수 한응인 등이 역적 사건을 고변(告變)한 것이었다. 그 내용은 수찬을 지낸 전주에 사는 정여립이 모반하여 괴수가 되었는데, 그 일당인 안악에 사는 조구가 밀고한 것이었다. 『연려실기술』

심화 대북과 소북

북인은 왕위 계승권 문제로 선조 32년(1599) 대북(大北)과 소북(小北)으로 분열되었다.
선조는 세자였던 광해군을 폐위하고 적자인 영창 대군을 세자로 책봉하려고 하였다. 이 당시 이산해(李山海)·이이첨(李爾瞻)·정인홍(鄭仁弘)·홍여순(洪汝諄)·기자헌(奇自獻)·허균(許筠) 등 대북은 광해군을 지지하였고, 김신국·남이공 등 소북은 영창 대군을 지지하였다. 그러나 선조의 갑작스러운 죽음과 광해군의 즉위로 소북은 실각하였다.

■북인의 집권 기반

임진왜란 당시 북인은 의병을 일으키고 향촌 사회의 기반을 유지함에 따라 전란이 끝난 뒤 정국을 주도할 수 있었다.

(2) 광해군의 정치와 인조반정

① 중립 외교(中立外交) 정책 : 광해군은 국제 정세의 변화 속에서 명과 후금 사이에 **중립 외교**를 전개하면서 전후 복구 사업을 추진하였다.
② 북인의 독점 : 광해군의 지지 세력인 북인은 서인과 남인 등을 배제한 채 정권을 독점하려 하였다.
③ 인조반정(仁祖反正, 1623)
  ㉠ **폐모살제(廢母殺弟) 사건** : 영창 대군은 선조의 계비인 인목 대비의 아들이라서, 후궁의 아들이라 적통이 아니었던 광해군에게 위협적인 존재였다. 이에 광해군은 불안정한 왕위를 지키기 위하여 영창 대군을 살해하고 인목 대비를 유폐하여 도덕적으로 비난을 받았다.
  ㉡ **민심의 이탈** : 무리한 토목 공사를 벌여 재정의 악화와 민심의 이탈을 불러왔고, 결국 광해군과 북인은 서인이 주도한 인조반정으로 몰락하였다.

사료 인조반정과 친명 배금 정책

중국 사신이 본국에 왔을 때 그를 구속하여 옥에 가두듯이 했을 뿐 아니라 황제가 자주 칙서를 내려도 구원병을 파견할 생각을 하지 않아 예의의 나라인 삼한(三韓)으로 하여금 오랑캐와 금수가 됨을 면치 못하게 하였으니, 그 통분함을 어찌 이루 다 말할 수 있겠는가. 천리를 거역하고 인륜을 무너뜨려 위로는 종묘사직에 죄를 얻고 아래로는 만백성에게 원한을 맺었다. 죄악이 이에 이르렀으니 그 어떻게 나라를 통치하고 백성에게 군림하면서 조종조의 천위(天位)를 누리고 종묘사직의 신령을 받들겠는가. 그러므로 이에 폐위하고 적당한 데 살게 한다. …… 『인조실록』

(3) 붕당 정치의 진전

① 연합 정치
  ㉠ 인조반정 이후 붕당 정치는 더욱 진전되어 반정을 주도한 서인은 남인 일부와 연합하여 정국을 운영해 나갔다.
  ㉡ 서인과 남인은 모두 학파적 결속을 확고히 한 정파들이었기 때문에 이들은 기본적으로 서로의 학문적 입장을 인정하는 토대 위에서 상호 비판적인 공존 체제를 이루어 나갔다.
② 여론의 주재
  ㉠ 정치적 여론은 주로 서원을 중심으로 모아져서 자기 학파의 관리들을 통하여 중앙 정치에 반영되었다.

ⓒ 각 학파에서 학식과 덕망을 겸비한 인물이 산림(山林)이란 이름으로 재야에서 그 여론을 주재하였다.

ⓒ 산림은 시골에 은거해 있던 학덕이 높은 학자 가운데 국가의 부름을 받아 특별 대우를 받던 사람으로 붕당 정치기의 사상적 지주였다. 최초의 산림은 광해군 때 정인홍이었다.

③ 서인의 우세: 이후 현종 때까지는 서인이 우세한 가운데 남인과 연합하여 공존하는 구도가 유지된 채 붕당 정치가 전개되었다.

(4) 예송 논쟁과 붕당 간의 공존

① 예송 논쟁(禮訟論爭): 예송(禮訟)은 차남으로 왕위에 오른 효종의 정통성과 관련하여 1659년 효종의 사망 시(기해예송)와 1674년 효종 비의 사망 시(갑인예송) 두 차례 일어나 서인과 남인 사이의 대립이 격화되었다. 이때 인조의 계비인 자의 대비(조 대비)의 복제(服制)가 쟁점이 되었다. 서인은 효종이 적장자(嫡長子)가 아니므로 왕에게 사대부와 동일한 예가 적용되어야 한다는 입장에서 각각 1년설과 9개월설을 주장하였고, 남인은 왕에게는 사대부와 다른 예가 적용되어야 한다는 입장에서 각각 3년설과 1년설을 주장하여 대립하였다.

ⓐ 1차(기해예송, 1659): 당시 정치적 실권을 장악하고 있던 서인의 주장이 받아들여졌다(서인의 1년설).

ⓑ 2차(갑인예송, 1674): 꾸준히 세력을 키워 온 남인의 주장이 받아들여져 서인은 약화되고 남인 중심의 정국이 운영되었다(남인의 1년설).

② 남인의 우세: 갑인예송의 결과 남인의 우세 속에서 서인과 공존하는 정국은 정계에서 밀려났던 서인이 경신환국(1680)으로 남인을 역모로 몰아 숙청하고 집권할 때까지 유지되었다.

> **사료** **예송 논쟁**
>
> 장령 허목이 상소하였다. "신이 좌참찬 송준길이 올린 차자를 보았는데, 상복(喪服) 절차에 대하여 논한 것이 신이 논한 것과는 크게 거리가 있었습니다. 모두 예경에 의거하여 쟁론을 하면서 이렇게 해야 예라고들 하고 있지만, 이 예는 대례(大禮)입니다. 이 예에서 의견 일치를 보지 못하면 앞으로 예의 기준을 어떻게 정하겠습니까?
>
> 신이 말한 것은 '적통은 장자로 세운다[立嫡以長]' 하는 그 뜻입니다. 그리고 장자를 위하여 3년을 입는 까닭은 위로 정체(正體)이기 때문이고, 또 전중(傳重: 조상의 제사나 가문의 법통을 전함)이 되기 때문입니다. …… 무엇보다 중요한 것은 할아버지와 아버지의 뒤를 이은 '정체' 그것이지, 꼭 첫째이기 때문에 참최를 입는 것은 아닙니다.
>
> 『현종실록』

> **바로 확인문제**
>
> ● 조선 후기 예송에 대한 설명으로 옳지 않은 것은?   14. 지방직 9급
>
> ① 갑인예송에서 남인은 조 대비가 9개월 복의 상복을 입어야 한다고 주장하였다.
>
> ② 기해예송은 서인의 주장대로 조 대비가 효종을 위해 1년 복을 입는 것으로 결정되었다.
>
> ③ 기해예송은 효종이 사망하자 조 대비가 상복을 3년 복으로 입을 것인가, 1년 복으로 입을 것인가를 둘러싸고 일어났다.
>
> ④ 갑인예송은 효종 비가 사망하자 조 대비가 상복을 1년 복으로 입을 것인가, 9개월 복으로 입을 것인가를 둘러싸고 일어났다.

■ **남인 윤선도의 「오우가」**

내 버디 몇치나 ᄒ니 水石(수석)과 松竹(송죽)이라. / 東山(동산)의 ᄃᆞᆯ 오르니 긔 더옥 반갑고야. / 두어라 이 다ᄉᆞᆺ 밧긔 또 더ᄒᆞ야 머엇ᄒᆞ리.

| 정답해설 | 갑인예송(2차 예송)에서 서인은 9개월설을 주장하였고, 남인은 1년설을 주장하였다.

| 정답 | ①

05 정쟁의 격화와 탕평 정치

1 붕당 정치의 변질

(1) 일당 전제화의 추세

숙종 때에 이르러 붕당 사이의 견제와 균형을 유지하던 붕당 정치 형태가 무너지고, 정국을 주도하는 붕당과 견제하는 붕당이 서로 교체됨으로써 정국이 급격하게 전환하는 환국(換局)이 나타났다. 이로써 특정 붕당이 정권을 독점하는 일당 전제화(一黨專制化)의 추세가 대두되었다.

(2) 노론과 소론의 대립

① 분열: 서인은 정책의 수립과 상대 붕당의 탄압 과정에서 노장 세력과 신진 세력 간에 갈등이 깊어지면서 노론(老論)과 소론(少論)으로 나뉘었다.

② 성격: '노론'은 송시열을 중심으로 결집하여 대의명분을 존중하고, 민생 안정을 강조하는 경향을 보였다. 반면에 '소론'은 윤증을 중심으로 결집하여 실리를 중시하고, 적극적인 북방 개척을 주장하는 경향을 보였다.

③ 대립: 노론과 소론은 남인과 정국의 주도권을 놓고 대립하였고, 남인이 정계에서 완전히 밀려난 뒤에는 노론과 소론 사이의 대립으로 정국의 반전이 거듭되었다.

(3) 환국(換局)의 전개*

① 경신환국

ㄱ 내용: 숙종 6년(1680) 남인의 영수였던 허적이 '유악 사건(허적이 왕실의 천막을 허가 없이 사용한 사건)'으로 국왕의 불신을 받고 있었고, 허견(허적의 서자)이 역모 사건에 연루되어 발생한 사건이다. 이 과정에서 남인이 축출되고 서인이 집권하였다.

ㄴ 결과

- 서인이 노·소론으로 분열되었다. 남인의 처벌에 대한 온건론자가 소론(윤증), 강경론자가 노론(송시열)이다.
- 붕당 정치의 원리가 무너지고, 상대 세력의 존재를 인정하지 않는 일당 전제화의 추세가 나타나기 시작하였다.

② 기사환국: 숙종 15년(1689) 후궁 장씨의 아들을 원자(元子)로 정하는 문제를 계기로 서인이 축출되고 남인이 권력을 장악하였다. 이때 송시열은 정읍에서 사사(賜死)되었으며, 인현 왕후는 폐위되었다.

③ 갑술환국: 숙종 20년(1694) 폐비 민씨(廢妃閔氏, 인현 왕후) 복위 운동을 반대하던 남인들이 숙종의 미움을 받아 권력을 상실하고, 노론과 소론이 재집권하게 된 사건이다.

④ 무고의 옥: 숙종 27년(1701) 희빈 장씨가 인현 왕후를 무고(巫蠱, 무술로써 남을 저주하는 일)한 사실이 발각되어 일어난 사건이다. 그 결과 희빈 장씨가 죽임을 당하고, 세자(후에 경종)를 지지하던 소론 세력이 약화되었다.

■ 일당 전제화의 사회·경제적 배경

- 상품 화폐 경제의 발달: 17세기 후반 이후 상품 화폐 경제가 발달함에 따라 정치 집단 사이에서 상업적 이익에 대한 관심이 높아져 이를 독점하려는 경향이 커졌다.
- 정치적 쟁점도 예론과 같은 사상적인 문제에서 군사력과 경제력 확보에 필수적인 군영을 장악하는 것으로 옮겨 갔다.
- 붕당 기반의 붕괴: 향촌 사회에서는 지주제와 신분제의 동요에 따라 사족 중심의 향촌 지배가 어렵게 되어 붕당 정치의 기반도 무너지게 되었다.

＊환국의 전개

경신환국, 기사환국, 갑술환국의 내용과 결과를 기억해야 한다.

■ 허견의 역모 사건

허견이 인조의 손자인 복창군(福昌君)·복선군(福善君)·복평군(福平君)과 결탁하고 대흥산성(大興山城)의 둔군(屯軍)을 동원해 역모를 꾀하였다는 고변이 들어왔다. 허견은 국문을 받은 후 군기시(軍器寺) 앞길에서 처형되었으며 그 밖에 복선군·복창군 및 허적 등 남인의 중심 인물들이 사사(賜死)·유배되었다. 이 사건으로 남인이 실각하고 서인 정권이 들어섰다.

⑤ 노론과 소론의 분쟁: 갑술환국 이후에는 노론과 소론이 대립하였는데, 대표적 사건이 병신처분과 정유독대이다.

 ㉠ 병신처분(숙종 42년, 1716): 송시열과 윤증 사이에 벌어진 '회니시비'에 대해 숙종이 윤증의 잘못으로 판정한 정치적 처분이다.

 ㉡ 정유독대(숙종 43년, 1717): 세자의 허약함을 이유로 숙종이 노론의 영수 이이명에게 숙빈 최씨의 아들인 연잉군(훗날 영조)을 후사로 정할 것을 부탁한 사건으로, 이는 소론의 반발과 숙종의 와병으로 실패하였다.

⑥ 소론의 집권: 경종이 즉위한 후, 노론과 소론의 대립이 격화되었다. 노론이 연잉군을 세제(世弟)에 책봉하도록 한 후 (연잉군의) 대리청정을 추진하자 소론은 이를 역모로 규정하면서 노론을 탄압하였다. 당시 노론의 4대신(김창집, 이이명, 조태채, 이건명)을 탄핵하여 유배시키고(신축옥사, 1721), 이듬해 경종 시해 음모론을 주장하면서(목호룡의 고변) 유배된 노론 4대신을 포함한 60여 명을 처형시켰다(임인옥사, 1722). 이 사건은 신축년과 임인년 사이에 발생하였기 때문에 신임사화라 한다.

바로 확인문제

● (가)와 (나) 사이의 시기에 있었던 일로 옳은 것은?   20. 지방직 9급

> (가) 남인들이 대거 관직에서 쫓겨나고 허적과 윤휴 등이 처형되었다.
> (나) 인현 왕후가 복위되고 노론과 소론이 정계에 복귀하였다.

① 송시열과 김수항 등이 처형당하였다.
② 서인과 남인이 두 차례에 걸쳐 예송을 전개하였다.
③ 서인 정치에 한계를 느낀 정여립이 모반을 일으켰다.
④ 청의 요구에 따라 조총 부대를 영고탑으로 파견하였다.

(4) 붕당 정치의 변질 결과

① 외척의 비중 강화: 왕이 직접 나서서 환국을 주도함에 따라 왕실 외척이나 종실 등 왕과 직결된 집단의 정치적 비중이 커졌다.

② 전랑의 비중 약화: 삼사와 이조 전랑은 환국이 거듭되는 동안 공론을 무시한 채 자기 당의 이익을 직접 대변하였기 때문에 정치적 비중이 줄어들었다.

③ 비변사의 강화: 정치 권력이 고위 관원에게 집중되면서 그들의 합좌 기구인 비변사의 기능이 강화되었다.

④ 벌열 가문의 정권 독점: 붕당 정치가 변질되는 속에서 정권은 일부 벌열(나라에 공이 많고 벼슬 경력이 많은) 가문에 의해 독점되었고, 지배층 사이에서는 공론에 의해 문제를 처리하기보다는 개인이나 가문의 이익을 우선하는 경향이 나타났다.

⑤ 양반층의 자기 도태: 양반층의 분화로 권력을 장악한 부류가 있는가 하면 다수는 정치적으로 몰락하였고, 정치적 갈등이 심해지면서 양반층은 자기 도태를 거듭하였다.

⑥ 서원의 남설: 중앙의 정치에서 도태된 사림들은 낙향하여 서원을 설립하고 그들의 세력 근거지로 삼았다. 그러나 서원 본래의 기능을 벗어나 특정 가문의 선조(先祖)를 받드는 사우(祠宇)와 함께 도처에 세워졌다. 이러한 현상은 경상도에서 특히 심하게 나타났다.

단권화 MEMO

■ 병신처분
『가례원류(家禮源流)』는 소론의 영수였던 윤증의 아버지 윤선거와 유계(俞棨)가 함께 저술한 책인데, 숙종 37년(1711) 유계의 집안에서 이 책을 단독으로 간행하였다. 또한 노론의 영수 송시열의 제자 정호(鄭澔)가 서문을 쓰면서 윤증을 비난한 것 때문에 노론과 소론이 대립하였다. 결국 숙종 42년(1716) 7월에 숙종은, 송시열은 잘못한 것이 없고 윤증이 잘못한 것으로 판정한 후 윤증을 유현(儒賢)으로 대접하지 말 것을 지시하였다.

■ 회니시비(懷尼是非)
현종 10년(1669) 윤선거(尹宣擧)가 사망하자 그의 아들인 윤증(尹拯)이 스승 송시열(宋時烈)을 찾아 묘비에 쓸 글을 부탁하였는데, 이때 송시열이 무성의하게 글을 썼고 윤선거에 대한 비판적인 내용(병자호란 시기 강화도가 함락되자 처 이씨는 자결하였으나 윤선거는 평민의 복장으로 탈출하였음을 비판)을 적어 보냈다. 이에 사제 간이었던 두 사람의 관계가 적대적인 관계로 바뀌면서 급기야 당시 집권 세력이었던 서인(西人)이 경신환국 때 노론(老論)과 소론(少論)으로 갈라서게 되는 원인으로 확대되었다.

| 정답해설 | (가) 경신환국(숙종 6년, 1680)의 결과이며, (나) 갑술환국(숙종 20년, 1694)과 관련된다. 기사환국은 숙종 15년인 1689년에 발생하였고, 이로 인해 송시열과 김수항 등이 처형되었다.

| 오답해설 |
② 현종 때 서인과 남인은 두 차례의 예송 논쟁을 전개하였다[1차(1659, 기해예송), 2차(1674, 갑인예송)].
③ 선조 때 서인 정치에 한계를 느낀 정여립이 모반을 일으켰다(선조 22년, 1589).
④ 효종 때 청의 요구에 따라 두 차례에 걸체[1차(1654), 2차(1658)] 조총 부대를 모란강 상류 지역인 영고탑(寧古塔, 영안현)으로 파견하였다(나선 정벌).

| 정답 | ①

사료 붕당 정치의 폐해

신축·임인년(1721·1722) 이래로 조정에서 노론·소론·남인의 삼색(三色)이 날이 갈수록 더욱 사이가 나빠져 서로 역적이란 이름으로 모함하니 이 영향이 시골에까지 미치게 되어 하나의 싸움터를 만들었다. 그리하여 서로 혼인을 하지 않을 뿐만 아니라 다른 당색(黨色)끼리는 서로 용납하지 않는 지경에까지 이르렀다. …… 대체로 당색이 처음 일어날 때에는 미미하였으나, 자손들이 그 조상의 당론을 지켜 200년을 내려오면서 마침내 굳어져 깨뜨릴 수 없는 당이 되고 말았다. …… 근래에 와서는 사색(四色)이 모두 진출하여 오직 벼슬만 할 뿐, 예로부터 저마다 지켜 온 의리는 쓸모없는 물건처럼 되었고, 사문(斯文 : 유학)을 위한 시비와 국가에 대한 충역은 모두 과거의 일로 돌려 버리니 ……

『택리지』

*탕평론의 대두
영조와 정조의 탕평 정책과 업적을 비교하여 기억해야 한다.

2 탕평론(蕩平論)의 대두*

(1) 배경

① 붕당 정치의 변질 : 붕당 정치가 변질되면서 정치 집단 간의 세력 균형이 무너지고 왕권 자체도 불안하게 되었다.

② 탕평론의 제기 : 이에 강력한 왕권을 토대로 국왕이 정치의 중심에 서서 세력의 균형을 유지하기 위해 탕평론이 제기되었다.

(2) 탕평론의 제기

① 의미 : 탕평(蕩平)이란 『서경(書經)』에서 나온 말로, 임금의 정치가 한쪽의 편을 들지 않고 사심이 없으며, 당을 이루지도 않는 상태에 이르는 것을 의미한다.

② 목적

　㉠ 숙종은 정치적 균형 관계를 재정립할 목적으로 인사 관리를 통하여 세력 균형을 유지하려는 **탕평론**을 제시하였다.

■ 숙종의 정책
노산 대군의 시호를 올리고 묘호를 단종이라 하였고, 대보단을 세워 왕이 직접 명나라 신종 황제를 제사하였다. 한편 충무공 이순신의 사우(祠宇)에 '현충'이라는 시호를 내리고, 의주에 강감찬 사당을 건립하였다.

　㉡ 아울러 군왕과 신하가 한마음으로 절의와 덕행을 숭상하면서 인사 관리를 공정하게 한다면 붕당 사이의 갈등은 자연히 해소될 것이라고 하였다.

③ 한계 : 숙종의 탕평책은 명목상의 탕평론에 지나지 않아 균형의 원리가 지켜지지 않았다. 오히려 상황에 따라 한 당파를 일거에 내몰고 상대 당파에 정권을 모두 위임하는 편당적인 인사 관리로 일관하여 환국(換局)이 일어나는 빌미를 제공하기도 하였다.

④ 환국 이후의 정국

　㉠ 이때의 잦은 환국으로 숙종 말에서 경종에 이르는 동안 왕위 계승 문제를 둘러싸고 노론과 소론이 대립하였다.

■ 대리청정(代理聽政)
왕을 대신하여 그 후계자로 지정된 사람이 중요한 정무를 처리하는 정치 형태이다.

　㉡ 경종 때에는 왕세제(영조)의 대리청정(代理聽政) 문제로 노론과 소론의 대립이 격화되었다.

3 영조의 탕평 정치

(1) 「탕평교서(蕩平教書)」 발표(1725)

① 목적 : 영조는 즉위 직후 「탕평교서」를 발표하여 어지러운 정국을 바로잡으려 하였으나 자신이 노론과 소론을 번갈아 등용하여 오히려 정국을 더욱 어지럽게 하였다.

② 이인좌의 난 : 영조 4년(1728) 소론과 남인 일부 강경파가 '경종의 죽음에 영조와 노론이 관계되었다.'라고 하면서 영조의 정통성을 부정하고, 노론 정권과 영조의 탕평책에 반대하여 일으킨 반란이다.

▲ 영조 어진
(궁중 유물 전시관 소장)

> **사료   영조의 「탕평교서」**
>
> 우리나라는 원래 땅이 협소하여 인재 등용의 문도 넓지 못하였다. 그런데 근래에 와서 인재 임용이 당에 들어 있는 사람만으로 이루어지고, 조정의 대신들이 서로 공격하여 공론이 막히고 서로를 반역자라 지목하니 선악을 분별할 수 없게 되었다. 지금 새로 일으켜야 할 시기를 맞아 과거의 허물을 고치고 새로운 정치를 펴려 하니, 유배된 사람은 경중을 헤아려 다시 등용하되 탕평의 정신으로 하라. 지금 나의 이 말은 위로는 종사를 위하고 아래로 조정을 진정하려는 것이니, 이를 어기면 종신토록 가두어 내가 그들과는 나라를 함께 할 뜻이 없음을 보이겠다.
> 『영조실록』

> **사료   이인좌의 난**
>
> 적이 청주성을 함락시키니, 절도사 이봉상과 토포사 남연년이 죽었다. 처음에 적 권서봉 등이 양성에서 군사를 모아 청주의 적괴(賊魁) 이인좌와 더불어 군사 합치기를 약속하고는 청주 경내로 몰래 들어와 거짓으로 행상하여 장례를 지낸다고 하면서 상여에다 병기를 실어다 고을 성 앞 숲속에다 몰래 숨겨 놓았다. 『영조실록』

(2) 탕평파 중심의 정국 운영

① 탕평파 육성 : 영조는 이인좌의 난을 계기로 붕당 간의 관계를 다시 조정하여 왕과 신하 사이의 의리를 확립할 필요가 있음을 절감하였다. 이에 왕이 내세우는 논리에 동의하는 탕평파를 중심으로 정국을 운영하였다.

② 산림(山林)의 존재 부정 : 붕당의 뿌리를 제거하기 위하여 공론의 주재자로서 인식되던 산림의 존재를 인정하지 않고, 그들의 본거지인 서원을 대폭 정리하였다.

③ 이조 전랑의 권한 약화(1741) : 이조 전랑의 정원을 3명에서 2명으로 축소하였고, 통청권을 폐지하였다.

(3) 국왕의 지도력 회복

① 영조가 탕평 정치를 실시하면서 왕은 정국의 운영이나 이념적 지도력을 비롯하여 거의 모든 부문에서 가장 큰 영향력을 행사하였고, 붕당의 정치적 의미는 차츰 엷어졌다(완론 탕평).

② 이에 정치 권력은 왕과 탕평파 대신 쪽으로 집중되었다.

> **사료   탕평비**
>
> 周而弗比(주이불비) 乃君子之公心(내군자지공심) / 比而弗周(비이불주) 寔小人之私意(식소인지사의)
> 원만하여 편벽되지 않음은 곧 군자의 마음이요, / 편벽되고 원만하지 않음은 소인의 사사로운 마음이다.

■ 이조 전랑의 권한 약화
이조(吏曹) 전랑은 정5품 정랑과 정6품 좌랑을 합하여 통칭한 것이다. 『경국대전』에는 정랑과 좌랑이 각각 3명씩으로 법제화되었으나, 전랑권을 약화시키기 위해 영조 17년(1741) 정원을 각각 2명으로 축소하였다. 또한 전랑이 삼사의 청요직을 선발할 수 있는 권한인 통청권(通淸權)을 공식적으로 폐지하였다. 한편 전랑의 후임자를 추천하는 자천권은 숙종 11년(1685) 전랑천대법(銓郎薦代法)이 폐지되면서 법적으로는 폐지되었다. 그러나 이후에도 관행적으로 유지되다가 정조 때 완전히 없어졌다.

■ 탕평비(蕩平碑)
영조 18년(1742) 성균관 입구에 탕평비를 세웠다.

■ **균역법 실시를 위한 여론 반영**

영조는 균역법을 시행하기 전 창경궁 홍화문에 나아가 호포제(신분을 가리지 않고 호를 기준으로 군포를 부과함), 결포제(토지 결수를 기준으로 군포를 부과함) 등 군정 개혁을 위해 백성들에게 외견을 물었다.

■ **기로과(耆老科) 설치**

영조 32년(1756) 대비(인원 왕후)의 70세 탄신을 위해 실시한 과거제이다. 60세 이상의 선비와 무인을 대상으로 시험을 치러 관리로 등용하는 것으로 영조 때 여러 번 실시하였다.

(4) 민생 안정 정책 및 제도 정비

① 신문고 제도의 부활, 노비공감법, 상전의 노비 사형(私刑, 사적인 형별) 금지 등을 실시하였다.

② 군역 문제 해결을 위해 **균역법을 시행**하였다(1750).

③ 압슬형 등 가혹한 형벌을 폐지하고, 사형수에 대한 삼심제를 엄격하게 시행하였다.

④ 도성의 수비 체계를 강화하고자 수성윤음(守城綸音)을 공포하였다(1751).

⑤ 청계천을 준설하여 홍수의 피해를 막고자 하였다.

⑥ 『동국문헌비고』, 『속대전』, 『속오례의』, 『증수무원록』(중국의 법의학서로 영조 때 구택규에 의해 편찬되었고, 정조 때 보완되어 발행되었다), 「동국여지도」를 편찬하였다.

(5) 한계

① 근본적 해결 실패: 영조의 탕평책이 붕당 정치의 폐단을 근본적으로 해결한 것은 아니었다. 강력한 왕권으로 붕당 사이의 치열한 다툼을 일시적으로 억누른 것에 불과하였다.

② 노론의 정국 주도: 탕평의 원리에 의하여 노론과 소론이 공존하였으나, 소론 강경파가 자주 변란을 일으키면서 소론의 정치적 입장은 약화되고 노론이 정국을 주도하였다.

사료   신문고의 부활

(영조가) 국초(國初)에 있었던 전례에 따라 창덕궁의 진선문과 시어소(時御所)의 건명문 남쪽에 신문고를 다시 설치하도록 명하였다. 그리고 하교하기를, "이와 같이 옛 법을 회복한 후에는 차비문(差備門)은 물론이고 길에서 징을 치는 자는 비록 사건사(四件事)에 관계된다 하더라도 장(杖)을 때리고, 사건사에 관계되지 않은 자는 호남 해안가의 군역에 충원하라. 비록 신문고를 쳤다 할지라도 만약 사건사가 아니면 형추(刑推)하여 유배 보내고 이 일을 기록하여 정식(定式)으로 삼도록 하라. 그리고 신문고의 전면과 후면에 '신문고'라고 세 글자를 써서 모든 백성이 알게 하라."고 하였다.   『영조실록』

사료   영조의 업적

팔순 동안 내가 한 일을 만약 나 자신에게 묻는다면
첫째는 탕평책인데, 스스로 '탕평'이란 두 글자가 부끄럽다.
둘째는 균역법인데, 그 효과가 승려에게까지 미쳤다.
셋째는 청계천 준설인데, 만세에 이어질 업적이다. ……

         「어제문업(御製問業)」

심화   『무원록』, 『증수무원록』

중국 송대(宋代)의 『세원록(洗寃錄)』과 『평원록(平寃錄)』, 『결안정식(結案程式)』을 원나라 왕여(王與)가 종합하여 『무원록』으로 편찬하였다.

이를 세종 22년(1440)에 주석을 붙여 『신주무원록(新註無寃錄)』으로 간행하였다. 그러나 애매하고 잘못된 점이 있으므로 영조 24년(1748) 왕의 특명으로 구택규(具宅奎)가 내용을 증보하고, 애매한 용어를 바로잡은 뒤 해석을 붙여 새로 편찬한 것이 『증수무원록』의 구본이다.

그 뒤 중국의 문자나 방언이 많고 용어가 너무 간결해 이해하기 어려우므로 구윤명(具允明)이 보완해 주석하였으나 완결짓지 못하였다. 이후 율학 교수(律學敎授) 김취하(金就夏)의 도움을 받아 전반적으로 증수하였는데, 이것이 『증수무원록』의 신본이다.

정조 14년(1790)에 전 형조 판서인 서유린(徐有隣)의 주관하에 김취하를 비롯한 전 형조 정랑 유한돈(俞漢敦), 율학 별제(律學別提) 한종호(韓宗祜), 박재신(朴在新)이 함께 고증하고 바로잡아 한글로 토를 달고 필요한 주석을 달아 증보하여 1792년에 간행하였다. 이것을 『증수무원록』 또는 『증수무원록언해(增修無寃錄諺解)』 혹은 『증수무원록대전(增修無寃錄大全)』이라고 부른다.

● 다음 정책을 시행한 왕에 대한 설명으로 옳은 것은?　　　　　16. 지방직 9급

- 『속대전』을 편찬하여 법령을 정비하였다.
- 사형수에 대한 삼복법(三覆法)을 엄격하게 시행하였다.
- 신문고 제도를 부활시켜 백성들의 억울함을 풀어주고자 하였다.

① 신해통공을 단행해 상업 활동의 자유를 확대하였다.
② 삼정이정청을 설치해 농민의 불만을 해결하려 하였다.
③ 붕당의 폐단을 제거하기 위해 서원을 대폭 정리하였다.
④ 환곡제를 면민이 공동 출자하여 운영하는 사창제로 전환하였다.

● 밑줄 친 '나'가 국왕으로 재위하던 기간에 있었던 일은?　　　　　22. 지방직 9급

팔순 동안 내가 한 일을 만약 나 자신에게 묻는다면
첫째는 탕평책인데, 스스로 '탕평'이란 두 글자가 부끄럽다.
둘째는 균역법인데, 그 효과가 승려에게까지 미쳤다.
셋째는 청계천 준설인데, 만세에 이어질 업적이다.
　　　　　……

　　　　　　　　　　　　　　　　　　　　　「어제문업(御製問業)」

① 장용영이 창설되었다.
② 나선 정벌이 단행되었다.
③ 홍경래의 난이 발생하였다.
④ 『동국문헌비고』가 편찬되었다.

| 정답해설 | 제시된 정책들은 영조 때 시행되었다. 영조는 공론의 주재자로 인식되던 산림의 존재를 부정하였고 서원을 대폭 정리하였다.

| 오답해설 |
① 정조는 신해통공을 단행하여 육의전을 제외한 시전 상인들의 금난전권을 폐지하였다. 그 결과 상업 활동의 자유가 확대되었다(1791).
② 철종 때 임술 농민 봉기(1862) 이후 삼정이정청을 설치하여 농민들의 불만을 해결하려 하였으나, 실효를 거두지는 못하였다.
④ 흥선 대원군은 환곡제를 폐지하고, 면민이 공동 출자하여 운영하는 사창제로 전환하였다.

| 정답 | ③

| 정답해설 | 제시된 사료의 '균역법', '청계천 준설'을 통해 밑줄 친 '나'가 영조임을 알 수 있다. 영조 때 홍봉한 등이 한국학 백과사전인 『동국문헌비고』를 편찬하였다.

| 오답해설 |
① 정조 때 왕의 친위 부대인 장용영이 창설되었다.
② 효종 때 2차례에 걸쳐 나선 정벌이 단행되었다.
③ 순조 때 홍경래의 난이 발생하였다(1811).

| 정답 | ④

'시파'는 사도 세자의 잘못은 인정하면서도 죽음 자체는 지나치다는 입장이었고, '벽파'는 사도 세자의 죽음은 당연하고 영조의 처분은 정당하다는 입장이었다.

■ 탕평 정치의 성격
탕평 정치는 왕이 중심이 되어서 붕당 정치에서 나타난 문제점을 극복하려는 것이었다. 그것은 붕당 사이의 대립을 조정하고, 사회·경제적 변화 위에서 지배층에게 부분적인 양보를 요구하는 정책을 추진하는 등 개혁적인 측면이 있었다. 그러나 탕평 정치는 근본적으로 왕권을 중심으로 권력의 집중과 정치 세력의 균형을 꾀하면서 기존 사회 체제를 재정비하여 안정시키려는 것이었다. 따라서 여러 정책이 보수적인 성격을 띠고 있었고, 정치 운영에서 왕의 개인적인 역량에 크게 의존하는 것이어서 탕평 정치가 구조적인 틀을 갖추어 안정적으로 유지되기는 어려웠다.

▲ 「규장각도」, 김홍도

4 정조의 탕평 정치

(1) 추진

① 성격 : 사도 세자의 죽음과 이를 둘러싼 시파와 벽파 간의 갈등을 경험한 정조는 영조 때보다 더욱 강력한 탕평책을 추진하였다.

② 준론 탕평 : 정조는 각 붕당의 주장이 옳은지 그른지를 명백히 가리는 적극적인 **탕평**을 추진하여 영조 때에 세력을 키워 온 척신·환관 등을 제거하였다.

③ 남인 중용 : 영조 때의 탕평파 대신들을 엄격하게 비판하였던 일부 노론과 소론, 그동안 정치 집단에서 배제되었던 남인 계열을 중용하였다.

(2) 왕권의 강화

① 인사 관리 : 궁극적으로 붕당을 없애고자 하였던 정조는 각 붕당의 입장을 떠나 의리와 명분에 합치되고 능력 있는 사람을 중용하여 왕권을 강화하려 하였다[스스로 '만천명월주인옹(萬川明月主人翁)'이라 자처].

사료 만천명월주인옹자서(萬川明月主人翁自序)

내가 바라는 것은 성인을 배우는 일이다. …… 물이 세상 사람들이라면 달이 비춰 그 상태를 나타내는 것은 사람들 각자의 얼굴이고, 달은 태극인데 그 태극은 바로 나라는 것을 알고 있다. 이것이 바로 옛사람이 만천(萬川)의 밝은 달에 태극의 신비한 작용을 비유하여 말한 그 뜻이 아니겠는가. 그리고 또 나는, 저 달이 틈만 있으면 반드시 비춰 준다고 해서 그것으로 태극의 테두리를 어림잡아 보려는 자가 혹시 있다면, 그는 물속에 들어가서 달을 잡아 보려는 것과 다를 바 없는 아무 소용없는 짓임도 알고 있다. 그리하여 나의 연거(燕居) 처소에 '만천명월주인옹(萬川明月主人翁)'이라고 써서 자호(自號)로 삼기로 한 것이다. 때는 무오년(1798, 정조 22년) 12월 3일이다.
『홍재전서』

② 규장각의 설치

　㉠ 설치 : 처음에는 역대 왕들의 친필·서화 등을 관리하던 곳이었으나, 점차 학술 및 정책 연구 기관으로 변모해 갔다.

　㉡ 국왕의 비서 기관 : 정조는 여기에 비서실의 기능과 문한 기능을 통합적으로 부여하고, 과거 시험의 주관과 문신 교육의 임무까지 부여하여 붕당의 비대화를 막고 자신의 권력과 정책을 뒷받침할 수 있는 강력한 정치 기구로 육성하였다.

　㉢ 초계문신제(抄啓文臣制) : 신진 인물이나 중·하급 관리 가운데 능력 있는 자들을 재교육시키는 초계문신제를 시행하였다.

　㉣ 도서 수집 : 역대 국왕의 시문·친필 등과 도서의 수집 및 보관을 담당하였다.

심화 초계문신 제도와 규장각 검서관

❶ 초계문신 제도

정조 5년(1781) 확립된 초계문신 제도는 과거를 거친 후 가장 우수하다고 인정되어 승문원에 추천되었던 당하관 이하 문신으로서 37세 이하의 사람 중에서 선발하였고, 40세가 되면 해제되었다. 초계문신으로 뽑히면 규장각(창덕궁 후원에 설치)에서 재교육을 받음으로써 국왕 측근에서 인재로 양성되었다. 초계문신에게는 신분 보장과 잡무가 면제되는 특전이 주어졌으며, 국왕이 매달 직접 지도하였다. 실제 초계문신은 10회에 138명이 선발되었으며, 이들 중에서 반 이상이 고위 관직에 진출하였고, 각신으로도 18명이나 진출하였다. 또한 노론·소론·남인 계열의 우수한 인재들을 함께 선발해서 그들 사이의 학문적 교류와 동류의식을 강화하였다.

❷ 규장각 검서관

검서관은 5품으로서, 문지(門地, 문벌과 출신 지역)와 재주·문예에 따라 전임 검서가 2명씩을 추천하면 각신들이 시험을 보아 3인을 추천하고, 최종적으로 국왕의 낙점을 받아 임명되었다. 또한 **서얼을 위한 대책**으로 검서관을 선발하게 되면서 **이덕무, 박제가, 서이수, 유득공 등을 배출**하였다.

(3) 장용영(壯勇營)의 설치

국왕 친위 부대인 **장용영**을 설치하여 각 군영의 독립적 성격을 약화하고 병권을 장악함으로써 왕권을 뒷받침하는 군사적 기반을 갖추었다.

사료	장용영

임인년(1782, 정조 6년)에 (정조께서) 명하여 무예 출신과 무예별감으로 장교를 지낸 사람 30명을 가려서 번을 나누어 명정전(明政殿) 남쪽 회랑에 당직을 서게 하였다. 그리고 을사년(1785, 정조 9년)에 장용위(壯勇衛)라 호칭하고 20명을 늘리니, 이것이 장용영(壯勇營)이 설치된 시초이다. 이때부터 해마다 인원을 늘려 왔는데, 척씨의 남군 제도를 본받아 5사에 각기 5초를 두는 것으로 규례를 삼고 …… 도제조는 계축년에 처음 두었는데, 대신 중에서 당시 호위대장을 겸임한 사람이 겸직하도록 하고, 호위청을 장용영에 통합하였다.

『정조실록』

(4) 유수부 체제의 완성

수원 유수부가 설치되면서 서울 주변의 4유수부가 서울을 엄호하는 체제가 완성되었다.

(5) 화성(華城)의 건설

① 수원으로 사도 세자의 묘를 옮기고, 화성을 세워 정치적·군사적 기능을 부여함과 동시에, 상공인을 유치하여 자신의 정치적 이상을 실현하는 상징적 도시로 육성하고자 하였다.

② 화성 행차 시 상언·격쟁 등 일반 백성들과 접촉하는 기회를 확대하여 이들의 의견을 정치에 반영하였다.

▲ 「시흥환어행렬도(始興還御行列圖)」의 어가(御駕) 부분(호암 미술관 소장)
정조가 화성에 다녀오는 중 시흥 행궁에 도착한 모습을 그렸다. 이런 행차를 통하여 정조는 백성들을 직접 만나 여론을 듣고 정책에 반영하려 하였다.

(6) 수령의 권한 강화

① 정조는 수령이 군현 단위의 향약을 직접 주관하게 하여 지방 사림의 영향력을 줄이고 수령의 권한을 강화하였다.

② 지방 사족의 향촌 지배력을 억제하고 백성에 대한 국가의 통치력을 강화하였다.

(7) 문물 제도 정비

① 민생 안정과 문화 부흥: 정조는 서얼과 노비에 대한 차별을 완화하였으며, 재정 수입을 늘리고 상공업을 진흥하기 위하여 자유로운 상업 행위를 허락하는 통공(通共) 정책을 시행하는 등 사회 전반에 걸쳐 제도와 운영을 개선하려는 노력을 기울였다.

② 전통문화 계승 및 중국과 서양의 과학 기술 수용: 중국의 『고금도서집성』을 수입하여 학문 정치의 기초를 다졌고, 왕조의 통치 규범을 전반적으로 재정리하기 위하여 『대전통편』을 편찬하였다.

단권화 MEMO

■ **유수부 체제의 완성**
유수부란 국가의 행정·군사 기능을 강화하기 위해 중요한 지역에 설치한 행정 구역으로, 1438년(세종 20년) 개성 유수부, 1627년(인조 5년) 강화 유수부, 1793년(정조 17년) 수원 유수부가 설치되었다. 한편 광주 유수부는 숙종 때 처음 설치되었다가 영조 때 폐지되었다. 이후 1795년(정조 19년) 광주부가 유수부로 승격되면서 4유수부 체제가 완성되었다.

■ **『속대전』과 『대전통편』**

• **『속대전』**: 영조 22년(1746)에 『경국대전』 시행 이후에 공포된 법령 중에서 시행할 법령만을 추려서 편찬한 법전이다. 영조가 직접 서문을 지어 간행되었다는 점이 특징이다.

• **『대전통편』**: 정조 9년(1785) 『경국대전』과 『속대전』 및 그 뒤의 법령을 통합하여 편찬한 법전이다. 『경국대전』의 원 내용은 '원(原)', 『속대전』의 내용은 '속(續)', 그리고 그 뒤의 법령은 '증(增)' 자로 표시하였다.

③ 그 밖에 외교 문서를 정리한 『동문휘고』, 국가 각 기관의 기능을 정리한 『탁지지』(재정), 『추관지』(형조의 사례집) 등과 무예 훈련 교범서인 『병학통』, 『무예도보통지』 등이 간행되었고, 정조의 문집인 『홍재전서』와 농서인 『해동농서』(서호수)를 편찬하였다. 또한 한구자(韓構字)와 정리자(整理字) 등 금속 활자를 주조하였다.

(8) 민생 안정 정책

정조는 『자휼전칙』을 반포하여(1783) 흉년을 당해 걸식하거나 버려진 아이들을 구휼하고자 하였다.

바로 확인문제

● 다음 시나리오에 등장하는 밑줄 친 ㉠과 빈칸 ㉡에 대한 설명으로 옳은 것은?　　19. 국가직 7급

> S#3
> 즉위한 지 얼마 안 되어 아직 상복 차림인 ㉠ 국왕, 대신과 여러 관원을 부른다.
> 국왕: 우리나라의 역대 임금님들이 지은 글은 제대로 봉안할 곳이 없었다. 그리하여 창덕궁 후원에 　㉡　을(를) 세우고 임금님들의 글을 봉안하게 하였다. 따라서 이를 담당하는 관원이 있어야 할 것 같은데, 경들은 어떻게 생각하는가?
> 신하들: 이 일은 문치의 교화를 진작시킬 것입니다. 마땅히 관원을 두어야 할 줄로 아뢰옵니다.

① ㉠ - 신경준에게 명하여 『동국여지도』를 편찬하도록 하였다.
② ㉠ - 내수사와 궁방 및 각급 관청에 속한 관노비의 장적을 소각하도록 하였다.
③ ㉡ - 백성의 억울함을 왕에게 알릴 수 있는 창구 역할을 하였다.
④ ㉡ - 조정 관료 중에서 재능 있는 문신을 선발하여 이곳에서 재교육하였다.

● 밑줄 친 '상(上)'의 재위 시에 있었던 일로 옳은 것은?　　12. 지방직 9급

> 이 책이 완성되었다. …… 곤봉 등 6가지 기예는 척계광의 『기효신서』에 나왔는데 …… 장헌 세자가 정사를 대리하던 중 기묘년에 명하여 죽장창 등 12가지 기예를 더 넣어 도해로 엮어 새로 신보를 만들었고, 상(上)이 즉위하자 명하여 기창 등 4가지 기예를 더 넣고 또 격구, 마상재를 덧붙여 모두 24가지 기예가 되었는데, 검서관 이덕무, 박제가에게 명하여 …… 주해를 붙이게 하였다.

① 민(民)의 상언과 격쟁의 기회를 늘려 주었다.
② 『대전회통』을 편찬하여 통치 체제를 재정리하였다.
③ 군역의 부담을 줄이기 위해 균역법을 시행하였다.
④ 5군영 대신 무위영과 장어영 등 2영을 설치하였다.

06 정치 질서의 변화

1 세도 정치의 전개

(1) 세도 정치의 배경
① 정조의 탕평 정치로 말미암아 왕에게 권력이 집중된 것이 결국 19세기 세도 정치로 이어지게 되었다.
② 정조가 죽은 후 권력의 핵심인 왕이 탕평 정치기에 행하던 역할을 제대로 못하게 되자, 정치 세력 간의 균형이 다시 깨지고 몇몇 유력 가문 출신의 인물들에게 권력이 집중되었다.

(2) 세도 정치의 성격
① 종래의 일당 전제(一黨專制)마저 거부하고 특정 가문이 권력을 독점하는 정치 형태이다.
② 이 시기에는 정권의 사회적 기반이 결여되었을 뿐만 아니라 한 가문의 사익(私益)을 위해 정국이 운영되었으므로 이는 정치 질서의 파탄을 의미한다.

(3) 세도 정치의 전개
① 순조 집권기(1800~1834)
　㉠ 정순 왕후의 수렴청정
　　• 순조가 11세의 나이로 즉위하자 영조의 계비인 정순 왕후가 수렴청정을 하면서 정조 때 정권에서 소외되었던 노론 벽파 세력이 정국을 주도하기 시작하였다.
　　• 신유박해를 이용하여 정조가 규장각을 통해 양성한 인물들을 대거 몰아냈다.
　　• 장용영을 혁파하고 훈련도감을 정상화시켜 정권을 장악하였다.
　㉡ 안동 김씨 일파의 정국 주도
　　• 정순 왕후가 죽자 벽파 세력이 퇴조하고, 순조의 장인 김조순을 중심으로 하는 안동 김씨 일파의 세도 정치가 전개되었다. 김조순은 반남 박씨와 풍양 조씨 등 일부 유력 가문의 협력을 얻어 정국을 주도하였다.
　　• 안동 김씨에 의한 세도 정치기에도 순조는 나름대로 국정을 주도하려고 노력하였지만, 자신을 뒷받침해 줄 세력을 형성하지 못하여 국정 주도에 실패하고 말았다.
　㉢ 대리청정(代理聽政)
　　• 순조 말년에는 효명 세자가 대리청정을 통하여 세도가들을 견제하고 권력 집단을 결집하려 하였으나 갑자기 죽게 되어 이마저도 실패하였다.
　　• 효명 세자가 죽은 뒤 김조순 가문은 자신들을 중심으로 권력 집단을 재정립하였다.
② 헌종 집권기(1834~1849) : 외척인 조만영, 조인영 등의 풍양 조씨 가문이 득세하였다.
③ 철종 집권기(1849~1863) : 안동 김씨 세력이 다시 권력을 장악하여 흥선 대원군이 정국을 주도하기 전까지 안동 김씨 중심의 세도 정치가 지속되었다.

■ **수렴청정(垂簾聽政)**
어린 왕이 즉위하였을 때 왕의 어머니나 할머니가 왕을 대신하여 정사를 살피면서, 신하들 앞에 얼굴을 보이지 않으려고 앞에 발을 늘이고 발 뒤쪽에서 정사에 임하는 정치 형태이다.

■ **왕도 정치의 허구**
순조·헌종·철종의 3대 60여 년간에 걸친 세도 정치하에서 왕정(王政)과 왕권(王權)은 명목에 지나지 않았고, 왕도 정치(王道政治)라는 것은 허구에 불과하였다. 세도 가문은 이 시기에 이르러 정치적 기능이 강화되고 있던 비변사를 거의 독점적으로 장악하여 권력을 행사하였고, 훈련도감 등의 군권(軍權)도 장기적으로 독점하여 정권 유지의 토대를 확고히 하였다.

2 세도 정치기의 권력 구조

(1) 가문(家門) 정치

① 정치 기반 축소: 세도 정치기에는 붕당은 물론 탕평파나 반탕평파 같은 정치 집단 사이의 대립적인 구도도 없어지고, 중앙 정치를 주도하는 정치 집단은 소수의 가문 출신으로 좁아지면서 그 기반이 축소되었다.

② 유력 가문의 권력 독점: 유력한 가문들은 왕실 외척이거나 산림 또는 관료 가문의 성격을 함께 띠고 있었다. 이들은 서로 연합하거나 대립하면서 인척 관계로 얽혀 하나의 정치 집단을 이루어 권력과 이권을 독점하였다.

(2) 권력 구조

① 고위직으로 제한: 정2품 이상의 고위직만이 정치적 기능을 발휘하고, 그 아래의 관리들은 언론 활동과 같은 정치적 기능은 거의 잃은 채 행정 실무만 맡았다.

② 비변사로의 권력 집중

  ㉠ 정치 기구의 골격을 이루어 온 의정부와 6조를 중심으로 하는 체제는 이름만 남게 되고, 실질적인 힘은 **비변사**로 집중되었다.

  ㉡ 비변사에서도 실질적 역할을 담당하는 자리는 대개 유력한 가문 출신 인물들이 차지하였고, 이들은 자신들의 권한을 사적인 이익을 추구하는 데 이용하였다.

바로 확인문제

● **다음 글을 남긴 국왕의 재위 기간에 일어난 사실로 옳은 것은?**　　　　14. 국가직 9급

> 보잘 것 없는 나, 소자가 어린 나이로 어렵고 큰 유업을 계승하여 지금 12년이나 되었다. 그러나 나는 덕이 부족하여 위로는 천명(天命)을 두려워하지 못하고 아래로는 민심에 답하지 못하였으므로, 밤낮으로 잊지 못하고 근심하며 두렵게 여기면서 혹시라도 선대왕께서 물려주신 소중한 유업이 잘못되지 않을까 걱정하였다. 그런데 지난번 가산(嘉山)의 토적(土賊)이 변란을 일으켜 청천강 이북의 수많은 생령이 도탄에 빠지고 어육(魚肉)이 되었으니 나의 죄이다. 　　　「비변사등록」

① 최제우가 동학을 창시하였다.

② 공노비 6만 6천여 명을 양인으로 해방시켰다.

③ 미국 상선 제너럴셔먼호가 격침되었다.

④ 삼정 문제를 해결하기 위해 삼정이정청을 설치하였다.

|정답해설| 제시된 사료에서 "어린 나이로 유업을 계승", "지난번 가산(嘉山)의 토적(土賊)이 변란", "청천강 이북" 등의 내용을 통해 1811년 순조 때 발생한 홍경래의 난임을 알 수 있다. 순조 원년(1801) 공노비 6만 6천여 명을 양인으로 해방시켰다.

|오답해설| ① 동학의 창시(철종 11년, 1860), ③ 제너럴셔먼호 사건(고종 3년, 1866), ④ 임술 농민 봉기 직후(철종 13년, 1862)이다.

|정답| ②

3 세도 정치의 폐단과 한계

(1) 세도 정치의 폐단

① 왕권의 약화 : 세도가가 권력을 독점하고 인사 관리를 장악하였다.

② 상품 화폐 경제의 발전 지해 : 지방 사회에서 성장하던 상인과 부농들을 통치 집단 속으로 포섭하지 못하고 그들을 수탈의 대상으로 삼았다.

③ 매관매직(賣官買職)의 성행 : 지방 수령의 자리를 상품화하여 팔기도 하였다.

④ 사회 통합의 실패 : 세도 정권은 19세기의 상업 발달과 서울의 도시적 번영에 만족하고, 정조가 등용하였던 재야 세력, 즉 남인·소론·지방 선비들을 권력에서 배제하여 사회 통합에 실패하였다.

⑤ 삼정의 문란 : 정치 기강이 문란해지고 매관매직이 성행하면서 관리들이 백성들을 수탈하였고, 전정·군정·환곡의 문란이 더욱 심해졌다.

■ 과거제의 문란
조선 시대에 관료가 될 수 있는 중요한 통로는 과거제였다. 그런데 세도 정치하에서 정치 기강이 극도로 해이해지면서 시험장에서의 부정, 합격자의 남발 등 온갖 비리가 성행하였다. 과거제의 문란과 함께 관직의 매매도 성행하였다.

사료　세도 정치의 폐단

가을에 한 늙은 아전이 대궐에서 돌아와서 처와 자식에게 "요즘 이름 있는 관리들이 모여서 하루 종일 이야기를 하여도 나랏일에 대한 계획이나 백성을 위한 걱정은 전혀 하지 않는다. 오로지 각 고을에서 보내오는 뇌물의 많고 적음과 좋고 나쁨만에 관심을 가지고, 어느 고을의 수령이 보낸 물건은 극히 정묘하고 또 어느 수령이 보낸 물건은 매우 넉넉하다고 말한다. 이름 있는 관리들이 말하는 것이 이러하다면 지방에서 거둬들이는 것이 반드시 늘어날 것이다. 나라가 어찌 망하지 않겠는가." 하고 한탄하면서 눈물을 흘려 마지않았다.

『목민심서』

---

(2) 농촌 사회의 불만

① 수령과 향리의 지위 강화 : 지방 사족을 배제한 채 수령이 절대권을 갖고 향리와 향임(鄕任)을 이용하여 조세를 걷도록 하였기 때문에 이들의 부정을 견제할 만한 세력이 없었다.

② 농민의 불만 심화 : 자연재해가 잇따라 기근과 질병이 널리 퍼지고 인구가 급속히 감소하였으나, 농민의 조세 부담은 더욱 무거워져 농촌 사회의 불만은 극에 달하였다.

③ 농민의 저항 증가 : 부당한 수탈에 대한 농민들의 저항도 급격하게 늘어났다.

(3) 세도 정권의 한계

① 사회 개혁 의지 결여 : 19세기의 세도 정권은 사회 전반의 변화에 대하여 부분적으로 위기 의식을 가지기는 하였으나, 이를 근본적으로 개혁할 만한 능력과 의지를 가지지 못하였다.

② 새로운 개혁 세력의 정치 참여 배제 : 사회 모순을 정면으로 다루는 것을 피하면서 새로운 사회 세력이 정치에 참여하거나 비판하는 것을 철저히 막았다.

③ 지방 사회에 대한 몰이해

　㉠ 세도가들은 오랫동안 서울의 도시적 분위기에서 살면서 세련된 도시 귀족의 체질을 지니게 되었고, 규장각(奎章閣)에서 학문을 닦은 인물도 많았다.

　㉡ 세도가들의 학문은 권력을 잡은 후 차츰 고증학(考證學)에 치우쳐 개혁 의지를 상실하였고, 상대적으로 뒤떨어진 지방 사회의 어려운 사정을 이해하지 못하였다.

■ 경제 성장의 둔화
탐관오리들은 법에도 없는 각종 세금을 마음대로 거두어들였으며, 무고한 백성을 잡아다가 죄명을 씌워 재물을 약탈한 다음에야 풀어주기도 하였다. 농민뿐만 아니라 이 시기에 새로이 성장한 상공업자들도 수탈의 대상이 되었다. 잉여 생산물의 거의 모두를 빼앗기는 실정에서 지금까지 비교적 순조로운 성장을 보였던 상품 화폐 경제도 이 시기에는 그 성장이 둔화되었다.

■ 역사 발전의 저해
사회적 압제, 경제적 수탈, 사상적 경색 등의 상황이 정치적 문란과 어울러지는 속에서 세도 정권은 역사 발전을 저해하는 요인이 되었다.

|정답해설| 19세기 세도 정치 시기에는 ㄴ. 소수의 경화 벌열(서울에 사는 권세 있는 가문)만이 권력을 독점하여 사림의 공론 형성은 불가능하였으며, ㄷ. 환곡 제도가 원래의 취지와는 달리 세금의 하나로서 운영되었다.

|오답해설|
ㄱ. 순조 때 혁파된 것은 장용영이다. 노론 벽파들은 훈련도감을 통해 군권을 장악하였다.
ㄹ. 삼정이정청을 설치한 시기는 임술 농민 봉기(1862) 이후이다.

|정답| ②

|오답해설|
ㄴ, ㄹ 세도 정치 이전에 해당한다.

|정답| ③

● 19세기 조선 사회에 대한 설명으로 옳은 것만을 모두 고르면?

11. 국가직 9급

> ㄱ. 순조 초에 훈련도감이 벽파 세력에 의해 혁파되고, 군영 대장 후보자를 결정할 권한은 당시 권력 집단이 장악한 비변사가 가지고 있었다.
> ㄴ. 중앙 정치 참여층이 경화 벌열로 압축되고 중앙 관인과 재지사족 간에 존재하였던 경향의 연계가 단절되면서 전통적인 사림의 공론 형성은 거의 불가능해졌다.
> ㄷ. 환곡은 본래 진휼책의 하나였지만, 각 아문에서 환곡의 모곡을 재정 수입의 주요 항목으로 이용하면서 부세와 다름없이 운영되었다.
> ㄹ. 홍경래 난을 계기로 국가는 삼정이정청을 설치하여 삼정의 개선 방안을 모색하였으며, 각지의 사족들 또한 상소문을 올려 해결 방안을 제시하였다.

① ㄱ, ㄴ, ㄷ
② ㄴ, ㄷ
③ ㄴ, ㄷ, ㄹ
④ ㄷ, ㄹ

● 다음 자료를 바탕으로 19세기 정치 상황을 설명한 것 중 옳은 것을 〈보기〉에서 고르면?

> 가을에 한 늙은 아전(衙前)이 대궐(大闕)에서 돌아와서 처와 자식에게 "요즘 이름 있는 관리들이 모여서 하루 종일 이야기를 하여도 나랏일에 대한 계획이나 백성을 위한 걱정은 전혀 하지 않는다. 오로지 각 고을에서 보내오는 뇌물의 많고 적음과 좋고 나쁨만에 관심을 가지고, 어느 고을의 수령이 보낸 물건은 극히 정묘하고 또 어느 수령이 보낸 물건은 매우 넉넉하다고 말한다. 이름 있는 관리들이 말하는 것이 이러하다면 지방에서 거둬들이는 것이 반드시 늘어날 것이다. 나라가 어찌 망하지 않겠는가." 하고 한탄하면서 눈물을 흘려 마지않았다.
>
> 「목민심서」

> ┤ 보기 ├
> ㄱ. 중앙의 실질적인 권력이 비변사로 집중되었다.
> ㄴ. 탕평파(蕩平派)와 반탕평파(反蕩平派)의 대립 구도로 중앙 정치가 문란해졌다.
> ㄷ. 지방에서 수령의 부정과 횡포를 견제할 만한 세력이 없었다.
> ㄹ. 서인 세력에 의한 일당 전제화(一黨專制化)의 추세가 대두하였다.

① ㄱ, ㄴ, ㄷ, ㄹ
② ㄴ, ㄷ
③ ㄱ, ㄷ
④ ㄴ, ㄹ

07 대외 관계의 변화*

1 청과의 관계

(1) 북벌론과 북학론

병자호란 이후 조선은 청에 대하여 표면상 사대 관계를 맺고 사신들이 왕래하면서 교역을 활발하게 하였다.

① 북벌 정책의 추진
  ㉠ 청에 대한 적개심이 오랫동안 남아 있어서 북벌 정책을 추진하기도 하였다.
  ㉡ 당시의 북벌론은 실현 가능성이 적었고 정권 유지의 수단으로 이용된 측면이 있었지만, 전란 후의 민심을 수습하고 국방력을 강화하는 데 기여하였다.

② 북학론의 대두
  ㉠ 청은 중국 대륙을 장악한 뒤 국력이 크게 신장되었다. 또한 중국의 전통문화를 보호·장려하면서 서양의 문물을 선별적으로 받아들여 문화 국가로서의 면모를 갖추어 나갔다.
  ㉡ 우리나라의 사신들은 귀국 후 기행문이나 보고서를 통하여 변화하는 청의 사정을 전하였고, 천리경, 자명종, 화포, 『천주실의』 등 여러 가지 새로운 문물을 소개하였다.
  ㉢ 우리나라의 학자들 중에도 청을 무조건 배척하지만 말고 우리에게 이로운 것은 적극적으로 배우자는 북학론을 제기하는 사람들이 나왔다.

(2) 백두산정계비와 간도 귀속 문제

① 국경 분쟁
  ㉠ 청은 중국 대륙을 차지한 후에도 그들의 본거지였던 만주 지방에 관심을 기울여 이 지역을 성역화하였다.
  ㉡ 우리나라 사람들의 일부가 두만강을 건너 인삼을 캐거나 사냥을 하는 경우가 있었기 때문에 청과 국경 분쟁이 일어났다.

② 백두산정계비 건립(1712): 조선과 청 두 나라 대표가 백두산 일대를 답사하고 국경을 확정하여 정계비를 세웠다.
  ㉠ 백두산정계비에는 양국의 국경을 서쪽으로는 압록강, 동쪽으로는 토문강을 경계로 한다고 기록되어 있다.
  ㉡ 19세기에 이르러 토문강의 위치에 대한 해석상의 차이 때문에 두 나라 사이에 간도 귀속 문제가 발생하였다.

③ 간도 귀속 문제: 우리가 불법적으로 외교권을 상실한 상태에서 청과 일본 사이에 체결된 간도 협약(間島協約, 1909)에 따라 간도는 청의 영토로 귀속되고 말았다.

▲ 백두산정계비 부근 지도
정계비에 '서쪽은 압록강, 동쪽은 토문강을 국경으로 삼는다.'라고 되어 있다. 그러나 토문강의 해석을 달리하여 훗날 간도 귀속 문제의 쟁점이 되었다.

■ 백두산정계비(白頭山定界碑)

숙종 38년(1712)에 백두산 정상에서 동남쪽 약 4km, 해발 2,200m 지점에 세워졌다. '서위압록 동위토문 고어분수령상 늑석위기(西爲鴨綠 東爲土門 故於分水嶺上 勒石爲記)'라 하여 서쪽으로는 압록강, 동쪽으로는 토문강으로 두 나라 사이의 경계를 정하였다.

사료 백두산정계비

박권이 보고하였다. "총관이 백두산 산마루에 올라 살펴보았는데, 압록강의 근원이 산허리의 남쪽에서 나오기 때문에 이미 경계로 삼았으며, 토문강의 근원은 백두산 동쪽의 가장 낮은 곳에 한 갈래 물줄기가 동쪽으로 흘렀습니다. 총관이 이것을 가리켜 두만강의 근원이라 하고 말하기를, '이 물이 하나는 동쪽으로 하나는 서쪽으로 흘러서 나뉘어 두 강이 되었으니 분수령 고개 위에 비를 세우는 것이 좋겠다.'라고 하였습니다."

『숙종실록』

심화 간도 귀속 문제

❶ 1880년대
- 중국은 간도의 한민족 철수를 요구함
- 어윤중을 서북 경략사로 파견(1882)
- 이중하를 토문 감계사로 파견(1885)
- 해석의 논란 : 토문강을 중국은 '두만강'으로, 조선은 '쑹화강의 지류'라고 주장

❷ 1902년
이범윤을 간도 시찰원으로 파견하였고, 1903년에는 간도 관리사로 승격하였다.

❸ 1907년
일본의 간도 파출소 설치(용정촌) → 1909년 간도 영사관으로 개편 운영

❹ 1909년(간도 협약 체결)
- 주체 : 청국과 일본
- 이권의 획득 : 일본은 안봉선 철도 부설권, 길회 철도 부설권, 만주 철도 부설권, 푸순 탄광 채굴권 등을 보장받고 간도를 청의 영토로 인정하였다.
- 내용
  제1조 일·청 두 나라 정부는 토문강을 청국과 한국의 국경으로 하고, 강 원천지에 있는 정계비를 기점으로 하여 석을수(石乙水)를 두 나라의 경계로 한다.
  제3조 청 정부는 이전과 같이 토문강 이북의 개간지에 한국 국민이 거주하는 것을 승인한다. 그 지역의 경계는 별도로 표시한다.
  제5조 토문강 이북의 한국인과 청국인이 함께 살고 있는 구역 안에 있는 한국 국민 소유의 토지와 가옥은 청 정부가 청 국민의 재산과 똑같이 보호해야 한다.
  제6조 청 정부는 앞으로 길장 철도(吉長鐵道)를 연길 이남으로 연장하여 한국의 회령에서 한국의 철도와 연결할 수 있다.

❺ 최근의 동향
간도 협약에 따라 일본은 간도를 청의 영토로 인정해 주었으나, 최근 토문강과 두만강이 별개의 강이라는 각종 자료가 발굴되고 있다. 이에 따라 간도의 귀속 문제가 다시 주목받고 있다.

● 다음 건의로 시행된 사실로 옳은 것은?

> 이곳은 우리나라와 청나라의 경계(境界) 지대인데, 수백 년 동안 비어 있었습니다. 수십 년 전부터 북쪽 변경 고을 사람들이 이곳에 가서 살고 있는데, 그 수가 십여만 명이나 됩니다. …… 전에 분수령 정계비 아래 토문강 이남의 구역은 우리나라 경계(境界)로 확정되었으니 …… 관리를 특별히 두고 그들의 생명과 재산을 보호하게 하여 조정에서 백성을 보살펴 주는 뜻을 보여 주는 것이 어떻겠습니까?

① 효종이 북벌 정책을 추진하였다.
② 광해군이 중립 외교 정책을 실시하였다.
③ 세종이 백성을 국경 지역으로 이주시켰다.
④ 고종이 이범윤을 간도 관리사로 임명하였다.

|정답해설| 사료의 내용 중 '분수령 정계비(1712년 세워진 백두산정계비를 지칭) 아래 토문강 이남의 구역'은 19세기 후반 이후 조선과 청나라 사이의 영토 문제가 발생하였던 간도에 해당한다. 간도 지역을 우리 영토로 생각하였던 조선 정부는 1882년 어윤중을 서북 경략사로 파견하였고, 1885년에는 이중하를 토문 감계사로 임명하여 대처하였다.
또한 1900년 러시아가 간도를 점령하자, 이범윤을 간도 관리사로 임명(1903)하여 간도를 함경도에 편입시키고 조세를 징수하였다.
|정답| ④

2 일본과의 관계

(1) 기유약조(己酉約條, 1609)

임진왜란으로 침략을 받은 조선은 일본과의 외교 관계를 단절하였다.

① 일본의 국교 재개 요청: 일본의 도쿠가와 막부는 경제적인 어려움을 해결하고, 선진 문물을 받아들이기 위하여 대마도주를 통하여 조선에 국교를 재개하자고 요청해 왔다.
② 포로의 송환: 조선은 막부의 사정을 알아보고 전쟁 때 잡혀간 사람들을 데려오기 위하여 유정(사명당)을 파견하여 일본과 강화하고 조선인 포로 7,000명을 데려왔다(1607).
③ 교섭의 재개: 일본과 기유약조를 맺어 부산포에 다시 왜관을 설치하고, 제한된 범위 내에서의 교섭을 허용하였다(1609).

> **사료**　기유약조
>
> 대마도주에게 해마다 내리는 쌀과 콩은 모두 100석으로 한다. ……
> 대마도주의 세견선(歲遣船)은 감해서 17척으로 하고 특송선 3척과 합해서 모두 20척으로 한다. 이 밖에 만일 따로 보낼 일이 있으면 세견선에 부친다. 　　　　　　　　　　　『증정교린지』

■ **기유약조의 내용**
부산포를 개항하고 통교 시 세견선 20척, 세사미두 100석으로 그 범위를 제한하였으며, 도서증(문인)을 지참하도록 하였다.

(2) 통신사(通信使)의 파견

① 파견 요청 이유: 일본은 조선의 선진 문화를 받아들이고, 도쿠가와 막부의 쇼군이 바뀔 때마다 그 권위를 국제적으로 인정받기 위하여 조선에 사절의 파견을 요청해 왔다.
② 파견 기간과 규모: 이에 조선에서는 1607년부터 1811년까지 12회에 걸쳐 통신사라는 이름으로 일본에 사절을 파견하였다. 통신사 일행은 적을 때에는 300여 명, 많을 때에는 400~500여 명이나 되었고 일본에서는 국빈으로 예우하였다.

▲ 통신사의 행로
일본에 간 조선의 통신사가 지나갔던 길이다. 일본에는 이 길을 중심으로 통신사와 관련된 유물과 유적이 많이 남아 있다.

③ 통신사의 역할: 일본은 이들을 통하여 조선의 선진 학문과 기술을 배우고자 하였으므로, 통신사는 외교 사절로서뿐만 아니라 조선의 선진 문화를 일본에 전파하는 역할도 하였다.

▲ 「통신사 행렬도」(국사 편찬 위원회 소장)
숙종 37년(1711)에 파견된 통신사의 행렬도 가운데 정사(正使)의 행렬 부분이다.

사료 통신사 파견

일본 사람이 우리나라의 시문을 구하여 얻은 자는 귀천현우(貴賤賢愚)를 막론하고 우러러보기를 신선처럼 하고 보배로 여기기를 주옥처럼 하지 않음이 없어, 비록 가마를 메고 말을 모는 천한 사람이라도 조선 사람의 해서(楷書)나 초서(草書) 글자만 얻으면 모두 손으로 이마를 받치고 감사의 성의를 표시한다. 「해유록」

(3) 울릉도와 독도 문제

① 충돌의 원인: 울릉도와 독도는 삼국 시대 이래 우리의 영토였으나 일본 어민들이 자주 이곳을 침범하여 충돌이 빚어지기도 하였다.

② 안용복의 활동: 숙종 때 동래의 어민인 안용복은 울릉도에 출몰하는 일본 어민들을 쫓아내고, 일본에 건너가 울릉도와 독도가 조선의 영토임을 확인받고 돌아왔다.

▲ 울릉도와 독도
「조선지도」의 울릉도와 독도(18세기, 서울대학교 규장각 소장)로, 큰 섬이 울릉도이고 오른쪽 우산(牛山)이라 쓰인 섬이 독도이다.

③ 그 후에도 일본 어민들의 침범이 계속되자 19세기 말에 조선 정부에서는 적극적으로 울릉도 경영에 나서 주민의 이주를 장려하였고, 울릉도에 군을 설치하여 관리를 파견하고 독도까지 관할하게 하였다.

사료 「대한 제국 칙령 제41호」

울릉도를 울도(鬱島)로 개칭하고 도감(島監)을 군수로 개정하는 건
제1조 울릉도를 울도라고 개칭하여 강원도에 부속하고 도감을 군수로 개정하여 관제 중에 편입하고 군의 등급은 5등으로 할 것
제2조 군청의 위치는 태하동(台霞洞)으로 정하고 구역은 울릉전도(鬱陵全島)와 죽도(竹島)·석도(石島)를 관할할 것 「관보」 제1716호, 1900년(광무 4년) 10월 27일

■ 안용복

숙종 19년(1693) 울릉도에서 고기잡이 하던 중 이곳을 침입한 일본 어민을 힐책하다가 일본으로 잡혀갔다. 일본에서 울릉도가 조선의 땅임을 강력히 주장하여 막부로부터 울릉도가 조선의 영토임을 확인하는 서계(書契)를 받아냈다.
이후 안용복은 숙종 22년(1696) 박어둔(朴於屯)과 다시 울릉도에 고기잡이 나갔다가 일본 어선을 발견하고 송도(松島 : 독도)까지 추격하여 정박시킨 후, 조선의 바다에 침범해 들어와 고기를 잡은 사실을 문책한 다음 울릉우산양도감세관(鬱陵于山兩道監稅官)이라고 자칭하고, 일본 호키주[伯耆州 : 島根縣]에 가서 번주(藩主)에게 범경(犯境)의 사실을 항의하여 사과를 받고 돌아왔다. 이듬해 일본 막부(幕府)는 쓰시마도주를 통하여 공식으로 자신들의 잘못을 사과하고 일본의 출어 금지를 통보해 왔다.

❶ 독도는 울릉도에 딸린 섬으로서, 신라 지증왕 때 이사부가 울릉도(우산국)를 흡수한 이래(512) 우리나라 고유 영토였다. 『삼국사기』에 울릉도가 기록되어 있으며, 『고려사』에는 우산국 사람들이 고려에 토산품을 바쳤다는 기록이 있다.

❷ 조선 태종 때 왜구의 피해에 대비하여 공도 정책을 실시하면서 사람의 내왕이 직어졌지만 특히 독도는 우산도(『세종실록지리지』), 『신증동국여지승람』), 삼봉도(『성종실록』), 자산도(『숙종실록』)라고 불리면서 울릉도와 함께 강원도 울진현에 포함되어 우리 영토로 인식되어 왔다. 한편 『신증동국여지승람』에 나오는 「팔도총도」에는 우산도와 울릉도가 나란히 그려져 있는데, 우산도를 울릉도의 안쪽에 그려 놓아 일본은 우산도가 독도가 아니라고 주장하고 있다. 그러나 조선 후기에 제작된 정상기의 「동국지도」, 「해좌전도」(19세기 중엽), 「조선전도」(1845)에서는 우산도를 울릉도의 동쪽에 명확하게 표시하고 있다. 이후 대한 제국 학부에서 발간한 「대한여지도」(1898)와 「대한전도」(1899)도 독도가 한국 영토임을 명백하게 표시하였다.

❸ 17세기 이후 일본 어민들이 자주 이곳을 침범하여 불법 어로 활동을 하였다. 이 때문에 양국 어민들 사이에 충돌이 일어나(1693) 안용복이 일본에 건너가 에도 막부로부터 울릉도와 독도가 조선의 영토임을 확인받고 돌아왔다.

❹ 19세기 이후 조선 정부는 공도 정책을 중단하고, 개척령을 발표하여 관리를 파견하고 주민을 이주시켰다. 1900년 10월 대한 제국 정부는 「칙령 제41호」를 발표하여 울릉도를 '울도군(현재의 울릉군)'으로 승격시켜 강원도에 부속시키고 '(독도의) 두 섬인 죽도, 석도'를 관할하게 하였다.

❺ 한편 독도가 유럽에 알려진 것은 1849년 프랑스 포경선 리앙쿠르호에 의해서였으며, 이 때문에 유럽에서는 독도를 리앙쿠르 바위섬이라고 부른다.

❻ 일본은 러일 전쟁 중에 독도를 무주의 무인도로 규정하고, 시마네현에 편입하였다(1905. 2.).

❼ 제2차 세계 대전이 종결된 이후, 연합국은 도쿄에 연합국 총사령부를 설치하고, 일본이 이웃 나라를 침략하여 빼앗은 모든 영토를 원주인에게 돌려주는 작업을 시작하였다. 연합국 총사령부는 1946년 1월 29일 「훈령 제677호」를 발표하여 한반도 주변의 울릉도, 독도, 제주도를 일본 주권에서 제외하여 한국에 반환시켰다. 이후 1946년 6월 22일 「훈령 제1033호」를 발표하여 일본 어부들이 독도와 그 12해리 수역에 접근하는 것을 엄격히 금하여 독도가 한국 영토임을 명백히 하였다. 또한 1950년 체결된 「구일본 영토 처리에 관한 합의서」 및 6·25 전쟁 기간 중 설정된 「한국 방공 식별 구역」에도 그 내용은 다시 확인되었다.

❽ 독도는 현재 우리나라가 역사적·국제법적으로 배타적 영유권을 가지며 실효적으로 지배하고 있으나, 일본은 1951년 조인된 샌프란시스코 강화 조약에서 독도가 명시되어 있지 않다는 등의 근거를 들어 자국 영토라고 억지 주장을 계속하고 있다.

❾ 1952년 이승만 대통령은 「대한민국 인접 해양에 대한 대통령 선언」(한반도 평화 선언)을 발표하여 독도 영토 주권을 명확히 하였다. 그러나 「신 한일 어업 협정」(1999)에서는 독도 주변 해역을 한·일 양국의 공동 수역으로 설정하여 영토 분쟁의 원인을 제공하기도 하였다.

---

❶ 프랑스 당빌의 「조선왕국전도」(1737)에는 독도(우산도)가 조선의 영토로 그려져 있다.

❷ 1667년 일본에서 편찬된 『은주시청합기』도 울릉도와 독도는 조선의 영토이며, 일본의 서북쪽 경계는 '은기도'를 한계로 한다고 명시하고 있다.

❸ 그 외 「해산조록도」(1691, 이시가와 유센), 「삼국접양지도」(1785, 하야시 시헤이), 1696년 도쿠가와 막부 집정관의 언급, 『통항일람』(1853), 『조선국교제시말내탐서』(1870)에서도 독도가 조선의 영토임을 밝히고 있다.

■ 공도 정책(쇄환 정책)

조선 왕조가 왜구의 침입에 대비하여 울릉도 등 섬 주민을 본토로 이주시킨 정책이다.

■ 독도를 한국 영토로 인정한 일본의 공문서(태정관 문서)

1876년 일본 내무성은 전국의 지도를 제작하였다. 이 과정에서 시마네현에서 '울릉도와 독도를 시마네현에 포함시킬 것인가'에 대해 질의하였다. 5개월의 조사 끝에 내무성은 '이 문제는 17세기에 끝난 문제이고, 울릉도와 독도는 일본과 관계가 없다.'라고 결론을 내렸다. 그러나 영토 문제는 중요한 사항이라고 생각하여 최고 국가 기관인 태정관에 질의하였다. 1877년 3월 20일, 태정관은 '품의한 취지의 죽도(울릉도) 외 일도(一島)의 건은 일본과 관계없다.'라는 최종 결론을 내렸다.

|정답해설| 통신사는 일본 막부의 요청(막부의 쇼군이 새로 취임할 때 쇼군의 권위를 국제적으로 인정받기 위해 조선에 통신사 파견을 요청하였다)으로 파견된 사절단이었다. 따라서 매년 파견된 것은 아니다.

|정답| ②

|정답해설| 이사부의 우산국 정벌은 삼국 통일 이전 6세기 지증왕 시기에 이루어졌다.

|정답| ②

|정답해설| 「대한 제국 칙령 제41호」는 울릉도를 '군'으로 승격시키고, 독도를 관할하게 한 조치이며, 「삼국접양지도」는 일본의 하야시 시헤이[林子平]가 1785년에 편찬한 『삼국통람도설』에 실린 지도로서, 울릉도와 독도는 '조선의 것'이라고 명기되어 있다.

|오답해설|
① 이범윤은 1902년 간도 시찰원으로 파견되었고, 1903년에는 간도 관리사가 되어 간도 지방의 한인(韓人) 보호에 힘썼다. 『은주시청합기』는 1667년 사이토 호센이 간행한 것으로 독도를 조선의 영토로 확인한 일본 최초의 문헌이다(책의 해석을 두고 한·일 학자 간의 논쟁이 있음).
③ 미쓰야 협정은 만주의 독립운동을 탄압하기 위해서 만주 군벌인 장쭤린과 조선 총독부 경무국장 미쓰야 미야마쓰가 체결한 조약이다. 한편 일본은 러일 전쟁 중인 1905년 「시마네현 고시 제40호」를 발표하여 독도를 시마네현에 강제 편입하였다.
④ 일본의 「조선국교제시말내탐서」(1870)에서는 독도가 한국의 영토임을 인정하고 있다. 한편 조선 정부에서는 어윤중을 서북 경략사로 파견하여(1882) 청과 국경 문제를 협의하도록 하였다.

|정답| ②

● **조선 시대의 사행(使行)에 대한 설명으로 옳지 않은 것은?**   16. 지방직 7급

① 조선 전기 명에 파견된 사신은 조천사, 조선 후기 청에 파견된 사신은 연행사로 불렸다.
② 임진왜란 이후 일본으로 통신사를 매년 파견하여 교류하였다.
③ 북경에 사신으로 다녀온 인물들을 중심으로 북학이 전개되었다.
④ 조선 후기 사행에서 역관들은 팔포 무역 등을 통해 국제 무역의 활성화에 기여하였다.

● **다음 중 독도에 관한 설명 중 가장 적절하지 않은 것은?**   11. 정보통신 경찰

① 일본 막부는 1699년에 다케시마(竹島 : 당시 일본에서 울릉도를 일컫던 말)와 부속 도서를 조선 영토로 인정하는 문서를 조선 조정에 넘겼다.
② 울릉도가 통일 신라 시대에 이사부의 우산국 정벌로 인해 신라 영토로 편입된 이후, 독도도 고려·조선 말까지 우리나라 영토로 이어져 내려왔다.
③ 『세종실록지리지』 강원도 울진현 조(條)에서 "우산, 무릉 두 섬이 (울진)현 정동(正東) 바다 한가운데 있다." 하여 독도를 강원도 울진현 소속으로 구분하고 있다.
④ 『통항일람』은 19세기 중반에 일본에서 기록한 사서로, 안용복에게 독도가 조선의 땅임을 인정하는 사료가 기록되어 있다.

● **독도가 우리나라 영토임을 입증하는 근거로만 옳게 짝지어진 것은?**   17. 국가직(사복직 포함) 9급

① 이범윤의 보고문 － 『은주시청합기』
② 「대한 제국 칙령 제41호」 － 「삼국접양지도」
③ 미쓰야 협정 － 「시마네현 고시 제40호」
④ 「조선국교제시말내탐서」 － 어윤중의 서북 경략사 임명장

02 근대 태동기의 경제

☐ 1 회독　　월　　일
☐ 2 회독　　월　　일
☐ 3 회독　　월　　일
☐ 4 회독　　월　　일
☐ 5 회독　　월　　일

01 수취 체제의 개편
02 서민 경제의 발전
03 상품 화폐 경제의 발달

---

01 수취 체제의 개편

단권화 MEMO

1 농촌 사회의 동요

(1) 농촌 사회의 파괴

① 양난(兩亂)의 피해: 임진왜란과 병자호란을 거치면서 농촌 사회는 심각하게 파괴되었다. 수많은 농민이 전란 중에 사망하거나 피난을 가고 경작지는 황폐화되었다.
② 농촌 생활의 파탄: 굶주림과 질병까지 널리 퍼져서 농촌 생활의 어려움은 극에 달하였지만, 농민의 조세 부담은 줄어들지 않았다.

(2) 수취 체제의 개편

국가는 수취 체제를 개편하여 농촌 사회를 안정시키고 재정 기반을 확대하려 하였다. 그것은 전세 제도, 공납 제도, 군역 제도의 개편으로 나타났다.

■ **당시 지배층의 태도**
양반 지배층은 정치적 다툼에 몰두하여 민생 문제에 적극적으로 대처하지 못하였다. 이러한 지배층에 실망한 농민들은 불만을 드러내고 도적이 되기도 하였다.

2 전세(田稅)의 정액화(定額化)

(1) 양난 이후의 경제

양난 이후 조선 정부의 가장 큰 어려움은 농경지의 황폐와 토지 제도의 문란이었다. 세종 때 토지 결수는 160만 결, 임진왜란 직전 전국의 토지 결수는 150만 결이었는데, 임진왜란 직후에는 30여만 결로 크게 줄었다. 그 후 54만 결(광해군) → 120만 결(인조) → 140만 결(숙종) → 145만 결(영·정조)로 증가하였다. 이는 전후로 계속하여 진전(陳田)을 개간하고 양전 사업을 실시하여 은결(隱結)을 색출하였기 때문이다. 그러나 토지 결수의 증가에도 불구하고 국가의 수세지는 전 결수의 약 60%에 지나지 않았다.

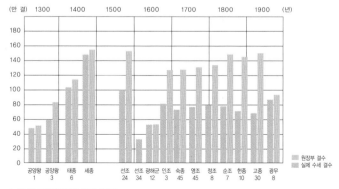

▲ 조선 시대 전국의 토지 면적

원장부 토지 결수는 증가하였으나 국가의 수입은 크게 늘어나지 않았다. 이는 곧 궁방전·관둔전·역둔토·은결 등 면세지가 크게 확대되었기 때문이다.

■ 비총법
영조 36년(1760) 법제적으로 추인되어 1894년 갑오개혁 때까지 실시되었다. 국가에서 거두어들일 세금의 총액을 미리 정해놓고 지방에 할당하는 방식의 세법으로, 전세(田稅)·대동(大同)·삼수미(三手米) 등 토지에 부과되는 세금을 비롯하여 노비의 신공(身貢)·해세(海稅) 등의 징수에도 적용되었다. 이에 농민들은 공동납으로 대응하였다.

(2) 정부의 개선책

① 개간 장려 : 정부는 개간을 권장하면서 경작지를 확충하고자 하였다. 신분에 관계없이 누구에게나 개간을 허용하였고, 개간자에게는 개간지의 소유권과 함께 3년간의 면세 혜택을 부여하였다.
② 양전 사업의 추진 : 정부는 전세를 확보하기 위하여 토지 조사 사업을 추진하였다. 이는 토지 대장인 양안(量案)에서 빠진 토지인 은결을 찾아내어 전세의 수입원을 증대시키려는 의도에서 시행되었다.

(3) 영정법(인조 13년, 1635)

① 배경 : 농민들은 자신들의 고통을 줄여 주는 정책을 기대하였다.
② 내용 : 정부는 연분 9등법을 따르지 않고 풍년이건 흉년이건 관계없이 전세를 토지 1결당 미곡 4두(혹은 미곡 4두 ~ 6두)로 고정시켰다.
③ 결과
  ㉠ 전세의 비율이 이전보다 다소 낮아졌다.
  ㉡ 대다수의 농민에게 크게 도움이 되지 못하였고, 오히려 부담이 더 늘어났다.
  ㉢ 전세를 납부할 때 여러 명목의 수수료, 운송비, 자연 소모에 대한 보충 비용 등이 함께 부과되었기 때문에 그 액수가 전세액보다 훨씬 많아 때로는 전세액의 몇 배가 되기도 하였다.

> **사료** 영정법
>
> 인조 갑술(1634, 인조 12년)에 양전(量田)을 한 뒤에 마침내 시년상하(視年上下)의 법(연분 9등법)을 혁파하였다. 삼남 지방은 처음에 각 등급으로 결수를 정하고 조안(租案)에 기록하였다. 영남은 상지하(上之下)까지만 있게 하고, 호남과 호서 지방은 중지중(中之中)까지만 있게 하며, 나머지 5도는 모두 하지하(下之下)로 정하여 전례에 의하여 징수한다. 경기·삼남·해서·관동은 모두 1결에 전세 4두를 징수한다. 『만기요람』

바로 확인문제

● 다음은 조선 시대 양난 이후 수취 체제의 변화에 대한 설명이다. 가장 적절하지 <u>않은</u> 것은?

14. 경찰직 1차

① 영정법에서는 연분 9등법을 따르지 않고 풍흉에 관계없이 전세를 토지 1결당 미곡 4두로 고정시켰다.
② 대동법의 시행으로 공납이 전세화되어 농민은 대체로 토지 1결당 미곡 12두만 납부하면 되었다.
③ 영정법에 따라 전세의 비율이 이전보다 다소 낮아져 대다수 농민의 부담이 경감되었다.
④ 대동법은 부족한 국가 재정을 보완하고 농민의 부담을 경감하기 위한 개혁론으로 제기되었다.

|정답해설| 영정법(1결당 4~6두로 고정 과세)은 공법(1결당 최고 20두에서 최하 4두씩 차등 과세)에 비해 세율은 낮았으나, 각종 부과세와 삼수미세(훈련도감의 삼수병의 급료를 마련하기 위해 1결당 2.2두씩 부과) 등이 추가되어 농민들의 부담이 줄어든 것은 아니었다.

|정답| ③

3 공납의 전세화

(1) 공납의 폐해

당시 농민들에게 가장 큰 부담을 주던 것은 공납이었다.

① 방납의 폐해 : 방납의 폐해가 나타나면서 농민의 부담은 더욱 커져 갔고, 견디지 못한 농민들은 농토를 떠나지 않을 수 없었다. 농민들의 토지 이탈은 농촌 경제의 파탄으로 인한 결과이지만, 일종의 조세 저항이기도 하였다.

② 국가 재정의 악화 : 임진왜란을 겪으면서 정부의 재정 상태가 더욱 악화되자 부족한 국가 재정을 보완하고 농민의 부담을 경감시키기 위한 개혁론이 제기되었다.

(2) 대동법(大同法)의 시행(1608)*

① 내용 : 대동법은 농민의 집집마다 부과하여 토산물을 징수하였던 공물 납부 방식을 토지의 결수에 따라 쌀, 삼베나 무명, 동전 등으로 납부하게 하는 제도였다. 정부는 수납한 쌀, 삼베나 무명, 동전을 공인(貢人)에게 지급하여 그들을 통해 필요한 물품을 구입하여 썼다.

② 경과
 ㉠ 실시 : 1608년 광해군 때 이원익의 주장으로 선혜청(宣惠廳)을 설치하고 경기도에서 처음으로 실시되었다.
 ㉡ 인조 : 이원익의 주장으로 강원도에서 실시되었다(1623).
 ㉢ 효종 : 김육의 주장으로 충청도(1651), 전라도 연읍(1657)에서 시행되었다.
 ㉣ 현종 : 전라도 산간 지역에서 실시되었다(1662).
 ㉤ 숙종 : 평안도, 함경도를 제외한 전국에 실시되었다(1708).
 ㉥ 전국적 실시 지연 이유 : 전국적으로 실시되는 데 100년이란 기간이 소요된 것은 양반 지주들의 반대가 심하였기 때문이다.

▲ 대동세의 징수와 운송

단권화 MEMO

*대동법의 시행
대동법의 내용, 실시 및 경과, 결과를 구체적으로 알아두어야 한다.

심화 대동법의 시행

중종 때 조광조가 공안을 개정하자고 주장하였고, 선조 때 이이가 수미법을 시행하기를 청하였으며, 임진왜란 이후에는 우의정 유성룡이 역시 미곡을 거두는 것이 편리하다고 주장하였으나, 일이 모두 성취되지 못하였다. 선조 41년(1608)에 이르러 좌의정 이원익의 건의로 대동법을 비로소 시행하여, 민결(民結)에서 미곡을 거두어 서울로 옮기게 했는데, 먼저 경기에서 시작하고 드디어 선혜청을 설치하였다. 인조 2년(1624)에 이원익이 다시 건의하여 강원도에도 시행하게 되었으며, 효종 3년(1652)에 우의정 김육의 건의로 충청도에도 시행하게 되었으며, 효종 8년(1657)에는 김육이 또다시 요청하여 전라도 연읍에도 시행하였으며, 현종 3년(1662)에는 형조판서 김좌명이 요청하여 산군(山郡)까지도 아울러 시행하였으며, 숙종 3년(1677)에는 도승지 이원정이 청하여 경상도에도 시행하였으며, 숙종 34년(1708)에는 황해도 관찰사 이언경의 상소로 황해도에도 시행하게 되었다.

선혜청(宣惠廳)을 설치하였다. 처음에 영의정 이원익이 제의하기를 "각 고을의 진상(進上)과 공물(貢物)이 각급 관청의 방납인(防納人)에 의해 저지되어 한 물건의 값이 3, 4배 혹은 수십·수백 배까지 되어 그 폐해가 극심하고, 특히 경기 지방은 더욱 그렇습니다. 지금 마땅히 별도로 청(廳)을 설치하여 매년 봄·가을로 백성들에게 쌀을 거두되, 토지 1결마다 2번에 걸쳐 8두씩 거두어 본청에 수납하게 하고, 본청은 그때 물가의 시세를 보아 쌀로써 방납인(防納人)에게 지급하여 수시로 무역해서 납부하게 하소서."라고 하니, 임금이 이에 따랐다. 이때 왕의 교지 중에서 선혜(宣惠)라는 말이 있어 이로써 청(廳)의 이름을 삼았다. 『광해군일기』

③ 결과

   ㉠ 공납의 전세화 : 공물 대신 토지 결수에 따라 차등적으로 과세하였다.

   ㉡ 조세의 금납화 : 종래의 현물 징수를 쌀, 삼베, 무명 외에 동전으로 납부하게 됨으로써 조세의 금납화가 이루어졌다.

   ㉢ 농민의 부담 경감 : 농민들은 대체로 토지 1결당 미곡 12두만을 납부하면 되었기 때문에 토지가 없거나 적은 농민에게 과중하게 부과되었던 공물 부담은 없어지거나 경감되었다.

   ㉣ 국가 재정의 회복 : 대동법의 실시로 국가의 재정은 어느 정도 회복되었다.

   ㉤ 공인의 등장 : 대동법이 실시되면서 공인(貢人)이란 어용 상인들이 나타났는데, 이들은 관청에서 공가(貢價)를 미리 받아 필요한 물품을 사서 납부하였다.

   ㉥ 상품 화폐 경제의 발달

     • 상품 수요 증가 : 공인들이 시장에서 많은 물품을 구매하여 상품 수요가 증가하였다.

     • 시장의 활성화 : 농민들도 대동세를 내기 위하여 토산물을 시장에 내다 팔아 쌀, 베, 돈을 마련하였다.

     • 상품 화폐 경제와 유통 경제의 발전 : 물품의 수요와 공급이 증가하면서 상품 화폐 경제가 한층 발전되고, 생산 활동이 활발해지면서 경제 질서가 자급자족의 상태에서 유통 경제로 바뀌어 갔다.

     • 양반 사회의 붕괴 촉진 : 농민들을 화폐 경제에 편입시켜 궁극적으로는 농민층의 분해를 촉진시키고, 나아가 양반 사회를 붕괴시키는 작용을 하였다.

④ 한계 : 대동법의 운영 과정에서 폐단이 재발하면서 농민들은 다시 어려움을 겪게 되었다.

   ㉠ 현물 징수의 존속 : 농민들은 왕실에 상납하는 별공·진상·헌납의 현물세를 그대로 부담하였고, 지방 관아에서도 수시로 특산물을 징수하였다.

   ㉡ 대동세의 전가 : 지주에게 부과된 대동세가 소작농에게 전가되는 경우도 많았다.

   ㉢ 가혹한 수탈 : 행정 기강이 문란해지면서 수령 및 아전들의 농민 수탈이 다시 가혹해졌다.

바로 확인문제

● 다음 대화에 나타난 수취 제도에 대한 설명으로 옳은 것은?   16. 지방직 9급

> • 갑 : 호(戸)에 부과하던 공물을 토지에 부과하게 되면서 땅이 많은 대가(大家)와 거족(巨族)이 불만을 가져 원망을 하고 있으니 가뜩이나 어려운 시기에 심히 걱정스럽군.
> • 을 : 부자는 토지 소유에 비례하여 많은 액수의 세금을 한꺼번에 내기 어렵다고 불평하지만, 수확과 노동력이 많은 부자가 가난한 사람도 여태껏 그럭저럭 납부해온 것을 왜 못 내겠소?

① 광해군 때 경기도에서 처음으로 실시되었다.

② 농민의 군포 부담을 1년에 1필로 줄여 주었다.

③ 지주에게 토지 1결당 2두의 결작미를 징수하였다.

④ 농민 부담을 낮추기 위해 전세를 토지 1결당 미곡 4두로 고정하였다.

■ 대동미의 용도 및 폐단

• 상납미(上納米) : 봄에 징수되는 대동미를 중앙 관부로 이송하여 중앙의 관수품 구입비로 사용하였다.

• 유치미(留置米) : 가을에 징수되는 대동미는 토지 소재지의 지방 관아의 공물 구입비로 사용되니 이를 유치 또는 저치미(儲置米)라고도 한다. 유치미의 비율은 대동법 실시 초기에 경기도는 33.8%, 충청도는 41.6%, 전라도는 58.4%, 경상도는 60.7%에 이르렀다.

• 폐단 : 대동법 실시 후기에 이를수록 상납미의 비율이 높아져 지방 관아의 재정을 악화시킴으로써 수령 및 아전(衙前)들의 농민 수탈로 이어졌다.

| 정답해설 | '갑'의 대화 중 "호(戸)에 부과하던 공물을 토지에 부과한다."라는 내용을 통해 대동법임을 알 수 있다. 대동법은 광해군 때 이원익 등의 건의로 경기도에서 처음으로 실시되었으며(1608), 숙종 때 잉류 지역을 제외하고 전국적으로 실시되었다(1708).

| 오답해설 |

② 농민의 군포 부담을 1년에 1필로 줄여준 제도는 균역법이다.

③ 균역법 실시 이후 국가의 군포 수입을 보충하기 위해 지주에게 1결당 2두씩 결작미를 징수하였다.

④ 인조 때 시행된 영정법에 관한 내용이다.

| 정답 | ①

● 밑줄 친 '이 법'에 대한 설명으로 옳지 <u>않은</u> 것은?

> 현물로 바칠 벌꿀 한 말의 값은 본래 목면 3필이지만, 모리배들은 이를 먼저 대납하고 4필 이상을 거두어 갑니다. 이런 폐단을 없애기 위해 이 법을 시행하면 부유한 양반 지주가 원망하고 시행하지 않으면 가난한 농민이 원망한다는데, 농민의 원망이 훨씬 더 큽니다. 경기와 강원에서 이미 시행하고 있으니 충청과 호남 지역에도 하루빨리 시행해야 합니다.

① 토지 결수를 과세 기준으로 삼았다.
② 인조 때 처음으로 경기도에서 시행하였다.
③ 이 법이 시행된 후에도 왕실에 대한 진상은 계속되었다.
④ 이 법을 시행하면서 관할 관청으로 선혜청을 설치하였다.

단권화 MEMO

| 정답해설 | 밑줄 친 '이 법'은 '대동법'이다. 대동법은 광해군 때 이원익의 건의로 경기도에서 처음 시행되었다(1608).

| 정답 | ②

4 균역법(均役法)의 시행

(1) 군역 제도의 개편 배경

① 5군영의 성립: 양난 이후 5군영의 성립으로 모병제가 제도화되자 군영의 경비를 마련하기 위하여 포를 내는 것으로서, 군역을 대신하는 수포군(收布軍)이 점차 증가하였다.

② 군포 징수의 문제점
　㉠ 군포의 중복 징수: 5군영은 물론 지방의 감영이나 병영까지도 독자적으로 군포를 징수하면서 장정 한 명에게 이중, 삼중으로 군포를 부담시키는 경우가 많았다.
　㉡ 군포 양의 불균등
　　• 장정들이 바치는 군포의 양도 소속에 따라 2필 또는 3필 등으로 달랐다.
　　• 임진왜란 이후 납속이나 공명첩으로 양반이 되어 면역하는 자가 늘어나면서 군역의 재원은 점차 줄어드는 상황이었다.
　　• 전국의 장정 수를 정확하게 파악하지 못하여 재정 상태가 어려워지자 군포의 부과량을 점차 늘릴 수밖에 없었다.
　　• 군사비 외에 일반 경상비로 변칙적으로 운영되거나 여러 관청의 중복 및 차등 징수의 문제점도 있었다.
　　• 관리의 부정 등이 만연하였다.

③ 농민의 저항: 군역의 부담이 과중해지자 농민들은 도망가거나 노비나 양반으로 신분을 바꾸어 군역을 피하는 경향이 더욱 심해졌다.

④ 양역 변통론(良役變通論)의 대두: 양역의 폐단이 심해지자 농민들은 유망이나 피역으로 저항하였다. 이에 양역의 폐단을 시정하려는 개혁 방안이 논의되었고, 마침내 균역법이 시행되었다.

사료 　군정(軍政)의 문란

나라의 100여 년에 걸친 고질 병폐로서 가장 심한 것은 양역(良役)이다. 호포(戶布)니 구전(口錢)이니 유포(遊布)니 결포(結布)니 하는 주장들이 분분하게 나왔으나 적당히 따를 만한 것이 없다. 백성은 날로 곤란해지고 폐해는 갈수록 심해지니, 혹은 3, 4명의 형제가 한꺼번에 군포(軍布)를 납부해야 하며, 또한 이웃의 이웃이 견책을 당하고 친척의 친척이 징수를 당하고, 황구(黃口)는 젖 밑에서 군정(軍丁)으로 편성되고, 백골(白骨)은 지하에서 징수를 당하며, 한 사람이 도망하면 열 집이 보존되지 못하니, 비록 좋은 재상과 현명한 수령이라도 어찌할 수 있을지 모른다. 　　　　　『영조실록』

■ **납속(納粟)**
부족한 재정 보충 및 빈민 구제를 목적으로 돈이나 곡물을 납부한 사람에게 특혜를 준 정책으로, 면천과 면역은 물론 관직을 주는 경우도 있었다.

■ **공명첩(空名帖)**
나라의 재정을 보충하기 위하여 부유층으로부터 돈이나 곡식을 받고 팔았던 명예직 임명장을 의미한다.

■ **군포 징수의 폐단**
군포의 징수는 단일 관청에 의해 통일적으로 이루어지지 않았고, 군적이 제대로 정비되지 않아 농민들은 이중, 삼중으로 부담하는 경우가 허다하였다. 여기에 군포 수납 과정에서 실무를 맡은 수령, 아전들의 농간까지 겹쳐 인징(隣徵)·족징(族徵)·백골징포(白骨徵布)·황구첨정(黃口簽丁) 등 여러 폐단이 나타났다.

■ **양역 변통론(良役變通論)**
양인 농민이 부담하는 군역의 폐단을 시정하자는 논의로 17세기에 유형원은 토지 개혁을 전제로 농병 일치제로의 환원을 주장하였다. 변통(變通)의 방법으로 제시된 것은 첫째는 감포론(減布論)이요, 둘째는 호포론(戶布論)이었다. 영조는 호포론을 시행하고자 하였으나 대다수 양반 관료들의 저항으로 뜻을 이루지 못하고, 종래의 2필을 1필로 감하는 감포론을 시행하였다. 호포론은 19세기에 흥선 대원군이 시행하게 되어 이때부터 모든 양반도 군포 1필을 부담하게 되었다.

|정답해설| 밑줄 친 '이 법'(군포 2필을 1필로 줄이는 법)은 영조 때 제정된 '균역법'이다. 영조 때 『속대전』을 편찬하였다.

|오답해설|
② 정조 때 『대전통편』을 편찬하였다.
③ 고종(흥선 대원군 섭정 시기) 때 『대전회통』을 편찬하였다.
④ 세조 때 『경국대전』을 편찬하기 시작하였고 성종 때 반포하였다.

|정답| ①

(2) 균역법(영조 26년, 1750)*

① 내용: 농민들은 1년에 군포 1필만 부담하면 되었다.

② 부가세 징수

㉠ 결작: 균역법의 시행으로 감소된 재정은 지주에게 결작(結作)이라고 하여 토지 1결당 미곡 2두를 부담시켰다.

㉡ 선무군관포(選武軍官布): 일부 상류층에게 선무군관이란 칭호를 주고 군포 1필을 납부하게 하였다.

㉢ 잡세: 어장세, 선박세 등의 잡세 수입으로 부족한 부분을 보충하였다.

③ 결과: 농민 부담이 일시적으로 감소되었다. 군포 부담이 줄어들자 농민들의 군역 부과에 대한 저항도 다소 진정되는 듯하였다.

④ 한계: 토지에 부과되는 결작의 부담이 소작 농민에게 돌아가고, 군정 문란이 다시 심해지면서 농민의 부담 역시 가중되었다.

바로 확인문제

● 〈보기〉의 밑줄 친 '이 법'을 제정한 왕의 업적으로 옳은 것은?   21. 서울시(자체 출제) 9급

┤ 보기 ├

임진왜란 이후 군역 대신 군포를 징수하여 1년에 2필을 납부하게 하였다. 그런데 군적이 제대로 정리되지 않았고, 지방관의 농간까지 겹쳐 실제 납부액이 훨씬 많았다. 이에 이 법을 제정하여 군포 부담을 절반으로 줄여 주었다.

① 『속대전』을 편찬하였다.

② 『대전통편』을 편찬하였다.

③ 『대전회통』을 편찬하였다.

④ 『경국대전』을 편찬하였다.

02 서민 경제의 발전*

1 양반 지주의 경영 변화

(1) 지주 전호제의 일반화

① 양반들의 토지 확대 : 양반들은 양난 이후 토지 개간에 주력하고 농민의 토지를 사들여 소유 농토를 늘려 나갔다.

② 지주 전호제 경영 : 토지를 소작 농민에게 빌려주고 소작료를 받는 지주 전호제로 경영하였는데, 이러한 현상은 18세기 말에 이르러 일반화되었다.

(2) 지주 전호제의 변화

① 초기 : 양반들은 양반과 지주라는 신분적이며 경제적인 지위를 이용하여 소작료와 그 밖의 부담을 마음대로 강요할 수 있었다.

② 계기 : 상품 화폐 경제가 발달하면서 점차 소작인의 저항이 심해지자 소작인의 소작권을 인정하고 소작료를 낮추거나 일정액으로 정하는 추세가 나타났다.

③ 변화 : 지주 전호제가 지주와 전호 사이의 신분적 관계에서 경제적인 관계로 바뀌었다.

(3) 양반들의 경제 생활

① 소작료 소득 : 양반들은 소작료를 거두어 생활하거나 소작료로 받은 미곡을 시장에 팔아 이득을 남기기도 하였다.

② 토지 매입 : 토지에서 생기는 수입으로 토지 매입에 더욱 열을 올렸다. 그리하여 천석꾼, 만석꾼이라 불리는 지주들도 나타났다.

③ 물주(物主) 역할 : 양반 중에는 물주로서 상인에게 자금을 대거나 고리대를 하여 부(富)를 축적하는 이도 있었다.

④ 잔반(殘班) : 경제적 변동 과정에 제대로 적응하지 못하여 몰락하는 양반도 나타났다.

○ 18세기 황씨 가문의 토지 집적과 추수기(충남 부여)

구분 위치	논/밭	원소유주	면적(두락)	면적(평)	수취 방식	계약량	수취량	작인
도장동	논	송득매	8	1,600	도지	4석	4석	주 서방
도장동	논	자근노음	7	1,400	도지	4석	4석	검금
불근보	논	이풍덕	5	1,000	도지	2석 5두	1석 3두 5승	막산
소삼	논	이풍덕	12	2,400	도지	7석 10두	6속	동이
율포	논	송치선	7	1,400	도지	4석	1석 10두	주적
부야	논	홍 서방	6	1,200	도지	3석 5두	2석 10두	주적
잠방평	논	쾌득	7	1,400	도지	4석	2석 1두	명이
석을고지	논	수양	10	2,000	도지	7석	4석 10두	수양
합계			62	12,400		36석 5두	26석 4두 5승	

＊서민 경제의 발전
조선 후기 농업, 수공업, 상업, 광업의 변화 모습을 파악해 두어야 한다.

■ 지주 전호제
병작반수제(竝作半收制)에 따라 일반적으로 소작료는 생산량의 2분의 1을 지주에게 바쳐야 하였다.

2 농민 경제의 변화

(1) 수취 체제 개편의 한계

① 정부가 수취 체제를 조정함에 따라 농촌 사회의 동요는 18세기에 이르러 다소 진정되는 듯하였다.

② 수취 체제의 개편은 궁극적으로 양반 중심의 지배 체제를 계속 유지하려는 데 목적이 있었기 때문에 농촌 사회의 안정을 달성하는 데 한계가 있었다.

③ 농민들은 자신들이 직면한 어려움을 스스로 해결해야 했다.

(2) 농업 생산력의 증대

① 황폐한 농토의 개간

   ㉠ 정부의 개간 사업 장려는 재력이 있는 양반 관료나 토호에게만 유리하여 그들의 토지 겸병과 지주제를 확대시켰다.

   ㉡ 농민은 오히려 소유지를 잃거나 감축당하였다.

② 수리 시설의 복구

   ㉠ 17세기 후반에 이르러 농민들은 수리 시설을 갖추지 않은 상태에서 이앙법을 실시하면 가뭄에 따른 피해가 크다는 것을 알면서도 이앙법을 확대시켜 갔다.

   ㉡ 농민들은 주로 작은 보(洑)를 스스로의 힘으로 쌓아서 물을 확보하였다. 그리하여 18세기 말에는 크고 작은 저수지가 수천 개소에 이르렀다. 현종 때에는 제언사(堤堰司)가 설치되고, 정조 때에는 「제언절목(堤堰節目)」을 반포하여 국가에서 저수지를 관리하였다.

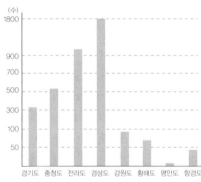

▲ 19세기 초의 도별 저수지 수

③ 시비법 개량: 조선 후기에는 퇴비, 분뇨, 석회 등 거름의 종류를 다양하게 개발하였고 거름의 양도 풍부해졌다. 또한 거름 주는 방법도 여러 가지로 개선되었다.

④ 새로운 영농 방법: 논농사·밭농사 모두에서 씨 뿌리는 방법을 개선하였다.

   ㉠ 밭농사: 농종법(壟種法)과 견종법(畎種法)을 겸하여 실시하였다.

   ㉡ 논농사

     • 15세기: 벼농사는 논이나 밭을 막론하고 볍씨를 뿌린 땅에서 그대로 키우는 직파법(直播法)이 일반적이었고, 못자리에 모를 길러 논으로 옮겨 심는 모내기법, 즉 이앙법(移秧法)은 남부 지방 일부에만 보급되었을 뿐이었다.

     • 17세기: 모내기법이 직파법에 비해 노동력이 적게 들고, 수확량은 증대될 수 있기 때문에 농민들은 모내기법을 확대시켜 나갔다.

   ㉢ 이모작의 확산: 모내기법을 확대하여 벼와 보리의 이모작으로 단위 면적당 생산량을 증가시켜 소득을 증대하였다. 이모작이 널리 행해지면서 보리 재배가 확대되었는데, 논에서의 보리 농사는 대체로 소작료의 수취 대상이 되지 않았기 때문에 소작농들은 보리 농사를 선호하였다.

■ 농민의 삶의 여건 개선

경제 구조의 변동은 정부가 국가적 차원에서 지원함으로써 가능한 면도 있었지만, 그보다는 피지배층 스스로의 슬기와 역량에 그 원동력이 있었다. 그들은 전쟁의 피해를 복구하고 침체된 생산력을 높이면서 자신들이 당면한 어려운 삶의 여건을 개선해 나갔다.

■ 제언사

현종 때 설치한 저수지를 관리하던 관청이다.

■ 「제언절목」

정조 때 개인이 독점적으로 저수지를 소유하지 못하도록 비변사에서 제정한 저수지에 대한 규정이다.

■ 농종법

밭에 이랑(두둑)을 만들고 그 위에 씨를 뿌리는 파종법이다.

■ 견종법

밭고랑에 씨를 뿌리는 방법이다.

단권화 MEMO

| 사료 | 이앙법 |

일반적으로 모내기법을 귀중하게 여기는 이유는 세 가지가 있다. 김매기의 수고를 줄이는 것이 첫째이다. 두 땅의 힘으로 하나의 모를 서로 기르는 것이 둘째이다. 옛 흙을 떠나 새 흙으로 가서 고갱이를 씻어 내어 더러운 것을 제거하는 것이 셋째이다.

어떤 사람은 모낸 모가 큰 가뭄을 만나면 모든 노력이 허사가 된다 하여 모내기법을 위험한 방도라고 말한다. 그러나 여기에는 그렇지 않은 점이 있다. 무릇 벼를 심는 논에는 물을 끌어들일 수 있는 하천이나 물을 댈 수 있는 저수지가 꼭 필요하다. 이러한 것이 없다면 벼논이 아니다. 벼논이 아닌 곳에서 가뭄을 우려한다면 어찌 유독 모내기법에 대해서만 그렇다고 하는가.　　　　　　　　　　　　　　『임원경제지』

| 사료 | 견종법 |

다음 해 청명(淸明)과 곡우(穀雨) 사이에 작은 보습[鑱]으로 이 이랑에다 고랑을 내는데, 너비 1척, 깊이 1척이다. 이렇게 한 이랑, 즉 1묘(畝)마다 고랑[畎] 3개와 두둑[伐] 3개를 만들면, 두둑의 높이와 너비는 고랑의 깊이와 너비와 같아진다. 그 뒤 **고랑에 거름 재를 두껍게 펴고, 구멍 뚫린 박에 조를 담고서 파종한다.** 파종 간격은 일정해야 하며 덮어주는 흙의 두께는 손가락 하나의 두께만큼으로 한다.　　　　　　　　　　　『임원경제지』

⑤ 농기구의 개량
　㉠ 18세기 이후 철제 수공업이 발달하면서 여러 가지 농기구가 제작되었다.
　㉡ 쟁기, 써레, 쇠스랑, 호미 등을 널리 사용하였다.
　㉢ 논농사에서는 소를 이용한 쟁기의 사용이 보편화되어 생산력이 더욱 증대되었다.
⑥ 상품 작물의 재배
　㉠ 18세기 : 농민들은 시장에 팔기 위한 작물을 재배하여 가계 수입을 증가시켰다. 장시가 점차 증가하여 상품의 유통이 활발해짐에 따라 농민들은 쌀, 목화, 채소, 담배, 약초 등을 재배하여 팔았다.
　㉡ 쌀 : 쌀의 상품화가 활발하였다. 쌀은 이 시기에 이르러 그 수요가 크게 늘어나 장시에서 가장 많이 거래되었다. 쌀의 수요가 늘면서 밭을 논으로 바꾸는 현상이 활발하였다.
　㉢ 목화 : 경상도를 비롯한 삼남 지방과 황해도에서 집중적으로 재배되었다. 목화는 당시 서민들이 가장 많이 사용한 옷감의 원료로서 그 수요가 많았다.
　㉣ 채소 : 서울 근교에서는 채소 재배가 성하였으며, 그 밖에 담배, 인삼, 생강 등도 인기 있는 상품 작물로 재배되었다.

■ **상품 작물의 전래**
담배, 고추, 호박 등은 일본에서 전래되었다. 고구마는 18세기 영조 때에 일본에서 전래되었고, 감자는 19세기 청으로부터 전래·재배되었다.

| 사료 | 상품 작물의 재배 |

농민들이 밭에 심는 것은 9곡(穀)뿐이 아니다. 모시, 오이, 배추, 도라지 등의 농사를 잘 지으면 조그만 밭이라고 하더라도 얻는 이익이 헤아릴 수 없이 크다. 한양 내외의 읍과 도회지의 파 밭, 마늘 밭, 배추 밭, 오이 밭에서는 10무(畝)의 땅으로 수백 냥을 번다. 서쪽 지방의 담배 밭, 북쪽 지방의 삼 밭, 한산 지방의 모시 밭, 전주의 생강 밭, 강진의 고구마 밭, 황주의 지황 밭은 모두 다 논 상상등(上上等)보다 그 이익이 10배에 달한다.　　　　　　　　『경세유표』

광작으로 농민 1인당 경작지 면적은 종래보다 약 5배로 늘어났고, 단위 면적당 경작 노동력을 약 80%가량 감소시켰다. 직파법으로 10두락도 못 짓던 농가에서 모내기법으로 20두락 내지는 40두락까지도 지을 수 있었다.

|정답해설| 조선 정부는 처음에 이앙법을 금지하였으나. 17세기 이후 이앙법이 전국적으로 확대되자 생산력을 높이기 위해 수리 시설을 관리하는 정책으로 변경하였다. 이에 현종 3년(1662)에는 제언사를 설치하고, 정조 2년(1778)에 「제언절목」을 반포하였다.

|정답| ④

|정답해설| 신해통공(1791)이 반포되어 육의전을 제외한 시전 상인들의 금난전권을 폐지하였다.

|정답| ①

(3) 농업 경영의 변화

① 광작(廣作)의 대두: 모내기법의 보급으로 제초 노동력이 감소하여 노동력을 덜게 된 농민들은 1인당 경작 면적을 더욱 넓혔고, 일부 농민들은 경작지의 규모를 확대하여 광작을 하였다.

② 광작의 영향: 지주와 자작농의 경우는 물론 일부 소작농도 더 많은 농토를 경작할 수 있어서 재산을 모을 수가 있었다.

바로 확인문제

● 다음은 정조 때 비변사에서 제정한 「제언절목」의 일부 내용이다. 이러한 법률 제정의 가장 직접적인 배경으로 가장 적절한 것은?

> 제1조 제방이나 저수지 바닥을 불법 경작한 곳은 즉시 복구시키되 이를 소홀히 할 때는 지방관을 문책한다.
> 제2조 저수지 바닥을 파내되, 파낸 흙은 바로 근처에 두지 말고 멀리 운반하여 다시 유입되지 않도록 한다.
> 제3조 제방에는 수문이 없어 불편하므로 제언 수축 시에는 반드시 소나무로 만든 수통을 설치하여 필요에 따라 열고 닫도록 한다.

① 지주 전호제의 확대
② 구황 작물의 재배
③ 개간 사업의 장려
④ 이앙법의 전국적 보급

● 밑줄 친 ㉠~㉣과 관련된 임란 이후 경제에 대한 설명으로 옳지 않은 것은?   19. 국가직 9급

> • ㉠ 서울 안팎과 번화한 큰 도시에 파, 마늘, 배추, 오이 밭 따위는 10묘의 땅에서 얻은 수확이 돈 수만을 헤아리게 된다. 서도 지방의 ㉡ 담배 밭, 북도 지방의 삼밭, 한산의 모시밭, 전주의 생강밭, 강진의 ㉢ 고구마 밭, 황주의 지황 밭에서의 수확은 모두 상상등전(上上等田)의 논에서 나는 수확보다 그 이익이 10배에 이른다.
> • 작은 보습으로 이랑에다 고랑을 내는데, 너비 1척, 깊이 1척이다. 이렇게 한 이랑, 즉 1묘마다 고랑 3개와 두둑 3개를 만들면, 두둑의 높이와 너비는 고랑의 깊이와 너비와 같아진다. 그 뒤 ㉣ 고랑에 거름 재를 두껍게 펴고, 구멍 뚫린 박에 조를 담고서 파종한다.

① ㉠ – 신해통공을 반포하여 육의전의 금난전권을 폐지하였다.
② ㉡ – 인삼과 더불어 대표적인 상업 작물로 재배되었다.
③ ㉢ – 『감저보』, 『감저신보』에서 재배법을 기술하였다.
④ ㉣ – 밭농사에서 농업 생산력의 발전을 가져온 농법이었다.

(4) 지대(地代)의 변화

① 배경

㉠ 상품 화폐 경제가 발달하고 농업 경영상의 변화가 일어나 지주권은 약화되고 전호권은 성장하였다.

㉡ 소작 농민들은 좀 더 유리한 경작 조건을 얻어 내기 위하여 지주에게 소작 쟁의를 벌였다.

㉢ 소작권을 인정받아 지주가 함부로 소작지를 빼앗지 못하고, 수확량의 반을 내던 소작료도 일정 액수를 곡물이나 화폐로 내도록 하는 변화가 일어났다.

② 타조법(打租法)
　　㉠ 내용 : 소작인이 지주에게 수확의 반(半)을 바치는 정률지대의 방식을 말한다.
　　㉡ 특징
　　　• 전세, 종자, 농기구를 소작인이 부담하게 되어 농민에게 불리한 조건이었다.
　　　• 작황에 따라 지주의 이익이 좌우되므로, 지주의 간섭이 심하여 농민의 자유로운 영농
　　　　이 제약받고 있었다.
　　　• 전호(佃戶)는 소작료 외에 지주가 요구하는 사적인 부담이나 노역을 감당하는 경우도
　　　　많았다. 특히 소작료가 임의로 책정되기도 하였다.
③ 도조법(賭租法)
　　㉠ 등장 : 농민들의 항조 투쟁의 결과 18세기에 일부 지방에서 등장하였다.
　　㉡ 내용 : 농사의 풍흉에 관계없이 해마다 일정한 소작료를 납부하는 정액지대를 말한다. 대
　　　개 수확량의 3분의 1을 지주에게 바치도록 되어 있었기 때문에 소작인에게 유리하였다.
　　㉢ 결과 : 소작농이라도 상품 작물을 재배하거나 소작권을 인정받고 소작료도 일정 액수만
　　　내게 되면서 근면하고 시장 경제를 잘 이용하는 농민은 점차 소득을 증가시켰다. 이들
　　　농민 중 일부는 토지를 개간하거나 매입하여 지주가 되기도 하였다.

심화 　항조(抗租) 운동 – 영조 24년(1748) 타조제를 도조제로 전환시킨 예

재령 여물평(餘勿坪) 지역의 장민(庄民)들의 저항은 개간될 때부터 시작되었으며, 그러한 저항은 시간이 지
날수록 일상화되고 다양해졌다. 땅이 비옥한 곳에는 올벼[早稻]를 심어 미리 베어 먹거나 궁답(宮畓)을 조금
씩 깎아 먹는 방법, 또는 볏단을 크게 묶었다가 나중에 빼돌리기, 탈곡할 때 대충 태질하였다가 나중에 다시
타작하는 방법 등 계속된 거납(拒納)과 항조(抗租)로 궁방(宮房)의 수입은 계속 줄어들었다. 이로 말미암아
명분은 반타작(半打作)이지만, 실제로는 3분의 1에 지나지 않는다고 말해질 정도가 되었다.
　　국사 편찬 위원회

④ 도전법(賭錢法) : 18세기 말 이후로는 상품 화폐 경제가 급속도로 진전되면서 소작료의 납
　부 형태도 금납제로 이행되었다. 이 같은 움직임들은 소작농의 농업 경영을 더욱 자유롭게
　해 주는 기반이 되었다.

(5) 몰락 농민의 증가

일부 농민이 소득을 증대시켜 부자가 된 반면, 토지를 잃고 몰락하는 농민도 증가하였다.

① 토지의 상품화
　　㉠ 부세의 부담, 고리채의 이용, 관혼상제의 비용 부담 등으로 견딜 수 없게 된 가난한 농
　　　민들은 헐값에 자신의 토지를 내놓았다.
　　㉡ 양반 관료, 토호, 상인은 이 기회를 놓치지 않고 토지를 매입하여 늘려 갔다.
　　㉢ 이런 현상은 상품 화폐 경제가 발달하면서 더욱 가속화되어 토지를 잃은 농민은 농촌을
　　　떠나야만 하였다.
② 농민의 이농(離農) 현상
　　㉠ 광작이 가능해지면서 대부분의 농토를 소작시키고 일부 농토만 직접 경영하던 지주들
　　　이 소작지를 회수하여 노비를 늘리거나 머슴을 고용하여 직접 경영하였다.
　　㉡ 이 때문에 소작 농민들은 소작지를 잃기는 쉬워진 반면, 얻기는 더욱 어려워졌다.
　　㉢ 농민은 농촌을 떠날 수밖에 없었고 농촌에 그대로 머물러 있더라도 품팔이로 생계를 유
　　　지해야만 하였다.

■ 지대(地代, 소작료)의 형태
• 타조법 : 일정 비율로 소작료를 내
　는 방식이다.
• 도조법 : 일정 액수를 소작료로 내
　는 방식으로 점차 화폐로 내는 경향
　이 나타났다.

■ 도지권(賭地權)
도조법이 설정된 토지를 도지(賭地),
그 권리를 도지권이라 한다. 도지권은
자유로이 매매·전대·양도가 가능하
고, 전주의 농업 간섭이 없다는 특징이
있다. 또한 도지법은 지주와 농민 간에
특별 관계가 있을 때만 성립된다. 이를
테면 지주의 황무지를 개간하거나 제
방 등을 쌓았다고 하는 등이 그것이다.

■ 계층 분화의 촉진
농업에서의 모내기법·광작, 수공업에서의 납포장·선대제의 보편화, 상업에서의 객주·상인 물주 등으로 계층의 분화가 촉진되었다.

③ 농민 계층의 분화
　㉠ 농촌을 떠난 다수의 농민은 도시로 옮겨가 상공업에 종사하거나 **임노동자**가 되었고, 일부 농민은 광산이나 포구를 찾아 임노동자가 되었다.
　㉡ 광산·포구 등에는 새로운 도시가 형성되기도 하였다. 황해도의 수안, 충청도의 강경, 함경도의 원산 등이 대표적이다.

> **사료　농민의 분화**
>
> 부농층은 땅이 넓어서 빈민을 농업 노동에 고용함으로써 농사를 짓지 않고서도 향락을 누릴 수 있으며, 빈농층 가운데 어떤 농민은 지주의 농지를 빌려 경작함으로써 살아갈 수 있으며, 그들 가운데 어떤 자는 농지를 얻을 수가 없으므로 임노동자가 되어 타인에게 고용됨으로써 생계를 유지한다. 그리고 그것도 할 수 없는 농민들은 농촌을 떠나 유리걸식하게 된다.　『농포문답』

> **바로 확인문제**
>
> ● 다음 자료가 등장하는 시기에 나타난 경제적 변화에 대한 설명 중 옳지 <u>않은</u> 것은?　13. 서울시 9급
>
> > "이앙(移秧)을 하는 것은 세 가지 이유다. 김매기 노력을 더는 것이 첫째요, 두 땅의 힘으로 모 하나를 서로 기르는 것이 둘째며, 좋지 않은 것은 솎아 내고 싱싱하고 튼튼한 것을 고를 수 있는 것이 셋째다."
>
> ① 모내기법이 확산되어 벼와 보리의 이모작이 가능해졌고, 노동력이 크게 절감될 수 있었다.
> ② 일부 농민은 인삼, 담배, 채소, 면화 등과 같은 상품 작물을 재배해 높은 수익을 올렸다.
> ③ 지주에 대한 지대 납부 방식이 타조법에서 도조법으로 바뀌어 갔다.
> ④ 수공업에서 자금과 원자재를 미리 받아 제품을 만드는 선대제가 활발해졌다.
> ⑤ 교환 경제의 발전은 해동통보를 비롯한 여러 화폐의 사용을 확산시켰다.

|정답해설| 제시문은 조선 후기 이앙법에 대한 내용이다. 해동통보는 고려 숙종 때 발행된 동전이다.

|정답| ⑤

3 민영 수공업의 발달

(1) 민영 수공업자의 대두

① **상품 화폐 경제의 발달**: 조선 후기에는 상품 화폐 경제가 진전되면서 시장 판매를 위한 수공업 제품의 생산이 활발해졌다.
② **제품 수요의 증가**: 이 시기에는 도시의 인구가 급증하여 제품의 수요가 크게 늘어났고, 대동법의 실시로 관수품의 수요도 적지 않았다.
③ **관영 수공업의 쇠퇴**: 부역제(賦役制)의 변동과 상품 화폐 경제의 진전으로 관영 수공업이 쇠퇴하였고, 대신 민영 수공업이 증가하는 수요의 대부분을 충족시켰다.
④ **자유 생산 활동**: 민간 수공업자들은 장인세(匠人稅)만 부담하면 비교적 자유롭게 생산 활동에 종사할 수 있었으며, 그들의 제품은 품질과 가격 면에서 관영 수공업장에서 만든 제품과 비교할 때 경쟁력도 높았다.
⑤ **전문 생산 체제**: 민간 수공업자의 작업장은 흔히 '점(店)'으로 불려져 철기 수공업체는 철점, 사기 수공업체는 사기점이라 하였다.
⑥ **도시 중심 발달**: 판매를 위하여 제품을 생산하는 민영 수공업은 주로 도시를 중심으로 발달하였지만 농촌에서도 점차 나타났다.

■ 장인 등록제 폐지의 배경
본래 관영 수공업은 부역제를 토대로 운영되었다. 관수품의 차질 없는 조달을 위해 수공업자들을 관청에 등록시켜 일정 기간 그들의 노동력을 강제로 징발하였다. 이들을 공장(工匠)이라 하였는데, 16세기 이후 공장들은 가급적 등록을 기피하였고, 17세기 각 관청의 작업장에는 공장이 없어 민간에서 기술자를 고용하여 물품을 제조하는 것이 일반적이었다. 이후 정조 때 장인(匠人) 등록제(登錄制)를 완전히 폐지하였다.

(2) 민영 수공업의 발달

① 장인 등록제 폐지: 18세기 말 정조 때에 이르러 정부는 장인 등록제를 폐지하였다. 이에 수공업자들은 독립적인 민영 수공업자가 되어 장인세를 부담하는 **납포장(納布匠)**으로서 자유롭게 제품 생산 활동에 전념할 수 있었다.

② 상업 자본의 수공업 지배: 민간 수공업자들은 대체로 작업장과 자본의 규모가 소규모여서 원료의 구입과 제품의 처분에서 상업 자본의 지배를 받았다.

(3) 농촌 수공업의 발달

① 상품 생산의 증가: 농촌의 수공업은 지금까지 자급자족을 위한 부업의 형태로 전개되었으나, 점차 소득을 올리기 위하여 상품을 생산하는 경우가 늘어났고, 더 나아가 전문적으로 생산하는 농가도 나타났다.

② 주요 생산물: 옷감과 그릇 종류가 생산되었다.

▲ 「대장간」, 김홍도

(4) 수공업 형태의 변화

① 선대제(先貸制) 수공업
　㉠ 상인 물주: 대부분 공인(貢人)이나 상인(商人)들에게 주문을 받는 데 그치지 않고 자금과 원료를 미리 받아서 제품을 생산하는 선대제가 성행하였다.
　㉡ 결과: 수공업자들은 상업 자본에 예속되었다. 특히 종이·화폐·철물 등의 제조 분야가 두드러졌다.

② 독립 수공업(納布匠)의 등장
　㉠ 18세기 후반에 이르면서 수공업자 가운데서도 독자적으로 제품을 생산하고 이를 직접 판매하는 사람들이 나타났다.
　㉡ 수공업자들의 독립 현상은 주로 놋그릇, 농기구, 모자, 장도 분야에서 두드러졌다.

바로 확인문제

● 다음과 같은 상황이 나타난 시기에 대한 설명으로 옳은 것은?

> 여러 관청 중에서 내자시, 사도시, 예빈시, 제용감 등은 소속 장인이 없어졌다. 그 밖의 여러 관청은 장인의 종류도 서로 달라졌고, 정해진 인원도 상당히 들쭉날쭉하였다. 그리고 장인들을 공조에 등록하던 규정들은 점차 폐지되어 시행되지 않고 있다.
> 「대전통편」

① 국역 체계가 강화되었다.
② 상업적 농업이 발달하였다.
③ 민간인의 광산 개발을 금지하였다.
④ 농본주의 경제 정책이 강화되었다.

단권화 MEMO

■ 납포장
안성·정주(납청)의 놋그릇, 해주의 먹, 통영의 칠기, 전주의 부채, 나주의 종이, 영암의 빗 등이 있다.

■ 유수원의 주장
사(士)·농(農)·공(工)·상(商)의 직업적 전문화와 평등화를 강조하고, 상인 간의 합자를 통한 경영 규모의 확대와 '상인이 생산자를 고용하여 생산과 판매를 주관할 것'을 주장하였다. 즉, 선대제 수공업을 가장 효율적인 생산 체제라 본 것이다.

■ 방짜 유기를 생산하는 제조장의 노동자 구성(분업화 의미)

주물 공정	곁대장 1명·발풍구 1명
압연 공정	대장 1명·앞망치(제1망치꾼) 1명·겉망치(제2망치꾼) 1명·제망치(제3망치꾼) 1명·네핌가질(압연 선반군) 1명·네핌앞망치(연연망치꾼) 1명·안풍구(숙련 풍구 책임자) 1명
선반 공정	가질(선반공) 2명

|정답해설| 제시된 자료는 정조 때 공장안(工匠案)을 폐지한 내용이다. 조선 후기의 농민들은 쌀, 목화, 채소 등 시장에 팔기 위한 작물을 재배하여 가계 수입을 증가시켰다.

|오답해설|
①③④ 모두 조선 초기에 해당하는 내용이다.

|정답| ②

4 민영 광산의 증가

(1) 광산 경영의 변화

① 초기
  ㉠ 광산은 본래 정부가 독점하여 사적인 광산 경영은 통제되었다.
  ㉡ 정부가 수요 액수를 일률적으로 정하여 부과하면 해당 고을의 수령들이 농민들을 강제로 부역에 동원하여 채취하는 방식이었다.
  ㉢ 이때의 부역 노동은 농민들에게는 엄청난 부담이었고, 이로 인하여 때로는 농사철을 놓치는 경우도 많았다.
② 16세기 : 농민들은 광산에 부역으로 동원되는 것을 거부하기 시작하였다.
③ 17세기
  ㉠ 민영 수공업의 발달에 따라 그 원료인 광물의 수요가 급증하게 되면서 금·은·동 등의 채굴을 촉진시켰다.
  ㉡ **사채(私採) 허용** : 허가를 받은 민간인은 정부의 감독 아래 광물을 채굴할 수 있도록 하였다.
  ㉢ **경과** : 이에 따라 광산 개발이 더욱 촉진되었는데, 특히 청과의 무역으로 은(銀)의 수요가 늘어나면서 은광(銀鑛) 개발이 활기를 띠어 17세기 말에는 약 70개 소의 은광이 개발되었다.
  ㉣ **결과** : 민간인의 광물 채굴이 어느 정도 가능하였으나 활발하지는 않았다.
④ 18세기
  ㉠ **변화** : 18세기 후반에 이르러 국가의 감독을 받지 않고 민간인이 광물을 자유롭게 채굴할 수 있도록 하여, 이후 민간인에 의한 광업이 활기를 띠게 되었다.
  ㉡ **활발** : 18세기 중엽부터는 상업 자본이 광산 경영에 참여하면서 금광의 개발이 더욱 활발해졌다.
  ㉢ **금광의 개발** : 18세기 말에는 상업 자본이 채굴과 제련이 쉬운 사금 채굴에 몰리면서 금광의 개발도 활발해졌다.
  ㉣ **잠채(潛採)의 성행** : 광산의 개발은 이득이 많았기 때문에 합법적인 경우도 있었지만, 몰래 채굴하는 이른바 잠채도 성행하였다.

■ **설점수세제(設店收稅制, 1651)**
효종 2년(1651) 제정된 호조별장제를 통한 '설점수세제'는 영세한 광산의 소생산자들이 광산 개발에 참여할 수 있도록 하기 위해 호조가 광산의 채굴 및 제련장과 부대시설까지 마련하는 제도였다. 또한 광산 개발자들이 부근의 목재와 연료를 채취할 수 있도록 하고, 광군(광산 노동자)들을 임의로 고용할 수 있도록 하였다.
한편 호조의 별장들은 대개 서울에 거주하는 부상대고(富商大賈)로서 설점수세 업무를 대행하고 그 대가로 생산량의 일정 부분을 가져갔던 일종의 수세 대행업자였다.

사료	은점 설치의 권장

조정에서 은(銀)이 나는 곳에 은점 설치를 허가만 내주면 돈 많은 장사꾼은 각자 재물을 내어 일꾼을 모집할 것입니다. 땅이 없어 농사짓지 못하는 백성들은 점민(店民)이 되기를 원하게 될 것입니다. 그곳에 모여 살며 은을 캐어 호조와 각 영·고을에 세를 바치고, 남는 대로 물주에게 돌릴 것입니다. 땅 없는 백성들도 그것에 의지해서 살아갈 수 있으니 공사(公私) 간에 유익한 일입니다. 어찌 백성들에게 폐단이 되겠습니까.

『경제야언』

(2) 조선 후기의 광산 경영

① **경영 방식**: 조선 후기의 광산 경영은 경영 전문가인 덕대(德大)가 대개 상인 물주에게 자본을 조달받아 채굴업자인 혈주(穴主)와 채굴 노동자, 제련 노동자 등을 고용하여 광물을 채굴하고 제련하는 것이 일반적이었다.

② **작업 과정**: 분업(分業)에 토대를 둔 협업(協業)으로 진행하였다.

■ 단권화 MEMO

■ **덕대**
광산의 주인과 계약을 맺고 광물을 채굴하여 광산을 경영하는 사람이다.

사료   조선 후기 광산촌의 모습

황해도 관찰사의 보고에 의하면 수안에는 본래 금광이 다섯 곳이 있었다. 두 곳은 금맥이 다하였고, 세 곳만 금맥이 풍성하였다. 그런데 지난해 장마가 심해 작업이 중지되어 광군들 대부분이 흩어졌다. 금년(1799) 여름 새로이 39개 소의 금혈을 팠는데, 550여 명의 광군이 모여들었다. 이들은 일부가 도내의 무뢰배들이지만 대부분은 사방에서 이득을 쫓아 몰려온 무리이다. 그리하여 금점 앞에는 700여 채의 초막이 세워졌고, 광군과 그 가족·좌고·행상·객주 등 인구도 1,500여 명에 이른다. 갑자기 많은 사람이 모여들어 그곳에서는 생필품의 값이 폭등하는 사태가 종종 일어나고 있다고 한다.   「비변사등록」

바로 확인문제

● 다음 글을 토대로 당시의 시대 상황에 대하여 바르게 추론한 것을 〈보기〉에서 모두 고르면?

> 황해도 관찰사에 의하면 수안에는 본래 금광(金鑛)이 다섯 곳이 있었다. 두 곳은 금맥이 다하였고, 세 곳만 풍성하였다. 그런데 지난해 장마가 심해 작업이 중지되어 광군(鑛軍)들이 대부분 흩어졌다. 금년 정조 23년(1799) 여름 새로이 39개 소의 금혈(金穴)을 팠는데, 550여 명의 광군이 모여들었다. 이들은 일부가 도내의 무뢰배들이지만 대부분 사방에서 이득을 쫓아 몰려온 무리이다. 그리하여 금점(金店) 앞에는 700여 채의 초막(草幕)이 세워졌고, 광군과 그 가족·좌고·행상·객주 등 인구가 1,500여 명에 이른다. 갑자기 많은 사람이 모여들어 그곳에서는 생필품의 값이 폭등하는 사태가 종종 일어나고 있다.   「비변사등록」

> ┤ 보기 ├
> ㄱ. 정부가 광물 채굴을 독점하고 있었다.
> ㄴ. 농촌을 떠나 임노동자가 되는 사람이 많았다.
> ㄷ. 요역 동원이 가혹해지면서 광군들이 광산촌을 떠나고 있었다.
> ㄹ. 민영 수공업이 발달하고 있었다.

① ㄱ, ㄴ   ② ㄷ, ㄹ   ③ ㄱ, ㄷ   ④ ㄴ, ㄹ

| 정답해설 | 제시된 사료는 조선 후기 광업의 모습을 보여 주고 있다.
ㄴ. 조선 후기에는 사채(민간에 광산 채굴을 허가함)가 허용되었고, 농촌에서 이주한 임노동자들이 광군(광산 노동자)이 되기도 하였다.
ㄹ. 조선 후기 수공업에서는 공장안이 폐지되고 민영 수공업이 활성화되었다.

| 정답 | ④

03 상품 화폐 경제의 발달

1 사상(私商)의 대두

(1) 상업 활동의 변화

① 유통 경제의 활성화: 조선 후기에는 농업 생산력이 증대되고 수공업 생산이 활발해지면서 상품의 유통도 활성화되어 갔다.

② 부세 및 소작료의 금납화: 이 시기 이후 널리 확산된 부세 및 소작료의 금납화는 상품 화폐 경제의 진전을 더욱 촉진시켰다.

■ **부세의 금납화**
토지세와 각종 역을 돈으로 환산하여 납부하는 것이다.

③ 농민의 계층 분화: 조선 후기에는 인구의 자연 증가뿐만 아니라 농민의 계층 분화가 심화되어 농촌에서 유리된 인구의 도시 유입으로 상업 활동이 더욱 활발해졌다.

(2) 상업 활동의 주역

조선 후기 상업 활동의 주역은 공인(貢人)과 사상(私商)이었다. 그중에서도 처음에는 공인들이 상업 활동을 주도하였다.

▲ 조선 후기의 상업과 무역 활동

① 공인(貢人)
  ㉠ 출현: 대동법이 실시되면서 나타난 어용 상인(御用商人)들이었다.
  ㉡ 역할: 관청에서 공가(貢價)를 미리 받아 필요한 물품을 사서 납부하였다.
  ㉢ 공계(貢契): 관청별로 또는 물품의 종목별로 공동 출자를 해서 계(契)를 조직하고 상권을 독점하였다.
  ㉣ 결과: 납부할 물품을 수공업자에게 위탁하여 수공업의 성장을 뒷받침하였다.
  ㉤ 성장: 서울의 시전(市廛)뿐만 아니라 지방의 장시를 중심으로 활동하였고, 특정 물품을 대량으로 취급하는 까닭에 독점적 도매 상인인 도고(都賈)로 성장할 수 있었다.

② 사상(私商)
  ㉠ 등장: 17세기 초 서울을 비롯한 각 지방의 도시에 사상들이 나타났는데, 도시 근교의 농어민이나 소규모의 생산자, 군졸 등이 직접 생산한 채소·과일·수공업 제품 등을 행상으로 판매하면서부터였다. 이어서 농촌에서 도시로 유입된 인구의 일부가 상업으로 삶을 이어가고자 하여 시전(市廛)에서 물건을 떼다가 파는 중도아(中都兒)가 되기도 하였다.

사료 조선 후기 사상의 성장

이현(梨峴)과 칠패(七牌)는 모두 난전(亂廛)이다. 도고 행위는 물론 집방(執房)하여 매매하는 것이 어물전의 10배에 이르렀다. 또 이들은 누원점의 도고 최경윤, 이성노, 엄차기 등과 체결하여 동서 어물이 서울로 들어오는 것을 모두 사들여 쌓아두었다가 이현과 칠패에 보내서 난매(亂賣)하였다. 『각전기사』

ⓒ 시전(市廛)과의 대립
- 17세기 후반 이후: 사상들은 좀 더 적극적으로 상행위를 벌여 종루·이현·칠패 등에 근거지를 마련하고 종래의 시전과 대립하기도 하였다.
- 시전의 특권: 일찍부터 상업을 독점해 왔던 시전 상인들은 정부로부터 금난전권(禁亂廛權)을 얻어 내어 사상들의 활동을 억압하려 하였다.

ⓒ 상권의 확대: 사상들은 정부와 결탁하여 새로이 점포를 창설하거나, 금난전권이 적용되는 도성을 벗어나 송파 등 지방에서 도성으로 들어오는 길목으로 상권을 확대하면서 상행위를 계속하였다.

ⓒ 금난전권의 철폐: 18세기 말에는 정부로서도 더 이상 사상의 성장을 막을 수 없었기 때문에 결국 육의전(六矣廛)을 제외한 나머지 시전 상인의 금난전권을 철폐하였다(1791, 신해통공). 이로써 사상들의 자유로운 상업 활동이 어느 정도 보장되었으며, 그들 중 일부는 도고(都賈)로 성장하였다.

사료   신해통공

좌의정 채제공이 왕께 아뢰기를 "평시서(平市署)로 하여금 30년 이내에 신설된 시전을 모두 혁파하게 하십시오. 그리고 형조와 한성부에 분부하여 **육의전 이외에는 '금난전권'을 행사하지 못하게 할 뿐 아니라 도리어 처벌하십시오.** 그러면 상인들은 자유롭게 매매하는 이익이 있을 것이고 백성들은 생활이 궁색하지 않을 것입니다." 하였다. 왕이 여러 신하에게 물으니, 모두가 옳다고 하여 그를 따랐다.   「정조실록」

사료   도고의 활동 및 폐단

❶ 그(허생)는 안성의 한 주막에 자리 잡고서 밤·대추·감·배·귤 등의 과일을 모두 사들였다. 허생이 과일을 도거리로 사 두자, 온 나라가 잔치나 제사를 치르지 못할 지경에 이르렀다. 따라서 과일 값은 크게 폭등하였다. 허생은 이에 10배의 값으로 과일을 되팔았다. 이어서 허생은 그 돈으로 곧 칼·호미·삼베·명주 등을 사 가지고 제주도로 들어가서 말총을 모두 사들였다. 말총은 망건의 재료였다. 얼마 되지 않아 망건 값이 10배나 올랐다. 이렇게 하여 허생은 50만 냥에 이르는 큰돈을 벌었다.   「연암집」, 「허생전」

❷ 영의정 김상철(金尙喆, 1712~1791)이 말하기를, "도성 백성이 의지하여 살아가는 것은 오로지 시사(市肆)를 벌여 놓고 있고 없는 것을 팔고 사며 교역하는 데 달려 있습니다. 그런데 근래에는 기강이 엄하지 않아 간사한 무리들이 어물(魚物)과 약재(藥材) 등의 물종은 물론이고, 도고(都庫)라 이름하면서 중앙에서 이익을 독점하는 폐단이 그 단서가 한둘이 아닙니다. 그래서 전후하여 대조(大朝)께서 여러 차례 번거롭게 엄칙하였으나, 근래에는 이 법이 점차 더욱 해이해져 온갖 물건이 등귀한 것이 오로지 이에서 말미암은 것이라고 합니다. 평시서(平市署)와 법을 집행하는 관서에서 참으로 적발하여 통렬하게 다스렸다면 어찌 이런 일이 있겠습니까."라고 하였다. 명하여 말하기를 엄하게 타일러서 경계하라고 하였다.   「영조실록」

③ 사상의 활동: 18세기 이후 사상들이 서울을 비롯한 각지에서 활발한 활동을 하였다.
ⓒ 사상들의 도고(都賈) 활동은 주로 칠패·송파 등 도성 주변에서 이루어졌지만, 개성·평양·의주·동래 등 지방 도시에서도 활발하였다.
ⓒ 그들은 각 지방의 장시를 연결하면서 물품을 교역하고, 각지에 지점을 두어 상권을 확장하기도 하였다.
ⓒ 대표적 사상
- 송상(松商): 개성의 송상은 전국에 지점[송방(松房)]을 설치하여 활동 기반을 강화하였는데, 주로 인삼을 재배·판매하고 대외 무역에도 깊이 관여하여 부를 축적하였다.
- 경강상인(京江商人): 한강을 근거지로 삼아 운송업에 종사하면서 거상(巨商)으로 성장하여 선박의 건조 등 생산 분야까지 진출하는 등 활동 분야를 넓혔다.

단권화 MEMO

■ **사상의 활동 지역**
종루는 종로 일대. 이현(배오개)은 동대문 부근. 칠패는 남대문 바깥 지역이었다.

■ **금난전권**
난전(亂廛)을 금지할 수 있는 금난전권은 본래 상거래 행위를 감독하는 경시서(京市署)의 고유 권한이었으나, 조선 후기 상권 경쟁이 치열해지면서 시전은 정부에 대해 국역의 부담을 지는 대신 금난전권을 요구하여 취득하였다. 금난전권은 처음에는 육의전(六矣廛)에만 허용하였으나 후에는 많은 시전이 행사하였다.

■ **도고와 상업 도시의 성장**
상인 자본의 규모가 커져서 도고(都賈) 상업이 발달하기도 하고, 쌀의 집산지인 원산·강경·삼랑진 등이 상업 도시로 성장하였다.

2 포구에서의 상업 활동

(1) 포구(浦口)의 성장

① 배경

　　㉠ 물화의 운송 : 도로와 수레가 발달하지 못한 시기였기 때문에 물화의 대부분이 육로보다는 수로를 통하여 운송되었다.

　　㉡ 상거래의 활발 : 종래의 포구는 세곡(稅穀)이나 소작료를 운송하는 기지로서의 역할을 하였으나, 18세기에 이르러 상거래가 활발해지면서 상업의 중심지로 성장해 갔다.

② 상업 중심지

　　㉠ 상거래의 확대 : 조선 후기에 상업 중심지로서 새로이 성장한 곳이 포구이다. 포구에서의 상거래는 장시보다 규모가 훨씬 컸다.

　　㉡ 상거래의 연계 : 연해안이나 큰 강 유역에는 포구가 형성되어 있었는데, 처음에는 가까이에 있는 포구 간에 또는 인근의 장시와 연계하면서 상거래가 이루어졌다.

사료　포구 상업

우리나라는 동·서·남의 3면이 모두 바다이므로 배가 통하지 않는 곳이 거의 없다. 배에 물건을 싣고 오가면서 장사하는 장사꾼은 반드시 강과 바다가 이어지는 곳에서 이득을 얻는다. 전라도 나주의 영산포·영광의 법성포·흥덕의 사진포·전주의 사탄은 비록 작은 강이나 모두 바닷물이 통하므로 장삿배가 모인다. 충청도 은진의 강경포는 육지와 바다 사이에 위치하여 바닷가 사람들과 내륙 사람들이 모두 여기에서 서로의 물건을 교역한다. 매년 봄·여름 생선을 잡고 해초를 뜯을 때는 비린내가 마을에 넘치고, 큰 배와 작은 배가 밤낮으로 포구에 줄을 서고 있다.

『택리지』

---

(2) 선상(船商), 객주(客主), 여각(旅閣), 거간(居間)

① 유통권의 형성

　　㉠ 상인 : 포구를 거점으로 상행위를 하는 상인으로는 선상, 객주, 여각 등이 있었다.

　　㉡ 포구 : 칠성포·강경포·원산포 등의 포구에서는 장시가 열리기도 하였다.

② 선상(船商)

　　㉠ 선상의 활동이 두드러지면서 전국 각지의 포구가 하나의 유통권을 형성하였다.

　　㉡ 선상은 선박을 이용해서 각 지방의 물품을 구입해 와 포구에서 처분하였다.

　　㉢ 운송업에 종사하다가 거상으로 성장한 경강상인이 대표적인 선상으로, 그들은 한강을 근거지로 주로 서남 연해안을 오가며, 미곡, 소금, 어물 등을 거래하였다.

③ 객주(客主)와 여각(旅閣)

　　㉠ 각 지방의 선상들이 물화를 싣고 포구에 들어오면 상품의 매매를 중개하였다.

　　㉡ 물자의 집산지, 유통 중심지에서 도매업, 창고업, 위탁 판매, 숙박업, 운송업, 어음 발행 등 금융업에 종사하였다.

　　㉢ 객주와 여각은 지방의 큰 장시에도 있었다.

　　㉣ 개항 후 무역을 하고 상회사로 발전하기도 하였다.

④ 거간(居間, 중개인) : 중개업, 소개업

● 다음에서 묘사하고 있는 시기의 역사적 사실로 옳지 <u>않은</u> 것은?　12. 국가직 9급

> 허생은 안성의 한 주막에 자리 잡고서 밤, 대추, 감, 귤 등의 과일을 모두 값을 배로 주고 사들였다. 그가 과일을 도고하자, 온 나라가 제사나 잔치를 치르지 못할 지경에 이르렀다. 따라서 과일 값은 크게 폭등하였다. 그는 이에 10배의 값으로 과일을 되팔았다. 이어서 그는 그 돈으로 곧 호미, 삼베, 명주 등을 사 가지고 제주도로 들어가 말총을 모두 사들였다. 말총은 망건의 재료였다. 얼마 되지 않아 망건 값이 10배나 올랐다. 이렇게 하여 그는 50만 냥에 이르는 큰돈을 벌었다.

① 보부상들을 보호할 목적으로 혜상공국이 설치되었다.

② 특정 상품들을 독점 판매하는 도고 상업이 성행하였다.

③ 상업이 활성화되면서 선박을 이용한 운수업도 발전하였다.

④ 전국적으로 발달한 장시를 토대로 한 사상들이 성장하였다.

| 정답해설 | 제시된 자료는 박지원이 18세기 후반에 저술한 「허생전」이다. 혜상공국은 고종 20년(1883) 보부상을 총괄하기 위해 설치한 기구이다.

| 오답해설 |
② 조선 후기에는 독점적 도매상인인 '도고'의 매점매석이 가능하였다.
③ 경강상인은 한강을 거점으로 선박을 이용하여 운송업에 종사하였다.
④ 장시를 거점으로 많은 사상이 출현하였다.

| 정답 | ①

● 다음의 자료에 보이는 시기의 경제 동향에 대한 설명으로 옳지 <u>않은</u> 것은?　15. 국가직 9급

> 배에 물건을 싣고 오가면서 장사하는 장사꾼은 반드시 강과 바다가 이어지는 곳에서 이득을 얻는다. 전라도 나주의 영산포, 영광의 법성포, 흥덕의 사진포, 전주의 사탄은 비록 작은 강이나 모두 바닷물이 통하므로 장삿배가 모인다. …… 그리하여 큰 배와 작은 배가 밤낮으로 포구에 줄을 서고 있다.
>
> 「택리지」

① 강경, 원산 등이 상업 중심지로 성장하였다.

② 선상은 선박을 이용해서 각 지방의 물품을 거래하였다.

③ 객주나 여각은 상품의 매매를 중개하고, 숙박, 금융 등의 영업도 하였다.

④ 상업 활동이 활발해지면서 삼한통보 등의 동전을 만들어 유통하였다.

| 정답해설 | 제시된 사료는 조선 후기 포구를 중심으로 발전한 상업 활동의 모습을 보여 주고 있다. 삼한통보는 고려 숙종 때 주전도감에서 만들어진 화폐이며, 조선 후기에는 상평통보가 전국적으로 유통되었다.

| 오답해설 |
① 조선 후기에는 강경포, 원산 등이 상업 중심지로 성장하였다.
② 선상(대표적 – 경강상인)들은 선박을 이용하여 각 지방의 물품을 유통시켰다.
③ 포구에서는 객주나 여각들이 성장하여 도매업, 창고업, 위탁 판매, 숙박업, 운송업 등에 종사하였다.

| 정답 | ④

■ 개시

조선 후기 중국과 일본 등을 상대로 열었던 대외 교역 시장으로는 압록강 하류에서 열리는 '중강 개시'와 함경도의 '회령 개시' 및 '경원 개시', 동래의 '왜관 개시' 등이 있었다.

■ 후시

조선 후기 사상(私商)들이 전개한 밀무역으로 조선에서 중국으로 사신을 보낼 때 중국의 회동관에서 이루어진 '중강 후시', 의주 맞은편의 책문(柵門)에서 이루어진 '책문 후시'가 대표적이다. 또 함경도 경원 등에서 야인들과 거래한 '북관 후시', 부산 등의 왜관에서 왜인들과 거래한 '왜관 후시'가 있었다.

3 대외 무역의 발달

(1) 청과의 무역

① 국경 무역 : 17세기 중엽부터 청과의 무역이 활발해지면서 국경 지대를 중심으로 공(公)적으로 허용된 무역인 개시와 사(私)적인 무역인 후시가 이루어졌다.

    ㉠ 개시(開市) : 공인된 무역 장소로서, 중강 개시(中江開市)가 최초로 설치되었다.

    ㉡ 후시(後市) : 밀무역으로 책문 후시(柵門後市)가 가장 활발하였다.

    ㉢ 만상(灣商)의 주도 : 의주의 만상은 대중국 무역을 주도하면서 재화를 많이 축적하였다.

    ㉣ 중계 상인 : 개성의 송상은 만상과 내상을 중계하며 큰 이득을 남기기도 하였다.

② 교역품

    ㉠ 수출품 : 은, 종이, 무명, 인삼 등

    ㉡ 수입품 : 비단, 약재, 문방구 등

> **사료**   **책문 후시**
>
> 숙종 경진(1700)에 예부에 자청(咨請)하여 중강 후시를 혁파하였으나 책문 후시는 지금까지 행해진다. ······ 사행(使行)이 책문을 출입할 때에는 만상과 송상 등이 은·인삼을 몰래 가지고, 인부나 마필 속에 섞여 들어 물건을 팔아 이익을 꾀한다. 돌아올 때에는 걸음을 일부러 늦게 하여 사신을 먼저 책문을 나가게 한 후에 저희 마음대로 매매하고 돌아오는데, 이것을 책문 후시라 한다.   『만기요람』 재용편

(2) 일본과의 무역

① 활발 : 17세기 이후로 일본과의 관계가 점차 정상화되면서 왜관 개시를 통한 대일 무역이 활발하게 이루어졌다.

② 내상(萊商)의 주도 : 동래의 내상은 왜와의 해상 무역을 주도하였다.

③ 중계 상인 : 송상(松商)은 인삼의 교역을 목적으로 내상과의 중계 무역에 종사하였다.

④ 수출품 : 조선은 인삼, 쌀, 무명 등을 팔고, 청에서 수입한 물품들을 넘겨주는 중계 무역을 하기도 하였다.

⑤ 수입품 : 은, 구리, 황, 후추 등을 수입하고 이 중 은(銀)을 다시 청에 수출함으로써 중간 이득을 취하기도 하였다.

(3) 문제점

수입품 중에는 사치품이 많았고, 수출품 중에는 은(銀)과 인삼(人蔘)이 큰 비중을 차지하고 있어 국가 재정과 민생에 많은 문제점을 남기기도 하였다.

4 화폐 유통

(1) 동전의 유통

① 배경 : 상공업이 발달함에 따라 교환의 매개로서 금속 화폐, 즉 동전이 자연스럽게 전국적으로 유통되었다.

② 경과 : 인조 때 상평통보를 처음으로 제작하였고, 효종 때는 십전통보를 발행하였으나 널리 유통되지는 못하였으며, 숙종 시기에 상평통보가 전국으로 유통되었다.

③ 용도 : 18세기 후반부터는 세금과 소작료도 동전으로 대납할 수 있게 하였다. 그리하여 누구나 동전인 **상평통보**만 가지면 물건을 살 수 있었다.

■ 상평통보

조선 후기 숙종 때 전국적으로 유통되었다.

대신과 비변사의 여러 신하를 만나서 비로소 돈을 사용하는 일을 논의하여 결정하였다. 돈은 천하에 통행하는 재화인데, 오직 우리나라에서만 조종조(祖宗朝)로부터 여러 차례 행하려고 하였으나 행할 수 없었다. 이는 대개 동전이 우리나라에서 나는 산물이 아닌 데다가, 백성들의 풍속이 중국과 달라 통하지 않고 막혀 있어 행하기 어려운 폐단이 있었다. 이에 이르러 대신 허적·권대운 등이 시행하기를 청하였다. 숙종이 여러 신하에게 묻자 그 자리에 있던 신하들이 모두 그 편리함을 말하였다. 숙종이 그대로 따르고, 호조·상평청·진휼청·어영청·사복시·훈련도감에 명하여 상평통보(常平通寶)를 주조하여 돈 400문(文)을 은 1냥(兩)의 값으로 정하여 시중에 유통시켰다.   『숙종실록』

(2) 화폐의 확대 · 보급

이 시기에 동전은 교환 수단일 뿐만 아니라 재산 축적의 수단이기도 하였다.

① 공급의 원활 : 동전의 원료인 구리는 18세기 후반부터 동광의 개발이 활발히 추진되어 공급이 쉬워졌다.
② 정부의 권유 : 정부도 각 기관으로 하여금 동전의 발행을 권장하였다.
③ 사적인 주조 : 동전 발행에 대한 통제가 해이해지며 사적으로 주조하는 경우도 있었다.

(3) 문제점

① 원인 : 지주나 대상인들이 화폐를 고리대나 재산 축적에 이용하였다.
② 전황(錢荒) : 동전의 발행량이 상당히 늘어났는데도 제대로 유통되지 않아 시중에서 동전 부족 현상이 나타났다. 이에 실학자 이익은 폐전론을 제기하기도 하였다.

대신과 비변사 당상을 불러 보았다. 영의정 정존겸(鄭存謙, 1722~1794)이 아뢰기를, "저자의 백성들이 도성에 전황(錢荒)이 든 것을 근래의 큰 폐해로 여기고 있습니다. 폐해를 구제하는 방도는 오직 돈을 주조하는 것에 있는데, 다만 매우 큰 역사여서 경솔하게 의논할 수 없습니다."라고 하였다. 우의정 이복원(李福源, 1719~1792)이 말하기를, "염려되는 것은 적임자를 구할 수 없는 것인데, 진실로 적임자만 구한다면 돈을 주조하는 것은 편리합니다."라고 하였다. 비변사 당상 김화진(金華鎭, 1728~1803)·서유린(徐有隣, 1738~1802) 등이 말하기를, "전황의 폐해를 구제하는 것은 돈의 주조만 한 것이 없는데, 진실로 물력을 조치하여 마련하기가 어렵습니다."라고 하였다. 정존겸이 다시 더 확실하게 알아보고 처리하기를 청하였다. 그대로 따랐다.   『정조실록』

(4) 신용 화폐

① 동전 사용의 단점 : 동전은 곡물이나 옷감에 비하여 간편하기는 하였지만, 그 중량 때문에 대규모의 상거래에서는 불편하였다.
② 신용 화폐의 이용 : 이에 환(換)·어음 등의 신용 화폐가 이용되었다.
③ 의의 : 상품 화폐 경제가 발달하면서 신용 화폐가 점차 보급되어 갔다. 이는 이 시기 상품 화폐 경제의 진전과 상업 자본의 성장을 보여 준다.

■ **화폐 보급의 영향**
교환 경제가 점차 발전하는 가운데 동전의 수요량이 공급량을 초과하게 되었고, 그 과정에서 동전의 구매력은 더욱 상승하였다. 이에 따라 동전 자체가 투기의 대상이 되면서 교환 경제에서 퇴장하였고, 이는 동전의 부족 현상을 더욱 가속화하였다. 한편 조세(租稅)의 금납화의 추세 속에서 농민층은 화폐 구입을 위하여 마지못해 물건을 헐값에 판매하거나 고리대의 수탈을 당하기도 하였다.

03 근대 태동기의 사회

단권화 MEMO

01 사회 구조의 변동

1 신분제의 동요

정치 면	사화(士禍)에서 붕당으로, 다시 붕당 정치가 세도 정치로 이어지는 가운데 정치 면에서는 근대 지향성을 수용하지 못하고 있었다. 이에 따른 행정 기강과 수취 체제의 문란으로 민중의 생활은 도탄에 빠지고 자본주의의 성장을 멈추게 하였을 뿐만 아니라 그동안에 의식이 향상되어 온 민중들은 19세기 민란의 형태로 그들의 요구를 폭발시키기에 이르렀다.
경제 면	영농 기술의 개발과 경영의 합리화를 통하여 농업 생산력이 급증하여 사회 변동의 토대가 마련되었고, 상공업에 있어서도 영리성이 제고되어 도고(都賈)라고 불리는 독점적 도매상이 나타나 상업 자본가로 성장하였다. 또한 수공업에서는 납포장(納布匠)의 등장과 점촌(店村)의 발달로 장인(匠人) 사이에도 빈부의 격차가 나타나고 있었다.
사회 면	생산력 증가에 따른 부의 축적은 신분의 상승을 통한 봉건적 수탈로부터의 탈피를 도모하고, 양반 수의 증가에 따른 정쟁(政爭)의 격화와 농민의 분화로 인한 신분 변동이 심화되어 봉건적 신분 제도가 붕괴되는 가운데 서얼과 노비도 속박에서 점차 벗어나고 있었다. 그리하여 세습적이고 폐쇄적인 신분제는 점차 그 의미를 잃어 갔다.
사상 면	현실 사회의 모순을 자각하고 지배 체제의 제도적 개혁을 위한 진보적 사상으로서 실학이 연구되어 사회 개혁과 발전 방향을 제시하게 되었다. 이즈음 천주교가 전래되어 평등 사회와 개인의 존엄성을 내세우고 전통 사회의 질서와 가치 규범에 도전하였으며, 19세기 말 동학이 창시되어 하층민을 중심으로 현실 개혁의 사회 운동을 전개하였다.

(1) 신분제

① 신분의 분화: 조선 사회는 법제적으로 양천제를 표방하고 있었지만, 실제로는 양반·중인·상민·천민의 네 계층으로 분화되어 있었다.

② 성리학의 신분제 정당화: 조선 시대의 기본 이념이었던 성리학은 이러한 신분제를 정당화하는 이론을 제공하였다.

(2) 양반층의 분화

① 분화의 원인: 조선 후기 붕당 정치가 변질되면서 양반 상호 간에 일어난 정치적 갈등은 양반층의 분화를 가져왔다. 이러한 현상은 '일당 전제화'가 전개되면서 더욱 두드러졌고 권력을 장악한 일부 양반을 제외한 다수 양반이 몰락하는 계기가 되었다.

② 몰락 양반의 실상: 정권에서 밀려난 양반들은 관직에 등용될 기회를 얻지 못한 채 향촌 사회에서나 겨우 위세를 유지하는 향반(鄕班)이 되거나 더욱 몰락하여 잔반(殘班)이 되기도 하였다.

■ **양반의 분화**

조선 시대에는 흔히 4조(아버지·할아버지·증조할아버지·외할아버지) 안에 벼슬한 사람이 없으면 양반이 아닌 것으로 여겼다. 그러므로 그들은 양반의 신분을 유지하기 위하여 그 지방 지주로서의 경제력을 바탕으로 유학을 공부하여 유림(儒林)의 대열에 끼거나 족보·서원·사우·묘비 등을 만들어 자신들의 조상을 드러내려고 애썼다. 그러나 가문의 경제력이 떨어져 몰락하게 되면서 이름만 양반이지 일반 백성과 다름없는 잔반(殘班)으로 떨어지고 말았다. 이들은 생계를 유지하기 위하여 농업이나 수공업·상업 등에 종사하기도 하여 양반으로서의 지위를 인정받지 못하는 경우가 많았다.

■ **몰락 양반**

조선 후기 사회 개혁을 주장한 실학자나 농촌 지식인들은 대개 몰락한 양반들이어서 양반 지주와는 이해관계를 달리하였고, 기본적으로 농민층의 입장에 설 수밖에 없었다. 몰락한 양반들은 서당의 훈장이 되어 생계를 유지하거나, 심한 경우에는 농업이나 상공업 등 생업에 직접 종사해야 하였다. 그들은 이름만 양반이었을 뿐이지, 사회적·경제적 처지는 평민과 거의 다름이 없었다.

(3) 신분 변동

① 양반 수의 증가: 양반 계층의 자기 도태 현상이 날로 심화되는 속에서도 양반의 수는 더욱 늘어나고 상민과 노비의 숫자는 줄어드는 경향을 보였다.
② 원인: 부(富)를 축적한 농민들이 지위를 높이기 위하여 또는 역의 부담을 모면하기 위하여 양반 신분을 사거나 족보를 위조하여 양반으로 행세하는 경우가 많았기 때문이다.
③ 결과: 조선 후기에는 향촌 사회에서도 사회·경제적 변화로 신분 변동이 활발해져 양반 중심의 신분 체제가 크게 흔들렸다.

사료 조선 후기 신분제의 동요

❶ 옷차림은 신분의 귀천을 나타내는 것이다. 그런데 어찌된 까닭인지 근래 이것이 문란해져 상민·천민들이 갓을 쓰고 도포를 입는 것이 마치 조정의 관리나 선비와 같이 한다. 진실로 한심스럽기 짝이 없다. 심지어 시전 상인들이나 군역을 지는 상민들까지도 서로 양반이라 부른다. 『일성록』

❷ 근래 아전의 풍속이 나날이 변하여 하찮은 아전이 길에서 양반을 만나도 절을 하지 않으려 한다. 아전의 아들·손자로서 아전의 역을 맡지 않은 자가 고을 안의 양반을 대할 때 맞먹듯이 너 나 하며 자(字)를 부르고 예의를 차리지 않는다. 『목민심서』

❸ 우리나라는 본래부터 명분을 중히 여겼다. 양반들은 아무리 심한 곤란과 굶주림을 받더라도 팔짱 끼고 편하게 앉아 농사를 짓지 않는다. 간혹 실업에 힘써서 몸소 천한 일을 달갑게 여기는 자가 있다면 모두들 나무라고 비웃기를 노비처럼 무시하니, 자연 노는 백성은 많아지고 생산하는 자는 줄어든다. 재물이 어찌 궁하지 않을 수 있으며, 백성이 어찌 가난하지 않을 수 있겠는가. 과목별로 조항을 엄격히 세워야 마땅할 것이다. 그중 사·농·공·상에 관계없이 놀고먹는 자에 대해서는 관에서 벌칙을 마련하여 세상에 용납할 수 없도록 하여야 한다. 재능과 학식이 있다면 비록 농부나 장사치의 자식이 낭묘(廊廟)에 들어가 앉더라도 부끄러울 것이 없고, 재능과 학식이 없다면 비록 공경의 자식이 여대(與儓, 하인)로 돌아간다 할지라도 한탄할 것이 없다. 위와 아래가 함께 그 직분을 닦는 데 부지런하고 게으름을 상고하여 상벌을 베풀어야 한다. 『담헌서』

❹ 울산 호적

(단위 : %)

시기	양반 호	상민 호	노비 호
1729년	26.29	59.78	13.93
1765년	40.98	57.01	2.01
1804년	53.47	45.61	0.92
1867년	65.48	33.96	0.56

❺ 대구 지방

(단위 : %)

구분	양반	상민	노비
숙종 16년(1690)	9.2	53.7	37.1
영조 5년(1729)	18.7	54.7	26.6
정조 7년(1783)	37.5	57.5	5.0
철종 9년(1858)	70.3	28.2	1.5

2 중간 계층의 신분 상승 운동*

(1) 중간 계층의 사회적 역할 제한

조선 후기 사회 변동이 심화되는 가운데 서얼과 중인 등 중간 계층의 역할이 커졌고, 이들의 활동은 농민의 움직임과 더불어 조선 후기 사회에 큰 변화를 가져왔다.

① 서얼(庶孽): 양반 사대부의 소생이면서도 성리학적 명분론에 의하여 여러 분야의 사회 활동에서 각종 제한을 받고 있었기 때문에 불만이 커져 갔다.

② 중인층: 기술직을 담당하거나 이서(吏胥)로서 행정 실무를 맡고 있던 중인층은 사회적으로 그 역할이 크면서도 고급 관료로 진출할 수 있는 길은 제한되어 있었다.

(2) 신분 상승 추구

중인층은 조선 후기의 사회·경제적 변화를 배경으로 하여 신분 상승을 추구하였다.

① 서얼

  ㉠ 관직 진출: 서얼에 대한 차별은 임진왜란 이후 완화되기 시작하였다. 전란으로 재정적 타격을 받은 정부가 납속책을 실시하고 공명첩을 발급하자, 서얼들도 이를 이용하여 관직에 나아갈 수 있게 되었다.

  ㉡ 통청(通淸) 운동: 영·정조 때 서얼을 어느 정도 등용하자, 이들은 더욱 적극적으로 신분 상승을 시도하였다.

  • 정조 때에는 유득공·이덕무·박제가 등 서얼 출신들이 규장각 검서관으로 등용되어 능력을 발휘할 수 있었다.

  • 수차례에 걸쳐 집단적으로 상소하여 동반이나 홍문관 같은 청요직으로의 진출을 허용해 줄 것을 요구하는 신분 상승 운동을 전개하였다.

  • 이후 1851년 신해허통의 결과 서얼들의 관직 진출에서 법적 제한이 소멸되었다.

> **사료** **서얼허통론**
>
> 아아, 우리 왕조가 서얼의 벼슬길을 막은 지 300여 년이 되었으니, 폐단이 큰 정책으로 이보다 더한 것이 없습니다. 옛날을 상고해도 그러한 법이 없고, 예법과 형률을 살펴봐도 근거가 없습니다. 이는 건국 초기에 간사한 신하들이 기회를 틈타 감정을 푼 것이 바로 중대한 제한 규정으로 되어 버렸으며, 후대에 요직에 있던 인사들이 공론을 핑계 대어 주장함으로써 명성이 높아지자 오류를 답습하여 하나의 습속을 이루었고, 세대가 차츰차츰 멀어지면서 구습을 따르고 개혁을 하지 못했던 것에 지나지 않습니다.
>
> 『연암집』

> **바로 확인문제**

● **다음 상소가 작성되었던 시기에 볼 수 있었던 모습으로 가장 옳은 것은?**　　　20. 법원직 9급

> 작위의 높고 낮음은 조정에서만 써야 할 것이고 적자와 서자의 구별은 한 집안에서만 통용되어야 할 것입니다. …… 공사천 신분이었다가 면천된 이들은 벼슬을 받기도 하고 아전이었다가 관직을 받은 이들은 높은 자리에 오르기도 하는데 저희들은 한번 낮아진 신분이 대대로 후손에게 이어져 영구히 서족이 되어 훌륭한 임금이 다스리는 세상임에도 그저 버려진 사람들이 되어 있습니다.

① 외래문화 수용에 선구적 역할을 한 역관

② 포구에서 상품 매매를 중개하며 성장한 덕대

③ 왕의 명령으로 「혼일강리역대국도지도」를 제작하는 관리

④ 대규모 통청 운동으로 중앙 관직 진출이 허락된 기술직 중인

|정답해설| 제시된 상소는 서얼에 대한 사회적 차별을 비판하는 내용이다. 따라서 서얼 차별에 대한 상소를 올릴 수 있을 만큼 서얼의 사회적 위상이 상승했던 조선 후기에 해당한다. 조선 후기에는 청에 왕래했던 역관들이 외래문화 수용에 적극적이었으며, 이들 중 일부는 통상개화론자로 성장하였다(대표적 인물 – 오경석).

|오답해설|
② 포구에서 상품 매매를 중개하며 성장한 상인은 객주와 여각이다. 덕대는 민영 광산의 책임자였다.
③ 「혼일강리역대국도지도」는 태종 때 이회 등이 편찬한 세계 지도이다(태종 2년, 1402).
④ 철종 때 기술직 중인들은 대규모 통청 운동을 전개하였으나 통청에는 실패하였다.

|정답| ①

② 중인(中人)

　　㉠ 소청(疏請) 운동 : 서얼의 신분 상승 운동은 기술직 중인들에게도 자극을 주었다. 그들
　　　은 주로 기술직에 종사하며 축적한 재산과 탄탄한 실무 경력을 바탕으로 신분 상승을
　　　추구하였다. 누적된 불만을 표출한 중인들은 철종 때 대규모 소청 운동을 일으켰다.

　　㉡ 소청 운동의 의의 : 비록 이들의 노력은 성공하지 못하였으나 이 운동을 통하여 전문직
　　　으로서의 중요한 역할을 부각시켰다.

　　㉢ 역관(譯官)의 역할 : 중인 중에서도 역관들은 청과의 외교 업무에 종사하면서 서학
　　　(西學)을 비롯한 외래문화 수용에서 선구적 역할을 수행하여 성리학적 가치 체계에 도
　　　전하는 새로운 사회의 수립을 추구하였다.

사료　기술직 중인

❶ 열일곱에 사역원(司譯院) 한학과에 합격하여 틈이 나면 성현의 책을 부지런히 연구해 쉬는 일이 없었다.
경전과 백가에 두루 통달하여 드디어 세상에 이름이 났다. …… 공은 평생 고문(古文)을 좋아하였다. 일에
종사하느라 거기에 힘을 오로지 쏟지 못했지만, 공의 시와 문장은 당시 안목 있는 사람들에게 인정을 받
았다.
『완암집』

❷ 이들은 본시 모두 사대부였는데 또는 의료직에 들어가고 또는 통역에 들어가 그 역할을 7~8대나 10여
대로 전하니 사람들이 가북면 중촌의 오래된 집안이라고 불렀다. 문장과 대대로 쌓아 내려오는 미덕은 비
록 사대부에 비길 수 없으나 유명한 재상, 지체 높고 번창한 집안 외에 이들보다 나은 자는 없다. 비록 나
라의 법전에 금지한 바 없으나 자연히 명예롭고 좋은 관직으로의 진출은 막히거나 걸려, 수백 년 원한이
쌓여 펴지 못한 한이 있고 이를 호소할 기약조차 없으니 이는 무슨 죄악이며 무슨 업보인가? 『상원과방』

사료　중간 계층의 신분 상승 운동

오래도록 막혀 있으면 반드시 터놓아야 하고, 원한은 쌓이면 반드시 풀어야 하는 것이 하늘의 이치이다. 중
인, 서얼을 가로막는 것은 우리나라의 편벽된 일로 이제 몇백 년이 되었다. 서얼은 다행히 조정의 큰 성덕을
입어 문관은 승정원, 무관은 선전관에 임용되고 있다. 그런데도 우리 중인은 홀로 이 은혜를 함께 입지 못하
니 어찌 탄식조차 없겠는가? 이제 바야흐로 의논을 모아 글을 써서 원통함을 호소하고자 먼저 통문을 띄우
노니 이달 29일 마동에 있는 홍현보의 집에 모여 상의코자 한다.
『상원과방』

바로 확인문제

● 밑줄 친 '우리'에 해당하는 계층의 활동으로 옳은 것은?
　　　　　　　　　　　　　　　　　　　　　　　　　　　　　　15. 국가직 9급

> 아! 우리는 본시 모두 사대부였는데, 혹은 의(醫)에 들어가고 혹은 역(譯)에 들어가 7, 8대 또는 10
> 여 대를 대대로 전하니 …… 문장과 덕(德)은 비록 사대부에 비길 수 없으나, 명공(名公) 거실(巨
> 室) 외에 우리보다 나은 자는 없다.

① 집단으로 상소하여 청요직(淸要職) 허통(許通)을 요구하였다.

② 형평사를 창립하고, 평등한 대우를 요구하는 형평 운동을 펼쳤다.

③ 관권과 결탁하고 향회를 장악하여 향촌 사회에서 영향력을 키우려 하였다.

④ 유향소를 복립하여 향리를 감찰하고 향촌 사회의 풍속을 바로잡으려 하였다.

|정답해설| 제시된 사료 중 '의(醫)에
들어가고 혹은 역(譯)에 들어가'라는
문장을 통하여 밑줄 친 '우리'가 의관
과 역관, 즉 기술직 중인임을 알 수 있
다. 기술직 중인들은 철종 때 대규모
소청 운동(기술직 중인들도 청요직으
로의 진출을 허가해 달라는 집단 행
동)을 전개하였으나 실패하였다.

|오답해설|
② 백정들은 1923년 진주에서 조선
　형평사를 창립하고, 백정에 대한
　사회적 차별 타파를 주장하였다(형
　평 운동).
③ 조선 후기에 새롭게 양반 신분을
　획득한 신향에 대한 설명이다.
④ 사림들은 유향소를 복립하여 그들
　의 세력 기반을 확립하고자 하였다.

|정답| ①

❸ 노비의 해방

(1) 노비의 신분 상승과 도망

① 신분 상승 노력
　㉠ 군공 및 납속: 조선 후기 노비는 군공과 납속 등을 통하여 자신의 신분을 상승시켰다.
　㉡ 전환: 국가에서는 공노비 유지에 비용이 많이 들어 그 효율성이 떨어지자, 다수의 공노
　　　비를 종래의 입역 노비에서 신공을 바치는 납공 노비로 전환시켰다.

② 노비의 도망
　㉠ 도망 노비의 확산: 신분이 상승되지 못한 노비들은 도망을 통하여 신분의 속박에서 벗
　　　어나려고 하였다. 이렇게 노비의 도망이 확산된 이유는 도망간 뒤에도 임노동자·머
　　　슴·행상 등으로 생계를 유지할 수 있었기 때문이다.
　㉡ 잔존 노비의 신공 부담 증가: 도망간 노비의 신공은 남아 있는 노비에게 부과되었기 때
　　　문에 남아 있는 노비의 부담은 더욱 무거워질 수밖에 없었다.
　㉢ 정부의 대책: 노비의 도망이 빈번해지자 나라에서는 신공을 줄여 달래기도 하고, 이들
　　　을 찾아내려고도 하였으나 그다지 큰 성과를 거두지는 못하였다.

(2) 공·사노비의 해방

① 노비종모법(奴婢從母法): 노비의 신분 상승 추세는 아버지가 노비라 하더라도 어머니가
　양민이면 양민으로 삼는 법이 실시되면서 더욱 촉진되었다(영조 때『속대전』에 등재).
② 공노비 해방(1801): 18세기 후반 도망과 합법적인 신분 상승으로 공노비의 노비안이 이름
　만 있을 뿐 신공을 받아낼 수 없게 되자, 순조 때에 중앙 관서의 노비 6만 6,000여 명을 해
　방하기도 하였다.
③ 사노비 해방: 사노비는 일반 농민이나 공노비에 비하여 더 가혹한 수탈과 사회적 냉대를
　받았다. 이에 따라 조선 후기에는 사노비의 도망이 일상적으로 일어났다. 갑오개혁(1894)
　때 신분제가 폐지되면서 노비제는 법제상으로는 종말을 고하게 되었다.

> **사료**　공노비 해방
>
> 우리나라의 내수사와 중앙 각 관청이 노비를 소유하고 물려주는 것이 기자에서 비롯되었다고 하나 나(순조)
> 는 그렇게 보지 않는다. …… 임금이 백성을 볼 때는 귀천이 없고 남녀가 없이 하나같이 백성이다. '노(奴)'다
> '비(婢)'다 하여 구분하는 것이 어찌 하나의 백성으로 보는 뜻이겠는가. 중앙 관서의 노비 6만여 명을 양민이
> 되도록 허락하고 승정원에 명령을 내려 노비 문서를 모아 돈화문 밖에서 불태우도록 하라.　　　「순조실록」

■「노비추쇄도감사목(奴婢推刷都
　監事目)」
1655년(효종 6년) 도망간 공노비를 색
출하기 위해 관련 기관을 설치하고 발
한 사목이다. '조부 때부터 생진과에
급제하여 그 자손이 양인으로 행세하
고 있는 자는 이를 용서하여 양인이
될 것을 허락한다.'라는 규정이 있었다.

■ 공노비
3년 단위로 실태를 조사하여 속안(續
案)을 만들고, 20년마다 그것을 바탕
으로 정안(正案)을 만들어 지방 관부와
중앙 정부에 각각 보관함으로써 노비
를 확보·관리하도록 하였다. 실제로는
50년 단위로 한 번씩 조사하였다.

■ 공노비 해방
1801년 궁노비(宮奴婢)와 각사 노비
(各司奴婢)를 해방하여 양인으로 만들
었다. 궁노비는 36,974명이었고, 각사
노비는 29,093명이어서 합계 66,067
명이었다. 관노비(공노비) 전부가 해방
된 것은 아니었으며, 역노비·병조·공
조 소속의 공노비 등은 그대로 남아
있었다. 이때의 해방 노비는 공노비 중
에서도 외거 노비(外居奴婢)인 납공
노비(納貢奴婢)에 한정되었으므로 사
역 노비(使役奴婢)는 그대로 남아 있던
것이다.　　　　　　　　　강만길

■ 노비 세습제의 폐지
1886년(고종 23년)에 공식 폐지되었다.

4 가족 제도의 변화와 혼인

(1) 가족 제도의 변화

조선의 가족 제도는 부계와 모계가 함께 영향을 미치는 형태에서 부계 위주의 형태로 변화하였다.

① 조선 중기

ㄱ 남귀여가혼(男歸女家婚) : 혼인 후에 남자가 여자 집에서 생활하는 경우가 있었다.

ㄴ 균분 상속 : 아들과 딸이 부모의 재산을 똑같이 상속받는 경우가 많았다. 집안의 대를 잇는 자식에게 5분의 1의 상속분을 더 준다는 것 외에는 모든 아들과 딸에게 재산을 똑같이 나누어 주는 것이 관행이었다.

▲ 「율곡 선생 남매 분재기(分財記)」
이이의 7남매와 서모인 권씨가 가옥 · 토지 · 노비 등의 유산을 나누어 상속한 내용을 작성한 문서이다.

ㄷ 제사의 분담 : 재산 상속을 같이 나누어 받는 만큼 그 의무인 제사도 형제가 돌아가면서 지내거나 책임을 분담하기도 하였다.

② 17세기 이후

ㄱ 친영(親迎) 제도의 정착 : 성리학적인 의식과 예절이 발달하고 부계 중심의 가족 제도가 확립되면서 혼인 후 곧바로 남자 집에서 생활하는 친영 제도가 정착하였다.

ㄴ 제사의 장자 상속 : 제사는 반드시 큰아들이 지내야 한다는 의식이 확산되었다.

ㄷ 장자 우선 상속 : 재산 상속에서도 큰아들이 우대를 받게 되면서 처음에는 딸들이, 그리고 점차 큰아들 외의 아들들도 제사나 재산 상속에서 그 권리를 잃어 갔다.

③ 조선 후기 : 부계 중심의 가족 제도를 더욱 강화하였다.

ㄱ 양자 제도의 일반화 : 아들이 없는 집안에서는 양자를 들이는 것이 일반화되었다.

ㄴ 족보의 편찬 : 부계 위주의 족보를 적극적으로 편찬하였다.

ㄷ 동성 마을의 형성 : 같은 성을 가진 사람끼리 모여 사는 동성 마을을 이루어 갔다.

ㄹ 종중(宗中)의 우선 인식 : 개인이 개인으로 인정받기보다는 종중이라고 하는 친족 집단의 일원으로 인식되었다.

ㅁ 효와 정절 강조 : 조선에서는 가족 제도를 잘 유지하기 위한 윤리 덕목으로 효와 정절을 강조하였다. 또한 과부의 재가를 금지하고 효자나 열녀를 표창하였는데, 이는 그러한 정책의 일환이었다.

(2) 혼인 제도

① 원칙 : 조선 시대의 혼인 형태는 일부일처를 기본으로 하였지만, 남자들이 첩을 들일 수 있었기 때문에 엄밀한 의미의 일부일처제라고는 할 수 없었다.

② 적(嫡) · 서(庶)의 엄격한 구분 : 부인과 첩 사이에는 엄격한 구별이 있어서 첩의 자식인 서얼은 문과에 응시할 수 없을 뿐만 아니라 제사나 재산 상속 등에서도 차별을 받았다.

③ 혼인 결정권 : 혼인은 대개 집안의 가장(家長)이 결정하였는데, 법적으로 혼인할 수 있는 나이는 남자 15세, 여자 14세였다.

■ 친영(親迎)

남자가 여자를 자신의 집으로 데리고 와서 혼례를 올리고 남자 집에서 생활하는 혼인 형태를 가리킨다.

■ 「신행」(김홍도)

신부가 혼례식을 마치고 신랑 집으로 가는 의식을 그린 것이다.

단권화 MEMO

|오답해설|
①③ 조선 전기까지의 풍습이다.
④ 조선 후기에 혼인은 남귀여가혼에서 친영제(여자가 남자 집에 들어와서 혼인 생활을 함)로 변화되었고, 재산은 적장자 우선 상속을 시행하였다.

|정답| ②

바로 확인문제

● **조선 후기의 가족 제도와 사회상에 대한 설명으로 가장 적절한 것은?**　　　14. 경찰직 1차

① 남녀를 구분하지 않고 태어난 순서대로 족보에 기재하였다.

② 동성 마을이 많아지고 부계 중심의 족보가 편찬되었다.

③ 아들이 없으면 양자를 들이는 대신에 딸과 외손자가 제사를 지냈다.

④ 혼인은 친영제에서 남귀여가혼으로 변화되었고, 재산은 균등하게 상속되었다.

5 인구의 변동

(1) 호구 조사의 실시

① 목적: 조선은 국가 운영에 필요한 인적 자원을 파악하기 위하여 제도를 정비하고 수시로 호구 조사를 하였다.

② 호적 대장 작성: 조선 시대의 인구에 관한 기본 자료는 원칙적으로 3년마다 수정하여 작성하는 호적 대장이었다. 국가에서는 호적 대장에 기록된 각 군현의 인구수를 근거로 해당 지역에 공물과 군역 등을 부과하였다.

③ 한계: 공물과 군역의 담당자들이 기본적으로 성인 남성들이므로 국가의 인구 통계는 주로 남성들만을 기록하고 있어 실제 인구수와는 많은 차이가 있었다.

(2) 인구의 분포와 변화

① 인구의 거주: 조선 시대의 인구는 대체로 경상도·전라도·충청도의 하삼도에 전 인구의 50% 정도가 살았으며, 경기도·강원도에는 20%, 평안도·황해도·함경도에는 30% 정도가 거주하였다.

② 인구 수의 변화
　㉠ 건국 초: 건국 무렵에는 550만~750만 명이었다.
　㉡ 16세기: 임진왜란 이전에는 1,000만 명을 돌파하였다.
　㉢ 임진왜란 이후: 전란의 영향으로 인구가 줄었다가 다시 증가하기 시작하였다.
　㉣ 19세기 말: 1,700만 명 정도로 추산되고 있다.

③ 한성의 인구: 세종 때 이미 10만 명 이상이 거주하였다. 한성의 인구 수는 임진왜란과 병자호란을 겪으며 조금 줄어들었으나, 18세기에 들어와서는 20만 명이 넘게 되었다.

02 향촌 질서의 변화

1 양반의 향촌 지배 약화

(1) 향촌 사회의 변화

농촌 사회가 분화되고 신분제가 붕괴되면서 양반 계층의 구성이 복잡하게 바뀌었고, 사족 중심의 향촌 질서도 변화되었다.

① 족보 제작 : 양반을 자처하는 이들은 족보를 만들어 가족 집단 전체가 양반 가문으로 행세하고 상민과는 통혼하지 않았다.
② 청금록(靑衿錄), 향안(鄕案) : 양반의 명단인 청금록과 향안은 신분을 확인시켜 주는 증거 서류인 동시에 향약 등 향촌 자치 기구의 주도권 장악을 위하여 중요시되었다.
③ 신분의 상하 변동 : 평민과 천민 가운데 재산을 모아 **부농층으로 등장**하는 사람이 있었던 반면, 양반 가운데는 토지를 잃고 몰락하여 전호가 되거나 심한 경우 임노동자로 전락하는 경우도 있었다. 이에 따라 향촌 사회 내부에서 양반들이 지녔던 권위도 점차 약화되었다.
④ 양반들의 족적 결합 강화 : 양반들은 군현을 단위로 농민을 지배하기 어렵게 되자 거주지를 중심으로 촌락 단위의 동약을 실시하거나 **족적 결합(族的結合)을 강화**함으로써 자기들의 지위를 지켜 나가고자 하였다. 이에 따라 전국에 많은 동족 마을이 만들어지고 문중(門中)을 중심으로 서원(書院)이나 사우(祠宇)가 세워졌다.

(2) 부농층의 도전

조선 후기 향촌 사회에서는 전통적으로 향촌 사회를 지배하였던 사족들이 새로운 세력으로 성장한 부농층의 도전을 받게 되었다.

① 향회 장악 기도 : 부농층은 수령을 대표로 하는 관권과 결탁하여 성장의 기반을 굳건히 하면서 향안에 이름을 올려 향회를 장악하고자 하였다.
② 관권의 강화 : 조선 후기 향촌 사회에서는 지방관의 관권(官權)이 강화되고 아울러 관권을 맡아 보고 있던 향리(鄕吏)의 역할이 커졌다.
③ 향회의 자문 기구화 : 종래 재지 사족인 양반의 이익을 대변하여 왔던 향회는 주로 수령이 세금을 부과할 때 의견을 물어보는 자문 기구로 위상이 낮아졌다. 곧 수령 중심의 국가 권력이 향촌 사회에 깊숙이 침투하여 재지 사족이 지배하고 있던 영역을 장악해 나갔다.

사료 향촌 질서의 변화

암행어사 이곤수가 별단을 올렸다. "매향(賣鄕)에는 여러 가지 많은 방법이 있습니다. 돈을 받고 향임(鄕任, 좌수·별감 등 향청의 직책)에 임명하는가 하면, 사례비를 받고 향안(鄕案, 사족들의 모임인 향회의 명부)이나 교안(校案, 향교의 교생 명단)에 올려 줍니다. 여기에 응하는 자는 모두 양민입니다. 이때 한 사람이 내는 액수가 많게는 백여 냥을 넘고, 적어도 수십 냥 아래로 내려가지 않습니다. 그런데도 대개 스스로 원해서 즐거이 하므로 별로 원망이나 비방함이 없습니다. 한번 향임을 지낸 자들이나 향안, 교안에 오른 자들은 대개 군역과 요역에서 벗어납니다." 『정조실록』

■ 청금록

서원 및 향교에 출입하는 양반들이 사용한 출석부의 일종이다. 푸른색의 비단으로 치장을 한 데서 이름이 유래하였다.

■ 사우(충남 공주)

가문에 이름 있는 선조나 훌륭한 인물을 모셔 제사를 지내는 곳이다.

■ 부농층

조선 후기에 등장한 부농층은 당시에 요호 부민(饒戶富民)으로 불렸다. 이들은 자기의 전지(田地)를 소유하고 지방에서 일정한 영향력을 행사할 수 있는 농민들이었다.

사료 향전

영덕의 오래된 가문은 모두 남인이며, 이른바 신향(新鄉)은 모두 서리의 자손이며, 스스로를 서인이라고 합니다. 근래 신향이 향교를 주관하면서 구향(舊鄉)들과 서로 마찰을 빚더니 주자의 영정이 비에 손상되자 신향들이 구향들의 책망이 두려워 그 영정을 숨기고, "남인(남인 계열 구향)들이 송시열(서인과 노론의 대표적 인물)의 영정을 봉안하는 것을 꺼려 야음을 틈타 영정을 훔쳐 갔습니다."라고 하였다. 『승정원일기』

심화 조선 후기 서원과 사우의 건립

(단위 : 개)

도별 연대	경상	전라	충청	경기	황해	강원	평안	함경	계
광해군	15	9	6	2	1	2	1	2	38
인조	20	13	6	4	1	5	4	2	55
효종	12	8	3	5	3	4	1	1	37
현종	23	12	11	7	2	4	5	8	72
숙종	127	67	53	24	15	11	23	7	327
경종	7	5	5	–	1	5	4	2	29
영조	51	26	17	8	16	12	18	11	159
정조	2	2	–	3	–	–	–	–	7
계	257	142	101	53	39	43	56	33	724

『한국사 통론』

바로 확인문제

● 다음 자료를 토대로 조선 후기 향촌 사회에 대하여 바르게 설명한 것을 〈보기〉에서 모두 고르면?

• 영덕의 구향(舊鄉)은 사족이며, 소위 신향(新鄉)은 모두 향리와 서리의 자식입니다. 근래 신향(新鄉)들이 향교를 주관하면서 구향(舊鄉)들과 서로 마찰을 빚고 있습니다. 『승정원일기』, 영조 23년

• 요사이 수령들은 한 고을을 제멋대로 다스려 다른 사람이 그 잘못을 고칠 수가 없습니다. 수령이 옳다고 하면 좌수 이하 모두 그렇다고 합니다. 『비변사등록』, 영조 36년

┤ 보기 ├

ㄱ. 향촌에서의 관권이 강화되었다.
ㄴ. 양반의 향촌 지배력이 약화되었다.
ㄷ. 향촌 지배 세력에 변화가 일어났다.
ㄹ. 향교를 통한 향촌 자치가 강화되었다.

① ㄱ, ㄴ, ㄷ, ㄹ   ② ㄴ, ㄷ, ㄹ   ③ ㄷ, ㄹ   ④ ㄱ, ㄴ, ㄷ

| 정답해설 | 제시된 자료는 향촌 질서의 변화와 관련된 내용이다. 신향(新鄉)인 부농층과 기존의 사족 세력인 구향(舊鄉) 간에 향임권(鄉任權) 다툼으로 수령 및 향리 등의 관권은 강화되었다. 신향(부농층)은 수령, 향리 등과 결탁하여 구향 세력의 부세 징수 등에 대한 관여를 배제하였다.

| 오답해설 |
ㄹ. 향교는 지방 교육 기관으로서 향촌 자치와는 관련이 없다.

| 정답 | ④

2 부농층의 대두

(1) 부농층의 등장

향촌 사회에서 기존의 양반이 아닌 새로운 부농층이 등장하여 영향력을 행사하였다.

(2) 신분 상승의 합법화

① 경제적 능력 : 부농층은 경제적 능력은 갖추었지만, 아직 자신들의 권익을 보호할 수 있는 합법적인 방법이 없었다.

② 정부의 조치 : 정부는 납속이나 향직의 매매를 통하여 이들 부농층에게 신분을 상승시킬 수 있는 합법적인 길을 열어 주기도 하였다.

(3) 부농층의 성장

① 이해관계 일치 : 경제력을 바탕으로 한 새로운 부농층의 욕구는 재정 위기를 타개하고자 하는 정부의 이해와 일치하였기에 정부도 이들을 적극 활용하고자 하였다.

② 향임직 확보 : 부농층은 종래 향촌 사족이 담당하던 정부의 부세 제도 운영에 적극 참여하였으며, 향임직에 진출하지 못한 곳에서도 수령이나 기존의 향촌 세력과 타협하여 상당한 지위를 확보하여 갔다.

③ 한계 : 향촌 지배에 참여하지 못한 부농층도 여전히 많았다.

바로 확인문제

● **다음과 같은 현상이 일어나게 된 배경으로 옳지 <u>않은</u> 것은?**   15. 지방직 9급

> 향회라는 것이 한 마을 사민(士民)의 공론에 따른 것이 아니고, 수령의 손아래 놀아나는 좌수·별감들이 통문을 돌려 불러 모은 것에 불과합니다. 그 향회에서는 관의 비용이 부족하다는 핑계로 제멋대로 돈을 거두고 법을 만드니, 일의 원통함이 이보다 심한 것이 없습니다.

① 사족의 향촌 지배력이 약화되었다.

② 수령과 향리의 영향력이 약해졌다.

③ 향회는 수령의 부세 자문 기구로 전락하였다.

④ 양반 사족과 부농층이 향촌의 주도권 다툼을 벌였다.

단권화 MEMO

■ **향임직(鄕任職)**
향촌에 있는 향청(유향소)에서 일을 보는 사람이나 그 직책을 말한다.

|정답해설| 제시된 자료는 향회가 수령에게 지배당하였던 조선 후기의 모습을 보여 준다. 조선 후기 수령 및 향리의 권한(관권)은 강화되었고, 지방 사족의 영향력은 약화되었다.

|오답해설|
① 조선 후기 향촌 사회에서는 기존 사족의 향촌 지배력이 약화되었다.
③ 조선 후기 향회는 수령의 부세 자문 기구로 그 위상이 하락하였다.
④ 조선 후기에는 기존 사족(구향)과 새롭게 양반 신분을 획득한 부농층(신향)이 향촌의 주도권 다툼을 벌였다. 이것을 향전이라고 한다.

|정답| ②

03 농민층의 변화

1 농민층의 분화

(1) 농민층의 구성

① 중소 지주층: 상층은 중소 지주층으로서 자기가 소유한 토지를 다른 사람에게 빌려 주어 소작제로 경영하여 몰락한 양반이나 중인층보다 윤택한 생활을 하는 계층이었다.

② 자영농·소작농: 대다수의 농민은 작은 규모의 자영농이거나 다른 사람의 땅을 빌려 경작하고 소작료를 내던 소작농이었다.

(2) 농민의 곤궁

① 국역의 부담: 국가는 농민에 대하여 여러 가지 의무를 부과하였다.

② 거주 이전의 제한: 통치의 편의를 위하여 호패법, 오가작통법, 도첩제 등으로 농민의 이동을 억제하였다.

③ 자급자족의 생활: 토지에 묶인 농민들은 대대로 한곳에 정착하여 자급자족의 생활을 하고 있었으나 넉넉한 형편은 아니었다.

④ 수취의 증가: 양난 이후 국가 재정의 파탄과 관리들의 기강 해이로 인한 수취의 증가는 농민의 생활을 어렵게 하였다.

⑤ 농민의 불만 고조: 사회 혼란을 타개하기 위한 대동법과 균역법을 시행하는 등의 노력이 실제로 효과를 거두지 못하게 되자 농민의 불만은 더욱 커져 갔다.

(3) 농민의 삶의 개척

조선 후기에 이르러 시련이 거듭되는 속에서도 일부 농민들은 스스로 자신들의 삶을 개척해 나갔다. 농민들은 농업 경영을 통하여 부농으로 부상하거나 상공업으로 생업을 영위하기도 하고, 아니면 도시나 광산의 임노동자가 되었다.

2 지주와 임노동자

(1) 지주(地主)

① 대지주의 등장: 조선 후기에도 지주의 대부분은 양반이었고, 상품 화폐 경제의 발달과 함께 양반 지주의 이윤 추구가 경제적 욕구를 자극하여 광작을 하는 대지주가 많이 나타났다.

② 서민 지주의 출현: 경제 관계가 발달하자 일반 서민들 중에는 적기는 하지만 지주가 되는 사람들도 있었다. 그들은 스스로 농업에 종사하면서 농지의 확대, 영농 방법의 개선 등 여러 가지 방법을 통하여 부를 축적하였다.

③ 새로운 지주들의 신분 상승

   ㉠ 부를 축적한 새로운 지주들 중에는 재력을 바탕으로 공명첩(空名帖)을 사거나 족보를 위조하여 신분을 상승시키는 사람들도 있었다.

   ㉡ 양반이 되면 자신은 물론 후손까지 군역을 면할 수 있는 이익이 있었으며, 더욱이 양반 지배층의 수탈을 피하고 부를 축적하기 위한 경제 활동에서 각종 편의를 제공받을 수 있는 이점을 가지고 있었다.

   ㉢ 경제력으로 양반 신분을 사들인 농민들은 한 걸음 더 나아가 향촌 사회에서 자신들의 영향력을 키워 나가고자 하였다.

(2) 임노동자(賃勞動者)

① 빈부의 격차 : 일부 농민이 부농층으로 성장하고 있는 반면에 다수의 농민은 오히려 토지에서 밀려나 임노동자가 되기도 하였다.

② 부역제의 해이(解弛)

    ㉠ 국가에서 필요로 하는 노동력은 주로 농민들의 부역 동원으로 충당되었고, 양반 지주층이 필요로 하는 노동력은 노비나 소작농의 노동력으로 충당하였다.

    ㉡ 궁궐이나 관청에서 주관하는 성 쌓기나 도로 공사에 동원되는 인부들도 노임(勞賃)을 주고 부려야 하는 상황이 되었다.

    ㉢ 16세기 중엽 이래 부역제가 해이해져 17~18세기에 이르면 국가에서 필요로 하는 노동력마저 동원이 어려워지면서 점차 임노동자를 고용해야 하였다.

③ 임노동자 고용의 일반화 : 이러한 현상은 부농들도 똑같이 겪는 일이었다.

    ㉠ 부농층도 가족의 노동력만으로는 농사를 지을 수가 없어서 임노동자를 고용하는 경우가 흔하였다.

    ㉡ 농촌에서는 대체로 1년 단위로 임금을 받는 품팔이 노동력이 많았다.

④ 농민 계층의 분화 : 부농층의 대두와 임노동자의 출현은 이 시기 농민의 분화를 뜻한다.

사료   **농촌 사회의 계층 분화**

부농층은 경작하는 토지가 넓어서 빈민을 고용하여 일을 시키거나, 만약 노비가 있으면 밭을 갈지 않고 벼를 베지 않는다. 이에 아무 일도 하지 않고 부호의 즐거움을 누릴 수 있다. 가난한 사람은 송곳 꽂을 땅도 없다. 다만 부유한 사람의 토지에 고용되어 부지런히 밭을 갈고 김을 맨다. 그러나 겨우 그 수확량의 반을 얻을 수 있다. 그러하지 아니하면 밭 갈 때 고용되고 김맬 때 고용되어 매일 골라 뽑을 뿐이다. 또 그러하지 아니하면 가히 고용될 밭이 없거나 가히 고용될 집이 없다. 이에 걸식을 하거나 떠나게 된다. 혹은 가난하여 도적이 된다.

정상기, 『농포문답』

---

04   예언 사상, 천주교의 전파, 동학의 발생

1 사회 불안의 심화

(1) 배경

① 신분제의 동요 : 양반 중심의 지배 체제에 커다란 위기를 가져왔다.

② 지배층의 수탈 : 지배층과 농민층의 갈등은 깊어지고 지배층의 수탈이 심해지면서 농민 경제는 파탄에 빠졌다.

③ 농민 의식의 향상 : 이러한 분위기 속에서 농민의 의식은 점차 높아져서 곳곳에서 적극적인 항거 운동이 일어났다.

(2) 경과

① 정치 기강의 문란: 19세기에 들어서는 탐관오리들의 탐학과 횡포가 날로 심해져 농민의 생활은 그만큼 더 어려워졌다.

② 재난과 질병: 1820년의 전국적인 수해와 이듬해 콜레라의 만연으로 많은 백성이 목숨을 잃는 비참한 사태가 발생하였다. 피해는 이후 수년 동안 계속되었으며, 이에 따라 굶주려 떠도는 백성이 거리를 메울 지경이었다.

(3) 결과

① 민심의 불안: 백성들 사이에 비기·도참설이 널리 퍼지고, 서양의 이양선(異樣船)까지 연해에 출몰하자 민심은 극도로 흉흉해져 갔다.

② 도적들의 성행: 사회 불안이 점점 더해 감에 따라 각처에서는 도적이 크게 일어났다. 화적(火賊)들은 수십 명씩 무리를 지어 지방의 토호나 부상들을 공격하였고, 수적(水賊)들은 배를 타고 강이나 바다를 무대로 조운선이나 상선을 약탈하였다.

> **사료** 장길산의 난
>
> 숙종 때 교활한 도둑 장길산이 황해도에서 횡행했는데, 장길산은 원래 광대 출신으로 곤두박질을 잘하고 용맹이 뛰어났으므로 드디어 괴수가 되었다. 조정에서 이를 걱정하여 신엽(申燁)을 감사(監司)로 삼아 체포하게 하였으나 잡지 못했다. …… 다시 여러 고을의 군사를 징발하여 각기 요소를 지키다 밤을 타 쳐들어갔는데, 적들이 이미 염탐해 알고 나와서 욕설을 퍼붓다가 모두 도망쳐 아무 자취도 없어졌다.
>
> 그 후 병자년(丙子年, 1696, 숙종 22년)에 한 적도(賊盜)의 자백에 그의 이름이 또 나왔으나 끝내 잡지 못했다. 이 좁은 국토 안에서 몸을 숨기고 도둑질하는 것이 마치 새장 속에 든 새와 물동이 안에 든 물고기에 지나지 않는데, 온 나라가 온갖 힘을 기울였으나 끝내 잡지 못했으니, 우리나라 사람들의 꾀가 없음이 예부터 이러하다. 어찌 외군의 침략을 막고 이웃 나라에 위력을 과시하기를 논하겠는가? 슬프도다. 『성호사설』

2 예언 사상의 대두

(1) 예언 사상의 유행

① 배경: 사회가 변화하면서 유교적 명분론이 설득력을 잃어가자 비기·도참 등을 이용한 예언 사상이 유행하였다.

② 결과: 말세의 도래, 왕조의 교체, 변란의 예고 등 근거 없는 낭설이 횡행하여 민심을 혼란시켰다. 이씨 왕조가 멸망하고 정씨 왕조가 등장할 것이라는 『정감록(鄭鑑錄)』은 조선 후기에 널리 유행한 비기였다.

> **사료** 도참 신앙 - 『정감록(鄭鑑錄)』의 주요 내용
>
> 첫째, 이씨 왕조가 세 번의 단절 운수를 맞는다는 '삼절운수설(三絶運數說)'이다. 그 첫 번째가 임진왜란이고, 두 번째가 병자호란이며, 세 번째가 앞으로 닥칠 위기라는 것이다.
>
> 둘째, 미래 국토의 이상을 나타내는 '계룡산천도설(鷄龍山遷都說)'이다. 계룡산은 산세나 수세가 태극을 이루어 세 번째 위기에 살아남을 수 있는 비기(秘記)인 '이재궁궁(利在弓弓)'이 저절로 이루어지는 '궁을촌(弓乙村)'의 신천지가 된다는 것이다.
>
> 셋째, '정성진인출현설(鄭姓眞人出現說)'로서, 말세에 '정도령'이라는 구세주가 나타나 세상을 구원한다는 것이다. 이심(李沁)과 정감(鄭鑑) 사이의 문답

■ 선운사 도솔암 마애불

고려 시대에 만든 석가 여래상이다. 19세기에는 명치 부위에 있는 감실에 비결이 들어 있어서 그것이 나오는 날 한 양이 망한다는 이야기가 퍼져 있었다.

(2) 기타 민간 사상

① 무격 신앙이나 미륵 신앙이 점차 확장되어 갔다.
② 현세에서 얻지 못하는 행복을 미륵 신앙에서 해결하려는 움직임이 있었으며, 심지어 살아 있는 미륵불을 자처하면서 서민을 현혹시켜 끌어모으는 무리도 나타났다.

3 천주교[西學]의 전파

(1) 전래

천주교는 17세기에 중국 베이징의 천주당을 방문한 우리나라 사신들에 의하여 서학(西學)으로 소개되었다.

① 신앙 : 천주교가 신앙으로 받아들여진 것은 18세기 후반이었다.
② 확산 : 당시 정치와 사회의 모순을 해결하고자 고심하던 **남인 계열의 실학자들**이 천주교 서적(『천주실의』)을 읽고 신앙 생활을 하였다. 정조 시기의 이승훈이 베이징에서 서양인 신부에게서 영세를 받고 돌아온 이후로 신앙 활동이 더욱 활발해졌으며, 청에서 주문모 신부가 조선에 입국하였다.

(2) 교세의 확장

① 정부는 천주교가 유포되는 것에 대하여 내버려 두면 저절로 사라질 것으로 생각하였다.
② 점차 교세가 확장되고 천주교가 **조상에 대한 제사를 거부**하자 정부는 양반 중심의 신분 질서 부정과 국왕의 권위에 대한 도전으로 받아들여 사교(邪敎)로 규정하였다.

사료   안정복의 천주교 비판

천지의 대세(大勢)를 가지고 말한다면, 서역은 곤륜산(崑崙山) 아래에 터를 잡고 있어서 천하의 중앙이 된다. 그래서 풍기(風氣)가 돈후하고 인물의 체격이 크며 진기한 보물들이 생산된다. 이것은 사람의 배 안의 장부(臟腑)에 혈맥이 모여 있고 음식이 모여서 사람을 살게 하는 근본이 되는 것과 같다. 그런데 중국으로 말하면 천하의 동남쪽에 위치하여 양명(陽明)함이 모여드는 곳이다. 그러므로 이런 기운을 받고 태어난 자는 과연 신성한 사람이니, 요(堯)·순(舜)·우(禹)·탕(湯)·문(文)·무(武)·주공(周公)·공자(孔子) 같은 분들이 이들이다. 이것은 사람의 심장이 가슴속에 있으면서 신명(神明)의 집이 되어 온갖 조화가 거기서 나오는 것과 같다. 이를 미루어 말한다면 중국의 성학(聖學)은 올바른 것이며, 서국(西國)의 천학은 그들이 말하는 진도(眞道)와 성교(聖敎)일지는 몰라도 우리가 말하는 바의 성학은 아닌 것이다.   『천학문답』

사료   천주교의 전파와 유교 의례의 대립

죽은 사람 앞에 술과 음식을 차려 놓는 것은 천주교에서 금하는 바입니다. 살아 있을 동안에도 영혼은 술과 밥을 받아먹을 수 없거늘 하물며 죽은 뒤에 영혼이 어떻게 하겠습니까? 먹고 마시는 것은 육신의 입에 공급하는 것이요, 도리와 덕행은 영혼의 양식입니다. 비록 지극한 효자라 할지라도 맛 좋은 것이라 하여 부모가 잠들어 있는 앞에 차려 드릴 수 없는 것은 잠들었을 동안에는 먹고 마시는 때가 아닌 까닭입니다. 잠시 잠들어 있을 동안도 그러하거늘 하물며 영원히 잠들었을 때는 어떻겠습니까? 사람의 자식이 되어 어찌 허위와 가식의 예로써 이미 돌아간 부모를 섬기겠습니까?   정하상, 『상재상서』

■『천주실의』

원래 마테오 리치가 한문으로 지은 것으로, 모든 사람이 이해하기 쉽도록 18세기에 한글로 옮겼다.

■ 이승훈

이승훈은 1783년 아버지를 따라 청에 간 후, 1784년 그라몽(Gramont) 신부에게 세례를 받아 한국인 최초의 천주교 세례 교인이 되었으며, 1801년 신유박해 때 순교하였다.

■ 천주교에 대한 비판

조선 후기에 가장 많이 읽힌 천주 교리서는 이탈리아의 마테오 리치(Matteo Ricci)가 지은 『천주실의』였다. 『천주실의』는 17세기 초에 베이징에서 간행되었고, 곧이어 이수광과 유몽인 등에 의하여 조선에 소개되었다. 이러한 천주 교리서에 대하여 당시 유학자들은 호기심을 가지고 탐독하기도 하였으나 이를 비판하기도 하였다. 실학자인 이익의 경우 천주교가 불교처럼 허망한 종교이고, 천주교의 천당·지옥설은 불교의 윤회설과 마찬가지로 세상을 현혹하는 종교라고 하였다. 안정복도 『천학문답』을 통해 성리학적 입장에서 천주교를 비판하였다.

(3) 박해(迫害)

① 정조 때에는 천주교에 대해 비교적 관대하였던 시파(時派)가 정권을 잡아서 큰 탄압이 없었다.

② 순조가 즉위한 직후 노론 강경파인 벽파(僻派)가 집권하면서 천주교에 대한 대탄압이 가해졌다(신유박해, 1801). 이 사건으로 천주교 전래에 앞장을 섰던 실학자 및 많은 수의 양반 계층이 천주교를 떠나게 되었다.

③ 신유박해 후 안동 김씨의 세도 정치기에 탄압이 완화되면서 천주교는 백성들에게 활발히 전파되었다.

④ 조선 교구가 설립되고 서양인 신부들이 몰래 들어와 포교하면서 교세가 점차 확장되었다.

(4) 교세 확장

천주교의 교세가 확장된 이유는 세도 정치로 사회 불안과 어려운 현실에 대한 불만과 신(神) 앞에 모든 인간은 평등하다는 논리, 내세 신앙 등의 교리가 일부 백성들에게 공감을 얻었기 때문이었다.

＊천주교 박해

천주교의 박해는 구체적 내용과 함께 기억해 두어야 한다.

■ 황사영의 백서 사건

천주교 지도자였던 황사영은 순조 1년(1801) 신유박해의 전말과 그 대응책을 흰 비단(백서)에 적어 중국 베이징의 구베아 주교에게 밀서로 보냈다. 그 주요 내용으로 첫째, 종주국인 청나라 황제에게 요청하여 조선도 서양인 선교사를 받아들이도록 강요할 것. 둘째, 서양의 배 수백 척과 군대 5~6만 명을 조선에 보내어 신앙의 자유를 허용하도록 하는 방안 등이 기술되어 있다. 이 백서는 발각되어 천주교에 대한 박해가 심해지는 계기를 제공하였다.

○ 천주교 박해＊

시기		박해	내용
정조		추조 적발 사건 (1785)	• 형조(추조)에서 천주교 비밀 신앙 집회를 적발한 사건 • 역관 김범우 유배(고문 후유증으로 사망), 이승훈 · 권일신 · 정약종 등 방면
		반회 사건(1787)	남인(이승훈 · 정약용 등)이 예배 도중 발각
		신해박해 (진산 사건, 1791)	• 윤지충의 모친 신주 소각 사건 → 윤지충, 권상연 사형 • 정조는 시파와 연결된 천주교에 비교적 관대
세도 정치	순조	신유박해(1801)	• 벽파(노론 강경파)가 시파를 축출하기 위한 정치적 박해 • 이승훈 · 이가환 · 정약종 · 주문모 신부(청) 등 3백여 명 처형 • 정약용(강진) · 정약전(흑산도) 유배 • 시파 세력의 위축 · 실학의 쇠퇴 • 황사영의 백서(帛書) 사건 → 처형 → 천주교를 더욱 탄압하는 계기가 됨
	헌종	기해박해(1839)	• 프랑스 신부의 처형(모방 · 샤스탕 · 앵베르), 정하상 순교 • 척사윤음(斥邪綸音) 반포 • 오가작통법을 이용하여 박해
		병오박해(1846)	김대건 신부(조선 최초의 천주교 신부) 등 9명 처형
고종		병인박해(1866)	• 최대의 박해(흥선 대원군 : 처음에는 비교적 관대하였음) • 프랑스 신부(9명)와 남종삼 등 수천 명 처형 → 프랑스의 침입(병인양요)

사료 　신해박해

주상이 형조 판서 김상집 등을 불러 보고 이르기를 "이제 전라 감사가 조사하여 아뢴 것을 보면, 윤지충과 권 상연이 신주를 태워 버린 일에 대해서는 이미 자백하였다 하니, 어찌 이처럼 흉악하고 이치에 어긋나는 일이 있겠는가. 대저 모범이 되는 선비가 없기 때문에 사람들이 점차 물들어 이처럼 오도되기에 이른 것이니 세도 (世道)를 위해서는 근심과 한탄을 금할 수가 없다." 　　　　　　　　　　　　　　　　　　　　　　　　　　　『정조실록』

사료 황사영의 백서 사건

그의 문서를 수색하니 백서(帛書)가 있는데, 장차 북경의 천주당에 통하려고 한 것이었다. 서폭(書幅)에 꽉 찬 흉악하고 참람한 말은 주문모 이하의 여러 죄인이 복법(伏法)되었다는 일을 서양인에게 상세히 보고하려 한 것으로, 그중에 세 조항의 흉언(凶言)이 있는데 …… 하나는 서양국(西洋國)에 통하여 큰 선박 수백 척에 정예 병사 5만~6만 명을 갖추어 보내고 대포 등 무서운 병기를 많이 싣고 와서 동국(東國)을 경악케 하여 사교(邪敎)가 행해지도록 함이었다.

『순조실록』

사료 정하상의 『상재상서』

우리나라에서 천주성교(天主聖敎)를 금지하는 뜻은 어디에 있습니까? 처음부터 의리의 여하를 불문하고 지극히 원통하게도 사도(邪道)라고 몰아붙여 사형죄로 처리하여 신유년(1801, 순조 1년) 전후에 걸쳐 사람이 많이 죽었습니다. 그러나 한 사람도 그 원류를 조사한 자가 없습니다.

아아, 이것을 배우면 유학에 해가 되기 때문입니까? 장차 백성을 어지럽히기 때문입니까? 이 도는 천자로부터 서민에 이르기까지 날마다 쓰고 행하는 도니, 이것을 해가 되고 난이 된다고 말할 수는 없을 것입니다. 이에 감히 그 도리가 나쁘지 않음을 대략 말씀드리고자 합니다.

대저 천지의 위에는 스스로 주재하는 것이 있습니다. 그것을 뒷받침하는 세 가지 증거가 있으니, 첫째는 만물이요, 둘째는 양지요, 셋째는 성경입니다.

『상재상서』

■ 정하상

정하상은 1839년 기해박해 때 순교한 인물이다. 그는 한국인 최초의 호교론서인 『상재상서』를 작성해 두었다가 체포된 다음 관헌에게 제출하여 천주교 포교의 정당성과 박해의 부당함을 주장하였다.

바로 확인문제

● 조선 후기 천주교와 관련된 설명으로 옳지 <u>않은</u> 것은?

14. 국가직 9급

① 기해사옥 때 흑산도로 유배를 간 정약전은 그 지역의 어류를 조사한 『자산어보』를 저술하였다.

② 안정복은 성리학의 입장에서 천주교를 비판하는 『천학문답』을 저술하였다.

③ 1791년 윤지충은 어머니 상(喪)에 유교 의식을 거부하여 신주를 없애고 제사를 지내 권상연과 함께 처형을 당하였다.

④ 신유사옥 때 황사영은 군대를 동원하여 조선에서 신앙의 자유를 보장받게 해 달라는 서신을 북경에 있는 주교에게 보내려다 발각되었다.

| 정답해설 | 정약전은 신유박해(신유사옥) 때 흑산도로 유배를 가게 되었다.

| 정답 | ①

4 동학(東學)의 발생

(1) 창도

① 개창: 동학은 1860년에 경주의 몰락 양반 최제우가 창도하였다. 동학에는 19세기 후반에 이르기까지 조선 사회가 처한 여러 사회 상황이 반영되었다.

② 교리: 유·불·선(儒·佛·仙)의 주요 내용이 바탕이 되었고, 주문과 부적 등 민간 신앙의 요소들이 결합되었다. 또한 천주교의 교리도 일부 흡수하였다.

③ 주장: 사회 모순 극복 및 일본과 서양 국가의 침략을 막아내자고 주장하였다.

(2) 사상

모든 사람이 평등하다는 시천주(侍天主)와 인내천(人乃天) 사상을 강조하였다.

① 반상의 철폐: 양반과 상민을 차별하지 않고, 노비 제도를 없애며, 여성과 어린이의 인격을 존중하는 사회를 추구하였다.

② 박해: 조선의 지배층은 신분 질서를 부정하는 동학을 위험시하여 '세상을 어지럽히고 백성을 현혹한다.'라는 죄로 최제우를 처형하였다.

사료 동학의 발생

경신년에 와서 전해 듣건대 서양 사람들은 천주(天主)의 뜻이라 하여 부귀는 취하지 않는다 하면서 천하를 쳐서 빼앗아 그 교당(敎堂)을 세우고 그 도를 행한다고 하므로 내 또한 그것이 그럴까 어찌 그것이 그럴까 하는 의심이 있었더니, …… 이러므로 우리나라는 악질이 세상에 가득 차서 백성들이 언제나 편안할 때가 없으니 이 또한 상해의 운수요, 서양은 싸우면 이기고 치면 빼앗아 이루지 못하는 일이 없으니 천하가 멸망하면 또한 순망지탄이 없지 않을 것이니 보국안민(輔國安民)의 계책이 장차 어디서 나올 것인가

『동경대전』, 「포덕문」

사료 후천 개벽과 보국안민을 주장한 동학 사상

❶ 사람이 곧 하늘이라. 그러므로 사람은 평등하며 차별이 없나니 사람이 마음대로 귀천을 나눔은 하늘을 거스르는 것이다. 우리 도인은 모든 차별을 없애고 선사의 뜻을 받들어 생활하기를 바라노라.

최시형의 최초 설법

❷ 때가 왔네 때가 왔네 다시 못 올 때가 왔네
뛰어난 장부에게 오랜만에 때가 왔네
용천검 드는 칼을 아니 쓰고 무엇하리
무수 장삼 떨쳐입고 이 칼 저 칼 넌즛 들어
호호망망 넓은 천지 한 몸으로 비켜서서
칼 노래 한 곡조를 때여 때여 불러내니
용천검 날랜 칼은 해와 달을 놀리고
게으른 무수 장삼 우주에 덮여 있네
만고 명장 어디 있나 장부 앞에 장사 없네
좋을시고 좋을시고 이내 신명 좋을시고

『용담유사』, 「검결」

(3) 교세의 확대

최제우의 뒤를 이은 **최시형**은 교세를 확대하면서 『동경대전(東經大全)』과 『용담유사(龍潭遺詞)』를 펴내어 교리를 정리하는 한편 의식과 제도를 정착시켜 교단 조직을 정비하였다. 교세가 확대된 동학은 경상도·충청도·전라도는 물론 강원도와 경기도 일대로 퍼져 나갔다.

심화 동학의 교단 조직 – 포접제

동학은 포접제(包接制)로 교도들을 조직하였는데, '포(包)'와 '접(接)'마다 포주(包主)와 접주(接主)를 두었다. 일부에서는 대접주(大接主)를 따로 두는 경우도 있었다. 또한 포와 접의 운영에는 육임제(六任制)를 실시하였는데, 교장(教長)·교수(教授)·교집(教執)·교강(教綱)·대중(大中)·중정(中正) 등의 여섯 가지 직임(職任)으로 나누어 교화와 조직 관리 등을 나누어 맡게 하였다.
1890년대 이후 충청 지방을 중심으로 활동하였던 동학의 교단 지도부는 북접(北接), 전라도에서 활동하였던 세력은 남접(南接)이라고 불렸다.

바로 확인문제

● 다음 종교와 성격이 같은 것으로 가장 적절한 것은?　　　　　　　　　　　　　　19. 경찰직 2차

> 그 교리는 유교, 불교, 도교 세 교의 내용을 대충 취하여 부연하고 또 하느님이 세상을 주관한다는 기독교의 주장을 취하여 하느님이 인간의 화와 복을 실제로 맡고 있다고 한 것으로서 시골 백성들이 많이 믿었으며 보국안민을 빌었다.

① "한울님이 대답하길 '그렇지 않다. 나에게 신령한 부적이 있으니 …… 나에게 이 부적을 받아 질병으로부터 사람을 구하고, 나에게 이 주문을 받아 나를 위해 세상 사람들을 가르치면 너 또한 …… 덕을 천하에 펼 수 있으리라.'라고 하셨다."

② "전선 수백 척과 정예 병사 5, 6만을 얻어서 대포 등 예리한 무기를 많이 싣고 우리나라 해변에 와서 국왕에게 글을 보내기를 '우리는 전교를 목적으로 온 것이지 재물을 탐하여 온 것이 아니므로 선교사를 용납하여 받아들여 달라.'라고 해 주소서."

③ "잘못된 집안 자손이나 벼슬길이 막힌 첩 자손이나 뜻을 잃고 나라를 원망하는 무리들, 아래로는 어리석은 백성, 그릇된 행위를 하는 무리들이 서로 교우라 부르며, 사실을 두루 숨기고 한편이 되었다."

④ "비록 지극한 효자라 할지라도 맛 좋은 것이라 하여 부모가 잠들어 있는 앞에 차려 드릴 수 없는 것은 잠들었을 동안에는 먹고 마시는 때가 아닌 까닭입니다. …… 사람의 자식이 되어 어찌 허위와 가식의 예로써 이미 돌아간 부모를 섬기겠습니까?"

단권화 MEMO

■ 『동경대전』과 『용담유사』

동학의 경전인 『동경대전』은 모두 한문으로 기록되어 있으며, 「포덕문(布德文)」·「논학문(論學文)」·「수덕문(修德文)」·「불연기연(不然其然)」의 4편으로 되어 있다. 한편 『용담유사』는 한글로 지은 포교 가사집이며, 「용담가(龍潭歌)」·「안심가(安心歌)」·「교훈가(教訓歌)」·「몽중노소문답가(夢中老少問答歌)」·「도수사(道修詞)」·「권학가(勸學歌)」·「도덕가(道德歌)」·「흥비가(興比歌)」·「검결(劍訣)」 등 9편으로 이루어져 있다. 원래는 지금은 전해지지 않는 「처사가(處士歌)」를 포함하여 모두 10편이었던 것으로 보인다.

| 정답해설 | 동학은 유교, 불교, 도교 및 천주교의 교리까지 포함하여 사상 체계가 완성되었다. 또한 인내천 사상과 보국안민을 주장하였고, 부적 및 주문(呪文)의 사용을 통해 민중에게 친숙하게 정착되었다.

| 오답해설 |
②③④ 천주교와 관련된 사료이다.

| 정답 | ①

5 농민의 항거*

(1) 원인

① 사회 불안이 점차 고조되자 이제까지 명목상이나마 유지되던 유교적 왕도 정치는 점차 퇴색되었다.

② 19세기의 세도 정치하에서 국가 기강이 해이해진 틈을 타 탐관오리의 부정과 탐학은 끝이 없었다.

③ 삼정의 문란으로 극도에 달한 수령의 부정은 중앙 권력과도 연계되어 있었기 때문에 이미 암행어사의 파견으로 막을 수 있는 정도가 아니었다.

사료 세도 정권의 부정부패

한 지방의 논밭을 통틀어 볼 때 국가에 조세를 충분히 납부할 수 있는 부자와 토호들의 땅은 거의 전부를 지방 관리와 결탁하여 토지 대장에서 누락시킨다. 그 대가로 지방 관리들은 때를 만나 큰 이득을 얻는다. …… 그래도 조세를 물지 못할 때에는 인징(隣徵)과 족징(族徵)을 하고 집을 뒤지고 땅을 파서 곡식을 강탈하며, 사람들을 결박하고서 술을 빼앗아 가고 소와 말을 끌고 가는 등 한 농촌에 소동이 일어나고, 곡성(哭聲)은 하늘을 진동하며 천지의 화기(和氣)는 파괴되고 열 집에 아홉 집은 빈집으로 남게 된다.　　　『경세유표』

○ **삼정의 문란**(19세기)

전정 (田政)	• 은결(隱結): 양안에 미등록된 땅에서 징수하는 것 • 진결(陳結): 황무지에서 징세하는 것 • 도결(都結): 정액 이상의 전세를 징수하는 것 • 백지징세(白地徵稅): 유휴지(遊休地)에서 징세하는 것
군정 (軍政)	• 족징(族徵): 도망자나 사망자의 친척에게 부과하는 것 • 인징(隣徵): 이웃에게 강제 부과하는 것 • 백골징포(白骨徵布): 사망자에게 부과하는 것 • 황구첨정(黃口簽丁): 어린이에게 부과하는 것 • 마감채(磨勘債): 일시불로 부과하는 것 • 강년채(降年債): 60세 이상의 면역자에게 부과하는 것
환곡 (還穀)	• 늑대(勒貸): 필요 이상의 미곡을 강제로 대여하고 이자를 받는 것 • 허류(虛留): 재고가 없음에도 있는 것같이 허위로 문서를 만들어 놓는 것 • 입본(入本): 봄과 가을의 쌀값 차이를 이용하여 대전(貸錢) 및 환전(換錢)으로 이익을 사취하는 것 • 탄정(呑停): 흉년에 강제로 징수하여 감하는 부분을 사취하는 것 • 반작(反作): 허위 장부를 만들어 대여량을 늘리고 회수량을 줄이는 것 • 분석(分石): 쌀에 겨를 섞어 늘려서 대여하여 이자를 사취하는 것 • 증고(增估): 상사가 명한 가격보다 고가의 이자를 징수하는 것 • 가분(加分): 저장해야 할 부분을 대여하여 이자를 받는 것

(2) 농민의 대응

① 유민·도적: 가난과 세금을 감당할 수 없게 된 농민들은 농토를 버리고 이리저리 떠도는 유민이 되거나, 세금을 피하여 산간벽지로 들어가 화전민이 되기도 하고 도적이 되는 경우도 있었다.

② 의식의 변화: 농촌 사회가 피폐해져 가는 가운데 농민들의 사회의식은 오히려 더욱 강해져 갔다.

③ 결과: 농민들은 지배층의 압제에 대하여 종래의 소극적인 자세에서 벗어나 더욱 적극적으로 그들과 대결하였다.

(3) 농민 대응의 변화

처음에는 소청이나 벽서·괘서 등의 소극적인 형태로 나타나던 농민들의 항거는 점차 적극적인 농민 봉기로 변화되었다.

① 소청(訴請): 징계나 불이익 처분을 받은 자가 그 처분을 따르지 않고 심사를 청구하는 행정 심판을 말한다.

② 벽서·괘서(掛書): 남을 비방하거나 민심을 선동하기 위해 여러 사람이 보는 곳에 몰래 붙이는 게시물이다.

(4) 전개

농민들의 항거 가운데 가장 규모가 큰 것은 평안도에서 일어난 **홍경래의 난**(1811)과 단성에서 시작하여 진주로 파급되면서 전국으로 확산된 농민 항쟁인 **임술 농민 봉기**(1862)이다.

▲ 19세기의 농민 봉기

단권화 MEMO

■ **농민의 유민화 및 도적화**

농민들의 불만은 이미 18세기 중엽부터 조직된 무장 집단의 형태로도 나타났다. 횃불을 들고 다니며 화공(火攻)을 일삼는 명화적(明火賊)이 횡행하였는데, 이들은 때로는 말을 타고 총(銃)을 들고 다니기도 하였다. 또한 수적(水賊)이라 하여 바다나 강을 무대로 약탈을 일삼는 무리도 있었다. 이러한 명화적 가운데는 '단(團)'이라는 호칭을 붙인 큰 집단도 있었는데, 평양 중심의 폐사군단(廢四郡團), 재인(才人)이나 화척(禾尺)으로 구성된 채단(彩團), 떠돌이 거지들로 구성된 유단(流團) 등이 있었다.

① 홍경래의 난

㉠ 홍경래와 우군칙 등이 지휘하고 영세 농민·중소 상인· 평안도 지역의 무반 출신·광산 노동자 등이 참여한 봉기였다. 세도 정치의 폐해와 **평안도에 대한 지역 차별**이 문제가 되었다.

㉡ 경과: 이들은 처음 가산에서 난을 일으켜 선천·정주 등을 별다른 저항 없이 점거하였다. 한때는 청천강 이북 지역을 거의 장악하였으나 5개월 만에 평정되었다.

㉢ 영향: 홍경래의 난 이후에도 사회 불안은 수그러들지 않아 각지에서 농민 봉기가 일어났지만, 관리들의 부정과 탐학은 시정되지 않았다.

사료 홍경래의 격문

평서 대원수는 급히 격문을 띄우노니 관서의 부로(父老)와 자제와 공·사 천민들은 모두 이 격문을 들으라. 무릇 관서는 성인 기자의 옛 터요, 단군 시조의 옛 근거지로서 의관(衣冠: 유교 문화를 생활화하는 사람)이 뚜렷하고 문물이 아울러 발달한 곳이다. 그러나 조정에서는 관서를 버림이 분토(糞土)와 다름없다. 심지어 권세 있는 집의 노비들도 서토(西土)의 사람을 보면 반드시 '평안도놈'이라 말한다. 어찌 억울하고 원통하지 않은 자 있겠는가. …… 지금 임금이 나이가 어려 권세 있는 간신배가 그 세를 날로 떨치고 김조순·박종경의 무리가 국가 권력을 오로지 갖고 노니 어진 하늘이 재앙을 내린다. …… 이제 격문을 띄워 먼저 여러 고을의 군후(郡侯)에게 알리노니, 절대로 동요하지 말고 성문을 활짝 열어 우리 군대를 맞으라. 만약 어리석게 항거하는 자가 있으면 철기 5,000으로 남김없이 밟아 무찌르리니, 마땅히 속히 명을 받들어 거행함이 가하리라. 대원수.

「패림」

심화 평안도 문과 합격자에 대한 차별

영조 대 이후 문과 급제자를 가장 많이 낸 지역은 한양을 제외하면 평안도였다. 평안도에 문과 합격자가 많은 주요 이유는 청에 왕래하는 사신 일행이 지나는 길이었으며, 청과의 교역 및 광산 개발 등으로 경제력이 급상승하고 인구가 늘어났기 때문이다. 그러나 많은 급제자에 비해 벼슬을 얻는 비율은 8도 가운데 가장 낮았으며, 그나마 홍문관이나 승문원 등 청요직 벼슬은 거의 받기가 어려웠다.

② 진주 농민 봉기와 임술 농민 봉기(1862)

㉠ 임술 농민 봉기는 단성에서 시작되어 진주로 파급되었다. 당시 **경상도 우병사 백낙신의 탐학**이 봉기의 원인이 되었고, 몰락 양반인 유계춘을 중심으로 한때 진주성을 점령하기도 하였다(진주 농민 봉기).

㉡ 진주 농민 봉기 이후 정부에서는 박규수를 안핵사로 파견하여 민란의 원인을 파악하였고, 삼정을 개혁하기 위해 **삼정이정청을 설치**하였으나 실효를 거두지는 못하였다.

㉢ 농민의 항거는 북쪽의 함흥으로부터 남쪽의 제주에 이르기까지 전국적으로 퍼졌다(임술 농민 봉기).

(5) 의의

이러한 저항 속에 농민들의 사회의식은 성장하였고, 농민들의 항쟁으로 양반 중심의 통치 체제도 점차 무너져 갔다.

진주 안핵사(按覈使) 박규수(朴珪壽)가 상소했는데, 대략 이르기를, "난민(亂民)들이 스스로 죄에 빠진 것은 반드시 이유가 있을 것입니다. 그것은 곧 삼정(三政)이 모두 문란해진 때문인데, 살을 베어 내고 뼈를 깎는 것 같은 고통은 환곡(還穀)이 으뜸입니다. …… 단지 병폐를 받는 것은 우리 백성들뿐입니다. 마땅히 이런 때에 미쳐서는 특별히 하나의 국(局)을 설치하고, 적임자를 잘 선발하여 위임시켜 조리를 상세히 갖추게 하되, 혹은 전의 것을 따라 겉모양을 꾸미기도 하고 혹은 옛것을 본받아 더하거나 빼기도 하면서 윤색하여 두루 상세히 갖추게 한 후에 이를 먼저 한 도(道)에다가 시험하여 보고 차례로 통행하게 하소서. 이렇게 하고도 폐단이 제거되지 않고 백성이 편안하지 못하다는 것은 신은 듣지 못했습니다." 하니, 왕이 답을 내리기를, "진달한 내용은 의정부로 하여금 처리하게 하겠다." 하였다.

『철종실록』

정당한 부세(賦稅) 이외에는 전결(田結)에 첨부하는 것을 엄중히 끊어 버리고, 단지 급대(給代)할 수효만 간략히 마련하게 해야 합니다. 삼가 물러가서 책자(册子)를 갖추어 우러러 을람(乙覽)에 대비하게 한 뒤 절목(節目)을 만들어 내어 중외(中外)에 반시(頒示)하겠습니다." 하니, 하교하기를, "이정청(釐整廳)을 설치한 지 상당히 오래되었는데, 백성을 위한 일념(一念)이 더욱 간절하여 마음을 가눌 수가 없었다. 그런데 지금 경이 아뢰는 말을 듣건대, 아직 절목(節目)이 어떤지 모르겠다. 그러나 충분히 강구하여 기어이 실효가 있게 하라." 하였다.

『철종실록』

바로 확인문제

● 밑줄 친 '반란'에 대한 설명으로 옳은 것을 〈보기〉에서 모두 고른 것은?   21. 계리직 9급

> 반란을 일으킨 적도들은 평안도 가산읍 북쪽 다복동에서 무리를 모아 봉기하여 가산과 선천, 곽산 등 청천강 북쪽의 주요 고을들을 점령하고 기세를 떨쳤다.   『서정록(西征錄)』

┌ 보기 ├

ㄱ. 평안도 지역에 대한 차별에 저항하였다.
ㄴ. 반정 후의 논공행상에 대한 불만이 원인이었다.
ㄷ. 지역의 무반 출신과 광산 노동자들이 적극 가담하였다.
ㄹ. 의주와 안주를 연이어 점령하여 조정에 큰 위협이 되었다.

① ㄱ, ㄴ   ② ㄱ, ㄷ
③ ㄴ, ㄷ   ④ ㄴ, ㄹ

|정답해설| 제시된 사료 중 "가산과 선천, 곽산 등 청천강 이북을 점령"했다는 내용을 통해 밑줄 친 '반란'이 홍경래의 난(1811)임을 알 수 있다. 홍경래의 난은 평안도에 대한 지역적 차별이 원인이 되어 발생하였다. 지역의 무반 출신, 광산 노동자, 영세 농민, 중소 상인 등이 가담하여 청천강 이북까지 장악하였으나 결국 관군에게 진압되었다.

|오답해설|
ㄴ. 이괄의 난(1624)은 인조반정(1623) 이후 논공행상에 대한 불만으로 발생한 사건이다.
ㄹ. 후금은 정묘호란(1627) 때 평안도 의주와 안주를 연이어 점령하여 조정에 큰 위협이 되었다.

|정답| ②

04 근대 태동기의 문화

단권화 MEMO

01 성리학의 변화

1 성리학의 교조화 경향

■ 대보단 설치
임진왜란 때 지원군을 보낸 명나라 신종의 은의(恩義)를 기리기 위해 숙종 30년(1704) 창덕궁 금원(禁苑) 옆에 설치하였다.

(1) 성리학 연구의 흐름

① 성리학의 연구는 정국의 흐름과 밀접하게 관련되어 진행되었다. 그것은 성리학이 지배층의 이론적 도구였고, 사상적 무기였기 때문이다.

② 17세기 붕당들은 그들의 붕당들이 정통성을 가지기 위해 학연에 유의하면서 학문적 토대를 굳히는 데 힘을 기울였다. 그리하여 영남학파가 주로 동인 계열을, 기호학파가 주로 서인 계열을 이끌었다.

(2) 성리학의 교조화(절대화)

① 인조반정 이후 정국의 주도권을 잡은 서인은 의리 명분론을 강화하며 주자 중심의 성리학을 절대화함으로써 자신들의 학문적 기반을 공고히 하려 하였는데, 이는 송시열의 저술 등을 통해 알 수 있다.

▲ 송시열(국립 중앙 박물관 소장)

② 송시열은 '주자의 본뜻에 충실'함으로써 당시 조선 사회의 모순을 해결할 수 있다고 생각하였다. 이러한 견해에 대립하며 윤증은 소론 분파로 분당하기도 하였다.

■ 6경
원시 유학에서 중시한 여섯 가지 경전으로 『시경』·『서경』·『역경』·『예기』·『춘추』·『악기』를 가리킨다.

(3) 탈성리학적 경향

① 사상적 경향: 한편 주자 중심의 성리학을 상대화하고 6경과 제자백가 등에서 모순 해결의 사상적 기반을 찾으려는 경향이 17세기 후반부터 본격화되었다.

② 대표적인 학자

  ⊙ 윤휴: 서경덕의 영향을 받은 윤휴는 유교 경전에 대하여 독자적인 해석을 하여 '유학의 반역자'라는 지탄을 받았다.

  ⊙ 박세당: 양명학과 노장사상의 영향을 받아 『사변록(思辨錄)』을 써 주자의 학설을 비판하였다.

❶ 윤휴

나의 저술 의도는 주자(朱子)의 해석과 다른 이설(異說)을 제기하려는 것보다는 의문점(疑問點) 몇 가지를 기록하였을 뿐이다. …… 그런데 근래에 영보(송시열)가 이단(異端)이라고 배척하였다. 송영보의 학문은 전혀 의심을 내지 않고 주자의 가르침이라면 덮어놓고 의론(議論)을 용납하지 않으니, 비록 존신(尊信)한 다 하더라도 이 어찌 실제로 체득(體得)하였다고 할 수 있겠는가.

『도학원류속』

❷ 박세당

경(經)에 실린 말이 근본은 하나이지만 실마리는 천 갈래 만 갈래이니, 이것이 하나로 모이는데 생각은 백 이나 되고 같이 돌아가는 데 길은 다르다는 것이다. …… 이 때문에 나는 문득 참람(僭濫)한 것을 잊고 좁 은 소견으로 얻은 것을 대강 기술하여 이를 모아 편(編)을 이룩하고, 그 이름을 사변록(思辨錄)이라 하 였다.

『사변록』 서문

③ 결과: 이들은 주자의 학문 체계와는 다른 모습을 보였기 때문에 당시 권력을 장악하고 있 던 서인(노론)의 공격을 받아 **사문난적(斯文亂賊)**으로 몰렸다.

(4) 성리학의 이론 논쟁

① 이기론을 둘러싼 논쟁: 이황 학파의 영남 남인과 이이의 학문을 조선 성리학의 정통으로 만들려는 이이 학파의 노론 사이에 성리학의 이기론(理氣論)을 둘러싼 논쟁이 치열하게 전 개되었다.

② 호락 논쟁(湖洛論爭)

  ㉠ 이기 논쟁 과정을 겪으면서 사상계는 다시 심성론(心性論)에 대하여 관심을 갖기 시작 하였다.

  ㉡ '인간과 사물의 본성이 같은가, 다른가.' 등의 문제를 둘러싸고 노론을 중심으로 호락 논쟁이 벌어졌다.

  ㉢ 인간과 사물의 본성이 다르다는 인물성이론(人物性異論)을 주장한 충청도 지역의 호론 (湖論, 권상하·한원진·윤봉구)과 인간과 사물의 본성이 같다는 인물성동론(人物性同 論)을 주장한 서울·경기 지역의 낙론(洛論, 김창협·이간·이재·어유봉·박필주·김원 행) 사이의 논쟁이다.

  ㉣ 호론은 위정척사 사상, 낙론은 북학 사상과 연결되었다.

심화   호락 논쟁

호락 논쟁은 노론 사이의 논쟁이다. 노론은 이이의 사상을 계승한 세력이다. 이이는 '이(理)'도 중요하지만 '기(氣)' 또한 중요하다고 생각하였던 인물이었다. 충청도 지역의 노론들은 이러한 이이의 주장을 계승하여 '이'와 '기' 각각의 '독자성'을 강조하였다. 즉, 중화를 '이(理)', 청 문화를 '기(氣)'로 구분하자는 주장으로 나타 났으며 이후 위정척사 사상과 연결되었다. 한편 서울·경기 지역의 낙론은 '이'와 '기'의 상호 관계를 중시한 다. 이것은 '이(理)' 안에 '기(氣)'의 요소가 들어있다는 의미로 확대되어 이(중화)와 기(청나라 문화)가 결국은 같은 것이니 청 문화를 수용하자는 주장(북학론)으로 연결되었다.

■ 박세당의 탈성리학 사상

박세당은 성리학이 스승을 무비판적 으로 답습하는 것으로 파악하고 자유 로운 비판을 강조하였다. 곧 주자가 높 고 원대한, 형이상학적인 최고의 선(善) 의 정신을 통하여 인식의 절대성을 강 조한 것에 반하여, 일상적 일용 행사를 통한 인식의 타당성을 강조하여 인식 의 상대성을 제공하였다. 그뿐만 아니 라 주자가 인간 본성의 선천성을 주장 한 점을 비판하고 인간의 도덕적 판단 력을 인정함으로써 인간의 능동적인 실천 행위와 주체적인 사고 행위를 강 조하고, 노자의 『도덕경』을 적극적으 로 해석하였다. 이러한 그의 사상은 조 선 후기의 폐쇄적이고 배타적인 성리 학적 흐름에 대하여 포용성과 개방성 을 강조하였다는 점에서 그 역사적 의 미를 찾을 수 있다.

■ 사문난적(斯文亂賊)

유교에서 교리를 어지럽히고 사상에 어긋나는 행동을 하는 사람을 말한다.

■ 노론 내부의 호락 논쟁

학파	호론(湖論)	낙론(洛論)
지역	충청도	서울, 경기
내용	人物性異論 (인간과 사물의 본성이 다름)	人物性同論 (인간과 사물의 본성이 같음)
영향	위정척사 사상	북학 사상

● 〈보기〉의 조선 후기 호락 논쟁에 대한 설명 중 성격이 <u>다른</u> 것은?   22. 6월 서울시(지체 출제) 9급

┌ 보기 ├───
ㄱ. 조선을 중화로, 청을 오랑캐로 보는 명분론으로 이어진다.
ㄴ. 조선 후기 실학 운동으로 이어지는 사상적 기반이 되었다.
ㄷ. 주로 충청도 지역의 학자들이 중심이 되었다.
ㄹ. 대표적인 학자로는 한원진이 있다.
└──

① ㄱ   ② ㄴ   ③ ㄷ   ④ ㄹ

|정답해설| ㄱ, ㄷ, ㄹ. 호론에 대한 설명이며, ㄴ. 낙론에 대한 설명이다.

|정답| ②

● 조선 후기의 학문과 사상에 대한 설명으로 옳지 <u>않은</u> 것은?   11. 지방직 9급

① 허목은 중농 정책의 강화, 부세의 완화, 호포제 실시 반대 등을 주장하였다.
② 호락 논쟁은 인성과 물성이 같다고 주장하는 노론과 다르다고 주장하는 소론 사이의 논쟁이다.
③ 이익은 나라를 좀먹는 악폐로 노비 제도, 과거제, 양반 문벌, 사치와 미신, 승려, 게으름 등을 들었다.
④ 민족의 전통과 현실에 대한 관심이 깊어지면서 우리의 역사, 지리, 국어 등을 연구하는 국학이 발달하였다.

|정답해설| 호락 논쟁은 노론 내부에서 발생한 논쟁이다.

|오답해설|
① 허목은 남인의 영수로서, 서인이 추진하였던 서얼 허통 및 노비 속량 등을 반대하고 조선의 성리학과 지주 중심의 봉건 질서(신분 질서)를 유지하고자 하였다. 또한 중농 정책 강화와 세금 부담의 완화를 주장하였으나, 호포제 실시에 대해서는 반대하였다.
③ 이익은 나라를 좀먹은 악폐로서 노비 제도, 과거제, 양반 문벌 제도, 사치와 미신 숭배, 승려, 게으름을 들었다(6가지 좀).
④ 조선 후기에는 실학이 발달하면서 우리의 역사, 지리, 국어 등을 연구하는 국학이 발달하였다.

|정답| ②

(5) 노론과 소론의 분화

① 노론: 송시열을 중심으로 이이의 사상을 계승하고 주자 중심의 성리학을 절대시하였다.
② 소론: 윤증을 중심으로 절충적인 성격을 지닌 성혼의 사상을 계승하고, 이를 바탕으로 이황의 사상에도 호의를 보이는 반면, 이이에 대하여는 비판적이기도 하였다. 송시열이 사문난적으로 배격한 윤휴의 학설을 두둔하였는가 하면 양명학과 노장 사상 등을 수용하는 등 성리학 이해에 탄력성을 보였다.

○ 각 당파의 이념 구분

남인	왕권 강화, 자영농 및 중소 지주층의 이익 강조, 농촌 문제에 관심이 큼
북인	부국강병 중시, 절의 중시, 의병장 배출, 현실 직시
노론	신권(臣權) 정치 강조, 상공업에 관심이 큼, 수취 체제 개선 및 노비 속량
소론	탄력적 사고, 성리학의 교조성 비판, 양명학의 도입 및 보급, 북방 개척 주장

2 양명학의 수용

(1) 양명학(陽明學)

① 배경
  ㉠ 성리학의 교조화와 형식화를 비판하며 실천성을 강조하였다.
  ㉡ 이미 중종 때에 조선에 전래되었던 새로운 유학 사상이다.
② 수용 및 확산
  ㉠ 수용: 이황이 비판한 것(『전습록변』)을 계기로 하여 몇몇 학자들만이 관심을 기울였으나, 17세기 후반 소론(少論) 학자들에 의하여 본격적으로 수용되었다.
  ㉡ 확산: 명(明)과의 교류가 활발해지면서 주로 서경덕 학파와 종친들 사이에서 점차 확산되어 갔다.
③ 사상 체계
  ㉠ 인간의 마음이 곧 이(理)라는 심즉리(心卽理)를 바탕으로 한다.
  ㉡ 인간이 상하 존비의 차별없이 본래 타고난 천리(天理)로서의 양지를 실현하여 사물을 바로잡을 수 있다는 치양지설(致良知說), 앎과 행함이 분리되거나 선후가 있는 것이 아니라 앎은 행함을 통해서 성립한다는 지행합일설(知行合一說) 등을 근간으로 하고 있다.

> **사료 양명학**
>
> 앎[知]은 마음의 본체이다. 심(心)은 자연히 지(知)를 모으게 한다. 아버지를 보면 자연히 효를 안다. 형을 보면 자연히 제(弟)를 안다. 어린아이가 우물에 들어가려는 것을 보면 자연히 측은을 안다. …… 시비의 마음은 생각을 기다려서 아는 것이 아니고 배움을 기다려서 할 수 있는 것이 아니다. 그러므로 양지(良知)라고 한다.
>
> 정제두, 『하곡집』

(2) 정제두의 활동

① 저서: 18세기 초 정제두의 『존언』, 『학변(學辨)』, 『만물일체설』 등을 통해 양명학의 학문적 체계가 성립되었다.
② 주체: 일반민(民)을 도덕 실천의 주체로 상정하였다.
③ 주장: 일반민을 바탕으로 양반 신분제의 폐지를 주장하기도 하였다.

(3) 강화 학파의 성립

① 18세기 초 정제두가 강화도로 옮겨 살면서 양명학 연구와 제자 양성에 힘써 강화 학파라 불리는 하나의 학파를 이루었다.
② 제자들이 정권에서 소외된 소론(少論)이었기 때문에 그의 학문은 집안의 후손들과 인척을 중심으로 가학의 형태를 띠며 계승되었다.

▲ 강화 학파의 계보

단권화 MEMO

■ 양명학의 연구
양명학은 주로 경기 지방을 중심으로 재야의 소론 계열 학자와 불우한 종친 출신의 학자들 사이에서 많이 연구되었다. 16세기 말부터 양명학에 관심을 가진 사람들이 있었는데, 양명학을 본격적으로 연구하기 시작한 것은 18세기 초 정제두가 양명학에 깊은 이해를 보이면서부터였다.

(4) 영향

① 강화 학파는 양명학을 바탕으로 역사학·국어학·서화·문학 등에서 새로운 경지를 개척해 갔으며, 실학자들과도 서로 영향을 주고받았다.
② 한말과 일제 강점기에 박은식, 정인보 등은 양명학을 계승하여 민족 운동을 전개하였다.

(5) 한계

학문적으로 성리학을 기본으로 하고 양명학을 겸행하는 경우가 많아 크게 발전하지는 못하였다.

사료　양명학과 정제두

성인(聖人)의 학문은 『대학(大學)』에 있고 성인의 법전은 『춘추(春秋)』에 있으며, 성인의 뜻을 기술하고 두 경서의 도(道)를 밝힌 것은 『맹자(孟子)』 일곱 편에 비할 만한 것이 없다. ……
주자(朱子)의 학문은 그 설이 또한 어찌 일찍이 선(善)하지 않았겠는가? 다만 치지(致知)의 학(學)만이 그 공부가 우직하고 완급한 구별이 있어서 그 체(體)에는 나뉘고 합해지는 간격이 있었을 뿐이나, 그 실은 다 같이 성인의 학을 하는 것이었으니, 어찌 일찍이 착하지 않았겠는가? 그러나 뒤에 와서 배우는 이는 허다히 그 근본은 잃고 오늘날의 학설만을 주장하기에 이르렀으니, 이것은 주자를 배우는 것이 아니라 곧 주자를 빌리는 것이요, 주자를 빌릴 뿐만 아니라 곧 주자를 부회(傅會)함으로써 그 뜻을 성취하고 주자(朱子)를 끼고 위엄을 지어 사사로움을 이루는 것이다.　　　　　　　　　　　　　　『하곡집』 권9, 존언 하, 학문자양심지방

바로 확인문제

● 양명학에 대한 설명으로 옳은 것만을 모두 고르면?　　　　　　　　　　　19. 국가직 7급

> ㄱ. 명종 대에 처음 전래되어 이황에 의해 이단으로 비판받았다.
> ㄴ. 수용 초기 양명학자들은 성리학을 배척하여 양립할 수 없었다.
> ㄷ. 박은식의 「유교구신론」과 정인보의 조선학 운동에 큰 영향을 끼쳤다.
> ㄹ. 정권에서 소외된 소론과 왕가의 종친 그리고 서얼 출신 인사들 사이에서 가학(家學)으로 이어지면서 퍼졌다.

① ㄱ, ㄴ　　　　　② ㄱ, ㄹ　　　　　③ ㄴ, ㄷ　　　　　④ ㄷ, ㄹ

|오답해설|
ㄱ. 양명학은 중종 때 처음 전래되었다.
ㄴ. 초기 양명학자들은 성리학(주자학)의 권위주의적 학풍을 비판하였지만, 성리학 자체를 배척하지는 않았다.

|정답| ④

02 실학의 발달*

1 실학의 등장

(1) 실학(實學)

① 조선 후기 학문과 사상의 새로운 경향 가운데 대표적인 것은 실학의 발달이었다.

② 실학은 17~18세기의 사회·경제적 변동에 따른 사회 모순에 직면하여 그 해결책을 구상하는 과정에서 나타난 학문과 사회 개혁론이었다.

(2) 등장 배경

① 조선 후기에는 양반 사회의 모순이 심각해졌음에도 불구하고 당시의 지배 이념이었던 성리학은 현실 문제를 해결할 수 있는 기능을 수행하지 못하였다.

② 이에 성리학의 한계성을 자각하고 이를 비판하면서 현실 생활과 직결되는 문제를 탐구하려는 움직임이 나타나게 되었다.

(3) 실학의 발달 과정

① 16세기 말

　ㄱ 정치·문화 혁신의 움직임 : 성리학을 비판하면서 현실 생활과 거리가 먼 당시의 정치와 문화를 혁신하려는 움직임은 18세기를 전후하여 활발하였지만, 그 싹은 이미 16세기 말에 움트고 있었다.

　ㄴ 인물 : 정인홍 등은 성리학 이외의 사상을 폭넓게 수용하여 정신문화와 물질문화를 균형 있게 발전시켜 부국강병과 민생 안정을 달성해 보고자 하였다.

　ㄷ 결과 : 이러한 새로운 문화 운동은 학문적 체계를 세우기도 전에 성리학만을 고집하는 보수적 학자들의 반발로 좌절되고 말았다.

② 17세기

　ㄱ 사회적 인식 : 안으로 분열된 사회를 다시 통합하고, 밖으로 급변하는 국제 정세에 대처할 수 있도록 국가 역량이 강화되어야 한다는 사회적 분위기가 만연되었다.

　ㄴ 인물 : 이수광·한백겸·유형원 등은 국가 체제를 개편하고, 민생을 안정시킬 수 있는 개혁의 방안을 나름대로 제시하였다.

　　• 이수광 : 『지봉유설』을 저술하여 문화 인식의 폭을 확대하였다.

　　• 한백겸 : 『동국지리지』를 저술하여 우리나라의 역사 지리를 치밀하게 고증하였다.

　　• 김육 : 시헌력을 채용하고 화폐 주조와 대동법 확대 실시를 주장하였다. 또한 수차 제도의 이익을 강조하였다.

(4) 실학의 발전(18세기)

① 확산 : 실학은 농업 중심의 개혁론, 상공업 중심의 개혁론, 국학 연구 등을 중심으로 확산되었다.

② 영향 : 청에서 전해진 고증학(考證學)과 서양 과학의 영향을 받기도 하였다.

③ 목표 : 대부분의 실학자들은 민생 안정과 부국강병을 목표로 하였다.

④ 논리 : 비판적이면서 실증적인 논리로 사회 개혁론을 제시하였다.

＊실학의 발달

중농학파 실학자들의 토지 개혁론과 중상학파 실학자들의 주장은 빈출 주제이니 꼭 기억하도록 한다.

■ 정인보가 내린 실학의 정의

실학(實學)을 실리(實利)·실증(實證)·실용지학(實用之學)이라 하였다.

■ 한백겸

토지 소유의 지나친 편중을 개탄하고, 농민들이 균등하게 토지를 소유할 수 있기를 기대하는 한편, 민생의 안정과 국가 새성의 확충을 위하여 대동법의 확대 실시를 추진하기도 하였다.

■ 실학 운동

서양에서 전래된 과학적 지식, 청의 고증학 등의 영향을 받으면서 좀 더 깊이 있게, 그리고 폭넓게 전개되었다. 개혁에 관심이 많았던 진보적 지식인들은 현실을 철저히 분석하였고, 비판적이고 실증적인 논리로 자신의 개혁론을 제시하였다.

2 농업 중심의 개혁론

(1) 농업 중심의 개혁 사상

① 출신: 18세기 전반에 농업 중심의 개혁론을 제시한 실학자들은 대부분 서울 부근의 경기 지방에서 활약한 남인 출신이었다.

② 개혁 방향

　㉠ 농촌 사회의 안정을 위하여 농민의 입장에서 토지 제도, 조세 제도, 군사 제도, 교육 제도 등의 각종 폐단을 시정하려 하였는데, 이들을 중농학파 또는 경세치용 학파라고 한다.

　㉡ 이들은 공통적으로 농민 생활의 안정을 위해 '토지 제도의 개혁'을 통한 자영농 창출을 가장 중요하게 생각하였다.

(2) 중농학파[= 경세치용(經世致用) 학파]의 개혁론

① 유형원(1622~1673): 농업 중심 개혁론의 선구자, 전라도 부안의 우반동으로 낙향

　㉠ 『반계수록』 저술: 『반계수록』은 토지 제도 및 임관 제도 등 통치 제도에 관한 개혁안을 중심으로 저술한 책이다. 그는 이 책에서 과거제에 대한 비판(공거제·천거제의 실시를 대안으로 제시), 노비 신분제 및 직업 세습제의 개혁, 학제(學制)와 관료제의 개선 등을 주장하였다.

　㉡ 개혁론

　　• 균전론(均田論): 『반계수록』에서 균전론을 내세워 자영농 육성을 위한 토지 제도의 개혁을 주장하였다.

　　• 토지 차등 분배: 관리, 선비, 농민 등에게 차등을 두어 토지를 재분배하여 자영농을 육성해야 한다고 주장하였다.

　　• 군사 및 교육 제도의 확립: 자영농을 바탕으로 농병 일치의 군사 조직과 사농 일치의 교육 제도를 확립해야 한다고 생각하였다.

　㉢ 한계: 사·농·공·상의 직업적 우열과 상민과 노비의 차별을 인정하였다.

> **사료**　유형원의 균전론
>
> 농부 한 사람마다 1경(頃)을 받아 점유한다. 법에 의거하여 조세를 거둬들인다. 그 조세는 토지의 품질이 높고 낮음에 따라 많고 적음이 있다. 4경마다 군인 1명을 뽑는다. 농부 네 사람 중에서 씩씩하고 튼튼한 사람 1명을 골라 군인으로 삼고, 농부 세 사람은 보인(保人)으로 삼는다. 유생으로서 처음 입학한 자는 2경, 내사에 들어간 자는 4경과 병역을 면제한다.
>
> 　　　　『반계수록』

② 이익(1681~1763): 학파의 형성

　㉠ 활약: 농업 중심의 개혁론을 더욱 발전시키고 이를 대표하는 사람으로서, 18세기 전반에 주로 활약하였다. 『성호사설(星湖僿說)』, 『곽우록(藿憂錄)』 등을 저술하였다.

　㉡ 개혁론

　　• 한전론(限田論): 한 가정의 생활을 유지하는 데 필요한 규모의 토지를 영업전(永業田)으로 정한 다음, 영업전은 법으로 매매를 금지하고 나머지 토지만 매매를 허용하여 점진적으로 토지 소유의 평등을 이루자고 주장하였다.

　　• 6좀 폐지론: 나라를 좀먹는 여섯 가지의 폐단을 지적하였다. 즉, 나라가 빈곤하고 농촌이 피폐한 원인을 '양반 문벌 제도, 노비 제도, 과거제, 기교(사치와 미신 숭배), 승려, 게으름' 때문이라고 하여 시정을 강력히 주장하였다.

■ **당시 농촌의 현실**

당시 농촌 사회의 안정 여부는 매우 심각한 사회 문제로 대두되고 있었고, 농민층의 분화가 날로 심화되고 있는 상황이었다.

■ **유형원**

• 농촌 사회의 안정을 위해 공전제와 토지 재분배를 주장하였다.

• 결부법 대신 경무법 사용을 주장하였다. 결부법은 수확량을 기준으로 세금을 부과하는 방법이며, 경무법은 토지의 면적을 단위로 한 계량법이다.

■ **『성호사설』**

천지, 만물, 인사, 경사, 시문 등으로 나누어 우리나라 및 중국 문화를 백과사전식으로 소개·비판한 책이다.

■ **『곽우록』**

농촌 경제의 안정책과 토지 개혁론 등 국가 제도 전반에 대한 의견을 제시하였다. 토지 개혁론으로는 최소한의 생계에 필요한 토지인 영업전의 매매를 금지하는 한전론을 제시하였다.

- 농촌 경제의 안정책: 고리대와 화폐 사용의 폐단을 비판하였고, 환곡 대신 사창 제도의 실시를 주장하였다.
  - ⓒ 역사관: 역사의 흥망성쇠는 시세(時勢)에 따라 이루어진다고 보았다. 그의 역사관은 안정복에게 영향을 주었다.
  - ⓔ 성호 학파 형성: 유형원의 실학 사상을 계승·발전시켰으며, 경기도 광주 첨성촌에서 평생 학문을 연마하여 많은 제자를 길러내 성호(이익) 학파를 형성하였다.

사료   이익의 한전론

국가는 마땅히 한 집의 재산을 헤아려 전(田) 몇 부(負)를 한정하여 1호(戶)의 영업전(永業田)을 삼기를 당나라의 조제(租制)처럼 해야 한다. 그렇다고 해서 많이 소유한 자의 것을 줄이거나 빼앗지 않고, 모자라게 소유한 자라고 해서 더 주지 않는다. 돈이 있어 사고자 하는 자는 비록 천백 결(結)이라도 모두 허가하고, 토지가 많아 팔고자 하는 자도 단지 영업전 몇 부 이외에는 역시 허가한다. 많아도 팔기를 원하지 않는 자는 강요하지 않고, 모자라도 사지 못하는 자는 독촉하지 않는다. 오직 영업전 몇 부 이내에서 매매하는 자가 있으면 소재지의 지방관이 적발하여 산 자에게는 남의 영업전을 빼앗은 죄로 다스리고, 판매자에게도 역시 몰래 판 죄로 다스린다. 그리고 산 자에게는 가격을 논하지 말고 이를 되돌려 주도록 하고, 또한 전주(田主)로 하여금 스스로 관아에 고하여 죄를 면하고 자기의 토지를 되찾도록 한다.　　　이익, 『성호집』

사료   이익의 6좀 비판

농사를 힘쓰지 않는 자 중에 그 좀(蠹)이 여섯 종류가 있는데, 장사꾼은 그중에 들어가지 않는다. 첫째가 노비요, 둘째가 과거요, 셋째가 벌열이요, 넷째가 기교요, 다섯째가 승니요, 여섯째가 게으름뱅이들이다. 저 장사꾼은 본래 사민(四民)의 하나로서, 그래도 통화의 이익을 가져다준다. 소금·철물·포백 같은 종류는 장사가 아니면 운반할 수 없지만, 여섯 종류의 해로움은 도둑보다도 더하다.　　　이익, 『성호사설』

심화   이익의 붕당론(朋黨論)

붕당이 선비들의 먹이 다툼에서 생겼다고 보고, 이를 극복하는 다음의 방안을 제시했다.
1. 선비들도 농사에 종사할 것(生理)
2. 과거 합격자를 줄일 것(5년제로 개편)
3. 천거에 의해 재야 인사를 등용할 것
4. 이조·병조 전랑들이 가진 낭청권(천거권)과 청직(淸職, 곧 三司)으로의 승진을 막을 것
5. 『주례(周禮)』에 따라 군주와 재상의 권한을 높이고, 특히 군주가 친병(親兵)을 거느릴 것

---

③ **정약용**(1762~1836): 이익의 실학 사상 계승, 실학을 집대성
  - ⓐ 18세기 말 정조 때 벼슬하였으나 신유박해에 연루되어 전라도 강진에 유배되어 18년 동안 귀양살이를 하였다.
  - ⓑ 저술: 지방 행정의 개혁에 대해 쓴 『목민심서』, 중앙 행정의 개혁에 대해 쓴 『경세유표』 등을 비롯하여 500여 권의 저술을 『여유당전서(與猶堂全書)』로 남겼다.
  - ⓒ 개혁론: 토지 제도의 개혁론으로 처음에는 여전론을 내세웠다가 후에 정전제를 현실에 맞게 실시할 것을 주장하였다.
    - **여전론(閭田論)**: 한 마을을 단위로 하여 토지를 공동으로 소유하고 공동으로 경작하여 그 수확량을 노동량에 따라 분배하는 일종의 공동 농장 제도를 말하는 것으로서, 당시로는 획기적인 방안이었다.
    - **정전제(井田制)**: 국가가 장기적으로 토지를 사들여 가난한 농민에게 나누어 줌으로써 자영 농민을 육성하고, 아직 국가가 사들이지 못한 지주의 토지는 병작 농민(竝作農民)에게 골고루 경작하게 하는 것으로서, 주대(周代)의 정전제를 이상으로 하였다.

■ **『목민심서』**

삼사와 수령, 그리고 향리들을 큰 도적과 굶주린 솔개에 비교하면서 수령의 수신 교과서로서 쓴 것이다.

30호(戶)를 1여(閭)로 하고 5여(閭)를 리(里)로 하고 5리(里)를 방(坊)으로 5방(坊)을 읍(邑)으로 한다. 여(閭)는 농업의 경영 단위임과 동시에 병제(兵制)의 기초 단위로 한다. 즉, 여장(閭長)에게는 초관, 이장에게는 파총, 방장에게는 천총을 주고, 읍에 현령을 두어 이를 총괄하도록 한다. 이와 같이 하여 전제(田制)와 병제(兵制)를 일치시킨다.

• 국방: 농민 생활의 안정을 토대로 하여 향촌 단위의 방위 체제를 강화하고자 하였다.
• 정치: '백성을 위하여 존재한다.'라는 것이 통치자라고 주장하면서 백성의 의사가 반영될 수 있는 정치 제도의 개선 방안을 모색하였다.
• 기타: 과학 기술과 상공업 발달에도 많은 관심을 보였다(「기예론」).

사료　정약용의 여전론

이제 농사짓는 사람은 토지를 갖고 농사짓지 않는 사람은 토지를 갖지 못하게 하려면 여전제를 실시하여야 한다. 산골짜기와 시냇물의 지세를 기준으로 구역을 획정하여 경계를 삼고, 그 경계선 안에 포괄되어 있는 지역을 1여(閭)로 한다. …… 1여마다 여장(閭長)을 두며 무릇 1여의 인민이 공동으로 경작하도록 한다. …… 여민들이 농경하는 경우 여장은 매일 개개인의 노동량을 장부에 기록하여 두었다가 가을이 되면 오곡의 수확물을 모두 여장의 집에 가져온 다음 분배한다. 이때 국가에 바치는 세와 여장의 봉급을 제하며, 그 나머지를 가지고 노동 일수에 따라 여민(閭民)에게 분배한다.　　　　　　　정약용, 「전론」

사료　「기예론」

❶ 어찌하여 하늘은 천한 금수(禽獸)에게 후하게 하고 귀하게 해야 할 인간에게는 야박하게 하였는가. 그것은 인간에게는 지혜로운 생각과 교묘한 궁리가 있으므로 기예(技藝)를 익혀서 제힘으로 살아가게 한 것이다. …… 온갖 공장의 기예가 정교하면 궁실과 기구를 만들고 성곽과 배, 수레, 가마 따위도 모두 편리하고 튼튼하게 될 것이니, 진실로 그 방법을 다 알아서 힘껏 시행한다면 나라는 부유해지고 군사는 강성해지고 백성도 부유하면서 오래 살 수 있을 것인데 이를 알면서도 고치지 않는구나.　정약용, 「여유당전서」

❷ 활차(滑車)를 이용하여 무거운 물건을 운반하는 것은 두 가지 편리한 점이 있으니 첫째는 사람의 힘을 줄이는 것이고, 둘째는 무거운 물건을 떨어뜨리지 않고 안전하게 운반하는 것입니다. …… 크고 작은 바퀴가 서로 통하고 서로 튕기는 방법을 이용하면 천하에 무거운 물건이 없습니다.　　　정약용, 「기중도설」

○ 정약용의 연구 자료

3부작 (一表二書)	『경세유표(經世遺表)』 (1817)	『주례』의 이념을 바탕으로 당시 조선의 현실에 맞도록 조정하여 정치·사회·경제 제도를 개혁하고 부국강병을 이루는 데 목표를 두고 있음
	『목민심서(牧民心書)』 (1818)	지방관(수령)의 도리와 역할을 제시하고 지방 행정의 개혁 방안을 모색함
	『흠흠신서(欽欽新書)』 (1819 완성, 1822 간행)	형사 사건을 다루는 관리들을 계몽하기 위해 편찬된 형법서
3논설	「전론(田論)」	여전제를 논함 → 『경세유표』에서 정전제를 현실적 대안으로 제시함
	「원목(原牧)」	통치자는 백성을 위해 존재한다는 점을 강조함으로써 루소의 계몽주의 사상을 방불케 함
	「탕론(蕩論)」	은(殷)의 탕왕(蕩王)이 하(夏)의 걸왕을 무찌른 고사를 통해 민본(民本)을 강조한 정치서로서, 로크의 사회 시민 사상에 준함

④ 한계 및 영향
  ㉠ 한계: 중농적 실학자들의 사상과 학문은 재야 지식인들의 공감을 받았음에도 불구하고 국가 정책에는 별로 반영되지 못하였다.
  ㉡ 영향: 한말의 애국 계몽 사상가들과 일제 시대의 국학자들에게 큰 영향을 주어 우리나라 근대 사상의 중요한 한 갈래를 형성하였다.

사료 『목민심서』 서문

우리 조선으로 접어들면서는 그것에 따르다가 후에 칠사(七事)로 늘렸는데, 소위 수령들이 해야 할 대략만을 만들었을 뿐이었다. 그러나 수령이라는 직책은 관장하지 않는 바가 없으니 여러 조목을 차례로 열거하더라도 오히려 직책을 다하지 못할까 두려운데 하물며 스스로 생각해서 스스로 행하기를 바랄 수 있겠는가. 이 책은 첫머리와 맨 끝의 두 편을 제외한 나머지 10편에 들어 있는 것만 해도 60조나 되니, 진실로 어진 수령이 있어서 자기 직분을 다할 것을 생각한다면 아마 미혹(迷惑)하지 않을 것이다. ……
『주역』에 이르기를 "앞사람의 말씀이나 지나간 행적 등을 많이 익혀서 자기의 덕을 쌓는다." 하였으니, 이것은 진실로 내 덕을 기르기 위한 것이요, 어찌 목민을 기필해서이겠는가. '심서(心書)'라 한 것은 무슨 까닭인가. 목민할 마음은 있으나 몸소 실행할 수 없기 때문에 '심서'라 이름한 것이다.   정약용, 『여유당전서』

사료 『원목』

백성이 수령을 위해 존재하는가. 아니다. 수령이 백성들을 위해서 존재하는 것이다. 옛적에는 백성들만 있을 뿐이니 어찌 수령이 존재하였겠는가. 백성들은 무지하여 집단적으로 모여 살았다. 그런데 사람들 사이에 분쟁이 일어났을 때, 이를 판결 지을 수 없었다. 한 사람의 현명한 노인이 판결을 잘하였기 때문에 그 노인을 추대하여 이장으로 삼았다. 또 몇 개의 마을에서 분쟁이 일어났을 때 현명한 자가 해결을 잘하였기 때문에 그를 면장으로 삼았다. 이와 같이하여 한 사람을 추대하여 국군이라 칭하고, 또한 여러 국군이 한 사람을 추대하여 방백이라 하고, 사방의 방백들이 한 사람을 추대하여 최고의 장으로 삼아 황제라 부르니 황제의 근본은 이장에서 나온 것이며, 따라서 수령은 백성을 위해 존재하는 것이다.   정약용, 『여유당전서』

사료 『탕론』

무릇 천자란 무엇 때문에 있는 것인가. 하늘이 천자를 공중에서 내려 보내서 세운 것인가, 아니면 땅에서 솟아나게 하여 천자가 된 것인가. …… 여러 현장(縣長)들이 함께 추대한 자가 제후가 되며, 제후들이 함께 추대한 자가 천자가 되니, 천자란 민중이 추대하여 만든 것이다.   정약용, 『여유당전서』

바로 확인문제

● 〈보기〉의 내용을 주장한 인물에 대한 설명으로 가장 옳은 것은?   18. 서울시 기술직 9급

┌─ 보기 ─┐
국가는 마땅히 한 집의 생활에 맞추어 재산을 계산해서 토지 몇 부(負)를 한 호의 영업전으로 한다. 그러나 땅이 많은 자는 빼앗아 줄이지 않고 미치지 못하는 자도 더 주지 않으며, 돈이 있어 사고자 하는 자는 비록 천백 결이라도 허락해 주고, 땅이 많아서 팔고자 하는 자는 다만 영업전 몇 부 이외에는 허락한다.
└──────┘

① 『목민심서』를 저술하는 등 실학을 집대성하였다.
② 발해사를 우리나라 역사로 체계화할 목적으로 『발해고』를 저술하였다.
③ 전국의 자연환경과 인물, 풍속 등을 정리한 『택리지』를 저술하였다.
④ 천지·인사·만물·경사·시문 등 5개 부문으로 나누어 우리나라와 중국의 문화를 백과사전식으로 소개·비판한 『성호사설』을 저술하였다.

|정답해설| 제시된 내용은 이익의 토지 개혁론인 한전론 중 일부이다. 이익의 『성호사설』은 천지, 만물, 인사, 경사, 시문 등 5개 부분으로 나누어 우리나라 및 중국 문화를 백과사전식으로 소개·비판한 책이다.

|오답해설|
① 정약용은 『목민심서』 등을 저술하였고 실학을 집대성했다고 평가받는다.
② 유득공의 『발해고』는 발해를 통일 신라와 대등하게 우리 역사로 체계화시켰다고 평가된다.
③ 이중환의 『택리지』는 각 지역의 자연환경과 물산, 풍속, 인심 등을 서술하고 어느 지역이 살기 좋은 곳인가를 정리한 책이다.

|정답| ④

● 다음의 토지 제도 개혁론에 대한 설명으로 옳지 <u>않은</u> 것은?

> 여(閭)에는 여장(閭長)을 두며 여민들이 공동으로 경작한다. 내 땅 네 땅의 구분이 없으며 오직 여장의 명령만 따르며, 개인별 노동량은 매일 여장이 기록하고, 수확물은 모두 여장의 집에서 모은다. 분배할 때는 공세(公稅)와 여장 녹봉을 빼고서 일역부(日役簿) 기록에 따라 공정하게 분배한다.
>
> 「전론(田論)」

① 균전제 시행에는 비판적이었다.
② 병농 일치의 군사 제도가 함께 제안되었다.
③ 정전제를 이상적 모델로 삼은 개혁론이었다.
④ 놀고먹는 양반 사회에 대한 비판 의식이 담겼다.

3 상공업 중심의 개혁론

(1) 특징

18세기 후반에는 농업뿐만 아니라 상공업의 진흥과 기술의 혁신을 주장하는 실학자들이 나타났다. 물질문화와 부국강병에 관심이 많았기 때문에 이들을 중상학파라 한다.

(2) 신분층

서울의 노론 집안 출신이 대부분이었다.

(3) 개혁 방향

청의 문물을 적극적으로 수용하여 부국강병과 이용후생에 힘쓰자고 주장하였으므로 이들을 이용후생 학파 또는 북학파라고도 한다.

(4) 중상학파[=이용후생(利用厚生) 학파, 북학파]의 개혁론

① 유수원(1694~1755)
ㄱ 저술:『우서(迂書)』에서 중국과 우리나라의 문물을 비교하면서 정치·경제·사회·문화 전반에 걸친 개혁안을 제시하였다.
ㄴ 개혁론

• 농업 이론: 농업의 전문화·상업화, 기술의 혁신을 통해 생산력을 증강해야 한다고 하였다. 그러나 지나치게 농업에만 의존해서는 안 되고, 상공업을 진흥해 나라 살림을 튼튼히 해야 한다고 주장하였다.
• 부국론(富國論): 상공업의 진흥과 기술의 혁신을 강조하고, 사·농·공·상의 직업적 평등과 전문화를 주장하였다.
• 상공업 진흥책
   – 상인 간의 합자(합과상업론)를 통한 경영 규모의 확대와 '상인이 생산자를 고용하여 생산과 판매를 주관할 것'을 강조하였다.
   – 대상인이 지역 사회 개발에 적극 참여하고 학교 건립, 교량 건설, 방위 시설 구축 등에 공헌할 것을 제안하였다.
   – 단, 물자의 낭비와 가격 조작을 방지하기 위해 상업 활동을 국가가 통제해야 한다고 주장하였다.

지금 양반이 명분상으로 상공업에 종사하는 것을 부끄러워하지만, 그들의 비루한 행동은 상공업자보다 심한 자가 많다. 학문이 없어도 세력만 있으면 부정하게 과거에 합격하고 그렇지 않으면 음직(蔭職)을 바라거나 공물 방납과 고리대를 하거나 노비를 빼앗기 위한 소송을 벌여 생활한다. …… 상공업을 두고 천한 직업이라 하지만 본래 부정하거나 비루한 일은 아니다. 그것은 스스로 재간 없고 덕망 없음을 안 사람이 관직에 나가지 않고 스스로의 노력으로 물품 교역에 종사하면서 남에게서 얻지 않고 자기 힘으로 먹고 사는 것이다. 어찌 천하거나 더러운 일이겠는가? 　　『우서』

② 홍대용(1731~1783)

　㉠ 저술: 18세기 후반 노론 명문 출신인 홍대용은 청(淸)에 왕래하면서 얻은 경험을 토대로「임하경륜(林下經綸)」,「의산문답(毉山問答)」,「연기(燕記)」 등을 저술하였으며, 이는 『담헌서(湛軒書)』에 전해지고 있다.

　㉡ 개혁론

　　• 토지관: 그는「임하경륜」에서 성인 남자들에게 토지 2결을 지급하자는 균전제(均田制)를 주장하여 농업 문제에도 관심을 보였다.

　　• 부국론: 기술의 혁신과 문벌제도의 철폐, 그리고 성리학의 극복이 부국강병의 근본이라고 강조하였다.

　　• 지전설:「의산문답」에서 실옹(實翁)과 허자(虛子)의 대담 형식을 빌려 중국 중심적 세계관(성리학적 세계관)을 비판하였다. 특히 지전설을 주장하였고, 무한 우주론을 제시하였다.

실옹(實翁)이 말하였다. "대저 땅덩어리는 하루에 한 바퀴를 돈다. 지구 둘레는 9만 리이고 하루는 12시간이다. 9만 리 넓은 땅이 12시간에 도니 그 속도는 번개나 포탄보다 더 빠르다. 땅이 이처럼 빠른 속도로 돌기 때문에 하늘의 기(氣)가 세차게 부딪쳐 허공에 쌓이고 땅에 모이게 된다. 이리하여 위아래에 세력이 있게 되니 이것이 지면의 세력이다. 땅에서 떨어지면 이 세력은 없어지게 된다. 또 자석은 쇠를 당기고 호박(琥珀)은 티끌을 당긴다. 근본이 같은 것끼리 서로 작용함은 만물의 이치이다. 불꽃이 위로 올라가는 것은 해에 근본을 두고 있기 때문이고, 조수가 위로 솟는 것은 달에 근본을 두고 있기 때문이다. 만물이 아래로 떨어지는 것은 땅에 근본을 두고 있기 때문이다."

실옹은 말하기를. "그렇지 않다. 하늘에 가득한 별들이 각기 계(界) 아닌 것이 없다. 성계(星界)로부터 본다면, 지구 역시 하나의 별에 불과할 것이다. 헤아릴 수 없이 수많은 계(界)들이 공중에 흩어져 있는데, 오직 이 지구만이 공교롭게 중앙에 위치해 있다는 것은 이럴 이치가 없다. 이렇기 때문에 계 아닌 것이 없고 자전 않는 것이 없다고 하는 것이다. 다른 계에서 보는 것도 역시 지구에서 보는 것과 같을 것이니, 다른 계에서 각기 저마다 중앙이라 한다면 각 성계(星界)가 모두 중계(中界)일 것이다. 　　「의산문답」

③ 박지원(1737~1805)

　㉠ 저술

　　• 연행사(燕行使)를 따라 청에 다녀와 『열하일기(熱河日記)』(정조 4년, 1780)를 저술하여 청 문물(풍습·경제·천문·문학)을 소개하고, 사회·문화·역사에 대한 자신의 소신을 피력하였다. 또한「양반전」 등 단편 소설을 써서 당시 사회적 현실을 비판하였다. 그의 단편 소설은 『연암집』에 『방경각외전』으로 수록되어 있다.

　　• 농업 관련 저술: 『과농소초(課農小抄)』, 「한민명전의(限民名田議)」 등을 통해 영농 방법의 혁신, 상업적 농업의 장려, 수리 시설의 확충 등을 통한 농업 생산력 증대에 관심을 기울였다(한전론 주장).

■「임하경륜」
놀고먹는 선비들이 생산 활동에 종사할 것을 역설하고, 성인 남자들에게 2결의 토지를 나누어 줄 것과 병농 일치의 군대 조직을 제안하였다.

■「의산문답」
실옹(實翁)과 허자(虛子)의 문답 형식을 빌려 지금까지 믿어 온 고정 관념을 상대주의 논법으로 비판하였다.

■「방경각외전」
「마장전」,「예덕선생전(穢德先生傳)」,「민옹전(閔翁傳)」,「광문자전(廣文者傳)」,「양반전(兩班傳)」,「김신선전(金神仙傳)」,「우상전(虞裳傳)」,「역학대도전(易學大盜傳)」,「봉산학자전(鳳山學者傳)」의 총 9편으로 구성되어 있는데, 이 중「역학대도전」과「봉산학자전」은 소실되어 제목만 전한다.

ⓒ 개혁론
- 주장 : 상공업의 진흥을 강조하면서 수레와 선박의 이용, 화폐 유통의 필요성 등을 주장하였다.
- 비판 : 양반 문벌 제도의 비생산성을 비판하였다.

사료 　수레와 선박의 이용

바닷가 사람들은 새우나 정어리를 거름으로 밭에 내건만 서울에서는 한 움큼에 한 푼을 하니, 이렇게 귀함은 무슨 까닭일까? …… 이것은 오로지 멀리 운반할 힘이 없기 때문이다. 사방이 겨우 몇천 리밖에 안 되는 나라에 백성들의 살림살이가 이렇게 가난한 것은 국내에 수레가 다니지 못한 까닭이다. 　『열하일기』

사료 　박지원의 한전론

토지를 겸병하는 자라고 해서 어찌 진정으로 빈민을 못살게 굴고 나라의 정치를 해치려고 했겠습니까? 근본을 다스리고자 하는 자라면 역시 부호를 심하게 책망할 것이 아니라 관련 법제가 세워지지 않은 것을 걱정해야 할 것입니다. …… 진실로 토지의 소유를 제한하는 법령을 세워, "어느 해 어느 달 이후로는 제한된 면적을 초과해 소유한 자는 더는 토지를 점하지 못한다. 이 법령이 시행되기 이전부터 소유한 것에 대해서는 아무리 광대한 면적이라 해도 불문에 부친다. 자손에게 분급해 주는 것은 허락한다. 만약에 사실대로 고하지 않고 숨기거나 법령을 공포한 이후에 제한을 넘어 더 점한 자는 백성이 적발하면 백성에게 주고, 관(官)에서 적발하면 몰수한다."라고 하면, 수십 년이 못 가서 전국의 토지 소유는 균등하게 될 것입니다. 　『한민명전의』

박지원은 『과농소초』에서 실학의 주체로서의 사(士)를 강조하면서, 사대부의 학문이 농·공·상의 이치를 포괄해야 하고 농·공·상의 일도 사대부가 있어야 이루어진다고 주장하였다.

사료 　박지원, 실학의 주체 – 사대부

옛날에 백성에는 네 가지 부류가 있었습니다. 이는 사·농·공·상입니다. 사(士)의 업은 오래되었습니다. 농·공·상의 일은 처음에 역시 성인의 견문과 생각에서 나왔고, 대로로 익힌 것을 전승하여 각기 자신의 학문이 있었습니다. …… 그러나 사의 학문은 실제로 농·공·상의 이치를 포괄하는 것이므로 세 가지 업은 반드시 사를 기다린 뒤에 완성됩니다. 일반적으로 이른바 농업에 힘쓰는 것이나, 상업을 유통시켜 공업에 혜택을 준다고 했을 때 그 힘쓰는 것이나, 상업을 유통시켜 공업에 혜택을 준다고 했을 때 그 힘쓰게 하고 유통시키고 혜택을 주게 하는 것은 사가 아니라면 누가 하겠습니까? 　『과농소초』

④ 박제가(1750~1805)
　ⓐ 활동과 저술 : 규장각 검서관으로 활동하였고, 『북학의(北學議)』를 저술하여 청의 문물을 적극적으로 수용할 것을 제창하였다.
　ⓒ 개혁론
- 상공업의 발달, 청과의 통상 강화, 수레와 선박의 이용 등을 역설하였다.
- 생산과 소비와의 관계를 우물물에 비유하면서 생산을 자극하기 위해서는 **절약보다 소비를 권장**해야 한다고 주장하였다.
- 양반의 상업 종사, 세계 무역에 참여, 기하학과 과학 기술에 정통한 중국 흠천감의 서양인 선교사들을 초빙하여 과학 기술을 가르치게 하자고 주장하였다.

양반 집안의 서자로 태어난 박제가는 1778년 청에 다녀온 후 상공업의 육성과 청과의 통상 무역, 신분 차별의 타파, 배와 수레의 이용, 벽돌 이용 등을 강조하는 『북학의』를 저술하였다.

사료 　박제가의 중상주의

비유하건대 재물은 대체로 샘과 같은 것이다. 퍼내면 차고, 버려 두면 말라 버린다. 그러므로 비단옷을 입지 않아서 나라에 비단 짜는 사람이 없게 되면 여공이 쇠퇴하고, 쭈그러진 그릇을 싫어하지 않고 기교를 숭상하지 않아서 공장(工匠, 수공업자)이 도야(陶冶, 기술을 익힘)하는 일이 없게 되면 기예가 망하게 되며, 농사가 황폐해져서 그 법을 잃게 되므로 사·농·공·상의 사민이 모두 곤궁하여 서로 구제할 수 없게 된다. 　『북학의』

사료 박제가의 해외 통상론

우리나라는 나라가 작고 백성이 가난하다. 지금 밭을 가는 작업에 부지런하고, 현명한 인재를 등용하며, 상업을 유통시키고 공업에 혜택을 주어 나라 안의 이익을 다하더라도 오히려 부족할까 근심이다. 또 반드시 먼 지방의 물자가 유통한 후에 재화와 재물이 증식하고, 백 가지 용품을 생산할 수 있다. 대저 수레 백 대에 싣는 것이 한 척의 배에 미치지 못하고, 육로로 천 리를 가는 것이 뱃길로 만 리를 가는 것보다 편리하지 못하다. 그러므로 통상을 하는 자는 또한 반드시 물길을 귀하게 여긴다.

우리나라는 삼면이 바다로 둘러싸여 있다. 서쪽으로는 등래(登萊, 중국 산동성의 등주와 내주)와 직선으로 600여 리 떨어져 있고, 남해의 남쪽은 곧 오나라의 입구와 초나라의 끝을 서로 바라보고 있다. 송나라의 배는 고려와 통상하였다. [명주(明州)로부터 7일이면] 예성강에 닿았다 하니 가히 가깝다고 할 수 있다. 그러나 조선은 거의 400년 동안 다른 나라의 배 한 척과도 통상하지 않았다. ······

단지 중국의 배만 통상하고, 해외의 모든 나라와 통상하지 않는 것은 역시 일시적인 술책이고, 정론은 아니다. 국가의 힘이 조금 강해지고 백성의 생업이 안정되면 차례로 이를 통하는 것이 마땅하다. 『북학의』

⑤ 영향: 북학파의 개혁 사상은 농업에만 치우친 유교적 이상 국가론에서 탈피하여 부국강병을 위한 좀 더 적극적인 방안을 제시하였다는 점에서 의의가 크다. 북학파 실학 사상은 19세기 박규수, 김옥균 등 개화 사상가들에게 영향을 줌으로써 우리나라 근대 사상 형성에 공헌하였다.

(5) 실학의 의의 및 한계

① 의의: 18세기 전후 융성하였던 실학 사상은 실증적·민족적·근대 지향적 특성을 지닌 학문으로서 그 역사적 의의가 크다.

② 한계: 실학은 대체로 정치적 실권과 거리가 먼 몰락한 지식인들의 개혁론이었기 때문에 당시의 국가 정책에 반영되지는 못하였다.

바로 확인문제

● 다음 주장을 한 실학자가 쓴 책은?

22. 국가직 9급

토지를 겸병하는 자라고 해서 어찌 진정으로 빈민을 못살게 굴고 나라의 정치를 해치려고 했겠습니까? 근본을 다스리고자 하는 자라면 역시 부호를 심하게 책망할 것이 아니라 관련 법제가 세워지지 않은 것을 걱정해야 할 것입니다. ······ 진실로 토지의 소유를 제한하는 법령을 세워, "어느 해 어느 달 이후로는 제한된 면적을 초과해 소유한 자는 더는 토지를 점하지 못한다. 이 법령이 시행되기 이전부터 소유한 것에 대해서는 아무리 광대한 면적이라 해도 불문에 부친다. 자손에게 분급해 주는 것은 허락한다. 만약에 사실대로 고하지 않고 숨기거나 법령을 공포한 이후에 제한을 넘어 더 점한 자는 백성이 적발하면 백성에게 주고, 관(官)에서 적발하면 몰수한다."라고 하면, 수십 년이 못 가서 전국의 토지 소유는 균등하게 될 것입니다.

① 『반계수록』

② 『성호사설』

③ 『열하일기』

④ 『목민심서』

|정답해설| 제시된 사료는 박지원의 '한전론'(토지 소유의 상한선 설정)이다. 박지원은 청에 다녀온 경험을 바탕으로 『열하일기』를 저술하였다.

|오답해설|
① 『반계수록』 – 유형원
② 『성호사설』 – 이익
④ 『목민심서』 – 정약용

|정답| ③

● 다음 주장을 펼친 인물에 대한 설명으로 옳은 것은?

> 지금 우리나라 안에는 구슬을 캐는 집이 없고 시장에 산호 따위의 보배가 없다. 또 금과 은을 가지고 가게에 들어가도 떡을 살 수가 없는 형편이다. …… 이것은 물건을 이용하는 방법을 모르기 때문이다. 이용할 줄 모르고, 생산할 줄 모르니 백성은 나날이 궁핍해지는 것이다. 대저 재물은 우물과 같다. 퍼 쓸수록 자꾸 가득 차고 이용하지 않으면 말라 버린다. 그러므로 비단을 입지 않아 나라 안에 비단 짜는 사람이 없다.

① 『열하일기』를 저술하였다.
② 규장각 검서관으로 활동하였다.
③ 대동법의 확대 실시에 기여하였다.
④ 토지 소유에서 한전론을 주장하였다.

4 국학 연구의 확대

(1) 국학 연구의 계기

① 계기: 성리학에 대한 반발은 국학에 대한 관심으로도 나타났다. 본래 성리학은 중국 중심의 세계관에 바탕을 둔 학문이었으므로, 여기에 심취한 성리학자들은 우리 문화를 중국 문화의 일부로만 인식하였다.

② 실학의 등장: 성리학이 사회 변화에 대하여 능동적으로 대응하지 못하자, 이에 대한 반성과 비판으로 실학 운동이 일어났다. 실학의 발달과 함께 민족의 전통과 현실에 대한 관심이 깊어지면서 우리의 역사, 지리, 국어 등을 연구하는 국학이 발달하였다.

(2) 역사학 연구*

① 17세기 역사서

ㄱ 오운의 『동사찬요』(1606~1614): 임진왜란 때 경상도에서 의병에 참여했던 경험을 바탕으로 역대 애국 명장의 활약을 강조하였다. 기자(箕子) 이후 유교 문화의 전통을 강조하면서 애국심을 고취하고자 하였다.

ㄴ 한백겸의 『동국지리지』(광해군, 1614~1615): 고대사의 지명을 새롭게 고증하여 역사 지리 연구의 단초를 열어 놓았다(역사지리지의 효시). 특히, 한강을 경계로 하여 북쪽에 (고)조선, 남쪽에 삼한이 위치했다는 것과 고구려의 발상지가 만주 지방이라는 점을 처음으로 고증하였다.

ㄷ 조정의 『동사보유』(1630년경): 그동안 무시되어 왔던 『삼국유사』의 신화와 전설 등을 다수 수록하여 단군에서 고려 말에 이르는 역사에 대한 자부심을 부각하였다.

ㄹ 유계(서인)의 『여사제강』(1667): 고려 시대를 다룬 사서(강목체 형식의 편년체)로서, 고려의 재상 중심의 권력 구조를 높이 평가하고 북벌 정책을 옹호하는 입장에서 고려가 북방 민족에 항거한 것을 강조하였다.

ㅁ 허목의 『동사』(東事, 1667): 이 책은 현종 때 저술되어 숙종에게 바쳐졌는데 단군 – 기자 – 신라를 이상 세계로 설정하고, 우리나라의 자연환경과 인(仁)을 사랑하는 풍속 및 인성의 독자성을 강조하면서 그에 맞는 정치를 촉구하였다.

ⓗ 홍여하(영남 남인)의 『동국통감제강』, 『휘찬여사』: 고대의 역사를 정리한 편년체 사서 『동국통감제강』(1672)과 고려 시대를 정리한 기전체 역사서인 『휘찬여사』를 저술하였다. 그는 기자 조선의 전통이 마한을 거쳐 신라로 계승되었다고 평가하면서 '기자 조선 – 마한 – 신라'를 정통 국가로 주장하였다.

② 18세기 이후 역사서

ㄱ 임상덕(소론)의 『동사회강』(숙종, 1711~1719): 신라의 건국(기원전 57)부터 고려 공민왕 23년(1374)까지의 역사적 사실을 편년체로 기록하였다.

ㄴ 안정복(기호 남인)의 『동사강목』(1756~1778)

• 『동사강목』(강목체)은 주자의 정통론을 기본으로 하였으나 단군에서 고려까지를 다룬 통사로 '단군 – 기자 – 마한 – 통일 신라 – 고려'로 이어지는 것을 정통으로 보았다.

• 단군 조선에서 시작하는 독자적 삼한 정통론은 중국 중심 역사관을 벗어나려는 노력이었으며, 고증 사학의 토대를 마련하였다고 평가된다.

• 신라에 비중을 두어 발해를 본국사에서 제외하고 외기에 처리하는 한계가 있다.

ㄷ 유득공의 『발해고』: '남북국 시대'라는 용어를 최초로 사용하였다.

ㄹ 이종휘(소론)의 『동사(東史)』(1803): 우리 역사를 '단군 – 부여 – 고구려'에 중점을 두어 만주 수복을 희구하였다. 특히 고구려 역사 연구를 심화하였다는 점에서 의의가 있으며, 기전체 역사서이다.

ㅁ 이긍익(소론)의 『연려실기술』: 기사본말체 사서이며 백과사전식 조선 시대 정치 야사집이다. 1776년 이전에 저술을 시작하여 1806년 타계할 때까지 저술하였다.

ㅂ 한치윤의 『해동역사』

• 기전체 사서로 세기(정치사), 지(문화사), 고(考)로 구성되어 있다.

• 500여 종의 중국 및 일본 자료를 이용한 문헌 고증적이고 백과사전식 저술이다.

• 『해동역사』는 동이 문화에 긍지를 가지고 우리나라의 정통성과 독자성을 강조하였으며, 화이론을 배격하고 사대적·성리학적 사관을 탈피하였다.

• 고구려, 백제, 발해사를 재평가하여 신라 중심 정통론을 부정하였다.

ㅅ 김정희의 『금석과안록』(1852): 북한산비와 황초령비를 판독하여 진흥왕 순수비임을 밝혔다.

심화 조선 후기의 정통론

❶ 홍여하의 『동국통감제강』은 『동국통감』을 주자의 강목법에 의거해 재정리한 것으로 기자 – 마한 – 신라를 정통으로 보는 영남 남인의 인식이 반영되어 있다. 한편 『휘찬여사』(인조 17년, 1639)는 『고려사』를 바탕으로 기전체로 정리한 역사서이다.

❷ 유계의 『여사제강』은 주자의 강목법에 의거하되, 서인의 입장에서 고려의 역사를 정리한 것이다. 홍여하가 후삼국 시기 신라를 정통으로 본 것과 달리, 『여사제강』에서는 무정통(無正統)의 시기로 보았다.

❸ 임상덕의 『동사회강』은 유계의 『여사제강』을 계승하는 한편, 『동국통감』을 참고하여 고대사 부분을 보충하고 강목체 사학의 체제를 정비하였다. 마한은 나라를 잃은 기자의 후예가 피난을 와서 세웠다는 이유로 정통에서 제외하고 삼국을 무정통으로 보았다.

❹ 홍만종의 『동국역대총목』은 우리 역사의 시원을 단군으로 규정하고, 단군 – 기자 – 마한 – 통일 신라를 정통 국가로 보았다. 한편 삼국은 정통이 없는 시대로 간주하였으며, 고려 및 조선의 역사는 왕실을 중심에 두고 서술하였다.

❺ 이익은 우리 역사의 정통을 단군 – 기자 – 삼한 – 삼국무통 – 통일 신라 – 고려로 확립하였다. 이와 같은 역사 인식은 안정복에게 영향을 주었다고 평가된다.

❻ 안정복의 『동사강목』은 단군 – 기자 – 마한 – 삼국무통 – 통일 신라 – 고려를 중심으로 역사를 서술하였다.

■ 안정복의 『열조통기』

영조 43년(1767)부터 편찬한 책으로 조선 태조부터 영조까지의 역사를 편년체로 기록하였다. 안정복은 단군 조선으로부터 고려 말까지의 역사인 『동사강목』을 편찬한 뒤, 그 이후 역사를 체계화하려는 목적에서 『열조통기』의 편찬을 시도한 것으로 보인다.

■ 『동사』와 『발해고』

이종휘는 『동사』에서 고구려 역사 연구를, 유득공은 『발해고』에서 발해사 연구를 심화하였다. 이들은 고대사 연구의 시야를 만주 지방까지 확대시킴으로써 한반도 중심의 협소한 사관을 극복하는 데 힘썼다.

사료 조선 후기의 역사 인식

❶ 안정복의 삼국 인식

삼국사에서 신라를 으뜸으로 한 것은 신라가 가장 먼저 건국되었고, 뒤에 고구려와 백제를 통합하였으며, 고려는 신라를 계승하였으므로 편찬한 것이 모두 신라의 남은 문적(文籍)을 근거로 하였기 때문이다. 그러므로 편찬한 내용이 신라에 대하여는 약간 자세히 갖추어져 있고 백제에 대하여는 겨우 세대만을 기록하였을 뿐 없는 것이 많다. …… 고구려의 강대하고 현저함은 백제에 비할 바가 아니며 신라가 자처한 땅의 일부는 남쪽에 불과할 뿐이다. 그러므로 김씨(김부식)는 신라사에 쓰여진 고구려 땅을 근거로 하였을 뿐이다.

『동사강목』

❷ 유득공의 발해 인식

부여씨가 망하고 고씨(고구려)가 망한 다음, 김씨(신라)가 남방을 차지하고 대씨(발해)가 북방을 차지하고는 발해라 하였으니, 이것을 남북국이라 한다. 당연히 남북국을 다룬 역사책이 있어야 하는데, 고려가 편찬하지 않은 것은 잘못이다. 저 대씨가 어떤 사람인가? 바로 고구려 사람이다. 그들이 차지하고 있던 땅은 어떤 땅인가? 바로 고구려 땅이다.

『발해고』

❸ 김정호의 발해 인식

삼한의 여러 나라가 통합되어 삼국을 이루었으니 신라·가야·백제가 그것이다. 그 후 가야가 망하고 고구려가 남쪽으로 천도하여 다시금 삼국을 이루었다. 고구려와 백제가 멸망한 뒤 50년 만에 발해가 다시 고구려의 옛 땅을 이어받아 신라와 더불어 200여 년간 남북국을 이루었다.

『대동지지』

③ 서얼, 중인의 역사서와 여항 문학

　㉠ 정조 1년(1777) 향리 출신인 이진흥은 향리의 역사인 『연조귀감』을 편찬하였다. 그는 향리가 양반과 혈통을 같이 하므로 같은 대우를 받아야 한다고 주장하였다.

　㉡ 철종 9년(1858)에 대구의 유림들(달서정사)이 서얼의 역사 『규사』를 편찬하여 서얼들에 대한 사회적 차별 대우 철폐를 주장하였다(「규사현록」이 끝부분에 수록되어 있다).

　㉢ 1862년(철종 13년) 유재건은 『이향견문록』을, 1866년(고종 3년) 이경민은 『희조일사』를 저술하여 정사에 기록되지 않은 인물들(위항인들)을 정리하였다.

　㉣ 여항 문학: 19세기 대표적 여항 시사인 벽오사(碧梧社)에서 활동한 조희룡은 『호산외기』에서 42명의 여항인들(보통사람-이항인이라고도 함)의 전기(傳記)를 수록하였고, 유재건 등은 이항인들의 시를 엮어 『풍요삼선(風謠三選)』을 간행하였다.

바로 확인문제

● **다음과 같은 특징을 가진 조선 후기 역사서는?** 　　　18. 지방직 9급

> ・ 단군으로부터 고려에 이르기까지의 우리 역사를 치밀한 고증에 입각하여 엮은 통사이다.
> ・ 마한을 중시하고 삼국을 무통(無統)으로 보는 입장에서 우리 역사를 체계화하였다.

① 허목의 『동사』
② 유계의 『여사제강』
③ 한치윤의 『해동역사』
④ 안정복의 『동사강목』

● 조선 후기 중인층과 서얼은 자신들의 기록물을 남겼다. 이에 해당하는 저술만을 가장 바르게 나열한 것은?

16. 서울시 7급

① 연조귀감(掾曹龜鑑) - 방경각외전(放璚閣外傳)
② 지봉유설(芝峯類說) - 호산외기(壺山外記)
③ 풍요삼선(風謠三選) - 의산문답(醫山問答)
④ 규사(葵史) - 이향견문록(里鄉見聞錄)

단권화 MEMO

|정답해설| 조선 후기 중인층과 서얼이 남긴 기록으로는 이진흥이 향리의 역사와 인물을 정리한 『연조귀감』, 조희룡의 『호산외기』, 유재건의 『이향견문록』과 『풍요삼선(이항인들의 시집)』, 대구의 유림들이 서얼의 역사를 정리한 『규사』가 대표적이다.

|오답해설|
① 『방경각외전』은 박지원의 단편 소설집이다.
② 『지봉유설』은 이수광이 편찬한 백과사전이다.
③ 『의산문답』은 홍대용의 저서이다.

|정답| ④

(3) 지리학 연구

① 계기
  ㉠ 시간성에 대한 관심이 국사의 연구로 나타났다면 공간성에 대한 관심은 국토의 연구로 나타나 우수한 지리서를 편찬하고 새로운 지도를 제작하였다.
  ㉡ 국토에 대한 학문적 이해가 축적되는 한편, 중국으로부터 서양식 지도가 전해짐에 따라 종래의 중국 중심 세계관이 달라지게 되었다. 그에 따라 좀 더 과학적이고 정밀한 지도와 지리지를 제작·편찬하였다.
② 세계관의 변화: 중국 중심의 화이(華夷) 사상을 극복하는 세계관의 변화가 진보적 지식인들 사이에서 나타났다. 「곤여만국전도(坤輿萬國全圖)」, 「직방외기」 등은 당시 널리 알려진 것들이다.
③ 지리서의 편찬
  ㉠ 역사 지리서 : 한백겸의 『동국지리지』, 정약용의 『아방강역고』, 신경준의 『강계고』 등이 편찬되었다.
  ㉡ 허목, 『동사』: 17세기 중엽 허목은 우리나라를 몇 개의 풍토권과 문화권으로 나누어 각 지방 문화의 특성을 찾아내고, 중국과 다른 인문 지리적 특성을 설명하였다. 또한 풍토(자연환경)가 인성에 영향을 미친다고 주장하였다.
  ㉢ 이중환, 『택리지』(영조 27년, 1751) : 남인 출신 이중환이 30년간의 국토 답사를 통해 편찬하였다. 『택리지』는 풍수지리를 바탕으로 우리 국토를 작은 구역으로 나누고, 각 지역의 인심, 산천, 인물, 풍속, 산물을 소개하면서 어느 곳이 선비들이 살기 좋은 곳인가를 논하고 있다. 다만 남인의 시각에서 노론 집권층이 사는 곳은 비판적으로 평가하고, 경상도를 선비가 가장 살기 좋은 곳으로, 평안도를 평민이 가장 살기 좋은 곳으로 평가하기도 하였다.
  ㉣ 『여지도서』(영조, 1757~1765) : 각 읍에서 편찬한 읍지(邑誌)를 모아 편찬한 전국 읍지이다. 처음으로 각 군현을 구분하여 채색한 「읍지도」가 첨부되었다.

사료 이중환의 『택리지』

대저 가거지(可居地)을 잡는 데는 지리(地理)를 첫째로 들 수 있으며, 생리(生利)가 다음이다. 그다음은 인심(人心)이며, 또 다음은 아름다운 산수(山水)가 있어야 한다. 이 네 가지에 하나라도 모자라면 살기 좋은 땅이 아니다. 그런데 지리가 비록 좋아도 생리가 모자라면 오래 살 곳이 못 되고, 생리가 비록 좋아도 지리가 나쁘면 또한 오래 살 곳이 못 된다. 지리와 생리가 함께 좋아도 인심이 착하지 않으면 반드시 후회할 일이 있게 되고, 가까운 곳에 볼만한 산수가 없으면 성품을 닦을 수 없다.

■『곤여만국전도』
1602년 마테오 리치가 명에서 제작한 세계 지도이며, 명에 사신으로 간 1603년 이광정이 조선에 소개하였다. 한편 1708년 숙종 때 최석정 등이 『곤여만국전도』를 모사하여 지도를 제작하였다.

■『아방강역고』
백제의 첫 도읍지가 지금의 서울이라는 것, 발해의 중심지가 동쪽이라는 것 등 고대사의 강역을 새롭게 고증하였다.

■『지승』
17세기 중엽 허목이 쓴 지리지로, 『동사』에 수록되어 있다. 우리나라를 몇 개의 풍토권과 문화권으로 나누어 각 지방 문화의 특성을 찾아내고, 중국과 다른 인문 지리적 특성을 설명하였다. 풍토(風土)가 인성에 영향을 준다는 시각을 제시하였다.

④ 지도의 편찬

ㄱ 배경 : 중국으로부터 서양식 지도가 전해짐에 따라 정밀하고 과학적인 지도가 많이 제작되었다.

ㄴ 목적 : 조선 초기의 지도 제작은 정부 주도의 관찬(官撰) 형태로 정치·행정·군사적 목적이 주가 되었으나, 이 시기에는 경제·산업·문화에 대한 관심이 반영되어 산맥과 하천·포구·도로망의 표시가 정밀해졌다.

ㄷ 대표적 지도

• 『요계관방지도』(1706) : 숙종 때 이이명 등이 편찬한 군사 지도이다. 이 지도에는 우리나라 북방 지역과 만주, 만리장성을 포함하여 중국 동북 지방의 군사 요새가 상세하게 그려져 있다.

• 정상기의 『동국지도』(영조) : 최초로 100리 척(100리를 1척으로 정한 지도 제작 방식)을 사용하여 정확하고 과학적인 지도 제작에 공헌하였다.

• 18세기 영조 때, 모눈종이를 이용해 호남 지방을 정밀하게 그린 지도가 제작되었다.

• 김정호의 『대동여지도』(1861년 철종 때 간행, 1864년 고종 때 재간행) : 김정호는 『청구도』 제작의 경험을 바탕으로, 『대동여지도』를 편찬하였다. 산맥, 하천, 포구, 도로망의 표시가 정밀해지고 거리를 알 수 있도록 10리마다 눈금이 표시되었으며, 목판으로 인쇄되었다.

바로 확인문제

● **조선 시대 지도와 천문도에 대한 설명으로 옳지 않은 것은?** 23. 국가직 9급

① 『대동여지도』는 거리를 알 수 있도록 10리마다 눈금을 표시하였다.

② 『혼일강리역대국도지도』는 중국에서 들어온 곤여만국전도를 참고하였다.

③ 『천상열차분야지도』는 하늘을 여러 구역으로 나누고 별자리를 표시한 그림이다.

④ 『동국지도』는 정상기가 실제 거리 100리를 1척으로 줄인 백리척을 적용하여 제작하였다.

● **〈보기〉의 지리서를 편찬된 순서대로 바르게 나열한 것은?** 19. 10월 서울시 7급

┌ 보기 ┤

ㄱ. 『아방강역고』

ㄴ. 『동국여지승람』

ㄷ. 『신찬팔도지리지』

ㄹ. 『동국지리지』

① ㄱ - ㄹ - ㄴ - ㄷ

② ㄴ - ㄷ - ㄹ - ㄱ

③ ㄷ - ㄴ - ㄹ - ㄱ

④ ㄹ - ㄴ - ㄱ - ㄷ

(4) 국어학 연구

우리의 언어, 즉 한글에 대한 학문적 연구도 활발하여 음운(音韻)학과 어휘의 수집 등에서 큰 성과를 거두었다.

① 음운에 대한 연구 성과 : 신경준의 『훈민정음운해』, 유희의 『언문지』 등이 유명하다.

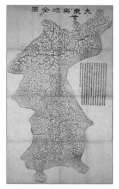

② 어휘 수집에 대한 연구 성과: 이성지의 『재물보』, 권문해의 『대동운부군옥』, 이의봉의 『고금석림』 등이 있다.

③ 의의: 한글의 우수성에 대한 인식, 즉 문화적 자아 의식을 크게 높여 주었다.

O 국어학 연구서

『훈민정음운해』	신경준(영조)	발음법을 제시, 음운을 역학적으로 도해
『언문지』	유희(순조)	음리(音理)와 음가(音價)를 규명
『재물보』	이성지(정조)	만물의 명칭을 고증
『고금석림』	이의봉(정조)	• 우리의 방언과 산스크리트어·몽골어·일본어·만주어·타이어·거란어·퉁구스어 등 해외 언어 정리 • 1,500여 권의 문헌 참고
『아언각비』	정약용(순조)	속어(사투리)와 속자 고증

(5) 백과사전의 편찬

조선 후기에는 실학이 발달하고 문화 인식의 폭이 넓어짐에 따라 백과사전류의 저서가 많이 편찬되었다.

① 효시: 이수광이 『지봉유설』을 지어 문화의 각 영역을 항목별로 나누어 기술하였다.

② 18~19세기: 이익의 『성호사설』, 이덕무의 『청장관전서』, 서유구의 『임원경제지』, 이규경의 『오주연문장전산고』 등이 나왔다.

③ 『동국문헌비고(東國文獻備考)』: 영조 때 국가적 사업으로 편찬되었고, 우리나라의 역대 문물을 정리한 한국학 백과사전으로서 가치가 있다.

O 백과사전류의 구분

『대동운부군옥』	권문해(선조)	단군~선조까지의 역사 사실을 어휘의 맨 끝자를 기준으로 하여 운(韻)으로 분류한 어휘 백과사전
『지봉유설』	이수광(광해군)	천문·지리·군사·관제 등 25개의 항목별로 나누어 저술
『유원총보』	김육(인조)	문학·제도 등 27개 항목으로 기술
『동국문헌비고』	홍봉한 등(영조)	지리·정치·경제·문화 등을 체계적으로 정리한 한국학 백과사전
『성호사설』	이익(영조)	천지·만물·경사·인사·시문의 5개 부문으로 서술
『청장관전서』	이덕무(정조)	이광규가 아버지인 이덕무의 시문·중국의 역사·풍속·제도 등을 기록하여 편찬
『오주연문장전산고』	이규경(헌종)	우리나라와 중국 등 외국의 고금 사항에 관한 고증서

심화 이수광의 『지봉유설』(1614)

• 중국을 세상의 전부로 보는 인식을 비판하고, 기독교 문명권, 불교 문명권, 이슬람 문명권 등이 더 있음을 지적하였다.

• 아시아와 유럽을 포함한 세계 50개국의 지리, 풍속, 물산 등을 소개하여 세계에 대한 시야를 넓혀주었다.

• 우리 역사의 유구성과 문화 수준이 중국과 대등하다는 것과 한(漢) 사군이 조선 땅의 일부에 지나지 않는다는 점, 한반도에 비정해 온 고대의 여러 지명이 사실은 만주에 있었다는 점 등을 새로 고증하여 잃어버린 만주 땅에 대한 관심을 환기시켜 주었다.

■ 『만기요람』
순조 8년(1808) 심상규, 서영보 등이 재정·군정에 관한 사항을 정리하여 왕이 정사를 행하는 데 참고하기 위해 만든 문헌이다.

바로 확인문제

● 〈보기〉의 백과사전(유서)을 편찬한 순서대로 바르게 나열한 것은?　18. 서울시 기술직 9급

┌ 보기 ├─
　ㄱ. 『대동운부군옥』　　　　　　　ㄴ. 『지봉유설』
　ㄷ. 『성호사설』　　　　　　　　　ㄹ. 『오주연문장전산고』

① ㄱ - ㄴ - ㄷ - ㄹ　　　　　　② ㄴ - ㄷ - ㄹ - ㄱ
③ ㄱ - ㄷ - ㄴ - ㄹ　　　　　　④ ㄱ - ㄹ - ㄷ - ㄴ

03 과학 기술의 발달

1 서양 문물의 수용

(1) 과학 기술의 계승·수용

조선 후기에는 전통적 과학 기술을 계승·발전시키면서 중국을 통하여 전래된 서양의 과학 기술을 수용하여 과학 기술 면에서도 큰 진전이 있었다.

(2) 서양 문물의 수용 과정

① 중국으로부터 도입
　㉠ 전래: 서양 문물은 17세기경부터 중국을 왕래하던 사신들을 통해서 들어왔다.
　㉡ 수용: 당시 명·청의 수도에는 서양 선교사들이 있었는데, 조선의 사신들은 베이징에서 이들과 접촉하여 서양 문물을 소개받았다.
　㉢ 도입: 선조 때 이광정은 세계 지도를, 인조 때 정두원은 화포·천리경·자명종 등을 전하였다.

② 북학파 실학자들의 관심: 서양 문물의 수용에 관심을 가진 사람들은 이익과 그의 제자들 및 북학파 실학자들이었다. 이익의 제자들 가운데 일부는 서양의 종교인 천주교까지 수용한 사람들도 있었으나 대부분의 학자는 서양의 과학 기술은 받아들이면서도 천주교는 배척하였다.

③ 서양인의 표류: 17세기에는 벨테브레이와 하멜 일행이 우리나라에 표류해 왔다.
　㉠ 벨테브레이: 훈련도감에 소속되어 서양식 대포의 제조법과 조종법을 가르쳐 주었다.
　㉡ 하멜(Hamel) 일행: 효종 때 표류하여 오랜 기간(1653~1666) 억류되었다가 네덜란드로 돌아가 『하멜표류기』를 지어 조선의 사정을 서양에 전하였다.

(3) 과학 기술 수용의 정체

① 서양 과학 기술의 수용은 18세기까지는 어느 정도 이루어졌으나 19세기에 이르러서는 더 이상 진전되지 못한 채 정체되었다. 서양 과학이 천주교와 더불어 전래되어 천주교 억압이 과학에 대한 관심을 냉각시켰기 때문이다.

② 조선 후기의 기술 발전은 주로 농업 및 의학과 관련된 분야에 집중되고, 교통·통신, 그리고 제조업이나 군사 분야에서는 상대적으로 미미하였다.

2 천문학과 지도 제작 기술의 발달

(1) 배경
조선 후기에는 국민의 생활 개선을 중요시하여 과학과 기술 분야에 관심을 가진 학자들이 많았다.

(2) 천문학(天文學)의 발전
천문학은 서양 과학의 영향을 받아 크게 발전하였다.

① 학자
- ㉠ 이익 : 서양 천문학에 큰 관심을 가지고 연구하였다.
- ㉡ 김석문 : 『역학도해』를 통해 우리나라에서 처음으로 지전설(地轉說)을 주장하였다.
- ㉢ 홍대용 : 지전설, 무한 우주론(無限宇宙論) 등 대담하고 독창적인 이론을 주장하며, 중화주의적 명분론에 사로잡혀 있던 조선에 새로운 변화를 불러일으켰다.

▲ 홍대용이 만든 혼천의
(숭실대학교 박물관 소장)

■ **이익의 지심론**
'만약 공자가 지금 살아 있다면 서양 천문학을 기준으로 할 것'이라고 하면서 지구가 둥글다면 중국이 한가운데 있을 수는 없고 어느 나라든 세계의 중앙이 될 수 있다고 하였다.

■ **김석문**
17세기 말 숙종 때 처음으로 지구가 1년에 366회씩 자전한다고 주장하여 천동설(天動說)을 부정하였다.

사료   홍대용의 지전설

천체가 운행하는 것이나 지구가 자전하는 것은 그 세가 동일하니 분리해서 설명할 필요가 없다. 다만 9만 리의 둘레를 한 바퀴 도는데 이처럼 빠르며, 저 별들과 지구와의 거리는 겨우 반경(半徑)밖에 되지 않는 데도 몇천만 억의 별들이 있는지 알 수 없는데, 하물며 천체들이 서로 의존하고 상호 작용하면서 이루고 있는 우주 공간의 세계 밖에도 또 다른 별들이 있다. …… 칠정(七政 : 태양·달·화성·수성·목성·금성·토성)이 수레바퀴처럼 자전함과 동시에 맷돌을 돌리는 나귀처럼 둘러싸고 있다. 지구에서 가까이 보이는 것을 사람들은 해와 달이라 하고 지구에서 멀어 작게 보이는 것을 사람들은 오성(五星 : 수성·금성·화성·목성·토성)이라 하지만 사실은 모두가 동일한 것이다.

『담헌집』

- ㉣ 이수광 : 17세기 초 『지봉유설』에서 일식(日蝕)·월식(月蝕)·벼락·조수의 간만 등에 대하여 언급한 일이 있다.
- ㉤ 최한기 : 『지구전요』를 저술하여 우주계의 천체와 지구상의 자연, 인문 지리를 정리하였다.

② 의의
- ㉠ 조선 후기의 천문학은 전통적 우주관에서 벗어나 근대적 우주관으로 접근하였다.
- ㉡ 김석문과 홍대용의 지전설은 성리학적 세계관을 비판하는 근거가 되기도 하였다.

심화   조선의 천문학

당시 조선의 천문학에서 얻은 최대의 성과는 지구 구형설과 지구 회전설의 이해였다. 특히 김석문은 『역학도해(易學圖解)』를 통해서 동양 최초로 지구 회전설을 정립하였으며, 그의 이론은 홍대용·박지원 등 실학자들의 천문관에 직접 영향을 주었다. 또한 중국을 통해서 서양의 천문 지식이 광범하게 수용되었으니, 지평일구(地平日晷)·혼개일구(渾蓋日晷)·천리경 등 천문 관측 기구들이 전래되었고, 효종 때에는 김육·김상범의 노력으로 서양식 신력인 시헌력(時憲曆)이 채용될 수 있었다. 역법은 그 뒤로 계속 발전하여 천세력(千歲曆)이 만들어졌고 남병길(南秉吉)은 역에 대한 모든 지식을 정리하여 『시헌기요(時憲紀要)』를 저술하였다.

변태섭

---

(3) 역법(曆法)

효종 때 김육의 건의와 일관(日官) 김상범의 노력으로, 아담 샬의 시헌력(태음력을 바탕으로
태양력을 적용한 역법)을 도입하였다.

> **사료** 시헌력의 도입
>
> 중국은 병자년(1636, 인조 14년)과 정축년(1637, 인조 15년) 동안에 이미 역법을 고쳤습니다. 그러니 내년의
> 새 책력은 필시 우리나라의 책력과 크게 다를 것입니다. 새 책력 속에 만약 잘 맞아떨어지는 것이 있다면 당
> 연히 옛것을 버리고 새것을 만들어야 합니다. 외국에서 책력을 만드는 일은 중국에서 금지하는 일입니다. 그
> 러니 비록 사람을 보내어 가르쳐 주기를 청할 수는 없다고 하더라도, 이번 사행(使行) 때 일관(日官) 한두 명
> 을 데리고 가서 역관(譯官)을 시켜 흠천감(欽天監)에 탐문하게 하여야 합니다. 그리하여 근년의 책력을 만드
> 는 누자(縷字)를 알아서 그 법을 따져 보아 의심나고 어려운 곳을 풀어 온다면, 거의 추측하여 알 수 있을 것
> 입니다.
> 김육, 「잠곡선생유고」

(4) 수학(數學)

① 전통 수학의 집대성 : 최석정과 황윤석이 전통 수학을 집대성하였다.
② 『기하원본』의 도입 : 마테오 리치가 유클리드 기하학을 한문으로 번역한 『기하원본(幾何原
本)』을 도입하였다.
③ 홍대용의 연구 성과 정리 : 홍대용은 『주해수용(籌解需用)』을 저술하여 우리나라 · 중국 · 서
양 수학(기하학 · 대수학)의 연구 성과를 정리하였다.

(5) 지리학(地理學)

① 서양 선교사들이 만든 「곤여만국전도」, 「직방외기」와 같은 세계 지도가 중국을 통하여 전해
짐으로써 지리학에서도 좀 더 과학적이고 정밀한 지식을 가지게 되었다.
② 지도 제작에서도 더 정확한 지도가 만들어져 이를 통하여 조선 사람들의 세계관이 확대될
수 있었다.

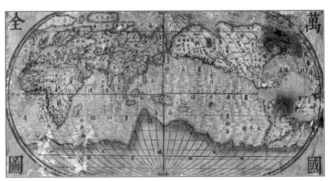

▲ 「곤여만국전도」

3 의학의 발달과 기술의 개발

(1) 의학의 발전

① 17세기 의학

　㉠ 허준: 17세기 초에 허준은『동의보감』을 저술하여 의학 발전에 큰 공헌을 하였다. 이 책은 우리의 전통 한의학을 체계적으로 정리한 것으로서, 우리나라뿐만 아니라 중국과 일본에서도 간행되어 뛰어난 의학서로 인정받았다.

　㉡ 허임:『침구경험방(鍼灸經驗方)』을 저술하여 침구술(鍼灸術)을 집대성하였다.

② 18세기 의학

　㉠ 서양 의학의 전래: 인체의 해부학적 구조와 생리적 기능에 대해 좀 더 정확한 지식을 얻었다.

　㉡ 정약용: 서양 의학을 토대로 마진(홍역)에 대한 연구를 진전시키고 이 분야의 의서를 종합하여『마과회통(麻科會通)』을 편찬하였으며, 박제가와 함께 종두법(種痘法)을 연구하여 실험하기도 하였다.

③ 19세기 의학: 이제마(李濟馬)는『동의수세보원(東醫壽世保元)』을 저술하여 사상 의학(四象醫學)을 확립하였다.

바로 확인문제

● 다음 의학 이론을 담고 있는 서적은?　　　　　　　　　　　　　　　　　　11. 국가직 9급

> 사람의 체질을 태양인·태음인·소양인·소음인으로 구분하여 치료하는 체질 의학 이론으로, 오늘날까지도 한의학계에서 통용되고 있다.

① 『동의보감』　　　　　　　　　　　　② 『방약합편』
③ 『마과회통』　　　　　　　　　　　　④ 『동의수세보원』

(2) 기술의 개발: 정약용

① 과학 기술에 대한 인식(기술관)

　㉠ 과학과 기술의 중요성을 확신하고 기술의 개발에 앞장섰던 사람이 정약용이었다. 그는 인간이 다른 동물보다 뛰어난 것은 기술 때문이라고 보고, 기술의 발달이 인간 생활을 풍요롭게 한다고 믿어 스스로 많은 기계를 제작·설계하였다.

　㉡ 기술은 인간의 노력, 그것도 집단적인 노력에 의해 발달되고, 선진 기술을 과감히 수용하는 가운데 혁신된다고 보았다.

② 기계의 제작과 설계

　㉠ 거중기 제작: 서양 선교사가 중국에서 펴낸『기기도설(奇器圖說)』을 참고하여 거중기(擧重機)를 만들었는데, 이 거중기는 수원 화성을 만들 때 사용되어 공사 기간을 단축하고 공사비를 줄이는 데 크게 공헌하였다.

　㉡ 배다리 설계: 정약용은 정조가 수원에 행차할 때 한강을 안전하게 건너도록 배다리[舟橋]를 설계하였다.

　㉢ 기타: 선박의 건조, 총포·병거(兵車)의 제조 등에 관해서도 새로운 지식을 보급하였다.

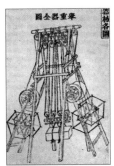

▲ 거중기

단권화 MEMO

▲ 『동의보감』

■ 『벽온신방(辟瘟新方)』

『벽온신방』은 효종 4년(1653)에 안경창이 편찬한 온역의 치료에 관한 의서이며, 허준의 『신찬벽온방』에서 제시된 치료법의 영향을 받았다.

■ 사상 의학(四象醫學)

사람의 체질을 태양인·태음인·소양인·소음인으로 구분하여 치료하는 체질 의학 이론으로 오늘날까지 한의학계에서 통용되고 있다.

|정답해설| 이제마는 사람의 체질에 따라 처방을 달리해야 한다는 사상 의학을 창시하였다. 『동의수세보원』은 이제마가 지은 의서이다.

|정답| ④

■ 거중기

정조가 청으로부터 5천여 권의 『고금도서집성』을 사들여 오자 그 속에 실린 테렌츠(Terrenz)의 『기기도설』을 참고하여 거중기(擧重機) 등 건축 기계를 제작하고, 한강에 배다리[舟橋]를 설계하였다.

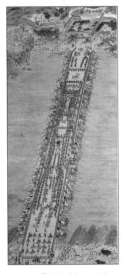

▲ 배다리(「화성능행도」 부분)

■『해동농서』
우리 고유의 농학을 중심에 두고 중국 농학을 선별적으로 수용하여 한국 농학의 새로운 체계를 시도한 것이다.

■ 서유구의 둔전론
풍석 서유구의 '둔전론'은 지주제를 인정하는 것을 전제로 제시되었다. 즉, 국가와 지주가 대농장을 설치하고 농민들을 노동자로 고용하여 그들의 생활을 안정시키는 것이 목적이었다.

바로 확인문제

● 밑줄 그은 '그'의 활동으로 옳은 것은?

한국사능력검정시험 중급 27회

조선 후기의 실학자인 그는 유배지인 강진에서 목민관이 지켜야 할 지침을 밝히는 책을 저술하였다. 그는 이 책의 서문에서 "군자의 학문은 수신이 반이요, 목민이 반이다. …… 요즈음 목민관들은 이익을 추구하는 데만 급급하고 어떻게 목민해야 할 것인가는 모르고 있다."라고 하였다.

① 거중기를 설계하였다.
② 「인왕제색도」를 그렸다.
③ 『북학의』를 저술하였다.
④ 강화 학파를 형성하였다.
⑤ 「대동여지도」를 제작하였다.

---

4 농서의 편찬과 농업 기술의 발달

17세기에 이르러 농업 경영과 농업 기술에 대한 관심이 높아지면서 많은 농서가 편찬되고 농업 기술도 크게 발달하였다.

(1) 농서의 편찬

① 『농가집성』: 17세기 중엽에 신속은 『농가집성』을 펴내 벼농사 중심의 농법을 소개하고 이앙법의 보급에 공헌하였다.
② 『색경』, 『산림경제』, 『해동농서』
　㉠ 상업적 농업이 발달하고 농업의 영역이 확대됨에 따라 곡물 재배법뿐만 아니라 채소, 과수, 원예, 양잠, 축산 등의 농업 기술을 소개하는 농서가 필요하게 되었다.
　㉡ 박세당은 『색경』, 홍만선은 『산림경제』, 서호수는 『해동농서』를 저술하여 농업 기술의 발전에 이바지하였다.
③ 『임원경제지』: 19세기에 서유구는 농업과 농촌 생활에 필요한 것을 종합하여 『임원경제지』라는 농촌 생활 백과사전을 편찬하였다.

『농가집성』	효종 때 신속이 저술, 『농사직설』과 『금양잡록』을 합하고 그 후 개발된 이앙법·견종법 등 곡물 재배 기술을 집성한 기술서(이앙법 보급에 기여)
『색경』	숙종 때 박세당이 저술, 곡물 재배법, 채소·과수·화초 재배법, 목축·양잠 기술 소개, 지주제 부정
『산림경제』	숙종 때 홍만선이 농사와 의약에 관한 지식 수록, 지주제 부정
『해동농서』	정조의 명으로 서호수가 저술, 한국의 농학을 종합하여 새롭게 체계화, 중국 농학을 선별적으로 수용

『과농소초』	정조 때 박지원이 저술, 전제(田制)·농기구·수리·영농 등을 언급하여 한전론(농지 소유 제한)·기술 혁신·상업적 농업 소득 증대·농기구의 개량 등 농업 진흥책 제시
『임원경제지』 (『임원십육지』)	서유구가 순조 때부터 저술하여 헌종 때 완성(1806~1842). 농촌의 일상생활로부터 산업·육예에 이르기까지 농촌 생활의 전반을 언급하고 경영형 부농의 경영 관리와 임노동에 의한 지주제 구상 제시(부분적으로 전함)
감저(고구마) 연구	『감저보』(강필리), 『감저신보』(김장순), 『종저보』(서유구) 등 구황 작물인 고구마에 대한 관심이 컸음

(2) 수리 관개 시설 발달

① 논농사를 위한 수리 관개 시설이 발달하여 당진의 합덕지·연안의 남대지 등의 저수지와 그 밖의 작은 저수지들이 많이 만들어졌다.
② 18세기 중엽 이후에는 밭을 논으로 바꾸는 현상이 활발해졌으며, 정조 때에 이르러 농경지 중에서 논의 비율이 밭보다 높아졌다.

(3) 개간·간척 사업

조선 후기에는 황무지 개간과 해안 지방의 간척 사업이 활발하게 진전되어 경지 면적이 늘어났다. 황무지 개간은 주로 내륙 산간 지방에서, 간척 사업은 서해안과 큰 강 유역의 저습지에서 주로 이루어졌다.

▲ 「논갈이」, 김홍도

(4) 어업 기술의 발달

① 어구의 개량: 어살을 설치하는 어법(漁法)이 보급되고, 어망의 재료도 좀 더 튼튼한 면사(綿絲)로 바뀌는 등 어구가 개량되었다.
② 김 양식 기술 개발: 17세기에 해태(海苔) 기술이 개발되어 전라도를 중심으로 보급되었다.
③ 냉장선의 등장: 18세기 후반에 냉장선이 등장하여 어물의 유통이 더욱 활발해졌다.
④ 『자산어보(玆山魚譜)』 편찬: 정약전은 흑산도 귀양 중 근해의 해산물 등을 직접 채집·조사하여 55류 226종의 해산물에 대한 명칭·분포·형태·습성 등을 기록함으로써 어류학의 신기원을 이루었다.

바로 확인문제

● 다음에서 설명하는 인물의 저술로 옳은 것은?   18. 지방직 9급

> • 종래의 조선 농학과 박물학을 집대성하였다.
> • 전국 주요 지역에 국가 시범 농장인 둔전을 설치하여 혁신적 농법과 경영 방법으로 수익을 올려서 국가 재정을 보충할 것을 제안했다.

① 『색경』
② 『산림경제』
③ 『과농소초』
④ 『임원경제지』

| 정답해설 | 제시된 내용과 관련된 인물은 풍석 '서유구'이다. 서유구는 『임원경제지』를 통해 종래의 조선 농학(農學)과 박물학(博物學)을 집대성하였다. 한편 서유구는 전국 주요 지역에 (국가 시범 농장인) 둔전을 설치하여, 혁신적 농법과 경영 방식으로 수익을 올려서 국가 재정을 보충할 것을 제안하였다(둔전론).

| 오답해설 |
① 『색경』은 박세당이 저술한 농서이다.
② 『산림경제』는 홍만선이 편찬한 농서이다.
③ 『과농소초』는 박지원의 농서이다.

| 정답 | ④

04 문화의 새 경향

1 서민 문화의 발달

(1) 서민 문화의 대두

① 배경 : 조선 후기에는 상공업의 발달과 농업 생산력의 증대를 배경으로 문화에서 새 기운이 나타났다. 서당 교육이 보급되고 서민의 경제적·신분적 지위가 향상됨에 따라 서민 문화가 대두하였다.

② 참여 계층의 변화
    ㉠ 중·서민층 : 양반을 중심으로 유교 테두리 내에서 이루어지던 문예 활동에 중인층과 서민층이 참여하여 큰 변화가 나타났다.
    ㉡ 상민·천민 : 역관(譯官)·서리(胥吏) 등의 중인층 및 상공업 계층과 부농층의 문예 활동이 활발해졌고, 상민이나 광대(廣大)들의 활동도 활기를 띠었다.

(2) 문화 변화의 특징

① 조선 전기
    ㉠ 대개 성리학적 윤리관을 강조하였고, 생활의 교양·심성 수련을 목표로 하며 정적이고 소극적이었다.
    ㉡ 그림이나 음악 등 예술도 양반들의 교양이나 여가를 위한 것이 대부분이었다.

② 조선 후기
    ㉠ 사회 변화가 크게 나타난 조선 후기에는 문학이나 예술 작품에 인간의 감정을 적나라하게 표현하는 경향이 강하였다. 또한 양반들의 위선적인 모습을 비판하고 사회의 부정과 비리를 풍자하고 고발하는 경향을 띠게 되었다.
    ㉡ 문학 작품의 주인공들도 영웅적인 존재로부터 이름 없는 평범한 인물로 전환되어 갔고, 문학의 배경도 비현실적인 세계보다는 현실적인 인간 세계로 옮겨 갔다.
    ㉢ 예술 작품도 민화(民畵)에서처럼 서민들이 작자인 경우가 적지 않았다.

(3) 서민 문화의 확대

① 한글 소설 : 누구나 쉽게 읽을 수 있는 한글 소설의 보급은 그 영향력이 대단히 컸다. 한글 소설은 영웅이 아닌 평범한 인물이 주인공인 경우가 많았고 대부분 현실적인 세계가 배경이다.
② 판소리, 탈춤 : 춤과 노래 및 사설(辭說)로 서민의 감정을 그대로 드러내어 표현한 판소리와 탈춤은 서민 문화를 확대하는 데 크게 기여하였다.
③ 회화(繪畵) : 그 저변이 확대되어 풍속화(風俗畵)와 민화(民畵)가 유행하였다.
④ 음악, 무용 : 감정을 대담하게 표현하는 경향이 짙었다.

● 조선 후기 문학과 예술의 새로운 경향으로 거리가 먼 것은?   16. 해양 경찰

① 설화 문학이 유행하여 『필원잡기』와 『용재총화』가 편찬되었다.
② 도시 상인층의 지원에 의해 산대놀이가 민중 오락으로 정착되었다.
③ 우리의 고유한 자연을 그린 진경 산수화가 유행하였다.
④ 중인층의 문예 활동이 활발해지면서 시사(詩社)가 조직되었다.

단권화 MEMO

|정답해설| 『필원잡기』와 『용재총화』
는 조선 전기의 문학이다. 조선 후기
에는 생산력이 발달하면서 문화를 향
유하는 계층이 넓어졌고, 이로 인해
서민 문화가 발달하게 되었다.

|정답| ①

2 판소리와 가면극

조선 후기 문화의 새 기운 가운데서 가장 두드러지고 인기 있는 분야는 판소리와 탈춤이었다.

(1) 판소리

① 특징
　㉠ 구체적인 이야기를 창과 사설로 엮어 가기 때문에 감정 표현이 직접적이고 솔직하였다.
　㉡ 분위기에 따라 광대가 즉흥적으로 이야기를 빼거나 더할 수 있었고, 관중들이 추임새로
　　써 함께 어울릴 수 있었기 때문에 서민을 포함한 넓은 계층으로부터 호응을 받을 수 있
　　었다.
　㉢ 이런 이유로 판소리는 이 시기 서민 문화의 중심이 되었다.

② 작품
　㉠ 판소리 작품으로는 열두 마당이 있었다.
　㉡ 현재 「춘향가」, 「심청가」, 「흥보가」, 「적벽가」, 「수궁가」 등 다섯 마당만 전하고 있다.
　㉢ 신재효는 19세기 후반 판소리 사설을 창작하고 정리하였다.

■ 판소리
광대가 한 편의 이야기를 노래에 해당
하는 '창(唱)'과 이야기에 해당하는 '아
니리', 몸놀림인 '발림'으로 연출한다.

(2) 가면극(假面劇)의 성행(탈놀이, 산대놀이)

조선 후기의 사회 변화와 함께 성행하였다.

① 탈놀이 : 향촌에서 마을굿의 일부로서 공연되어 인기를 얻었다.
② 산대놀이 : 산대(山臺)라는 무대에서 공연되던 가면극이 민중 오락으로 정착되어 도시의
　상인이나 중간층의 지원으로 성행하였다.
③ 내용 : 지배층과 그들에게 의지하여 살아가는 승려들의 부패와 위선을 풍자하기도 하였고,
　더 나아가 하층 서민인 말뚝이와 취발이를 등장시켜 양반의 허구를 폭로하고 조롱하였다.

(3) 의의

판소리와 가면극은 상품 유통 경제의 활성화와 함께 성장하여 당시 사회적 모순을 예리하게
드러내면서 서민 자신들의 존재를 자각하는 데 기여하였다.

3 한글 소설과 사설시조

(1) 성격

조선 후기의 사회 변동을 구체적으로 반영한 것은 문학이었다. 그중에서도 한글 소설과 사설 시조가 대표적이었는데, 이는 문학의 저변이 서민층까지 확대되면서 나타난 현상이었다.

(2) 한글 소설

① 「홍길동전(洪吉童傳)」: 서얼에 대한 차별의 철폐, 탐관오리의 응징을 통한 이상 사회의 건설을 묘사하는 등 당시의 현실을 날카롭게 비판하였다.

▲ 「홍길동전」

| 사료 | 허균의 유재론(有才論) |

하늘이 재능을 균등하게 부여하는데 관리의 자격을 대대로 벼슬하던 집안과 과거 출신으로만 한정하고 있으니 항상 인재가 모자라 애태우는 것은 당연한 일이다. 어느 시대, 어느 나라에서 노비나 서얼이어서 어진 인재를 버려두고, 어머니가 개가하였으므로 재능을 쓰지 않는다는 것은 듣지 못하였다.   「유재론」

② 「춘향전(春香傳)」: 대표적인 한글 소설로 꼽히는 「춘향전」은 신분 차별의 비합리성을 나타내고 있는 작품이다.

③ 기타: 이외에도 제 목숨을 구하기 위하여 남의 생명을 빼앗으려는 못된 용왕을 골려 주는 토끼, 부모에 대한 지극한 효성으로 왕비가 된 심청, 불합리한 가족 관계에서 희생된 장화와 홍련 등의 이야기를 통하여 서민들은 자신과 사회를 되돌아볼 수 있었다.

| 사료 | 조선 후기의 서민 문화 |

❶ 향단이는 미음상 이고 등롱 들고, 어사또는 뒤를 따라 옥문간 당도하니, 인적이 고요하고, 사정이도 간 곳 없네. 이때 춘향이 비몽사몽간에 서방님이 오셨는데, 머리에는 금관이요, 몸에는 홍삼이라. 상사 일념의 목을 안고 만단정회하는 차라, "춘향아." 부른들 대답이 있을쏘냐. 어사또 하는 말이, "크게 한번 불러 보소." "모르는 말씀이오, 예서 동헌이 마주치는데 소리가 크게 나면 사또 염문할 것이니 잠깐 지체하옵소서."   「춘향가」 중

❷ 양반 : 나는 사대부의 자손인데.
선비 : 아니 나는 팔대부의 자손인데.
양반 : 팔대부는 또 뭐야?
선비 : 아니 양반이란 게 팔대부도 몰라. 팔대부는 사대부의 갑절이지 뭐. ……
양반 : 첫째 지식이 있어야지. 나는 사서삼경을 다 읽었네.
선비 : 뭣이 사서삼경? 나는 팔서육경도 읽었네.
양반 : 도대체 팔서육경이 뭐냐?
초랭이 : 나도 아는 육경, 그걸 몰라? 팔만대장경, 중의 바라경, 봉사 안경, 처녀 월경, 약국 길경(도라지), 머슴 새경(품삯).   「하회 탈춤」 중

❸ 우리나라 소산물도 부끄럽지 않건마는
타국 물화 교합하니 백각전 장할시고
칠패의 생선전에 각색 생선 다 있구나.
민어, 석어, 석수어며 도미, 준치, 고도어며
낙지, 소라, 오적어며 조개, 새우, 전어로다.
남문 안 큰 모전에 각색 실과 다 있구나.
청실뇌, 황실뇌, 건시, 홍시, 조홍시며
밤, 대추, 잣, 호도며 포도, 경도, 오얏이며
석류, 유자, 복숭아며 용안, 여지, 당대추다.   「한양가」

(3) 시조

① 사설시조(辭說時調) : 시조에서도 새로운 움직임이 나타났다.
　　㉠ 신경향 : 선비들의 절의와 자연관을 담고 있던 이전의 시조와는 달리 이 시기의 시조에
　　　는 서민들의 감정을 솔직하게 표현하는 경향이 나타났다.
　　㉡ 형식 : 격식에 구애됨이 없이 감정을 구체적으로 표현할 수 있는 사설시조 형식을 통하
　　　여 남녀 간의 사랑이나 현실에 대한 비판을 거리낌없이 표현하였다.
② 18세기 후반
　　㉠ 위항인(委巷人) 문학 : 중인과 서얼층이 많은 재산을 모아 신분 상승 추세가 나타나면서
　　　중인의 문학이 태동하였다. 『해동유주』(홍세태)·『소대풍요』(고시언)·『풍요속선』(천수
　　　경) 등 위항인들의 시(詩)만을 모아 편찬하였다.
　　㉡ 시조, 가사집의 편찬 : 우리나라 역대의 시조와 가사를 모아 시인 김천택은 『청구영언
　　　(青丘永言)』, 김수장은 『해동가요(海東歌謠)』를 편찬하였다.

사료   이항(위항) 문학

이항인(里巷人)들은 일컬을 만한 경학이나 내세울 만한 공훈도 없다. 시사(詩社)를 조직하여 기록할 만한 시
나 문장을 남긴 사람이 있다 하더라도 널리 알려지지 않았다. 아! 슬프다. 내가 여러 문집에 있는 사람은 찾
아내고, 기록되지 아니한 사람은 직접 써서 이 책을 간행한 까닭이 바로 여기에 있다.

『이항견문록(里鄉見聞錄)』

사료

사설시조	여름날 술을 마시며
작가 미상	정약용
두꺼비 파리를 물고 두엄 위에 치달아 앉아 건넛산 바라보니 백송골이 떠 있거늘 가슴이 선뜻하여 풀쩍 뛰어내리다가 두엄 아래 자빠져 버렸구나 마침 날랜 나였기 망정이지 피멍 들 뻔하였도다	떵떵거리는 수십 집안이 대를 이어가며 국록을 먹는다 서로들 돌아가며 싸우고 죽이면서 약한 이를 고기 삼아 힘센 놈이 먹어 치우네 세력을 휘두르는 대여섯 집안 재상 자리 대감 자리 모두 다 차지하고 관찰사 절제사도 완전히 차지하네
『청구영언』	…… 『여유당전서』

---

(4) 한문학(漢文學)

양반층이 중심이 된 한문학도 실학의 유행과 함께 사회의 부조리한 현실을 예리하게 비판하였다.

① 정약용 : 삼정의 문란을 폭로하는 한시를 남겼는데, 「애절양」은 당시 군정의 문란을 다루고
　있다.
② 박지원
　　㉠ 작품 : 「양반전」, 「허생전」, 「호질」, 「민옹전」 등의 한문 소설을 써서 양반 사회의 허구성
　　　을 지적하며 실용적 태도를 강조하였다.
　　㉡ 주장 : 현실을 올바르게 표현할 수 있는 문체로 혁신할 것을 주장하기도 하였다.

사료   정약용의 「애절양」

갈밭 마을 젊은 여인 울음도 서러워라 / 시아버지 이미 죽어서 상복 입었고
갓난 아인 배냇물도 안 말랐는데 / 삼대의 이름이 군적에 실리다니

■ 위항인(委巷人) 문학

기예(技藝)나 공로(功勞)가 뛰어나면서
도 신분이 낮아 출세하지 못한 이른바
위항인으로 불리는 중인(서얼·향리)들
은 많은 전기(傳記)를 출간하였다.

전기 (傳記)	• 『연조귀감』(정조 1년, 1777): 　이진흥, 향리의 역사를 기록 　한 전기 • 『호산외기』(헌종 10년, 1844): 　조희룡, 중인의 전기 • 『이향견문록』(철종 13년, 1862): 　유재건 • 『희조일사』(고종 3년, 1866): 　이경민
시집 (詩集)	• 우리나라 역대 시조와 가사집 　- 『청구영언』(1728): 김천택 　- 『해동가요』(1763): 김수장 • 위항인들의 시만을 모은 시집 　- 『해동유주』(1712): 홍세태 　- 『소대풍요』(1737): 고시언 　- 『풍요속선』: 천수경

■ 문체 반정

조선 정조 때 유행한 것으로서, 박지원
등이 쓰는 새로운 형식의 문체를 비판
하여 순정 고문으로 환원하려고 한 일
련의 사건 및 그 정책이며 '문체 순정',
'문체 파동'이라고도 한다. 특히 1788
년 서학에 대한 문제가 본격화되는 정
국 상황 아래에서 이를 능동적으로 헤
쳐 나가기 위해 정조가 마련한 일련의
문체 정책을 의미한다.

■ 조선 시대 문학의 흐름

15세기	사장 문학(詞章文學), 출판 인쇄 문화 발전
16세기	가사(歌辭), 시조(時調) 문학, 경학(經學) 강조
17세기	군담 소설, 사회 비판적 한글 소설 등장
18세기	실학 정신 반영, 문체의 혁신 시도, 가정 소설, 타령, 사설시조
19세기	서민 문학의 절정기, 판소리 정리, 시사(詩社) 조직

■ 「쌍도정도(雙島亭圖)」 – 겸재(謙齋) 정선(1676~1759)

• 소재: 성주(星州) 관아의 객사인 백화헌(百花軒)의 남쪽 연못에 있던 정자를 그린 그림으로서, 연못은 '하늘은 둥글고 땅은 네모지다[天圓地方].'는 성리학적 세계관에 따라 조성된 네모진 형태이다.
• 구도: 네모꼴의 연못 속에 석축(石築)으로 둘러싼 2개의 섬이 조성되어 있어 쌍도정(雙島亭)이라 한다. 이러한 2개의 섬은 아마도 음양(陰陽)을 상징하는 것으로 여겨지는데, 좌측 섬에는 소나무[松], 우측 섬에는 정자(亭子)가 설치되어 있다. 두 섬은 다리로 연결되어 있고, 연못 주변에는 소나무와 버드나무, 느티나무와 단풍나무가 심어져 있다. 섬의 뒤쪽에는 괴석(塊石)이 있다. 이태호

(5) 시사(詩社)의 조직

① 의미: 시사란 시인 동우회를 말하는 것으로서, 조선 후기에는 중인층과 서민층의 문학 창작 활동이 활발해지면서 동인(同人)들이 모여 시사를 조직하였다.

② 중인층의 시인들은 서울 주변 지역에서 시사를 조직하여 문학 활동을 전개하면서 자신들의 사회적 지위를 높였고, 역대 시인들의 시를 모아 시집을 간행하였다.

③ 대표적인 시사로는 천수경의 '옥계시사', 최경흠의 '직하시사' 등이 있었다. 이들 시사에서는 〈동인지(同人誌)〉를 간행하기도 하였는데, 『소대풍요』, 『풍요속선』 등이 있다.

(6) 풍자 시인의 활동

김삿갓, 정수동 같은 풍자 시인은 아예 민중 속으로 파고들어 민중과 어우러져 활동하기도 하였다.

(7) 설화집

광해군 때 유몽인이 야사 등 설화를 엮어 『어우야담』을 편찬하였다.

4 진경 산수화와 풍속화

(1) 예술의 새 경향

조선 후기 그림에서 나타난 가장 두드러진 새 경향은 진경 산수화와 풍속화의 유행이었고, 서예에서는 우리의 정서를 담은 글씨의 등장이었다.

(2) 진경 산수화(眞景山水畵)

① 수용·창안: 중국 남종(南宗)과 북종화풍(北宗畵風)을 고루 수용하여 우리의 고유한 자연과 풍속에 맞춘 새로운 화법으로 창안하였다.

② 배경: 17세기부터 우리 문화에 대한 자부심이 높아졌고, 이런 의식은 우리의 고유 정서와 자연을 표현하려는 예술 운동으로 나타났다.

③ 정선(鄭敾): 진경 산수화를 개척한 화가로 18세기에 활약하였다.

　㉠ 대상: 서울 근교와 강원도의 명승지들을 두루 답사하여 사실적으로 그려냈다.

　㉡ 대표작: 「인왕제색도」와 「금강전도」에서 바위산은 선(線)으로 묘사하고 흙산은 묵(墨)으로 묘사하는 기법을 사용하여 산수화의 새로운 경지를 이룩하였다. 이 외에도 「통천문암도(通川門岩圖)」, 「압구정」 등의 작품이 있다.

④ 의의: 우리의 자연을 사실적으로 그려 회화(繪畵)의 토착화를 이룩하였다.

▲ 「인왕제색도」, 정선

(3) 풍속화

① 배경 : 화가들은 조선 후기의 사회·경제적 변동으로 나타난 새로운 현상들을 긍정적 의미로 이해하여 화폭에 담고자 하였다.

② 확대 : 당시 사람들의 생활 정경과 일상적인 모습을 생동감 있게 그려 회화의 폭을 확대하였다.

③ 김홍도(金弘道) : 전원 화가(田園畫家)

    ⊙ 경향 : 산수화, 기록화, 신선도 등과 정감 어린 풍속화(風俗畫)를 그렸다.

    ⓛ 작품 : 「밭갈이」, 「추수」, 「씨름」, 「서당」 등에서 자신의 일에 몰두하는 사람들의 특징을 소탈하고 익살스러운 필치로 묘사하였다. 이런 그림에서 18세기 후반의 생활상과 활기찬 사회의 모습을 살필 수 있다.

▲ 「무동」, 김홍도

④ 신윤복(申潤福) : 도회지 화가(都會地畫家)

    ⊙ 해학적(諧謔的) 묘사 : 주로 양반들과 부녀자들의 생활과 유흥, 남녀 사이의 애정 등을 감각적이고 해학적으로 묘사하였다.

    ⓛ 기법 : 김홍도가 간결하고 소탈하게 그린 것에 비하여 신윤복은 섬세하고도 세련된 필치를 구사하였다.

⑤ 김득신(金得臣), 김석신(金碩臣) : 궁정 화가로 풍속화에 능하여 정조의 사랑을 받았다.

▲ 「단오 풍정」, 신윤복

▲ 「파적도(야묘도추)」, 김득신

(4) 기타

① 강세황, 조영석, 김두량, 최북 등의 화가들이 개성 있는 그림으로 18세기를 화려하게 장식하였다.

② 강세황은 서양화 기법을 반영하여 더욱 실감나게 표현하였다(「영통골 입구도」).

(5) 19세기의 화풍

① 장승업 : 강렬한 필법(筆法)과 채색법으로 뛰어난 기량을 발휘하였다.

② 문인화의 부활 : 19세기에 이르러 김정희 등 복고적 화풍의 문인화가 부활하면서 진경 산수화와 풍속화는 침체되었다가 한말에 새로운 모습으로 나타났다.

③ 대표적 화가와 작품 : 신위(「대나무 그림(목죽도)」), 김정희(「묵란도」, 「세한도」), 장승업(「군마도」, 「홍백매도」, 1890년경 제작된 것으로 추정되는 「삼인문년도」)

(6) 민화(民畫)

① 대상 : 조선 후기에는 민중의 미적 감각을 잘 나타낸 민화가 유행하였다.

② 소재 : 해, 달, 나무, 꽃, 동물, 물고기 등을 소재로 삼아 소원을 기원하고 생활 공간을 장식하였다.

③ 특징 : 민화는 예술적 감상을 위한 것이라기보다는 생활 공간을 장식하기 위한 그림이었기 때문에 그 내용이나 발상 등에는 소박한 우리 정서가 짙게 배어 있다.

▲ 「까치와 호랑이」(민화)

■ 김홍도

어린 시절 강세황의 지도를 받아 그림을 그렸고, 도화서 화원이 되어 정조의 신임 속에 당대 최고의 화가로 자리 잡았다. 산수, 인물, 도석, 불화, 화조, 풍속 등 모든 장르에 능하였지만, 특히 산수화와 풍속화에서 뛰어난 작품을 남겼다.

■ 강세황

강세황(姜世晃)은 시(詩)·서(書)·화(畫)의 삼절로 널리 알려진 인물이다. 서양 수채화의 기법을 동양화와 접목시켜 새로운 산수화풍을 성립시켰다.

한영우

(7) 서예(書藝)

① 이광사: 우리 정서와 개성을 추구하는 단아한 글씨의 동국진체(東國眞體)를 완성하였다.

② 김정희: 우리 서예 발전의 성과를 바탕으로 고금(古今)의 필법을 두루 연구해 군센 기운과 다양한 조형성(造形性)을 가진 추사체(秋史體)를 창안하여 서예의 새로운 경지를 열었다.

▲ 김정희의 글씨(추사체)
'죽로지실'이라는 글귀로, 친구에게 써 준 다실의 명칭이다.

바로 확인문제

● (가)에 해당하는 작품으로 옳은 것은?
한국사능력검정시험 고급 29회

추사가 제주도에서 유배 생활을 하고 있던 중 제자 이상적이 청에서 귀한 책들을 구해다 준 것에 대한 답례로 그려준 작품이다.

①  ② ③

④ ⑤

|정답해설| 추사 김정희가 제주도에서 유배 생활을 하고 있던 중 제자 이상적이 청에서 귀한 책들을 가져다 준 것에 대한 보답으로 그려준 작품은 「세한도」이다.

|오답해설|

① 율곡 이이의 어머니 신사임당의 풀잎과 벌레 그림인 「초충도」 중 「가지와 벌」이다.

② 김홍도의 「총석정도」이다. 풍속화가로 알려진 김홍도는 진경 산수화에도 능하였다.

③ 강세황의 「영통골 입구도」이다. 강세황은 서양화법인 원근법과 명암법을 받아들여 사실적인 작품을 남겼다.

④ 조선 후기 진경 산수화를 완성한 정선의 「인왕제색도」이다.

|정답| ⑤

● 〈보기〉의 그림들의 제작 시기를 시간순으로 바르게 나열한 것은?
19. 2월 서울시 7급

┤ 보기 ├

ㄱ. 고려대학교 박물관에 소장된 「동궐도」　　ㄴ. 안견의 「몽유도원도」

ㄷ. 장승업의 「삼인문년도」　　ㄹ. 정선의 「금강전도」

① ㄱ - ㄴ - ㄹ - ㄷ

② ㄴ - ㄷ - ㄹ - ㄱ

③ ㄴ - ㄹ - ㄱ - ㄷ

④ ㄹ - ㄴ - ㄱ - ㄷ

|정답해설| 〈보기〉의 그림 제작 순서는 다음과 같다.

ㄴ. 안견의 「몽유도원도」(1447년. 세종 29년)

ㄹ. 정선의 「금강전도」(1734년. 영조 10년)

ㄱ. 「동궐도」(1830년 이전 제작)

ㄷ. 장승업의 「삼인문년도」(1890년 제작된 것으로 추정)

|정답| ③

○ 화풍의 시기 구분

고려 말	원의 북송(北宋)화풍 도입
15세기	산수화·인물화의 유행, 씩씩함과 진취성 강조
16세기	자연미·서정성 강조, 사군자도(四君子圖) 유행
17세기 초	명의 절강화풍(浙江畵風) 영향 – 이징(李澄)의 「연사모종도(煙寺暮鐘圖)」와 「평사낙안도(平沙落雁圖)」 ※절강화풍 : 자유분방하고 대담한 필치로 인물과 산수를 묘사함
17세기 말	청초 남종화풍 도입
18세기 초	진경 산수화풍 : 남종 문인화를 우리의 고유한 자연과 풍속에 맞추어 토착화한 화풍
18세기 중엽	천기(天機)·진기(眞機)주의 화풍 : 인간의 감정을 중시하여 종래 이성을 중요시하는 성리학적 문학관에 대항함
18세기 말	서양화풍의 도입 : 강세황, 김수철
19세기	복고적 문인화풍 유행 : 김정희, 장승업, 신위

단권화 MEMO

■ 18세기의 화가들
현재(玄齋) 심사정(沈師正)은 18세기 화가로서 정교하고 세련된 필치의 산수를 잘 그려 정선의 그림과는 대조를 보였다. 그 밖에 조영석(趙榮祏), 변상벽(卞相璧), 윤덕희(尹德熙), 김두량(金斗樑), 최북(崔北) 등 개성 있는 화가들이 배출되었다.　　한영우

5 건축의 변화

(1) 변화의 계기

① 조선 후기에 불교가 신앙의 자리를 어느 정도 차지하고 정치·경제적 변화가 나타나면서 건축에도 새로운 변화가 나타났다.

② 양반들과 새롭게 부상하고 있던 부농·상공업 계층의 지원 아래 많은 사원이 세워졌고, 정치적 필요에 의하여 대규모 건축물들이 세워지기도 하였다.

(2) 17세기의 건축

① 성격 : 모두 규모가 큰 다층 건물로 내부는 하나로 통하는 구조를 가지고 있는데, 불교의 사회적 지위 향상과 양반·지주층의 경제적 성장을 반영하고 있다.

② 대표적 건축물 : 금산사 미륵전, 화엄사 각황전, 법주사 팔상전 등

▲ 법주사 팔상전(충북 보은)

(3) 18세기의 건축

① 성격 : 사회적으로 크게 부상한 부농과 상인의 지원을 받아 그들의 근거지에 장식성이 강한 사원이 많이 세워졌다.

② 대표적 건축물 : 논산 쌍계사, 부안 개암사, 안성 석남사 등

③ 수원 화성

　㉠ 계획적 건설 : 정조 때의 문화적인 역량을 집약하여 새롭게 만든 화성은 이전의 성곽과는 달리 방어뿐만 아니라 공격을 겸한 성곽 시설로서, 주위의 경치와 조화를 이루며 평상시의 생활과 경제적 터전까지 조화시킨 종합적인 도시 계획 아래 건설되었다.

▲ 『화성성역의궤』

　㉡ 특징 : 우리나라의 전통적인 성곽 양식의 장점을 살리고 서양식 건축 기술을 도입하여 축조한 특색 있는 건축물이다.

(4) 19세기의 건축

흥선 대원군이 국왕의 권위를 높일 목적으로 재건한 경복궁의 근정전과 경회루가 화려하고 장중한 건물로 유명하다.

바로 확인문제

● **(가)에 들어갈 문화유산으로 옳은 것은?**

한국사능력검정시험 고급 30회

● 종목: 국보 제62호
● 소재지: 전라북도 김제시

　이 건축물은 후백제 견훤이 유폐되었던 사찰 내에 있다. 임진왜란 때 소실된 것을 인조 13년 (1635)에 지은 것으로 17세기 이후의 대표적인 불교 건축물 중의 하나이다.

①
수덕사 대웅전

②
봉정사 극락전

③
법주사 팔상전

④
금산사 미륵전

⑤
부석사 무량수전

● **조선 후기 건축물에 대한 설명으로 틀린 것은?**

① 정치적 필요에 의하여 대규모 건축물들이 세워지기도 하였다.
② 부농, 상공업 계층의 지원 아래 많은 사원이 세워졌다.
③ 당시의 과학과 기술을 집약한 해인사 장경판전이 만들어졌다.
④ 정조의 수원 화성이 거중기를 이용하여 만들어졌다.

6 백자, 생활 공예와 음악

(1) 공예(工藝)

조선 후기에는 산업 부흥에 따라 공예가 크게 발전하였다.

① 자기 공예(磁器工藝)

    ㉠ 발전 : 백자(白磁)가 민간에까지 널리 사용되면서 본격적으로 발전하였다.

    ㉡ 청화 백자(靑華白磁) : 형태가 다양해지고 안료(顔料)도 청화, 철화, 진사 등으로 다채로 웠는데, 제기(祭器)와 문방구 등 생활용품이 많았다. 형태와 문양이 어울려 우리의 독특 하고 준수한 세련미를 풍겼다.

    ㉢ 서민들은 옹기(甕器)를 많이 사용하였다.

② 목공예(木工藝) : 생활 수준이 높아짐에 따라 크게 발전하였다. 장롱, 책상, 문갑, 소반, 의 자, 필통 등 나무의 재질을 살리면서 기능을 갖춘 작품들이 만들어졌다.

③ 화각 공예(華角工藝) : 쇠뿔을 쪼개어 아름다운 무늬를 표현하는 독특한 우리의 멋을 풍기 는 작품들이 많았다.

(2) 음악(音樂)

① 배경 : 음악의 향유층이 확대됨에 따라 성격이 다른 음악이 다양하게 나타나 발전하였다.

② 양반층 : 종래의 가곡(歌曲), 시조(時調)를 애창하였다.

③ 서민층 : 민요를 즐겨 불렀다.

④ 직업적 광대나 기생들 : 상업의 성황으로 직업적인 광대나 기생들이 판소리, 산조와 잡가 등을 창작하여 발전시켰다.

⑤ 특징 : 이 시기의 음악은 전반적으로 감정을 솔직하게 표현하는 경향이 더욱 강하였다.

심화   17∼18세기 조선과 중국의 공통적 문화 특징

❶ 17∼18세기에 조선에서는 실증적·실용적·근대 지향적 학문인 실학이 발달하였고, 중국에서는 명말 청 초에 실용을 중시하는 경세치용의 학문이 발달하였다.

❷ 중국 명대에는 지행합일(知行合一)의 실천을 강조하는 양명학이 발달하였고, 청대에는 실증적이며 객관 적으로 학문을 연구하는 고증학이 발달하였다. 이러한 중국의 학문은 조선 후기에 우리나라에도 전해져 강화 학파의 형성, 실학의 발달 등에 영향을 주었다.

❸ 조선 후기에는 한글 소설과 사설시조 등의 서민 문화가 발달하였고, 명·청 시대에는 연극이 생활화되고 구어체 소설이 많이 나와 서민 문학이 크게 발달하였다.

❹ 명말 청초에는 예수회 선교사들을 비롯한 서양의 크리스트교 선교사들이 중국에 들어와 서양 문물을 전 하였다. 중국의 베이징에 다녀온 조선의 사신들은 이들 서양 선교사들과 접촉하여 서양의 과학 기구와 각 종 서적들을 조선에 들여왔다.

■ 안료의 개발

그릇 공예에서는 종전의 분청사기(粉靑沙器)가 자취를 감추고, 다종다양한 형태의 청화 백자(靑華白磁)가 널리 유행하였다. 흰 바탕에 푸른 유약을 발라 꽃·새·산수·인물 등 다양한 그림을 넣어 예술성이 높아졌는데, 중국에서 수입하던 푸른 유약을 자체 개발·생산한 것이 큰 원인이었다.   한영우

■ 가곡

관현악의 반주가 따르는 전통 성악곡으로, 선율로 연결되는 27곡의 노래 모음이고 노랫말은 짧은 시를 쓴다.

■ 산조(散調)

느린 장단으로부터 빠른 장단으로 연주하는 기악 독주의 민속 음악으로 장구 반주가 따르며 무속 음악과 시나위에 기교가 확대되어 19세기에 탄생하였다.

■ 잡가(雜歌)

조선 후기 평민들이 지어 부르던 노래의 총칭을 의미한다.

PART

VI

근대사(개항기)

한눈에 보는 흐름 연표

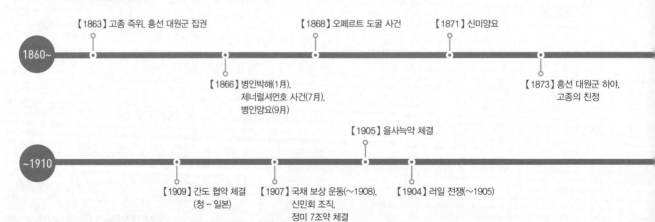

1860~

【1863】고종 즉위, 흥선 대원군 집권
【1868】오페르트 도굴 사건
【1871】신미양요
【1866】병인박해(1月), 제너럴셔먼호 사건(7月), 병인양요(9月)
【1873】흥선 대원군 하야, 고종의 친정

~1910

【1905】을사늑약 체결
【1909】간도 협약 체결 (청 – 일본)
【1907】국채 보상 운동(~1908), 신민회 조직, 정미 7조약 체결
【1904】러일 전쟁(~1905)

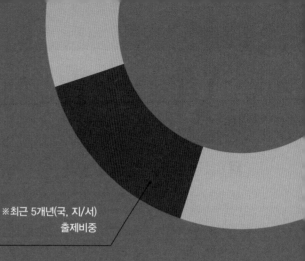

※최근 5개년(국, 지/서)
출제비중

16%

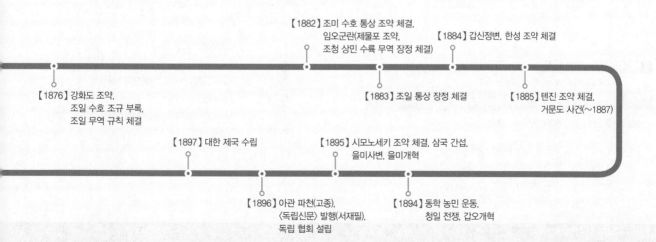

【1882】조미 수호 통상 조약 체결,
임오군란(제물포 조약,
조청 상민 수륙 무역 장정 체결)

【1884】갑신정변, 한성 조약 체결

【1876】강화도 조약,
조일 수호 조규 부록,
조일 무역 규칙 체결

【1883】조일 통상 장정 체결

【1885】톈진 조약 체결,
거문도 사건(~1887)

【1897】대한 제국 수립

【1895】시모노세키 조약 체결, 삼국 간섭,
을미사변, 을미개혁

【1896】아관 파천(고종),
〈독립신문〉 발행(서재필),
독립 협회 설립

【1894】동학 농민 운동,
청일 전쟁, 갑오개혁

VI 근대사(개항기)

1 흥선 대원군의 개혁 정치와 문호의 개방

시기	사건
1863	흥선 대원군 집권
1864	비변사 기능 축소(정치 – 의정부 기능 회복)
1865	『대전회통』 편찬 경복궁 중건 시작(1865) ~ 고종의 입궁(1868)
1866. 1. 7. 9.	병인박해 제너럴셔먼호 사건 병인양요
1868	오페르트 도굴 사건
1871. 3. 6.	호포법 실시 신미양요
1873	최익현, 계유 상소 국왕의 친정 선포(흥선 대원군 실각)
1875	운요호 사건
1876. 2. 3. 7. 6.	조일 수호 조규(강화도 조약) 조인 조일 수호 조규 부록, 조일 무역 규칙 조인
1880	제2차 수신사 – 김홍집 『조선책략』 전래
1882. 4. 6. 4. 21.	조미 수호 통상 조약 조인 조영 수호 조약 조인(이후 영국의 비준 거부)
1883. 11. 26.	조영 수호 통상 조약 재조인
1884	조러 수호 통상 조약 조인
1886	조프 수호 통상 조약 조인(천주교 포교의 자유 보장)

2 근대 국가 수립 운동

시기	사건
1880. 12. 21.	통리기무아문 설치
1881. 4. 10. 4. 23. 9. 26.	일본에 조사 시찰단 파견 별기군 창설 청에 영선사 파견

1882. 6. 9. 7. 17. 8. 23.	임오군란 발발 제물포 조약 체결 조청 상민 수륙 무역 장정 체결
1883	미국에 보빙사 파견
1884. 3. 27. 10. 17. 11. 24.	우정총국 개설(3. 28. 홍영식 총판 임명) 갑신정변 발발 한성 조약 체결
1885. 3. 1. 4. 18. 8. 27.	거문도 사건 발발 톈진 조약 체결 흥선 대원군 귀국
1887. 2. 5.	거문도 점거 영국군 철수
1892. 10. ~ 11.	제1차 교조 신원 운동(삼례 집회)
1893. 2. 12. 3. 10.	제2차 교조 신원 운동(서울 복합 상소) 제3차 교조 신원 운동(보은 집회)
1894. 1. 10. 3. 20. 4. 6. ~ 7. 4. 22. ~ 23. 5. 5. 5. 6. 5. 7. 6. 11. 6. 21. 6. 23. 6. 25. 9. 10. 11. 12. 12.	고부 민란 무장 봉기 황토현 전투 황룡촌 전투 청군 상륙 일본군 상륙 전주 화약 조선 정부 교정청 설치 (양력 7. 23.) 일본군 경복궁 침입 (양력 7. 25.) 청일 전쟁 발발 (양력 7. 27.) 제1차 갑오개혁(군국기무처 설치) 농민군 재봉기 남접 및 북접 농민군 논산 집결 공주 우금치 전투 「홍범 14조」 발표
1895. 4. 17. 4. 23. 7. 5. 8. 20. 8. 24. 10. 12.	시모노세키 조약 조인 삼국 간섭 제3차 김홍집 내각 성립(친러 내각) 을미사변 제4차 김홍집 내각 성립(친일 내각) = 을미개혁 춘생문 사건

1896. 2. 11.	아관 파천-친러 내각 성립, 김홍집 체포(군중에게 타살됨)
4. 7.	〈독립신문〉 창간
7. 2.	독립 협회 결성
11. 21.	독립문 기공식

1897.	[대한 제국 수립]
2. 20.	고종, 러시아 공사관에서 경운궁으로 옮김
10. 12.	원구단(환구단)에서 황제 즉위식 거행, 대한 제국 수립

1898.	[만민 공동회 개최]
3. 10.	독립 협회, 종로 네거리에서 만민 공동회 개최(우리나라 최초의 근대적 민중 집회)
10. 29.	독립 협회, 관민 공동회 개최-「헌의 6조」건의 (10. 30. 고종 황제 윤허)
11. 2.	정부 「중추원 관제」 개편 발표 (11. 5. 중추원 의관 선출 예정)
11. 4.	독립 협회 해산과 주요 인사 체포령 발동

| 1899. 6. 22. | 「원수부 관제」 발표 |
| 8. 17. | 「대한국 국제」 9조 선포(법규 교정소에서 의정) |

3 일제의 침략과 국권 수호 운동

시기	사건
1904. 2. 8.	일본의 러시아 공격
2. 23.	한일 의정서 체결
8. 22.	제1차 한일 협약 체결
1905. 7. 29.	가쓰라-태프트 밀약 체결
8. 12.	제2차 영일 동맹 체결
9. 5.	포츠머스 조약 체결
11. 17.	제2차 한일 협약(을사늑약) 체결
12.	한국 통감부 관제 공포
1907. 5. 22.	이완용 내각 성립
6. 25.	고종이 파견한 특사 헤이그 도착(7월 초까지 활동)
7. 21.	고종 강제 퇴위, 순종 즉위
7. 24.	한일 신협약 체결
7. 31.	군대 해산 조칙 발표
1908. 3. 23.	전명운·장인환, 미국 샌프란시스코에서 스티븐스 사살
1909. 7.	기유각서 체결(사법 및 감옥 사무 이양)
10. 26.	안중근, 하얼빈에서 이토 히로부미 사살

4 개항 이후의 경제·사회·문화

시기	사건
1883. 5. 23.	기기창 설치
7. 5.	전환국 설치
8.	박문국 설치
10. 1.	〈한성순보〉 간행
10. 20.	원산 학사 승인
1885. 2. 29.	광혜원 설립(알렌)
3. 12.	광혜원을 제중원으로 개칭
8. 3.	배재 학당 설립(아펜젤러)
1886. 1. 2.	노비의 신분 세습제 폐지
1. 25.	〈한성주보〉 간행
5. 31.	이화 학당 설립(스크랜튼)
9. 23.	육영 공원 개원
1887	경복궁에 최초로 전등 점화
1895	「교육 입국 조서」 반포
1896	태양력 사용(음력 1895. 11. 17.)
1897	한성은행 설립
1898. 1. 18.	한성 전기 회사 설립
5. 29.	명동 성당 준공
8. 10.	〈제국신문〉 창간
9. 5.	〈황성신문〉 창간
9. 12.	찬양회 발족
1899. 1.	대한 천일 은행 설립
5. 17.	서울에서 전차 운행 시작
9. 11.	한청 통상 조약 체결
9. 18.	경인선 철도 개통(제물포 ~ 노량진)
1900	한강 철교 준공으로 경인선 철도 완전 개통
1904. 7. 13.	보안회 조직
7. 18.	〈대한매일신보〉 창간
8. 20.	일진회 조직
1905. 1. 1.	경부선 철도 개통
2. 22.	일본의 독도 강점(「시마네현 고시 제40호」)
7. 1.	화폐 정리 사업
1906. 4.	경의선 철도 완공
6. 17.	〈만세보〉 창간
1907. 2.	국채 보상 운동 시작
7. 8.	국문 연구소 설립
7. 24.	보안법·신문지법 공포
1908. 7. 26.	원각사 설립(이인직의 「은세계」 공연)
12. 28.	동양 척식 주식회사 설립
1909	나철, 단군교 창시(1910, 대종교 개칭)
1910	덕수궁 석조전 완공(1900, 착공)

01 흥선 대원군의 개혁 정치와 문호의 개방

01 흥선 대원군의 개혁 정치
02 문호의 개방
03 각국과의 조약 체결

단권화 MEMO

＊흥선 대원군의 개혁 정치
흥선 대원군의 왕권 강화 정책과 통상 수교 거부 정책 강화의 계기가 된 사건들은 기억해 두어야 한다.

■ 제국주의
19세기 후반 이후 서구 열강들이 독점 자본주의와 변질된 민족주의를 바탕으로, 다른 지역을 침략하여 식민지로 삼았던 팽창 정책을 통칭한다.

■ 애로호 사건
1856년 영국기를 게양하고 있던 소금 밀수선 애로호를 청 관헌이 임검하여 영국기를 끌어내리고 중국인 승무원을 체포한 사건을 계기로 일어난 영국과 중국 사이의 분쟁이다. 사건 당시 애로호는 중국인 소유의 상선이었으나, 영국은 자국기가 끌어내려진 것을 트집잡아 국가 명예가 훼손되었다면서 배상금과 사과문을 요구하였다. 이것이 거부되자 영국은 광둥(廣東) 교외의 시가에 불을 지르는 한편, 프랑스를 끌어들여 연합군을 출병시켰다. 프랑스는 광시(廣西)에서 프랑스 선교사가 살해된 사건을 출병의 구실로 내세웠다. 당시 청은 태평천국 운동에 시달리고 있었기 때문에 영프 연합군은 이 틈을 타 1858년에 톈진(天律)을, 1860년에 베이징을 점령하고, 베이징의 원명원(圓明園)을 약탈·파괴하였다. 그 결과 베이징 조약이 맺어져 중국의 반식민지화가 더욱 촉진되었다.

01 흥선 대원군의 개혁 정치＊

1 흥선 대원군 집권기의 시대적 배경과 정책 목적

(1) 시대적 배경

① 청
　⊙ 제국주의 열강들이 동아시아로 진출할 당시 청은 백련교도의 난, 관리 부패, 재정 궁핍 등 내우외환을 겪고 있었다.
　⊙ 영국의 삼각 무역 때문에 청은 은 유출과 아편 중독자가 심각한 수준에 이르렀다. 청은 임칙서를 파견하여 아편을 몰수하였고, 이에 반발한 영국은 무력 도발을 감행하였다(제1차 아편 전쟁, 1840~1842).
　⊙ 영국과 프랑스는 애로호 사건을 구실로 베이징을 점령하였고, 러시아는 연합군과 청을 중재하여 1860년 베이징 조약으로 연해주를 넘겨받는 등 동아시아 정세가 불안해졌다(제2차 아편 전쟁, 1856~1860).

② 일본: 미국의 강요로 개항(미일 화친 조약 체결, 1854)이 이루어졌다. 이후 일본에서는 지방의 개혁적 하급 무사들을 중심으로 국왕 중심의 새로운 개혁을 추진하였다(메이지 유신, 1868).

③ 조선: 오랜 세도 정치로 왕권이 약화되었고, 삼정의 문란으로 곳곳에서 농민 봉기가 일어났다. 이 무렵 철종이 급서하자(1863), 고종이 12세의 나이로 왕위에 올랐으며, 고종의 부친인 흥선 대원군(이하응)이 섭정에 올라 정권을 잡았다(1863~1873).

▲ 흥선 대원군

(2) 정책 목적

흥선 대원군은 왕권 강화와 민생 안정을 목적으로 대내적으로는 전제 왕권의 확립과 위민(爲民) 정치에 힘쓰고, 대외적으로는 통상 수교 거부 정책을 고수하였다.

② 흥선 대원군의 개혁 정책

(1) 인재 등용

안동 김씨 일족을 축출하고, 당색과 지방색 등을 초월하여 인재를 등용하였다.

> **사료** 흥선 대원군의 인재 등용
>
> 대원군이 집권한 이후 어느 공회 석상에서 음성을 높여 여러 재신을 향해 말하기를 "나는 천리를 끌어다 지척을 삼겠으며, 태산을 깎아 내려 평지를 만들고, 또한 남대문을 3층으로 높이려고 하는데 여러 공들은 어떠시오?"라고 물었다. …… 대개 천리 지척이라는 말은 종친을 높인다는 뜻이요, 태산을 평지로 만들겠다는 말은 노론을 억압하겠다는 뜻이요, 남대문 3층이란 남인을 천거하겠다는 의사였다. 황현, 『매천야록』

(2) 비변사 혁파

세도 가문이 장악하였던 비변사를 축소·혁파하여 의정부의 기능(정치 부분)을 강화하고, 삼군부의 기능(군사 부분)을 부활시켰다.

(3) 법치 질서 정비

법전인 『대전회통』을 편찬하고, 행정 사례집인 『육전조례』를 편찬하여 법치 질서를 정비하였다.

(4) 서원의 정리

① 내용: 만동묘를 철폐하고, 사액 서원 47개를 제외한 600여 곳의 서원을 철폐하였다.
② 목적: 서원 소유의 토지와 노비를 몰수하여 국가 재정을 확충하고, 서원을 매개로 한 지방 유생들의 농민 수탈을 막기 위해서였다.

> **사료** 흥선 대원군의 서원 철폐
>
> 서원의 철폐령이 내려지자 각지의 유생들은 분개하여 맹렬히 반대 운동을 전개하여 유생 대표가 궐문 앞에서 시위하고 탄원하며 호소하였다. 대원군은 "백성을 해치는 자는 공자가 다시 살아난다 하여도 내가 용서 못한다. 하물며 서원은 우리나라의 선유에게 제사 지내는 곳인데 어찌 이런 곳이 도적이 숨는 곳이 되겠느냐?"하면서 군졸들로 하여금 유생들을 해산시키게 하고 한강 건너로 축출하였다. 박제형, 『근세조선정감』

(5) 경복궁 중건(1865~1868)

① 목적: 임진왜란 때 소실된 경복궁을 중건하여 왕실의 권위와 위엄을 회복하려 하였다.
② 방법
　　㉠ 양반들의 묘지림을 벌목하고, 강제 기부금인 **원납전**을 징수하였다.
　　㉡ 고액 화폐인 **당백전**을 발행하였다(인플레이션 유발).
　　㉢ 토지에는 결두전을 부과하였고, 4대문 통행세를 신설하였다.
　　㉣ 공사에 백성들을 강제로 동원하여 불만이 고조되었다.

> **사료** 당백전 발행
>
> 임금의 급선무는 덕업에 있고 공사를 일으키는 데 있지 않습니다. …… 전하께서 나라의 재용이 고갈된 때를 당하여 방대한 사업을 시작하셨습니다. 그러한 연유로 경비가 부족할까 우려되어 당백전을 발행한 것은 어쩔 수 없는 조치였습니다. 그러나 시행한 지 2년 동안에 그 피해가 되풀이되어 온갖 물건이 축나고 손상을 입었습니다. 삼가 바라건대 이를 혁파하소서. 『고종실록』

■ 만동묘

만동묘는 임진왜란 때 조선에 원병을 보내준 명 신종을 제사 지내기 위해 송시열의 유지에 따라 숙종 30년(1704) 충북 괴산군 청천면 화양동에 지은 사당이다.

▲ 경복궁 근정전

남문을 열고 파루를 치니 계명산천이 밝아 온다.
석수장이 거동 보소. 방 망치를 갈라 잡고 눈만 끔벅거린다.
도편수란 놈 거동 보소. 먹통 들고 갈팡질팡한다.
우리나라 좋은 나무, 이 궁궐 짓는 데 다 들어간다.

(6) 삼정의 개혁

① 전정의 개혁 : 왕실의 면세전을 국가에 반납하고, 양전 사업을 실시하여 은결(세금을 내지 않던 땅)을 찾아내는 한편 관리나 토착 세력의 불법 행위를 엄하게 징벌하여 전정을 바로 잡고자 하였다.

② 군정의 개혁 : 군역 제도를 개혁하여 평민에게만 받던 군포를 양반에게도 징수하는 동포법(이후 호포법으로 개칭)을 실시하였다(1871). 군역 의무 이행자를 확대하여 국가 재정을 확충하고 과세 균등의 원칙을 표방하며 매 호당 2냥씩의 동포전을 부과하였다.

사료 호포법 실시

흥선 대원군이 양반에게도 군포를 징수하는 호포법을 실시하려 하였을 때 조정의 관리들은 "만약 이러한 법을 시행하면 국가에서 충신과 공신을 포상·장려하는 후한 뜻이 자연히 사라지게 됩니다."라고 간언하였다. 흥선 대원군은 이에 대하여 "충신과 공신이 이룩한 사업도 나라와 백성을 위한 것이었는데, 지금 그 후손이 면세 받음으로써 일반 백성들이 무거운 짐을 지게 되는 것은 충신의 본뜻이 아닐 것이다. 만약 그들의 혼령이 살아 있다면 어찌 이와 같은 포상을 편하게 여기겠는가."라고 하였다. 『근세조선정감』

③ 환곡 제도 개혁 : 국가에서 운영하던 환곡 제도를 폐지하고, 향촌민들이 면 단위로 사수(사창의 운영 책임자)를 뽑아 사창을 스스로 운영하게 하였다(사창제 실시).

3 통상 수교 거부 정책(쇄국 정책) : '척화비'로 상징

(1) 제너럴셔먼호 사건(1866. 7.)

① 톈진에 체류 중이었던 미국인 프레스톤이 제너럴셔먼호를 대동강 유역에 몰고 와 불법적으로 수심을 측량하고, 약탈과 살육을 자행하였다.

② 이에 평안도 관찰사 박규수는 제너럴셔먼호를 불사르고 선원들을 살해하였다. 이 사건은 이후 신미양요의 원인이 되었다.

(2) 병인양요(1866. 9.)

① 1866년 1월에 발생한 **병인박해**를 구실로 같은 해 프랑스 로즈 제독이 프랑스인 신부 리델과 천주교도를 앞세워 강화 읍성을 점령하고 통상을 요구하였다. 이때 프랑스군은 전등사를 침탈하였다.

② 흥선 대원군은 훈련대장 이경하 휘하에 순무영을 설치하였고, 문수산성(한성근)과 정족산성(양헌수)에서 프랑스군에 항전하였다.

③ 프랑스군은 퇴각하는 과정에서 외규장각을 방화하였으며 다수의 서적을 약탈해 갔다.

심화 병인박해(1866)

흥선 대원군 초기에는 천주교에 대해서 관대한 입장을 취하고 있었다. 이는 흥선 대원군이 프랑스 선교사를 통해 프랑스를 끌어들여 러시아의 남하를 저지시키려는 목적이 있었기 때문이었다. 그러나 천주교도 남종삼 등이 교섭에 실패하였고, 유생들의 강력한 천주교 탄압 요구와 청에서 천주교를 탄압한다는 것을 내세워 대대적인 천주교 박해가 시작되었다. 이 과정에서 프랑스 선교사 9명과 8천여 명의 신자가 순교하였다.

정조 때인 1781년 강화도에 외규장각을 설치하고 각종 중요 도서와 의궤 등을 보관·관리하게 하였다. 1866년 병인양요 때 프랑스군은 강화도에서 철수하면서 외규장각 조선 왕조 의궤 340여 권을 약탈해 갔다. 현재 '임대'의 형태로 우리나라에 반환되었다.

(3) 오페르트 도굴 사건(1868)

① 미국인 젠킨스와 독일 상인 오페르트 등이 프랑스 선교사 페론과 함께 흥선 대원군의 아버지 인 남연군의 무덤(충청남도 예산군 덕산면 소재)을 도굴하는 만행을 저질렀다(도굴은 실패).

② 이 사건은 미국을 비롯한 서구 열강에 대한 민중의 증오와 경계심을 더욱 높였다.

(4) 신미양요(1871)

① 제너럴셔먼호 사건(1866)을 빌미로 미국의 아시아 함대 사령관 로저스가 함대를 이끌고, 강화도를 침공하였다. 광성보·갑곶 등지에서 격전이 벌어졌으며, 어재연(광성보 전투) 등 이 분전하였으나 패사하였다.

② 당시 어재연 장군의 수(帥)자기가 미군에게 약탈되어 미국 해군 사관 학교 박물관에 보관 되다가 2007년 장기 임대의 형태로 반환되었다.

③ 신미양요 이후 강화도 수비를 강화하기 위해 심도포량미(1결당 1두씩)가 신설되었다.

(5) 척화비 설치

흥선 대원군은 전국 주요 지역에 척화비를 세우는 등 통상 수교 거부 정책을 강화하였다.

(6) 고종의 친정 실시

최익현의 계유 상소 등이 원인이 되어 흥선 대원군은 실각하였고 1873년부터 고종이 친정하 였다.

(7) 흥선 대원군에 대한 평가

① 긍정적 평가: 삼정을 개혁하는 등 민생 안정 정책을 추진했다는 점을 긍정적으로 평가를 할 수 있다.

② 부정적 평가: 통상수교 거부 정책은 외세의 침략을 일시적으로 저지하는 데에는 성공하였 으나, 조선의 문호 개방을 늦추는 결과를 가져왔다.

▲ 척화비

> **사료** 척화비의 내용과 최익현의 계유 상소

❶ 척화비의 내용

洋夷侵犯 非戰則和 主和賣國
(서양 오랑캐가 침범하는데, 싸우지 아니하면 곧 화의하는 것이요, 화의를 주장함은 곧 나라를 파는 것이다.)

❷ 최익현의 계유 상소(1873)

지금의 국사를 보건대, 폐단이 없는 것이 없으며, …… 다만 그중에 더욱 현저하고 큰 것을 든다면 화양동 의 만동묘를 철거한 것은 군신의 윤리가 무너진 것입니다. 서원의 혁파는 사제(師弟) 간의 의리가 끊어진 것이며, 죽은 자가 양자를 가져간 것은 부자(父子) 간의 윤리가 문란해진 것이며, 국적(國賊)들을 신원한 것은 충신과 역적의 분별이 혼동된 것이며, 호전(胡錢 – 필자 주 : 淸錢)을 사용함은 중화와 이적(夷狄)의 구별이 문란해진 것입니다. …… 거기에다가 토목 공사와 원납전 따위까지 덧붙여 서로 안팎이 되어서 백 성의 재앙이 되고, 나라의 화란이 되는 근본이 된 지 지금 몇 해가 되었으니, 이것이 선왕의 옛 법을 변하 고 천하의 윤리를 무너뜨린 것이 아니고 무엇이겠습니까?   최익현, 『면암집』

(가)~(라) 국왕 대에 있었던 사실로 옳지 않은 것은?

22. 국가직 9급

> 조선 시대 국가를 운영하는 핵심 법전인 『경국대전』은 세조 대에 그 편찬이 시작되어 ⎡(가)⎤ 대에 완성되었다. 이후 여러 차례의 전쟁으로 혼란에 빠진 국가 체제를 수습하고 새로운 정치·사회적 변화에 대응하기 위해 법전 정비가 필요하게 되었다. 이에 따라 ⎡(나)⎤ 대에 『속대전』을 편찬하였으며, ⎡(다)⎤ 대에 『대전통편』을, 그리고 ⎡(라)⎤ 대에는 『대진회통』을 편찬하였다.

① (가) - 홍문관을 두어 집현전을 계승하였다.
② (나) - 서원을 붕당의 근거지로 인식하여 대폭 정리하였다.
③ (다) - 사도 세자의 무덤을 옮기고 화성을 축조하였다.
④ (라) - 삼정의 문란을 바로잡기 위해 삼정이정청을 설치했다.

다음과 관련된 설명으로 가장 적절하지 않은 것은?

18. 경찰직 1차

> "나는 천리(千里)를 끌어다 지척(咫尺)으로 삼겠으며, 태산(泰山)을 깎아 내려 평지(平地)를 만들고, 또한 남대문(南大門)을 3층으로 높이려 한다."
>
> 『매천야록』

① 만동묘를 철폐하고 폐단이 큰 서원을 철폐하도록 하였다.
② 의정부와 삼군부의 기능을 부활시켜 각각 정치와 군사의 최고 기관으로 삼았다.
③ 임진왜란 때 소실된 경복궁을 재건하고, 광화문 앞의 육조 거리 등 한양의 도시 구조를 복원하였다.
④ 정치 제도를 개혁하기 위하여 비변사의 기능을 강화하였다.

〈보기〉에 제시된 두 정책의 공통점으로 가장 옳은 것은?

19. 10월 서울시 7급

> ┤ 보기 ├
>
> • 만동묘를 철폐하고 폐단이 큰 서원을 각 도에 명하여 철폐하도록 하였다. 선비들 수만 명이 대궐 앞에 모여 다시 설립할 것을 청하니, 대원군이 크게 노하여 한강 밖으로 몰아냈다.
> • 갑자년(1864) 초에 대원군이 강력히 중원(衆怨)을 책임지고, 귀천이 동일하게 장정 한 사람마다 세납전 2꾸러미를 바치게 하여 이를 동포전이라고 칭하였다.

① 농민들의 봉기를 초래하였다.
② 유생들의 지지를 받으며 추진되었다.
③ 신분 제도가 폐지되는 직접적인 계기가 되었다.
④ 정부의 재정 수입 증가에 기여하였다.

다음 사건이 일어난 왕의 재위 기간에 있었던 사실로 옳은 것은?

20. 국가직 9급

> 그들 조선군은 비상한 용기를 가지고 응전하면서 성벽에 올라 미군에게 돌을 던졌다. 창칼로 상대하는데 창칼이 없는 병사들은 맨손으로 흙을 쥐어 적군 눈에 뿌렸다. 모든 것을 각오하고 한 걸음 한 걸음 다가드는 적군에게 죽기로 싸우다 마침내 총에 맞아 죽거나 물에 빠져 죽었다.

① 군포에 대한 양반들의 면세 특권이 폐지되었다.
② 금난전권을 제한하려는 통공 정책이 시작되었다.
③ 결작세가 신설되면서 지주들의 부담이 증가하였다.
④ 영정법이 제정되어 복잡한 전세 방식이 일원화되었다.

02 문호의 개방*

1 개화론의 대두

(1) 대원군의 하야

10년간 집권하던 흥선 대원군이 권좌에서 물러나고 고종이 친정에 나서면서 명성 황후 중심의 민씨 일족이 대두하자, 조선 정부의 국내외 정책은 조금씩 변화하기 시작하였다.

(2) 통상 개화론자의 대두

① 국내 상황: 개항 반대론이 우세했지만, 개항의 필요성을 주장하는 움직임도 있었다.

② 통상 개화론자: 박규수, 오경석, 유홍기, 이동인, 이규경 등 통상 개화론자들은 당시 조선 사회가 문호 개방을 위한 내적 준비가 되어 있다고 보지는 않았지만 열강의 군사적 침략을 피하기 위해서는 개항이 불가피함을 주장하였다.

③ 평가: 흥선 대원군의 하야로 통상 개화론자들이 성장하여 문호 개방의 여건이 마련되었다.

> **심화** 개화사상(開化思想)
>
> **❶ 개화의 의미**
>
> '개물성무 화민성속(開物成務 化民成俗)'에서 취하여 조립한 용어이며, '사물의 이치를 지극히 연구하고 지극히 편리하게 하여 그 나라의 일을 시세에 합당하도록 극진한 데 나아가는 것이요, 인민을 교화하여 좋은 풍속을 이룬다.'라는 요지의 설명을 하였다. 〈황성신문〉, 1898년 9월 23일 자 논설
>
> **❷ 연원**
>
> 조선 후기 실학과 서학에 그 뿌리를 두고 있었다. 실학자들이 순조 1년(1801) 신유박해로 엄청난 탄압을 받게 되자 실학과 서학은 크게 위축되었다. 이러한 역사적 조건 아래서도 정약용과 최한기를 비롯한 몇몇 선각자들은 근대 지향적이거나 근대적인 사상을 가지고 장차 도래할 조선의 현실을 걱정하면서 그 사상을 정리하고 있었다. 정약용이 19세기 초엽에 그 전의 실학 사상을 집대성하였다면, 최한기는 19세기 중엽에 실학에서 개화로 성큼 다가서서 서양의 과학 기술뿐만 아니라 좋은 정치나 법제까지도 수용하려는 적극적인 태도를 보였다.
>
> **❸ 최한기**
>
> 백성의 일상생활에 도움이 되는 기계를 제조하는 자가 있으면 높은 벼슬을 주어 앞날의 기술 발달을 권장해야 한다고 역설하고, 『심기도설(心器圖說)』, 『육해법(陸海法)』 등을 저술하여 서양의 기계를 적극 수용하여 소개하였다. 또한 서양의 이로운 기계인 선박·대포·풍차·직조기 등을 수용할 것을 주장하였다. 그는 서양의 종교가 천하에 퍼지는 것은 근심할 필요가 없고 오직 실용적인 기계를 다 수용하여 사용하지 못하는 것이 걱정일 뿐이라고 하였다. 『해국도지(海國圖志)』(1844), 『영환지략(瀛環志略)』(1850)을 읽고 이것을 참고하여 『지구전요(地球典要)』(1857)를 편찬하였다.
>
> **❹ 박규수**
>
> 박규수는 '지구의(地球儀)'를 돌리면서 김옥균 등에게 "오늘날 중국이 어디에 있는가. 저쪽으로 돌리면 아메리카가 중국이 되고 이쪽으로 돌리면 조선이 중국이 되어 어느 나라든 한가운데로 돌리면 중국이 된다. 오늘날 어디에 정해진 중국이 있단 말인가."라고 하였다. 이는 청년 지식인들의 의식의 전환을 가져왔다.
>
> **❺ 오경석**
>
> 역관(譯官)으로 여러 차례(13회) 베이징을 다녀왔는데, 그는 『해국도지(海國圖志)』, 『영환지략(瀛環志略)』 등의 새로운 서적을 다수 구입하여 돌아와 이를 친구 유홍기(劉洪基)에게 주고 깊이 연구하게 하였다.

단권화 MEMO

＊문호의 개방

해당 주제의 내용 중 강화도 조약과 조미 수호 통상 조약의 내용은 꼭 암기해 두어야 한다.

■ 최한기

개성 출신으로 서울에 살면서 북학론을 발전시킨 대표적 학자라 할 수 있다. 무관 집안에서 태어나 개성과 서울의 상업 문화와 부민들의 성장을 목도한 그는 부민들이 주도하는 상공업 국가의 건설을 목표로 하여 여러 개혁안을 제시하였으며, 외국과의 개국 통상도 적극적으로 주장하였다. 그는 만유인력설(萬有引力說)을 비롯한 천문학·지리학·의학·농학 등 서양 과학과 기술에도 조예가 깊어 앞선 시기의 학자들보다 한층 깊이 있는 과학 지식을 소개하였으며, 이를 바탕으로 하여 새로운 주기적 경험 철학을 발전시켰다. 1,000권에 달하는 방대한 그의 저서는 지금 『명남루총서(明南樓叢書)』로 전해지고 있다.

■ 위원의 『해국도지』(1844)

• 이 책의 간본에는 세 가지가 있는 바, 1844년 판은 50권(古微堂活字印本)·1847년 판은 60권(同重訂刊本)·1852년 판은 100권으로서, 이 100권본(卷本)이 중간 정본(重刊定本)이다.

• 그 내용은 양이의 침입에 대비하기 위한 문제 의식으로 세계 각국의 지리와 역사·국방·주해(籌海)·병기·전술을 설명한 것이며, 영국을 중심으로 서양의 과학 기술과 선거 제도 등도 소개되어 있다.

■ 서계여의 『영환지략』(1850)

• 10권으로 된 세계 지리서이다.

• 육대주별로 세계 지리를 지도로 설명하고, 서양 열강의 국가별 지도와 지리를 상세하게 해설하였다.

• 양이의 침입에 대비하기 위하여 양무 목적으로 편찬한 신서이다.

*강화도 조약

정식 명칭은 '조일 수호 조규'이고, '병자 수호 조약'이라고도 한다.

■ 서계 사건과 정한론

서계 사건(書契事件)은 메이지 유신(1868) 이후, 일본이 왕정복고를 조선에 통보하면서 일본의 왕을 '천황(일본국 황제)'으로 표기한 것이 발단이 된 사건이다. 당시 조선에서는 서계(공식 외교 문서)를 거부하였고, 이를 계기로 일본 내에서 정한론(征韓論)이 등장하였다.

2 강화도 조약* 체결(1876)

(1) 문호 개방

1868년 메이지 유신 이후, 근대 국가의 체제를 갖추고 자본주의화를 서두르며 해외 진출을 시도하고 있던 일본은 운요호 사건(1875)을 일으켜 조선의 문호 개방을 강요하였다. 이런 상황에서 조선은 마침내 일본과 강화도 조약을 맺어 처음으로 문호를 개방하였다.

(2) 강화도 조약의 내용

① 성격 : 우리나라가 외국과 맺은 최초의 근대적 조약이었으나 불평등 조약이었다.

② 청의 종주권 부인

 ㉠ 강화도 조약에서 '조선은 자주국으로 일본과 평등한 권리를 가진다.'라고 규정하였다.

 ㉡ 이는 조선에 대한 청의 종주권을 부인함으로써 일본의 조선 침략을 용이하게 하려는 것이었다.

▲ 강화도 조약을 맺기 위해 회담하는 조선과 일본 대표(상상화)

③ 침략 의도 및 주권 침해

 ㉠ 일본은 부산(1876), 원산(1880), 인천(1883)을 개항시켜 조선에 대한 정치 · 군사 · 경제적 침략을 용이하게 하였다.

 ㉡ 주권 침해 : 개항장에서의 일본인 범죄자를 일본 영사가 재판하는 영사 재판권, 곧 치외법권 조항을 설정함으로써 조선에 거주하는 일본인의 불법 행위에 대한 조선의 사법권을 배제하였다. 영사 재판권(치외 법권)과 더불어 해안 측량권 등은 조선에 대한 주권 침해였다.

사료 강화도 조약

일본국 정부는 특명 전권 변리 대신(特命全權辦理大臣) 육군 중장 겸 참의 개척 장관(陸軍中將兼參議開拓長官) 구로다 기요타카와 특명 부전권 변리 대신 의관 이노우에 가오루를 가려 뽑아 조선국 강화부에 이르도록 하고, 조선국 정부는 판중 추부사 신헌과 부총관 윤자승을 가려 뽑아 각자 받든 유지(諭旨)에 따라 조관(條款)을 의논하여 결정하고 아래에 열거한다.

제1관 조선국은 자주의 나라이며, 일본국과 평등한 권리를 가진다.

제2관 일본국 정부는 지금부터 15개월 후 수시로 사신을 조선국 서울에 파견한다.

제4관 조선국은 부산 외에 두 곳을 개항하고, 일본인이 왕래 통상함을 허가한다.

제7관 조선국은 일본국의 항해자가 자유로이 해안을 측량하도록 허가한다.

제10관 일본국 인민이 조선국 지정의 각 항구에 머무르는 동안에 죄를 범한 것이 조선국 인민에게 관계되는 사건일 때에도 모두 일본 관원이 심판한다.

제11관 양국이 우호 관계를 맺은 이상 별도로 통상 장정을 제정하여 양국 상인들을 편리하게 한다. 또한 현재 논의하여 제정한 각 조관 가운데 다시 세목(細目)을 보완해서 편하게 그 조건을 준수한다. 지금부터 6개월 안에 양국은 따로 위원을 파견하여 조선국의 경성이나 혹은 강화부에 모여 상의하여 결정한다.

(3) 조일 수호 조규 부록과 조일 무역 규칙의 제정

① 조일 수호 조규 부록

> • 조선 내에서 일본 외교관의 여행 자유
> • 일본 상인의 활동 범위는 개항장으로부터 사방 10리로 제한[간행이정, 間行里程]
> • 개항장에서 일본 화폐 사용 가능

② 조일 무역 규칙(1876. 7.): 무관세, 무항세 및 개항장에서 쌀과 잡곡의 무제한 수출을 허용하였다.

③ 조일 통상 장정(1883)

　㉠ 조일 무역 규칙을 조일 통상 장정으로 개정하면서 관세가 설정되었다.

　㉡ 조미 수호 통상 조약의 영향으로 최혜국 대우가 추가되었다.

　㉢ 방곡령 선포가 규정되었지만 시행 1개월 전에 반드시 지방관이 일본 영사관에 알려야 한다는 단서 조항을 두었다.

단권화 MEMO

■ **최혜국 대우**

통상, 항해 조약 등에서 한 나라가 어떤 외국에 부여하고 있는 가장 유리한 대우를 상대국에도 부여하는 것을 말한다.

바로 확인문제

● **(가), (나)는 조선이 외국과 맺은 조약이다. 이와 관련한 설명 중 옳은 것은?**　　14. 지방직 9급

> (가) • 조선국은 자주국으로 일본국과 평등한 권리를 보유한다.
> 　　• 경기, 충청, 전라, 경상, 함경 5도 연해 중에서 통상하기 편리한 항구 두 곳을 택하여 지정한다.
> (나) 이 수륙 무역 장정은 중국이 속방(屬邦)을 우대하는 뜻에서 상정한 것이고, 각 대등 국가 간의 일체 동등한 혜택을 받는 예와는 다르다.

① (가)는 '운요호 사건' 이후 체결된 것이다.

② (가)에는 일본 상인의 내지 통상권에 대한 허가가 규정되어 있다.

③ (나)는 갑신정변 이후 체결된 것이다.

④ (나)에는 천주교의 포교권 인정이 규정되어 있다.

|정답해설| (가)는 강화도 조약(1876), (나)는 조청 상민 수륙 무역 장정(1882)이다. 강화도 조약은 1875년 운요호 사건 이후 체결된 우리나라 최초의 근대적 조약이자, 불평등 조약이었다.

|오답해설|
② 내지 통상권은 조청 상민 수륙 무역 장정에 처음 규정되었다.
③ 조청 상민 수륙 무역 장정은 임오군란 이후 체결되었다.
④ 조프 수호 통상 조약(1886)으로 천주교 포교권이 인정되었다.

|정답| ①

● **다음 조약과 직접 관련된 내용으로 옳은 것은?**　　12. 사복직 9급

> 제10조　일본인이 조선국 지정의 각 항구에 머무는 동안에 죄를 범한 것이 조선인에 관계되는 사건일 때에도 모두 일본국 관원이 심판할 것이다.

① 일본은 조선에 주둔시켰던 군대를 철수하였다.

② 개항장에 일본 군인을 주둔하게 하는 규정을 두었다.

③ 일본국 항해자가 자유롭게 조선 해양을 측량하도록 허가하였다.

④ 일본 공사관에 군인을 두어 경비하게 하고 그 비용은 조선이 부담하게 하였다.

|정답해설| 제시된 자료는 1876년에 체결된 강화도 조약 중 영사 재판권(치외 법권)과 관련된 조항이다. 강화도 조약은 우리나라 최초의 근대적 조약이지만 영사 재판권(치외 법권), 해안 측량권 등을 명시한 불평등 조약이었다.

|오답해설| ① 갑신정변 이후 청일 간 체결된 톈진 조약(1885), ④ 임오군란 이후 체결된 제물포 조약(1882)에 관한 설명이다.

|정답| ③

03 각국과의 조약 체결

1 조미 수호 통상 조약의 체결(1882)

(1) 미국의 접근

한때 무력으로 조선의 문호를 개방시키려다 실패한 미국은 조선이 일본과 조약을 맺자, 다시 조선과의 수교에 관심을 가지고 일본에 알선을 요청하였으나 이루어지지 않았다.

(2) 『조선책략』의 유포

이 무렵 러시아 세력의 남하에 대응하여 조선에서는 미국과 연합하여야 한다는 내용이 실린 황쭌셴(황준헌)의 『조선책략』이 국내의 지식층에 유포되어 미국과 외교 관계를 맺어야 한다는 주장이 일어났다.

> **사료** 『조선책략』의 주요 내용과 해설
>
> 오늘날 조선의 급선무는 러시아를 막는 일보다 급한 것이 없다. 러시아를 막는 책략은 무엇인가? 중국과 친하고 일본과 맺고 미국과 이어짐으로써 자강을 도모할 따름이다. …… 미국이 강성함은 유럽의 여러 대지와 더불어 동서양 사이에 끼어 있기 때문에 항상 약소한 자를 돕고 공의를 유지하여 유럽 사람에게 함부로 악한 짓을 못하게 하고 있다. 『조선책략』

→ 조선이 부국강병을 하기 위해서는 서양 여러 나라와 통상하여 그 기술을 받아들이고 산업을 일으킬 것, 외국에 유학생을 파견할 것을 권하였다. 동시에 러시아의 남하를 저지하기 위한 친중국(親中國), 결일본(結日本), 연미국(聯美國)을 주장하였다.

(3) 청의 알선

러시아와 일본 세력을 견제하고, 조선에 대한 종주권을 국제적으로 승인받을 수 있는 기회를 노리던 청의 알선으로 조미 수호 통상 조약이 체결되었다.

(4) 핵심 내용

거중 조정(1조), 영사 재판권(치외 법권, 4조), 관세 설정(5조), 최혜국 대우(14조)

> **사료** 조미 수호 통상 조약의 주요 내용
>
> 제1조 서로 돕고 거중 조정함으로써 우의가 두터움을 표시한다.
> 제4조 미국인에 관계된 조선인 범죄의 조선 관원, 법률에 의한 처단과 미국 측의 조선 범죄인 은닉, 비호 엄단, 치외 법권을 잠정적으로 인정한다.
> 제5조 수입 세율은 생필품 10분의 1, 사치품 10분의 3으로 한다.
> 제14조 조약을 체결한 뒤에 통상·무역·상호 교류 등에서 본 조약에 부여되지 않은 어떠한 권리나 특혜를 다른 나라에 허가할 때에는 자동적으로 미국 관민에게도 똑같이 주어진다.

2 서양 각국과의 수교

영국(1883), 독일(1883), 러시아(1884년, 묄렌도르프의 도움으로 양국 간 독자적 조약 체결, 1888년 - 조러 육로 통상 조약 체결), 프랑스(1886년, 천주교 신앙의 자유와 포교의 자유 인정)

국가		성격 및 체결 과정	수교 방법
미국(1882)		서양 국가 중 최초로 수교	청의 알선
영국(1883)		아편 수입, 영사 재판권(치외 법권)의 인정 문제로 지연	
독일(1883)		순조롭게 체결	
러시아	1884	조러 통상 조약, 청과 일본의 견제로 지연	직접 수교
	1888	조러 육로 통상 조약	
프랑스(1886)		천주교 선교사 입국과 포교 문제로 지연	

바로 확인문제

● 다음 밑줄 친 '황쭌셴의 책자'가 끼친 영향으로 가장 적절한 것은?   16. 소방직(복원)

> 수신사 김홍집이 가지고 와서 유포한 황쭌셴의 책자를 보노라면 어느새 털끝이 일어서고 쓸개가 떨리며 울음이 복받치고 눈물이 흐릅니다.

① 청나라에 의존하는 사대 외교 관계가 청산되었다.
② 불평등 내용이 포함된 조미 수호 통상 조약이 체결되었다.
③ 외국 군대가 처음으로 조선에 주둔하게 되었다.
④ 고종은 러시아 공사관으로 거처를 옮기게 되었다.

● (가), (나)가 설명하는 조약을 옳게 짝지은 것은?   19. 국가직 9급

> (가) 강화도 조약에 이어 몇 달 뒤 체결되었다. 양곡의 무제한 유출을 가능하게 한 규정과 일본 정부에 소속된 선박은 항세를 납부하지 않는다는 규정이 들어 있었다.
> (나) 김홍집이 일본에서 황준헌의 『조선책략』을 가져오면서 그 내용의 영향으로 체결되었으며, 청의 적극적인 알선이 있었다. 거중 조정 조항과 최혜국 대우의 규정이 포함되어 있었다.

	(가)	(나)
①	조일 무역 규칙	조미 수호 통상 조약
②	조일 무역 규칙	조러 수호 통상 조약
③	조일 수호 조규 부록	조미 수호 통상 조약
④	조일 수호 조규 부록	조러 수호 통상 조약

단권화 MEMO

|정답해설| 제시된 사료는 이만손의 「영남 만인소」 중 일부이며, 밑줄 친 책자는 황쭌셴의 『조선책략』이다. 황쭌셴의 『조선책략』 유포는 조미 수호 통상 조약이 체결되는 계기가 되었다.
|정답| ②

|정답해설| (가) 조일 무역 규칙에서는 양곡의 무제한 유출을 가능하게 만든 조항과 무항세 조항이 규정되었다. (나) 제2차 수신사로 일본에 갔던 김홍집은 황쭌셴의 『조선책략』을 조선으로 가져왔다. 『조선책략』의 유포는 조미 수호 통상 조약 체결에 영향을 주었다. 청의 알선으로 체결된 조미 수호 통상 조약(1882)에는 거중 조정, 최혜국 대우, 관세 부과 등이 규정되었다.
|정답| ①

02 근대 국가 수립 운동

단권화 MEMO

01 개화 정책의 추진

1 개화사상의 형성

(1) 통상 개화론의 발전

일찍이 조선의 일부 지식인들 사이에 표면화된 통상 개화론은 문호 개방을 전후하여 사회 전반에 걸친 개혁론, 곧 개화사상으로 발전하였다.

(2) 사상적 연원

개화사상은 안으로는 실학, 특히 북학파의 사상을 발전적으로 계승하고, 밖으로는 청에서 진행되고 있던 양무(洋務)운동과 일본에서 제기되고 있던 문명 개화론(文明開化論)의 영향을 받았다.

2 개화 정책의 추진

(1) 수신사의 파견

개항 이후 정부는 제1차 수신사(1876) 김기수와 제2차 수신사(1880) 김홍집을 일본에 파견함으로써 일본의 발전상과 세계 정세의 변화를 알고, 개화의 필요성을 더욱 느끼게 되었다.

(2) 개화파 인사의 등용

정부는 부국강병을 목표로 대외 관계와 근대 문물의 수입 등 여러 가지 과제를 해결하기 위하여 개화파 인물들을 정계에 기용하였고, 이들을 중심으로 개화 정책을 추진하였다.

(3) 제도의 개편

행정 기구	• 정부에서는 개화 정책을 전담하기 위한 기구인 **통리기무아문(統理機務衙門)** 설치 • 통리기무아문 아래에 12사를 두어 외교·군사·산업 등의 업무를 담당하게 함
군사 제도	• 종래의 5군영을 무위영·장어영의 2영으로 통합·개편함 • 신식 군대의 양성을 위해 무위영 산하에 **별기군(別技軍)**을 창설함 • 일본인 교관을 채용하여 근대적인 군사 훈련을 시키고, 사관생도를 양성함

심화   통리기무아문

청의 총리아문(총리각국사무아문)을 모방하여 삼군부를 폐지하고, 1880년에 설치하였다. 의정부·6조와는 별도의 기구로 설립되었으며, 신문물 수용과 부국강병 도모가 목적이었다. 임오군란 이후 통리교섭통상사무아문(외교, 통상), 통리군국사무아문(군국, 내무)으로 분리되었다. 한편 통리기무아문 산하에는 12사가 설치되었다.

사대사	중국 관계의 문서, 사신 왕래와 외교	선함사	선박 제조
변정사	변방 사무, 인근 국가의 동정, 정탐	전선사	관리 선발과 관용품 조달
기계사	기계, 제조	군무사	국방 담당
어학사	외국어 교육, 문자 해독	군물사	병기 제조
교린사	일본 및 기타 각국 관계의 문서, 서신 왕래와 외교	연사	연안 포구를 왕래하는 선박 검사
통상사	통상, 무역	이용사	재정 사무

사료   동도서기론

군신, 부자, 부부, 붕우, 장유의 윤리는 인간의 본성에 부여된 것으로서 천지를 통하는 만고불변의 이치이고, 위에 존재하는 것으로서 도(道)가 됩니다. 이에 대해 배, 수레, 군사, 농사, 기계가 국민에게 편리하고 나라에 이롭게 하는 것은 외형적인 것으로서 기(器)가 됩니다. 신이 변혁을 꾀하고자 하는 것은 기(器)이지 도(道)가 아닙니다.

(4) 근대 문물의 수용

① 조사 시찰단(신사 유람단) 파견(1881. 4.): 박정양, 어윤중, 홍영식 등과 수행원(62명)으로 구성된 조사 시찰단은 일본에 건너가서 약 3개월 동안 일본의 정부 기관과 각종 산업 시설을 시찰하였다.

② 영선사 파견(1881. 9.): 김윤식을 단장으로 학도와 공장(工匠) 등 69명을 청의 톈진에 파견하여 무기 제조법과 근대적 군사 훈련법을 배우도록 하였다. 근대 기술에 대한 기본 지식과 정부의 재정적 뒷받침이 부족하여 1년 만에 돌아왔으나 이를 계기로 서울에 기기창(機器廠)이 설치(1883)되었다.

③ 보빙사 파견(1883): 조미 수호 통상 조약 이후 민영익을 전권 대사로 하여 홍영식과 유길준 등을 미국에 파견하였다. 보빙사를 통해 신식 우편 제도와 농업 기술을 받아들였다.

▲ 보빙사 일행

심화   보빙사와 유길준

1882년 조미 수호 통상 조약의 체결 후 이듬해 공사 푸트(Foote, L. H.)가 내한하자 이에 대한 답례와 양국 간 친선을 위하여 보빙 사절단(보빙사)을 파견하였다. 구성원은 전권대신 민영익, 부대신 홍영식, 종사관 서광범, 수원(수행원) 유길준·고영철·변수·현흥택·최경석 등과 중국인 오례당, 일본인 미야오카, 미국인 로웰 등 모두 11인이었다.

7월 26일 인천을 출발하여 일본을 거쳐 9월 18일 미국 대통령 아서(Arthur, C. A.)를 접견하고 국서와 신임장을 제출하였다. 그 뒤 40여 일 동안의 미국 거류 기간 중에 외국 박람회·공업 제조 회관·병원·신문사·조선 공장·육군 사관 학교 등을 방문 시찰하였고, 미국 정치와 농사 개량에 대한 지식도 배웠다. 보빙사가 받아들인 신문물은 그 뒤 신식 우편 제도 창시, 육영 공원 설치에 영향을 미쳤고, 특히 농무 목축 시험장과 경작 기계의 제작, 수입 등 농업 기술의 연구에도 크게 기여하였다.

한편 홍영식 등은 태평양을 거쳐 바로 귀국하였으나 유길준은 미국에 남아 갑신정변의 발발 때까지 유학하였다. 이후 유럽을 돌아보고 돌아와 『서유견문』(1895년 간행)을 저술하였다.   『한국민족문화대백과』

02 위정척사 운동

(1) 정의

위정척사(衛正斥邪)는 정학(正學)과 정도(正道)를 지키고, 사학(邪學)과 이단(異端)을 물리친다는 뜻이다. 즉, '위정'이란 정학인 성리학과 성리학적 질서를 수호하고, '척사'란 성리학 이외의 모든 종교와 사상을 배격한다는 의미이다.

(2) 중심인물

초기에는 이항로, 기정진 등이 이끌었다. 특히 이항로 문하의 유인석, 최익현 등이 계승하였다.

(3) 위정척사 운동의 전개

① 1860년대 : 서양의 통상 요구에 대응하여 서양과의 교역을 반대하는 **통상 반대 운동**으로 전개되었다. 특히 서양의 무력 침략에 대항하자는 이항로의 척화 주전론(斥和主戰論)은 흥선 대원군의 통상 수교 거부 정책을 강력히 뒷받침하였다(대표적 인물 – 기정진, 이항로).

② 1870년대 : 문호 개방을 전후해서 **왜양일체론(倭洋一體論), 개항 불가론(開港不可論)**을 들어 개항 반대 운동을 전개하였다(대표적 인물 – 최익현).

③ 1880년대 : 정부의 개화 정책 추진과『조선책략』유포에 반발하며, 이만손 등 영남의 유생 만 명 이상이 연명(聯名)하여 「영남 만인소」를 올렸다. 한편 홍재학은 「만언척사소」를 상소하였다.

④ 1890년대 : 일본의 침략에 저항하는 **항일 의병 운동**으로 계승되었다.

(4) 위정척사 운동의 주장

① 경제적 파멸 : 물화의 교역은 경제적 파멸을 가져온다고 하였다.

② 열강의 침략 : 문호를 개방하고 나면 열강의 계속적 침략을 막을 수 없다고 하였다.

(5) 위정척사 운동의 성격과 한계

① 성격 : 정치·경제적 면에서 강력한 반침략·반외세 의지를 가지고 있었다.

② 한계

　㉠ 유생층의 위정척사 운동은 반외세적 자주 운동으로만 제시된 것은 아니었다. 그보다는 조선 왕조의 전제주의적 정치 체제, 지주 중심의 봉건적 경제 체제, 양반 중심의 차별적 사회 체제, 그리고 성리학적 유일사상 체제를 유지하려는 데 목적을 두고 있었다.

　㉡ 당시 정부의 개화 정책 추진에 장애물이 되었다.

　㉢ 외세의 침략을 막으려는 반외세 자주 운동이었지만 전통적인 사회 체제를 그대로 유지하려고 하여 시대의 흐름에 뒤떨어졌다는 한계를 지니고 있다.

사료　위정척사 운동

❶ 이항로의 상소문

양이(洋夷)의 화(禍)가 금일에 이르러서는 비록 홍수나 맹수의 해일지라도 그보다 심할 수 없습니다. 양이의 재앙을 일소(一掃)하는 근본은 전하의 한 마음에 있사옵니다. 지금 전하가 할 계책은 마음을 밝게 닦아 외물(外物)에 견제당하거나 흔들리지 않는 도리밖에 없사옵니다. 이른바 외물이라는 것은 종류가 극히 많아서 일일이 열거할 수 없지만 그중에서도 양품(洋品)이 가장 심합니다. 몸을 닦아 집안을 잘 다스리고 나라가 바로잡힌다면 양품이 쓰일 곳이 없어져 교역하는 일이 끊어질 것입니다. 교역하는 일이 끊어지면 저들의 기이함과 교묘함이 수용되지 못할 것이며, 그러면 저들은 기필코 할 일이 없어져 오지 않으리이다.

❷ 최익현의 개항 반대 상소

우리의 물건은 한정이 있는데, 저들의 요구는 끝이 없을 것입니다. 한 번이라도 응해 주지 못하면 저들은 우리를 침략하고 유린하여 …… 일단 강화를 맺고 나면 저들의 욕심은 물화를 교역하는 데 있습니다. …… 우리의 피와 살이 되어 백성들의 목숨이 걸려 있는 유한한 물화를 저들의 사치하고 기괴한 노리개 따위의 물화와 교역을 한다면 우리의 심성과 풍속이 피폐될 뿐만 아니라 …… 저들이 비록 왜인이라 하나 실은 양적(洋賊)이옵니다. 강화가 한번 이루어지면 사학(邪學)의 서적과 천주(天主)의 초상화가 교역 속에 들어올 것입니다. …… 예의(禮儀)는 시궁창에 빠지고 인간들은 변하여 금수(禽獸)가 될 것입니다.

❸ 「영남 만인소」

김홍집이 가져온 황쭌셴의 『조선책략』이 유포되는 것을 보니 울음이 북받치고 눈물이 흐릅니다. …… 『조선책략』의 요점은 '러시아를 막는 것'보다 급한 것이 없다고 하고, 러시아를 막기 위해서는 '중국과 친하고, 일본과 맺고, 미국과 이어져야 한다.'는 것보다 급한 것이 없다고 하였습니다. …… 일본은 우리에게 매어 있는 나라입니다. 임진왜란의 숙원(宿怨)이 가시지 않았는데 그들은 우리의 수륙 요충(水陸要衝)을 점령하였습니다. 만일 방비하지 않았다가 저들이 산돼지처럼 돌진해 오면 전하께서는 장차 어떻게 이를 제어하시겠습니까? 미국은 우리가 모르던 나라입니다. 저들을 끌어들였다가 저들이 우리의 빈약함을 업신여겨 어려운 청을 강요하면 어떻게 대응하시겠습니까? 러시아는 본래 우리와는 혐의가 없는 나라입니다. 공연히 남의 이간을 듣고 배척하였다가 이것을 구실 삼아 분쟁을 일으키면 어떻게 구제하시겠습니까? 하물며 러시아·미국·일본은 같은 오랑캐들이어서 후박(厚薄)을 두기 어렵습니다. 『일성록』

❹ 홍재학의 「만언척사소」

위정척사는 정조 이래로 내려온 조정의 기본 정책으로서 아직도 그 의리가 빛나고 있는데, 고종의 친정 이래로 일본과 서양의 똑같은 해를 모르고 일본과의 통상을 주장해 온 결과 사설(邪說)과 이의(異議)가 횡행하여 조선의 사태가 위급하기 비길 데가 없습니다. 양물(洋物)과 야소(耶蘇)라는 사교의 위세로 공맹(孔孟)의 큰 도는 날로 사라지게 되어 가정에는 윤리가 깨지고 사람에게 예의가 허물어져 그 결과 종묘사직이 무너질 위기에 있습니다. 국왕은 더욱 위정척사의 대의를 밝혀 주화매국(主和賣國)하려는 신료들을 처단해야 합니다.

바로 확인문제

● **강화도 조약 이후 외국에 파견된 시찰단 (가)~(라)를 파견 순서대로 바르게 나열한 것은?**

16. 서울시 7급

(가) 박정양 등의 조사 시찰단
(나) 김홍집 등의 2차 수신사
(다) 민영익 등의 보빙사
(라) 김윤식 등의 영선사

① (나) – (가) – (다) – (라)   ② (나) – (가) – (라) – (다)
③ (나) – (라) – (가) – (다)   ④ (나) – (라) – (다) – (가)

|정답해설| 시찰단 파견의 순서는 다음과 같다. (나) 김홍집 등 제2차 수신사 파견(1880) → (가) 박정양 등 조사 시찰단 파견(1881. 4.) → (라) 김윤식 등 영선사 파견(1881. 9.) → (다) 민영익 등 보빙사 파견(1883)

|정답| ②

● **다음은 각 시기별 위정척사 운동에 대한 설명이다. 순서대로 바르게 나열한 것은?**

ㄱ. 최익현은 개항 반대론, 왜양일체론을 주장하였다.
ㄴ. 이항로·기정진은 통상 반대론, 척화 주전론을 주장하였다.
ㄷ. 위정척사 운동은 항일 의병으로 계승되었다.
ㄹ. 이만손은 「영남 만인소」에서 개화를 반대하였다.

① ㄱ – ㄴ – ㄷ – ㄹ   ② ㄴ – ㄱ – ㄹ – ㄷ
③ ㄱ – ㄹ – ㄴ – ㄷ   ④ ㄹ – ㄷ – ㄴ – ㄱ

|정답해설| ㄴ. 1860년대 → ㄱ. 1870년대 → ㄹ. 1880년대 → ㄷ. 1890년대 이후

|정답| ②

■ 임오군란의 전개 과정

선혜청 당상관 겸 병조 판서 민
겸호 살해

↓

명성 황후, 장호원의 민응식 집
으로 도피

↓

일본 공사관 내습

↓

일본 공사 하나부사의 도피

↓

서대문 일대의 일본 상인 다수
사망

03 임오군란*

(1) 발단

민씨 정권이 신식 군대인 별기군(別技軍)을 우대하고 구식 군대를 차별 대우한 데 대한 불만
이 폭발하였다.

(2) 경과

① 구식 군인들은 흥선 대원군에게 도움을 청하고, 정부 고관들의 집을 습격하여 파괴하는 한
편, 일본인 교관을 죽이고 일본 공사관을 습격하였다.
② 서울의 하층 민중들이 합세한 가운데 구식 군인들은 민씨 정권의 고관들을 살해한 뒤 군란
을 피해 달아나는 일본 공사 일행을 인천까지 추격하였다.
③ 흥선 대원군의 재집권: 임오군란은 흥선 대원군의 재집권으로 진정되는 듯하였으나(통리
기무아문의 폐지, 별기군의 폐지, 5군영의 회복) 이로 인하여 조선을 둘러싼 청일 간의 대
립이 초래되었다.
④ 청의 군대 파견: 일본은 조선 내의 거류민 보호를 내세워 군대 파견의 움직임을 보였으며,
민씨 일파의 요청으로 청은 신속히 군대를 조선에 파견하여 흥선 대원군을 군란의 책임자
로 청에 압송해 감으로써 일본의 무력 개입 구실을 없애려 하였다.
⑤ 민씨 일파의 재집권: 다시 집권하게 된 민씨 일파는 정권을 유지하기 위하여 친청 정책으
로 기울었고, 청의 내정 간섭과 정부의 친청 정책으로 인하여 개화 정책은 후퇴하였다.

> **사료** 임오군란
>
> 난군(亂軍)이 궐을 침범했다는 소식을 들었다. 이때에 나라 재정이 고갈되어 각 영이 군인에게 지급할 봉급
> 을 몇 개월 동안 지급하지 못하였다. 영에 소속된 군인이 어느 날 밤에 군대를 조직하고 갑자기 궐내로 진입
> 하여 멋대로 난리를 일으켰다. 중전의 국상(國喪)이 공포되자, 선생은 가평 관아로 달려가 망곡례(望哭禮)를
> 행하였다. 얼마 후 국상이 와전되어 사실이 아님을 알고, 군중과는 달리 상복을 입지 않고 집 밖으로 나가지
> 않았다.
>   『성재집』

(3) 결과

① 제물포 조약의 체결: 조선은 일본과 제물포 조약(1882. 7. 17. 음력)을 체결하여 배상금을
물고, 일본 공사관의 경비병 주둔을 인정하였다. 이로써 일본군의 조선 주둔이 허용되었
다. 그리고 조선은 박영효를 정사(正使, 대표)로 하는 사죄단을 파견하였다.
② 청의 내정 간섭 강화
　㉠ 정치·군사적 간섭: 청은 임오군란 이후 조선의 내정에 적극적으로 간섭하였으며, 위안
스카이 등이 지휘하는 군대를 상주시켜 조선 군대를 훈련하고, 마젠창과 묄렌도르프를
고문으로 파견하여 조선의 내정과 외교 문제에 깊이 관여하였다.
　㉡ 경제적 침략: 조선은 조청 상민 수륙 무역 장정(1882. 8. 23. 음력)의 체결로 청 상인의
통상 특권을 허용하고, 경제적 침략을 받았다.

■ 조일 수호 조규 속약

1876년 강화도 조약 직후 조인된 '조
일 수호 조규 부록'에 의하면 일본인들
의 활동 범위(간행이정)는 10리로 규
정되었다. 그 뒤 일본은 간행이정을 확
대하려는 노력을 꾸준히 전개하였고,
그 결과 1882년 '조일 수호 조규 속약'
에서 간행이정을 사방 50리로 확대하
기로 하고, 2년 후에 다시 100리로 확
대할 것을 약정하였다.

사료 　제물포 조약(1882. 7.)

제1조　지금으로부터 20일을 기하여 범인을 체포하여 엄징할 것
제2조　일본국 피해자를 후례로 장사 지낼 것
제3조　5만 원을 지불하여 피해자 유족 및 부상자에게 급여할 것
제4조　배상금 50만 원을 지불할 것
제5조　일본 공사관에 군대를 주둔시켜 경비에 임하는 것을 허용할 것
제6조　조선국은 대관을 특파하여 일본국에게 사죄할 것

사료 　조청 상민 수륙 무역 장정(1882. 8.)

이 수륙 무역 장정은 청이 속방을 우대하는 뜻에서 상정한 것이고, 각 대등 국가 간의 일체 동등한 혜택을 받는 예와는 다르다.

제1조　청의 상무위원을 서울에 파견하고 조선 대관(고위 관료)을 톈진에 파견한다. 청의 북양대신과 조선 국왕은 동등한 지위를 가진다.
제2조　조선의 개항장에서 청의 상무위원이 청 상인에 대한 재판권을 행사한다(영사 재판권 규정).
제4조　베이징과 한성, 양화진에서 상점을 열어 무역을 허락하되, 양국 상민의 내지 행상을 금한다. 다만 내지 행상이 필요할 경우 지방관의 허가서를 받아야 한다.
제7조　청 선박의 항로 개설권, 청 병선의 조선 연해 내왕권 및 조선 국방 담당권을 허용한다.

■ **조청 상민 수륙 무역 장정의 주요 내용**

청의 종주권을 재확인하고, 일본에 비해 유리한 조건의 통상 조약을 맺었으며, 청 상인들이 조선 내에서 거주·영업·여행을 할 수 있도록 허용하였다(양화진 개방 및 내지 통상권 획득).

바로 확인문제

● 다음 사건에 대한 설명으로 가장 적절한 것은?　　　　한국사능력검정시험 고급 22회 변형

> 난병이 창덕궁에 밀어닥쳤는데, 수문장 등이 이들을 막아 내지 못하여 궐내에 난입하였다. 왕은 급히 대원군의 입궐을 명하였다. 대원군은 곧 무위대장을 동반하여 입궐하였다. …… 서상조가 아뢰기를, "근래 듣자니 중전께서 변란에 대처하시어 누추한 곳에 은신해 계신다고 하니, 삼가 바라건대 수소문하여 의장(儀裝)을 갖추고 예법에 따라 왕후의 자리로 맞아들이소서." 하니, 왕이 "널리 찾아서 맞아들이는 일을 늦추어서는 안 되겠다."라고 하였다.

① 「홍범 14조」가 발표되는 배경이 되었다.
② 우정국 개국 축하연을 계기로 일어났다.
③ 구식 군인에 대한 차별 대우가 발단이 되었다.
④ 개화 정책에 반대하는 유생에 의해 주도되었다.

| 정답해설 | 임오군란은 신식 군대인 별기군 설치 이후 구식 군대에 대한 차별 대우 때문에 일어난 사건이다.

| 오답해설 |
① 「홍범 14조」는 제2차 갑오개혁 시기에 공포되었다.
② 우정국 개국 축하연을 계기로 일어난 사건은 1884년 10월에 발생한 갑신정변이다.
④ 개화 정책에 반대하는 유생들은 개화 반대 운동을 주도하였다(이만손의 「영남 만인소」 등).

| 정답 | ③

● 다음 사료와 관련된 사건에 대한 설명으로 옳지 <u>않은</u> 것은?

> 1. 주모자를 20일 내에 잡아서 처단할 것
> 2. 일본인 피해자에게 5만 원을 지불할 것
> 3. 손해 배상금 50만 원을 1년에 10만 원씩 5년에 완불할 것
> 4. 일본 공사관에 경비병을 주둔하게 할 것
> 5. 조선의 특사를 보내어 사과할 것

① 청은 이 사건 이후 위안스카이 등이 지휘하는 군대를 상주시키는 등 내정 간섭을 강화하였다.
② 조선과 청은 상민 수륙 무역 장정을 체결하여 청 상인의 특권을 보장하였다.
③ 이 시기 메가타와 스티븐스가 청의 추천으로 조선에 고문으로 파견되었다.
④ 당시 박영효가 일본에 사죄단으로 파견되면서 태극기가 처음 사용되었다.

| 정답해설 | 제시된 자료는 임오군란 이후 일본과 체결한 제물포 조약의 내용이다. 제물포 조약에서는 배상금 규정과 함께 일본 공사관의 경비병 주둔을 인정하는 내용이 명시되어 있다. 메가타, 스티븐스는 러일 전쟁(1904~1905) 중 체결된 제1차 한일 협약에 따라 일본의 추천으로 파견된 고문들이다.

| 정답 | ③

04 개화당과 갑신정변

1 개화당의 형성과 활동

(1) 개화파의 형성

① 성장 : 개화사상의 선각자인 박규수의 지도를 받은 김옥균, 박영효, 유길준 등이 개항을 전후해 점차 하나의 정치 세력으로 성장하여 개화파를 이루었다.

② 개화파의 두 흐름

온건 개화파 (사대당)	• 김홍집·김윤식·어윤중 등 • 민씨 정권과 결탁하여 청의 양무운동을 본받아 점진적인 개혁을 추구함
급진 개화파 (개화당)	• 김옥균·박영효·홍영식·서광범·서재필 등 • 청의 내정 간섭과 청에 의존하는 정부의 정책에 반발하였고, 더욱이 청의 간섭으로 정부의 개화 정책이 원만하게 추진되지 못하는 현실을 강력하게 비판. 이들은 청의 간섭을 물리쳐 자주독립을 이룩하고, 일본의 메이지 유신을 본받아 급진적인 개혁을 추진하려 함

■ 온건파와 급진파
개화파는 서양의 과학 기술만을 도입하는 것으로 만족하는 동도서기론(東道西器論)적인 온건파와 과학 기술 이외에 정치·사회 제도까지 도입하고자 하는 급진파로 분파되었다.

(2) 급진 개화파(개화당)의 활동

① 개화 시책의 추진 : 개화당의 활동은 임오군란 후 박영효가 수신사로 일본에 파견되면서 본격화되었다. 이때 김옥균, 서광범 등도 동행하였는데, 개화당 요인들은 해박한 개화 지식과 넓은 해외 견문으로 고종의 신임을 받아 여러 가지의 개화 시책을 실천하였다.

박문국(博文局) 설치	최초의 신문인 〈한성순보〉를 간행함
유학생(留學生) 파견	일본에 유학생을 파견하여 군사 지식과 학술 등을 배우도록 함
우정국(郵政局) 설치	근대적인 우편 사업을 실시함

② 활동의 부진
    ㉠ 개화당은 일본으로부터 개화 운동을 위한 차관 도입에 실패함으로써 정치 자금의 조달이 어려워졌다.
    ㉡ 민씨 일파를 중심으로 하는 친청 세력의 견제가 심해져 개화 운동을 추진하기 어려웠다.

> **사료**   온건 개화파의 사상
>
> ❶ 단지 부강하다고 해서 자강이 되는 것이 아닙니다. 우리의 정교(정치와 교화)를 닦고 우리의 백성과 나라를 보호하여 외국과의 관계에서 분쟁이 일어나지 않도록 하는 것, 이것이 실로 자강을 하는 데에 힘써야 할 일입니다.　　　　　　　　　　　　　　　　　　수신사 김홍집이 귀국 후 고종에게 한 말(1880)
>
> ❷ 서양 나라들과 수호를 맺는 것을 점점 사교(邪敎)에 물드는 것이라고 말한다. 그러나 수호를 맺는 것은 수호를 맺는 것이고, 사교를 금하는 것은 사교를 금하는 것이다. 서양의 종교는 사교이므로 마땅히 음탕한 음악이나 미색(美色)처럼 여겨서 멀리해야겠지만 서양의 기계는 이로워서 진실로 백성의 생활을 편리하게 할 수 있다.　　　　　　　　　　　　　　　　　　　　　　『고종실록』(1882)

> **사료**   급진 개화파의 사상
>
> 오늘날의 급선무는 반드시 인재를 등용하며 국가 재정을 절약하고 사치를 억제하며, 문호를 개방하고 이웃 국들과 친선을 도모하는 데 있다. 그러나 가장 중요한 것은 실사구시이다. 이를 위해 세계 각국에서 실시하는 정치의 요점을 찾아본다면 교통망을 확충하고 농업을 발달시켜 기술 인력을 확보하며 국민 보건에 힘쓰는 것이다.　　　　　　　　　　　　　　　　　　　　　　김옥균, 『치도약론』(1883)

2 갑신정변(甲申政變, 1884)*

(1) 배경

① **친청 세력의 탄압**: 차관 도입 실패 이후 수구 세력들이 개화당을 탄압하자, 개화 정책의 추진은 물론 자신들의 신변마저 위협을 느끼게 된 개화당 요인들은 민씨 정권을 무너뜨리고 철저한 개화 정책을 추진하기 위하여 비상수단을 도모하였다.

② **조선 주둔 청군의 철수**: 1884년 **청프 전쟁**이 일어나 조선에 주둔하고 있던 청군의 일부가 철수하자, 개화당 요인들은 이를 기회로 삼아 정변을 계획하였다.

(2) 경과

① **정변의 구체화**: 개화당은 일본 공사로부터 개혁 추진에 필요한 군사·재정적 지원을 약속 받고 정변을 구체화시켜 나갔다.

② **우정국 사건**: 김옥균 등은 **우정국 개국 축하연**을 이용하여 사대당 요인들을 살해하고 개화당 정부를 수립하였다.

③ **개혁 정강 마련**: 14개조의 개혁 **정강**을 마련하여 근대 국가의 건설을 지향하는 개혁을 단행하려 하였다.

사료 갑신정변 직후 발표된 「정강 14개조」

1. 흥선 대원군을 가까운 시일 내에 돌려보낼 것을 요구하고, 청에 조공하는 허례를 폐지할 것
2. 문벌을 폐지하고, 인민 평등의 권리를 제정하고, 사람의 능력으로써 관직을 택하게 할 것
3. 전국의 지조법(地租法)을 개혁하여 간사한 관리들을 근절하고 백성의 곤란을 구하며 겸하여 국가 재정을 유족하게 할 것
4. 내시부(內侍府)를 폐지하고 그중에서 재능 있는 자가 있으면 등용할 것
5. 그동안 국가에 해독을 끼친 탐관오리 중에서 심한 자는 처벌할 것
6. 각 도의 환상 제도(還上制度)는 영구히 폐지할 것
7. 규장각을 폐지할 것
8. 순사 제도(巡査制度)를 시급히 실시하여 도적을 방지할 것
9. 혜상공국(惠商公局)을 폐지할 것
10. 그동안 유배, 금고(禁錮)된 사람들을 다시 조사하여 석방할 것
11. 4영을 합하여 1영을 만들고[전, 후, 좌, 우 네 개의 영으로 운영되던 친군(親軍, 왕실 친위군)을 하나로 통합], '영' 중에서 장정을 선발하여 근위대를 시급히 설치할 것
12. 모든 국가 재정은 호조(戶曹)로 하여금 관할하게 하며 그 밖의 일체의 재무 관청은 폐지할 것
13. 대신과 참찬은 합문(閤門) 안의 의정소(議政所)에서 매일 회의를 하여 정사를 결정한 뒤에 왕에게 품한 다음 정령(政令)을 공포하여 정사를 집행할 것
14. 정부는 육조 외에 무릇 불필요한 관청에 속하는 것은 모두 폐지하고 대신과 참찬으로 하여금 토의하여 처리하게 할 것

김옥균, 「갑신일록」

(3) 갑신정변의 개혁 내용

① **정치적**: 청에 대한 사대 외교를 폐지하고, 입헌 군주제로의 정치 개혁을 추구하였다.

② **경제적**: 지조법(地租法)을 개정하고, 재정을 호조로 일원화하여 국가 재정을 충실히 하고자 하였으며, **혜상공국과 환상미의 폐지**를 도모하였다.

③ **사회적**: 문벌을 폐지하여 인민 평등을 도모하고 능력에 따른 인재 등용을 추구하였다.

＊갑신정변
갑신정변의 원인, 과정, 결과를 기억해 두고, 「정강 14개조」의 내용은 꼼꼼하게 읽어 두어야 한다.

■ 청프 전쟁
프랑스가 베트남 진출을 시도하는 과정에서 베트남에 대한 청의 종주권을 부인하도록 하였는데, 이에 청이 반발하면서 전쟁이 일어났다.

■ 혜상공국(惠商公局)
1883년 보부상이 중심이 되어 조직된 상인 조합이다.

(4) 정변의 실패

개화당의 세력 기반이 약하였고, 일본의 지원을 받아 정변을 일으켜 민중의 지지도 받지 못하였다. 또한 청이 무력으로 간섭하면서 3일 천하로 끝나게 되었다.

(5) 결과

한성 조약 체결 (1884)	조선은 일본의 강요로 배상금 지불과 공사관 신축비 부담 등을 내용으로 하는 한성 조약을 체결함
톈진 조약 체결 (1885)	톈진에서 청(이홍장)과 일본(이토 히로부미)이 맺은 조약으로 조선에서 청일 양국군이 철수할 것, 장차 조선에 파병할 경우 상대국에 미리 알릴 것 등을 내용으로 체결되었다. 이로써 **일본은 청국과 동등하게 조선에 대한 '파병권(派兵權)'을 획득함**

■ 박영효의 건백서(1888)

갑신정변 이후 일본에 망명 중이던 박영효는 고종에게 건백서를 올려 갑신정변의 정당성을 설명하고, 개혁 방안 8조를 건의하였다.

(6) 영향

① 청의 내정 간섭이 더욱 강화되었고, 개화 세력은 위축되었다.
② 보수 세력의 장기 집권이 가능하게 되었다.
③ 개화 세력이 도태되어 상당 기간 개화 운동의 흐름이 약화되었다.

(7) 의의

갑신정변은 근대 국가 건설을 목표로 하는 최초의 정치 개혁 운동이었다.

> **사료** 한성 조약(1884. 11.)
>
> 제1조 조선국은 국서를 일본국에 보내 사의를 표명한다.
> 제4조 일본 공관을 새로운 곳으로 옮겨 신축하는 것은 마땅히 조선국에서 기지와 방옥(房屋)을 교부해 공관과 영사관으로 사용할 수 있도록 한다. 수축 및 중건에는 조선국이 다시 2만 원을 지급하여 공사비를 충당한다.

> **사료** 톈진 조약(1885)
>
> 1. 중국은 조선에 주둔하는 군대를 철수하고, 일본국은 조선에서 공사관을 호위하던 군대를 철수한다. 서명하고 날인한 날로부터 4개월 이내에 각기 모든 인원을 철수시킴으로써 양국 간 분쟁이 생겨날 우려를 없애고, 중국은 마산포(馬山浦)를 통하여 철수하고 일본은 인천항을 통하여 철수할 것을 의정(議定)한다.
> 1. 양국은 조선 국왕이 군사를 훈련시키도록 권고하여 자위와 치안을 유지하게 하고, 조선 국왕이 다른 나라 무관을 1명, 혹은 여러 명을 선발 고용하여 훈련을 위임하게 하되, 이후 중국과 일본 양국은 관원을 파견하여 조선에서 훈련하는 일이 없도록 상호 승인한다.
> 1. 장래 조선국에 변란이나 중대한 사건이 일어나 중국과 일본 양국이나 혹은 어떤 한 나라가 파병이 필요할 때는 우선 상대국에 공문을 보내 통지해야 하며, 사건이 진정되면 곧 철수하여 다시 주둔하지 않는다.

> **심화** 갑신정변의 주요 인물(갑신정변 당시 발표된 새 정부 조직과 구성원)
>
> 충의계(1878, 김옥균 조직) → 변법 개화파의 친목 단체
>
> | 김옥균 | 호조 참판 | 서광범 | 우포도 대장 |
> |---|---|---|---|
> | 박영효 | 좌포도 대장 | 서재필 | 병조 참판 |
> | 박영교 | 도승지 | 신기선 | 이조 판서 |
> | 홍영식 | 좌의정 | 이재원 | 영의정 |

● 다음 정강을 발표했던 사건의 결과로 옳은 것은?　　　　　　　　18. 지방직 7급

> 1. 흥선 대원군을 빨리 귀국시키고 종래 청에 대해 행하던 조공의 허례를 폐지한다.
> 2. 문벌을 폐지하고 인민 평등권을 제정하여 능력에 따라 관리를 임명한다.
> 3. 지조법을 개혁하여 관리의 부정을 막고 백성을 보호하며 재정을 넉넉히 한다.
> 　　　……
> 12. 모든 재정은 호조에서 관할한다.
> 13. 대신과 참찬은 의정부에 모여 정령을 의결하고 반포한다.
> 　　　……

① 청의 내정 간섭이 강화되었다.

② 박문국과 전환국이 설립되었다.

③ 개혁 추진 기관으로 통리기무아문이 설치되었다.

④ 일본은 배상금 지급 등을 내용으로 하는 제물포 조약의 체결을 강요하였다.

● 밑줄 친 '사건'에 대한 설명으로 옳은 것은?　　　　　　　　16. 국가직 9급

> 4～5명의 개화당이 사건을 일으켜서 나라를 위태롭게 한 다음 청나라 사람의 억압과 능멸이 대단하였다. …… 종전에는 개화가 이롭다고 말하면 그다지 싫어하지 않으나 이 사건 이후 조야(朝野) 모두 '개화당은 충의를 모르고 외인과 연결하여 매국배종(賣國背宗)하였다.'고 하였다.
> 　　　　　　　　　　　　　　　　　　　　　　　『윤치호일기』

① 정동 구락부 세력이 주도하였다.

② 일본군과 함께 경복궁을 침범하였다.

③ 차관 도입을 위한 수신사 파견의 계기가 되었다.

④ 일본 공사관이 불타고 일본군이 청군에 패퇴하였다.

21. 경찰직 1차

● (가), (나) 조약 체결 사이에 있었던 사실로 옳은 것은?

> (가) 제1조 지금으로부터 20일 이내에 조선국은 흉도들을 잡고 그 수괴를 엄히 징계한다.
> 　　제5조 일본 공사관에 약간의 군사를 두어 경비하게 한다.
> (나) 제1조 조선국은 국서를 일본국에 보내 사의를 표명한다.
> 　　제4조 일본 공관을 새로운 곳으로 옮겨 신축하는 것은 마땅히 조선국에서 기지와 방옥을 교부해 공관 및 영사관으로 사용할 수 있도록 한다. 수축 중건에는 조선국이 다시 2만 원을 지불해 공사비를 충당한다.

① 통리기무아문이 철폐되었다.
② 묄렌도르프가 고문으로 파견되었다.
③ 청과 일본 사이에 톈진 조약이 체결되었다.
④ 부들러가 조선의 영세 중립 선언을 권고하였다.

3 갑신정변 이후 국내의 정세

갑신정변은 국제 사회에 한반도의 위치를 새롭게 인식시켰다.

(1) 청일 대립의 격화

강화도 조약, 임오군란, 갑신정변 등은 조선을 둘러싼 청과 일본의 대립을 격화시켰다.

(2) 거문도 사건(1885)

조선이 청의 내정 간섭에 대항하여 러시아와 비밀 협약을 체결하려 하자, 영국이 러시아 남하를 견제한다며 거문도를 불법 점령하였다. 이로 인해 조선을 둘러싼 국제 분쟁은 더욱 가열되었다(1887년 거문도에서 영국군 철수).

(3) 한반도 중립화론

① 임오군란 직후 일본이 조선 정부에 중립화를 제안한 적이 있으며, 갑신정변 직후 독일 부영사 부들러(Budler)가 건의하기도 하였다. 거문도 사건(1885) 이후에는 유길준이 청과 열강이 보장하는 한반도 중립화론을 구상하였다.
② 이와 같은 중립화론은 실현되지는 못하였지만 당시 조선을 둘러싼 국제 정세의 긴박한 사정을 입증해 주는 것이다.

사료　한반도 중립화론

> 우리의 지리적 위치는 벨기에와 같고, 중국에 조공하던 것은 터키에 조공하던 불가리아와 같다. 불가리아의 중립은 유럽 열강들이 러시아를 막기 위함이고, 벨기에의 중립은 유럽 열강들이 자국을 보전하기 위함이었다. 우리나라가 아시아의 중립국이 된다면 러시아를 방어할 수도, 아시아 국가들이 서로 보전할 수도 있을 것이다.
> 오직 중립만이 우리를 지키는 방책인데, 우리 스스로가 제창할 수도 없으니 중국에 청하도록 하자. 아시아에 관계있는 여러 나라가 화합해 조선의 중립을 확인받는 것이다. 이것은 비단 우리만 위한 것이 아니라 중국이며 다른 여러 나라가 서로 보전하는 계책도 될 테니 무엇이 괴로워서 하지 않겠는가?　　유길준, 「중립론」

● 다음과 같은 주장이 나오게 된 직접적인 배경은 무엇인가?

> 우리나라가 아시아의 중립국이 되는 것은 러시아를 막는 중요한 계기가 될 것이며, 또한 아시아의
> 여러 대국이 서로 균형을 이루는 정략도 될 것이다. …… 오직 중립 한 가지만이 진실로 우리나라
> 를 지키는 방책이지만 이를 우리가 먼저 제창할 수 없으니, 중국이 이를 맡아서 처리해 주도록 청
> 하는 것이 좋을 듯하다.

① 임오군란
② 갑신정변
③ 거문도 사건
④ 동학 농민 운동

● 밑줄 친 '이 나라'에 대한 설명으로 옳은 것은?　　　　　한국사능력검정시험 7회 고급

> • 『조선책략(朝鮮策略)』에서는 이 나라를 청과 조약을 맺은 지 십여 년 동안 조그마한 분쟁도 없는
>   나라라고 하였다.
> • 「만인소(萬人疏)」에서는 일만 리 바다 건너 있는 이 나라의 힘을 빌린다는 것은 어불성설이라고
>   하였다.
> • 1905년, 포츠머스 조약에서 일본의 한국 보호권을 승인한 것에 대해 고종은 이 나라에 '거중 조
>   정'을 요청하였지만, 이 나라는 어떠한 조치도 취하지 않았다.

① 1885년에 거문도를 불법 점령하였다.
② 병인양요 당시 외규장각 문서를 약탈하였다.
③ 용암포 조차 문제로 일본과의 갈등이 심화되었다.
④ 1883년 보빙사 일행으로부터 국서를 전달받았다.
⑤ '이 나라'의 부영사 부들러는 조선 중립화론을 제기하였다.

|정답해설| 제시된 자료는 거문도 사건(1885) 이후 제기된 유길준의 한반도 중립화론 내용 중 일부이다.

|정답| ③

|정답해설| 제시된 자료의 "포츠머스 조약", "거중 조정" 등을 통해 밑줄 친 '이 나라'는 미국임을 알 수 있다. 보빙사는 미국에 파견된 사절단이다.

|오답해설|
① 영국, ② 프랑스, ③ 러시아, ⑤ 독일에 대한 설명이다.

|정답| ④

*동학 농민 운동
동학 농민 운동은 사건의 선후 관계를 고려하여 역사적 흐름을 파악해야 한다.

1 농민층의 동요

(1) 국내의 상황

① 열강의 침략 경쟁 : 개항 이래 조선을 둘러싸고 전개된 열강의 정치적·경제적·군사적 침략 경쟁은 갑신정변 후에 더욱 가열되었다. 청과 일본 간의 침략적 대립은 더욱 격화되었고, 러시아와 영국도 조선 문제로 충돌하게 되었다.

② 정부의 대응
　㉠ 정부의 무능력 : 조선의 지배층은 외세의 침략에 적절한 대응책을 세우지 못한 채 타협과 굴복을 일삼음으로써, 당면 문제에 대한 해결 능력을 보여 주지 못하였다.
　㉡ 농민 수탈의 심화 : 국가 재정은 개항 이후 국제적 분쟁으로 배상금 지불과 근대 문물의 수용에 필요한 경비 지출 등으로 더욱 궁핍해졌고, 지배층의 농민에 대한 압제와 수탈도 심해졌다.

(2) 일본의 경제적 침투

조선의 농촌 경제는 일본의 경제적 침투로 파탄에 이르게 되었다. 이에 농민층의 불안과 불만이 팽배해졌고, 정치·사회의식이 급성장한 농촌 지식인과 농민들 사이에 사회 변혁의 욕구가 높아졌다.

① 배경 : 일본은 정치적인 면에서는 임오군란과 갑신정변을 통하여 청에 밀려 크게 약화되었으나 경제적인 면에서는 오히려 청보다 강세를 유지하였다.

② 일본의 무역 독점
　㉠ 1880년대 : 초창기의 일본 상인들은 청상인들과 마찬가지로 주로 영국의 면제품(綿製品) 등을 싸게 사다가 비싸게 파는 중계 무역을 하였으나 점차 자국 제품으로 대치하여 막대한 이익을 취하였다.

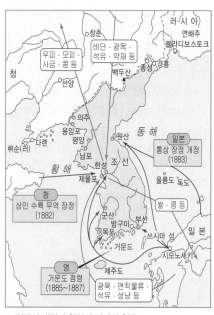
▲ 열강의 대립과 청일의 경제적 침투

　㉡ 1890년대 : 조선의 무역에서 일본과의 무역 비중이 수출 총액의 90% 이상, 수입 총액의 50% 이상을 차지할 정도였다. 당시 일본에 대한 조선의 수출품에서 미곡이 30% 이상을 차지하였다.

　㉢ 입도선매(立稻先賣) : 일본 정부의 정치적 비호를 받은 일본 상인들은 조선 농민의 가난한 형편을 이용하여 입도선매나 고리대의 방법으로 곡물을 사들여 폭리를 취하였다.

③ 방곡령(防穀令) 선포(1889) : 일본의 경제적 침략에 대응하여 함경도 등에서 방곡령을 선포하기도 하였으나 실효를 거두지 못하였다.

■ 입도선매
벼가 아직 익기 전에 논 전체를 싼 값으로 사들이는 방식이다.

조선의 수입품은 70% 정도가 면제품이었다. 아직 산업 자본이 확립되지 못한 청과 일본은 영국제 면제품을 들여와 비싸게 팔고 조선에서 곡물과 금을 헐값으로 사가는 중계 무역을 통해 큰 이익을 남겼다. 이에 1893년경에는 조선인 전체 수요의 25%를 차지할 만큼 증가하였다. 자연히 국내의 면포 수공업자는 물론 가내 부업으로 면포를 생산하던 농민들이 점차 몰락해 갔다. 수출품은 주로 쌀·콩 등 곡물과 금·쇠가죽이었는데, 곡물이 70% 안팎으로 대부분은 일본으로 수출되었다. 쌀 수출은 농산물의 상품화를 확대시켰으나, 국내 쌀값이 크게 오르게 되어 민중의 생활을 한층 어렵게 하였다. 쌀값 폭등으로 생긴 이익은 지주와 부농, 그리고 상인들에게 돌아갔다. 정부와 지방 관리들은 쌀값을 안정시키려고 방곡령(防穀令)을 내려 곡물 유출을 막으려 하였으나, 일본 측의 항의와 방해로 실패하였다. 이에 개항을 한 뒤 무역 체제는 점차 '미면 교환 체제(米綿交換體制)'로 바뀌어 갔다. 곧 식량인 쌀과 원료인 면화를 수출하는 대신 면제품 등 자본제 상품을 수입하는 일종의 식민지 무역 체제였다.　　　　　　　　　　　　　　　　　　　　　　송찬섭

(3) 농민층의 불만 팽배

① 농민층의 사회 불만 증대 : 자본주의 열강의 침탈과 지배층의 착취로 농촌 경제가 파탄에 이르게 되자, 농민층의 불안과 불만이 더욱 팽배해져 갔고, 농촌 지식인들과 농민들의 정치·사회의식이 급성장하여 사회 변혁의 욕구도 고조되었다.

② 동학의 교세 확장

　㉠ 농민 요구에 부합 : 동학의 교세는 삼남 지방을 중심으로 확대되었는데, 동학의 인간 평등사상과 사회 개혁 사상은 당시 농민들의 변혁 요구에 맞았다.

　㉡ 조직의 정비 : 동학의 포접제(包接制) 조직은 대규모 농민 세력의 규합을 가능하게 하였으며, 종래에 산발적으로 일어났던 민란 형태의 농민 운동은 조직적인 농민 전쟁의 형태로 바뀌었다.

2 동학 농민 운동

○ 1894~1895년 주요 사건(1895년까지의 날짜 표기는 음력으로 통일)

1894년	1월 10일	고부 민란
	3월 20일	무장 봉기
	4월 6일~4월 7일	황토현 전투
	4월 22일~4월 23일	황룡촌 전투
	5월 5일	청군 상륙
	5월 6일	일본군 상륙
	5월 7일	전주 화약
	6월 11일	조선 정부 교정청 설치
	6월 21일(양력 7. 23.)	일본군 경복궁 침입
	6월 23일(양력 7. 25.)	청일 전쟁 발발
	6월 25일(양력 7. 27.)	제1차 갑오개혁(군국기무처 설치)
	9월 18일	농민군 재봉기
	10월	남·북접군 논산 집결
	11월	공주 우금치 전투
	12월	제2차 갑오개혁(군국기무처 폐지)
1895년	3월 23일(양력 4. 17.)	시모노세키 조약 체결(청일 전쟁 종결)
	3월 29일	삼국 간섭
	8월 20일	을미사변 발생, 을미사변 직후 을미개혁 시작

단권화 MEMO

■ **이필제의 난(1871)**
이필제 등이 영해에서 일으킨 난으로 서 동학 최초의 교조 신원 운동이었으며, 반봉건적 투쟁으로 평가된다.

■ **복합 상소**
서울에 40여 명의 교도가 상경하여 경복궁 앞에서 복합(엎드려 호소함) 상소를 하다가 해산당하였다.

■ **조병갑의 횡포**
만석보의 수세를 강제로 징수하고, 아버지의 비각을 세운다고 1천여 냥의 돈을 사취하는 등 온갖 탐학을 일삼았다.
한영우

(1) 교조 신원(敎祖伸寃) 운동

① 목적 : 동학의 교세가 확대되자 동학 교도들은 삼례 집회(1892), 복합 상소(1893) 등을 통해 교조 최제우의 신원을 회복하고, 동학을 공인받으려 하였다.

② 보은 집회(報恩集會)
  ㉠ 동학 교도와 농민이 참가한 대규모의 집회로 발전하여 탐관오리의 숙청과 일본과 서양 세력의 축출을 요구하는 정치적 구호를 내세웠다. 이로써 동학 중심의 종교 운동에서 농민 중심의 정치 운동적인 성격을 띠게 되었다.
  ㉡ 한편 전라도의 남접은 금구에서 따로 모임을 가졌다(금구 집회).

(2) 동학 농민 운동의 전개

① 제1기(1894, 고부 농민 봉기 시기) : 고부 군수 조병갑의 횡포와 착취에 항거하여 전봉준이 1천여 명의 농민군을 이끌고 관아를 습격하여 군수를 내쫓고 아전들을 징벌한 뒤, 곡식을 농민들에게 나누어 주고 10여 일 만에 해산하였다.

② 제2기(동학 농민 운동의 절정기)
  ㉠ 정부는 조병갑을 징죄하고, 고부 농민 봉기를 수습하기 위해 안핵사 이용태를 파견하였다.
  ㉡ 그러나 이용태는 모든 원인을 농민군에게 돌리며, 봉기에 참여한 농민들을 탄압하였다.
  ㉢ 전봉준 등은 고부를 재점령하고(무장 봉기), 백산에 집결하였다.
  ㉣ 농민군은 백산 격문을 발의한 후, **황토현 전투**, **황룡촌 전투** 등에서 관군을 물리쳤다.
  ㉤ 농민군이 무안, 나주, 정읍 등을 거쳐 전주성으로 진격하자, 정부에서는 홍계훈을 파견하여 농민군을 토벌하게 하는 한편, 청에 원군을 요청하였다.

▲ 동학 농민 운동의 전개

사료 「동학 농민군 4대 강령」(1894. 3.)

1. 사람과 남의 물건을 해치지 마라.
2. 충효를 다하고 세상을 구하고 백성을 평안하게 하라.
3. 일본 오랑캐를 몰아내고 나라의 정치를 깨끗이 한다.
4. 군대를 몰아 서울로 들어가 권세가와 귀족을 없앤다.

정교, 「대한계년사」

사료 백산 격문(1894. 3.)

우리가 의(義)를 들어 이에 이름은 그 본의가 다른 데 있지 아니하고, 창생을 도탄에서 건지고 국가를 반석 위에 두고자 함이다. 안으로는 탐학한 관리의 머리를 베고, 밖으로는 횡포한 강적의 무리를 구축하고자 함이다. 양반과 호강(豪强)의 앞에서 고통을 받는 민중들과 방백과 수령의 밑에서 굴욕을 받는 소리(小吏)들은 우리와 같이 원한이 깊은 자이다. 조금도 주저치 말고 이 시각으로 일어서라. 만일 기회를 잃으면 후회해도 미치지 못하리라.

「동학사」

③ 제3기(전주 화약 체결)
　　㉠ 청군이 파병된 직후, 조선 내 일본인 보호를 구실로 일본군이 파병되자 조선 정부와 농민군은 전주 화약을 체결하였다.
　　㉡ 농민군은 정부에「폐정개혁안 12개조」를 제시하였고, 전라도 53개 지역에 개혁 기구인 집강소를 설치하였다.
　　㉢ 일본군은 조선 정부의 철군 요청을 거부하고 경복궁을 점령한 후 청일 전쟁을 일으켰다.

> **사료**　「폐정개혁안 12개조」
>
> 1. 동학도(東學徒)는 정부와의 원한(怨恨)을 씻고 서정(庶政)에 협력한다.
> 2. 탐관오리(貪官汚吏)는 그 죄상을 조사하여 엄징(嚴懲)한다.
> 3. 횡포(橫暴)한 부호(富豪)를 엄징한다.
> 4. 불량한 유림(儒林)과 양반의 무리를 징벌한다.
> 5. 노비 문서(奴婢文書)를 소각한다.
> 6. 7종의 천인 차별을 개선하고, 백정이 쓰는 평량갓(平凉笠)은 없앤다.
> 7. 청상과부(靑孀寡婦)의 개가(改嫁)를 허용한다.
> 8. 무명(無名)의 잡세는 일체 폐지한다.
> 9. 관리 채용에는 지벌(地閥)을 타파하고 인재를 등용한다.
> 10. 왜(倭)와 통하는 자는 엄징한다.
> 11. 공사채(公私債)를 물론하고 기왕의 것을 무효로 한다.
> 12. 토지는 평균하여 분작(分作)한다.
>
> 　　　　　　　　　　　　　　　　　　　　　　　　　　　　　　　「동학사」

④ 제4기(동학 농민군의 재봉기)
　　㉠ 청일 전쟁에서 승세를 잡은 일본이 내정 간섭을 강화하자, 이에 대항하여 남·북접의 동학 농민군이 논산에 집결하였다가 외세를 몰아낼 목적으로 서울로 북상하였다.
　　㉡ 동학 농민군은 공주의 우금치(牛金峙)에서 관군과 일본군, 민보군을 상대로 격전을 벌였다. 그러나 근대 무기로 무장한 일본군에게 패하여 큰 희생을 치렀으며, 전봉준 등 지도자들이 체포됨으로써 동학 농민 운동은 실패로 돌아갔다.

(3) 동학 농민 운동의 성격

① 농민 전쟁의 성격: 초기에는 이른바 민란의 양상을 띠고 있었으나 정부의 수습책이 미흡하자 점차 대대적인 농민 전쟁의 성격을 띠어 갔다.
② 반봉건적·반침략적 성격
　　㉠ 반봉건: 안으로는 전통적 지배 체제에 반대하여 노비 문서의 소각·토지의 평균 분작 등 개혁 정치를 요구하였다.
　　㉡ 반외세: 밖으로는 외세의 침략을 물리치려는 반침략적 근대 민족 운동이었다.

(4) 동학 농민 운동의 영향

① 반봉건적 성격과 반침략적 성격 때문에 당시의 집권 세력과 일본 침략 세력의 탄압을 동시에 받아 실패하고 말았다.
② 동학 농민군의 요구는 갑오개혁에 부분적으로 반영되었으며, 전통 질서 붕괴를 촉진시켰다.
③ 동학 농민군의 잔여 세력이 의병 운동에 가담함으로써 반일 무장 투쟁을 활성화시켰다.
④ 동학 농민군의 진압 과정에서 파병된 청일 양국의 충돌로 청일 전쟁이 발발하였다.

■ 집강소(執綱所)
집강소는 농민 자치 기구로서 전라도 53주읍(州邑)의 관청 내에 설치되었다. 집강소는 장(長)인 집강 1인과 그 아래 서기·성찰(省察)·집사(執事)·동몽(童蒙) 등의 임원을 두어 행정 사무를 맡아 보게 하였다.

■ 민보군
양반 지주 및 토호들이 조직한 반동학 농민군 조직

▲ 동학 농민군의 지도자 전봉준

(5) 동학 농민 운동의 한계

근대 사회를 건설하기 위한 구체적인 방안을 제시하지 못하였다.

사료 전봉준에 대한 심문 내용(요약)

심문자: 작년 3월 무슨 사연으로 고부 등지에서 민중을 크게 모았는가?
전봉준: 고부 군수(조병갑)의 수탈이 심하여 의거하였다.
심문자: 흩어져 돌아간 후에는 무슨 일로 군대를 봉기하였느냐?
전봉준: 문제 해결 책임자 이용태가 내려와 의거 참가자 대다수가 일반 농민이었음에도 불구하고 모두를 동학으로 통칭하고 체포하여 살육하였기에 군대를 봉기하였다.
심문자: 전주 화약 이후 다시 군대를 일으킨 이유가 무엇이냐?
전봉준: 일본이 개화를 구실로 군대를 동원하여 왕궁을 공격하고 임금을 놀라게 하였으니, 충군 애국의 마음으로 의병을 일으켜 일본과 싸워 그 책임을 묻고자 함이다.

바로 확인문제

● 다음은 동학 농민 운동과 관련한 연표이다. (가)~(라) 시기에 있었던 사실로 옳은 것은?

15. 국가직 9급

	최제우의 동학 창시		삼례 집회 (교조 신원 운동)		고부 관아 습격		전주성 점령		우금치 전투	
		(가)		(나)		(다)		(라)		

① (가) - 황토현 전투
② (나) - 청일 전쟁의 발발
③ (다) - 남·북접군의 논산 집결
④ (라) - 일본군의 경복궁 점령

● 다음 격문을 작성한 세력이 제기한 주장으로 옳은 것은?

16. 지방직 7급

우리가 의를 들어 여기에 이르렀음은 그 본뜻이 다른 데 있지 않고 창생(蒼生)을 도탄(塗炭) 중에서 건지고 국가를 반석(磐石) 위에 두고자 함이라. 안으로는 탐학한 관리의 머리를 베고, 밖으로는 횡포한 왜적의 무리를 내몰고자 함이라.

① 각종 무명잡세를 근절할 것
② 장교를 육성하고 징병제를 실시할 것
③ 조약을 체결할 때 중추원 의장이 서명할 것
④ 민법과 형법을 제정하여 인민의 생명과 재산을 보호할 것

● 〈보기 1〉의 밑줄 친 부분에 대한 서술로 옳은 것을 〈보기 2〉에서 모두 고르면? 19. 2월 서울시 7급

┌─ 보기 1 ├─

심문자: 작년(1894) 3월 고부 등지에서 무슨 사연으로 민중을 크게 모았는가?
전봉준: 그때 고부 군수(조병갑)의 수탈이 심하여 의거하였다.
심문자: 흩어져 돌아간 후에는 무슨 일로 ㉠ 군대를 봉기하였느냐?
전봉준: 고부 민란 조사 책임자 이용태가 내려와 의거 참가자 대다수가 일반 농민이었음에도 모두
　　　를 동학도로 통칭하고, 그 집을 불태우며 체포하고 살육을 행했기 때문에 다시 일어났다.
심문자: ㉡ 전주 화약 이후 ㉢ 다시 군대를 일으킨 이유가 무엇이냐?
전봉준: ㉣ 일본이 개화를 구실로 군대를 동원하여 왕궁을 공격하고 임금을 놀라게 했으니, 의병
　　　을 일으켜 일본과 싸워 그 책임을 묻고자 함이다. 　「전봉준 공초」(발췌요약)

┌─ 보기 2 ├─

ㄱ. ㉠: 반봉건의 기치를 높이 들고 남·북접이 연합하여 봉기하였다.
ㄴ. ㉡: 정부와 정치를 개혁할 것을 합의하였다.
ㄷ. ㉢: 공주 우금치에서 우세한 화력으로 무장한 일본군과 정부군에게 패하고 말았다.
ㄹ. ㉣: 명성 황후를 무참히 살해하는 을미사변을 일으켰다.

① ㄱ, ㄹ
② ㄴ, ㄷ
③ ㄱ, ㄷ, ㄹ
④ ㄱ, ㄴ, ㄷ, ㄹ

06 근대적 개혁의 추진

1 갑오개혁(甲午改革, 1894)*

(1) 자주적 개혁의 추진

① 배경: 개항 이후 여러 가지 모순을 해결하기 위한 개혁의 필요성이 높아진 가운데, 농민들
의 개혁 요구가 거세지자 정부에서는 자주적으로 개혁을 추진하였다.

② 교정청(校正廳)의 설치: 갑신정변에 가담하지 않았던 온건 개화파들은 국왕의 명을 받아
교정청을 설치하고 자주적으로 개혁을 추진하려 하였다.

사료　교정청

교정청이 논의해 결정한 각종 폐단 혁파 조항(마을마다 게시하도록 각 도에 알림)
1. 세금 포탈이 많은 아전은 절대 용서하지 말고 곧바로 최고 형벌을 적용할 것
1. 공사의 채무를 막론하고 채무자의 친족에게 징수하는 일은 일체 거론하지 말 것
1. 지방관이 해당 지역에서 토지를 매입하거나 산소를 차지할 수 없으며, 만약 그 금령을 어길 경우 토지는
　관청 소유로 넘기고 산소는 파서 옮길 것
1. 토지세를 징수하는 논밭의 원래 결수 외에 결수를 더 배정하거나 호포(戶布) 외에 더 거두어들인 것은 모
　두 통렬하게 금지하고, 만약 드러나는 것이 있으면 즉시 따져서 처벌할 것

　　　　　　　　　　　　　　　　　　　　　　　　　　　　　　　「속음청사」 권7, 고종 31년 6월 16일

*갑오개혁
제1, 2차 갑오개혁의 내용과 을미개혁
의 내용은 구분하여 기억하도록 한다.

■ 개혁의 필요성
갑신정변과 동학 농민 운동의 실패로
근대적인 개혁을 주체적으로 실시할
기회를 잃었으나 개항 이래로 누적된
여러 가지의 모순을 해결하기 위해서
는 대대적인 개혁이 필요하였다.

■ 교정청
일본 정부가 조선에 내정 개혁안을 제출
하였을 때, 조선 정부는 일본 군대의 철
수를 우선 문제로 내세웠으며, 1894년
6월 왕명으로 '교정청'을 설치하고, 당
상(堂上) 15명과 낭청(郎廳) 2명을 임
명하여 자주적으로 개혁을 실시하려
하였다.

(2) 일본의 간섭

① 상황: 동학 농민 운동을 계기로 청일 양국군이 조선에 들어왔으나 이미 정부와 동학 농민군 사이에는 '전주 화약'이 성립되어 외국 군대의 조선 주둔에 대한 명분이 사라졌다.

② 내정 개혁 주장: 일본은 조선에 대한 내정 간섭을 통해 경제적 이권을 탈취하고 침략의 발판을 마련하기 위하여 조선의 내정 개혁이 필요하다고 주장하였다.

③ 경복궁 점령: 조선은 일본군의 철수를 요구하였으나 일본은 군대를 동원하여 경복궁을 점령하였다.

(3) 제1차 갑오개혁

① 김홍집 내각(제1차)의 성립: 민씨 정권은 붕괴되고 흥선 대원군을 섭정으로 하는 김홍집 내각이 성립되었다.

② 군국기무처(軍國機務處) 설치: 김홍집 내각은 개혁을 추진하기 위하여 초정부적 심의 기구인 군국기무처를 설치하고 정치·경제·사회 등 국가의 주요 정책에 대한 개혁을 추진하였다.

③ 개혁 내용

　㉠ '개국' 연호를 사용하여 청의 종주권을 부인하였다.

　㉡ 왕실 사무(궁내부)와 국정 사무(의정부)를 분리하여 왕권을 축소하였다.

　㉢ 6조를 8아문으로 개편하고, 언론 삼사를 폐지하였다.

　㉣ 관료 제도를 개혁하여 과거제를 폐지하였다.

　㉤ 사회적으로는 노비제 등 신분 계급을 타파하고, 봉건적 악습(조혼, 과부의 재가 금지, 고문과 연좌법)을 폐지하였다.

　㉥ 경무청 설치, 탁지아문으로의 재정 일원화, 은본위 화폐 제도(신식 화폐 발행 장정 공포), 조세의 금납화, 도량형 통일 등을 천명하였다.

　㉦ 내무아문 산하로 위생국을 신설하였다(1894). 당시에는 각종 전염병이 유행하였으므로, 전염병 예방 규칙을 공포하여 대처토록 하였다.

■ 8아문
내무아문, 외무아문, 탁지아문, 군무아문, 법무아문, 학무아문, 공무아문, 농상아문

(4) 제2차 갑오개혁

① 일본의 적극적 간섭: 일본은 청일 전쟁에서 승기를 잡자 조선에 대해 적극적으로 간섭하였다. 이때 갑신정변의 주동자로서 망명해 있던 박영효와 서광범이 귀국하여 개혁에 참여하였다.

② 연립 내각 성립: 군국기무처가 폐지되고 김홍집·박영효 연립 내각(제2차 김홍집 내각)이 성립되면서 추진되었다.

③ 「홍범 14조」: 고종은 문무백관을 거느리고 종묘에 나가 「독립서고문(獨立誓告文)」을 바치고, 국정 개혁의 기본 방향을 제시한 「홍범 14조」를 반포하였다.

　㉠ 「독립서고문」: 국왕이 나라의 자주독립을 선포한 일종의 독립 선언문이었다.

　㉡ 「홍범 14조」의 성격: 자주권·행정·재정·교육·관리 임용·민권 보장의 내용을 규정한 국정 개혁의 기본 강령으로 우리나라 최초의 헌법적 성격을 지녔다.

> **사료** 「홍범 14조」
>
> 1. 청에 의존하는 생각을 버리고 자주독립의 기초를 세운다.
> 2. 왕실 전범(典範)을 제정하여 왕위 계승의 법칙과 종친과 외척과의 구별을 명확히 한다.
> 3. 임금은 각 대신과 의논하여 정사를 행하고, 종실·외척의 내정 간섭을 용납하지 않는다.

4. 왕실 사무와 국정 사무를 나누어 서로 혼동하지 않는다.

5. 의정부(議政府) 및 각 아문(衙門)의 직무·권한을 명백히 규정한다.

6. 납세는 법으로 정하고 함부로 세금을 징수하지 아니한다.

7. 조세의 징수와 경비 지출은 모두 탁지아문(度支衙門)의 관할에 속한다.

8. 왕실의 경비는 솔선하여 절약하고, 이로써 각 아문과 지방관의 모범이 되게 한다.

9. 왕실과 관부(官府)의 1년 회계를 예정하여 재정의 기초를 확립한다.

10. 지방 제도를 개정하여 지방 관리의 직권을 제한한다.

11. 총명한 젊은이들을 파견하여 외국의 학술·기예를 견습시킨다.

12. 장교를 교육하고 징병을 실시하여 군제의 근본을 확립한다.

13. 민법·형법을 제정하여 인민의 생명과 재산을 보전한다.

14. 문벌을 가리지 않고 인재 등용의 길을 넓힌다.

④ 개혁 내용

　ⓐ 의정부를 내각으로 개칭하고, 각 아문을 부로 바꾸었으며 농상아문과 공무아문을 농상 공부로 통합하였다(8아문을 7부로 개편).

　ⓑ 궁내부의 관제를 대폭 간소화하였으며 지방 행정 제도인 8도 체제를 23부(長, 관찰사), 337군 체제로 개편하였다.

　ⓒ **사법권을 독립시켜** 지방 재판소와 개항장 재판소, 순회 재판소, 고등 재판소를 설치하고, 법관 양성소를 설치하여 전문 법조인을 양성하였다.

　ⓓ 탁지부 산하에 관세사 9개소와 징세서 220개소를 설치하여 세금 징수를 원활히 하였으며, 궁내부에 시위대 2개 대대, 일본군 지휘하의 훈련대 2개 대대를 신설하였다.

　ⓔ 「교육 입국 조서」를 반포(1895)하여 한성 사범 학교·한성 외국어 학교를 설립하고, 일본에 유학생을 파견하였다.

　ⓕ 보부상을 관할하던 상리국을 폐지하여 상공업을 활성화시키고자 하였다.

⑤ 개혁의 중단: 당시 일본이 삼국 간섭으로 세력이 약화되는 과정에 있었기 때문에 사실상 조선의 내각 대신들, 특히 내무대신 박영효의 주도하에 개혁이 단행되었다. 그러나 박영효가 민씨 세력에 의해 축출되면서 개혁은 중단되었다.

○ 갑오개혁의 주요 내용

구분	제1차 개혁(군국기무처)	「홍범 14조」 발표 후 제2차 개혁
정치·행정	• 왕실 사무와 국정 사무의 분리 • 중국 연호 폐지, 개국 기원 사용 • 6조제 → 8아문제 • 경무청 신설 • 과거제 폐지	• 내각제 시행 • 8아문제 → 7부제 • 8도제 → 23부제
경제·사회	• 재정 기관 일원화(탁지아문) • 은본위제 채택 • 도량형 통일 • 조세 금납제 • 노비제 폐지 • 연좌법 폐지 • 조혼 금지, 과부의 재가 허용	• 한성 사범 학교 설립 • 외국어 학교 관제 공포 • 법관 양성소 규정 제정

■ 삼국 간섭(1895)

일본의 랴오둥 진출에 위협을 느낀 러시아가 독일과 프랑스를 끌어들여 일본에 압력을 가한 사건이다. 이에 일본은 랴오둥반도를 청에 돌려 주었고, 일본의 세력은 약화되었다.

동학 농민 운동으로 정국이 혼란스러울 때 침략 공세를 펴던 일본은 갑오개혁에 관여하면서 흥선 대원군을 내세워 명성 황후 세력을 제거하려 하였다. 명성 황후는 일본의 야심을 간파하고 일본을 배후로 한 개혁 세력에 대항하였다. 그러나 청일 전쟁에서 승리한 일본의 압력이 거세지자 명성 황후는 친러 정책을 내세워 일본 세력에 대항하였다.

삼국 간섭으로 대륙을 침략하려던 일본의 기세가 꺾이자 조선 정계의 친러 경향은 더욱 굳어졌다. 이에 일본 공사 미우라는 일본의 한반도 침략 정책의 장애물인 명성 황후와 친러 세력을 일소하고자 친일 세력과 공모하고, 1895년 8월 20일 일본 군대와 정치 낭인들을 동원하여 왕궁을 습격한 후 명성 황후를 시해하고 그 시체를 불사르는 만행을 저질렀다.

명성 황후는 대한 제국이 수립된 후에 황후로 추봉되었다.

▲ 단발한 고종의 모습

2 을미개혁(제3차 개혁, 1895. 8.~1896. 2.)

(1) 시모노세키 조약과 을미사변

① 시모노세키 조약: 청일 전쟁은 일본의 승리로 끝나고 시모노세키 조약이 체결되었다. 일본은 막대한 전쟁 배상금과 랴오둥반도 등을 할양받았다.

② 그러나 삼국 간섭(러시아, 프랑스, 독일)으로 일본이 랴오둥반도를 청에 반환하자(1895. 4.) 조선 내에서는 명성 황후 등 친 러시아 세력이 성장하게 되었다(제3차 김홍집 내각 성립).

③ 이에 일본은 낭인들을 동원하여 명성 황후를 시해하는 을미사변을 일으키고, 친일적인 내각을 수립한 후 급진적 개혁을 실시하였다(을미개혁).

> **사료** 시모노세키 조약
>
> 제1조 청국은 조선국이 완전무결한 독립 자주국임을 확인한다. 따라서 자주독립을 훼손하는 청국에 대한 조선국의 공헌(貢獻)·전례(典禮) 등은 장래에 완전히 폐지한다.
> 제2조 청국은 아래 토지의 주권 및 해당 지방의 성루(城壘)·병기 제조소 및 관청 소유물을 영원히 일본에 할여한다.
> 　1. 아래의 경계 내에 있는 펑톈 성[奉天省] 남부의 땅
> 　2. 타이완 전도(全島) 및 그 부속 도서(島嶼)

(2) 을미개혁의 추진(제4차 김홍집 내각)

① 태양력 사용: 음력 1895년 11월 17일을 양력 1896년 1월 1일로 정하였다.

② 연호의 제정: 건양(建陽)이라는 연호를 채택하였다.

③ 군제의 개편: 훈련대와 시위대를 해산·재편하여 중앙에는 친위대 2개 중대를, 평양과 전주 등 지방에는 진위대 각 1개 대대를 설치하였다.

④ 우편 사무 재개: 개성·수원·충주·안동·대구·동래 등에 우체사를 설치하였다.

⑤ 소학교령 제정·공포: 서울과 지방 여러 곳에 관립·공립 소학교를 설치하였다.

⑥ 종두법 시행

⑦ 단발령 공포: 당시 유생들은 "내 목을 자를지언정, 내 머리카락은 자를 수 없다."라며 강력하게 저항하였다.

⑧ 개혁의 중단
　㉠ 명성 황후 시해와 단발령을 계기로 유생층과 농민들이 각지에서 의병 항쟁을 전개하였다.
　㉡ 1896년에 아관 파천이 발생한 이후 을미개혁이 중단되었다.

○ 을미개혁의 주요 내용

정치	'건양' 연호 사용, 친위대·진위대 설치(군제 개편)
사회·경제	소학교령 공포, 종두법 시행, 우체사 설치, 태양력 사용, 단발령 공포

> **심화** 근대의 우편 제도
>
> ❶ 우편 제도에 대한 지식 소개
> • 「이언」의 소개: 1880년에 청의 정관응이 간행한 서적이며, 우편과 전보에 관한 상세한 해설을 수록하였다.
> • 우정사의 설치: 고종 19년(1882) 12월 교통 및 체신 업무를 관장하기 위하여 설치되었던 관청이며, 통리교섭통상사무아문 소속 기구였다.

- 홍영식의 미국 시찰 : 1883년 4월에는 우편 업무 실습을 위하여 조창교 등 유학생을 일본에 파견하였고, 홍영식도 그해 6월 보빙사의 부사(副使)가 되어 정사(正使) 민영익과 함께 뉴욕 우체국과 전신국을 시찰하며 발달된 미국의 통신 제도에 깊은 감명을 받았다.

❷ 근대의 우정(郵政)
- 1884(고종 21년), 3, 27.(음력) – 우정총국(우정국) 개설
- 1884, 10, 1.(음력) – 근대 우편 업무 개시(한성 – 인천), 문위 우표 2종을 발행(문위 우표는 우리나라 최초의 우표이며, 당시 통용 화폐 단위인 문(文)으로 우표 가격을 표기함)
- 1884(고종 21년), 10, 21.(음력) – 우정총국(우정국) 폐지
- 1895, 6, 1.– 우체사 설치
- 1895, 7, 22.– 우편 업무 재개
- 1900 – 만국 우편 연합(UPU, Universal Postal Union) 가입

3 갑오·을미개혁의 의의와 한계

(1) 의의
① 일본의 침략 의도가 반영된 것이지만, 전통 질서를 타파하는 근대적 개혁이었다.
② 조선의 개화 인사들과 농민층의 개혁 의지가 일부 반영된, 민족 내부에서 일어난 근대화의 노력이기도 하였다.

(2) 한계
① 토지 제도 개혁 방안이 전혀 없고, 군제 개혁에 소홀하였다.
② 개혁을 추진한 세력이 일본의 무력에 지나치게 의존하였다.
③ 민중과 유리된 개혁으로 피지배층의 지지가 결여되었다.

❍ 갑오개혁과 을미개혁

제1차 갑오개혁	제2차 갑오개혁	–	을미개혁
제1차 김홍집 내각 (1894, 7.~12.)	제2차 김홍집 내각 (1894, 12.~1895, 7.)	제3차 김홍집 내각 (1895, 7.~8.)	제4차 김홍집 내각 (1895, 8.~1896, 2.)
• 군국기무처 중심 개혁 • 친일 내각 • 흥선 대원군의 섭정	• 김홍집·박영효의 연립 내각 • 친일 내각	• 삼국 간섭 후 성립 (이범진, 이완용 등용) • 친러 내각	• 을미사변 후 개혁 추진 • 친일 내각 • 단발령의 반포 등

바로 확인문제

● **다음 기구에서 추진한 개혁 내용으로 옳은 것은?**   13. 국가직 9급

> 총재 1명, 부총재 1명, 그리고 16명에서 20명 사이의 회의원으로 구성되었다. 이밖에 2명 정도의 서기관이 있어서 활동을 도왔고, 또 회의원 중 3명이 기초 위원으로 선정되어 의안의 작성을 책임졌다. 총재는 영의정 김홍집이 겸임하고, 부총재는 내아문독판으로 회의원인 박정양이 겸임하였다.

① 은본위 화폐 제도를 실시하였다.
② 의정부와 삼군부의 기능을 회복하였다.
③ 양전 사업을 실시하여 지계를 발급하였다.
④ 재판소를 설치하여 사법권과 행정권을 분리시켰다.

| 정답해설 | 제시된 자료는 제1차 갑오개혁 시기 초정부적 개혁 기구에 해당하는 군국기무처에 대한 설명이다. 제1차 갑오개혁으로 은본위 화폐 제도가 실시되었다.

| 오답해설 | ② 흥선 대원군의 왕권 강화 정책, ③ 광무개혁, ④ 제2차 갑오개혁에 대한 설명이다.

| 정답 | ①

● 다음 밑줄 친 '개혁'의 내용으로 옳은 것을 〈보기〉에서 고른 것은?　　　　　19. 법원직 9급

> 청일 전쟁에서 승기를 잡은 일본은 조선의 내정에 적극 간섭하기 시작하였다. 흥선 대원군을 물러나게 하고 군국기무처를 폐지하였으며, 김홍집·박영효 연립 내각을 구성하고 개혁을 단행하였다.

| 보기 |

ㄱ. 과거제를 폐지하였다.
ㄴ. 재판소를 설치하였다.
ㄷ. 8도를 23부로 개편하였다.
ㄹ. 친위대, 진위대를 설치하였다.

① ㄱ, ㄴ　　　　② ㄱ, ㄹ　　　　③ ㄴ, ㄷ　　　　④ ㄷ, ㄹ

|정답해설| 밑줄 친 '개혁'은 제2차 갑오개혁이다. 제2차 갑오개혁 때 재판소 등을 설치하여 사법권을 독립시켰고, 8도를 23부로 개편하였다.

|오답해설|
ㄱ. 제1차 갑오개혁 때 과거제를 폐지하였다.
ㄹ. 을미개혁으로 친위대와 진위대가 설치되었다.

|정답| ③

07 아관 파천과 독립 협회

1 아관 파천(1896)

(1) 아관 파천의 발생

을미사변과 단발령의 실시 등으로 반일 감정이 높아져 전국 각지에서 의병(을미의병)이 봉기하자, 이를 진압하기 위하여 중앙의 친위대를 출동시켰다. 이에 수도 경비에 공백이 생긴 틈을 타서 친러파 이범진, 이완용, 이윤용 등은 러시아 공사 베베르와 모의하여 공사관 경비를 구실로 러시아 수병 120명을 불러 공사관을 호위하게 하였다. 이에 고종과 왕세자가 러시아 공사관으로 파천하였다.

> **심화**　아관 파천
>
> 러시아 공사 베베르는 1896년 2월 인천항에 정박 중인 러시아 군함으로부터 러시아 공사관 경비라는 명목으로 완전 무장한 수병 120명을 서울로 거느리고 왔다. 2월 10일 정동파(貞洞派 : 정동에 있는 러시아 및 미국 공사관에 출입하고 있던 정객 그룹)의 이범진·이완용 등은 궁녀용(宮女用)의 가마에 국왕과 세자를 태워 왕궁을 탈출시켜 러시아 공사관으로 옮겼다. 국왕은 러시아 공사관에서 정동파의 포로가 되어 김홍집을 비롯한 개화파 내각의 구성원을 체포·처형할 것을 명령하였다. 이리하여 인민의 반일 감정은 김홍집 내각에 대한 보복의 형태로 폭발하였다.　　　　　강재언, 『조선 근대의 변혁운동』

(2) 아관 파천 이후 국내 정세 변화

① 김홍집, 정병하 등을 처단하고, 김윤식을 제주도로 유배시키는 한편, 김병시(총리대신), 박정양(내부대신), 이완용(외·학·농상공부대신), 조병직(법부대신), 이윤용(군부대신) 등 친러파 내각이 성립되었다.

② 정부는 민심 수습책으로 단발령을 중지하고 내각을 의정부로 환원하는 한편, 23부의 지방 제도를 한성부와 13도로 구분하고, 그 아래 1목, 7부, 331군으로 개편하였다.

③ 아관 파천으로 우위를 차지한 러시아는 일본과 '첫째, 아관 파천과 친러 정권을 인정할 것, 둘째, 을미사변에 대한 일본 책임을 시인할 것, 셋째, 주한 일본군을 감축하여 러시아 병력과 같은 수를 유지할 것' 등을 내용으로 베베르-고무라 각서를 체결하였다.

④ 니콜라이 황제 대관식을 기회로 일본의 야마가타가 러시아 외상 로마노프에게 북위 38도선 분할을 요청하였으나 거절당하였다.

사료 베베르 – 고무라 각서

제1조 고종의 환궁 문제는 국왕 자신의 판단에 일임하며, 러시아와 일본은 안정상 문제가 없다고 여겨질 때 환궁하는 것을 충고한다.

제2조 현재 한국 정부의 내각 대신들은 국왕의 의사대로 임명되었으며 이후에도 러시아와 일본은 국왕에게 관대하고 온화한 인물을 내각 대신에 임명하도록 항상 권고한다.

제3조 한국의 부산과 경성 사이에 설치된 일본 전신선 보호를 위해 배치한 일본 위병을 헌병으로 대신하며, 이들 헌병은 한국 정부가 안녕질서를 회복하게 되는 지역부터 철수시킨다.

제4조 한성 및 개항장에 있는 일본인 거류지를 보호하기 위해 일본군을 배치하며, 상황이 안정되면 철수한다는 것이었다. 또 러시아도 공사관 및 영사관을 보호하기 위해 군대를 배치할 수 있으며, 상황이 안정되면 철수한다.

심화 로마노프 – 야마가타 의정서(1896)

로마노프 – 야마가타 의정서는 본 조약 4개 조항과 비밀 조관 2개 조항으로 이루어져 있다.

제1조는 조선의 재정 문제에 대해 러시아와 일본이 조선 정부에 조언을 해 줄 수 있다는 것, 조선이 개혁을 추진하기 위해 차관을 필요로 할 경우 러시아와 일본 양국이 합의해 제공해야 한다고 규정했다.

제2조는 조선의 경제적 여건이 허락하는 한 원조를 받지 않고 조선인 군대와 경찰을 창설하도록 하고 조선 정부가 이를 유지하도록 한다는 것이었다.

제3조는 일본이 조선 내에 설치한 전신선을 계속해서 보호한다는 것과 러시아 역시 한성에서 러시아 국경에 이르는 전신선을 가설할 수 있는 권리를 가지며, 이 전신선들은 조선 정부가 매수할 수 있는 여력이 생기면 매수할 수 있다고 규정했다.

심화 로젠 – 니시 협정(1898)

로젠 – 니시 협정은 총 3개의 조항으로 이루어져 있다.

제1조는 러시아와 일본이 한국의 주권 및 완전한 독립을 확인하고 그 내정에 직접 간섭하지 않는다고 하였다.

제2조는 러시아와 일본 양국 정부는 한국이 일본 혹은 러시아에 도움을 구할 경우 군사 교관 혹은 재정 고문관의 임명에 관해서는 상호 협상 없이는 어떠한 조치도 취하지 않는다고 규정했다.

제3조는 러시아 정부는 한국에서 일본의 상업 및 공업에 관한 기업이 크게 발달한 것과 일본 거류민이 다수라는 점을 인정해 한일 양국 간에 상업 및 공업 관계 발달을 방해하지 않는다는 것이었다.

바로 확인문제

● 베베르(웨베르) – 고무라 각서에 대한 설명으로 가장 옳은 것은?   17. 서울시 7급

① 조선이 청의 중재를 거치지 않고 러시아와 직접 조러 통상 조약을 체결하였다.
② 조선이 러시아와 조러 비밀 협약을 추진하자 영국이 거문도를 불법 점령하였다.
③ 일본이 아관 파천 이후 수세에 몰리자 러시아와 세력 균형을 위한 협상을 하였다.
④ 일본이 러일 전쟁에서 승리하자 미국과 영국으로부터 조선에 대한 독점권을 인정받았다.

|정답해설| 아관 파천 이후 정치적 우위를 차지한 러시아는 일본과 '첫째, 아관 파천과 친러 정권을 인정할 것. 둘째, 을미사변에 대한 일본 책임을 시인할 것. 셋째, 주한 일본군을 감축하여 러시아 병력과 같은 수를 유지할 것' 등을 내용으로 베베르 – 고무라 각서를 체결하였다.

|정답| ③

*독립 협회

독립 협회의 만민 공동회 개최, 「헌의 6조」, 의회 설립 운동은 꼭 알아야 할 내용이다.

■독립 협회의 중심인물

서재필·윤치호·이상재·남궁억·정교·안경수·이완용 등 진보적 지식인과 정부의 고급 관료 등이 함께 독립 협회를 창립하였다.

■정동 구락부

고종 31년(1894) 서울에서 조직된 서양인들과 친미적 조선인들의 사교 친목 단체이다. 조선인 회원은 민영환·윤치호·이상재·서재필·이완용 등이 있었다. 한편 외국인으로는 미국 공사 실(Sill, J. M. B., 施逸)과 프랑스 영사 플랑시(Plancy, C. de.)를 비롯해 미국인 선교사 언더우드(Underwood, H. G.)와 아펜젤러(Appenzeller, H. G.) 등이 있었다.

■독립문

청 사신을 맞이하던 영은문 자리 부근에 세웠다.

2 독립 협회(獨立協會)*

(1) 창립

서재필 등은 자유 민주주의적 개혁 사상을 민중에게 보급하고 국민의 힘으로 자주독립 국가를 건설하기 위하여 〈독립신문〉을 창간하고 독립 협회를 창립하였다.

(2) 구성

① 지도부 : 근대 개혁 사상을 지닌 진보적 지식인들이 지도부를 이루었다.

② 구성원 : 열강의 침탈과 지배층의 수탈에 불만을 품은 도시 시민층이 주요 구성원을 이루었고, 학생·노동자·여성 등 광범한 사회 계층의 지지를 받았다.

▲ 〈독립신문〉

(3) 발전

① 지지 계층 : 독립 협회는 강연회와 토론회의 개최, 신문과 잡지의 발간 등을 통하여 민중에게 근대적 지식과 국권·민권 사상을 고취하였다. 이로써 독립 협회는 민중 속에 뿌리를 내려 광범한 사회 계층의 지지를 받았다.

② 민중 단체로의 발전 : 독립 협회와 〈독립신문〉이 정부의 외세 의존적인 자세를 비판하자 독립 협회에 참여하였던 관료들은 대부분 이탈하였지만 독립 협회는 오히려 민중에 기반을 둔 사회단체로 발전하였다.

(4) 활동

① 민중의 계몽 : 독립 협회의 지도층은 갑신정변, 갑오개혁과 같은 개혁 운동이 민중의 지지 기반이 없어 실패한 사실을 거울삼아 우선적으로 민중을 일깨우기 위한 운동을 벌였다.

② 자주독립 의식의 고취 : 국민의 성금을 모아 영은문(迎恩門) 자리 부근에 자주독립의 상징인 독립문(獨立門)을 세우고, 모화관(慕華館)을 독립관(獨立館)으로 개수하는 등 국민의 자주독립 의식을 고취시켰다.

③ 민중의 계도 : 강연회와 토론회의 개최, 신문과 잡지의 발간 등을 통하여 근대적 지식과 국권·민권 사상을 고취시켜 민중을 계도하였다.

(5) 국권·민권 운동의 전개

① 배경 : 러시아의 침략적 간섭은 여전하였고, 열강의 이권 침탈은 더욱 심해졌다.

② 만민 공동회 개최(1898) : 우리나라 최초의 근대적 민중 대회인 만민 공동회를 열었다. 만여 명의 시민·학생들이 모인 가운데 종로 광장에서 열린 만민 공동회에서는 러시아의 침략 정책을 규탄하고, 대한의 자주독립권을 지키자는 내용의 결의안을 채택하여 이를 정부에 건의하였다.

③ 자주 국권 운동 : 독립 협회는 수시로 만민 공동회를 열고, 외국의 내정 간섭과 이권 요구 및 토지 조차 요구 등에 대항하여 국권(國權)과 국익(國益)을 수호하려는 자주 국권 운동을 전개해 나갔다.

사료 열강의 이권 침탈을 반대한 독립 협회

근래 우리나라 국유 광산이라든지, 철도 기지·서북 삼림·연해 어업 등등 이 모든 것에 대한 외국인들의 권리 취득 요구를 우리 정부에서 한 가지라도 허락해 주지 않은 것이 있었는가. 이렇게 외국인들의 요구가 그칠 줄 모르는데, 오늘에 이르러서는 일인(日人)들이 또다시 국내 산림천택(山林川澤)과 원야(原野) 개발권까지 허가해 줄 것을 요청하기에 이를 정도로 극심해졌으니, 정부는 또 이 요구를 허가할 작정인가. 만일 이것마저 허가한다면 외국인들이 이외에 또다시 요구할 만한 무엇이 남아 있겠으며, 우리도 또한 무엇이 남아서 이런 요구에 응할 것이 있겠는가. 이렇게 되면 그야말로 500년의 마지막 날이 될 것이요, 삼천리의 종국(終局)이 될 것이니, 우리 정부에서는 반드시 이를 거절할 줄로 안다. 　　　　　　　　이상재가 정부에 올린 상서문

④ 자유 민권 운동: 자주 국권 운동이 전개되는 과정에서 민중의 힘이 증대되고 민권 의식이 고양됨에 따라 자유 민권 운동도 전개되었다. 국민의 신체 자유·재산권·언론·출판·집회·결사의 자유 등을 확보하려는 운동을 전개하여 상당한 성과를 거두었다. 또한 민의(民意)를 국정에 반영하여 근대 개혁을 추진하려는 국민 참정권 운동도 전개하였다.

(6) 국정 개혁 운동

① 민중 대표 기관으로 성장: 전국 각지에 지회를 설치하고, 4천여 명의 회원을 가진 민중의 대표 기관으로 성장하여 의회 설립에 의한 국민 참정 운동과 국정 개혁 운동을 본격적으로 전개하였다.
② 진보적 내각의 수립: 「구국 운동 상소문」(구국 운동 선언 상소, 1898. 2.)을 고종에게 올렸고, 박정양의 진보적 내각을 수립하는 데 성공하였다.
③ 「헌의 6조」 결의(1898. 10.): 만민 공동회와 정부 대신들을 합석시켜 관민 공동회를 개최하고 「헌의 6조」를 결의하였으며, 고종의 재가를 받았다(고종의 「조칙 5조」 발표).
④ 「중추원 신관제」 반포: 민선 의원과 관선 의원을 같은 수로 하는 의회식 「중추원 신관제(中樞院新官制)」를 반포하여 우리나라 역사상 최초로 의회(議會)를 만들려고 하였다.

■ **중추원의 구성**
중추원은 의장 1인, 부의장 1인, 의관 50인이 구성한다. 의관의 절반은 정부가 추천하고 절반은 독립 협회 회원들이 투표하여 선거한다. 의장, 부의장, 의관의 임기는 12개월로 정한다.

사료 관민 공동회의 「헌의 6조」

1. 외국인에게 의지하지 말고 관민이 한마음으로 힘을 합하여 전제 황권을 견고하게 할 것
2. 외국과의 이권에 관한 계약과 조약은 각 대신과 중추원 의장이 합동 날인하여 시행할 것
3. 국가 재정은 탁지부에서 전관(專管)하고, 예산과 결산을 국민에게 공표할 것
4. 중대 범죄를 공판하되, 피고의 인권을 존중할 것
5. 칙임관을 임명할 때에는 정부에 그 뜻을 물어서 중의에 따를 것
6. 정해진 규정을 실천할 것 　　　　　　　　〈독립신문〉

사료 「조칙 5조」

고종 황제는 「헌의 6조」에 자신의 5개조 약조를 추가하여, 향후 권력 기구의 정비와 개혁 정책의 추진을 약속하였다.

하나, 간관(諫官)을 폐지한 뒤에 바른말이 들어오는 길이 막히어 위아래가 부지런히 힘쓰도록 권하고 깨우쳐 가다듬는 뜻이 없게 되었으니, 중추원의 규정을 서둘러 정하여 실시할 일.
하나, 각 항목의 규칙은 이미 한번 정한 것이 있으니 각 회와 신문 역시 규정이 없을 수 없다. 회의 규정은 의정부와 중추원에서 시기에 알맞게 참작해서 헤아려 결정하고, 신문 조례는 내부와 농상공부가 여러 나라의 규례에 따라 헤아려 결정해 시행할 일.
하나, 관찰사 이하 지방관과 지방 부대 장관은 현직에 있건 이미 교체되었건 간에 관청의 재물을 거저 가진 사람이 있으면 장률에 의지하여 시행하고, 백성의 재물을 억지로 빼앗은 사람은 낱낱이 찾아서 본래 임자에게 돌려준 다음 법률대로 적용하고 징계하여 처벌할 일.

하나. 어사나 시찰 등 관원으로서 폐단을 끼치는 사람이 있으면 본고장의 백성들이 내부와 법부에 가서 호소하는 것을 허락함으로써 철저히 조사하여 징계해 다스릴 일.

하나. 상공 학교를 설립하여 백성의 직업을 장려할 일.

사료 「중추원 신(新)관제」

제1조 중추원은 다음 사항을 심의하고 의정하는 처소로 할 것

    1. 법률과 칙령의 제정, 폐지 혹은 개정에 관한 사항

    2. 의정부에서 토의를 거쳐 임금에게 상주하는 사항

    3. 칙령에 의하여 의정부에서 문의하는 사항

    4. 의정부에서 임시 건의에 대해 문의하는 사항

    5. 중추원에서 임시 건의하는 사항

    6. 인민이 건의하는 사항

제3조 의장은 대황제 폐하께옵서 문서로 임명하시고, 부의장은 중추원 공천에 의해 임명하시고, 의원 반수는 정부에서 공로가 있는 자로 회의하여 추천하고, 반수는 인민 협회에서 27세 이상의 사람이 정치·법률·학식에 통달한 자로 투표 선거할 것

(7) 독립 협회의 해산

① 박정양 내각의 붕괴 : 「헌의 6조」는 서구식 입헌 군주제의 실현을 목표로 하였기 때문에 보수 세력의 지지를 얻지 못하였다. 보수 세력은 고종에게 독립 협회가 왕정을 폐지하고 공화정을 실시하려 한다고 모함하였다. 이로 인해 박정양 내각은 무너지고 독립 협회도 3년 만에 해산되었다.

② 시민의 투쟁 : 서울 시민들은 만민 공동회를 열어 50여 일간의 시위 농성을 통하여 독립 협회의 부활, 개혁파 내각의 수립, 의회식 중추원의 설치 등을 요구하며 격렬한 투쟁을 벌였다.

③ 황국 협회의 탄압 : 보수 세력은 **황국 협회(皇國協會)**를 이용하여 독립 협회를 탄압하였고, 결국은 병력을 동원하여 민중들의 정치 활동을 봉쇄하였다.

(8) 독립 협회 활동의 의의

독립 협회는 과거의 개화 세력과는 달리 민중을 개화 운동과 결합시켜 근대적 민중 운동을 일으켰고, 민중에 의한 자주적인 근대화 운동을 전개하였다.

① 자주 국권 사상 : 자주독립 국가를 건설하려는 근대적 민족주의 사상으로서, 독립 협회는 열강의 침략으로부터 자주독립하는 길은 외국에 의존하지 않고 스스로의 힘으로 국권을 지키는 것이라고 믿었다. 그리고 실제로 민중을 배경으로 정부에 압력을 가하여 러시아의 내정 간섭과 이권 요구를 물리치는 등 자주 국권 운동을 전개하였다.

② 자유 민권 사상 : 국민의 자유와 평등 및 국민 주권의 확립을 통하여 근대 국민 국가를 건설하려는 민주주의 사상이다. 독립 협회는 민중에게 민권 의식을 고취시키고, 자유 민권의 민주주의 이념을 사회 일반에 전파하였다.

③ 자강 개혁 사상 : 자주적인 근대 개혁을 통하여 국력을 배양하려는 근대화 사상이다. 신교육과 산업 개발의 필요성, 국방력의 증강을 강조하였다.

■ 황국 협회(皇國協會)

전국의 보부상으로 조직된 단체로서, 보수 세력은 이들에게 만민 공동회가 열리는 곳에서 소란을 피우게 하고, 이를 빌미로 독립 협회를 해산시켰다.

● 밑줄 친 '이 단체'의 활동으로 옳은 것을 〈보기〉에서 모두 고른 것은?　　　23. 법원직 9급

정부의 지원을 받아 설립된 이 단체는 고종에게 아래의 문서를 재가 받았어요.

1. 외국인에게 의지하지 말고 관민이 합심하여 황제권을 공고히 할 것.
2. 외국과의 이권에 관한 계약과 조약은 해당 부처의 대신과 중추원 의장이 함께 날인하여 시행할 것.
　　　……

┌─ 보기 ┐
ㄱ. 「구국 운동 상소문」을 지었다.
ㄴ. 고종 강제 퇴위 반대 운동에 앞장섰다.
ㄷ. 일제의 황무지 개간권 요구에 반대하였다.
ㄹ. 러시아의 내정 간섭과 이권 요구에 반대하였다.

① ㄱ, ㄴ
② ㄱ, ㄹ
③ ㄴ, ㄷ
④ ㄷ, ㄹ

|정답해설| 제시된 내용은 독립 협회에서 결의한 「헌의 6조」(1898) 중 일부이다. 독립 협회는 ㄱ. 「구국 운동 상소문」(구국 운동 선언 상소, 1898. 2.)을 고종에게 올렸고, ㄹ. 러시아의 내정 간섭과 이권 침탈에 반대하였다. 그 결과 한러 은행을 폐쇄하고 러시아의 절영도 조차 요구를 좌절시켰다.

|오답해설|
ㄴ. 대한 자강회는 고종의 강제 퇴위 반대 운동을 전개하다가 해산되었다(1907).
ㄷ. 보안회는 일제의 황무지 개간권 요구에 반대하였다.

|정답| ②

● (가) 단체에 대한 설명으로 옳은 것은?　　　22. 국가직 9급

아관 파천 이후 러시아의 영향력이 강화되고 열강의 이권 침탈이 가속화되었다. 이러한 가운데 서재필 등은 　(가)　을/를 만들었다. 　(가)　은/는 고종에게 자주독립을 굳건히 하고 내정 개혁을 단행하라는 내용이 담긴 상소문을 제출하였으며, 만민 공동회를 개최하여 외국의 간섭과 일부 관리의 부정부패를 비판하였다.

① 「교육 입국 조서」를 작성해 공포하였다.
② 영은문이 있던 자리 부근에 독립문을 세웠다.
③ 개혁의 기본 강령인 「홍범 14조」를 발표하였다.
④ 일본에 진 빚을 갚자는 국채 보상 운동을 일으켰다.

|정답해설| (가) 단체는 독립 협회(1896~1898)이다. 독립 협회는 청에 대한 사대를 상징하는 영은문 자리 부근에 독립문을 세웠다.

|오답해설|
① 고종은 1895년에 「교육 입국 조서」를 반포하였다.
③ 고종은 1894년에 「홍범 14조」를 반포하였다.
④ 국채 보상 운동은 1907년 대구에서 시작되었다.

|정답| ②

● (가)~(다)가 반포된 순서대로 바르게 나열한 것은?　　　20. 법원직 9급

(가)
2. 모든 정부와 외국과의 조약에 관한 일은 각부 대신과 중추원 의장이 합동으로 서명, 날인하여 시행할 것.
4. 중대 범죄는 공개 재판을 시행하되, 피고가 죄를 자백한 후에 시행할 것.

(나)
1. 이후 국내외 공사(公私)문서에 개국 기원을 사용한다.
6. 남자 20세, 여자 16세 이하의 조혼을 금지한다.
8. 공사 노비법을 혁파하고 인신매매를 금지한다.

(다)
1. 흥선 대원군을 빨리 귀국시키고 종래 청에 행하던 조공의 허례를 폐지한다.
9. 혜상공국을 혁파한다.
12. 모든 재정은 호조에서 관할한다.

① (가) - (다) - (나)
② (나) - (다) - (가)
③ (다) - (가) - (나)
④ (다) - (나) - (가)

|정답해설| 제시된 자료는 '(다) 갑신정변 직후의 「정강 14개조」(1884) → (나) 제1차 갑오개혁(1894) → (가) 「헌의 6조」(1898)' 순으로 반포되었다.

|정답| ④

* 대한 제국의 수립
「대한국 국제」와 광무개혁의 내용은 꼭 기억하도록 한다.

■ 원구단(환구단)

고려 성종 2년(983) 정월에 처음 설치되었고, 조선 초에 제천 의례가 억제되자 폐지되었다. 세조 2년(1456)에 일시적으로 제도화하여 1457년에 환구단을 설치하고 제사를 지내게 되었다. 그러나 세조 10년(1464)을 마지막으로 환구단에서의 제사는 중단되었다. 환구단이 다시 설치된 것은 고종 34년(1897) 조선이 대한 제국이라는 황제국으로 이름을 바꾸고, 고종이 황제로 즉위하면서부터로, 고종은 환구단에서 황제 즉위식을 거행하였다.
현재 환구단 터에는 황궁우와 석고 3개가 남아있다. 황궁우는 1899년에 만들어진 3층의 8각 건물이며, 석고는 악기를 상징하는 듯한 모습으로 화려한 용무늬가 조각되어 있다. 1913년 일제에 의해 환구단은 헐리고 그 터에는 지금의 조선 호텔이 들어서게 되었다.

08 대한 제국의 수립

1 대한 제국의 수립*

(1) 고종의 환궁

아관 파천 이후 열강의 이권 침탈 등으로 국내의 여론이 악화되고, 고종의 환궁을 독촉하는 목소리가 높아지자 1897년 고종은 경운궁(이후 덕수궁으로 개칭)으로 환궁하였다.

(2) 대한 제국 수립

고종은 환궁 이후 자주독립을 강화하는 방안으로 칭제 건원을 추진하여 연호를 '광무'라 하고, 국호를 '대한 제국'으로 고쳤다.

(3) 「대한국 국제」 반포

고종은 「대한국 국제」를 반포(1899)하여 자주독립과 전제 황권 강화를 표방하였다.

> **사료** 「대한국 국제」 제정(법규 교정소)
>
> 우리 폐하는 뛰어난 성인의 자질로서 중흥의 업적을 이룩하여 이미 보위에 올랐고 계속해서 또 국호를 개정하였으니, …… 이것이 이 법규 교정소를 설치한 까닭입니다. 이제 조칙을 받들어 보니, 본 교정소에서 국제(國制)를 잘 상의하여 세워서 보고하여 분부를 받으라고 하였으므로 감히 여러 사람의 의견을 수집하고 공법(公法)을 참조하여 국제 1편을 정함으로써 우리나라의 정치는 어떤 정치이고 우리나라의 군권은 어떤 군권인가를 밝히려 합니다. 이것은 실로 법규의 대두뇌이며 대관건입니다. 이 제도를 한 번 반포하면 온갖 법규가 쉽게 결정될 것이니, 그것을 교정하는 데 무슨 문제가 있겠습니까. 이에 본 교정소가 모여 의논하고 삼가 표제(標題)를 각기 기록하여 폐하의 재가를 기다립니다.　「관보」, 1899년(광무 3년)

> **사료** 「대한국 국제」
>
> 제1조　대한국은 세계 만국에 공인되올 바 자주독립하온 제국이니라.
> 제2조　대한 제국의 정치는 이전부터 오백 년간 전래하시고 이후부터는 항만세(恒萬歲) 불변하오실 전제 정치이니라.
> 제3조　대한국 대황제께옵서는 무한하온 군권을 향유하옵시느니 공법(公法)에 이르는 바 자립 정체이니라.
> 제4조　대한국 신민이 대황제의 향유하옵시는 군권을 침손할 행위가 있으면 그 행위의 사전과 사후를 막론하고 신민의 도리를 잃어버린 자로 인정할지니라.
> 제5조　**대한국 대황제께옵서는 국내 육해군을 통솔하옵셔서 편제(編制)를 정하옵시고 계엄·해엄을 명령하옵시니라.**
> 제6조　대한국 대황제께옵서는 법률을 제정하옵셔서 그 반포와 집행을 명령하옵시고 만국의 공공(公共)한 법률을 효방(效倣)하사 국내 법률로 개정하옵시고 대사·특사·감형·복권을 명하옵시느니 공법에 이른바 자정율례(自定律例)이니라.
> 제7조　대한국 대황제께옵서는 행정 각 부부(府部)의 관제와 문무관의 봉급을 제정 혹은 개정하옵시고 행정상 필요한 칙령을 발하옵시느니 공법에 이른바 자행치리(自行治理)이니라.
> 제8조　대한국 대황제께옵서는 문무관의 출척(黜陟)·임면을 행하옵시고 작위·훈장 및 기타 영전(榮典)을 수여 혹은 체탈(遞奪)하옵시느니 공법에 이른바 자선신공(自選臣工)이니라.
> 제9조　대한국 대황제께옵서는 각 국가에 사신을 파송 주찰(駐紮)케 하옵시고 선전·강화 및 제반약조를 체결하옵시느니 공법에 이른바 자견사신(自遣使臣)이니라.

2 광무개혁

(1) 광무개혁 실시

① 원수부를 설치(1899)하여 황제가 직접 군대를 관할하였고, 황제를 호위하는 친위대와 시위대를 설치하였다.

② '옛 제도를 근본으로 하고 새 제도를 참작한다.'라는 구본신참(舊本新參)을 원칙으로 점진적 개혁을 추진하였다.

(2) 개혁 내용

① 황실 재정 개선을 위해 종래 탁지부·농상공부에서 관할하던 전국의 광산·철도·홍삼 제조·백동화 주조·수리 관계 사업을 궁내부의 내장원으로 이관하였으며, 그 수입은 황제가 내탕금으로 사용하도록 하였다.

② 상세(商稅)를 징수하고, 상무사를 조직하여 영업세 징수를 맡겼다. 이어 황실 직영의 방직 공장·유리 공장·제지 공장 등을 설립하였다.

③ 양전 사업과 지계 발급 : 근대적 토지, 지세 제도 마련을 위해 실시하였다.

   ㉠ 근대적 토지 소유권 제도를 확립하기 위해 양지아문을 설치(1898)하여 1899년부터 양전 사업을 실시하였다.

   ㉡ 1901년 지계아문이 설치되면서 양지아문의 업무는 지계아문에 이양되었다. 지계아문에서는 지역의 토지 측량 조사를 실시하였고 토지 소유권 증명인 지계를 발급하였다.

   ㉢ 대한 제국 정부는 개항장에서만 외국인의 토지 소유를 인정하였다. 모든 산림, 토지, 전답, 가옥을 발급 대상에 포함하였다.

④ 환구단(원구단)을 세우고, 교통·통신 등의 근대적 시설을 확충하였다.

⑤ 1901년 금본위제 화폐 제도를 채택하였다(실질적인 금본위제는 1905년 화폐 정리 사업 이후 실시함).

⑥ 교육 부분에도 관심을 가져 상공 학교와 광무 학교(1900년 광업 계통의 실업 교육을 실시하기 위해 설립)를 설립하였다. 또한 잠업 시험장(1900)과 양잠 전습소(1901)를 설립하여 양잠 기술을 발전시키려 하고, 각종 회사와 은행 설립을 장려하는 식산흥업 정책을 전개하였다.

⑦ 서울의 친위대를 2개 연대로 증강하고 시위대를 신설하는 한편, 호위대를 개편·증강하였다. 이어 지방의 진위대를 증강하여 6개 연대 규모로 통합·개편하였다.

⑧ 블라디보스토크와 간도 지방에 각각 해삼위 통상 사무관과 간도 관리사를 파견하였다.

⑨ 한청 통상 조약을 체결하여 중국과 대등한 관계를 표방하였다(1899).

⑩ 서북 철도국 설치(1900)

   ㉠ 이용익의 주도로 궁내부에 경의선 부설을 위해 서북 철도국을 설치하였다.

   ㉡ 그러나 자금 상황이 어려워져 1902년 대한 철도 회사(1899년 설립)로 경의선 부설권이 양도되었다. 이후 1903년에 대한 철도 회사는 일본에 경의선 부설권을 매각하였다.

⑪ 수민원 설치(1902) : 궁내부 산하에 설치한 관서로서 외국 여행권(여권) 및 이민 업무를 담당하였다.

⑫ 토지 가옥 증명 규칙(1906) : 국내 어느 곳이라도 외국인의 토지 및 가옥의 소유가 보장되었다.

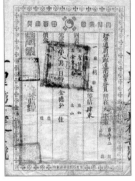

▲ 대한 제국의 지계

사료　**광무개혁**

❶ 양전 및 지계 사업

제2조　전답·산림·천택(연못)·가옥을 매매 및 양도하는 경우 관계(官契, 관에서 증명한 문서)를 반납한다.

제3조　소유주가 관계를 받지 않거나, 저당 잡힐 때 관허가 없으면 모두 몰수한다.

제4조　대한 제국 인민 외 소유주가 될 권리가 없고, 외국인에게 명의를 빌려 주거나 사사로이 매매·저당·양도할 경우 법에 따라 처벌된다.

❷ 금본위제 개정 화폐 조례

제1조　화폐의 제도와 발행의 권한은 정부에 속함

제2조　금화폐의 순금 양목(量目)은 2푼으로 가격의 단위를 정하고, 이를 환이라 칭할 것

제3조　화폐의 종류는 금화폐(20환·10환·5환), 은화폐(반환·20전), 적동화폐(1전)로 할 것

❸ 토지 가옥 증명 규칙

칙령 제65호

제1조　토지·가옥을 매매·증여·교환 혹은 전당할 때에는 그 계약서에 통수 혹은 동장의 인증을 받은 후 군수 혹은 부윤의 증명을 받아야 한다.

제2조　제1조의 증명을 받은 계약서는 완전한 증거가 되며, 오직 그 정본(正本)에 따라 해당 관청에서 효력이 발생한다.

제8조　1. 당사자 중 한 편이 외국인으로서 이 규칙에 따라 증명을 받으면 일본 이사관의 사증(査證)을 받되, 만약 이를 받지 못하면 제2조의 효력이 발생하지 않는다.

　　　　2. 당사자의 양 편이 외국인으로서 증명을 받고자 할 때는 일본 이사관에게 신청하여 일본 이사관이 먼저 해당 군수나 부윤에게 공문으로 알려 토지 가옥 증명부에 기재한 후 증명한다.

「관보」 제3598호, 1906년(광무 10)

사료　**한청 통상 조약(1899)**

제1관　앞으로 대한국과 대청국은 영원히 우호를 다지며 양국 상인과 인민이 거류하는 경우 모두 온전히 보호와 우대의 이익을 얻는다.

제2관　이번 조약을 맺은 이후부터 양국은 서로 병권대신을 파견하여 피차 수도에 주재시키고, 아울러 통상 항구에 영사 등의 관원을 설립하는 데 모두 편의를 봐줄 수 있다.

제5관　재한국 중국 인민이 범법(犯法)한 일이 있으면 중국 영사관이 중국의 법률에 따라 심판 처리하며, 재중국 한국 인민이 범법한 일이 있으면 한국 영사관이 한국의 법률에 따라 심판 처리한다.

(3) 광무개혁의 평가

자주적 입장에서 근대적 개혁을 추진하였다는 점에 의의가 있다. 하지만 열강의 간섭을 배제하거나 국민적 결속을 이끌어 내지 못하였으며, 근본적으로 **위로부터의 개혁**이라는 한계점이 있었다.

○ 열강의 이권 침탈

구분	연도	이권 침탈 내용
일본	1895	인천 ~ 부산, 인천 ~ 대동강, 인천 ~ 함경도 윤선 정기 항로 개설권
	1898	경부 철도 부설권
	1898	평양 탄광 석탄 전매권
	1898	경인 철도 부설권(미국으로부터 매입)
	1900	직산(충남) 금광 채굴권
	1900	경기도 연해 어업권
	1904	충청·황해·평안도 연해 어업권
러시아	1896	경원·종성(함북) 광산 채굴권
	1896	월미도(인천) 저탄소 설치권
	1896	두만강·압록강·울릉도 삼림 채벌권
	1897	절영도(부산) 저탄소 설치권
	1899	동해안 포경권
미국	1895	운산(평북) 금광 채굴권
	1896	경인 철도 부설권(1898년 일본에 전매)
	1897	서울 전기·수도 시설권
	1898	서울 전차 부설권
프랑스	1896	경의선 부설권(대한 제국에 반납 → 일본에 양도)
	1901	창성(평북) 금광 채굴권
	1903	평양 무연탄 광산 채굴권
독일	1897	당현 금광 채굴권
영국	1900	은산(평남) 금광 채굴권

|정답해설| 제시된 사료는 대한 제국 시기인 1898년에 발표된 '중추원 관제'이다. 중추원은 황제가 임명한 25인과 독립 협회에서 선출한 25인으로 구성되었으며 법률과 칙령의 제정 및 폐지, 국민의 건의 사항 등을 심사·의결하는 권한을 가졌다. 또한 대한 제국 정부는 1902년에 외국 여행권(여권), 이민 업무 등을 관장하는 수민원을 설치하였다.

|오답해설|
① 경무청은 1894년 제1차 갑오개혁 때 설치되었다.

② 1895년 을미개혁 때 '건양'이라는 연호가 제정되었다.

③ 제2차 갑오개혁 때 지방 재판소와 고등 재판소가 개설되었다.

|정답| ④

● **다음 관제를 발표했던 정부의 정책으로 옳은 것은?**   21. 경찰직 1차

> 제1조 중추원은 다음 사항을 심의하고 의정하는 처소로 할 것
> ① 법률과 칙령의 제정, 폐지 혹은 개정에 관한 사항
> ② 의정부에서 토의를 거쳐 임금에게 상주하는 사항
> ③ 칙령에 의하여 의정부에서 문의하는 사항
> ④ 의정부에서 임시 건의에 대해 문의하는 사항
> ⑤ 중추원에서 임시 건의하는 사항
> ⑥ 인민이 건의하는 사항
>
> 제3조 의장은 대황제 폐하께옵서 문서로 임명하시고, 부의장은 중추원 공천에 의해 임명하시고, 의원 반수는 정부에서 공로가 있는 자로 회의하여 추천하고, 반수는 인민 협회에서 27세 이상의 사람이 정치, 법률, 학식에 통달한 자로 투표 선거할 것

① 경무청을 창설하였다.

② 건양이란 연호를 사용하였다.

③ 지방 재판소와 고등 재판소를 개설하였다.

④ 이민 업무를 담당하는 수민원을 설치하였다.

|정답해설| 대한 제국 정부는 1901년 지계아문을 설치하고, 일부 지주에게 지계(근대적 토지 소유권 증명서)를 발급하였다(전국적으로 발급하지는 못함).

|오답해설|
① 조선 정부는 일본 상품에 관세를 부과하고자 1883년에 개정 조일 통상 장정을 체결하였다.

② 1862년 임술 농민 봉기 이후 삼정의 문란을 바로잡기 위하여 삼정이정청이 창설되었다.

④ 1894년 제1차 갑오개혁 당시 초정부적 개혁 기구였던 군국기무처에서 과거제를 폐지하였다.

|정답| ③

● **대한 제국 정부가 시행한 정책은?**   19. 지방직 7급

① 일본에 상품 관세를 부과하고자 조일 통상 장정을 체결하였다.

② 삼정 문란을 바로잡기 위하여 삼정이정청을 창설하였다.

③ 지계아문을 두고 일부 지주에게 지계를 발급하였다.

④ 군국기무처가 과거제를 폐지하였다.

|정답해설| 제시된 사료는 대한 제국의 광무개혁 중 양전, '지계(地契)' 사업에 대한 내용이다. 1898년에 설치된 양지아문에서 양전 사업을 시작하였고, 1901년에 설립된 지계아문에서 지계 발급 사무를 담당하였다. 그러나 러일 전쟁 발발 이후 일본의 간섭으로 지계가 전국적으로 발급되지는 못했다. 국권 피탈 이후 일제가 토지 조사 사업(1910~1918)을 실시하면서 다시 토지를 조사하였으며 조사한 토지의 지적도와 토지 대장을 작성하였다.

|정답| ②

● **자료에 나타난 정부의 정책에 대한 설명으로 옳지 않은 것은?**   20. 국가직 7급

> 종래의 양전처럼 농지의 비척(肥瘠)이나 가옥의 규모를 조사하는 것에만 그치지 않고, 전국 토지 일체에 대한 조사를 목표로 지질과 산림·천택, 수풀과 해변, 도로에 이르기까지 광범위하게 조사하였다. 나아가 전국 토지의 정확한 규모와 소재를 파악하는 한편 소유권을 확인해 주기 위해 지계(地契)를 발행하는 사업을 함께 전개하였다.

① 양지아문에서 양전 사업을 착수하였다.

② 조사한 토지의 지적도와 토지 대장을 작성하였다.

③ 지계아문에서 지계 발급 사무를 맡았다.

④ 러일 전쟁 발발 직후 일본의 간섭으로 중단되었다.

03 일제의 침략과 국권 수호 운동

01 국권의 피탈과 항일 의병 투쟁
02 애국 계몽 운동의 전개

---

01 국권의 피탈과 항일 의병 투쟁

1 국권의 피탈*

(1) 한일 의정서(1904. 2.)

① 체결 과정
　㉠ 국외 중립 선언(1904. 1.): 러일 전쟁에 대비하여 대한 제국은 양국의 전쟁 속에 말려들지 않으려고 국외 중립(局外中立)을 선언하였다.
　㉡ 러일 전쟁의 발발(1904. 2.): 청일 전쟁 이후 일본은 만주와 한반도를 독점적으로 지배하고자 러시아와 날카롭게 대립하였고, 마침내 러일 전쟁을 일으켰다.
　㉢ 일본의 대규모 병력 투입: 일본은 전쟁 도발과 동시에 한국 침략의 발판을 군히기 위하여 대규모의 병력을 한국에 투입하고, 서울을 비롯한 전국의 군사적 요지를 점령하였다.
② 내용: 한국 정부를 위협하여 한일 의정서를 강요하였다.
　㉠ 한국 정부는 '시정 개선'에 관한 충고를 받아들인다.
　㉡ 일본군은 전략상 필요한 지역을 마음대로 사용할 수 있다.
　㉢ 일본의 동의 없이 제3국과 조약을 체결할 수 없다.

사료 한일 의정서

제1조　한국 정부는 일본을 신임하여 '시정 개선'에 관한 충고를 받아들일 것
제2조　일본 정부는 한국 황실의 안전을 도모할 것
제3조　**일본은 한국의 독립과 영토 보전을 보장할 것**
제4조　제3국의 침략으로 한국에 위험 사태가 발생할 경우 일본은 이에 신속히 대처하며, 한국 정부는 이와 같은 일본의 행동이 용이하도록 충분한 편의를 제공하고, **일본 정부는 목적을 달성하기 위해 (군사) 전략상 필요한 지역을 언제나 사용할 수 있도록 할 것**
제5조　**한국과 일본은 상호 간의 승인을 거치지 않고서는 협정의 취지에 위배되는 협약을 제3국과 맺지 않을 것**
제6조　본 협약에 관련된 미비한 내용은 대한 제국 외무대신과 대일본 제국 대표자 사이에 임기 협정할 것

단권화 MEMO

***국권의 피탈**
대한 제국의 국권 피탈 과정을 순서대로 기억해야 한다.

(2) 제1차 한일 협약(1904. 8.)

① 체결 과정 : 러일 전쟁의 전세가 일본에게 유리하게 전개되자 일본은 한국 식민지화 방안을 확정하고, 이어서 제1차 한일 협약의 체결을 강요하였다.

② 내용

　㉠ 외교·재정 등 각 분야에 고문(顧問)을 두고(외교 고문 – 스티븐스, 재정 고문 – 메가타) 한국의 내정에 간섭하는 이른바 고문 정치를 시행하였다.

　㉡ 실제로는 협약에도 없는 군부·내부·학부·궁내부 등 각 부에도 일본인 고문을 두어 한국의 내정을 마음대로 간섭하였다.

사료 　제1차 한일 협약

제1조　대한 제국 정부는 대일본 제국 정부가 추천한 일본인 1명을 재정 고문에 초빙하여 재무에 관한 사항은 모두 그의 의견을 들어 시행할 것

제2조　대한 제국 정부는 대일본 제국 정부가 추천한 외국인 1명을 외교 고문으로 외부(外部)에서 초빙하여 외교에 관한 중요한 업무는 모두 그의 의견을 들어 시행할 것

제3조　대한 제국 정부는 외국과의 중요한 조약 체결, 기타의 중요한 안건, 즉 외국인에 대한 특권 양여(讓與)와 계약 등의 일 처리에 관해서는 미리 일본 정부와 협의할 것

---

(3) 일본의 대한 제국 독점 외교

조약명	조약 당사국과 주요 내용
제1차 영일 동맹(1902. 1. 30.)	영국과 일본 간 러시아에 대한 군사적 동맹
가쓰라–태프트 밀약(1905. 7. 29.)	미국은 필리핀, 일본은 한국에서의 독점적 우위 인정
제2차 영일 동맹(1905. 8. 12.)	영국은 인도, 일본은 한국에서의 독점적 우위 인정
포츠머스 조약(1905. 9. 5.)	러시아가 일본의 한국에서의 독점적 우위 인정

사료 　국제 사회에서의 조선에 대한 지배권 인정

❶ 가쓰라[桂太郎]–태프트(Taft) 밀약(1905. 7.)

- 필리핀은 미국과 같은 친일적인 나라가 통치하는 것이 일본에 유리하고, 일본은 필리핀에 대하여 하등의 침략적 의도를 품지 않는다.
- 극동의 전반적 평화를 유지하는 데는 일본·미국·영국 3국 정부의 상호 양해를 달성하는 것이 최선의 길이며 사실상 유일한 수단이다.
- 미국은 일본이 대한 제국의 보호권을 확립하는 것이 러일 전쟁의 논리적 귀결이며, 극동 평화에 직접 이바지할 것으로 인정한다.

❷ 제2차 영일 동맹(1905. 8.)

제3조　일본국은 한국에서 정치·군사 및 경제상의 탁월한 이익을 옹호 증진하기 위하여 정당하고 필요하다고 인정하는 지도·감리 및 보호 조치를 한국에서 집행할 권리를 갖는다. 단, 해당 조치는 항상 영국의 상공업에 대한 기회균등주의에 위반하지 아니할 것을 요구한다.

❸ 포츠머스 강화 조약(1905. 9.)

제2조　러시아 제국 정부는 일본 제국이 한국에서 정치상·군사상 및 경제상의 탁월한 이익을 가지는 것을 인정하고, 일본 제국 정부가 한국에서 필요하다고 인정하는 지도·보호 및 감리의 조치를 취함에 있어 이를 방해하거나 간섭하지 않을 것을 약속한다.

(4) 제2차 한일 협약(을사늑약, 1905. 11.)

① 체결 과정

  ㉠ 조약의 강요: 일본은 러일 전쟁에서 승리한 후, 노골적으로 식민지화 정책을 강행하였다. 일본은 러일 전쟁을 전후하여 미국·영국·러시아 등 열강으로부터 한국의 독점적 지배권을 인정받은 후 한국을 보호국으로 만들려는 을사늑약의 체결을 강요하였다.

  ㉡ 조약의 일방적 공포: 고종 황제와 정부 대신의 강력한 반대에도 불구하고 일본은 군사적 위협을 가하여 일방적으로 조약 성립을 공포하였다.

② 내용: 일본은 대한 제국의 **외교권을 빼앗고**, 서울에 통감부를 설치하여 내정까지 간섭하는 이른바 통감 정치를 실시하였다.

③ 반발: 각계각층에서 일본의 침략을 규탄하고, 조약 폐기를 주장하는 운동이 일어났다.

사료   **제2차 한일 협약(을사늑약)**

대일본 제국 정부와 대한 제국 정부는 양 제국을 결합하는 데 이해관계가 같음을 공고히 하고 한국의 부강과 실(實)을 인정할 수 있게 되기까지 이 목적을 위하여 아래의 조관을 제정함

제1조 대일본 제국 정부는 도쿄에 있는 외무성을 경유하여 이후에 대한 제국이 외국에 갖는 관계 및 사무를 감리·지휘할 것이며 대일본 제국 외교 대표자 및 영사는 외국에서 한국의 관리 및 국민의 이익을 보호할 것임

제2조 대일본 제국 정부는 대한 제국과 타국 간에 현존하는 조약의 실행을 완수하는 임무를 맡고 **대한 제국 정부는 이후에 대일본 제국 정부의 중개를 경위하지 않고서 국제적 성질을 가진 하등의 조약이나 또는 약속을 하지 않기로 서로 약정함**

제3조 대일본 제국 정부는 그 대표자로서 **대한 제국 황제 폐하의 아래에 1명의 통감(統監)을 두되**, 통감은 오로지 외교에 관한 사항을 관리하기 위하여 경성에 주재하고, 직접 대한 제국 황제 폐하를 궁중에서 알현할 권리를 가진다. 일본국 정부는 또 한국의 각 개항장과 기타 일본국 정부가 필요하다고 인정하는 지역에 이사관(理事官)을 두는 권리를 가지되, 이사관은 통감의 지휘 아래 종래 재한국 일본 영사에게 속했던 일체 직권을 집행하고 아울러 본 협약의 조관을 완전히 실행하기 위하여 필요한 일체 사무를 맡아 처리한다.

심화   **을사늑약 이후 설치된 이사청과 이사관의 역할**

이사청은 을사늑약 이후, 일제가 설치한 통감부(統監府)의 지방 기관이다. 1905년 12월, 일왕의 칙령으로 '통감부급이사청관제(統監府及理事廳官制)'를 공포하여, 중앙에 통감부를 설치하고 지방의 일본 영사관 자리에 이사청을 설치하였다. (1906년 2월) 이후 서울과 지방에서 본격적인 한국 침탈(侵奪)을 시작하였다. 한편 '통감부 및 이사청관제(理事廳官制)'에서 '이사관'의 업무는 통감의 지휘 감독을 받아, 영사 사무와 제2차 일한 협약(을사늑약을 지칭) 및 법령에 기초하여 사무를 관장한다고 규정되어 있다. 또한 '이사관'은 '안녕질서를 유지하기 위해 긴급히 필요하다고 판단되면 제국 군대 사령관에게 출병을 요청할 수 있다.'는 조항이 있다.

바로 확인문제

● **다음 중 1904년 2월에 체결된 한일 의정서에 들어있는 내용으로 가장 적절한 것은?**   20. 경찰직 1차

① 한국 정부의 법령 제정 및 중요한 행정상의 처분은 미리 통감의 승인을 거쳐야 한다.

② 대한 정부는 일본 정부가 추천한 외국인 1명을 외교 고문으로 삼아 외부에 용빙하여 외교에 관한 중요한 사무는 일체 그의 의견을 물어서 시행해야 한다.

③ 제3국의 침해나 혹은 내란으로 인하여 대한 제국 황실의 안녕과 영토의 보존에 위험이 있을 경우에는 일본 제국 정부는 속히 정황에 따라 필요한 조치를 취할 수 있다.

④ 일본국 정부는 한국과 타국 간에 현존하는 조약의 실행을 완수하는 임무를 담당하고 한국 정부는 지금부터 일본국 정부의 중개를 거치지 않고서는 국제적 성질을 가진 어떤 조약이나 약속을 맺지 않을 것을 서로 약속한다.

| 오답해설 |
① 한일 신협약(정미 7조약), ② 제1차 한일 협약(1904. 8.), ④ 제2차 한일 협약(을사늑약) 중 일부이다.
| 정답 | ③

단권화 MEMO

| 정답해설 | 제시된 자료는 을사늑약
(제2차 한일 협약) 중 외교권 박탈을
규정한 내용이다. 시모노세키 조약은
1895년 청일 전쟁의 결과 체결된 강
화 조약이다.

| 정답 | ②

● 다음 조약에 직접적으로 영향을 준 사건이 아닌 것은?

> • 일본국 정부는 동경의 외무성을 경유하여 금후에 한국의 외국에 대한 관계 및 사무를 감리·지휘
> 할 것이요. 일본국의 외교 대표자 및 영사는 외국에서의 한국 신민의 이익을 보호할 것임
> • 일본국 정부는 한국과 타국 간에 현존하는 조약의 실행을 완수하는 임무를 담당하고, 한국 정부
> 는 금후 일본국 정부의 중계를 거치지 않고서는 국제적 성질을 가진 어떤 조약이나 약속을 맺지
> 않을 것을 서로 약속함

① 포츠머스 조약   ② 시모노세키 조약
③ 제2차 영일 동맹   ④ 가쓰라-태프트 밀약

(5) 한일 신협약(정미 7조약, 1907. 7.)

① 체결 과정 : 일본은 헤이그 특사 파견을 구실로 고종 황제를 강제로 퇴위시키고, 순종이 즉
위한 후 한일 신협약을 황제의 동의 없이 강제로 체결하였다.

② 내용

    ㉠ 우리 정부 각 부에 일본인 차관(次官)을 두어 일본인 차관이 우리나라의 실제 행정권을
장악하는 차관 정치가 실시되었다.

    ㉡ 이 조약의 체결로 모든 통치권이 통감부로 옮겨졌으며, 통감의 사전 승인 없이는 입법·
행정상 중요 처분을 할 수 없게 되었고 시정 개선에 통감의 지도를 받아야 하며 관리 임
명권까지 박탈당하였다.

    ㉢ 황실 재정을 축소하기 위해 궁장토(宮庄土), 역둔토(驛屯土), 광산 개발 및 홍삼 전매권
등을 정부 재정으로 이관하였다.

사료   한일 신협약(정미 7조약)

일본 정부 및 한국 정부는 속히 한국의 부강을 도모하고 한국민의 행복을 증진하고자 하는 목적으로 다음
조관을 약조함

제1조   **한국 정부는 시정 개선에 관하여 통감의 지휘를 받을 것**
제2조   한국 정부의 법령 제정 및 중요한 행정상의 처분은 미리 통감의 승인을 받을 것
제4조   한국 고등 관리의 임면은 통감의 동의로써 이를 행할 것
제5조   한국 정부는 통감이 추천한 일본인을 한국 관리로 임명할 것

부수 비밀 각서
제3. 다음 방법에 의하여 군비를 정리함
  1. 육군 1대대를 존치하여 황궁 수위(守衛)를 담당케 하고, 기타를 해대(解隊 : 군대를 해산)한다.
  1. 교육이 있는 사관은 한국 군대에 남아 근무할 필요가 있는 자를 제하고, 기타는 일본 군대에 부속케 하
    고 실지 연습하게 할 것
제5. 중앙 정부 및 지방청에 일본인을 다음의 한국 관리로 임명함
  1. 각 부 차관
  1. 내부 경무국장

(6) 군대 해산(1907. 8.)

일본은 한일 신협약(정미 7조약) 강제 체결 이후 한일 신협약의 부수 비밀 각서에 따라 대한
제국의 군대마저 해산하고 실질적으로 한국을 지배하기 시작하였다.

(7) 국권의 강탈(1910. 8. 29.)

① 일본은 기유각서(1909. 7.)로 사법권·감옥 사무권을 빼앗고, 이어 경찰권(1910. 6.)마저 빼앗은 다음 친일 단체인 일진회를 통해 합방 의견서를 제출하게 하였다.

② 이완용과 데라우치는 한일 병합 조약(1910)을 체결하였고, 일본은 마침내 국권까지 강탈하여 총독부를 설치하고 식민 통치에 들어갔다.

③ 국권 피탈 직후 황현은 「절명시」를 쓰고 자결로써 저항하였다.

제1조　한국 황제 폐하는 한국 전부(全部)에 관한 일체의 통치권을 완전히 또 영구히 일본국 황제 폐하에게 양여한다.

제2조　일본국 황제 폐하는 앞의 조항에 게재한 양여를 수락하고 또 완전히 한국을 일본 제국에 병합하는 것을 승낙한다.

제3조　일본국 황제 폐하는 한국 황제 폐하, 태황제 폐하, 황태자 전하와 그 후비(后妃) 및 후예로 하여금 각각 그 지위에 따라 상당한 존칭, 위엄 및 명예를 향유하게 하고 또 이를 유지하는 데 충분한 세비(歲費)를 공급할 것을 약속한다.

제4조　일본국 황제 폐하는 앞의 조항 이외에 한국 황족 및 그 후예에 대하여 각각 상당한 명예 및 대우를 향유하게 하고, 또 이를 유지하는 데 필요한 자금을 공여할 것을 약속한다.

제5조　일본국 황제 폐하는 공훈이 있는 한국인으로서 특별히 표창하는 것이 적당하다고 인정되는 자에 대하여 영예 작위를 주고 또 은사금을 준다.

| 사료 | 황현의 「절명시」 |

새 짐승도 슬피 울고 산악 해수 다 찡기는 듯 / 무궁화 삼천리가 이미 영락되다니
가을 밤 등불 아래 책을 덮고서 옛일 곰곰이 생각해 보니 / 이승에서 지식인 노릇하기 정히 어렵구나

바로 확인문제

● 일본이 강요한 조약의 내용을 시기순으로 나열한 것은?　　　15. 서울시 7급

　ㄱ. 비밀 각서를 통해 대한 제국의 군대를 해산하였다.
　ㄴ. 재정 고문으로 일본인 메가타를, 외교 고문으로 미국인 스티븐스를 채용하게 하였다.
　ㄷ. 통감부를 설치하여 대한 제국의 외교권을 완전히 장악하였다.
　ㄹ. 대한 제국이라는 국가가 없어졌다.

① ㄴ－ㄱ－ㄷ－ㄹ　　　　　② ㄴ－ㄷ－ㄱ－ㄹ
③ ㄷ－ㄱ－ㄴ－ㄹ　　　　　④ ㄷ－ㄴ－ㄱ－ㄹ

● 국권이 침탈되기까지의 과정을 시기순으로 바르게 나열한 것은?　　　17. 국가직(사복직 포함) 9급

　ㄱ. 헤이그 특사 파견을 문제 삼아 고종 황제를 강제로 퇴위시켰다.
　ㄴ. 일본인 메가타를 재정 고문으로, 미국인 스티븐스를 외교 고문으로 임명하도록 하였다.
　ㄷ. 대한 제국의 사법권을 빼앗고 감옥 사무를 장악하였다.
　ㄹ. 통감이 추천한 일본인을 대한 제국의 관리로 임명하도록 하였다.

① ㄱ－ㄴ－ㄷ－ㄹ　　　　　② ㄴ－ㄱ－ㄹ－ㄷ
③ ㄴ－ㄷ－ㄱ－ㄹ　　　　　④ ㄹ－ㄴ－ㄱ－ㄷ

| 정답해설 | 제시된 내용은 일본의 국권 침탈 과정이다. 'ㄴ. 1904년 제1차 한일 협약 → ㄷ. 1905년 제2차 한일 협약(을사늑약) → ㄱ. 1907년 한일 신협약(정미 7조약) → ㄹ. 1910년 한일 병합 조약' 순으로 체결되었다.

| 정답 | ②

| 정답해설 | 제시된 사건들은 'ㄴ. 1904년 제1차 한일 협약 체결 → ㄱ. 1907년 헤이그 특사(밀사) 사건으로 고종 강제 퇴위 → ㄹ. 순종 즉위 직후 한일 신협약(1907) 체결 → ㄷ. 1909년 기유각서 체결' 순으로 일어났다.

| 정답 | ②

■ 의병의 시작

의병의 시작은 이미 갑오개혁 때부터 일어나고 있었다. 즉, 1894년 8월 안동에서 서상철(徐相轍)이 거사하였는데, 이는 갑오개혁에 따른 반일 감정에 기반한다. 특히 1894년 6월의 일본군의 '경복궁 침입 사건(景福宮侵入事件)'이 직접적 동기가 되었다. 이듬해 7월에는 평안도 상원에서 김원교(金元喬)가 거사하였고, 을미사변 직후인 9월에는 유성에서 문석봉(文錫鳳)이 기병하였는데, 단발령(斷髮令)이 발표된 후에는 전국 각지로 확대되었다.

변태섭

② 항일 의병 투쟁*의 시작

(1) 항일 의병 투쟁의 발발

청일 전쟁의 승리로 한반도에서 청 세력을 몰아낸 일본이 침략 의도를 노골적으로 드러내자 민족적 저항이 여러 방면에서 일어났다. 그중 가장 적극적인 저항이 의병 투쟁이었다.

(2) 을미의병(1895)

① 계기 : 최초의 항일 의병인 을미의병은 명성 황후 시해와 단발령을 계기로 일어났다.

사료　유인석의 「격고팔도열읍」(檄告八道列邑, 1895. 12.)

아, 우리 8도의 동포들은 차마 망해 가는 나라를 내버려 두려 하는가. 너희 할아버지와 아버지가 500년 왕조의 남겨진 백성이 아닌 자가 없는데, 나라와 집안을 위해 어찌 한두 사람의 의사(義士)가 없단 말인가. 참혹하고 슬프다. 이것이 운(運)인가 명(命)인가 …… 아, 저 섬나라 오랑캐(島夷)의 수령은 조약과 신의의 법리로도 애초에 말할 것조차 없거니와, 생각하건대 저 국적(國賊)들의 머리부터 발끝까지의 머리카락이 누구로부터 나온 것인가. 원통함을 어찌할까. 국모(國母)의 원수를 생각하며 이미 이를 갈았는데, 참혹함이 더욱 심해져 임금께서 머리를 깎이시고 의관을 찢기는 지경에 이른 데다가 또 이런 망극한 화를 당하였으니, 천지가 뒤집어져 우리가 각기 하늘에서 부여받은 본성을 보전할 길이 없게 되었다. 우리 부모로부터 받은 몸을 금수로 만드니 이 무슨 일인가. 우리 부모로부터 받은 머리카락을 깎았으니 이 무슨 변괴인가. …… 이에 감히 먼저 의병을 일으키고서 마침내 사람들에게 이를 포고하노라. 위로 공경(公卿)에서부터 아래로는 백성들에 이르기까지 어느 누가 애통하고 절박한 마음이 없겠는가. 지금은 참으로 위급 존망의 때이니, 각자 거적에서 잠을 자고 창을 베개 삼으면서 모두 끓는 물과 불 속으로 나갈지어다.

「의암집」

② 구성원과 활동 : 유인석·이소응·허위 등 위정척사 사상을 가진 유생들이 주도하였고, 농민들과 동학 농민군의 잔여 세력이 가담하여 전국적으로 확대되었다.

③ 해산 : 아관 파천 이후 단발령이 철회되고, 고종의 해산 권고 조칙이 내려지자 을미의병은 대부분 자진 해산하였다.

(3) 활빈당(活貧黨)의 활동

해산된 농민들의 일부가 활빈당을 조직하여 반봉건·반침략 운동을 계속 전개하였다.

사료　활빈당 선언문

7. 행상에게 징세하는 폐단이 심하여 시골의 영세 상인이 각지의 시장 또는 연안 포구에서 이익을 영위할 수 없다. 따라서 이러한 폐단을 고치고, 민간에서 징세한 것을 모두 반환하고, 즉시 8도에 현재 있는 방임(房任)을 혁파하여 폐해를 제거하는 일.

8. 금광의 채굴을 엄금하는 일. 수십 년 전해 오던 전답 수만 섬지기가 금광 용지로 쓰여 영원히 황폐화되어 백성의 피해가 천만 금이 되었다. 또한 국가의 손해가 산과 들이 황폐화되는 것보다 큰 것이 없다. 따라서 금지시켜 백성을 편안하게 하는 방책을 도모하는 일.

9. 사전(私田)을 혁파하는 일. …… 지금의 소작료는 세금보다 10배나 무겁다. 백성이 춥고 굶주리는 데도 정부의 민정을 보살피는 것이 이와 같으니 무엇으로 백성의 배고픔과 추위를 면하게 할 것인가. 왕토가 사전으로 되어 백성이 굶어죽게 되는 것은 목민(牧民)의 공법(公法)이 아니므로 사전을 혁파하고 균전(均田)으로 하는 목민법을 채용하는 일.

심화　영학당(英學黨), 동학당(東學黨), 활빈당(活貧黨)

❶ 영학당

동학의 잔여 세력들이 1898년 전라도 지역에서 '동학' 대신 '영학'이라는 이름을 사용하여 재건한 조직이다.

❷ 동학당

- 활동: 해주·재령 등 황해도와 소백산맥 지역에서도 동학당의 움직임이 활발하였다.
- 경과: 이러한 투쟁들은 1900년을 고비로 대부분 소멸되었다.

❸ 활빈당

- 1900~1904년까지 남한 각지에서 반봉건·반외세를 표방하고 봉기하였던 민중 무장 집단이다.
- 동학 농민군과 화적들이 많이 가담하고 있었으며, 을사늑약 이후에는 의병 대열에 합류하였다.
- 강령인 「대한 사민 논설 13조」를 통해 반봉건·반외세적 성격을 확인할 수 있다.
- 「대한 사민 논설 13조」의 주요 내용: 행상 등 영세 상인에 대한 징세 폐단이 심하니 폐단을 시정할 것, 전지(田地)를 황폐하게 하는 금광 채굴을 엄금하고 안민의 방책을 꾀할 것, 소작료가 너무 무거우므로 사전을 혁파하여 균전법을 시행할 것(지주제 혁파), 곡가를 안정시키는 법을 만들 것, 외국에 철도 부설권을 허락하지 말 것

3 항일 의병 전쟁의 전개

(1) 을사늑약과 민족의 저항

① 을사늑약 체결: 일본은 일방적으로 을사늑약의 성립을 공포하고 대한 제국의 외교권을 빼앗았다.

② 민족의 저항

ㄱ 자결: 민영환, 조병세 등은 자결로써 항거하였다.

ㄴ 상소 운동: 이상설 등은 조약의 파기를 요구하는 상소 운동을 벌였다.

ㄷ 친일 매국노의 처단: 나철, 오기호 등은 자신회(오적 암살단)을 조직하여 오적의 집을 불사르고 일진회 사무실을 습격하는 등 친일 매국노를 처단하고자 하였다.

ㄹ 항일 언론 활동: 장지연은 〈황성신문〉에 논설 「시일야방성대곡(是日也放聲大哭)」을 실어 을사늑약의 전말을 폭로하고 민족의 울분을 토로하였다.

ㅁ 외교를 통한 저항 운동

- 독립 지원 호소: 고종은 헐버트를 미국에 보내 일본의 한국 침략이 부당함을 알리고, 조미 수호 통상 조약을 들어 외교적 지원을 호소하였다. 그러나 일본과 밀약을 맺은 미국은 이를 거절하였다.
- 헤이그 특사 파견(1907): 고종은 국내외에 을사늑약이 무효임을 선언하고 〈대한매일신보〉에 친서를 발표하여 황제가 을사늑약에 서명하지 않았음을 밝혔다. 그리고 헤이그에 특사를 파견하여 일본 침략의 부당성을 폭로하고 국제적 압력으로 이를 막아 줄 것을 호소하였으나 일본의 방해로 실패하였다. 일본은 이를 트집 잡아 고종 황제를 강제로 퇴위시켰다.

> **사료** 을사늑약 무효화 노력
>
> **❶ 대한 2천만 동포에게 남기는 글**
>
> 슬프다! 국치와 민욕이 이에 이르렀으니, 우리 인민은 장차 생존 경쟁 속에서 모두 멸망하게 되었다. 무릇 삶을 요하는 자는 반드시 죽고, 죽음을 기하는 자는 반드시 삶을 얻는다는 것을 여러분은 어찌 모르겠는가. …… 부디 우리 동포 형제들은 천만으로 분려를 배가하여 자기를 굳게 하고 학문에 힘쓰고 결심육력하여 우리의 자유와 독립을 회복하면 죽은 자가 마땅히 땅속에서 기뻐 웃을 것이다. 슬프다. 그러나 조금도 실망하지 말라.
>
> 민영환의 유서

▲ 헤이그 특사(왼쪽부터 이준·이상설·이위종)

❷ 1882년 이래로 아메리카 합중국과 한국은 우호 통상 조약 관계를 유지해 오고 있습니다. …… 이제 일본은 1904년에 체결한 협정(한일 의정서)에서 서약한 바를 정면으로 위배하는 우리나라에 대한 보호 정치를 선언하고 …… 나는 귀하가 지금까지 귀하의 생애의 특성인 아량과 냉철한 판단력으로 이 문제를 심사숙고해 주기를 바라며, 귀하는 언행이 일치되도록 우리를 도울 수 있는 바가 무엇인가를 성찰해 주기를 바랍니다. 미국 대통령 루스벨트에게 보낸 고종 황제의 친서(1905. 12.)

(2) 을사의병(1905)

① 의병의 재봉기 : 을사늑약으로 국가의 존립이 위태로워지자 다시 의병 운동이 일어났다. 의병들은 조약의 폐기와 친일 내각의 타도를 내세우고 격렬한 무장 항쟁을 벌였다.

② 대표적 의병장
  ㉠ 민종식 : 을사늑약이 체결된 뒤에 관직을 버리고 의병을 일으켜 홍주성을 점령하고 일본군과 맞섰다.
  ㉡ 최익현 : 의병을 이끌고 순창에 입성하여 관군과 대치하게 되었을 때, "동족끼리 죽이는 일은 차마 못하겠다."라고 하여 싸움을 중단하고 포로가 되었다. 결국 일본군에 의하여 쓰시마섬에 끌려가서 순절하였다.
  ㉢ 신돌석 : **평민 출신 의병장**으로 의병을 모아 영해에 입성하여 관군의 무기를 탈취한 후 평해·울진 등지에서 활동하였는데, 의병의 수는 한때 3천여 명을 넘었다.

③ 특징 : 이전 의병장은 대체로 유생들이었는데, 이때부터는 평민 출신 의병장의 활동이 두드러지면서 의병 운동의 새로운 양상이 나타났다.

> **사료** 최익현의 격문
>
> 오호라, 작년 10월(1905. 11.)에 저들이 한 행위는 만고에 일찍이 없던 일로써, 억압으로 한 조각의 종이에 조인하여 5백 년 전해 오던 종묘사직이 드디어 하룻밤 사이에 망하였으니 천지신명도 놀라고 조종의 영혼도 슬퍼하였다. 우리 의병 군사의 올바름을 믿고 적의 강대함을 두려워하지 말자. 이에 격문을 돌리니 의연히 일어나라. 최익현, 「포고팔도사민」(1906)

(3) 정미의병(1907)

① 군대 해산 : 헤이그 특사 사건으로 고종이 강제 퇴위당하고, 한일 신협약(정미 7조약) 체결 이후 대한 제국의 군대를 해산하였다.

② 해산 군인들의 저항 : 군대 해산 이후 시위대 대대장 박승환이 자결하고, 강화도 진위대(지방군) 병력이 봉기하는 등 일본에 저항하였다.

③ 해산 군인들이 의병에 합류하면서 의병의 조직과 화력이 강화되었고, 이를 통해 의병 전쟁이 발전하였다.

(4) 의병 전쟁의 확대

① 서울 진공 작전(1908) : 전국의 의병 부대는 연합 전선을 형성하여 1907년 13도 창의군을 결성하고 서울 진공 작전을 펼쳤으나 성공하지 못하였다.
  ㉠ 의병의 집결 : 이인영과 허위가 지휘하는 1만여 명의 의병 연합 부대는 경기도 양주에 집결하여 그 선발대가 서울 근교(동대문 근처)까지 진격하였으나 일본군의 반격이 심하여 더 이상 전진하지 못하고 후퇴하였다.
  ㉡ 외교 활동의 전개 : 이들은 서울 주재 각국 영사관에 의병을 국제법상의 교전 단체로 승인해 줄 것을 요구하는 서신을 발송하여 스스로 독립군임을 내세웠다.

② 국내 진입 작전 : 홍범도와 이범윤이 지휘하는 간도와 연해주 일대의 의병들은 국내 진입 작전을 꾀하기도 하였다.

(5) 의병 전쟁의 위축

① 활발하게 전개되던 의병 전쟁은 그 뒤 일본군의 잔인한 '남한 대토벌 작전(南韓大討伐作戰)'(1909)을 계기로 크게 위축되었다.

② 많은 의병들은 간도와 연해주로 건너가 독립군이 되어 계속 일본에 대한 강력한 항전을 전개하였으며, 일부 의병들은 국내에 남아 산악 지대에서 유격전을 전개하였다.

▲ '남한 대토벌 작전' 당시 끝까지 항전한 호남 지역 의병장들

(6) 항일 의병 전쟁의 의의와 한계

① 의의

　　㉠ 민족 저항 정신 표출 : 의병 전쟁은 집권층의 부패와 무능, 그리고 외세의 침략으로 국가와 민족이 위기에 처해 있을 때 일어난 구국 운동의 대표적인 형태였고, 민족의 강인한 저항 정신을 표출하였다는 점에서 중요한 의미가 있다.

　　㉡ 항일 무장 독립 투쟁의 기반 : 의병 전쟁은 국권 회복을 위한 무장 투쟁을 주도하였고, 나아가 일본의 지배하에서 항일 무장 독립 투쟁의 정신적 기반을 마련하였다는 점에서도 그 의의가 크다.

　　㉢ 반제국주의 민족 운동 : 의병 전쟁은 20세기 초 제국주의 열강의 약소국 침략이 극심하던 시기에 일본의 침략에 대항하여 무장 투쟁을 전개하였다는 점에서 세계 약소민족의 독립운동사에서도 커다란 의의를 가진다.

② 한계

　　㉠ 대내적 요인

　　　　• 비조직성 : 의병 전쟁은 전국적으로 확산되고 광범한 사회 계층을 망라하였으나 우세한 무기를 보유한 막강한 일본의 정규군을 제압할 수는 없었다.

　　　　• 전통적 신분의 고집 : 의병을 주도한 양반 유생층이 전통적 지배 질서 유지를 고집하면서 대다수 농민 의병들과 갈등을 빚기도 하여 소기의 성과를 거두지는 못하였다.

　　㉡ 대외적 요인 : 열강의 침략 경쟁이 보편화되고, 을사늑약이 강요된 후에는 외교권이 상실되어 국제적으로 고립되었기 때문에 국제적 지원도 기대할 수 없었다.

(7) 항일(抗日) 의사들의 활동

① 장인환·전명운 : 외교 고문인 스티븐스를 샌프란시스코에서 사살하였다(1908).

② 안중근 : 의병으로 활약하던 안중근은 만주 하얼빈역에서 한국 침략의 원흉인 이토 히로부미를 처단하였다(1909). 뤼순 감옥에서 『동양 평화론』을 저술하였으나 완성하지 못하였다.

③ 이재명 : 명동 성당 앞에서 이완용을 칼로 찔러 중상을 입혔다(1909).

▲ 안중근이 이토 히로부미를 사살한 후
　체포된 모습(기록화)

사료　안중근

❶ 안중근의 「동양 평화론」

오늘날 서양 세력이 동양으로 점차 밀려오는 환란을 동양 인종이 일치단결하여 온 힘을 다하여 방어해야
하는 것이 제일 상책임을 어린아이일지라도 익히 아는 바이다. 그런데 무슨 까닭으로 일본은 이러한 순리
의 형세를 돌아보지 않고, 같은 인종인 이웃나라를 약탈하고 우의를 끊어 스스로 도요새가 조개를 쪼려다
부리를 물리는 형세를 만들어 어부에게 둘 다 잡히기를 기다리는 듯 하는가?

❷ 안중근의 최후 진술

안중근은 1910년 법정 최후 진술에서 다음과 같이 말했다. "내가 이토를 죽인 이유는 이토가 있으면 (이
토가) 동양의 평화를 어지럽게 하고 한일 간이 멀어지기 때문에 한국의 의병 중장의 자격으로 죄인을 처
단한 것이다 …… 오늘날 인간은 모두 법에 따라 생활하고 있는데, 현실적으로 사람을 죽인 자가 벌을 받
지 않고 살아남을 도리는 없는 것이다. 그렇다면 나는 어떤 법에 의해 처벌돼야 하는가의 문제가 남아 있
는데, 이에 대해 나는 (내가) 한국의 의병이며 지금은 적군의 포로가 돼 있으니 당연히 만국공법에 의해
처리돼야 할 것이라고 생각한다."

❸ 안중근의 유언(1910)

내가 죽은 뒤에 나의 뼈를 하얼빈 공원 곁에 묻어 두었다가 우리 국권이 회복되거든 반장(返葬: 객지에서
죽은 이를 고향에 옮겨 묻어 줌)해다오. 나는 천국에 가서도 또한 마땅히 우리나라 회복을 위해 힘쓸 것이
다. 너희들은 돌아가서 동포들에게 각각 모두 나라의 책임을 지고 국민된 의무를 다하여 마음을 같이 하
고 힘을 합하여 공로를 세우고 업을 이루도록 일러다오. 대한 독립의 소리가 천국에 들려오면 나는 마땅
히 춤추며 만세를 부를 것이다.

바로 확인문제

● 다음 두 사건이 일어난 이후의 사실로 옳은 것만을 〈보기〉에서 모두 고르면?　　15. 국가직 9급

| • 고종 황제의 강제 퇴위 | • 일제에 의한 군대 해산 |

┤ 보기 ├

ㄱ. 안중근이 만주 하얼빈에서 이토 히로부미를 사살하였다.
ㄴ. 민영환이 일제에 대한 저항을 강력하게 표현한 유서를 남기고 자결하였다.
ㄷ. 장지연이 민족의식을 고취하는 「시일야방성대곡」을 〈황성신문〉에 발표하였다.
ㄹ. 이인영을 총대장으로 하는 13도 연합 의병 부대(창의군)가 서울 진공 작전을 시도하였다.

① ㄱ, ㄴ　　　② ㄱ, ㄹ　　　③ ㄴ, ㄷ　　　④ ㄷ, ㄹ

● 밑줄 친 '나'에 대한 설명으로 옳은 것만을 모두 고르면?　　22. 지방직 9급

오늘날 사람은 모두 법에 의하여 생활하고 있는데 실제로 사람을 죽인 자가 벌을 받지 않고 생존할
도리는 없는 것이다. …… 나는 한국의 의병이며 지금 적군의 포로가 되어 와 있으므로 마땅히 만
국공법에 의해 처단되어야 할 것으로 생각한다.

| ㄱ. 일본에서 순국하였다. | ㄴ. 한인 애국단 소속이었다. |
| ㄷ. 「동양평화론」을 집필하였다. | ㄹ. 연해주에서 의병 투쟁을 전개하였다. |

① ㄱ, ㄴ　　　② ㄱ, ㄹ　　　③ ㄴ, ㄷ　　　④ ㄷ, ㄹ

|정답해설| 헤이그 특사 사건으로 고
종이 강제 퇴위당하고, 대한 제국 군대
가 해산된 것은 1907년이다. 안중근
의 의거는 1909년, 13도 창의군이 서
울 진공 작전을 전개한 것은 1908년
에 있었던 사실이다.

|오답해설|
ㄴ. 민영환은 1905년 을사늑약이 체
결되자 자결로써 저항하였다.
ㄷ. 장지연은 1905년 을사늑약 체결
직후 「시일야방성대곡」을 〈황성신
문〉에 발표하였다.

|정답| ②

|정답해설| 제시된 사료는 1910년 안
중근의 최후 진술 중 일부이다.
ㄷ. 안중근은 하얼빈 의거(1909, 이토
히로부미 사살) 이후 체포되어
1910년 뤼순 감옥에서 순국하였
는데, 옥중에서 「동양평화론」을 집
필하였으나 완성하지는 못하였다.
ㄹ. 안중근은 1909년 연해주에서 동
의단지회(同義斷指會)에 참여하는
등 의병 투쟁을 전개하였다.

|정답| ④

02 애국 계몽 운동의 전개*

1 애국 계몽 운동 단체의 활동

독립 협회가 해체된 뒤 개화 자강 계열의 단체들이 설립되어 친일 단체인 일진회(一進會)에 대항하면서 구국 민족 운동을 전개하였다.

(1) 보안회(保安會, 1904)

보국 안민을 뜻하는 보안회는 토지 약탈을 목적으로 한 일본의 황무지 개간권 요구에 반대 운동을 벌여 이를 저지하는 데 성공하였으나 일본 측의 압력으로 해산되었다.

> **사료** 보안회
>
> 삼가 아룁니다. 모든 나라는 한집안이며 세상은 모두 형제입니다. 함께 태어나 자라며 같은 윤리를 행하고 피차 고락을 함께합니다. 진정 마땅히 한마음으로 서로 돕고 이웃의 화목함을 지키는 것이 마땅합니다. 우리나라는 일본의 옆 나라로서 근래 맹약을 맺은 지 자못 오래 되었습니다. 마땅히 사랑하고 아껴야 하며 이를 표현할 겨를이 없었을 뿐입니다. 그런데 지금 일본 공사 하기와라(萩原)가 나가모리 도키치로(長森藤吉郎)의 청원에 따라 우리 외부(外部)에 공문을 보내어 산림, 강, 평지, 황무지에 대한 권리를 청구했습니다. 우리나라는 땅이 좁고 척박하여 현재 국가의 토지대장에 있는 농토는 100 중에 1,2도 채워져 있지 않습니다. 사람들은 산림, 강, 평지, 황무지를 이용해 2~3년 걸러 윤작을 해야만 먹고 살 수 있습니다. 그런데 만일 이를 외국인에게 줘 버린다면 전국의 강토를 모두 빼앗기게 되며 수많은 사람이 참혹한 빈곤에 빠져 구제할 수 없게 될 것입니다. 〈황성신문〉(1904)

(2) 헌정 연구회(憲政硏究會, 1905)

국민의 정치 의식 고취와 **입헌 정체의 수립**을 목적으로 설립되어 일진회의 반민족적인 행위를 규탄하다가 해산되었다.

2 애국 계몽 운동의 전개

1905년 이후 개화 자강 계열의 민족 운동은 국권 회복을 위한 실력 양성 운동, 곧 애국 계몽 운동으로 전개되었다. 이때 애국 계몽 운동을 주도한 전국적인 규모의 대표적인 단체는 대한 자강회, 대한 협회, 신민회였다.

(1) 대한 자강회(大韓自强會, 1906)

① 창립: 독립 협회 운동의 맥락을 이어 헌정 연구회를 모체로 하고, 사회단체와 언론 기관을 주축으로 하여 창립하였다.
② 활동: 교육과 산업을 진흥시켜 독립의 기초를 만들 것을 목적으로 하고, 월보의 간행과 연설회의 개최 등을 통하여 국권 회복을 위한 실력 양성 운동을 전개하였다.
③ 해체: 전국 각지에 지회를 설치하고 1,500여 명의 회원을 확보하기에 이르렀다. 하지만 일본이 헤이그 특사 파견을 구실로 고종 황제의 양위를 강요하자 격렬한 반대 운동을 주도하다가 강제로 해체되었다.

＊애국 계몽 운동의 전개
애국 계몽 운동 단체인 보안회, 대한 자강회, 신민회의 활동 내용을 알아두어야 한다.

■ 애국 계몽 운동
교육, 언론, 종교 등의 문화 활동과 산업 진흥을 통해 실력을 양성하여 국권을 회복하려는 운동이다. 서양의 사회 진화론에서 영향을 받았으며, 개화 자강 계열의 지식인들이 주도하였다.

■ 개화 자강 계열의 민족 운동
을사늑약을 계기로 국정 개혁을 위한 헌정 연구로부터 시작하여 국권 회복을 위한 자강 운동으로 전환되었다.

사료 대한 자강회 취지서

무릇 우리나라의 독립은 오직 자강의 여하에 있을 따름이다. 우리 대한이 종전에 자강의 방법을 강구하지 않아 인민이 스스로 우매함에 묶여 있고 국력이 쇠퇴하여 마침내 오늘의 위기에 다다라 결국 외국인의 보호를 당하게 되었으니, 이는 모두 자강의 도에 뜻을 다하지 않았던 까닭이다. …… 자강(自彊)의 방법을 생각해 보면 다름 아니라 교육을 진작함과 식산흥업(殖産興業)에 있다. 무릇 교육이 일어나지 못하면 백성의 지혜가 열리지 못하고 산업이 늘지 못하면 국부가 증가하지 못한다. 〈대한 자강회 월보〉

(2) 대한 협회(大韓協會, 1907)

① 활동: 오세창·윤효정·권동진 등이 대한 자강회를 계승하여 교육의 보급·산업의 개발·민권의 신장·행정의 개선 등을 강령으로 내걸고, 실력 양성 운동을 전개하였다.

② 한계: 대한 협회는 일진회와 제휴하는 등 친일 단체로 변질되었다.

(3) 신민회(新民會, 1907~1911)

① 조직과 특징

ⓐ 윤치호(회장), 안창호(부회장), 이동녕, 양기탁, 이승훈 등 서북 지방(관서 지방) 지식인, 실업가, 중소 자본가, 종교인, 언론인 등이 중심이 되어 평양에서 조직된 비밀 결사 단체이다. 동학당 출신 김구를 제외하고는 대부분 독립 협회 청년 회원 출신이었다.

ⓑ 베델, 양기탁이 발행한 〈대한매일신보〉가 기관지 역할을 하였다.

ⓒ 도총감, 군감 등 지역 책임자를 중심으로 전국적 조직을 구성하였다.

ⓓ 신민회는 국권 회복 후 독립 국가의 정체를 공화정으로 규정하였다.

② 활동

ⓐ 민족 교육 추진: 평양에 대성 학교(안창호), 정주에 오산 학교(이승훈)를 설립하여 운영하였고, 인격 수양 단체로 청년 학우회를 조직하였다.

ⓑ 민족 산업 육성: 경제 자립을 주장하면서 평양에 자기 회사를 설립하였고, 서적의 출판과 공급을 목적으로 평양·서울·대구 등지에 이승훈과 안태국을 중심으로 태극 서관을 설립하였다.

ⓒ 민족 문화 양성: 최초의 월간 잡지인 〈소년〉을 창간하고, 조선 광문회 활동을 지원하였다.

③ 노선 분화: 실력 양성론에 주력하던 신민회는 1909년 양기탁, 신채호 등의 강경파(급진파, 독립 전쟁 주장)와 안창호 등의 온건파(실력 양성론 주장)로 분화되었다.

ⓐ 강경파의 해외 독립운동 기지 건설: 양기탁, 신채호, 이동휘 등은 일제 강점이 현실화되자 애국 계몽 운동의 한계와 허구성을 인식하고 무장 투쟁을 주장하였다. 이에 독립군 양성과 무장 독립운동의 거점으로 활용할 독립운동 기지 건설을 주장하였다. 이상룡, 이회영, 이동녕 등은 가족을 거느리고 서간도 지역으로 진출하여 삼원보를 조성하고, 경학사를 통해 신흥 강습소 등을 설립하였다.

ⓑ 온건파의 실력 양성 운동 고수: 안창호는 105인 사건 이후 탄압을 피해 미국으로 망명하여 흥사단을 조직하고 실력 양성 운동을 지속하였다.

④ 해체: 신민회의 활동은 일제가 날조한 105인 사건으로 중단되었다(1911).

▲ 안창호

1910년 12월 안명근(안중근의 사촌 동생)이 데라우치 총독 암살 모의를 하였다고 하여 안명근 등 황해도의 애국지사 160명을 체포하였다(안악 사건). 일제는 이 사건 배후에 신민회가 있다고 주장하였다. 1911년 9월 양기탁, 윤치호 등 총 600여 명을 검거하여 105명을 구속하였다.

▲ 105인 사건에 연루되어 끌려가는 신민회 회원들

❶ 신민회 창립 취지서

신민회는 무엇을 위하여 일어남이뇨? 민습의 완고 부패에 신사상이 시급하며, 민습의 우매함에 신교육이 시급하며, 열심의 냉각에 신제창이 시급하며, 원기의 쇠퇴에 신수양이 시급하며, 도덕의 타락에 신윤리가 시급하며, 정치의 부패에 신개혁이 시급이라, 천만 가지 일에 신(新)을 기다리지 않는 바 없도다. …… 무릇 우리 대한인은 내외를 막론하고 통일 연합함으로써 그 진로를 정하고 독립 자유로써 그 목적을 세움이니, 이것이 신민회가 원하는 바이며, 신민회가 품어 생각하는 소이니, 간단히 말하면 오직 신 정신을 불러 깨우쳐서 신 단체를 조직한 후에 신국을 건설할 뿐이다.　　　　주한 일본 공사관 기록

❷ 신민회의 4대 강령

1. 국민에게 민족 의식과 독립사상을 고취할 것
2. 동지를 찾아 단합하여 민족 운동의 역량을 축적할 것
3. 각종 상공업 기관을 만들어 단체의 재정과 국민의 부력(富力)을 증진할 것
4. 교육 기관을 각지에 설치하여 청소년 교육을 진흥할 것
　　　　안창호

❸ 신민회의 활동 – 국외에 독립운동 기지를 건설하다

남만주로 집단 이주하려고 기도하고, 조선 본토에서 상당한 재력이 있는 사람들을 그곳에 이주시켜 토지를 사들이고 촌락을 세워 새 영토로 삼고, 다수의 청년 동지들을 모집·파견하여 한인 단체를 일으키고, 학교를 세워 민족 교육을 실시하고, 나아가 무관 학교를 설립하여 문무를 겸하는 교육을 실시하면서, 기회를 엿보아 독립 전쟁을 일으켜 구한국의 국권을 회복하려고 하였다.　　　　105인 사건 판결문(1911)

바로 확인문제

● **다음 활동을 전개한 단체로 옳은 것은?**　　　14. 지방직 9급

> 평양 대성 학교와 정주 오산 학교를 설립하였고 민족 자본을 일으키기 위해 평양에 자기 회사를 세웠다. 또한 민중 계몽을 위해 태극 서관을 운영하여 출판물을 간행하였다. 그리고 장기적인 독립운동의 기반을 마련하여 독립 전쟁을 수행할 목적으로 국외에 독립운동 기지 건설을 추진하였다.

① 보안회
② 신민회
③ 대한 자강회
④ 대한 광복회

● **다음의 내용과 관련된 단체에 대한 설명으로 옳지 않은 것은?**　　　16. 서울시 7급

> 1. 국민에게 민족 의식과 독립사상 고취
> 2. 동지를 발견하고 단합하여 국민 운동 역량 축적
> 3. 상공업 기관 건설로 국민의 부력(富力) 증진
> 4. 교육 기관 설립으로 청소년 교육 진흥

① 평양에 대성 학교, 정주에 오산 학교를 설립하였다.
② 평양 근교에 자기(磁器) 회사를 설립·운영하기도 하였다.
③ 평양과 대구에 태극 서관을 설립하여 출판 사업을 벌였다.
④ 통감부가 설치된 직후에 정치 집회가 금지되면서 해산당하였다.

|정답해설| 제시된 자료에 나타난 대성 학교, 오산 학교, 자기 회사, 태극 서관은 신민회와 관련된 교육 및 산업 기관이다. 신민회는 일제의 국권 침탈이 본격화되자 서간도에 삼원보 등의 독립운동 기지를 건설하였다.

|정답| ②

|정답해설| 제시된 자료는 애국 계몽 운동 단체인 신민회에 대한 내용이다. 신민회는 국권 피탈 이후인 1911년에 105인 사건을 계기로 해체되었다. 통감부가 설치된 것은 1905년 을사늑약 체결 직후이며, 1910년 이후에는 조선 총독부가 모든 업무를 맡았다.

|오답해설|
1907년에 창립된 신민회는 국권 회복을 목표로 ① 평양에 대성 학교, 정주에 오산 학교 등의 교육 기관을 설립하였고, ② 자기 회사, ③ 태극 서관을 운영하였다.

|정답| ④

3 애국 계몽 운동의 의의 및 한계

(1) 의의

① 민족 독립운동의 이념 제시 : 국권 회복과 동시에 근대적 국민 국가의 건설을 목표로 내세워 당시의 민족적 과제에 충실하였고, 근대사의 발전 방향에 합치되는 민족 운동의 이념을 제시하였다.

② 민족 독립운동의 전략 제시
   ㉠ 신민회는 국내에서 문화적·경제적 실력 양성과 더불어 국외에서의 독립군 기지 건설에 의한 군사력 양성을 당면의 목표로 삼았다.
   ㉡ 이것은 적절한 기회에 일본으로부터 독립을 쟁취하려는 독립 전쟁론에 의거한 것이다.

③ 장기적인 민족 독립운동의 기반 구축
   ㉠ 근대적 민족 교육을 발흥시켜 독립운동의 인재를 양성하였다.
   ㉡ 근대적 민족 산업을 진흥시켜 독립운동의 경제적 토대를 마련하고자 하였다.
   ㉢ 간도와 연해주에 독립군 기지를 건설하여 항일 무장 투쟁의 기초를 닦았다.

(2) 한계

애국 계몽 운동은 일본에 의하여 정치적·군사적으로 예속된 상태에서 전개되어 항일 투쟁의 성과 면에서는 일정한 한계가 있었다.

04 개항 이후의 경제·사회·문화

01 개항 이후의 경제

1 개항과 불평등 조약

(1) 개항 이후의 상황

1876년 개항 이후 조선은 일본 및 서양 여러 나라와 국교를 맺고 통상 교역을 시작하였다.

① 파견: 정부는 일본이나 청에 시찰단을 파견하였다.

② 도입: 기계 및 신기술을 도입하고 근대적 회사와 같은 새로운 경제 제도를 도입하기 위하여 개혁을 전담할 기구를 설치하였다.

③ 한계: 재정 부족과 경험 미숙으로 많은 어려움을 겪었다.

(2) 무역 구조

① 1870년대: 통상 교역은 외국 상인에게 유리하게 체결된 불평등 조약이어서 조선 상인의 피해가 컸다.

    ㉠ 무관세: 강화도 조약 이후 체결된 1876년 조일 무역 규칙에는 관세 부과에 관한 규정이 없었다.

    ㉡ 관세 부과: 1883년에 조약이 개정된 후에도 아주 낮은 관세만 부과할 수 있었다.

② 1880년대: 외국 상인이 나라 안을 자유롭게 다니며 영업하였는데, 이들이 저지르는 불법 활동에 대해서 거의 처벌을 할 수 없었다.

    ㉠ 유통: 거래에 외국 화폐를 사용할 수 있다는 조항이 있었다.

    ㉡ 무역 구조: 외국의 값싼 공산품이 들어오고, 국내의 곡물이 대량으로 수출되는 무역 구조가 형성되어 갔다.

❷ 외국 상인의 침투와 무역의 확대

(1) 외국 상인의 경제 침투

① 청과 일본 상인의 경쟁
- ㉠ 1870년대: 개항 직후의 무역은 거의 일본 상인이 주도하였는데, 주로 조선 상인을 매개로 거류지 무역을 하였다.
- ㉡ 1880년대: 청 상인이 가담하여 경쟁하였다.

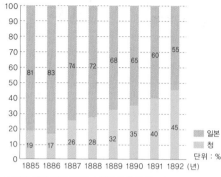

▲ 청과 일본으로부터의 수입액 비율 비교

② 조선 상인의 활동
- ㉠ 등장: 국내에서도 개항장을 중심으로 무역 활동에 참여하는 상인이 등장하였다.
- ㉡ 한계: 해외 소식에 밝지 못하였으며, 근대적 운송 수단이 부족하였다.

(2) 무역의 확대

① 개항 초기: 일본과 청의 상인들은 처음에는 주로 영국산 면제품을 사와서 조선에 되팔고 조선의 쇠가죽, 쌀, 콩, 금 등을 가져갔다.

② 1890년대 후반 이후: 일본 상인은 일본산 면제품을 비롯한 여러 종류의 공산품을 들여왔다.

③ 중계 무역
- ㉠ 형태: 면제품을 들여오고 곡식을 가져가는 교역 구조로 이루어져 조선 사람들은 경제 생활에 큰 피해를 입었다.
- ㉡ 농촌 경제의 변화
  - 값싼 외국산 면제품은 가내 수공업 위주로 이루어진 국내의 면공업 발전에 결정적 타격을 주었고, 이에 따라 농민의 수입이 줄어들었다.
  - 일본으로 쌀의 유출이 크게 늘어나면서 쌀 부족과 쌀값 인상에 따른 전반적인 물가 인상이 나타나 도시나 농촌의 가난한 사람은 생계를 위협받을 정도로 타격을 입었다.

▲ 대일 수출입 상품의 품목별 비율(1890)

(3) 대지주층의 성장

① 토지 획득: 일부 지주와 상인은 쌀 수출에 적극 가담하여 많은 이익을 얻었고, 다시 토지 매입에 투자하거나 불법적인 방법을 통하여 토지를 획득함으로써 대지주로 성장하였다.

② 면직업자 등장: 외국에서 실을 사 들여와 면직물을 제조하는 사람들도 생겨났다.

③ 사치 풍조의 확산: 수출보다 수입이 많아 귀금속이 대량으로 유출되었으며, 부유층을 중심으로 사치 풍조가 확산되었다.

3 각국의 내정 간섭과 이권 침탈

청과 일본은 정치·군사적인 위협을 병행하여 자국 상인을 보호하면서 경제적 이권을 빼앗아 갔다.

(1) 1880년대

① 청 : 임오군란 직후 불평등 조약 체결을 강요하여 외국 상인이 서울에 점포를 열 수 있는 길을 열었다.

② 일본 : 청일 전쟁을 도발하면서 철도 부설권 등 이권을 탈취하는 데 앞장섰다.

(2) 1890년대

① 내정 간섭 : 1896년 고종이 일본의 위협을 피해 러시아 공사관으로 피신하자 제국주의 국가들의 내정 간섭이 본격화되었다.

② 열강의 이권 탈취 심화 : 외국인의 광산 채굴권과 삼림 벌채권, 교통이나 통신 시설 부설권 등 경제적 이권을 집중적으로 탈취하였다.

　㉠ 러시아 : 아관 파천 이후 정치적 영향력이 커진 러시아는 러시아인을 재정·군사 고문관으로 앉히고, 광산 채굴이나 삼림 벌채권을 차지하였다.

　㉡ 미국 : 운산 금광 및 광산 채굴권과 철도, 전기 등의 이권을 차지하였다.

　㉢ 일본 : 대륙 침략을 위해 우리나라의 남북을 연결할 철도 부설에 주력하였는데, 결국 서울과 부산(경부선), 서울과 의주(경의선), 서울과 인천(경인선)을 잇는 철도 부설권을 모두 차지하였다.

　㉣ 기타 : 영국은 은산, 프랑스는 창성, 독일은 당현 금광 채굴권 등을 각각 차지하였다.

▲ 열강의 이권 침탈

■ 조청 상민 수륙 무역 장정의 결과

청 상인들이 조선에 침투하여 일본 상인과 경쟁하였고, 1890년대에는 일본과 비슷한 수준의 무역 규모를 차지하였다. 이를 타개하기 위하여 일본은 청일 전쟁을 일으켰다.

■ 1889년 함경도의 방곡령
개항 직후부터 일본 상인이 곡물을 사들여 일본으로 가져가면서 가격이 크게 올랐고, 흉년으로 곡물이 크게 부족하였다. 그러자 함경도, 황해도, 충청도 등지의 지방관이 곡물의 유출을 막기 위해 방곡령을 선포하였다. 특히 함경도 관찰사 조병식은 개정된 조일 통상 장정에 따라 1개월 전에 외교 담당 관청에 통고하고 방곡령을 실시하였다(1889). 그러나 일본은 통고를 늦게 받았다는 구실로 조선 정부에 압력을 가해 방곡령을 철회시키고 막대한 배상금까지 받아 냈다.

(3) 경제적 구국 운동

① 방곡령(防穀令) 사건 (1889~1890)

   ㉠ 목적 : 방곡령은 일본 상인의 농촌 시장 침투와 지나친 곡물 반출을 막기 위하여 내린 조치였다.

   ㉡ 실시 : 개항 이후 곡물의 일본 유출이 늘어나면서 곡물 가격의 폭등 현상이 나타났고, 여기에 흉년이 겹쳐 함경도·황해도에서는 일본의 약탈적인 곡물 유출에 대항하여 방곡령을 선포하였다.

   ㉢ 결과

    • 방곡령 철회 : 조선에서는 흉년이 들면 지방관의 직권으로 방곡령을 실시할 수 있었으나 일본은 방곡령을 실시하기 1개월 전에 일본 측에 통고해야 한다는 조일 통상 장정의 규정을 구실로 조선을 압박하여 결국 방곡령을 철회하도록 하였다.

    • 배상금 지불 : 일본 상인들은 방곡령으로 손해를 입었다고 하여 거액의 배상금을 요구하였고, 조선 정부는 일본에 배상금을 지불하였다.

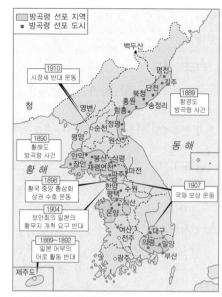

▲ 경제 자주권 수호 운동

사료   방곡령 선포

우리 고을에 흉년이 든 것은 귀하도 잘 알고 있을 것이다. 궁지에 몰리고 먹을 것이 없어 비참하다. 곡물이 이출되는 것은 당분간 방지하지 않을 수 없다. 이에 조일 통상 장정 제37관에 근거하여 기일에 앞서 통지하니 바라건대 귀국의 상민들에게 통지하여 음력 을유년 12월 20일에서 한 달 이후부터는 곡물을 이출하지 못하도록 할 것이다.
         동래부백 김학진이 총영사 마에다에게 보낸 서신

바로 확인문제

● 개항기 무역에 대한 설명으로 옳지 않은 것은?   21. 국가직 9급

  ① 개항장에서 조선인 객주가 중개 활동을 하였다.

  ② 조청 무역 장정으로 청국에서의 수입액이 일본을 앞질렀다.

  ③ 일본 상인은 면제품을 팔고 쇠가죽·쌀·콩 등을 구입하였다.

  ④ 조일 통상 장정의 개정으로 곡물 수출이 금지되기도 하였다.

|정답해설| 1882년에 조청 (상민 수륙) 무역 장정을 체결한 이후 청에서의 수입액이 기존보다 늘어났다. 그러나 1880~1890년대 전반까지 대일본 수입액이 대청 수입액보다 훨씬 많았다.

|정답| ②

② 상권 수호 운동 : 상인들은 상권 수호 운동을 벌여 경제적 침탈에 적극적으로 대응하였다.
　㉠ 시전 상인 : 시전 상인들은 **황국 중앙 총상회(皇國中央總商會, 1898)**를 조직하여 외국 상인의 시장 침투에 대응하고 서울의 상권을 지키려 하였다.
　㉡ 경강상인 : 경강상인들은 일본에서 증기선을 도입하여 일본 상인에게 **빼앗긴 운송권**을 회복하려 하였다.

사료　상권 수호 투쟁

❶ **황국 중앙 총상회**
우리 황성 중앙의 각 점포는 성조께서 결정하신 처음에 그 터를 허락하셔서 나라의 기초를 세우셨고, 500년 동안 상업을 진작하여 열심히 받들었다. 요새 외국 상인은 발전하고 우리나라 상인의 생업은 쇠락하여 심지어 점포 자리를 외국 사람에게 팔아 버리는 지경에 이르렀다. 이렇게 되면 중앙의 점포 터도 보호하기 어렵게 되며, 이것은 다만 상인들의 실업일 뿐만 아니라 국고와 민생이 어려움에 처할 것이다.
우리가 충심으로 회사를 설치하고 규칙을 만들었으니 우리와 뜻이 같은 이는 서로 권하여 충애하는 마음으로 상업을 일으킬 기초를 튼튼하게 하고 국가를 부강하게 할 방침을 찾아 억만 년 이어지길 바란다.

❷ **백목전 상인들의 청원서(1888. 9.)**
최근 각국 상인이 가져오는 물건이라도 목면(木棉)의 경우는 특별히 구분하여 장사하지 못하도록 하였습니다. 그런데 일본인(日本人)이 호남(湖南) 지방에서 목면을 매입·운반해 와서 자기들 마음대로 매매하는 고로 저희들이 일본 영사관(領事館)에 항의를 하였습니다. 그런데 일본 영사관의 대답은 "한국 사람들이 비록 마음대로 판매하지 못하더라도 일본인은 장애 없이 판매할 수 있다."라는 것입니다. …… 우리 상인들은 몰락하게 될 것이니 어찌 원망스럽지 않겠습니까.

③ 독립 협회의 이권 수호 운동
　㉠ 러시아의 절영도 조차 요구 저지(1898) : 러시아가 일본의 선례에 따라 저탄소 설치를 위해 **절영도의 조차**를 요구하자 독립 협회는 만민 공동회를 개최하여 일본의 저탄소 철거까지 주장하여 마침내 러시아의 요구를 **좌절**시켰다.
　㉡ 한러 은행의 폐쇄(1898) : 한국의 화폐 발행권과 국고 출납권 등 각종의 이권 획득을 목적으로 서울에 설치된 러시아의 **한러 은행을 폐쇄**시켰다.
　㉢ 도서(島嶼)의 매도 요구 저지 : 군사 기지 설치를 위한 목포·증남포(진남포) 부근의 도서에 대한 러시아의 매도 요구를 강력히 저지하였다.
　㉣ 기타 : 프랑스 및 독일 등의 이권 요구도 좌절시켰다.

④ 황무지 개간권 반대 운동(1904)
　㉠ 일본이 경제적 침탈을 강화하면서 막대한 황무지의 개간권(開墾權)을 일본인에게 줄 것을 대한 제국 정부에 요구하자 국민들은 적극적인 반대 운동을 전개하였다.
　㉡ 보안회(保安會)의 활동
　　• 전개 : 보안회는 일본의 황무지 개간권 요구에 반대하여 일본의 토지 약탈 음모를 분쇄하기 위해 매일 가두집회를 열고 일본의 침략적 요구를 규탄하면서 거족적인 반대 운동을 전개하였다.
　　• 결과 : 국민적 호응에 힘입어 일본이 황무지 **개간권 요구를 철회**하게 하였다.
　㉢ 농광 회사(農鑛會社) 설립 : 이도재, 김종한 등이 1904년 일본의 토지 침탈 기도에 맞서 개간 사업을 목적으로 설립한 근대적 농업 회사이다. 18조로 된 회사 규칙에 의하면 50원 액면의 20만 주로 총 1천만 원을 자본금으로 규정하였다. 또한 13도에 지사를 설립할 계획을 가지고 있었고, 그 외 농학·광학(鑛學)을 장려하는 내용도 포함하고 있었다.

단권화 MEMO

■ **상권 침탈**
개항 초기에는 외국 상인의 활동 범위가 개항장 10리 내로 제한되었으나 1880년대에는 개항장 100리까지 확대되어 서울을 비롯한 조선 각지에서 청국 상인과 일본 상인의 상권 침탈 경쟁이 치열해졌다. 서울의 경우 청국 상인들은 남대문로와 수표교 일대를 중심으로, 일본 상인들은 충무로 일대를 중심으로 도심을 향하여 조선의 상권을 잠식해 갔다.

■ **황국 중앙 총상회**
황국 중앙 총상회는 독립 협회의 노륙법(孥戮法, 죄인의 스승, 아들, 남편, 아버지 등을 연좌해서 죽이는 법) 및 연좌법 부활 저지 운동 등에 적극 참여하였다.

■ **상권 수호 시위**
수천 명의 서울 상인들은 철시하고 외국 상점들의 서울 퇴거를 요구하였으며, 그 뒤에도 철시한 서울 상인들과 시민 수천 명이 1주일 동안 격렬하게 상권 수호 시위를 벌였다.

사료 농광 회사

❶ 이 회사의 고금(股金, 주권)은 액면 50원씩이고, 총 1천만 원을 발행하고, 주당 불입금은 5년간 총 10회 5원씩 나눠서 낸다.

❷ 이 회사는 국내 진황지 개간, 관개 사무와 산림천택(山林川澤), 식양채벌(殖養採伐) 등의 사무 이외에 금·은·동·철·석유 등의 각종 채굴 사무에 종사한다.

⑤ **국채 보상 운동**(國債報償運動, 1907)

㉠ 배경 : 일본은 한국을 재정적으로 예속하기 위하여 우리 정부에게 일본에서 차관을 도입하게 하였고, 그 결과 한국 정부가 짊어진 외채는 총 1,300만 원이나 되어 상환이 어려운 처지에 놓였다. 이에 국민의 힘으로 **국채**(國債)를 상환하여 국권을 회복하자는 국채 보상 운동이 일어났다.

㉡ 경과
  • **서상돈, 김광제** 등이 **대구**에서 개최한 국민 대회를 계기로 전국적으로 확산되었다.
  • 서울에서는 **국채 보상 기성회**가 조직되어 전 국민의 호응을 얻었고, 〈**대한매일신보**〉 등 여러 신문사도 적극 후원하였다.

㉢ 결과 : 거족적인 경제적 구국 운동인 국채 보상 운동은 국채 보상 기성회의 간사인 양기탁이 국채 보상금을 횡령하였다는 누명을 쓰고 구속되는 등 **통감부의 방해**로 **좌절**되고 말았다.

사료 국채 보상 운동 취지문

국채 1,300만 원은 우리 대한의 존망에 관계가 있는 것이다. 갚아 버리면 나라가 존재하고 갚지 못하면 나라가 망하는 것은 대세가 반드시 그렇게 이르는 것이다. 현재 국고에서는 이 국채를 갚아 버리기 어려운즉 장차 삼천리 강토는 우리나라와 백성의 것이 아닌 것으로 될 위험이 있다. 토지를 한 번 잃어버리면 다시 회복하기 어려운 것이다. 어떻게 월남 등의 나라와 같은 처지를 면할 수 있을까? 2천만 인이 3개월을 한정하여 담배의 흡연을 폐지하고 그 대금으로 매 1인마다 20전씩 징수하면 1,300만 원이 될 수 있다. 우리 2천만 동포 중에 애국 사상을 가진 이는 기어이 이를 실시해서 삼천리 강토를 유지하게 되기를 간절히 바라는 바이다.

〈대한매일신보〉, 1907

(4) 근대적 상업 자본의 성장

① 회사의 설립

㉠ 배경 : 일부 상인들은 열강의 경제적 침탈에 대항하여 자본주의 생산 방식이나 새로운 경영 방식을 도입하고 많은 회사들을 설립하였다.

㉡ 형태
  • 1880년대 초 **대동 상회**(평양)·**장통 회사**(서울) 등의 상회사가 설립되었으며, 1890년대에는 그 수가 40여 개에 달하였다.
  • 초기의 회사들은 주로 동업자 조합의 성격을 띤 상회사였으나 대한 제국의 상공업 진흥 정책이 실시된 이후에는 해운 회사·철도 회사·광업 회사 등과 같은 근대적 형태의 주식회사도 나타났다.

② 1890년대 후반 기업 활동
　　㉠ 계기: 1890년대 후반기에는 정부의 상공업 진흥 정책에 맞추어 내국인의 기업 활동이 더욱 활발해졌다.
　　㉡ 기업 활동의 성격: 문호 개방 이후 일본 자본가들이 조선에 들어와 대규모의 운수 회사를 설립하고 해상과 육상의 운수업을 지배하였다. 이에 국내 기업가들은 외국의 증기선을 구입하여 그들에 대항하려 하였고, 해운 회사·철도 회사·광업 회사 등을 설립하여 민족 자본의 토대를 굳히고자 노력하였다.

사료　개항기 주식회사 설립의 예

우리나라는 인구에 비하여 땅이 좁은 것 같다. 그러나 산야에는 아직 열리지 않은 곳이 많고, 강과 바닷가에는 개간이 되지 않은 곳이 많다. …… 고로 이에 감히 조정의 높은 뜻을 받들어 뜻을 같이 하는 사람들이 재물을 모아 회를 만들어 장정을 만든다. …… 회원은 각기 고전(주식의 경우 액면가) 50냥을 내어서 자본으로 삼는다. …… 각 회원은 매년 이익을 나눌 때 모여 고르게 나눈다.　　　　　　「경성 농상 회사 장정」 1885. 2.

(5) 산업 자본과 금융 자본의 성장

① 근대적 산업 자본의 성장
　㉠ 조선 유기 상회(鍮器商會): 개항 이전에 이미 발달하였던 유기(鍮器) 공업과 야철(冶鐵) 공업을 계승하여 서울에 '조선 유기 상회'라는 합자 회사를 설립하였다.
　㉡ 직조(織造) 산업: 면직물의 생산은 외국산 면직물의 수입으로 큰 타격을 받았지만, 민족 자본에 의하여 대한 직조 공장, 종로 직조사(종로의 백목전 상인들이 1900년 설립) 등의 직조 공장이 설립되어 발동기를 이용한 생산 활동을 전개하였다.
　㉢ 기타: 연초(煙草) 공장, 사기(砂器) 공장 등도 설립하였다.
② 근대적 금융 자본의 성장
　㉠ 은행의 설립: 개항 직후부터 일본의 금융 기관이 침투하고, 일본 상인에 의한 고리대금업이 성행함에 따라 이에 대응하기 위하여 우리 자본으로 은행을 설립하였다.
　　• 관료 자본 중심의 은행: 1896년 **최초로 설립된 조선은행**(안경수, 김종한)은 관료 자본이 중심이 된 민간 은행으로서 국고 출납 업무를 대행하고 지방에 지점도 두었으나 곧 폐쇄되었다.
　　• 민간 은행: 한성은행(1897), 대한 천일 은행(1899) 등을 설립하였다.
　㉡ 결과: 은행은 화폐 정리 사업을 계기로 몰락하거나 자주성을 잃고 변질되기도 하여 한국의 금융은 사실상 일본에 의해 장악되었다.
③ 화폐 정리 사업
　㉠ 제1차 한일 협약 시기에 재정 고문으로 들어온 메가타는 1905년 화폐 정리 사업을 단행하여 대한 제국의 화폐 발행권을 박탈하고 일본 제일 은행권을 본위 화폐로 삼았다. 이 때문에 국내 화폐 유통 체계의 혼란이 야기되었으며, 다수의 한국인 상공업자가 타격을 입었다.
　㉡ 화폐 정리 사업의 실상: 한국 상인들이 소유하고 있던 백동화의 상당량이 을종 또는 병종으로 분류되어 소액을 가진 농민들은 제대로 교환조차 할 수 없었다. 그러나 일본 상인은 화폐 정리 사업 정보를 미리 듣고 대처하였다. 이에 대한 제국에서는 극심한 금융 공황이 일어나 많은 국내 상인이 도산하고, 농촌 경제는 파탄에 이르렀다.

사료 화폐 개혁 조례

제1조 통화의 가치를 금의 가치와 연계하고, 기왕 발행한 화폐는 신 화폐와 교환 혹은 환수할 것
제3조 구 백동 화폐의 교환 및 환수는 광무 9년 7월 1일부터 시행할 것(백동화를 질에 따라 갑, 을, 병으로 구분하여 갑종은 신전 2전 5리, 을종은 1전으로 교환하며, 병종은 교환하지 않는다.)

심화 백동화

개항 이후 급증하는 재정 수요와 당면한 재정 궁핍에서 벗어나기 위해 전환국(典圜局)에서 1892년부터 1904년까지 주조·유통시켰다. 1894년의 신식 화폐 발행 장정(新式貨幣發行章程)에 의한 은본위제 시행과 1901년의 화폐 조례(貨幣條例)에 의한 금본위제(金本位制) 채택에 의해 보조 화폐로 계속 사용되었다. 1892년부터 1904년까지 발행한 총 화폐 1,890여만 환 중 백동화는 1,670여만 환으로, 발행 총액의 약 88%를 차지하였다. 그런데 당시 시중에 유통된 백동화에는 전환국에서 주조한 것 이외에도 민간이나 외국인에 의한 위조(僞造) 또는 외국에서 밀수입된 것도 상당액 포함되어 있었다. 『한국민족문화대백과』

바로 확인문제

● 다음의 정부 조치에 대한 설명으로 옳은 것만을 〈보기〉에서 모두 고르면? 19. 국가직 7급

상태가 매우 좋은 갑종 백동화는 개당 2전 5리의 가격으로 새 돈으로 바꾸어 주고, 상태가 좋지 않은 을종 백동화는 개당 1전의 가격으로 정부에서 사들이며, 팔기를 원치 않는 자에 대해서는 정부가 절단하여 돌려준다. 다만 모양과 질이 조잡하여 화폐로 인정하기 어려운 병종 백동화는 사들이지 않는다. 탁지부령

┤ 보기 ├
ㄱ. 한일 신협약을 계기로 추진되었다.
ㄴ. 은화를 발행하여 본위화로 삼고자 하였다.
ㄷ. 제일 은행권을 교환용 화폐로 사용하였다.
ㄹ. 필요한 자금을 대느라 거액의 국채가 발생하였다.

① ㄱ, ㄴ
② ㄱ, ㄹ
③ ㄴ, ㄷ
④ ㄷ, ㄹ

● 〈보기〉는 개항 이후 경제 상황이다. 시간 순으로 바르게 나열한 것은? 18. 서울시 7급

┤ 보기 ├
ㄱ. 청 상인들이 내지 통상권을 획득하였다.
ㄴ. 일본인 재정 고문이 화폐 정리 사업을 추진하였다.
ㄷ. 대한 천일 은행이 고종의 적극적인 지원하에 설립되었다.
ㄹ. 일본 상인들이 개항장 중심의 거류지 무역을 시작하였다.

① ㄱ - ㄴ - ㄷ - ㄹ
② ㄱ - ㄷ - ㄴ - ㄹ
③ ㄹ - ㄱ - ㄷ - ㄴ
④ ㄹ - ㄱ - ㄴ - ㄷ

|정답해설| 제시된 내용은 1905년부터 시행된 화폐 정리 사업과 관련된 법령이다. 화폐 정리 사업은 당시 대한 제국에서 유통되고 있었던 백동화 등을 일본 제일 은행에서 발행한 화폐로 교환하는 방식으로 진행되었다. 그러나 백동화의 품질에 따라, 갑, 을, 병으로 구분하여 가장 질이 낮은 병종은 교환해 주지 않았다. 화폐 정리 사업에 소요된 재정은 일본이 대여한 대한 제국의 국채로 충당되어 일본으로의 경제적 예속화를 심화하였다.

|오답해설|
ㄱ.ㄴ. 제1차 한일 협약(1904)으로 대한 제국에 들어온 재정 고문 메가타는 금본위제를 바탕으로 화폐 정리 사업을 추진하였다.

|정답| ④

|정답해설| ㄹ. 조일 수호 조규 부록(1876, 일본 상인들이 개항장 중심의 거류지 무역 시작) → ㄱ. 조청 상민 수륙 무역 장정(1882, 청 상인의 내지 통상권 획득) → ㄷ. 대한 천일 은행 설립(1899) → ㄴ. 메가타가 주도한 화폐 정리 사업 시작(1905)

|정답| ③

02 개항 이후의 사회

1 사회 제도와 의식의 변화

(1) 19세기 사회의 변화

① 계기 : 19세기 사회 변화에는 종교의 영향이 컸다. 처음에는 서학으로 전래되었던 천주교와 이어 등장한 동학, 그리고 개신교의 전파는 사회 변화에 많은 영향을 미쳤다.

② 평등 의식의 확산 : 19세기에 들어와 평등 의식이 확산되기 시작하면서 종래의 신분 제도에 서서히 변화가 나타났다.

(2) 종교의 영향

① 천주교
　㉠ 조선 후기에 전래되기 시작한 천주교는 19세기 중엽에 교세를 확장하여 평등 의식의 확산에 기여하였다.
　㉡ 초기에 신도의 중심을 이루던 양반은 조상 제사 문제로 교회에서 멀어지고, 점차 중인과 평민의 입교(入敎)가 증가하였다. 특히 부녀자 신도가 많았다.

> **사료　천주교의 신분 평등**
>
> 황일광 알렉시스는 백정의 집에서 태어났다. 이들은 읍내나 동네에서 멀리 떨어져 살아야 하며, 아무와도 일상적인 교제를 할 수 없었다. 천주교에 입교하자 교우들은 그의 신분을 잘 알고 있으면서도 형제처럼 대하였다. 어디를 가나 양반집에서까지 그는 다른 교우들과 똑같이 집에 받아들여졌는데, 그로 말미암아 그는 자기에게는 자기 신분으로 보아 사람들이 너무나 점잖게 대해 주기 때문에 이 세상에 하나, 또 후세에 하나, 이렇게 천당이 두 개가 있다고 말하였다.　「조선 천주교회사」

② 동학 : 현세를 말세로 규정하고 천지개벽에 의한 미래의 이상 세계가 반드시 도래한다고 하는 사회 혁명적 예언으로 백성들에게 호응을 얻었다. 동학의 인내천 사상은 적서 차별, 남존여비를 부정하는 인간 평등주의로 평민층 이하의 지지를 받았다.

③ 개신교
　㉠ 개신교는 포교의 수단으로 각지에 학교를 설립하고 의료 사업을 전개하여 많은 효과를 거두었다.
　㉡ 19세기 말에 전래된 개신교는 선교 과정에서 한글의 보급, 미신의 타파, 남녀평등 사상의 보급, 근대 문명의 소개 등을 통하여 사회와 문화 면에서 많은 영향을 미쳤으며 애국 계몽 운동에도 이바지하였다.

(3) 갑신정변의 영향

갑신정변의 「개혁 정강」도 신분 제도에 변화를 일으켰다.

① 진보적 사고 : 양반 신분 제도와 문벌을 폐지하고 인재를 등용하여 인민 평등을 실현하려한 급진 개화파의 생각은 매우 진보적이었다.

② 신분 제도의 개혁 요구 : 문벌과 신분 제도를 사회적 불평등의 근원일 뿐만 아니라 국가 발전을 저해하는 주요 원인으로 인식하고 이를 개혁하고자 하였다.

■ **갑신정변의 한계**
급진 개화파를 중심으로 한 위로부터의 성격이 강하여 일반 민중과 유리되었고, 당시 민중은 이들의 개혁 의지나 취지를 이해하지 못하였다.

2 동학 농민군의 사회 개혁 운동

(1) 사회 개혁 운동

① 의의
  ㉠ 고부 봉기를 필두로 전개된 동학 농민 운동은 사회 전반에 커다란 변화를 야기하였다. 동학 농민군들은 각 지역에서 독립된 활동을 하며 자신들의 요구를 제시하였다.
  ㉡ 이 가운데 향촌에서 반상(班常)을 구별하는 모든 관행을 부정하고 천민층의 신분 해방 운동을 전개하였다.

② 「폐정개혁안」
  ㉠ 반봉건적 사회 개혁안 요구 : 농민군들은 「폐정개혁안」에서 탐관오리·횡포한 부호·양반 유생의 징벌, 노비 문서의 소각, 천인들에 대한 처우 개선, 과부의 재가 허용, 모든 무명잡세의 폐지 등을 주장하였다.
  ㉡ 지주제 철폐안의 요구 : 농민군들이 지주 전호제를 인정한 지조법 개혁을 넘어서 토지의 평균 분작을 요구한 것은 매우 혁신적인 것이었다.

(2) 신분 간의 갈등

① 집강소(執綱所)의 설치
  ㉠ 전라도 53개 지역에 집강소를 설치하여 자기들이 주장한 개혁 사업들을 벌여 나갔다.
  ㉡ 농민군의 집강소에서는 폐정을 개혁하는 한편, 노비 문서와 토지 문서를 소각하고 창고를 열어 식량과 금전을 농민들에게 나누어 주었다.

② 민보군(民堡軍)의 조직
  ㉠ 농민군들의 행동에 대하여 양반 계층은 지배층을 적대시하는 것으로 간주하였다.
  ㉡ 일부 양반들은 민보군을 조직하여 농민군과 싸움을 벌였다. 이러한 신분 간의 갈등은 집강소에서 실시한 사업이 순조롭게 진행되지 못하는 요인이 되었다.

3 갑오개혁 : 신분제의 폐지

(1) 갑오개혁의 사회 면 개혁

① 특징 : 동학 농민 운동에서 제시한 농민군의 요구를 갑오개혁에 일부 수용하였는데, 갑오개혁의 내용 중에서 가장 두드러진 것은 사회 면의 개혁이었다.
② 추진 : 군국기무처는 개혁 추진의 중심 기구로서 전통적 신분 제도와 문벌 및 출신 지역을 가려 인재를 등용하는 폐습을 개혁하고자 하였다.
③ 개혁 내용 : 반상과 귀천을 초월한 평등주의적 사회 질서의 수립, 노비 및 기타 천민층의 점진적 해방, 기술직 중인의 관직 등용 확대, 여성의 대우 향상과 혼인 풍습의 개선 등을 포함하였다.

(2) 갑오개혁의 결과

① 갑오개혁으로 양반 중심의 신분 제도가 폐지되고, 능력 본위의 인재 등용이 이루어지는 계기가 되었다.
② 갑오개혁 내용 중에는 즉시 효력이 발생한 연좌제의 폐지 같은 조항이 있었다. 반면 대부분의 사회 제도 개혁안은 양반제·노비제 등을 포함한 전통적 신분 제도를 철저히 타파하기보다는 점진적·개량적으로 접근하였다.

(3) 갑오개혁의 의의

갑오개혁은 조선 사회를 근대화하는 데 기여하였으며, 양반들의 권력 독점 체제를 해체시키는 계기가 되었다.

4 민권 운동의 전개

(1) 독립 협회

① 독립 협회의 창설 : 갑신정변 후 일본을 거쳐 미국으로 망명하였다가 돌아온 서재필은 문호 개방 이후 계속 성장한 국내 신지식층과 합세하여 〈독립신문〉을 발행하고 독립 협회를 창설하였다. 독립 협회는 이전의 개화 운동과는 달리 새로운 형태의 자강 운동을 전개하였다.

② 독립 협회의 활동 : 독립 협회는 주권 독립운동, 민권 운동을 전개하였다. 이 가운데 민권 운동은 인권 확대 운동과 참정권 실현 운동으로 전개되었다.

　㉠ 인권 확대 운동 : 천부 인권 사상을 근거로 국민의 생명과 재산권을 보호할 목적으로 한 운동이다. 이는 오랜 전제 군주제 및 양반 관료제의 횡포로부터 백성을 보호하려는 것이었다.

　㉡ 참정권 실현 운동(국민 참정권 운동)

　　• 참정권의 실현은 의회 설립 운동으로 나타났다.

　　• 독립 협회가 정부에 제출한 의회 설립안은 갑오개혁 때 제 기능을 발휘하지 못하였던 중추원을 개편하여 의회로 만들고, 의원의 반수는 독립 협회 회원에서 선발하여 구성해 달라고 요구하였다.

사료　민권론

대저 동양 풍속이 나라를 정부가 독단하는 고로 나라가 위태한 때를 당하여도 백성은 권리가 없으므로 나라 흥망을 전혀 정부에다가 미루고 수수방관만 하고, 정부는 나중에 몇몇 사람이 순절만 할 줄로 성사를 삼는 고로 나라 힘이 미약하여 망하는 폐단이 자주 날 뿐더러 …… 그런즉 지금 폐단을 없앨 방법과 재략은 다름 아니라 갑자기 백성의 권리를 모두 주어 나라 일을 하려 할 것도 아니오. 관민이 합심하여 정부와 백성의 권리가 서로 절반씩 된 후에야 대한이 억만년 무강할 줄로 나는 아노라.　　〈독립신문〉, 1898. 12. 15.

　㉢ 독립 협회의 해체

　　• 독립 협회가 관민 공동회를 개최하고 고종에게 올리는 「헌의 6조」를 가결하여 입헌 군주제를 지향하는 움직임을 보이자, 정부는 의회 개설 운동과 입헌 군주제 실시 주장을 왕조의 존립까지 위협하는 것으로 받아들였다.

　　• 정부가 황국 협회를 동원하여 탄압함으로써 독립 협회의 운동은 결국 실패하였다.

③ 독립 협회 활동의 의의

　㉠ 민중의 자발적 참여

　　• 독립 협회의 운동은 실패하였지만 민중과 연결되어 있다는 것은 이전과 다른 점이었다.

　　• 서울에서는 민중들이 자발적으로 참여하여 정부의 잘못을 공격하였으며, 독립 협회의 지도자들은 이를 적절히 이용하여 자신들의 주장을 펴 나갔다.

　㉡ 평등 의식의 확산 : 관민 공동회에서 천민이 연사로 나서고, 시전 상인이 회장으로 선출된 사실은 민권 사상과 평등사상이 확산되고 있었음을 보여 준다.

사료　백정 박성춘의 관민 공동회 연설문(1898)

나는 대한의 가장 천한 사람이고 무지몰각합니다. 그러나 충군 애국의 뜻은 대강 알고 있습니다. 이에 이국 편민(利國便民)의 길인즉, 관민이 합심한 연후에야 가하다고 생각합니다. 저 차일에 비유하건대, 한 개의 장 대로 받친즉 역부족이나 많은 장대를 합한즉 그 힘이 공고합니다. 원컨대 관민이 합심하여 우리 황제의 성덕 에 보답하고, 국운(國運)이 만만세 이어지게 합시다.

　　ⓒ 독립 협회의 기본 사상
　　　• 3대 사상: 자주 국권 사상, 자유 민권 사상, 자강 개혁 사상이었다.
　　　• 자유 민권 사상: 국민의 평등과 자유 및 국민 주권을 확립하여 국민의 기본적 권리를
　　　　보장하고, 국민의 단합된 힘으로 자주 국권을 수호하며, 나아가 근대 의회 정치를 구
　　　　현하여 근대 국민 국가를 수립하려는 민주주의 사상이다.
　　ⓔ 근대화 사상의 계승: 독립 협회의 근대화 사상은 이후 대한 제국 말기의 애국 계몽 사
　　　상으로 이어졌다.

사료　윤치호 등의 인권 옹호 상소

어떤 자는 말하기를 백성의 권한이 성하면 임금의 권한이 반드시 줄어들리라 하니, 사람의 무식함이 …… 더 욱 심하겠습니까. 만일 오늘날에 이와 같은 민의가 없다면, 정치와 법률은 따라서 무너져서 어떤 모양의 재 앙의 기미가 어디에서 일어날지 모르는데, 폐하께서는 홀로 생각이 여기에 미치지 아니하십니까. 신 등의 충 성된 분노가 격하여 품고 있는 생각을 진술하였지만 대단히 황송하여 조처할 바를 알지 못하겠습니다. 엎드 려 바라옵건대 폐하께서는 재량하여 살펴 주십시오.　　　　　　　　　　　　　　　　　　　「승정원일기」

(2) 애국 계몽 운동

① 내용: 독립 협회의 운동은 대한 제국 시기에 애국 계몽 운동으로 계승되었다. 애국 계몽 운
　동은 사회 · 교육 · 경제 · 언론 등 각 분야에서 폭넓게 추진되어 국민의 근대 의식과 민족 의식
　을 고취시켰다.
② 영향
　　ⓐ 사회 인식의 전환: 국민의 교육열이 고양되어 근대 교육이 널리 보급되었고, 근대 지식
　　　과 근대 사상이 점차 보편화되어 사회 인식의 전환을 가져왔다.
　　ⓑ 민주주의 사상의 진전
　　　• 애국 계몽 운동은 일본의 보호국 체제하에서 적극적 정치 투쟁으로 전개되지는 못하
　　　　였지만, 민주주의 사상을 한 단계 진전시켰다.
　　　• 독립 협회는 민주주의 실현과 국민 국가의 건설을 목표로 활동하였으나, 이를 공개적
　　　　으로 거론하지는 못하였다.
　　　• 20세기 초에는 애국 계몽 운동가들이 민주 공화정체의 우월성과 국민 국가 건설의 필
　　　　요성을 공개적으로 주장할 만큼 상당한 사회 의식의 변화를 보여 주었다.

갑신정변 (「정강 14개조」)	• 내용 : 문벌 폐지, 인민 평등권 확립, 지조법 개혁, 행정 기구의 개편, 내각제 도입 등 추구 • 목적 : 근대적 국민 국가 건설 • 한계 : 청의 군사적 개입, 보수 세력의 방해, 피지배층의 지지 기반 미약
동학 농민군 (「폐정개혁안」)	• 내용 : 노비 문서의 소각, 지벌의 타파, 청상과부의 재가 허용, 백정의 평량립 폐지 • 목적 : 인간 평등과 인권 존중의 반봉건적 사회 개혁 추구 • 의의 : 대내적으로 양반 중심의 전통적 신분제 사회 붕괴에 기여함
갑오·을미개혁	• 내용 　– 신분제 폐지 : 반상 구분 철폐, 천민의 신분 폐지, 공·사노비 제도 혁파 　– 봉건적 폐습 타파 : 조혼 금지, 과부의 재가 허용, 고문과 연좌법 폐지 　– 인재 등용 : 과거제 폐지, 새로운 관리 임용제 채택 • 의의 : 갑신정변과 동학 농민 운동에서 주장한 내용을 일부 반영, 양반 중심의 신분제 폐지
대한 제국 (광무개혁)	호적 제도 개편 : 호적에 신분 대신 직업 기재

03 개항 이후의 문화

1 근대 문명의 수용

19세기 후반에서 20세기 초에 이르는 시기에 우리나라에서는 서양의 과학 기술을 비롯한 근대 문물이 수용되고 근대 시설도 점차 보급되어 갔다.

> **사료** 문명과 개화
>
> 지금 판세를 가만히 보면, '개화'니 '문명'이니 한다고 머리를 잘들 깎았나 보네만, 속에는 전판 완고의 구습이 가득하여 겉으로는 어째 개명 진취의 뜻이 있는 듯 하나 실상은 잠을 깨지 못하여 실상은 길에 다니는 자들이 말짱 코를 골고 다니니, 비유컨대 고목나무 겉은 성하나 속은 좀이 먹어 들어가는 모양이라. 참, '겉 개화'라 할 만하여 …….
>
> 〈대한매일신보〉, 1905

(1) 서양 과학 기술의 수용

① 서양 과학 기술에 대한 관심
　㉠ 근대 이전 : 서양의 과학 기술에 대한 관심은 17세기 이후 실학자들에 의하여 싹트기 시작하였다.
　㉡ 개항 이후
　　• 개화파는 서양 과학 기술의 우수성을 인식하고, 우리의 정신문화는 지키면서 서양의 과학 기술을 수용하자는 동도서기론(東道西器論)을 제창하였다.
　　• 정부의 개화 정책 추진과 함께 과학 기술을 비롯한 서양의 근대 문물이 도입되었다.

■ 동도서기론
우리의 전통적인 정신문화를 지키되 서양의 과학 기술은 수용하자는 주장으로서, 중국 양무운동의 중체서용(中體西用), 일본 문명 개화론의 화혼양재(和魂洋才)와 같은 맥락이다.

② 수용 과정
  ㉠ 개항 이전: 1860년대 흥선 대원군 집권기에도 서양의 침략에 대응하기 위하여 서양의 무기 제조술에 많은 관심을 기울였다.
  ㉡ 개항 이후: 무기 제조술 외에 산업 기술의 수용에도 관심이 높아져서 1880년대에는 양잠·방직·제지·광산 등에 관한 기계를 도입하고, 외국 기술자를 초빙하는 등 서양의 기술을 도입하는 데 힘썼다.
  ㉢ 1890년대
    • 개화 지식인들은 근대적 과학 기술의 수용을 위해서는 교육 제도의 개혁이 급선무임을 인식하게 되었다. 이에 갑오개혁 이후 정부는 유학생의 해외 파견을 장려하고, 교육 시설을 갖추는 데 노력하였다.
    • 그 결과 경성 의학교·철도 학교·광업 학교 등 각종 근대적인 기술 교육 기관이 설립되었다.
③ 결과: 기술 교육의 향상을 위한 정책은 재정의 곤란으로 많은 시행착오가 있었지만, 국권을 빼앗기기 전까지 꾸준히 계속되어 어느 정도의 성과를 거두었다.

사료　서양 과학 기술의 수용

❶ 외국의 교(敎)는 즉 사(邪)로서 마땅히 멀리해야 하지만 그 기(器)는 즉 이(利)로서 가히 이용후생(利用厚生)의 바탕이 될 것인즉, 농·공·상·의약·갑병(甲兵)·주차(舟車) 등의 종류는 어찌 이를 꺼려서 멀리 하겠는가?
　　　　　　　　　　　　　　　　　　　　　　　　　　　「일성록」 곽기락의 상소, 1881

❷ 옛날의 범선과 오늘의 증기선은 선박의 옛날과 지금이 다릅니다. 옛날의 소나 말이 끄는 수레와 오늘의 증기 기차는 차(車)의 옛날과 지금이 다릅니다. 옛날의 파발과 오늘의 전신에 의한 통첩으로 순식간에 왕래하여 마치 서로 얼굴을 마주봄과 같은 것은 역전의 옛날과 지금이 다릅니다. 오늘날 나라를 다스리는 이가 서법(서양 문물)의 편리함을 인정하지 아니하고 옛 제도의 불편하고 현실에 맞지 아니한 것을 전적으로 쓴다면 부강(富强)의 도를 생각하지 않는 것입니다. …… 군신·부자·부부·붕우·장유의 윤리는 인간의 본성에 부여된 것으로서 천지를 통하는 만고불변(萬古不變)의 이치이고, 위에 존재하는 것으로서 도(道)가 됩니다. 이에 대하여 배·수레·군사·농사·기계의 편민이국(便民利國)하는 것은 외형적인 것으로서 기(器)가 됩니다. 신(臣)이 변혁(變革)을 꾀하고자 하는 것은 기(器)이지 도(道)가 아닙니다.
　　　　　　　　　　　　　　　　　　　　　　　　　　　　　윤선학의 상소문, 1882

❸ 서양 각국에 사신을 파견하여 그 우호를 신장시키는 한편, 거기서부터 기술 교사를 청하여 우리나라 상하 인민들에게 새 기술을 습득시키고 …… 정부와 따로 공의당(公議堂)을 특설하여 시무(時務)에 밝은 인사들을 참여시키고 그들로 하여금 정사 논의(政事論議)를 돕게 하고 …… 도하(都下)에 큰 규모 상인들을 불러 모아 그들의 이해 및 편리함과 불편함을 상의케 하고 그 손해에 따라 징세(徵稅)토록 하며 …… 법에 따라 채광(採鑛)을 장려하고 화폐 유통을 장려하며, 놀고먹는 자를 없애도록 하자.
　　　　　　　　　　　　　　　　　　　　　　　　　　　　　　　　　　「일성록」

(2) 근대 시설의 수용

개항 이후 근대 문물과 과학 기술이 도입되어 교통·통신·전기·의료·건축 등 각 분야에 새로운 시설이 갖추어졌다. 이에 따라 생활 양식도 변화하였다.

① 근대적 기술 도입의 계기

　⑦ 개항 직후 수신사 파견을 시작으로 1880년대에 조사 시찰단(신사 유람단)의 일본 파견과 영선사의 청 파견, 보빙사의 미국 파견은 근대적 기술 도입에 중요한 계기가 되었다.

　ⓛ 정부는 박문국·기기창·전환국 등 근대 시설을 갖추어 신문을 발간하고, 무기를 제조하였으며, 화폐를 주조하였다.

② 근대 시설의 도입

<table>
<tr><th colspan="2">근대 시설</th><th>연도</th><th>기능 및 성격</th></tr>
<tr><td rowspan="2">인쇄</td><td>박문국</td><td>1883</td><td>신문 발간(《한성순보》, 새로운 지식의 확대에 기여)</td></tr>
<tr><td>광인사</td><td>1884</td><td>• 최초의 근대식 출판사(민간), 근대 기술에 관한 서적 출판
• 농업과 목축의 근대화를 이론화한 안종수의 『농정신편』 인쇄</td></tr>
<tr><td>화폐 주조</td><td>전환국</td><td>1883</td><td>백동화(1892~1904) 주조</td></tr>
<tr><td>무기 제조</td><td>기기창</td><td>1883</td><td>영선사의 건의로 서울에 설치</td></tr>
<tr><td rowspan="4">통신</td><td>전신</td><td>1885</td><td>• 청의 차관을 도입하여 최초 설치(인천 ~ 서울 ~ 의주)
• 독일로부터 차관을 얻어 서울 ~ 부산 가설(1888)</td></tr>
<tr><td>전화</td><td>1898</td><td>경운궁 안에 처음 가설</td></tr>
<tr><td>전등</td><td>1887</td><td>• 경복궁에 최초로 전등 설치(1887)
• 서울 시내에 전등 가설(1900)</td></tr>
<tr><td>우편</td><td>1884</td><td>• 갑신정변으로 우정(총)국 중지 → 을미개혁 이후 우체사로 부활(1895)
• 만국 우편 연합에 가입(1900, 여러 나라와 우편물 교환)</td></tr>
<tr><td rowspan="4">교통</td><td>전차</td><td>서대문
~
청량리</td><td>1899</td><td>황실과 미국인 콜브란의 합자로 1898년 설립된 한성 전기 회사에서 발전소를 건설하여 최초로 전차 운행</td></tr>
<tr><td rowspan="3">철도</td><td>경인선</td><td>1899</td><td>미국인 모스(Morse)에 의해 착공되었지만 일본 회사에 이권이 전매되어 완공된 최초의 철도(노량진 ~ 제물포, 1899)
→ 한강 철교가 준공되어 서울까지 연결(1900)</td></tr>
<tr><td>경부선</td><td>1905</td><td>서울~부산 초량</td></tr>
<tr><td>경의선</td><td>1906</td><td>용산~신의주</td></tr>
<tr><td rowspan="5">의료</td><td>광혜원</td><td>1885</td><td>정부의 지원으로 알렌이 세운 최초의 왕립 서양식 병원
(후에 제중원으로 고침)</td></tr>
<tr><td>광제원</td><td>1900</td><td>정부에서 설립하여 지석영의 종두법 등을 보급</td></tr>
<tr><td>세브란스 병원</td><td>1904</td><td>경성 의학교와 함께 의료 요원 양성</td></tr>
<tr><td>대한 의원</td><td>1907</td><td>신식 의료 요원 양성 기관(의학부·약학부·간호과 등)</td></tr>
<tr><td>자혜 의원</td><td>1909</td><td>도립 병원(전주·청주·함흥 등 전국 각지에 설립)</td></tr>
</table>

(철도 경부선·경의선 비고: 러일 전쟁 중에 일본이 군사적 목적으로 부설)

▲ 전화 교환원

■우정총국

개항기에 우편 업무를 담당하던 관청으로, 현재는 체신 기념관으로 쓰이고 있다.

▲ 서울의 전차(1903)

▲ 명동 성당

|정답해설| 아관 파천 기간은 1896년 2월부터 1897년 2월(고종이 경운궁으로 환궁하기 이전)까지이다. 백동화는 전환국에서 1892년부터 1904년까지 제작되었던 동전이다.

|오답해설|
① 전차가 처음 개통된 것은 1899년이다.
② 〈한성순보〉는 박문국에서 1883년에 창간되었으나 갑신정변(1884) 이후 폐간되었다.
③ 대한 천일 은행은 1899년에 설립된 민족 은행이었다.

|정답| ④

|정답해설| 1899년 우리나라 최초의 철도인 경인선(제물포 ~ 노량진)이 개통되었다.

|오답해설|
①②③ 1883년에 있었던 사실이다.

|정답| ④

건축	경복궁 내 관문각	1888	최초의 서구식 건물
	독립문	1897	프랑스의 개선문을 모방하여 건립
	명동(종현) 성당	1898	중세 고딕 양식의 건물
	약현 성당	1892	천주교 성당이며, 최초의 고딕식 벽돌 건축물
	손탁 호텔	1902	최초의 서양식 호텔이며, 최초의 커피 전문점이 개설됨
	덕수궁 석조전	1910	착공한 지 10년 만에 완성된 르네상스 양식의 건물

③ 근대 시설 수용의 의의: 근대적 시설은 외세의 이권 침탈이나 침략 목적에 이용되기도 하였으나, 한편으로는 국민 생활의 편리와 생활 개선에 이바지하였다.

바로 확인문제

● 아관 파천 기간에 사람들이 볼 수 있었던 사실로 적절한 것은?　　　16. 지방직 7급

① 청량리행 전차를 운행하는 기사
② 〈한성순보〉를 배부하는 관리
③ 대한 천일 은행에서 근무하는 은행원
④ 백동화를 주조하는 주전관

● 다음 사건 중 발생 연도가 다른 하나는?　　　19. 경찰직 1차

① 박문국이 설립되어 〈한성순보〉를 발간하기 시작하였다.
② 전환국이 설립되어 당오전(當五錢)을 발행하였다.
③ 우리나라 최초의 근대적 사립 학교인 원산 학사가 설립되었다.
④ 우리나라 최초의 철도인 경인선이 개통되었다.

② 근대 교육과 학문의 보급

(1) 근대 교육의 발전

① 근대 교육의 실시 : 1880년대부터 개화 운동의 일환으로 근대 교육이 보급되었다.

  ㉠ 원산 학사(1883) : 최초의 근대적 사립 학교로서 함경도 덕원(원산) 주민들이 개화파 인물들의 권유로 설립하였으며, 외국어·자연 과학 등 근대 학문과 무술을 가르쳤다.

  ㉡ 동문학(同文學, 1883) : 관립 외국어 교육 기관이며 영어, 일어 등을 교육하였고, 통변(通辯) 학교로도 불렸다.

  ㉢ 육영 공원(1886) : 정부는 보빙사 민영익의 건의로 육영 공원을 세우고, 벙커·길모어·헐버트 등 미국인 교사를 초빙하여 **상류층의 자제들을 뽑아 영어**를 비롯한 수학·지리학·정치학 등 각종 근대 학문을 교육하였으나 1894년에 폐교되었다.

단권화 MEMO

■육영 공원의 운영

문무 현직 관료 중에서 선발된 학생을 수용하는 좌원(左院)과 양반 자제에서 선발된 학생을 수용하는 우원(右院)의 두 반으로 되어 있었고 학생 정원은 35명이었다. 교수들은 모두 미국에서 초빙한 미국인들이었다. 대표적 인물로는 헐버트(Hulbert, H. B.), 길모어(Gilmore, G. W.), 번커(Bunker, D. A.)가 있었다.

> **사료 육영 공원(학교 운영 규칙 일부)**
>
> 1. 학교를 설립하고 '육영 공원(育英公院)'이라 부른다.
> 2. 외국인으로 성품이 선량하고 재간 있으며 총명한 사람 3명(헐버트·길모어·번커가 초빙됨)을 초빙하여 '교사(敎師)'라고 부를 것이며 가르치는 일을 전적으로 맡도록 한다.
> 3. 원(院)은 좌원(左院)과 우원(右院)을 설립하고 각각 학생을 채워서 매일 공부한다.
> 4. 별도로 과거 급제 출신의 7품 이하 관료로서 나이가 젊고 원문(原文)에 밝은 문벌 있는 집안의 재능 있는 사람을 선발하여 10명을 한정해 좌원에 넣어 공부하게 한다.
> 5. 재주가 있고 똑똑한 나이 15세부터 20세까지의 사람 20명을 선발하여 우원에 넣어 공부하게 한다.
>
> 「고종실록」

> **심화 헐버트**
>
> 헐버트는 1886년 육영 공원의 교사로 초빙되어 우리나라에 왔다. 을사늑약 이후 고종의 밀서를 휴대하고 미국에 가서 국무 장관과 대통령을 면담하려 하였으나 실현하지 못하였다. 1906년 다시 내한하였으며 고종에게 헤이그에서 열리는 제2차 만국 평화 회의에 밀사를 보내도록 건의하였다. 그는 이상설 등의 헤이그 특사보다 먼저 도착하여 「회의시보(Courier de la Conférence)」에 한국 대표단의 호소문을 싣게 하는 등 한국의 국권 회복을 위해 노력하였다. 그의 저서로는 세계의 지리 지식과 문화를 소개한 「사민필지」, 「한국사(The History of Korea)」(2권), 「대동기년(大東紀年)」(5권), 「대한 제국 멸망사(The Passing of Korea)」 등이 있다.

② 근대적 교육 제도

  ㉠ 교육 제도의 정비

    • 갑오개혁 이후에는 근대적 교육 제도의 마련으로 소학교·중학교 등의 각종 관립 학교가 설립되어 근대 교육의 보급이 확산되었다.

    • 「교육 입국 조서」 반포(1895) : 고종은 "국가의 부강은 국민의 교육에 있다."라는 내용의 조서를 반포하였다.

> **사료 「교육 입국 조서(敎育立國詔書)」**
>
> 세계의 형세를 보면 부강하고 독립하여 잘사는 모든 나라는 다 국민의 지식이 밝기 때문이다. 이 지식을 밝히는 것은 교육으로 된 것이니 교육은 실로 국가를 보존하는 근본이 된다. …… 이제 짐은 정부에 명하여 널리 학교를 세우고 인재를 길러 새로운 국민의 학식으로써 국가 중흥의 큰 공을 세우고자 하니, 국민들은 나라를 위하는 마음으로 지(智)·덕(德)·체(體)를 기를지어다. 왕실의 안전이 국민들의 교육에 있고, 국가의 부강도 국민들의 교육에 있도다.

▲ 이화 학당

ⓛ 사립 학교: 개신교 선교사들도 배재 학당·이화 학당 등의 사립 학교를 설립하여 학생들에게 근대 학문을 가르치고, 민족의식의 고취와 민주주의 사상의 보급에 이바지하였다.

○ 개신교 선교사: 배재·이화·경신·정신·숭실 학교 등을 세웠다.

구분	설립 연대	설립자(교파)	소재지
배재 학당	1885	아펜젤러(북 감리교)	서울
이화 학당	1886	스크랜튼(북 감리교)	서울
경신 학교	1886	언더우드(북 장로회)	서울
정신 여학교	1887	엘러스(북 장로회)	서울
숭실 학교	1897	베어드(북 장로회)	평양
배화 여학교	1898	남 감리회	서울
호수돈 여숙	1899	남 감리회	개성
신성 학교	1906	북 장로회	선천
기전 여학교	1907	남 장로회	전주

③ 민족주의 계통의 학교
  ㉠ 민족 지도자들의 학교 설립
    • 배경: 을사늑약(1905) 이후 국권 회복을 목표로 애국 계몽 운동을 전개한 민족 지도자들은 "배우는 것이 힘이다."라는 구호를 내걸고, 근대 교육이 민족 운동의 기반이며 본질이라고 주장하였다.
    • 학교의 설립: 애국 계몽 운동의 영향으로 보성 전문 학교, 진명 여학교, 숙명 여학교, 오산 학교, 대성 학교 등 많은 사립 학교가 곳곳에 세워졌다. 이에 사립 학교를 중심으로 구국 교육 운동이 벌어졌고, 민족 의식의 고취를 위한 교육 활동이 성행하였으며 근대 학문과 사상이 보급되었다.
    • 일본은 1908년 사립 학교령을 발표하여 사립 학교의 설립과 운영을 통제하였다.

○ 민족주의계: 보성·양정·휘문·진명·숙명·중동·오산·대성 학교 등을 세웠다.

구분	설립 연대	설립자	소재지
보성 전문 학교	1905	이용익	서울
양정 의숙	1905	엄주익	서울
휘문 의숙	1906	민영휘	서울
진명 여학교	1906	엄준원	서울
숙명 여학교	1906	엄귀비	서울
중동 학교	1906	오규신, 유광렬, 김원배	서울
서전서숙	1906	이상설	간도
오산 학교	1907	이승훈	정주
대성 학교	1908	안창호	평양

ⓒ 학회의 구국 교육 운동
- 대한 제국 말기 근대 학교 설립에 의한 민족주의 교육이 크게 발흥하였다.
- 대한 자강회, 신민회 등 정치·사회단체와 서북 학회, 호남 학회, 기호 흥학회, 교남 교육회, 관동 학회 등 많은 학회의 구국 교육 운동이 밑바탕이 되었다.

구분	대표	활동 내용
서북 학회	이동휘	『서북학보』 발행, 순회 강연, 임업 강습소 설치
기호 흥학회	정영택	『기호학보』 발행, 기호 학교 설립(1908)
교남 학회	이하영	『교남교육회잡지』 발행
호남 학회	강엽	『호남학보』 발행
관동 학회	남궁억	강원도 출신 인사들을 중심으로 조직
여자 교육회	진학신	양규 의숙(養閨義塾) 설립(1906)
서우 학회	박은식 등	1906년 설립, 잡지 『서우』 발간

④ 여성 교육
ⓐ 1898년 9월 서울 북촌 양반 부인들이 〈황성신문〉에 최초의 여성 선언문인 「여권통문(여학교설시통문)」을 발표하여 당시 사회에 적지 않은 충격을 주었다.
ⓑ 〈독립신문〉은 정부가 여성 교육을 위해 예산을 집행할 것을 주장하였다. 이를 계기로 여성들은 여성 교육 단체인 찬양회(순성회)를 조직하였다.
ⓒ 1899년 우리 민족이 만든 최초의 여성 사립 학교인 순성 여학교가 건립되었다.

사료 「여권통문」(1898) - 최초의 여성 선언문

이제 우리 이천만 동포 형제가 성스러운 뜻을 본받아 과거 나태하던 습관은 영구히 버리고 각각 개명한 새로운 방식을 따라 행할 때, 시작하는 일마다 일신우일신(日新又日新)함을 사람마다 힘써야 함에도, 어찌하여 한결같이 귀먹고 눈먼 병신처럼 옛 관습에만 빠져 있는가. 이것은 한심한 일이로다. …… 이왕에 우리보다 먼저 문명 개화한 나라들을 보면 남녀평등권이 있는지라. 어려서부터 각각 학교에 다니며, 각종 학문을 다 배워 이목을 넓히고, 장성한 후에 사나이와 부부의 의를 맺어 평생을 살더라도 그 사나이에게 조금도 압제를 받지 아니한다. 이처럼 후대를 받는 것은 다름 아니라 그 학문과 지식이 사나이 못지않은 까닭에 그 권리도 일반과 같으니 이 어찌 아름답지 않으리오. …… 슬프도다. 과거를 생각해 보면 사나이가 힘으로 여편네를 압제하려고, 한갓 옛말을 빙자하여 "여자는 안에서 있어 바깥 일을 말하지 말며, 오로지 술과 밥을 짓는 것이 마땅하다(居内而不言外, 唯酒食施衣)."라고 하는지라. …… 이제는 옛 풍속을 모두 폐지하고 개명 진보하여 우리나라도 다른 나라와 같이 여학교를 설립하고, 각기 여자아이들을 보내어 각종 재주를 배워 이후에 여성 군자들이 되게 할 목적으로 지금 여학교를 창설하오니 ……

첫째, 여성은 장애인이 아닌 남성과 평등한 권리를 갖는 온전한 인간이어야 한다. 여성은 먼저 의식의 장애로부터 해방되어야 한다.
둘째, 여성도 남성이 벌어다 주는 것에만 의지하여 사는 경제적으로 무능력한 장애에서 벗어나 경제적 능력을 가져야만 평등한 인간 권리를 누릴 수 있다.
셋째, 여성 의식을 깨우치고 사회 진출 능력을 갖기 위해서는 무엇보다 여성들이 남성과 동등한 교육을 받아야 한다.

〈황성신문〉, 1898

▲ 「을지문덕전」

바로 확인문제

● 근대 교육 기관 및 교육에 대한 설명으로 가장 적절한 것은?

16. 경찰직 2차

① 고종은 광무개혁의 일환으로 「교육 입국 조서」를 반포하며 지·덕·체를 아우르는 교육을 내세웠고, 이에 따라 소학교, 한성 사범 학교 등이 설립되었다.
② 배재 학당, 숭실 학교, 경신 학교, 정신 여학교는 개신교 선교사들이 설립한 사립 학교이다.
③ 최초의 사립 학교인 육영 공원은 함경도 덕원 주민들과 개화파 인사들의 합자로 설립되었으며, 외국어·자연 과학·국제법 등 근대 학문과 함께 무술을 가르쳤다.
④ 대성 학교, 오산 학교, 서전서숙, 보성 학교는 국내에 설립된 교육 기관이다.

(2) 국학 연구의 진전

① 배경: 국학 연구는 실학에서 그 원류를 찾을 수 있고, 실학파의 민족 의식과 근대 지향 의식은 개화사상으로 연결되어 근대적 민족주의로 발전하였다.
② 국학 운동의 전개: 애국 계몽 운동의 일환으로 국사와 국어를 연구하여 민족 의식과 애국심을 고취하려는 국학 운동이 전개되었다.
③ 국사 연구
　㉠ 근대 계몽 사학의 성립: 장지연, 신채호, 박은식 등이 근대 계몽 사학을 성립시켰다.
　　• 구국 위인 전기: 『을지문덕전』, 『강감찬전』, 『이순신전』 등 우리 역사상 외국의 침략에 대항하여 승리한 전쟁 영웅들의 전기를 써서 널리 보급함으로써 일본의 침략에 직면한 국민들의 사기를 북돋우고, 애국심을 불러일으켰다.
　　• 외국의 역사 소개: 『미국 독립사』(1898년 황성신문사 번역·발간), 『월남 망국사』(1906년 현채 번역·발간) 등 외국의 건국 또는 망국의 역사를 번역하여 소개함으로써 국민들의 독립 의지와 역사의식을 높이려고 노력하였다.
　　• 일본 침략 비판: 황현의 『매천야록』, 정교의 『대한계년사』는 일본의 침략을 비판하고, 민족정신을 강조하였다.
　㉡ 민족주의 사학 방향 제시: 신채호는 1908년 〈대한매일신보〉에 「독사신론」을 연재하였다. 「독사신론」은 만주와 부여족을 중심에 둔 새로운 역사 체제를 세워, 민족주의 사학의 기틀을 마련했다고 평가된다.

사료 「독사신론」

내가 지금 각 학교 교과용의 역사를 보건대 가치가 있는 역사는 거의 없다. 제1장을 보면 우리 민족이 중국 민족의 일부인 듯 하고, 제2장을 보면 우리 민족이 선비족의 일부인 듯 하고 ……. 오호라 과연 이 같을진대 우리 수만 리의 토지가 이들 남만북적의 수라장이며, 우리 4천여 년의 산업이 이들 조량모초(朝梁暮楚)의 경매물이라 할지니, 어찌 그렇다고 할 수 있을 것인가? 즉, 고대의 불완전한 역사라도 이를 상세히 살피면 동국의 주족(主族)으로 단군의 후예인 우리의 발달한 실제 자취가 뚜렷하거늘 무슨 까닭으로 우리 선조들을 헐뜯음이 이에 이르렀는가.

　㉢ 국사 교과서 간행
　　• 현채의 『유년필독』은 어린아이들을 위한 국사 교과서 대용 서적이며, 일본의 출판법이 시행된 이후 압수된 책 중 가장 많은 부수를 차지하였다.
　　• 현채의 『동국사략』은 청소년을 위한 국사 교과서로 활용되었고, 서양식 역사 서술 체계를 적극 도입하였는데, 이를 신사체(新史體)라고 한다.

ⓔ 조선 광문회(1910, 朝鮮光文會): 최남선은 박은식과 함께 조선 광문회를 만들어 민족 고전을 정리·간행하였다.

  ⓜ 외국인의 한국사 연구: 『은둔의 나라 한국(The Hermit Nation Corea)』(1882년 윌리엄 그리피스 저술), 『한국의 비극(The tragedy of Korea)』(1908년 영국 기자 매켄지가 일제의 국권 침탈 과정을 목격하고 저술)

사료 | 국사 연구

오호라. 어떻게 하면 우리 이천만 동포의 귀에 애국이란 단어가 못이 박히도록 할까? 오직 역사로써 해야 할 것이다. 오호라. 어떻게 하면 우리 이천만 동포의 눈에 항상 애국이란 단어가 어른거리게 할까? 오직 역사로써 해야 할 것이다. …… 성스럽다 역사여! 위대하다 역사여! 일곱 겹, 여덟 겹의 화려한 누각으로 일국 산하를 장엄하게 수놓을 자, 역사가 아닌가?   신채호, 「역사와 애국심과의 관계」

---

④ 국어 연구
  ⓐ 국한문체의 보급: 갑오개혁 이후 관립 학교의 설립과 함께 국한문 혼용의 교과서가 간행되면서 국한문체 또는 국문체의 문장이 보급되었다.
    • 『서유견문(西遊見聞)』: 1895년 출간된 유길준의 저서로, 새로운 국한문체의 보급에 공헌하였다.
    • 언론의 한글 사용: 〈독립신문〉과 〈제국신문〉은 한글을 사용하였다. 그 밖의 여러 신문에서 국문과 한문을 혼용함으로써 전통적인 한문체에서 탈피하는 획기적인 문체의 변혁을 가져왔다.
  ⓑ 국문 연구소의 설립(1907): 문체의 변화에 따라 우리말 표기법 통일의 필요성이 높아져 국어 연구가 크게 진전되었고, 지석영의 건의가 계기가 되어 1907년 대한 제국 학부 소속으로 설립되었다.
  ⓒ 국어 문법 연구서: 유길준의 『조선문전』(1897~1902)에 이어 이봉운의 『국문정리』(1897), 지석영의 『신정국문』(1905), 주시경의 『국어문법』(1910), 『말의 소리』(1914) 등이 저술되었다.

사료 | 국어 연구

나라를 뺏고자 하는 자는 그 나라의 글과 말을 먼저 없이 하고, 자기 나라의 글과 말을 전파하며, 자기 나라를 흥성케 하고자 하거나 나라를 보전하고자 하는 자는 자국의 글과 말을 먼저 닦고, 백성의 지혜로움을 발달케 하고, 단합을 공고케 한다.   주시경 선생 유고

심화 | 지석영과 주시경

❶ 지석영

독립 협회의 주요 회원으로 활약하였다. 또한 개화가 늦어지는 이유가 어려운 한문을 쓰기 때문이라 보고 알기 쉬운 한글을 쓸 것을 주장하였다. 1908년 국문 연구소 위원에 임명되었고, 이듬해 한글로 한자를 해석한 『자전석요(字典釋要)』를 저술하였다.

---

❷ 주시경

〈독립신문〉 발간에 관여하였고, 독립신문사 안에 '국문동식회(國文同式會)'를 조직했으며, 1897년 4월에 '국문론'이라는 글을 발표하기도 했다. 그는 당시의 문장들이 한문에 토를 다는 형식에 그치고 있다면서 실제로 말하는 대로 글을 쓰는 '언문일치'가 필요하다고 주장했다. 1908년에는 국어 연구 학회를 창립하였는데, 이 단체는 조선어 연구회의 모체가 되었다.

단권화 MEMO

| 정답해설 | 밑줄 친 '그'는 주시경이다. 국문동식회는 주시경 등이 한글 연구를 위해 조직한 학술 단체이다. 주시경은 1910년에 문법서인 『국어문법』을 저술하였다.

| 오답해설 |
①④ 1931년 조직된 조선어 학회는 '한글 맞춤법 통일안'(1933)을 만들었으며, 『우리말 큰 사전』의 편찬에 착수하였으나 일제의 방해로 성공하지 못하였다.
③ 1921년 임경재 등이 조직한 조선어 연구회는 잡지 〈한글〉을 간행하고 '가갸날'을 정하여 한글의 보급에 공헌하였다.

| 정답 | ②

＊언론 기관의 발달
개항기 각 신문의 특징은 빈출 내용이다. 특히 〈황성신문〉의 「시일야방성대곡」이 을사늑약 이후 발표되었음을 알아 두어야 한다.

바로 확인문제

● 밑줄 친 '그'에 대한 설명으로 옳은 것은?   18. 국가직 7급

> 〈독립신문〉 발간에 관여했던 그는 독립신문사 안에 '국문동식회(國文同式會)'를 조직했으며, 1897년 4월에 '국문론'이라는 글을 발표하기도 했다. 그는 당시의 문장들이 한문에 토를 다는 형식에 그치고 있다면서 실제로 말하는 대로 글을 쓰는 '언문일치'가 필요하다고 주장했다.

① 『우리말 큰 사전』의 편찬을 주도하였다.
② 문법 서적인 『국어문법』을 저술하였다.
③ 조선어 연구회를 주도적으로 조직하였다.
④ 한글 맞춤법 통일안을 만들어 발표하였다.

(3) 언론 기관의 발달＊

① 〈한성순보〉(1883)
  ㉠ 근대적 신문의 효시로 박문국에서 간행하였다.
  ㉡ 순 한문체로 간행하였다.
  ㉢ 정부의 공문서를 우선으로 취급하여 관보(官報)적 성격을 가지고 있었다.
  ㉣ 갑신정변 이후 박문국이 폐지되면서 폐간되었다(1884).
② 〈한성주보〉(1886): **최초로 국한문 혼용체를 사용**하였으며, 최초로 상업 광고를 실었다.
③ 〈독립신문〉(1896): 정부의 지원을 받아 서재필이 창간한 우리나라 **최초의 민간 신문**으로, 국문판과 영문판이 발행되었다.

사료 〈독립신문〉 창간사

우리 신문이 한문은 아니 쓰고 다만 국문으로만 쓰는 것은 상하귀천이 다 보게 하려 함이다. …… 각국에서 사람들이 남녀를 막론하고 자기 나라의 국문을 먼저 배워 능통한 후에야 외국 글을 배우는 법인데 조선에서는 조선 국문은 아니 배우더라도 한문만 공부하는 까닭에 국문을 잘 아는 사람이 드물다. 우리 신문은 빈부귀천에 구별 없이 신문을 보고, 외국 물정과 내지 사정을 알게 하려는 뜻이니 남녀노소, 상하귀천 간에 우리 신문을 몇 달 동안 보면 새 지각과 새 학문이 생길 것을 미리 아노라.   〈독립신문〉, 1896

④ 〈제국신문〉(1898. 8.)
  ㉠ 개신 유학자 이종일에 의하여 순 한글로 발간되었다.
  ㉡ 주로 부녀자와 일반 대중 등을 대상으로 발행하였다.

사료 〈제국신문〉 창간사

뜻있는 친구들을 모아 회사를 조직하고 새로 신문을 발간하는데 이름을 제국신문이라 하여 순 국문으로 날마다 출판하고자 하니, 여러분께서는 많이 보시오. 신문의 명칭은 곧 이 신문이 우리 대황제 폐하의 당당한 대한국 백성에게 속한 신문이라는 뜻에서 지은 것이니 또한 중대하도다.   〈제국신문〉, 1898

⑤ 〈황성신문〉(1898. 9.)

ㄱ 개신 유학자 남궁억 등에 의하여 국한문 혼용판으로 발간하였다.

ㄴ 을사늑약 체결 직후 〈황성신문〉의 주필이었던 장지연의 「시일야방성대곡」이라는 사설을 발표하고, 「오조약청체전말(五條約請締顛末)」이라는 제목으로 을사늑약의 강제적 체결 과정을 상세히 보도하였다.

ㄷ 광무 정권이 표방한 '구본신참'의 원칙에 따라 온건하고 점진적인 개혁을 주장하였다.

ㄹ 강점(국권 피탈, 경술국치, 1910. 8. 29.) 직후 〈한성신문(漢城新聞)〉으로 제호가 바뀌었고, 얼마 후 폐간되었다(마지막 신문 발행일: 1910. 9. 14.).

사료 〈황성신문〉 창간사

대황제 폐하께서 갑오년(1894) 중흥(中興)의 기회를 맞아 자주독립의 기초를 확정하시고 새로이 경장(更張)하는 정령(政令)을 반포하실 때에 특히 한문과 한글을 같이 사용하여 공사 문서(公私文書)를 국한문으로 섞어 쓰라는 칙교(勅敎)를 내리셨다. 모든 관리가 이를 받들어 근래에 관보와 각 부군(府郡)의 훈령, 지령과 각 군(各郡)의 청원서, 보고서가 국한문으로 쓰였다. 이제 본사에서도 신문을 확장하려는 때를 맞아 국한문을 함께 쓰는 것은 무엇보다도 대황제 폐하의 성칙(聖勅)을 따르기 위해서이며, 또한 옛글과 현재의 글을 함께 전하고 많은 사람들에 읽히기 위함이다. 〈황성신문〉, 1898

사료 장지연의 「시일야방성대곡」

지난번 이토 히로부미 후작이 한국에 왔을 때 우리 인민은 서로 말하기를 '후작은 평소 동양 삼국이 서로 돕고 의지할 것을 주선한다고 자처하던 사람이니 반드시 우리나라 독립을 부식하는 방법을 권고하리라.' 하고, 시골에서 서울에 이르기까지 관민 상하가 모두 환영하였는데, 천하의 일에는 헤아리기 어려운 일도 많도다. 천만 뜻밖에 5조약은 어디서부터 나왔는가? 아, 저 개돼지만도 못한 우리 정부 대신이란 자들이 영달과 이득을 노리고 위협에 겁을 먹고, 벌벌 떨면서 나라를 파는 도적이 되어 4천 년의 강토와 5백 년의 종묘사직을 남에게 바치고, 2천만 생령으로 하여금 모두 다른 사람의 노예 노릇을 하게 하였으니 아, 분하고 원통하도다. 우리 2천만 동포여, 살았는가, 죽었는가. 〈황성신문〉, 1905. 11. 20.

⑥ 〈대한매일신보〉(1904)

ㄱ 영국인 베델과 양기탁이 한영 합작으로 발행하였다.

ㄴ 비교적 활동이 자유로워 가장 강경한 항일 논조를 펼쳤고, 국채 보상 운동에 앞장섰다. 특히 신문사 정문에 '일본인 출입 금지'라는 문구를 붙여놓고 강력히 일본의 침략을 규탄하였다. 또한 을사늑약 때 황제가 서명하지 않았다는 친서를 보도하였다.

⑦ 〈만세보〉(1906)

ㄱ 오세창·손병희를 중심으로 발행된 천도교계 신문이었다. 국한문을 혼용하면서 한자를 잘 모르는 독자들도 쉽게 읽을 수 있도록 한자 옆에 한글로 음을 달기도 하였다.

ㄴ 이 신문은 친일 단체인 일진회(一進會)를 강경한 논설로 계속 공격하였으며 반민족적인 행위 등을 단호히 규탄하였다.

⑧ 기타: 〈경향신문〉은 천주교의 기관지였으며, 개신교(장로회)에서는 〈그리스도 신문〉을 발행하였고, 지방 신문으로는 진주에서 발간된 〈경남일보〉(1909)가 있었다. 대한 협회의 기관지인 〈대한민보〉에서는 이완용 내각 및 일진회를 풍자하는 만화를 게재하였다(만화는 이도영이 담당).

⑨ 친일 신문

  ㉠ 〈한성신보〉: 1895년 일본인에 의해 창간되었다.

  ㉡ 〈국민신보〉: 1906년 이용구 등이 만든 친일 단체인 일진회의 기관지였다.

  ㉢ 〈대한신문〉: 1907년 7월 18일 이인직이 천도교계의 〈만세보〉를 인수하여 제호를 고쳐 창간하였다. 이 신문은 이완용이 언론 기관의 필요성을 인식하여 이인직으로 하여금 경영하게 한 것으로, 이완용 내각의 기관지 역할을 하였다.

  ㉣ 기타 : 〈시사신문〉(1910)

⑩ 일본의 탄압

  ㉠ 일본은 한국 강점 과정에서 신문지법(1907)과 출판법(1909)으로 언론을 통제하였다.

  ㉡ 일본은 각종 결사체와 정치 집회를 해산할 수 있도록 보안법(1907) 및 학회령(1908)을 제정하였다.

사료 일본의 언론 탄압

❶ 신문지법(1907. 7.)

제1조 신문지를 발행하려는 자는 발행지를 관할하는 관찰사(경성에서는 관무사)를 경유하여 내부대신에게 청원하여 허가를 받아야 한다.

제21조 내부대신은 신문지가 안녕질서를 방해하거나 풍속을 어지럽힌다고 인정할 때는 그 발매 반포를 금지하고 압수하여 발행을 정지하거나 금지할 수 있다.

❷ 보안법(1907. 7.)

제1조 내부대신은 안녕질서를 지키기 위해 필요한 경우에 결사의 해산을 명령할 수 있다.

제2조 내부대신은 안녕질서를 지키기 위해 필요한 경우에 집회 또는 다중의 운동 또는 군집을 제한 금지하거나 해산시킬 수 있다.

❸ 출판법(1909. 2.)

제2조 문서나 도서를 출판하고자 할 때는 저작자 또는 그 상속자 및 발행자가 날인하고, 원고를 첨가하여 지방 장관을 경유하여 내부대신에게 허가를 신청해야 한다.

제12조 외국에서 발행한 문서나 도서 또는 외국인이 국내에서 발행한 문서나 도서로서 안녕질서를 방해하거나 풍속을 어지럽힌다고 인정될 때는 내부대신은 그 문서나 도서를 국내에서 발매 또는 반포함을 금지하고, 그 인본을 압수할 수 있다.

바로 확인문제

● 다음의 논설을 작성한 인물에 대한 설명으로 옳은 것은?   24. 국가직 9급

> 이 날을 목 놓아 우노라[是日也放聲大哭]. …… 천하만사가 예측하기 어려운 것도 많지만, 천만 뜻밖에 5개조가 어떻게 제출되었는가. 이 조건은 비단 우리 한국뿐 아니라 동양 삼국이 분열할 조짐을 점차 만들어 낼 것이니 이토[伊藤] 후작의 본의는 어디에 있는가?

① 〈한성순보〉를 창간하였다.

② 『한국통사』를 저술하였다.

③ 「독사신론」을 발표하였다.

④ 〈황성신문〉의 주필을 역임하였다.

|정답해설| 제시된 사료는 1905년 을사늑약 직후 발표된 장지연의 「시일야방성대곡(是日也放聲大哭)」 중 일부이다. 당시 장지연은 〈황성신문〉의 주필이었다.

|오답해설|

① 〈한성순보〉는 1883년 박문국에서 발행된 최초의 근대적 신문이다 (1884년 갑신정변 직후 폐간).

② 『한국통사』는 박은식이 1915년 저술하였다.

③ 신채호는 1908년 〈대한매일신보〉를 통해 「독사신론」을 발표하였다.

|정답| ④

3 문예와 종교의 새 경향

(1) 문학의 새 경향

① 신소설(新小說): 근대 문화의 수용과 더불어 소설에서도 새로운 경향이 나타났다.
- ㉠ 특징
  - 순 한글로 쓰였으며, 언문일치의 문장을 사용하였다.
  - 주제는 아직 구소설의 틀에서 크게 벗어나지는 못하였다.
  - 봉건적인 윤리 도덕의 배격과 미신 타파를 주장하였다.
  - 남녀평등 사상과 자주독립 의식을 고취하였다.
- ㉡ 대표작: 이인직의 『혈의 누』, 이해조의 『자유종』, 안국선의 『금수회의록』 등의 신소설이 등장하여 계몽 문학의 구실을 하였다.

■ 『금수회의록』
1908년 안국선이 발표한 신소설이다. 동물들의 입을 빌려 개화기 사회를 비판하였다. 특히 여우를 통해 외국인에게 빌붙어 나라를 망하게 하고 동포를 압박하는 사람을 비판하였다.

> **사료** 『금수회의록』(1908)
>
> 나의 지식이 저 사람보다 조금 낫다고 하면 남을 가르쳐준다고 하면서 실상은 해롭게 하며, 남을 인도하여 준다고 하고 제 욕심 채우는 일만 하여 어떤 사람은 제 나라 형편도 모르면서 타국 형편을 아노라고 외국 사람을 부동(附同 : 빌붙는다)하여 임금을 속이고 나라를 해치며 백성을 위협하여 재물을 도둑질하고 벼슬을 도둑질하며 개화하였다고 자칭하고, 양복 입고, 단장 짚고, 궐련 물고, 시계 차고, 살죽경 쓰고, 인력거나 자전거타고, 제가 외국 사람인 체하여 제 나라 동포를 압제하며, 혹은 외국 사람 상종함을 영광으로 알고 아첨하며, 제 나라 일을 변변히 알지도 못하는 것을 가르쳐 주며, 남의 나라 정탐꾼이 되어 애매한 사람 모함하기, 어리석은 사람 위협하기로 능사를 삼으니, 이런 사람들은 안다 하는 것이 도리어 큰 병통이 아니오?

② 신체시(新體詩): 최남선은 신체시인 「해에게서 소년에게」(1908년 〈소년〉에서 발표)를 써서 근대시의 형식을 개척하였다.

③ 외국 문학의 번역
- ㉠ 작품: 외국 문학의 번역도 이루어져 『천로역정』, 『이솝 이야기』, 『로빈슨 표류기』 등의 작품이 널리 읽혀졌다.
- ㉡ 의의: 외국 문학의 소개는 신문학의 발달에 이바지하였고, 근대 의식의 보급에도 기여하였다.

■ 『천로역정』
영국의 작가 존 버니언의 종교적 우화 소설로서, 1895년 선교사 게일이 번역한 한국 근대의 첫 번역 소설이다.

④ 문학 활동의 비판 및 의의: 대한 제국 말기의 역사적 상황 속에서 일부 외국 문화에 대한 분별 없는 수입과 소개로 인하여 식민지 문화의 터전을 만들어 주기도 하였지만 일반적으로 민족의식을 높이는 역할을 하였다.

(2) 예술계의 변화

서양 근대 문화의 도입으로 예술 분야에도 큰 변화가 나타났다.

① 음악
- ㉠ 서양 음악 소개: 크리스트교가 수용되어 찬송가가 불려지면서 서양의 근대 음악이 소개되었다.
- ㉡ 창가의 유행: 서양식 악곡에 맞추어 부르는 창가(唱歌)라는 신식 노래가 유행하였다. 「애국가」, 「권학가」, 「독립가」, 「경부철도가」 등의 창가가 이 시기에 널리 애창되었다.

② 연극

    ㉠ 민속 가면극: 양반 사회에서 천시되었던 전통적인 민속 가면극이 민중들 사이에 여전히 성행하였다.

    ㉡ 신극 운동: 우리나라 최초의 서양식 극장인 원각사(圓覺社)가 세워지고 「은세계」, 「치악산」 등의 작품이 공연되었다(1908).

▲ 원각사

③ 미술

    ㉠ 서양식 유화 도입: 미술가들이 직업인으로서의 위치를 굳혀 갔으며, 서양의 화풍이 소개되어 서양식 유화도 그려지기 시작하였다.

    ㉡ 전통 회화의 발전: 김정희 계통의 문인 화가들이 한국 전통 회화를 발전시켰다.

(3) 종교 운동의 새 국면

① 천주교: 오랫동안 박해를 받아오던 천주교가 1880년대부터 자유롭게 선교 활동을 벌여 교육·언론·사회사업 등에 공헌하였고, 애국 계몽 운동을 전개하였다.

② 개신교

    ㉠ 종교 운동은 개신교의 수용과 발전으로 크게 활기를 띠어 갔다. 선교사들은 교육과 의료 사업 등에 많은 업적을 남겼다.

    ㉡ 선교 과정에서 한글의 보급, 미신의 타파, 평등 사상의 전파, 근대 문명의 소개 등 사회·문화 면에서도 업적을 남겼다.

▲ 정동 교회

③ 천도교

    ㉠ 전통 사회의 붕괴: 개항 이후 농민을 기반으로 하여 민중 종교로 성장한 동학은 1890년대에 동학 농민군을 조직하여 반봉건·반침략 운동을 전개함으로써 전통 사회를 무너뜨리는 데 크게 기여하였으나 동학 농민 운동의 실패로 동학은 커다란 타격을 받았다.

    ㉡ 대한 제국 시기: 이용구 등 친일파가 일진회를 조직하고 동학 조직을 흡수하려 하자, 제3대 교주인 손병희는 1905년 동학을 천도교로 개칭하고 동학의 정통을 계승하여 민족 종교로 발전시켰다.

    ㉢ 민족의식 고취: 〈만세보〉라는 민족 신문을 발간하여 민족의식을 고취하기도 하였다.

심화	천도교와 시천교

동학의 기반을 이용하여 일진회를 조직하여 친일적 정치를 하고 있던 이용구는 1905년 일본에 망명 중이던 손병희가 귀국하여 천도교 중앙 총부를 설립하자 천도교의 순수 교단화를 반대하고, 친일적 단체를 표방하였다가 제명당하였다. 이에 이용구는 김연국 등과 함께 시천교를 창립하였는데, 시천교는 얼마간 번성하다가 이용구 사망 이후 유명무실화되었다.

▲ 천도교 중앙 대교당

④ 대종교(大倧敎)

　　㉠ 창시 : 나철·오기호 등이 **단군 신앙을 기반으로 대종교를 창시**하였다(1909년 단군교로 창시, 1910년 대종교로 개칭).

　　㉡ 성격·활동 : 보수적 성격을 지니고 있었으나, 민족적 입장을 강조하는 종교 활동을 전 개하였다. 특히 **간도·연해주 등지에서 항일 운동에 적극 참여**하면서 성장하였다.

⑤ 불교

　　㉠ 개화기의 불교는 조선 왕조의 억불 정책에서 벗어났으나, 그 뒤 통감부의 간섭으로 일 본 불교에 예속당하였다.

　　㉡ **한용운 등은 『조선 불교 유신론(朝鮮佛敎維新論)』을 내세워 불교의 혁신과 자주성 회복**을 위한 움직임이 일어났다.

⑥ 유교(儒敎)

　　㉠ 위정척사 운동의 중심체였던 유교는 외세에 저항하는 반침략적 성격은 강하였으나 시 대의 흐름에 역행한다는 비판을 받게 되었다.

　　㉡ 개명한 유학자들은 유교의 개혁을 주장하였는데, **박은식의 「유교구신론(儒敎求新論)」**이 대표적이다.

> **사료**　박은식의 「유교구신론」 일부
>
> 유교가 끝내 인도의 불교와 서양의 기독교와 같이 세계의 대발전을 하지 못함은 어째서이며, 근세에 이르러 침체 부진이 극도에 달하여 거의 회복할 가망이 없는 것은 무슨 까닭인가? 여기에 감히 외람됨을 무릅쓰고 3대 문제를 들어서 개량 구신의 의견을 바치노라. 첫째는 유교파의 정신이 전적으로 제왕 측에 존재하고 인 민 사회에 보급할 정신이 부족함이요, 둘째는 여러 나라를 돌아다니면서 세계의 주의를 바꾸려는 생각을 강 론하지 아니하고 또한 내가 동몽(학생)을 찾는 것이 아니라 동몽이 나를 찾는 주의를 지킴이요, 셋째는 우리 유가(儒家)에서 쉽고 정확한 학문(양명학)을 구하지 아니하고 질질 끌고 되어 가는 대로 내버려 두는 공부(성 리학)를 전적으로 숭상함이라.

⑦ 친일 종교 단체 : 일본은 대동 학회(친일 유교 단체), 동양 전도관(친일 기독교 단체), 본원 사(친일 불교 단체) 등을 만들어 종교계 내부의 갈등을 유도하였다.

■ **불교의 혁신 주장**

통감부의 종교 간섭이 심해지면서 일 본 종교가 침투해 왔다. 이에 한용운은 『조선 불교 유신론』에서 미신적 요소 의 배격을 통해 불교의 쇄신을 주장하 였다.

■ **「유교구신론」**

박은식은 「유교구신론」에서 국민의 지 식과 권리를 계발하는 새로운 유교 정 신을 강조하고, 진취적인 교화 활동의 전개와 간결하고 실천적인 유교 정신 의 회복을 주장하였다.

절대 어제를 후회하지 마라.
인생은 오늘의 나 안에 있고
내일은 스스로 만드는 것이다.

– L. 론 허바드(L. Ron Hubbard)

PART

VII

일제 강점기

5개년 챕터별 출제비중 & 출제개념

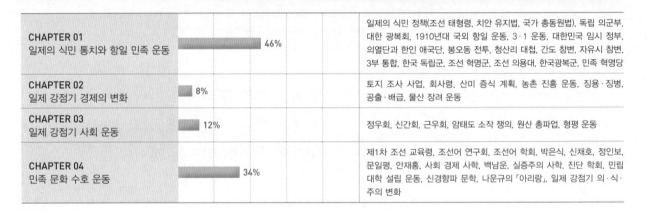

CHAPTER 01 일제의 식민 통치와 항일 민족 운동	46%	일제의 식민 정책(조선 태형령, 치안 유지법, 국가 총동원법), 독립 의군부, 대한 광복회, 1910년대 국외 항일 운동, 3·1 운동, 대한민국 임시 정부, 의열단과 한인 애국단, 봉오동 전투, 청산리 대첩, 간도 참변, 자유시 참변, 3부 통합, 한국 독립군, 조선 혁명군, 조선 의용대, 한국광복군, 민족 혁명당
CHAPTER 02 일제 강점기 경제의 변화	8%	토지 조사 사업, 회사령, 산미 증식 계획, 농촌 진흥 운동, 징용·징병, 공출·배급, 물산 장려 운동
CHAPTER 03 일제 강점기 사회 운동	12%	정우회, 신간회, 근우회, 암태도 소작 쟁의, 원산 총파업, 형평 운동
CHAPTER 04 민족 문화 수호 운동	34%	제1차 조선 교육령, 조선어 연구회, 조선어 학회, 박은식, 신채호, 정인보, 문일평, 안재홍, 사회 경제 사학, 백남운, 실증주의 사학, 진단 학회, 민립 대학 설립 운동, 신경향파 문학, 나운규의 「아리랑」, 일제 강점기 의·식·주의 변화

한눈에 보는 흐름 연표

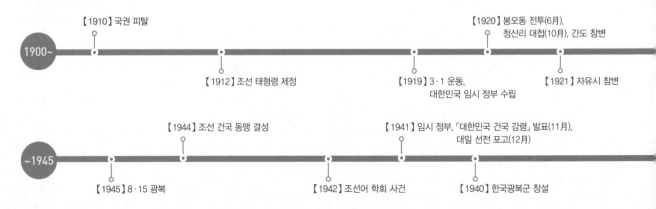

【1910】 국권 피탈

【1920】 봉오동 전투(6月),
청산리 대첩(10月), 간도 참변

1900~

【1912】 조선 태형령 제정

【1919】 3·1 운동,
대한민국 임시 정부 수립

【1921】 자유시 참변

【1944】 조선 건국 동맹 결성

【1941】 임시 정부, 「대한민국 건국 강령」 발표(11月),
대일 선전 포고(12月)

~1945

【1945】 8·15 광복

【1942】 조선어 학회 사건

【1940】 한국광복군 창설

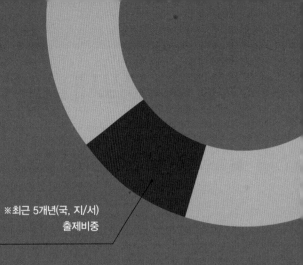

13%

※최근 5개년(국, 지/서)
출제비중

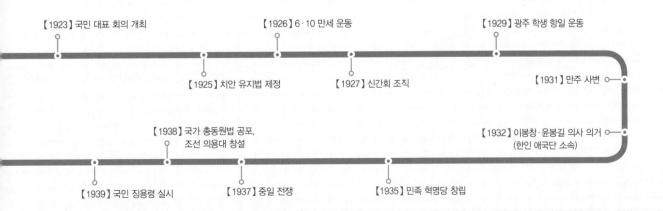

【1923】국민 대표 회의 개최

【1926】6·10 만세 운동

【1929】광주 학생 항일 운동

【1925】치안 유지법 제정

【1927】신간회 조직

【1931】만주 사변

【1938】국가 총동원법 공포,
조선 의용대 창설

【1932】이봉창·윤봉길 의사 의거
(한인 애국단 소속)

【1939】국민 징용령 실시

【1937】중일 전쟁

【1935】민족 혁명당 창립

VII 일제 강점기

1 일제의 식민 정책

통치	시기	사건
무단 통치	1910. 3. 26.	안중근, 여순 감옥에서 사형
	6.	한국 경찰권 위탁 각서 조인
	8. 22.	한일 병합 조약 체결
	10.	총독으로 데라우치 통감 임명
	12. 15.	범죄 즉결례 공포
	12. 29.	회사령 공포
	1911. 6. 3.	어업령 공포
		사찰령 공포
	6. 20.	삼림령 공포
	6. 29.	국유 미간지 이용법 시행 규칙 공포
	1912. 3. 18.	조선 태형령 공포
	8.	토지 조사령 및 시행 규칙 공포
	1915	조선 광업령 공포
	1918	토지 조사 사업 완결로 임시 토지 조사국 폐지
	1919. 3. 3.	고종의 국장
	8.	사이토 마코토 총독 부임
문화 통치	1920. 1.	〈조선일보〉, 〈동아일보〉 발간 허가
	3.	조선 태형령 폐지
	4.	회사령 폐지(신고제로 전환)
	12.	산미 증식 계획(토지 개량 사업 보조 규칙 발표)
	1923. 9.	관동 대지진(한국인 학살)
	1925. 4.	치안 유지법 공포
	1926. 1.	경복궁 앞 조선 총독부 청사에서 총독부 업무 시작
	4. 25.	순종 승하

통치	시기	사건
민족 말살 통치	1931. 7.	만보산 사건 발발
	9.	만주 사변 발발
	1932. 3.	만주국 수립
	4.	윤봉길, 훙커우 공원 의거
	7.	농촌 진흥 운동 시작
	1937. 7.	중일 전쟁 발발
	1938. 2.	조선 육군 특별 지원병 제도 창설
	4.	국가 총동원법 제정
	5.	국가 총동원법 시행
	1939. 10.	국민 징용령 시행
	11.	창씨개명령 발표
	1940. 2.	창씨개명 시행
	8.	〈조선일보〉, 〈동아일보〉 폐간
	1941. 3.	학도 정신대 조직─근로 동원 실시
	4.	생활 필수 물자 통제령 공포
	1943. 3.	징병제 공포
	1944. 4. 28.	학도 동원 본부 규정(국민학교 4학년 이상, 대학생·전문대생까지 동원 체제 확립)
	6. 17.	미곡 강제 공출제 시행
	8. 23.	여자 정신 근로령 공포

❷ 1910년대(무단 통치기) 국내외 독립운동

시기	사건
1910. 8.	블라디보스토크 신한촌에서 성명회 조직
12.	안명근 체포(안악 사건)
1911. 7.	안악 사건 공판
9.	105인 사건
1911.	북간도에서 중광단 조직
	블라디보스토크에서 권업회 조직
	삼원보에서 경학사 조직
1912	독립 의군부 조직
1912.	삼원보에서 부민단(경학사 계승) 조직
1913	안창호, 미국에서 흥사단 조직
	송죽회 조직(평양 숭의 여학교 교사와 학생 중심)
	채기중 등, 풍기에서 대한 광복단 조직
	임병찬, 일본 총리대신에게 국권 반환 요구서 제출
1914.	블라디보스토크에서 대한 광복군 정부 수립(권업회 중심)
	박용만, 하와이에서 대조선 국민 군단을 조직하여 군사 훈련 시작
1915	조선 국권 회복단 조직(경북 달성 중심)
	박상진, 대한 광복단을 대한 광복회로 개칭
1916. 9.	대종교 교주 나철, 자결
1918. 8.	김규식·여운형·김구 등, 상하이에서 신한 청년당 조직
1919.	삼원보에서 신흥 무관 학교 설립

시기	3·1운동
1919. 2.	「무오 독립 선언」(지린성에서 「대한 독립 선언」 발표)
2. 8.	「2·8 독립 선언」(도쿄 유학생 600여 명, 조선 청년 독립단 명의로 「독립 선언문」 발표)
2. 21.	천도교, 기독교, 불교 대표가 모여 민족 대표 33인 구성 합의
2. 22.	학생 대표 33인, 민족 대표 합류 결정
3. 1.	민족 대표 33인, 태화관에서 「독립 선언서」 낭독 (시민은 탑골 공원에서 낭독)
4. 1.	유관순, 천안 아우내 장터에서 독립 만세 운동 중 체포
4. 15.	화성 제암리 학살 사건 발생

시기	대한민국 임시 정부
1919. 3. 17.	연해주에 대한 국민 의회(노령 임시 정부) 수립
4. 11.	대한민국 임시 정부 수립
4. 23.	13도 대표 24명, 국민 대회의 이름으로 한성 정부 수립
9. 11.	제1차 개헌: 여러 임시 정부를 통합하는 임시 정부 헌법 개정안 통과
1923. 1.	상하이에서 국민 대표 회의 소집
1925. 3. 23.	이승만 대통령 탄핵안 통과
4. 7.	제2차 개헌: 내각 책임제
1927. 3. 5.	제3차 개헌: 국무 위원 중심의 집단 지도 체제
1932	상하이에서 항저우로 이주
1940. 5.	한국 독립당 창당
9.	충칭 정착
9. 17.	한국광복군 창설
10.	제4차 개헌: 주석제
1944. 4.	제5차 개헌: 주석·부주석제

3 3 · 1 운동 이후 국내외 독립운동

(1) 국내 독립운동

시기	사건
1919 3.	천마산대 조직
1919 9.	노인(동맹)단 강우규, 서울역에서 사이토 총독에게 폭탄 투척
1920. 6. ~ 8.	황해도 구월산에서 구월산대 조직: 6월 조직 → 7월 해체 → 8월 재조직 → 9월 해체
1920. 8.	의주 동암산에서 보합단 조직
1926. 6. 10.	6 · 10 만세 운동
12. 28.	의열단원 나석주, 동양 척식 주식회사에 폭탄 투척 후 일경과 맞서다 자결
1929. 11. 3.	광주 학생 항일 운동

(2) 국외 무장 독립 전쟁

시기	사건
1919. 3.	간도 국민회에서 대한 독립군 조직(총사령 홍범도)
4.	서간도에서 한족회를 중심으로 서로 군정부 조직 (11월, 서로 군정서로 개편)
11.	김원봉 등, 만주 지린성에서 의열단 조직
12.	북로 군정서 결성
1920. 6. 4.~7.	봉오동 전투(대한 독립군, 홍범도의 지휘로 일본군 대파)
9.	훈춘 사건
10. 21.~26.	청산리 대첩
1921. 5.	간도 참변(1920. 10.~1921. 5.)
1921. 6.	자유시 참변
1923. 8.	육군 주만 참의부 조직(대한민국 임시 정부 직할)
1924. 1. 4.	의열단원 김지섭, 일본 도쿄 궁성의 니주바시(二重橋)에 폭탄 투척
1925. 6.	미쓰야 협정 체결
1931	한인 애국단 조직(임시 정부 국무령 김구)
1932. 1. 8.	한인 애국단원 이봉창, 도쿄 사쿠라다몬 밖에서 히로히토에게 폭탄 투척(실패)
4. 29.	한인 애국단원 윤봉길, 훙커우 공원 의거
5.	임시 정부, 상하이에서 항저우로 이동
1935. 7.	한국 독립당 · 조선 혁명당 · 의열단 등, 난징(南京)에서 민족 혁명당으로 통합
1936	만주에서 동북 항일 연군 편성, 조국 광복회 조직
1937. 6.	보천보 전투
1938	조선 민족 혁명당 산하에 조선 의용대 편성
1940	대한민국 임시 정부, 한국광복군 편성(총사령관 지청천), 한국 독립당 결성(김구)
1941. 11.	대한민국 임시 정부, 「대한민국 건국 강령」 발표 (조소앙의 삼균주의 바탕)
12. 9.	임시 정부, 대일 선전 포고
1942	김원봉 등 조선 의용대 지휘부, 대한민국 임시 정부에 합류 조선 독립 동맹 결성(옌안, 김두봉)

4 사회 · 경제 · 문화의 변화와 민족 운동

시기	사건
1911. 8.	제1차 조선 교육령 공포
1920. 6.	조선 교육회 창립
8.	조선 물산 장려회 창립(평양)
1921. 12.	조선어 연구회 창립(1931. 1. 10. 조선어 학회로 개편)
1922. 1.	조선 민립대학 설립 기성 준비회 조직
2.	제2차 조선 교육령 공포
6.	한국 최초의 비행사 안창남, 도쿄~오사카(東京 ~大阪) 간 비행 성공
1923. 1.	조선 물산 장려회 창립(서울)
3.	조선 민립대학 기성회 총회 개최(민립대학 발기 취지서 채택 – 1,000만 원 모금 운동)
	연희 전문 학교 설립
	천도교 소년회, 잡지 〈어린이〉 창간
4.	진주에서 조선 형평사 창립
1924. 1.	이광수, 〈동아일보〉에 「민족적 경륜」 발표
4.	조선 노농 총동맹 조직
1925. 4.	김재봉 · 조봉암 등, 조선 공산당 조직
6.	조선사 편수회 설치(최남선, 이능화, 이병도 등 참여)
1926. 4.	정우회 창립
7.	조선 민흥회 창립
10.	나운규의 「아리랑」 상영(단성사)
11.	정우회 선언
1927. 2.	신간회 창립
5.	근우회 창립
9.	조선 노농 총동맹이 조선 농민 총동맹, 조선 노동 총동맹으로 분리
1929. 1.	원산 총파업
7.	〈조선일보〉, 문자 보급 운동 시작
1931. 5.	신간회 해소
7.	〈동아일보〉, 브나로드 운동 시작(1935, 총독부의 명령으로 중단)
1933. 10.	『조선 사회 경제사』 발간(백남운)
	조선어 학회, '한글 맞춤법 통일안' 발표
1934. 5.	이병도 · 김윤경 · 이병기 등, 진단 학회 창립
11.	〈진단 학보〉 창간

1936. 8. 9.	손기정, 베를린 올림픽 마라톤 우승
8. 25.	〈동아일보〉, 일장기 말소 보도(29일, 해당 사건으로 〈동아일보〉 정간)
1938. 3.	제3차 조선 교육령 공포
1941. 3.	국민학교령 공포(소학교를 국민학교로 개칭)
1942. 10.	최현배 등 30여 명, 조선어 학회 사건으로 체포
1943. 3.	제4차 조선 교육령 공포(교육에 관한 전시 비상 조치령)

01 일제의 식민 통치와 항일 민족 운동

단권화 MEMO

＊일제의 식민 정책
일제의 식민 통치 정책을 무단 통치, 문화 통치, 민족 말살 통치 시기로 구분하여 파악해 두어야 한다.

■일제의 식민 통치 기구

01 일제의 식민 정책＊

(1) 조선 총독부(朝鮮總督府)

① 총독부의 설치 : 국권을 강탈한 일제는 식민 통치의 중추 기관으로 조선 총독부를 설치하고 강력한 헌병 경찰 통치를 실시하여 언론·출판·집회·결사의 자유를 박탈하고, 독립운동을 말살하려 하였다.

② 총독부의 조직
   ㉠ 조선 총독 : 일본군 현역 대장 중에서 임명하였고, 일본 내각의 통제를 받지 않고 일본 국왕에 직속되어 입법·사법·행정권 및 군대 통수권까지 절대 권력을 행사하였다.
   ㉡ 조직 체계 : 총독 아래에 행정을 담당하는 정무 총감과 치안을 담당하는 경무 총감이 있었으며, 총독부의 관리는 거의 일본인이 차지하였다.
   ㉢ 중추원(中樞院)
      • 자문 기관인 중추원을 두어 친일파 한국인을 정치에 참여시키는 형식을 취하였으나 이는 한국인을 회유하기 위한 술책에 불과하였다.
      • 중추원이 3·1 운동 때까지 거의 10년간 한 차례의 정식 회의도 소집하지 않았던 것만 보더라도 이름만 있는 기관이었음을 알 수 있다.

◎ 역대 조선 총독

제1대	데라우치 마사다케(寺內 正毅, 1910. 10.~1916. 10.)
제2대	하세가와 요시미치(長谷川 好道, 1916. 10.~1919. 08.)
제3대	사이토 마코토(齋藤 實, 1919. 08.~1927. 12.)
제4대	야마나시 한조(山梨 半造, 1927. 12.~1929. 08.)
제5대	사이토 마코토(齋藤 實, 1929. 08.~1931. 06.)
제6대	우가키 가즈시게(宇垣 一成, 1931. 06.~1936. 08.)
제7대	미나미 지로(南 次郎, 1936. 08.~1942. 05.)
제8대	고이소 구니아키(小磯 國昭, 1942. 05.~1944. 07.)
제9대	아베 노부유키(阿部 信行, 1944. 07.~1945. 09.)

(2) 헌병 경찰 통치(무단 통치, 1910~1919)

① 실시 : 국권이 강탈되면서 일제는 한반도에 일본군 2개 사단과 2만여 명의 헌병 경찰과 헌병 보조원을 전국에 배치하여 무단 식민 통치를 자행하였다.

② 조직 : 조선 주둔 헌병 사령관이 중앙의 경무 총감을 겸직하였고, 각 도의 헌병 대장이 해당 도의 경무 부장이 되었으며, 전국 각지에 헌병 경찰을 배치하였다.

③ 임무와 권한

　㉠ 임무 : 헌병 경찰의 주된 업무는 경찰의 임무를 대행하고 독립운동가를 색출하여 처단하는 것이었다.

　㉡ 권한

　　• 즉결 처분권이 있어 우리 민족에게 태형(笞刑)을 가할 수 있었다.

　　• 한국인의 모든 행위는 헌병 경찰의 판단에 따라 재판 없이 처결되었고, 한국인들은 구류(拘留)에 처해지거나 무거운 벌금을 부과받았다.

　㉢ 이를 위해 일제는 범죄 즉결례(1910. 12.), 경찰범 처벌 규칙(1912), 조선 형사령(1912) 및 조선 태형령(1912)을 제정하였다.

사료　경찰범 처벌 규칙(1912)

제1조　다음 각 호에 해당하는 자는 구류 또는 벌금에 처한다.

　　19. 함부로 대중을 모아 관공서에 청원 또는 진정을 한 자

　　30. 이유 없이 관공서의 소환에 응하지 아니한 자

　　32. 경찰 관서에서 특별히 지시 또는 명령한 사항을 위반한 자

　　49. 전선(電線)에 근접하여 연을 날리는 자

　　50. 돌 던지기[石戰] 등 위험한 놀이를 하거나 시키는 자 또는 길거리에서 공기총이나 활을 갖고 놀거나 놀게 하는 자

사료　조선 태형령(1912)

태형은 태 30 이하일 경우 이를 한번에 집행하되, 30을 넘을 때마다 횟수를 증가시킨다. 태형의 집행은 하루 한 번을 넘길 수 없다.

제1조　3개월 이하의 징역 또는 구류에 처하여야 할 자는 그 정상에 따라 태형을 처할 수 있다.

제13조　**본령은 조선인에 한하여 적용한다.**

시행세칙 1조　태형은 형을 받는 자의 양손을 좌우로 벌려 형틀 위에 거적을 펴고 엎드리게 하고, 양손 관절 및 양다리에 수갑을 채우고 옷을 벗겨 둔부를 드러나게 하여 집행하는 것으로 한다.

---

④ 제복과 칼의 착용 : 일반 관리는 물론 학교 교원들에게까지도 제복을 입히고 칼을 차게 하였던 것은 위협적인 헌병 경찰 통치의 한 수단이었다.

⑤ 독립운동의 탄압

　㉠ 우리 민족은 일제의 헌병 경찰 통치를 통하여 언론·출판·집회·결사의 자유를 박탈당하였고, 수만 명의 인사가 구국 운동을 하다가 투옥되고 수난을 당하였다.

　㉡ 일제는 이른바 105인 사건과 여러 독립운동 결사에 관련되었던 독립지사를 체포·고문하여 독립운동을 탄압하였다.

|정답해설| 일본은 한국 강점 이후 한국에서만 적용되는 법률(예) 조선 태형령)을 통해 무단 통치를 자행하였다.

|정답| ①

바로 확인문제

● 〈보기〉의 사건 이후 한반도의 상황에 대한 설명으로 가장 옳지 **않은** 것은?   19. 2월 서울시 7급

┤ 보기 ├

일본은 일진회를 사주하여 「합방청원서」를 제출하도록 하였다. 그리고 1910년 초 일본은 러시아와 영국, 프랑스로부터 한국 병합에 대한 승인을 받아 국제적인 여건을 충족시킨 뒤 한국 병합 조약을 강제로 체결하였다.(1910. 8. 22.)

① 일본은 자국의 '헌법'과 '법률'을 적용하여 한국에 무단 통치를 실시하였다.
② 일본은 한국을 일본의 새로운 영토의 일부로 병합하고, 국가명이 아닌 지역명 '조선'으로 호칭했다.
③ 육해군 대장 중에서 임명된 조선 총독은 일본 천황에 직속되어 한반도에 대한 입법, 사법, 행정권을 장악하고 있었다.
④ 헌병 경찰은 구류, 태형, 3개월 이하의 징역 등에 해당하는 한국인의 범죄에 대해 법 절차나 재판 없이 즉결 처분할 수 있는 권한이 있었다.

(3) 문화 통치(1919~만주 사변 이전)

① 배경 : 우리 민족은 일제의 무자비한 식민 통치에 대항하여 거족적인 3·1 운동을 일으켰으나 일제의 잔인한 무력 탄압으로 좌절되었다. 그러나 한민족의 거족적인 3·1 운동과 그로 인하여 악화된 국제 여론에 직면한 일제는 식민 통치 정책의 방향 전환을 모색하지 않을 수 없었다.

② 문화 통치의 내용과 본질
　㉠ 총독의 임명 제한 철폐
　　• 내용 : 일제는 지금까지 현역 군인으로 조선 총독을 임명·파견하던 것을 고쳐 문관도 그 자리에 임명할 수 있게 하였다.
　　• 실상 : 가혹한 식민 통치를 은폐하기 위한 간악하고 교활한 통치 방식에 지나지 않았고, 우리나라에서 일제가 축출될 때까지 단 한 명의 문관 총독도 임명되지 않았다.
　㉡ 보통 경찰제 실시
　　• 내용 : 헌병 경찰제를 보통 경찰제로 바꾸었다.
　　• 실상 : 보통 경찰 제도로의 이행은 헌병 경찰에게 제복만 바꾸어 입히는 데 지나지 않았다. 오히려 경찰의 수와 장비, 유지비 등은 더욱 증가하였다.
　　• 고등 경찰제 실시 : 전국 각 경찰서에 '고등 경찰계'를 두어 우리 민족에 대한 감시와 탄압을 더욱 강화하였다.
　　• 치안 유지법 제정(1925) : 치안 유지법은 천황제 및 식민 체제를 부정하는 반정부·반체제 운동이나 사유 재산제, 자본주의 체제를 부정하는 사회주의 단체의 조직과 활동을 금하는 법이다.

사료   치안 유지법

제1조   국체(國體)의 변혁을 꾀하거나 또는 사유 재산 제도를 부인할 목적으로 결사를 조직하거나, 또 그 정황을 알고 이에 가입한 자는 10년 이하의 징역 또는 금고에 처한다.
제7조   본법은 누구를 막론하고 본법의 시행 구역 밖에서 범한 자에게도 역시 이를 적용한다.

ⓒ 언론 활동의 허가와 교육 기회의 확대
- 내용: 〈조선일보〉와 〈동아일보〉 등 우리 민족의 신문 발행을 허가하였고, 동시에 교육의 기회를 확대해 준다고 내세웠다.
- 실상: 이 모든 것은 기만 정책의 표면적 구호였을 뿐, 실제로 언론에 대해서는 검열을 강화하여 자신들의 비위에 맞지 않는 기사는 마음대로 삭제하였고, 신문의 정간·폐간을 일삼았다. 또한 도(道)·부(府)·면(面)에 평의회 혹은 협의회라는 이름의 자문 기구를 설치하였으나 일부 친일 인사 등만 의원이 될 수 있었다.
- 본질: 소수의 친일 분자를 키워 우리 민족을 이간·분열시키고, 민족의 근대 의식 성장을 오도하며, 초급의 학문과 기술 교육만을 허용하여 일제의 식민지 지배에 도움이 될 인간을 양성하기 위한 것이었다.
- 타협적 민족주의의 대두: 이광수는 1920년대 「민족 개조론」(1922, 〈개벽〉)과 「민족적 경륜」(1924, 〈동아일보〉) 등을 통해 일본의 식민 지배를 인정하는 입장을 제시하였다.

사료 문화 통치

조선인의 임용 및 대우 등에 관해서도 역시 고려를 하여 각자 그 소임을 깨닫게 하고, 또한 조선 문화 및 옛 관습으로 진실로 채택할 만한 것이 있다면 그것을 채택하여 통치의 자료로 제공하게 하겠다. 또한 각반의 행정에 쇄신을 가하는 것은 물론 장래 기회를 보아 지방 자치 제도를 실시하여 국민의 생활을 안정시키고, 일반의 복리를 증진시킬 것을 기한다. 바라건대, 관민이 서로 흉금을 털어 협력 일치하여 조선 문화를 향상시킴으로써 ……

『조선 총독부 관보』

사료 친일파 양성책

- 일본에 절대 충성하는 자로서 관리를 강화한다.
- 조선인 부호에게는 노동 쟁의·소작 쟁의를 통하여 노동자·농민과의 대립을 인식시키고, 일본 자본을 도입하여 연계(連繫)·매판화(買辦化)시켜 일본 측에 끌어들인다.
- 농민을 통제·조정하기 위하여 전국 각지에 유지가 이끄는 친일 단체를 만들어 국유림의 일부를 불하(拂下)해 주는 한편, 수목 채취권(樹木採取權)을 주어 회유·이용한다.

사이토 총독의 「조선 민족 운동에 대한 대책」

사료 이광수의 「민족적 경륜」

그런데 조선 민족은 지금 정치적 생활이 없다. 아마 2,000만에 달하는 민족으로 전혀 정치적 생활을 결한 자는 현재 세계의 어느 구석을 찾아도 없을 것이요 또 유사 이래의 모든 역사 기록에도 없는 일이다. 실로 기괴한 일이라 할 것이다.

그런데 최근 수십 년 내로 조선 민족에게는 정치적 자유사상이 무서운 세력으로 스며들어 정치 생활의 욕망이 옛날 독립한 국가 생활을 하던 때보다 치열하게 되었다. 이것은 가장 당연한 일이다.

그러면 왜 지금에 조선 민족에게는 정치적 생활이 없나. 그 대답은 가장 단순하다. 일본이 조선을 병합한 이래로 조선인에게는 모든 정치적 활동을 금지한 것이 첫째 원인이요 병합 이래로 조선인은 일본의 통치권을 승인하는 조건 밑에서 하는 모든 정치적 활동, 즉 참정권·자치권의 운동 같은 것은 물론이요 일본 정부를 적수로 하는 독립운동조차도 원치 아니하는 강렬한 절개 의식이 있었던 것이 두 번째 원인이다.

이 두 가지 원인으로 지금까지 하여온 정치적 운동은 전혀 일본을 적국시하는 운동뿐이었다. 그러므로 이런 종류의 정치 운동은 해외에서나 만일 국내에서 한다 하면 비밀 결사적일 수밖에 없었다.   〈동아일보〉, 1924

|정답해설| 제시된 사료는 1924년에 발표된 이광수의 「민족적 경륜」중 일부이다. 이광수는 일제의 식민 지배를 인정하고, 자치를 통해 민족의 역량을 키워야 한다고 주장하였다(자치론-타협적 민족주의론).

|정답| ③

● 다음 주장에서 강조하고 있는 내용으로 가장 적절한 것은?

12. 국가직 9급

> 그러면 지금의 조선 민족에게는 왜 정치적 생활이 없는가?
> 일본이 조선을 병합한 이래로 조선에게는 모든 정치 활동을 금지한 것이 첫째 원인이다. 지금까지 해 온 정치적 운동은 모두 일본을 적대시하는 운동뿐이었다. 이런 종류의 정치 운동은 해외에서나 할 수 있는 일이고, 조선 내에서는 허용되는 범위 내에서 일대 정치적 결사를 조직해야 한다는 것이 우리의 주장이다.

① 무장 투쟁을 통해 독립을 이루어야 한다.
② 농민, 노동자를 단결시켜 일제를 타도해야 한다.
③ 일제의 식민 지배를 인정하고 그 밑에서 정치적 실력 양성을 해야 한다.
④ 국제적인 외교를 통해서 일제의 만행을 알리고 우리나라의 독립을 알려야 한다.

(4) 민족 말살 정치(1931~1945)

① 병참 기지화 정책

　㉠ 배경: 1920년대 후반에 세계적으로 불어닥친 경제 대공황의 난국을 타개하기 위하여 일제는 일본 본토와 식민지를 하나로 묶는 경제 블록을 형성하였고, 노동력과 자원은 철저히 수탈하였다.

　㉡ 경과: 1930년대에 일제는 만보산 사건 등을 빌미로 만주 사변(1931)을 일으켜 만주를 점령하고, 더 나아가 중일 전쟁(1937)을 도발하여 대륙 침략을 본격화하면서 한반도를 대륙 침략의 병참 기지로 삼았다. 또한 중일 전쟁이 장기화되면서 국가 총동원법(1938)을 통해 한국을 급속하게 동원 체제로 전환하였다.

　㉢ 결과: 식민 정책을 강화하여 우리 민족을 더욱 탄압하였고, 모든 방면에 걸쳐 식민지 수탈 정책을 강화하였다.

사료　국가 총동원법

제1조　국가 총동원이란 전시에 국방 목적을 달성하기 위해 국가의 전력(全力)을 가장 유효하게 발휘하도록 인적·물적 자원을 운용하는 것을 말한다.

제4조　정부는 전시에 국가 총동원상 필요한 경우에는 칙령이 정하는 바에 따라 제국 신민(帝國臣民)을 징용하여 총동원 업무에 종사시킬 수 있다. 단 병역법의 적용을 방해하지 않도록 한다.

제7조　정부는 전시에 국가 총동원상 필요한 경우에는 칙령이 정하는 바에 따라 노동 쟁의의 예방 또는 해결에 관하여 필요한 명령을 하거나 작업소의 폐쇄, 작업 또는 노무의 중지, 기타 노동 쟁의에 관한 행위의 제한 또는 금지를 할 수 있다.

제8조　정부는 전시에 국가 총동원상 필요한 경우에는 칙령이 정하는 바에 따라 물자의 생산·수리·배급·양도·기타 구분·사용·소비·소지 및 이동에 관하여 필요한 명령을 할 수 있다.

제9조　정부는 전시에 국가 총동원상 필요한 경우에는 칙령이 정하는 바에 따라 수출 또는 수입의 제한 또는 금지를 하고, 수출 또는 수입을 명령하며 수출세 또는 수입세를 부과하거나 수출세 또는 수입세를 증과 또는 감면할 수 있다.

제10조　정부는 전시에 임하여 국가 총동원상 필요한 경우에는 칙령이 정하는 바에 따라 총동원 물자를 사용 또는 수용할 수 있다.

■ 경제 대공황

1929년 10월 24일 '검은 목요일'에 뉴욕 증권 거래소의 주가가 폭락하면서 대공황이 시작되었다. 대공황은 제1차 세계 대전 후 큰 호황을 누리던 미국에서 시작되어 순식간에 전 세계로 확산되었다. 재고가 쌓인 기업이 파산하고 실업자가 크게 늘었으며, 은행이 도산하는 등 자본주의 국가들에게 큰 위기가 닥쳤다.

■ 만보산 사건(1931. 7.)

한중 농민 간에 발생한 수로 싸움에서 일본 경찰이 한국 농민의 편을 들면서 중국 농민에게 발포하였다. 이를 계기로 국내와 만주에서 유혈 충돌이 여러 차례 발생하였다. 그 결과 중국인의 반한 감정이 확산되어 만주 지역의 동포들과 독립군은 활동에 큰 어려움을 겪었다.

■ 루거우차오(노구교) 사건

1937년 7월 7일 베이징 교외의 작은 돌다리인 '루거우차오'에서 몇 발의 총소리가 나고 병사 1명이 행방불명되었다(그 병사는 용변 중이었고 20분 후 대열에 복귀함). 당시 일본군은 중국군 측으로부터 공격받았다는 명분으로 주력 부대를 출동시켜 다음날 새벽 루거우차오를 점령하였고, 이것은 중일 전쟁의 발단이 되었다.

② 전시 동원 체제

ㄱ 황국 신민화 정책 : 일제는 내선일체, 일선 동조론, 동조 동근론 등에 입각하여 한국인의 민족정신을 말살하려 하였다. 이는 중일 전쟁 이후 더욱 강화되었다.

- 일제는 신사 참배를 강요하였고 황국 신민 서사를 암송하게 하였으며, 궁성 요배(1938), 애국 저축, 일본어 상용(1938) 등을 강요하였다.
- 창씨개명을 위해 조선 민사령을 개정하고(1939), 1940년 2월부터 시행하였다. 거부하는 자에게는 진학, 취업, 물자 배급 등에서 불이익을 주었고 우선적 노무 징용 등 탄압을 가하였다.
- 〈조선일보〉·〈동아일보〉 폐간(1940), 조선어 학회 사건(1942), 진단 학회 활동의 중단(1942) 등을 단행하여 민족 문화를 철저히 탄압하였다.
- 일제는 국민 정신 총동원 조선 연맹을 결성하였고(1938. 7.), 10호 단위로 애국반을 조직하였다. 특히 애국반 반상회를 통해 일장기 게양, 궁성 요배, 신사 참배, 일본어 사용 등을 강요하였다.
- 전국 각지에 대화숙[시국대응전선사상보국 연맹(1938)이 1940년 개편]을 설치하여 사상범에게 전향을 강요하였다.

사료 황국 신민 서사

〈아동용〉

1. 우리는 대일본 제국의 신민입니다.
2. 우리들은 마음을 합하여 천황 폐하에게 충의를 다합니다.
3. 우리들은 괴로움을 참고 견디며 단련을 하여 훌륭하고 강한 국민이 되겠습니다.

〈성인용〉

1. 우리는 황국 신민이다. 충성으로써 군국(君國)에 보답한다.
2. 우리 황국 신민은 신애협력(信愛協力)하여 단결을 굳게 하련다.
3. 우리 황국 신민은 인고단련의 힘을 길러 황도를 선양하련다.

ㄴ 인적·물적 수탈

- 중일 전쟁을 치르면서 병력과 노동력이 부족해지자 육군 특별 지원병제(1938. 2.), 징용령(1939)을 공포하였다. 태평양 전쟁 이후에는 학도 지원병 제도(1943), 강제적 징병 제도(1943 법령 공포, 1944 실시)를 실시하였다. 또한 여자 정신 근로령(1944. 8.)을 공포하여 한국의 미혼 여성을 군수 공장에서 일하게 하거나 전쟁터로 끌고가 일본군 '위안부'로 삼는 만행을 저질렀다.
- 산미 증식 계획을 재개하고, 전쟁 수행을 위한 공출(금속류 회수령, 1941)과 배급 제도(물자 통제령, 1941)를 시행하는 등 물적 동원도 강화하였다.
- 기업 허가령(1941), 기업 정비령(1942)을 시행하여 기업 통제를 강화하였고, 1943년 조선 식량 관리령을 제정하여, 곡물을 강제로 공출하였다.

심화 조선 사상범 보호 관찰령과 조선 사상범 예방 구금령

일제는 1936년 조선 사상범 보호 관찰령을 발표하였다. 그 내용은 일제가 사상 통제책의 일환으로 공포한 법령이다. 치안 유지법 위반자 중 집행 유예나 형집행 종료 또는 가출옥한 자들을 보호·관찰할 수 있도록 한 것으로서, 독립운동 관련자들을 감시하기 위한 법이다. 한편 일제는 1941년 민족정신이 강한 사람을 사상범으로 분류하고, 그들을 탄압하기 위하여 조선 사상범 예방 구금령(拘禁令)을 공포하여 민족 운동이나 민족 계몽 운동을 하는 한국인을 마음대로 구속할 법적 규정을 마련하였다.

단권화 MEMO

■ 내선일체(內鮮一體)

일본과 조선은 하나의 몸이라는 뜻이다.

■ 일선 동조론(日鮮同祖論)

일본인과 조선인의 조상은 같다는 이론이다.

■ 동조 동근론(同祖同根論)

조상이 같고 근본이 같다는 이론이다.

■ 국민 정신 총동원 조선 연맹

1938년 창설된 이후 확대·개편되어 1940년 국민 총력 조선 연맹으로 명칭을 변경하였다.

■ 태평양 전쟁

일본은 중일 전쟁(1937)을 도발한 이후 대동아 공영권 건설(일본을 중심으로 단결하여 아시아에서 서양 세력을 물리치자는 논리)을 명분으로 동남아시아 지역까지 침략하였다. 이에 미국이 전략 물자 수출을 금지하는 등 압박을 가하자, 1941년 하와이의 진주만을 기습하여 태평양 전쟁을 도발하였다.

일본 제국주의는 1932년 무렵부터 침략 전쟁을 확대해 가면서 점령 지구에서 "군인들의 강간 행위를 방지하고 성병 감염을 방지하며 군사 기밀의 누설을 막기 위한다."라는 구실로 우리나라와 타이완 및 점령 지역의 20만 명에 이르는 여성들을 속임수와 폭력을 통해 연행하였다. 이들은 만주·중국·미얀마·말레이시아·인도네시아·파푸아뉴기니·태평양에 있는 여러 섬들과 일본·한국 등에 있는 점령지에서 성 노예로 혹사당하였다.

열한 살 어린 소녀부터 서른이 넘는 성년에 이르기까지 다양한 연령의 여성들은 '위안소'에 머물며 일본 군인들을 상대로 성적 행위를 강요당하였다. …… 이들은 군대와 함께 옮겨 다니거나 트럭에 실려 군대를 찾아다니기도 하였다. 이들의 인권은 완전히 박탈되어 군수품·소비품 취급을 받았다. 전쟁이 끝난 후 귀국하지 않은 피해자들 중에는 현지에 버려지거나 자결을 강요당하거나 학살당한 경우도 있다. 운 좋게 생존하여 고향으로 돌아온 일본군 '위안부' 피해자들은 사회적인 소외와 수치심, 가난, 병약해진 몸으로 인해 평생을 신음하며 살아가야 하였다.　　　　　　　　　　　　　　　　『한국 정신대 문제 대책 협의회 교육 자료 1』

○ 식민 통치 방식의 변화

구분	통치 방식	주요 내용
1910년대	무단 통치 (헌병 경찰 통치)	• 한국인 억압: 언론·출판·집회·결사의 자유 박탈, 안악 사건과 105인 사건 조작 • 위협적 분위기 조성: 관리와 교원들까지 제복을 입고 칼을 차게 함 • 헌병 경찰제: 헌병 경찰의 즉결 처분권 행사, 태형 처벌, 체포 및 구금(영장 불요), 헌병의 경찰 업무 대행
1920년대	문화 통치 (이간·분열 통치)	• 배경: 거족적인 3·1 운동의 전개, 국제 여론에 따라 통치 방식 전환 • 명목상의 내용: 문관 출신 총독 임명 규정, 보통 경찰제 실시, 신문 발행 허가, 교육의 기회 확대 • 실상: 총독 모두 현역 대장에서 임명, 경찰 수 및 비용의 증가, 치안 유지법 제정, 신문의 검열 및 기사 삭제, 초급 학문과 기술 교육 위주 • 목적: 식민 통치의 본질에 변함이 없는 기만 정책, 민족의 이간 및 분열 도모, 식민지 지배에 도움이 되는 인간 양성 추구
1930년대 이후	민족 말살 통치	• 배경: 대공황 타개책으로 경제 블록화 정책, 경제적 수탈의 강화, 산미 증식 계획 재개 • 병참 기지화 정책: 군수 물자 생산, 자금 흐름 통제 • 민족 말살 정책: 한국어 및 한국사 교육 금지, 일본식 성명 강요, 내선일체·일선동조론 주장, 황국 신민 서사 암송·궁성 요배(遙拜)·신사 참배 등 강요

바로 확인문제

● 다음 법령이 실시되었던 시기에 일제가 실시한 정책을 〈보기〉에서 고른 것은?　　14. 법원직 9급

> 제1조　국가 총동원이란 전시에 국방 목적을 달성하기 위해 국가의 전력을 가장 유효하게 발휘하도록 인적 및 물적 자원을 운용하는 것이다.
> 제4조　정부는 전시에 국가 총동원상 필요할 때에는 칙령이 정하는 바에 따라 제국 신민을 징용하여 총동원 업무에 종사하게 할 수 있다.
> 제8조　정부는 전시에 국가 총동원상 필요할 때에는 칙령이 정하는 바에 따라 물자의 생산, 수리, 배급, 양도, 기타의 처분, 사용, 소비, 소지 및 이동에 관하여 필요한 명령을 내릴 수 있다.

─┤ 보기 ├─
ㄱ. 한글을 사용하는 신문과 잡지를 강제 폐간시켰다.
ㄴ. 소학교 대신 국민학교라는 명칭을 사용토록 하였다.
ㄷ. 조선 태형령과 경찰범 처벌 규칙을 만들어 시행하였다.
ㄹ. 사회주의자들을 탄압하기 위해 치안 유지법을 만들었다.

① ㄱ, ㄴ　　　② ㄱ, ㄹ　　　③ ㄴ, ㄷ　　　④ ㄷ, ㄹ

|정답해설| 제시된 사료는 1938년에 공포된 국가 총동원법이다. 한글로 된 〈동아일보〉와 〈조선일보〉는 1940년에 폐간되었고, 이듬해 4월 소학교가 국민학교로 개칭되었다.

|오답해설|
ㄷ. 조선 태형령(1912), 경찰범 처벌 규칙(1912)은 1910년대 무단 통치 시기에 시행되었다.
ㄹ. 치안 유지법(1925)은 1920년대 문화 통치 시기에 제정되었다.

|정답| ①

● 다음의 법률에 근거하여 실시된 식민지 정책으로 옳지 <u>않은</u> 것은?　　18. 국가직 9급

> 제4조　정부는 전시에 국가 총동원상 필요하다고 인정될 때에는 칙령이 정하는 바에 따라서 제국
> 　　　　신민을 징용하여 총동원 업무에 종사하도록 할 수 있다.
> 제7조　정부는 칙령이 정하는 바에 따라 노동 쟁의의 예방 혹은 해결에 관한 명령, 작업소 폐쇄,
> 　　　　작업 혹은 노무의 중지 …… 등을 명할 수 있다.

① 국민 징용령을 공포하여 강제적인 노무 동원을 실시하였다.

② 금속류 회수령을 제정하여 주요 군수 물자를 공출하였다.

③ 육군 특별 지원병령을 제정하여 지원병을 선발하였다.

④ 물자 통제령을 공포하여 배급제를 확대하였다.

단권화 MEMO

|정답해설| 제시된 사료는 1938년 4월에 공포된 국가 총동원법 중 일부이다. 육군 특별 지원병령은 국가 총동원법 공포 이전인 같은 해 2월에 제정되었다.

|오답해설|
① 일제는 1939년에 국민 징용령을 공포하여 강제적인 노무 동원을 실시하였다.
②④ 일제는 1941년 전쟁에 필요한 물자를 동원하기 위해 금속류 회수령, 물자 통제령을 공포하였다.

|정답| ③

02　1910년대 국내외의 민족 운동

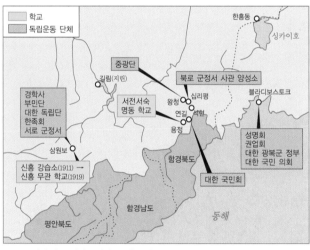

▲ 1910년대 만주·연해주 지역 독립운동 단체

(1) 1910년대 국내 민족 운동

① 국권이 피탈된 이후 헌병 경찰에 의한 무단 통치가 실시되면서 국내에서의 독립운동은 더욱 어려워졌다.

② 채응언과 같은 의병장은 국권 피탈 이후에도 평안남도 등에서 일제에 대한 무력 항쟁을 계속하였다. 그러나 대부분의 국내 민족 운동은 일제의 탄압 때문에 비밀 결사를 중심으로 전개되었다.

(2) 국내의 비밀 결사 운동

① 독립 의군부(1912)

　㉠ 임병찬이 고종의 밀지를 받아 조직하였고, 복벽주의(고종 복위)를 바탕으로 하였다.

　㉡ 일제의 총리대신과 조선 총독에게 국권 반환 요구서를 보내 한국 강점의 부당성을 알리고자 하였으나 실패하였다.

■ **채응언**

채응언은 1907년 군대 해산을 계기로 의병 활동을 시작하여, 1915년 백년산에서 체포될 때까지 서북 지역을 근거로 삼아 활약하였다.

■ **1910년대 대표적 비밀 결사 단체**

독립 의군부	임병찬이 고종의 비밀 지령을 받고 결성한 비밀 결사(복벽주의 단체)
대한 광복회	의병 운동 계열과 애국 계몽 운동 계열의 통합 단체(공화정 지향)
그 외	조선 국권 회복단(단군 신앙, 유생), 송죽회(여성 단체) 등

| 사료 | 임병찬이 보낸 국권 반환 요구서 |

어떤 자들은 말하기를 한국민은 이미 일본에 동화되었다고 한다. 그러나 진정으로 복종한 자는 수백 명을 넘지 못했으며, 그들은 모두 간사한 자들이며 백성들이 원수처럼 생각하는 자들이다. 그 외의 2천만 국민은 모두 울분을 품고 있다. 우리 대한 제국 국민은 윤리의 근원에 밝고 효제충신(孝悌忠信)하며, 임금을 사랑하는 정성이 골수에 깊이 사무쳐 결코 무력으로 굴복시키거나 화복(禍福)으로 위협할 수 없다. …… 지금 하늘의 뜻으로 헤아려 보고 사람의 도리로 따져볼 때 한국을 돌려주고 정족(鼎足)의 형세로 천하의 대의(大義)를 실현하고 동아시아의 백성들을 보전하면 일본의 광명이 클 것이다.

독립 의군부 임병찬이 조선 총독 데라우치에게 보낸 국권 반환 요구서, 1913

② 대한 광복회(1915)

㉠ 공화주의를 표방하고, 대한(풍기) 광복단과 조선 국권 회복단 일부가 통합하여 결성된 조직으로서, 한말 의병 운동 계열과 애국 계몽 운동 계열이 통합한 것이었다.

㉡ 박상진, 김좌진, 채기중을 중심으로 군대식으로 조직되었으며, 각 도에 지부를 설치하고, 충청·황해·경상 지역을 중심으로 미곡 상점, 여관 등을 운영하며 군자금을 조달하였다.

㉢ 군자금을 모아 무관 학교를 설립하고자 하였고, 친일 세력을 처단하는 등 활발하게 활동하였다.

■ 대한 광복회의 활동
대한 광복회는 강령에 독립 전쟁을 통해 국권을 회복할 것을 명시하였다. 이를 위해 국내에서 군자금 모금을 위한 다양한 활동을 전개하였다. 의연금 협조를 거부하는 경북 칠곡의 부호 장승원, 충남 아산 도고 면장 박용하 등을 처단하였으며, 경주에서 세금 수송차를 탈취하기도 하였다.

| 사료 | 대한 광복회 강령 |

오인은 대한 독립 광복을 위하여 오인의 생명을 희생에 이바지함은 물론 오인이 일생의 목적을 달성치 못할 시는 자자손손이 계승하여 수적(讐敵) 일본을 온전 구축하고 국권을 광복하기까지 절대 불변하고 일심육력(一心戮力)할 것을 천지신명에게 맹서하여 고함

1. 부호의 의연 및 일본인이 불법 징수하는 세금을 압수하여 무장을 준비한다.
2. 만주에 사관 학교를 설치하여 독립 전사를 양성한다.
3. 중국, 러시아 등에 의뢰하여 무기를 구입한다.
4. 무력이 준비되는 대로 일본인 섬멸전을 진행하여 최후 목적을 달성한다.

③ 조선 국권 회복단(1915)

㉠ 윤상태, 서상일, 이시영 등 경북 지방의 유림들이 단군 신앙을 바탕으로 조직한 비밀 결사 조직이다.

㉡ 3·1 운동 당시 만세 운동을 주도하였고, 상하이의 대한민국 임시 정부에 군자금을 송금하였으며, 파리 강화 회의에 제출할 독립 청원서 작성에도 참여하였다.

④ 송죽회(1913): 평양 숭의 여학교 학생, 여교사들을 중심으로 국외에서 활동하는 독립운동가 가족 돌보기, 독립군 군자금 지원, 여성 계몽과 실력 양성 운동을 목적으로 활동하였다.

⑤ 그 외 비밀 결사 조직

㉠ 기성단(1914): 평양 대성 학교 출신 학생들이 주도한 단체

㉡ 민단 조합(1915): 유생들이 주도한 의병 후신 단체(복벽주의 표방)

㉢ 조선 국민회(1915): 박용만의 '대조선 국민 군단' 국내 지부로 결성

㉣ 조선 산직 장려계(1915): 교원과 사회 인사들이 결성한 경제 자립 운동 단체

㉤ 자립단(1915): 함경남도 단천에서 방주익 등 기독교인들을 중심으로 조직된 단체

● 〈보기〉의 밑줄 친 '이 단체'에 대한 설명으로 가장 옳은 것은? 　　　　22. 서울시(자체 출제) 9급

┌─ 보기 ───┐
│ 이 단체는 조선 국권 회복단의 박상진이 풍기 광복단과 제휴하여 조직하였다. 무력 투쟁을 통한 독 │
│ 립을 목표로 하였고, 군자금 모집, 독립군 양성, 무기 구입, 친일 부호 처단 등 활동을 전개하였다. │
└───┘

① 독립군 양성을 위한 신흥 강습소를 설치하였다.

② 블라디보스토크에 최초의 임시 정부를 수립하였다.

③ 무력 항쟁의 의지를 담은 「대한 독립 선언서」를 발표하였다.

④ 공화주의 이념에 따라 공화정치를 실현하는 것을 목표로 하였다.

(3) 1910년대 국외 민족 운동*

구분	주요 단체
서간도	삼원보 개척, 경학사(부민단 → 한족회로 발전), 신흥 강습소(신흥 무관 학교로 발전), 서로 군정서
북간도	간민회, 서전서숙, 명동 학교, 중광단(북로 군정서로 발전), 용정촌·명동촌 형성
연해주	신한촌 건설, 권업회(대한 광복군 정부로 발전), 전로 한족회 중앙 총회(대한 국민 의회로 발전)
상하이	동제사, 신한 청년당(김규식을 파리 강화 회의에 파견), 대동 보국단
미주 지역	대한인 국민회, 대조선 국민 군단, 흥사단

① 만주 지방

　㉠ 서간도(남만주)

　　• 삼원보 : 신민회 인사들이 중심이 되어 세운 독립군 기지로서 자치 기관인 경학사를
　　　설립하였고, 경학사에서는 신흥 강습소(이후 신흥 무관 학교)를 세워 독립군 간부를
　　　양성하였다. 경학사 해체 이후 부민단으로 발전하여 부민단 간부들은 백서 농장이라
　　　는 독립군 부대를 편성하였으며, 3·1 운동 이후에는 부민단을 한족회로 개편하고, 군
　　　사 기관인 서로 군정서를 설립하였다.

　　• 대한 독립단(1919) : 국내에서 의병 활동을 주도한 박장호, 백삼규 등이 복벽주의를
　　　표방하며 조직하였다.

　㉡ 북간도(북만주)

　　• 간민회 : 한인 자치 기구였던 간민 교육회가 모체가 되어 1913년 간민회를 설립하였
　　　다. 그러나 1914년 일본을 의식한 중국 정부가 간민회를 폐쇄시키면서 북간도의 독
　　　립운동은 큰 타격을 받았다.

　　• 중광단 : 대종교계가 설립하였으며, 1919년 2월 김좌진, 서일, 유동열 등 39명의 서명
　　　으로 「대한 독립 선언서」를 발표하였다. 3·1 운동 이후 대한 정의단으로 확대·개편되
　　　었고, 무장 독립운동을 전개하기 위하여 서일 등이 대한 군정서를 조직하였다. 대한민
　　　국 임시 정부의 지시로 북로 군정서로 개칭하고, 총사령관에 김좌진이 선임되었다.

　　• 교육 기관 : 용정촌과 명동촌을 중심으로 서전서숙(이상설 설립), 명동 학교(김약연 주
　　　도), 정동 학교 등 민족 교육 기관을 설립하였다. 특히 이동휘의 노력으로 왕청현 나
　　　자구에 동림 무관 학교(일명 대전 학교)을 설립하였다(1913).

　㉢ 소·만 국경 지대의 밀산부에서는 이상설, 이승희 등이 한흥동이라는 독립군 기지를 건설
　　하였다(1909).

|정답해설| 제시된 자료의 "박상진"을 통해 밑줄 친 '이 단체'는 대한 광복회(1915)임을 알 수 있다. 대한 광복회는 공화정 수립을 목표로 하였다.

|오답해설|
① 서간도 삼원보의 경학사가 주도하여 신흥 강습소를 설치하였다.
② 대한 국민 의회(1919. 3. 17.)에 대한 설명이다.
③ 「대한 독립 선언서」(1918년 작성, 1919년 발표)는 만주 지린에서 독립운동가 39인이 발표한 것으로 대한 광복회와는 관련이 없다.

|정답| ④

*1910년대 국외 민족 운동
국외 각 지역별 주요 단체와 인물을 구분하여 기억해야 한다.

■ 간민회
간민회는 원래 간민 자치회(墾民自治會)였으나 중국 당국이 '자치'라는 말을 삭제하도록 요구하여 간민회로 개칭하였다. 이후 대한 국민회로 개편하고, 국민회군이라는 독립군 부대를 편성하였다.

② 연해주 : 연해주 지역에 이주한 한국인들은 한민회 조직(1905), 한민 학교 설립(1909), 〈해조신문〉 발행 등 민족 독립운동을 활발히 전개하였다. 또한 1910년 6월에는 국내에서 망명한 의병 운동 계열을 중심으로 13도 의군을 조직하였으며, 같은 해 8월 성명회를 조직하여 국내 진공 작전을 계획하였다.

ㄱ 권업회(1911)
- 이종호 등의 주도로 블라디보스토크 신한촌에서 조직되었다.
- 권업회에는 최재형 등 러일 전쟁 이전에 이주하여 러시아에 귀화한 계열, 이범윤·홍범도 등 의병장 계열, 국내 신민회 좌파 계열 등이 참여하였다.
- 기관지로 〈권업신문〉(주필 : 신채호)을 간행하여 국내, 간도, 미주까지 보급하였다.

ㄴ 대한 광복군 정부(1914) : 권업회가 모체가 되어 블라디보스토크에 이상설, 이동휘를 정·부통령으로 하는 망명 정부를 수립하였다. 대한 광복군 정부는 독립군 조직이었으나 장차 민주 공화제의 임시 정부가 수립될 수 있는 길을 마련하였다.

ㄷ 대한 국민 의회(1919)
- 1917년 러시아에서 2월 혁명이 일어나자 블라디보스토크의 신한촌에서 2천여 명의 회원이 전로 한족회 중앙 총회를 조직하였다(1917. 5.).
- 제1차 세계 대전이 끝나고 전후 문제를 처리하기 위한 파리 강화 회의가 개최되는 등 새로운 국제 질서가 전개되자 전로 한족회 중앙 총회를 대한 국민 의회로 개편하였다.
- 1919년 3월 17일 블라디보스토크에 세워진 대한 국민 의회(노령 임시 정부)는 대통령 손병희, 부통령 박영효, 국무총리 이승만 등을 추대하고, 80여 명의 위원을 구성하였다.

ㄹ 한인 사회당(1918) : 러시아 혁명 후 이동휘 등은 하바롭스크에서 한인 최초의 사회주의 정당인 한인 사회당을 결성하였다.

③ 중국

ㄱ 동제사(1912)
- 신규식은 신해혁명에 참가하여 중국의 혁명 인사들과 긴밀한 관계를 맺는 한편, 본국에서 망명한 독립운동가, 유학생들을 규합하여 동제사를 조직하였다.
- 중국 혁명 지도자들도 가입시켜 신아 동제사로 개칭하였고, 1913년 박달 학원을 설립하여 젊은이들을 교육하다가 1917년 조선 사회당으로 변모하였다.

ㄴ 신한 혁명당(1915)
- 상하이에서 결성된 독립운동 단체로, 노령에서 상하이로 피신해 온 이상설, 이동휘 등과 동제사 간부인 신규식, 박은식 등이 참여하였다. 이후 북경에 본부를 두고 중국 및 국내 각지에 지부를 설치하였다.
- 신한 혁명당은 제정(帝政)주의를 표방하면서 고종을 망명시켜 망명 정부를 수립하고자 하였으나 고종과 접촉하는 것에 실패하면서 활동이 거의 중단되었다.
- 박은식 등 신한 혁명당 인사들은 1917년 「대동단결 선언」에 주도적으로 참여하였다.

ㄷ 대동 보국단(1915) : 박은식, 신규식 등은 대동 보국단을 창립하고 〈진단〉이라는 잡지를 발간하였다.

ㄹ 신한 청년당(1918)
- 김규식, 여운형, 김구 등이 발기하여 조직한 독립운동 단체로, 대한 독립, 사회 개조, 세계 대동을 정강으로 정하였다.
- 김규식을 파리 강화 회의에 파견하는 등 활발한 외교 활동을 전개하였다.

④ 미국

    ㉠ 대한인 국민회(1910)

- 전명운, 장인환 의사의 스티븐스 암살 사건(1908. 3.)을 계기로 1909년 이승만, 박용만, 안창호 등이 주도하여 하와이의 한인 합성 협회와 미국 본토의 공립 협회를 통합하여 국민회를 조직하였다. 이후 대한인 국민회로 개편하였다.
- 1917년 무렵 안창호, 박용만을 정·부회장으로 한 중앙 총회와 북미, 하와이 등지에 5개 지방 총회를 두어 조직을 넓혔다.
- 기관지인 〈신한민보〉를 국내외에 전달하여 항일 여론을 선도하였다.
- 국권 회복의 방법으로 독립 전쟁을 지향하는 세력(박용만), 실력 양성 세력(안창호), 외교를 통한 독립 청원 세력(이승만)으로 분열되어 큰 활약을 하지 못하였다.

    ㉡ 흥사단(1913): 샌프란시스코에서 안창호가 중심이 되어 사회 교육, 국민 훈련, 민족 부흥을 목적으로 설립되었다.

    ㉢ 대조선 국민 군단(1914): 1914년 6월 하와이에서 박용만이 중심이 되어 독립군 사관을 양성할 목적으로 창설되었다.

바로 확인문제

● 〈보기〉 자료의 민족 운동가들이 추진한 독립운동에 대한 서술로 가장 옳은 것은?

19. 2월 서울시(사복직 포함) 9급

> **보기**
>
> 8월 초에 여러 형제분이 모여서 같이 만주로 갈 준비를 하였다. 비밀리에 땅과 집을 파는데, 여러 집을 한꺼번에 처분하니 얼마나 어려우리요. 그때만 해도 여러 형제분 집은 예전 대갓집이 그렇듯이 종살이를 하는 사람이 수없이 많았고 …… 우리 집 어른(이회영)은 옛날 범절을 따지지 않고 위 아래 구분 없이 뜻만 같으면 악수하여 동지로 대접하였다. …… 1만여 석의 재산과 가옥을 모두 팔고 경술년(1910) 12월 30일에 큰집, 작은집이 함께 압록강을 건너 떠났다.
>
> 이은숙, 「민족 운동가 아내의 수기, 서간도 시종기」

① 신흥 강습소를 만들어 민족 교육과 독립군 양성을 추진하였다.

② 대한 광복군 정부, 대한 국민 의회 등의 독립운동 기지를 설립하였다.

③ 간민회를 기반으로 서전서숙과 명동 학교 등 학교를 세워 민족 교육을 실시하였다.

④ 나라를 되찾은 후 고종을 복위시키려는 목표를 세우고 전국적인 의병 봉기를 준비하였다.

|정답해설| 이회영 등 6형제는 집안 재산을 정리하여 서간도로 이주하였다. 이회영은 서간도에서 신흥 강습소를 만들어 민족 교육과 독립군 양성을 추진하였다.

|오답해설|

② 대한 광복군 정부, 대한 국민 의회 등은 연해주에 설립되었다.

③ 북간도에서는 간민회를 기반으로 세워진 서전서숙, 명동 학교 등이 민족 교육을 실시하였다.

④ 독립 의군부는 나라를 되찾은 후 고종을 복위시키려는 목표를 세우고(복벽주의), 전국적 의병 봉기를 준비하였다.

|정답| ①

단권화 MEMO

*3·1 운동
3·1 운동의 원인, 과정, 결과는 빈출 내용이니 기억해야 한다.

■ 민족 자결주의
민족 자결주의는 전승국인 일본의 식민지인 한국에는 직접적으로 해당되지 않았다. 다만 민족 자결주의의 세계사적 흐름이 독립운동의 외연이 확장되는 데 영향을 주었다.

■「2·8 독립 선언」
일본에 유학하고 있던 유학생들이 도쿄에 모여 독립을 요구하는 선언서와 결의문을 선포하고, 이를 일본 정부에 통고한 뒤 시위를 전개하였다. 「2·8 독립 선언」은 국내의 독립운동가들이 3·1 운동을 준비하는 데 자극을 주었다.

▲ 「2·8 독립 선언」을 주도한 도쿄 유학생들

03 | 3·1 운동*

(1) 배경

① 러시아 혁명: 1914년 일어난 제1차 세계 대전과 1917년 러시아 혁명에 영향을 받아 전 세계적으로 민족 문제에 대한 자각이 높아지고, 여러 지역에서 피압박 약소민족의 해방 기대감이 높아졌다.

② 민족 자결주의: 러시아 혁명 이후 레닌은 러시아 내의 100여 소수 민족에게 민족 자결을 선언하고, 세계 약소민족의 해방 운동을 지원하겠다고 약속하였다. 또한 윌슨의 민족 자결주의는 3·1 운동에 영향을 주었다.

③ 「대동단결 선언」: 1917년 7월 조소앙, 신석우, 한진교 등이 박은식, 신채호, 박용만 등의 지도를 받아 「대동단결 선언」을 작성하여 각지의 독립운동 세력에게 보냈다. 이들은 국민 주권설에 따른 공화정의 이념을 바탕으로 임시 정부를 세우기 위해 민족 대회를 열자고 요구하였다.

④ 「대한 독립 선언서」: 1919년 2월 만주 지린에서 중광단 인사를 중심으로 한 독립운동가 39명이 발표한 우리나라 최초의 독립 선언서이다. 「무오 독립 선언서」라고도 하며, 조소앙이 집필하였다.

⑤ 「2·8 독립 선언」: 1919년 2월 8일 최팔용, 송계백, 백관수, 김도연, 최근우 등 600여 명의 도쿄 유학생이 조선 기독교 청년회관에서 「2·8 독립 선언」을 발표하고, 송계백, 최근우가 국내에 파견되어 이를 널리 알렸다.

사료 독립 선언서

❶ 「대동단결 선언」(1917)

융희 황제가 삼보(영토, 인민, 주권)를 포기한 경술년(1910) 8월 29일은 즉 우리 동지가 이를 계승한 시점이다. 우리 동지는 완전한 상속자니 저 황제권 소멸의 때가 즉 민권 발생의 때요, 구한국의 마지막 날은 신한국 최초의 날이니 무슨 까닭인가. 우리 대한은 과거 이래로 한인(韓人)의 한(韓)이다. 한인 사이에 주권을 주고받는 것은 역사상 불문법의 국헌(國憲)이오. 비한인에게 주권 양여는 근본적 무효이며, 한국의 국민성이 절대 불허하는 바이다. 고로 경술년 융희 황제의 주권 포기는 즉 우리 국민 동지에 대한 묵시적 선위이니, 우리 동지는 당연히 삼보를 계승하여 통치할 특권이 있고, 또 대통을 상속할 의무가 있도다.

❷ 「대한 독립 선언서」(「무오 독립 선언서」)

봉기하라! 독립군아 일제히 독립군은 천지를 휩쓸라. 한 번 죽음은 인간의 면할 수 없는 바이니, 개, 돼지와 같은 일생을 누가 구차히 도모하겠는가? 살신성인하면 2천만 동포는 하나 되어 부활하니 어찌 일신을 아끼며 집안 재산을 바쳐 나라를 되찾으면 3천리 옥토는 자기의 소유이니 어찌 일가의 희생이 아까우랴 …… 국민의 본령을 자각한 독립임을 기억하고, 동양의 평화를 보장하고, 인류의 평등을 실시하기 위한 자립임을 명심하여 황천의 명령을 받들고, 일체의 못된 굴레에서 해탈하는 건국임을 확신하여 육탄 혈전으로 독립을 완성하라.

❸ 「2·8 독립 선언」

조선 청년 독립단

대표자 최팔용(崔八鏞) 이종근(李琮根) 김도연(金度演) 송계백(宋繼白) 이광수(李光洙) 최근우(崔謹愚) 김철수(金喆壽) 김상덕(金尙德) 백관수(白寬洙) 서춘(徐椿) 윤창석(尹昌錫)

결의문

1. 본단(本團)은 일한 합병이 우리 민족의 자유의사에서 나온 것이 아니며 우리 민족의 생존과 발전을 위협하고 또 동양의 평화를 교란하는 원인이 된다는 이유로 독립을 주장함
2. 본단은 일본 의회 및 정부에 조선 민족 대회(朝鮮民族大會)를 소집하여 해당 회의 결의로 우리 민족의 운명을 결정할 기회를 줄 것을 요구함

3. 본단은 만국 강화 회의(萬國講和會議)에 민족 자결주의(民族自決主義)를 우리 민족에게도 적용할 것을 청구함. 이 목적을 달성하기 위하여 일본 주재 각국 대사, 공사에게 본단의 주의(主義)를 각각 그 정부에 전달하기를 의뢰함. 동시에 위원 2인을 만국 강화 회의에 파견함. 이 위원은 이미 파견한 우리 민족의 위원과 일치 행동을 취함

4. 전항(前項)의 요구가 실패할 때에는 우리 민족은 일본에 대하여 영원한 혈전(血戰)을 선언함. 이로써 생기는 참화는 그 책임이 우리 민족에게 있지 아니함

❹ 「3·1 독립 선언서」

우리는 이에 우리 조선이 독립된 나라인 것과 조선 사람이 자주하는 국민인 것을 선언하노라. 이것으로써 세계 모든 나라에 알려 인류가 평등하다는 큰 뜻을 밝히며, 이것으로써 자손만대에 일러 겨레가 스스로 존재하는 마땅한 권리를 영원히 누리도록 하노라.

⑥ 고종의 승하 : 1919년 1월 21일 고종이 승하하자 고종 황제의 독살설이 유포되었고, 우리 민족은 크게 분노하였다. 또한 국내외에서 꾸준히 전개되던 민족 운동은 3·1 운동의 내적 기반이 되었다.

(2) 전개 과정

① 권동진, 오세창은 송계백 등과 의논하여 손병희의 지도하에 구체적 추진 계획을 세웠다.

② 독립운동을 대중화할 것, 일원화할 것, 비폭력적으로 할 것을 3대 원칙으로 정하고, 민족 대표 33인을 결정하였다.

③ 최남선이 「독립 선언서」를 기초하였고, 2월 28일부터 각지에 배포하기 시작하였다.

> **사료** 「기미 독립 선언서」 공약 3장
>
> 1. 오인의 이번 거사는 정의, 인도, 생존, 존영을 위하는 민족적 요구이니 오직 자유적 정신을 발휘할 것이요, 결코 배타적 감정으로 일주(逸走 : 도망쳐 달아남)하지 말라.
> 2. 최후의 일인, 최후의 일각까지 민족의 정당한 의사를 쾌히 발표하라.
> 3. 일체의 행동은 가장 질서를 존중하여 오인의 주장과 태도로 하여금 어디까지든지 광명정대하게 하라.

④ 1919년 3월 1일 인사동 태화관에 모인 민족 대표들은 독립을 선언하고, 만세를 부른 후 일본 정부와 의회, 미국의 윌슨 대통령, 파리 강화 회의의 각국 대표들에게 「독립 선언서」와 청원서를 송부하였다. 이후 그들은 자진 체포되었다.

⑤ 파고다 공원(탑골 공원)에 운집한 학생들이 「독립 선언서」를 낭독하고, 시내로 나와 시위행진을 하자 많은 사람들이 호응하였다.

⑥ 일본군은 2개 사단 규모의 병력을 동원하여 시위 군중을 대량으로 살상하고, 수원 화성 인근의 제암리에서 집단 학살을 자행하기도 하였다.

⑦ 만세 시위는 일제의 무자비한 탄압과 주요 도시로부터 전국 농촌 각지로 확산되는 과정에서 무력적인 저항으로 변모하였다.

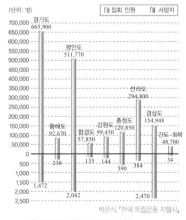

▲ 3·1 운동 참가 인원 및 피해 상황

■ **민족 대표 33인**

· 천도교 측에서는 손병희, 권동진, 오세창, 임예환, 나인협, 홍기조, 박준승, 양한묵, 권병덕, 김완규, 나용환, 이종훈, 홍병기, 이종일, 최린 15명이 선정되었다.

· 기독교에서는 이승훈, 박희도, 이갑성, 오화영, 최성모, 이필주, 김창준, 신석구, 박동완, 신홍식, 양전백, 이명룡, 길선주, 유여대, 김병조, 정춘수 16명이 선정되었다.

· 불교 대표로는 한용운과 백용성 2명이 선정되었다.

(3) 결과

① 민족의 독립을 위한 의지를 세계에 알릴 수 있었고, 이후 중국의 5·4 운동에 영향을 주었다.

② 대한민국 임시 정부 수립의 계기를 마련하였다.

③ 3·1 운동은 만주·연해주·미주·일본 등으로 전파되어 우리 민족의 독립 의지를 알렸다. 특히 미국에서는 서재필이 주도하여 필라델피아 한인 자유 대회를 개최하여 독립을 위한 시가행진을 하였다.

④ 일제는 3·1 운동 이후 소위 '문화 통치'로 식민 통치 정책을 개편하였다.

⑤ 당시 3·1 운동을 목격한 영국 기자 매켄지는 『자유를 위한 한국의 투쟁(Korea's Fight for Freedom)』을 저술하였다.

(4) 의의

① 전 민족이 참여한 대규모 독립운동으로서, 우리 민족의 독립운동을 한 차원 높이는 중요한 분기점이 되었다.

② 비폭력 운동으로 계획된 만세 운동이 실패하자 무장 독립운동을 본격적으로 전개하였다.

③ 만세 운동에 참여한 농민·노동자 계층의 정치·사회적 의식이 높아져 1920년대 노동 운동·농민 운동이 크게 발전하는 계기가 마련되었다.

사료 제암리 학살 사건

(1919년 4월 16일) 그들(선교사들과 각국 외교관)은 이야기로 듣던 것보다 훨씬 더 참혹한 장면을 목격하였다. 제암리 교회터에는 재와 숯처럼 까맣게 타버린 시체뿐이었고, 타들어간 시체 냄새로 속이 메스거릴 정도였다. 곡식 창고와 가축들도 같이 타 버렸다. 　　　　　　　　　　　　　　　노블, 「3·1 운동, 그날의 기록」

사료 중국의 5·4 운동

조선은 독립을 꾀하여 "독립하지 못하면 차라리 죽겠다."라고 하였다. 모름지기 국가가 망하고 영토를 넘겨주어야 하는 문제가 눈앞에 닥쳐도 국민이 큰 결심을 하여 끝내 떨쳐 일어서지 않는다면 이는 20세기 열등 민족이며, 인류의 대열에 서 있다고 말할 수도 없다. …… 중국이 살아남느냐 망하느냐 하는 것이 오직 이번 일에 달려있다. 　　　　　　　　　　　　「전체 학생 톈안먼 선언」, 1919. 5. 4.

바로 확인문제

● 자료에 나타난 민족 운동에 대한 설명으로 가장 옳은 것은?　　　　　　22. 법원직 9급

> 동대문 밖에서 다시 한 번 일대 시위 운동이 일어났다. 이날은 태황제의 인산날이었으므로 망곡하러 모인 군중이 수십 만이었다. 인산례(因山禮)가 끝나고 융희제(순종)와 두 분의 친왕 이하 여러 관료와 궁속들이 돌아오다가 청량리에 이르렀다. 이때 곡소리와 만세 소리가 일시에 폭발하여 천지가 진동하였다.

① 신간회의 후원으로 확산되었다.

② 대한민국 임시 정부 수립에 영향을 주었다.

③ 준비 과정에서 천도교와 조선 공산당 등이 연대하였다.

④ 한국인 학생과 일본인 학생 사이의 충돌에서 비롯되었다.

|정답해설| 제시된 자료의 "태황제(고종)의 인산날(1919. 3. 3.)", "만세 소리" 등을 통해 3·1 운동에 대한 내용임을 알 수 있다. 3·1 운동은 대한민국 임시 정부 수립에 영향을 주었다.

|오답해설|
① 신간회는 1927년에 설립된 민족 유일당 단체로, 광주 학생 항일 운동이 발생하자 이를 전국으로 확산시키려고 하였다.

③ 1926년 6·10 만세 운동의 준비 과정에서 천도교(민족주의 계열)와 조선 공산당(사회주의 계열)이 연대하였으나, 사전에 일제에 발각되었다.

④ 통학 열차 안에서 일어난 한국인 학생과 일본인 학생의 충돌에서 시작된 민족 운동은 광주 학생 항일 운동(1929)이다.

|정답| ②

● (가)에 대한 설명으로 옳은 것은?

한국사능력검정시험 고급 33회

이 건물은 옛 중앙 학교 숙직실을 복원한 것입니다. 일본 도쿄 유학생 송계백은 중앙 학교 교사 현상윤을 찾아와 일본 유학생들의 거사 계획을 알리고 「2·8 독립 선언서」의 초안을 전달하였습니다. 현상윤은 이곳 숙직실에서 송진우 등과 향후 계획을 협의하였고, 이는 [(가)]이/가 추진되는 계기 중 하나가 되었습니다.

① 신간회로부터 진상 조사단이 파견되었다.
② 대한민국 임시 정부 수립의 계기가 되었다.
③ 〈동아일보〉의 적극적인 지원을 받아 진행되었다.
④ 순종의 인산일을 기해 대규모 시위가 계획되었다.
⑤ 한국인 학생과 일본인 학생 간의 충돌에서 비롯되었다.

단권화 MEMO

|정답해설| (가)는 3·1 운동이다. 자료에서 제시된 「2·8 독립 선언」은 3·1 운동의 배경이 되었고, 3·1 운동은 대한민국 임시 정부 수립의 계기가 되었다.

|오답해설|
① 광주 학생 항일 운동(1929)은 광주에서 시작되어 전국으로 확산되었다. 당시 신간회는 김병로를 단장으로 진상 조사단을 파견하였다.
③ 1931년에 시작된 브나로드 운동은 〈동아일보〉가 주도하였다.
④ 1926년 6월 10일 순종의 인산일을 계기로 일어난 만세 운동은 6·10 만세 운동이다.
⑤ 한국인 학생과 일본인 학생 간의 충돌에서 시작된 것은 광주 학생 항일 운동이다.

|정답| ②

04 대한민국 임시 정부*

(1) 임시 정부의 수립과 통합

① 통합 이전의 임시 정부

　㉠ 상황: 3·1 운동을 계기로 독립을 선포한 우리 민족은 조직적인 독립운동과 독립 전후의 국민 국가 건설을 위하여 정부를 수립하고자 하였다. 그러나 당시 국내외에서 활동하던 민족 지도자들은 일제의 감시와 상호 연락의 어려움으로 단일 정부를 수립하지 못하고 여러 지역에서 각각 별개의 임시 정부를 수립하였다.

　㉡ 대한 국민 의회(1919. 3. 17.): 연해주에서는 손병희를 대통령으로 하는 대한 국민 의회를 조직하였다.

　㉢ 대한민국 임시 정부(1919. 4. 11.): 중국 상하이에서 민주 공화제의 대한민국 임시 정부가 수립되어 이승만을 국무총리로 추대하였다. 이 세 정부가 하나로 통합되어 상하이에서 대한민국 임시 정부가 출범하였다.

　㉣ 한성 정부(1919. 4. 23.): 국내에서는 13도 국민 대표 명의로 이승만을 집정관 총재로 하고 이동휘를 국무총리로 하는 한성 정부를 수립하였다.

＊대한민국 임시 정부
대한민국 임시 정부의 활동은 상하이 시대, 각 지역으로 이동한 시대, 충칭 시대로 구분하여 알아 두어야 한다.

▲ 여러 지역에 수립된 임시 정부

② 임시 정부 통합 운동(1919) : 정부 통합 운동은 민족 지도자들에 의하여 성사되었다. 즉, 국내에서 수립된 한성 정부를 계승하고 대한 국민 의회를 흡수하여 상하이에 통합 정부인 대한민국 임시 정부를 수립하였다(1919. 9.).

(2) 대한민국 임시 정부의 체제와 변화

① 체제

ㄱ 임시 의정원(臨時議政院)의 구성 : 1919년 4월 11일 임시 의정원을 구성하고 각 도 대의원 30명이 모여서 임시 헌장 10개조를 채택하였다.

ㄴ 민주 공화제 : 대한민국 임시 정부는 민주주의에 입각한 근대적 헌법을 갖추고 대통령제를 채택하였다.

ㄷ 3권 분립 : 1919년 4월 제정된 임시 헌장에서는 임시 의정원(입법 기관), 법원(사법 기관), 국무원(행정 기관)을 규정하였다. 이것은 대한민국 임시 정부가 우리나라 최초의 3권 분립에 입각한 민주 공화제 정부로 출범하였음을 의미한다.

ㄹ 제1차 개헌 : 세 개의 임시 정부가 통합된 후(1919. 9.), 제1차 개헌을 통해 3권 분립을 기초로 대통령이 국정을 총괄하는 형태가 수립되었다(대통령 중심제). 초대 대통령으로는 이승만, 국무총리로는 이동휘가 취임하였다(내각 책임제의 절충).

▲ 대한민국 임시 정부 인사들

사료 「대한민국 임시 헌장」

「대한민국 임시 헌장」 선포문

신인(神人)의 일치로 중외(中外)가 협응하여 서울에서 일어난 지 30여 일 만에 평화적 독립을 300여 주에 광복하고, 국민의 신임으로 완전히 다시 조직한 임시 정부는 항구적이고 완전한 자주독립의 복리에 우리 자손만민에게 대대로 계승케 하기 위하여 임시 의정원의 결의로 임시 헌장을 선 배포한다.

제1조 대한민국은 민주 공화제로 한다.
제2조 대한민국은 임시 정부가 임시 의정원의 결의에 따라 통치한다.
제3조 대한민국의 인민은 남녀의 귀천(貴賤) 및 빈부의 계급(階級)이 없고, 일체 평등하다.
제4조 대한민국의 인민은 종교, 언론, 저작, 출판, 결사, 집회, 신서(信書), 주소, 이전, 신체 및 소유의 자유를 향유한다.
제5조 대한민국의 인민으로 공민(公民) 자격이 있는 사람은 선거권 및 피선거권을 가진다.
제6조 대한민국의 인민은 교육, 납세 및 병역의 의무를 가진다.
제7조 대한민국은 신(神)의 의사에 의하여 건국한 정신을 세계에 발휘하며 나아가 인류의 문화 및 평화에 공헌하기 위하여 국제 연맹에 가입한다.
제8조 대한민국의 구황실을 우대한다.
제9조 생명형, 신체형 및 공창제를 모두 폐지한다.
제10조 임시 정부는 국토 회복 후 만 1년 내에 국회를 소집한다.

대한민국 원년(1919) 4월

② 1923년에 임시 정부의 방향성을 논의하기 위해 국민 대표 회의를 진행하였다. 여기에서 임시 정부를 해체하고 새로운 정부를 조직해야 한다는 창조파(신채호 등), 임시 정부를 그대로 유지하면서 실정에 알맞게 보완해야 한다는 개조파(안창호 등)의 주장이 대립하였다.

③ 창조파가 개조안을 부결 처리하자 개조파가 회의를 전면 거부하면서 회의는 결렬되었다. 결국 창조파와 개조파에서 이탈 세력이 많아지면서 임시 정부 세력은 약화되었다.

④ 임정 고수파 세력은 1925년 이승만을 탄핵하고, 박은식을 임시 정부 제2대 대통령으로 선출하였다. 이후 제2차 개헌(국무령 중심 내각 책임제로의 개헌)을 단행하였다.

■ 북경군사통일회의 국민 대표 회의 소집 요구
북경군사통일회는 1921년 북경에서 독립운동 군사 조직의 대표자들이 모여 '통일된 군사 조직'을 논의하였던 모임이며, 박용만·신채호 등이 제기하였다. 북경군사통일회는 반임시 정부 노선을 견지하며, 국민 대표 회의를 소집하여 군사 기관 문제를 해결하기로 결의하였다.

사료 국민 대표 회의 선언(1923. 2.)

본 국민 대표 회의는 이천만 민중의 공정한 뜻에 바탕을 둔 국민적 대화합으로 최고의 권위를 가지고 국민의 완전한 통일을 공고케 하며 광복 대업의 근본 방침을 수립하여 우리 민족의 자유를 회복하며 독립을 완성하고자 하여 이로써 우리 민족의 자유를 만회하며 독립을 완성하기를 기도하고 이에 선언하노라. …… 본 대표 등은 국민이 위탁한 사명을 받들어 국민적 대단결에 힘쓰며, 독립운동이 나아갈 방향을 확립하여 통일적 기관 아래서 대업을 완성하고자 한다.

■ 임시 정부 내 노선 대립

구분	주장
창조파	• 임시 정부 해체, 새 정부 조직 • 신채호, 문창범 등
개조파	• 임시 정부 개편, 실력 양성과 외교 강조 • 안창호 등
현상 유지파	• 임시 정부 유지 • 김구, 이동녕 등

○ **헌정의 변천**: 헌정 체제는 5차에 걸친 개헌을 통하여 주석·부주석 체제로 개편되었다.

구분	시기	체제
제1차 개헌	1919	대통령 중심제(대통령 지도제)와 내각 책임제 절충
제2차 개헌	1925	국무령 중심제(내각 책임제)
제3차 개헌	1927	국무 위원 중심제(집단 지도 체제)
제4차 개헌	1940	주석 중심제
제5차 개헌	1944	주석·부주석 체제

(3) 임시 정부의 역할과 활동

① 역할: 초기의 임시 정부는 온갖 어려움에도 불구하고 국내외의 민족 독립운동을 좀 더 조직적이고 효과적으로 추진하는 중추 기관의 임무를 담당하였다. 그리고 우리 민족에게 끊임없이 조국 독립의 희망을 불어넣어 주었으며 국가 건설의 방략을 제시하였다.

② 조직
　㉠ 비밀 행정 조직망: 임시 정부의 **연통제(聯通制)**와 **교통국(交通局)**은 국내외를 연결하는 비밀 행정 조직망으로 군자금 모금과 정보 수집에 기여하였다.
　　• 연통제: 임시 정부의 지방 행정 기관으로 국내의 각 도·군·면에 독판·군감·면감을 두어 정부 문서와 명령 전달, 군자금의 송부, 정보 보고 등의 업무를 담당하였다.
　　• 교통국: 통신 기관으로 정보의 수집·분석·교환·연락의 업무를 관장하였다.
　㉡ 조직의 해체: 연통제는 1921년 일제에 발각되어 해체되었다. 또한 교통국도 1920~1921년 사이에 관련자들이 대거 검거되어 1922년에는 활동이 중단되었다.

③ 활동
　㉠ 군자금의 조달
　　• 임시 정부의 활동에는 막대한 군자금이 필요하였다. 군자금은 독립 공채(애국 공채)를 발행하고 국민의 의연금(義捐金)을 받아 마련하였다. 국내외에서 수합된 자금은 연통제나 교통국의 조직망에 의해 임시 정부에 전달되었으며, 만주의 이륭 양행이나 부산의 백산 상회를 통하여 전달되기도 하였다.
　　• 이와 같이 마련된 자금은 임시 정부의 활동비로 사용되었을 뿐만 아니라 각지에서 활동하고 있던 독립운동가에게 전달되어 그들의 사기를 북돋워 주었다.
　㉡ 외교 활동
　　• 임시 정부는 외교 활동에도 많은 힘을 쏟았다. 파리 강화 회의에 김규식을 대표로 임명하여 독립을 주장하게 하였고, 미국에 구미 위원부를 두어 이승만을 중심으로 적극적인 외교 활동을 전개하도록 함으로써 한국의 독립 문제를 국제 여론화하는 데 노력하였다.
　　• 국제 연맹과 워싱턴 회의에 우리 민족의 독립 열망을 전달하게 하였다.
　㉢ 문화 활동: 임시 정부는 기관지로 〈독립신문〉을 간행·배포하고, 사료 편찬소를 두어 『한일 관계 사료집』을 간행함으로써 안으로는 민족의 독립 의식을 고취시키고 밖으로는 한국의 자주성과 민족 문화의 우월성을 인식시켰다.
　㉣ 군사 활동
　　• 육군 무관 학교의 설립: 임시 정부는 상하이에 육군 무관 학교를 설립하여 독립 전쟁을 수행할 초급 지휘관 양성에 노력하였다.
　　• 한인 비행 학교 설립(1920): 노백린 등은 미국 캘리포니아에 독립군 비행사를 양성하기 위해 한인 비행 학교를 설립하였다.
　　• 임시 정부 직할 군대 개편: 만주에서 활동하고 있는 무장 독립군을 임시 정부 직할의 군대로 개편하였다. 그리하여 광복군 사령부·광복군 총영·육군 주만 참의부 등이 결성되었다.
　　• 한국광복군의 창설: 임시 정부가 직접 무장 부대를 편성하여 항전을 주도적으로 전개한 것은 한국광복군이 창설된 이후였다.
　　• 한계: 임시 정부는 수립 직후 각종 군사에 관한 법령을 제정하여 군사 활동을 전개하고자 하였으나 중국 영토 내에서 직접 군사 활동을 하는 데 많은 제약과 한계가 있었다.

■ **이륭 양행(怡隆洋行)**
아일랜드계 영국인 조지 루이스 쇼가 1919년 5월 중국 단둥에 설립한 무역 선박 회사로, 대한민국 임시 정부에 군자금을 비밀리에 조달하였다.

■ **백산 상회**
1914년 안희제 등이 부산에 설립한 회사이며, 임시 정부에 막대한 경비를 조달해 주었다. 그러나 재정난과 일제의 감시로 인해 결국 1927년에 폐업하였다.

▲ 임시 정부의 이동과 시기별 위치

  ⓗ 정부의 이동: 상하이에서 출범한 임시 정부는 1932년 4월 윤봉길의 의거로 일제의 반
    격을 받아 상하이를 떠나 1940년 중경(충칭)에 안착하였다.
  ⓘ 지도 이념
    • 조소앙의 삼균주의는 임시 정부의 기초 정당인 한국 독립당(1940. 5.)의 정강이자 한
      국광복군(1940. 9.)의 강령으로, 이를 바탕으로 대한민국 임시 정부는 1941년 11월
      「대한민국 건국 강령」을 확정하였다.
    • 삼균주의에서는 정치, 경제, 교육의 균등(균권, 균부, 균학)을 통하여 보통 선거, 주요
      재산의 국유화, 국비 의무 교육 실행을 강조하였다.

심화 충칭 임시 정부와 한국 독립당

1930년대 중반 이후 민족주의 세력은 크게 3당으로 나뉘어 있었다. 김구(金九)의 한국 국민당, 조소앙·홍진 등이 주도하고 있던 한국 독립당(재건), 지청천·최동오 등 만주 지역에서 활동하던 인사들이 중심을 이룬 조선 혁명당이 그것이다. 이들 3당은 1937년 8월 임시 정부를 옹호·유지한다는 전제하에 한국 광복 운동 단체 연합회를 결성하여 연합을 이루고 있었지만 각기 독자적인 조직과 세력을 유지하며 활동하고 있었다. 당시 임시 정부는 이들 3당의 통합을 추진하였다. 그 결과 1940년 5월 8일 한국 독립당 창당 대회를 개최하고, 한국 국민당·한국 독립당·조선 혁명당 3당의 과거 조직을 공동 해소하였다(한국 독립당 창당).

바로 확인문제

● (가) 단체의 활동에 대한 설명으로 옳은 것은?   21. 지방직 9급

> 탑골 공원에 모인 수많은 학생과 시민이 독립 선언식을 거행하고 만세를 부르며 거리를 행진하였
> 다. 이후 만세 시위는 전국으로 확산하였다. 이 운동을 계기로 독립운동가 사이에는 독립운동을 더
> 욱 조직적으로 전개하자는 공감대가 형성되어 (가) 가/이 만들어졌다. (가) 는/은 구미
> 위원부를 설치하는 등 적극적으로 독립운동을 펼쳐 나갔다.

① 「대동단결 선언」을 발표하였다.
② 국내와의 연락을 위해 교통국을 두었다.
③ 독립군을 양성하기 위해 신흥 무관 학교를 설립하였다.
④ 「조선 혁명 선언」을 강령으로 삼아 의열 투쟁을 전개하였다.

|정답해설| (가)는 3·1 운동 이후 조직된 '대한민국 임시 정부'이다. 대한민국 임시 정부에서는 국내와의 연락을 위해 교통국과 연통제를 설치하였다.

|오답해설|
① 신한 혁명당 인사들이 1917년에 「대동단결 선언」을 발표하였다.
③ 서간도의 경학사가 신흥 강습소를 설치하였다. 신흥 강습소는 이후 신흥 무관 학교로 발전하였다.
④ 의열단은 신채호의 「조선 혁명 선언」(1923)을 강령으로 삼아 의열 투쟁을 전개하였다.

|정답| ②

단권화 MEMO

● ㈀에 대한 설명으로 옳은 것은?　　　　　　　　　　　　19. 국가직 7급

> 민국 23년에 채택한 [　㈀　]에는 언론과 종교의 자유를 보장하며, 무상 교육을 시행하겠다는 내용이 담겨 있다. …… 현재 우리의 급무는 연합군과 같이 일본을 패배시키고 다른 추축국을 물리치는 데에 있다. 우리는 독립과 우리가 원하는 정부, 국가를 원한다. 이를 위해 [　㈀　]의 정신을 바탕으로 독립된 나라를 건설해 나가야 한다.　〈신한민보〉

① 보통 선거 실시를 주장하였다.
② 조선 건국 동맹에서 발표하였다.
③ 파괴와 폭동 등에 의한 민중의 직접 혁명을 강조하였다.
④ 남북 제정당 사회단체 대표자 회의의 소집을 요구하였다.

● 1940년대 대한민국 임시 정부에 대한 설명으로 옳은 것만을 모두 고르면?　　18. 국가직 7급

> ㄱ. 의열 활동을 위해 한인 애국단을 결성하였다.
> ㄴ. 삼균주의를 바탕으로 한 건국 강령을 발표하였다.
> ㄷ. 대일 선전 포고를 하고 연합군과 합동 작전을 전개하였다.
> ㄹ. 정부의 형태가 대통령제에서 국무령 중심의 의원 내각제로 바뀌었다.

① ㄱ, ㄴ
② ㄱ, ㄹ
③ ㄴ, ㄷ
④ ㄷ, ㄹ

05 국내 항일 운동

심화　국내 항일 운동의 사상적 갈래

❶ 1920년대 민족주의와 사회주의에서의 민족 운동

1920. 4.	조선 노동 공제회 창립	1925. 4.	조선 공산당 창립
1923. 1.	조선 물산 장려회 창립	1926. 6.	6·10 만세 운동
1923. 3.	조선 민립대학 기성회 총회 개최	1927	신간회 창립(2월), 근우회 창립(5월)
1924. 4.	조선 청년 총동맹 발족	1929. 11.	광주 학생 항일 운동

❷ 민족주의 계열의 분화(1920년대 중반)

민족 개량주의자 (타협적 민족주의자)	• 이광수, 최린 등 • 일제의 식민 지배 인정, 자치 운동 전개, 기회주의자로 비판됨
비타협적 민족주의자	• 이상재, 안재홍 등 • 즉각적인 독립 추구, 사회주의자들과 연대 모색

❸ 자치 운동

일제가 이른바 문화 통치 시기에 민족 운동 세력을 분열시키려는 의도에서 유도한 것으로서, 절대 독립·독립 전쟁 대신 일제의 지배를 인정하는 범위 내에서 자치를 주장한 운동이다. **이광수는 「민족 개조론(民族改造論)」과 「민족적 경륜(民族的經綸)」을 발표하여 자치론을 뒷받침하였다.**

단권화 MEMO

(1) 국내 무장 항일 투쟁

3·1 운동 이후 무장 항일 투쟁은 주로 만주와 연해주를 중심으로 전개되었으나 국내에서도 독립군 부대가 결성되어 일본 군경과 치열한 전투를 전개하였다.

① 평북 동암산을 근거지로 한 **보합단**, 평북 천마산을 근거지로 한 **천마산대**, 황해도 구월산의 **구월산대** 등이 대표적인 무장 단체였다.

② 이들은 만주의 독립군과 긴밀한 연락을 취하면서 일제의 식민 통치 기관 파괴, 일본 군경과의 교전, 친일파 처단, 군자금 모금 등의 무장 항일 투쟁을 벌였다.

(2) 6·10 만세 운동(1926)

① 배경

    ㉠ 1920년대에 이르러 민족주의계와 사회주의계의 대립 속에서 독립운동은 진로 모색에 어려움을 겪었다.

    ㉡ 3·1 운동 이후 학생들은 일제의 감시와 탄압 속에서도 민중 계몽 활동과 일제의 차별 교육에 반대하는 활동을 전개하였다.

    ㉢ 학생들은 주로 비밀 결사를 조직하여 개별적인 활동을 전개하였으나 6·10 만세 운동이나 광주 학생 항일 운동과 같은 대규모의 조직적인 운동도 일으켰다.

    ㉣ 밑바탕에는 일제의 수탈 정책과 식민지 교육에 대한 반발이 깔려 있었다.

② 경과

    ㉠ 학생들은 대한 제국의 마지막 황제인 순종의 인산일을 기하여 격문을 배포하고 독립 만세를 외침으로써 대규모 군중 시위운동을 전개하였다.

    ㉡ 6·10 만세 운동은 3·1 운동에서 이미 중추적 역할을 하였던 학생들을 중심으로 우리 민족이 다시금 전개한 독립운동이었다.

③ 추진 세력 : 전문학교와 고등 보통학교의 학생, 사회주의 세력과 연계한 천도교 계열에서 각각 추진되었다. 그러나 사회주의 세력과 천도교 계열이 준비한 계획은 사전에 발각되었다.

④ 결과 : 일제의 수탈과 식민지 교육에 대한 반발로 일어난 만세 운동은 이후 각급 학교로 확산되었으며, 이로 인하여 수많은 학생들이 체포·투옥되었다.

⑤ 의의 : 청년 학생들에게 민족 자주 의식을 불러일으켰고, 스스로가 민족 독립 투쟁의 중요한 존재임을 자각하게 하였다.

■ 천마산대

1919년 3·1 운동 이후 최시흥을 대장으로 한말의 군인들이 조직한 독립 운동 단체이다. 500여 명의 단원이 평북 천마산을 근거로 유격전을 벌였다. 1920년 일본 경찰의 공격을 피하여 만주로 건너가 독립군에 편입되었다.

■ 6·10 만세 운동

일본 경찰이 만세 시위를 벌이려는 군중을 진압하고 있다.

사료 6·10 만세 운동 격문(1926)

대한 독립운동자여 단결하라!
일체 납세를 거부하자! / 일본 물자를 배척하자! / 조선인 관리는 일체 퇴직하라!
일본인 공장의 직공은 총파업하라! / 일본인 지주에게 소작료를 바치지 말라!
일본인 교원에게는 배우지 말자! / 일본 상인과의 관계를 단절하자!
언론, 출판, 집회의 자유를! / 군대와 헌병을 철거하라! / 투옥 혁명수를 석방하라!
보통 교육은 의무 교육으로! / 교육 용어는 조선어로! / 동양 척식 주식회사는 철폐하라!
일본 이민제를 철폐하라!

■ 광주 학생 항일 운동
1929년 광주로 가는 통학 열차 안에서 일본인 남학생이 한국인 여학생을 희롱한 사건에 대한 처리 과정에서 있었던 일본 경찰의 민족 차별을 계기로 일어났다. 당시 광주 학생들의 비밀 조직이었던 독서회(성진회가 확대 개편된 조직)가 주도하여 동맹 휴학이 시작되었고, 전국적으로 확대되었다.

(3) 광주 학생 항일 운동(1929)

① 배경

    ㉠ 청년·학생들의 자각: 3·1 운동 이후 활발하게 전개된 각종 민족 운동과 국내외의 항일 투쟁은 청년 학생들에게 민족 자주 의식을 불러일으켰고, 스스로가 민족 독립 투쟁의 중요한 존재임을 자각하게 하였다.

    ㉡ 식민지 교육에 대한 항거: 6·10 만세 운동 직후부터 전국 각지의 각급 학교에는 크고 작은 항일 결사가 조직되어 식민지 교육에 항거하는 동맹 휴학 등의 방법으로 항일 투쟁을 전개하였다. 더욱이 민족 유일당 운동으로 조직된 신간회의 활동은 국민들의 자각을 일깨워 주었다.

② 전개

    ㉠ 발단: 6·10 만세 운동 이후 항일 결사를 조직하여 투쟁을 전개하던 학생들은 광주에서 발생한 한일 학생 간의 충돌 사건을 일본 경찰이 편파적으로 처리하자 일제히 궐기하였다.

    ㉡ 경과: 학생들의 투쟁에 일반 국민들이 가세하여 전국적인 규모의 항일 투쟁으로 확대되었고, 만주 지역의 민족 학교 학생들과 일본 유학생들까지 궐기하였다. 단순한 동맹 휴학에 그치지 않고 적극적인 가두시위 형태로 전개하였다. 식민지 교육 제도의 철폐와 한국인 본위의 교육 제도 확립을 주장하였다.

    ㉢ 신간회에서는 광주 학생 항일 운동에 김병로를 대표로 진상 조사단을 파견하였다.

③ 의의: 광주 학생 항일 운동에는 약 5개월 동안 전국 194개의 각급 학교 학생 5만 4천여 명이 참여하면서 3·1 운동 이후 최대의 민족 운동으로 발전하였다.

사료 광주 학생 항일 운동 때의 격문

학생, 대중이여 궐기하라!
검거된 학생은 우리 손으로 탈환하자.
언론·결사·집회·출판의 자유를 획득하라.
식민지 교육 제도를 철폐하라.
조선인 본위의 교육 제도를 확립하라.
용감한 학생, 대중이여!
최후까지 우리의 슬로건을 지지하라.
그리고 궐기하라.
전사여, 힘차게 싸워라.

▲ 광주 학생 항일 운동 기념탑

1953년 10월 20일 국회에서 광주 학생 항일 운동(1929)이 시작된 날짜인 11월 3일을 '학생의 날'로 지정하는 결의안을 의결하였다. 이에 따라 매년 정부가 '학생의 날'을 기념하여 왔으나 유신 직후인 1973년 3월 30일 폐지되었다. 이후 1984년 9월 22일 국가 기념일로서 '학생의 날'이 다시 부활되었고, 2006년 학생 독립 운동 기념일로 변경되어 현재에 이르고 있다.

바로 확인문제

● 다음 격문과 관련이 깊은 역사적 사건에 대한 설명으로 가장 옳은 것은?   21. 법원직 9급

> 검거자를 즉시 우리의 힘으로 구출하자.
> 교내에 경찰관 침입을 절대 반대하자.
> 조선인 본위의 교육 제도를 확립하자.
> 민족 문화와 사회과학 연구의 자유를 획득하자.
> 전국 학생 대표자 회의를 개최하라.

① 원산에서 일제 강점기 최대 규모의 노동 쟁의를 일으켰다.
② 전국으로 확대되어 이듬해까지 동맹 휴학 투쟁이 계속되었다.
③ 민족 산업의 보호와 육성을 위해 국산품 애용 등을 주장하였다.
④ 순종의 국장일에 학생들이 만세 시위를 벌이고 시민들이 가세하였다.

06 항일 독립 전쟁의 전개

(1) 애국지사들의 항일 의거[*]

① 의열단 : 1919년 김원봉, 윤세주 등이 만주 지린에서 조직한 독립운동 단체이다. 공약 10조, 5파괴, 7가살(可殺)을 행동 강령으로 채택하였다.

　　㉠ 「조선 혁명 선언」(1923) : 신채호가 의열단 선언문으로 작성하였다.

　　　　• 신채호는 일본을 한국의 국호와 정권, 생존권을 박탈해 간 '강도'로 규정하고, 강도를 물리치기 위해 폭력(파괴) 혁명은 정당하다고 천명하였다.

　　　　• 자치론, 참정권론, 내정 독립론, 문화 운동 등을 비판하고 이승만의 외교론, 안창호의 실력 양성론 등을 부정하였다.

　　㉡ 의거 활동

　　　　• 부산 경찰서 폭파 의거(1920. 9., 박재혁)

　　　　• 밀양 경찰서 폭파 의거(1920. 12., 최수봉)

　　　　• 조선 총독부 폭파 의거(1921, 김익상)

　　　　• 상하이 일본군 대장 다나카 저격 기도(1922, 오성륜·김익상 등의 황포탄 의거)

　　　　• 종로 경찰서 폭파 의거(1923, 김상옥)

　　　　• 일본 도쿄 궁성 이중교(니쥬바시) 폭파 의거(1924, 김지섭)

　　　　• 동양 척식 주식회사, 조선 식산 은행 폭파 의거(1926, 나석주)

| 정답해설 | 제시된 사료는 1929년 광주 학생 항일 운동 당시의 격문이다. 광주 학생 항일 운동은 전국으로 빠르게 확산되었고, 이듬해(1930년) 초까지 동맹 휴학 투쟁이 계속되었다. 이는 3·1 운동 이후 최대 규모의 민족 운동이었다.

| 정답 | ②

＊애국지사들의 항일 의거
의열단과 한인 애국단의 활동은 구체적 의거와 연결해서 기억해야 한다.

■ 의열단
"그들의 생활은 밝음과 어두움이 기묘하게 혼합된 것이다. 언제나 죽음을 눈앞에 두고 있었으므로 살아 있는 동안이라도 마음껏 즐기려 하였던 것이다. 그들은 놀라울 정도로 멋진 친구들이었다. …… 사진 찍기를 아주 좋아하였으며, 언제나 이번이 죽기 전에 마지막으로 찍는 것이라 생각하였다."
님 웨일즈(Wales, N), 『아리랑』

■ 의열단의 파괴 대상
의열단의 파괴 대상은 총독부, 동양 척식 주식회사, 매일신보사, 경찰서 등 왜적 중요 기관이었으며, 조선 총독 이하 고관, 일본 군부 수뇌, 대만 총독, 매국노, 친일파 거두, 밀정(적탐), 반민족적 토호 등이 살해 대상이었다.

ⓒ 의열단 세력은 개별적 의열 활동의 한계를 인식하고, 방향 전환을 모색하였다. 특히 의열단 구성원 중 일부는 황푸 군관 학교에 입교하여 군사 훈련을 받았는데, 이러한 경험을 통해 조선 혁명 간부 학교를 설립(1932)하여 독립군 간부를 양성하였다.

사료 「조선 혁명 선언」

강도(強盜) 일본이 우리의 국호를 없이 하며 우리의 정권을 빼앗으며 우리 생존의 필요조건을 다 박탈하였다. …… 이상의 사실에 의거하여 우리는 일본 강도 정치, 곧 이족(異族) 통치가 우리 조선 민족 생존의 적(敵)임을 선언하는 동시에, 우리는 혁명 수단으로 우리 생존의 적인 강도 일본을 살벌(殺伐)함이 곧 우리의 정당(正當)한 수단임을 선언하노라. …… 혁명(革命)의 길은 파괴(破壞)부터 개척(開拓)할지니라. 그러나 파괴만 하려고 파괴하는 것이 아니라 건설하려고 파괴하는 것이니, 만일 건설할 줄을 모르면 파괴할 줄도 모를지며, 파괴할 줄을 모르면 건설할 줄도 모를지니라. 건설과 파괴가 다만 형식상에서 보아 구별될 뿐이요, 정신상에서는 파괴가 곧 건설이니 이를테면 우리가 일본 세력을 파괴하려는 것이 제1은, 이족 통치(異族統治)를 파괴하고자 함이다. 왜? '조선'이란 그 위에 '일본'이란 이민족(異民族) 그것이 전제(專制)하여 있으니, 이족 전제(異族專制)의 밑에 있는 조선은 고유적 조선(固有的朝鮮)이 아니니, 고유적 조선을 발견하기 위하여 이족 통치를 파괴(破壞)함이니라. ……

② 한인 애국단
  ㉠ 조직 : 1931년 상하이에서 김구가 조직하였다.
  ㉡ 활동
    • 이봉창 의거(1932. 1.) : 이봉창의 일본 국왕 폭살 기도 사건은 수류탄이 불발되어 실패하였으나 중국 언론(국민 일보)이 "일본 국왕이 불행히도 명중되지 않았다(日皇不幸不中)."라고 표현하였다. 이에 격분한 일본이 상하이를 공격하였다(상하이 사변).
    • 윤봉길 의거(1932. 4.) : 일제가 상하이 훙커우 공원에서 전승 축하식을 거행하자 윤봉길은 식장에 폭탄을 던져 단상에 있던 시라카와 대장을 비롯하여 많은 고관들을 살상하였고, 식장을 아수라장으로 만들었다. 중국의 장제스는 윤봉길의 의거를 두고 "중국의 100만 대군도 해내지 못한 일을 한국 용사가 단행하였다."라고 높이 평가하였다.
    • 1932년 상하이 사변 직후 일본 이즈모호를 폭파하려고 하였으나 실패하였다.
    • 이덕주, 유진만이 조선 총독을 저격하고자 하였으나, 사전에 발각되어 체포되었다.
    • 최흥식, 유상근은 다롄[大連]에서 국제 연맹 조사단을 마중 오는 일본 고관을 암살하려다 사전에 발각되었다.

사료 한인 애국단

본단(本團)은 일찍부터 실행을 중하게 여기고 발언을 피하여 왔다. 그런 까닭으로 이번 최흥식, 유상근 두 의사의 다롄[大連] 사건에 대해서도 일체 침묵을 지켰으나, 놈들 간악한 적은 여러 가지로 요언(謠言)을 만들어 내고, 또 다롄 폭탄 사건은 국제 연맹 조사 단원을 암살하려는 음모라고 선전하고 있으나 이는 우리가 승인할 수 없는 바이다. …… 본단은 왜적 이외에는 어느 나라 사람이나 다 같이 친우로 대하려 하며 절대로 해치지 않으니, 이것은 훙커우 공원 사건이 증명하고 있는 바이다. 　　　　　　　　한인 애국단 선언문

③ 기타

강우규	노인단 소속, 사이토 총독 투탄 → 실패, 처형
조명하	타이중 의거 : 일본 국왕 장인(구니노미야) 처단
백정기	일본의 주중 대사인 아리요시를 제거하려 하였으나 실패(육삼정 의거)
양근환	일본에서 친일파 민원식 사살

❶ **박차정**: 김원봉의 부인으로 1938년 조선 의용대 부녀 복무단장으로서 무장 투쟁을 전개하였다.

❷ **박자혜**: 궁녀 출신인 그녀는 국권 피탈 이후 궁궐에서 나와 근대 교육을 받고 총독부 의원의 간호사가 되었다. 이후 3·1 운동으로 부상자들이 속출하였을 때 이들을 간호한 것이 계기가 되어 간호사들의 독립운동 단체인 '간우회'를 설립하여 만세 운동에 참가하였다. 이후 중국으로 망명하여 신채호를 만나 결혼하였고 그의 독립운동을 후방에서 지원하였다. 특히 나석주 의사의 폭탄 투탄 사건 때에는 서울 지리에 익숙하지 않았던 나석주를 돌보고 안내하는 등 의열단 활동을 후방에서 지원하는 역할을 수행하였다.

❸ **남자현**: 1932년 국제 연맹 리튼 조사단이 하얼빈에 오자 흰 수건에 '조선 독립원(朝鮮獨立願)'이라는 혈서를 써서 조사단에 보내 우리의 독립을 호소하였다.

❹ **김마리아**: 1919년 2·8 독립운동에 가담하였으며, 대한민국 애국 부인회, 근화회 등에서 활동하였다.

❺ **윤희순**: 「안사람 의병가」, 「병정의 노래」 등의 의병가를 지어 의병의 사기를 진작하고 직간접적으로 춘천 의병 활동을 적극 후원하였다.

바로 확인문제

● 〈보기〉의 밑줄 친 '이 조직'의 활동으로 가장 옳지 <u>않은</u> 것은?　　　22. 2월 서울시(자체 출제) 9급

> ─┤ 보기 ├─
>
> 김원봉이 이끈 <u>이 조직</u>은 1920년대에 국내와 상하이를 중심으로 활발한 의거 활동을 전개하였다.

① 독립지사들에게 잔인한 고문을 일삼던 종로 경찰서에 폭탄을 던져 큰 피해를 주었다.

② 동양 척식 주식회사에 들어가 그 간부를 사살하고 경찰과 시가전을 벌이기도 하였다.

③ 상하이 홍커우 공원에서 열린 일본군의 상하이 점령 축하 기념식장에 폭탄을 던져 일본군을 살상하였다.

④ 일제 식민 지배의 중심 기관인 조선 총독부에 폭탄을 던졌다.

● 밑줄 친 '이 단체'에 대한 설명으로 옳은 것은?　　　한국사능력검정시험 고급 24회

○○신문

제△△호　　　　○○○○년 ○○월 ○○일

5년 전 오늘은 특무 공작을 담당하던 <u>이 단체</u>의 윤봉길 의사가 적장을 죽인 날이다. …… 윤의사가 던진 폭탄은 적의 야만적 행위를 말살시키는 동시에 중국의 수억 민중으로 하여금 타도 일본 제국주의의 가능함을 확실히 믿게 하였다. 윤의사를 가진 우리 한국 민족은 영광이요, 명예다.

① 「조선 혁명 선언」을 지침으로 활약하였다.

② 도쿄에서 일어난 이봉창의 의거를 계획하였다.

③ 복벽주의를 내세우며 의병 전쟁을 준비하였다.

④ 신흥 무관 학교를 세워 무장 투쟁을 준비하였다.

⑤ 조선 혁명 간부 학교를 설립하여 군사 훈련을 하였다.

|정답해설| 밑줄 친 '이 조직'은 '의열단'이다. 한인 애국단 소속 윤봉길은 1932년 상하이 훙커우 공원에서 개최된 일왕의 생일(천장절) 및 상하이 사변 승전 기념식장에 폭탄을 던져 시라카와 등 일본군을 살상하였다.

|오답해설|

① 의열단원 김상옥은 종로 경찰서에 폭탄을 투척하였다(1923).

② 의열단원 나석주는 조선 식산 은행과 동양 척식 주식회사에 폭탄을 던졌고(1926), 시가전을 벌여 여러 명의 일본인을 사살하였다.

④ 의열단원 김익상은 조선 총독부에 폭탄을 던졌다(1921).

|정답| ③

|정답해설| 밑줄 친 '이 단체'는 윤봉길이 속한 한인 애국단이다. 한인 애국단 단원 이봉창은 일왕에게 폭탄을 던졌으나 실패하였다.

|오답해설|

① 의열단은 1919년 김원봉을 중심으로 조직되었고, 「조선 혁명 선언」(신채호 작성, 1923)을 활동 지침으로 삼았다.

③ 임병찬은 고종의 밀명을 받아 복벽주의를 바탕으로 1912년 국내에서 독립 의군부를 조직하였다.

④ 서간도 지역에서는 신흥 무관 학교가 설립되어 독립군 간부를 양성하였다.

⑤ 의열단은 개별 의열 활동에 한계를 느끼고, 조선 혁명 간부 학교를 설립하여 독립군 간부를 양성하였다.

|정답| ②

● ㉠ 조직에 대한 설명으로 옳은 것은?

> 1922년 3월, 중국 상하이에서 (㉠)이/가 일본 육군 대장 타나카 기이치(田中義一)를 암살하고자 한 사건이 발생했다. 이때 체포된 독립운동가들은 일본 경찰에 인도되어 심문을 받게 되었는데, 그 심문 과정에서 (㉠)에 속한 김익상이 1921년 9월 조선 총독부 건물에 폭탄을 던진 의거의 당사자라는 사실이 밝혀졌다.

① 공화주의를 주장하는 내용의 「대동단결 선언」을 작성해 발표하였다.
② 이 조직에 속한 이봉창이 일왕이 탄 마차 행렬에 폭탄을 던졌다.
③ 일부 구성원을 황푸 군관 학교에 보내 군사 훈련을 받도록 하였다.
④ 새로 부임하는 사이토 조선 총독에게 폭탄을 투척하는 의거를 일으켰다.

단권화 MEMO

|정답해설| 의열단원 김익상은 1921년에 조선 총독부에 폭탄을 던졌고, 1922년에는 상하이에서 일본 육군 대장 타나카 기이치를 암살하려고 하였다(황포탄 의거). 일부 의열단원들은 1925년에 황푸 군관 학교에 입교하여 군사 교육을 받았다.

|오답해설|
① 신한 혁명당, ② 한인 애국단, ④ 노인단에 대한 설명이다.

|정답| ③

(2) 간도·연해주에서의 항일 운동*

① 배경 : 3·1 운동을 계기로 민족 지도자들은 비폭력 항일 운동의 방식을 지양하고 조직적인 무장 독립 전쟁을 전개하였다. 1920년대에 들어와서는 만주와 연해주 일대에서 30여 개의 독립군 부대가 조직되어 활동하였다.

② 전개 : 압록강과 두만강을 건너 국내의 일제 식민지 통치 기관을 습격하여 파괴하고 일본 군경과 치열한 전투를 전개하였다. 이 밖에도 독립군은 군자금 모금, 밀정 처단, 친일파 숙청 등의 활동을 벌이기도 하였다.

㉠ 봉오동 전투(1920. 6.) : 홍범도가 이끈 대한 독립군은 최진동의 군무 도독부군, 안무의 국민회군과 연합하여 봉오동을 기습해 온 일본군 1개 대대 병력을 포위·공격하여 대승리를 거두었다.

㉡ 청산리 대첩(1920. 10.)
• 일본군은 얕보던 독립군에게 뜻밖에 참패를 당하자 훈춘 사건을 빌미로 한반도에 주둔하고 있던 부대와 관동 지방에 주둔 중인 부대 및 시베리아에 출병 중인 부대를 동원하여 세 방향에서 독립군을 포위·공격하여 왔다.
• 당시 김좌진이 지휘하는 북로 군정서는 백운평, 천수평, 맹개골, 만기구 전투에서 승리하였고, 홍범도의 대한 독립군은 완루구 전투에서 일본군을 격퇴하였다. 특히 북로 군정서, 대한 독립군 등은 연합하여 어랑촌 전투, 천보산 전투 등에서 승리하였다.

＊간도·연해주에서의 항일 운동
1920년대 국외 항일 운동은 선후 관계를 고려하여 사건을 암기하여야 한다.

■ 훈춘 사건
일제가 마적(馬賊)을 매수해 훈춘을 습격하게 하고, 마적 토벌(馬賊討伐)을 구실로 훈춘의 한국인과 독립운동가들을 대량 학살한 사건이다. 독립군 연합 부대는 이 사건을 계기로 세 방향으로 진격해 온 일본군을 청산리에서 대파하였다.

■ 청산리 대첩의 전과
대한민국 임시 정부는 일본군 사망자를 1,254명으로 발표하였다. 박은식의 「한국 독립운동 지혈사」에서는 약 2,000명, 이 전투에 참전하였던 이범석의 「우둥불」에서는 사상자를 3,300명이라 기록하고 있다.

| 사료 | 청산리 대첩 |

❶ 교전은 아침부터 저녁까지 계속되었다. 굶주림! 그러나 이를 의식할 시간도, 먹을 시간도 없었다. 마을 아낙네들이 치마폭에 밥을 싸 가지고 빗발치는 총알 사이로 산에 올라와 한 덩이, 두 덩이 동지들 입에 넣어 주었다. …… 얼마나 성스러운 사랑이며, 고귀한 선물이랴! 그 사랑 갚으리, 우리의 뜨거운 피로! 기어코 보답하리, 이 목숨 다하도록! 우리는 이 산과 저 산으로 모든 것을 잊은 채 뛰고 달렸다. 　이범석, 「우둥불」

❷ 청산리 대첩 당시의 군가
하늘은 미워한다. 배달족의 자유를 억탈하는 왜적들을 삼천리 강산에 열혈이 끓어 분연히 일어나는 우리 독립군.
백두의 찬 바람은 불어 거칠고 압록강 얼음 위에 은월이 밝아 고국에서 불어오는 피비린 바람 갚고야 말 것이다. 골수에 맺힌 한을.
하느님 저희들 이후에도 천만대 후손의 행복을 위해 이 한 몸 깨끗이 바치겠으니 빛나는 전사를 하게 하소서.

▲ 북로 군정서군
청산리 대첩 승리 후 찍은 기념 사진이다.

(3) 독립군의 시련

① 간도 참변(1920. 10.)

　㉠ 일제는 독립군의 항전을 자기들의 식민 통치에 대한 위협이라 판단하고, 이 기회에 만주에 있는 한국 독립운동의 근거지를 소탕하기로 하였다.

　㉡ 이에 일제는 독립군은 물론 만주에 사는 한국인을 무차별 학살하고 마을을 초토화시키는 간도 참변을 일으켰다.

② 자유시 참변(1921. 6.)

　㉠ 독립군의 이동

　　• 독립군은 한때 각지로 분산하여 대오를 정비하였고, 그중 4,000여 명 규모의 주력 부대는 소·만 국경에 위치한 밀산부에 집결하였다.

　　• 그곳에서 서일을 총재로 하는 대한 독립 군단을 조직한 후, 일본군의 추격을 피하여 연해주를 거쳐 자유시로 이동하였다.

　㉡ 자유시 참변

　　• 시베리아에 출병한 일본군이 백군을 지원하고 있었기 때문에 러시아령 내의 자유시로 이동한 독립군은 적군(적색군)과 백군(러시아군)의 내전에서 적군을 도왔다.

　　• 승리한 적군이 독립군을 강제로 무장 해제하려 하자, 이에 저항하던 독립군은 무수한 사상자를 내고 큰 타격을 받았다.

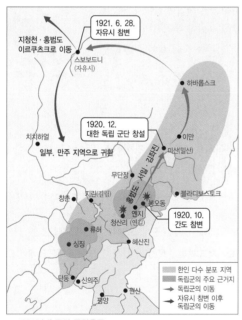

▲ 1920년대 무장 독립운동

단권화 MEMO

■ 간도 참변(1920)

독립군에 패한 일본군은 간도 일대에서 동포 1만여 명을 학살하고, 민가 2,500여 채와 학교 30여 채를 불태우는 만행을 저질렀다. 간도 지방에서 일본군에 의하여 학살된 한국인은 훈춘현에서 242명, 연길현에서 1,124명, 화룡현에서 572명, 왕청현에서 347명, 영안현에서 17명, 그 밖의 현에서 804명이나 되었다.

■ 1920년대 무장 독립운동의 전개

봉오동 전투(1920. 6.)
↓
청산리 전투(1920. 10.)
↓
간도 참변(1920. 10.)
↓
대한 독립 군단 창설(1920. 12.)
↓
자유시 참변(1921. 6.)
↓
3부 성립(1923 ~ 1925)
↓
미쓰야 협정(1925. 6.)
↓
3부 통합 운동(1928 ~ 1929)

바로 확인문제

● (가), (나) 인물에 대한 설명으로 옳은 것은?   한국사능력검정시험 중급 29회

① (가) – 의열단을 조직하였다.
② (가) – 이토 히로부미를 처단하였다.
③ (나) – 미국인 스티븐스를 사살하였다.
④ (나) – 조선 총독부에 폭탄을 투척하였다.
⑤ (가), (나) – 청산리 전투를 승리로 이끌었다.

(4) 독립군의 재정비

① 독립군의 통합 운동 추진 : 적군의 배신으로 와해된 독립군은 이에 굴하지 않고 다시 만주로
탈출하여 조직을 재정비하면서 역량을 강화한 다음 각 단체의 통합 운동을 추진하였다.
② 독립군의 재편성 : 3부의 구성

참의부(1923)	압록강 건너에 설치된 임시 정부 직할 부대(육군 주만 참의부). 수십 차례의 국내 진공 작전 시행
정의부(1924)	길림(지린)과 봉천(선양)을 중심으로 하는 남만주 일대 담당
신민부(1925)	소련 영토에서 되돌아온 독립군(대표적 인물 – 김좌진)을 중심으로 북만주 일대에 조직

③ 3부의 활동
　㉠ 각각 민주적 민정 기관을 두고 입헌 정부 조직까지 갖추었으며, 독립군의 훈련과 작전
을 맡는 군정 기관을 설치하였다.
　㉡ 자체의 무장 독립군을 편성하여 국경을 넘나들며 일제와 치열한 전투를 벌였다.

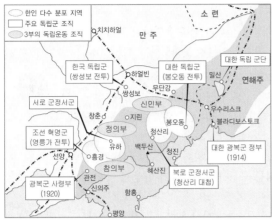
▲ 무장 독립군의 대일 항쟁과 3부의 위치

(5) 미쓰야 협정(1925. 6.)

① 독립군은 독립군 탄압을 위하여 일제와 만주 군벌(장쭤린) 사이에 맺어진 이른바 미쓰야 협정에 의해 다시금 큰 타격을 받았다.

② 협정은 일제와 만주 군벌이 공동으로 독립군을 소탕하고 체포된 독립군을 일본 측에 인도한다는 내용을 명시하였다.

사료 미쓰야 협정(1925. 6. 11.)

만주에 있는 독립군의 활동을 막기 위하여 중국의 봉천성 경무처장 우진과 조선 총독부 경무국장 미쓰야 사이에 맺어진 협정이다. 그 주요 내용은 다음과 같다.

1. 한국인의 무기 휴대와 한국 내 침입을 엄금하며, 위반자는 검거하여 일본 경찰에 인도한다.
2. 재만 한인 단체를 해산시키고 무장을 해제하며, 무기와 탄약을 몰수한다.
3. 일제가 지명하는 독립운동 지도자를 체포하여 일본 경찰에 인도한다.
4. 한국인 취체(取締)의 실황을 상호 통보한다.

바로 확인문제

● (가), (나) 사이의 시기에 있었던 사실로 옳은 것은?   한국사능력검정시험 고급 33회

> (가) 독립군은 일본군의 맹공을 피하고, 전열을 정비하기 위해 러시아 스보보드니로 이동하였다. 그러나 이곳에서 서로 다른 계열의 독립군 사이에서 지휘권을 놓고 내분이 일어났다. 이때 러시아 적군(赤軍)은 독립군에게 무장 해제를 요구하였고, 이를 거부하는 독립군의 강제 해산 과정에서 수많은 독립군이 사망하거나 포로가 되었다.
> (나) 조선 총독부 경무국장 미쓰야와 중국 봉천성 경무처장 우진 사이에 독립군의 활동을 방해하기 위한 협정이 체결되었다. 그 내용은 만주 지역에서 활동하는 항일 한인 단체의 해산과 무기 몰수, 그리고 지도자 체포 및 인도 등이었다.

① 조선 혁명군이 영릉가에서 일본군에 승리하였다.
② 대한민국 임시 정부 직할 부대로 참의부가 결성되었다.
③ 조선 민족 전선 연맹 산하에 조선 의용대가 조직되었다.
④ 일본의 사주를 받은 마적단이 훈춘 일본 영사관을 불태웠다.
⑤ 북로 군정서군 등 연합 부대가 청산리 일대에서 일본군에 승리하였다.

| 정답해설 | (가)는 1921년에 발생한 자유시 참변, (나)는 1925년에 체결된 미쓰야 협정에 관한 내용이다. 1923년에 대한민국 임시 정부의 직할 부대로 참의부가 결성되었다.

| 오답해설 |

① 1932년에 양세봉의 조선 혁명군이 영릉가 전투에서 승리하였다.
③ 1938년에 조선 의용대가 조직되었다.
④ 1920년 봉오동 전투 이후 일제는 만주 출병의 구실을 만들기 위해 마적단을 사주하여 자국 영사관을 공격하게 하였다(훈춘 사건).
⑤ 1920년 훈춘 사건을 구실로 일제가 만주로 진입하여 독립군을 공격하자 북로 군정서군 등 독립군 연합 부대는 청산리 일대에서 일본군을 물리쳤다(청산리 대첩).

| 정답 | ②

(6) 3부의 통합 운동

민족 운동 전선의 통일을 위한 민족 유일당의 기치 아래 만주에서는 3부의 통합 운동이 추진되었는데, 완전한 통합은 이루지 못하였다.

① 혁신 의회(1928): 북만주의 독립운동 세력인 김좌진·지청천 등을 중심으로 혁신 의회로 통합되었다.

② 국민부(1929): 신민부 내의 민정부를 중심으로 통합되었다.

③ 한국 독립당(1930): 혁신 의회 계통은 김좌진 중심의 한족 총연합회를 구성하였으나 그가 암살된 이후 상하이에서 홍진, 지청천, 조소앙 등을 중심으로 한국 독립당을 조직하였고, 산하에 한국 독립군을 결성하였다.

④ 조선 혁명당(1929): 국민부 계통은 현정경, 현익철 등을 중심으로 조선 혁명당과 조선 혁명군을 지린에서 결성하여 남만주 일대에서 활동하였다.

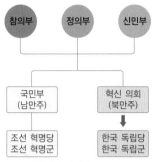

▲ 3부 통합 운동의 전개

(7) 1930년대의 독립 전쟁*

① 중국군과의 연합 작전

㉠ 계기

- 일제가 1931년 만주 사변을 일으키고, 괴뢰 정권인 만주국을 수립한 이후 만주 일대를 장악함으로써 이곳을 근거지로 활동하던 독립군은 더욱 큰 위협을 받았다.
- 그럼에도 불구하고 우리 독립군은 온갖 어려움을 극복하며 항전을 계속하는 가운데 중국군과 연합하여 항일전을 전개하여 많은 전투에서 승리하였다.

㉡ 북만주에서 활동한 한국 독립군(1930)

- 지청천이 인솔하는 한국 독립군은 중국의 호로군과 한중 연합군을 편성하고, 쌍성보 전투(1932), 경박호 전투(1933), 사도하자 전투(1933), 동경성 전투(1933)에서 일본군을 크게 격파하였다.
- 대전자령 전투(1933)에서는 4시간의 격전 끝에 승리하여 막대한 전리품을 획득하였다.

> **사료** 대전자령 전투(1933. 6.)
>
> "대전자령의 공격은 이천만 대한인민을 위하여 원수를 갚는 것이다. 총알 한 개 한 개가 우리 조상 수천, 수만의 영혼이 보우하여 주는 피의 사자이니 제군은 단군의 아들로 굳세게 용감히 모든 것을 희생하고 만대 자손을 위하여 최후까지 싸우라."

㉢ 남만주에서 활동한 조선 혁명군(1929): 양세봉이 지휘하는 조선 혁명군도 중국 의용군과 연합하여 영릉가 전투(1932)와 흥경성 전투(1933)에서 일본군을 크게 격퇴하였다.

▲ 1930년대 만주 지역의 무장 독립 전쟁

❶ 한국 독립군과 중국 호로군의 합의 내용(1931)
- 한중 양군은 최악의 상황이 오는 경우에도 장기간 항전할 것을 맹세한다.
- 중동 철도를 경계선으로 하여 서부 전선은 중국이 맡고, 동부 전선은 한국이 맡는다.
- 전시의 후방 전투 훈련을 한국 장교가 맡고, 한국군에 필요한 군수품 등은 중국군이 공급한다.

『광복』 제2권

❷ 조선 혁명군과 중국 의용군의 합의 내용(1932)
중국과 한국 양국의 군민(軍民)은 한마음 한뜻으로 일제에 대항하여 싸우고, 인력과 물자는 서로 나누어 쓰며, 합작의 원칙하에 국적에 관계없이 그 능력에 따라 항일 공작(抗日工作)을 나누어 맡는다.

『광복』 제4권

② 독립군의 이동
　ⓐ 1930년대 중반까지 계속된 한중 연합 작전은 그 후 일본군의 대토벌 작전, 중국군의 사기 저하, 한중 양군의 의견 대립으로 더 이상 계속되지 못하였다.
　ⓑ 임시 정부가 직할 군단 편성을 위하여 만주에 있는 독립군의 이동을 요청하자 대부분의 독립군은 중국 본토로 이동하여 한국광복군 창설에 참여하였다.
③ 조선 의용대(1938)
　ⓐ 김원봉이 중심이 된 무장 단체로, 중국 관내(본토)에서 창설된 최초의 부대이다.
　ⓑ 조선 의용대는 중국 국민당의 지원을 받아 창설되었다.
　ⓒ 조선 의용대 화북 지대는 중국 공산당군(팔로군)과 연합하여 호가장 전투(1941) 및 반소탕전(1942) 등에서 큰 전과를 올렸다. 이들은 1942년에 창립된 조선 독립 동맹으로 편입하였다(이후 조선 의용군으로 편성).
한편 김원봉 중심의 최고 지도부와 일부 병력은 한국광복군에 편입되었다(1942).

1941. 7. 조선 의용대 화북 지대
1942. 5. 반소탕전
1942. 7. 조선 의용군으로 개편

1944. 4. 옌안으로 이동

1941. 12. 호가장 전투

1941. 3. 조선 의용대 집결 타이항산으로 이동

1940. 11. 항일 북상 결정

1938. 10. 조선 의용대 창설

▲ 조선 의용대의 항일 북상 경로

| 바로 확인문제 |

● 다음 전투를 이끈 한국인 부대에 대한 설명으로 옳은 것은?
19. 국가직 9급

아군은 사도하자에 주둔 병력을 증강시키면서 훈련에 여념이 없었다. 새벽에 적군은 황가둔에서 이도하 방면을 거쳐 사도하로 진격하여 왔다. 그런데 적군은 아군이 세운 작전대로 함정에 들어왔고, 이에 일제히 포문을 열어 급습함으로써 적군은 응전할 사이도 없이 격파되었다.

① 양세봉이 총사령관이었다.
② 미쓰야 협정이 체결되기 직전까지 활약하였다.
③ 한국 독립당의 산하 부대로 동경성 전투도 수행하였다.
④ 조선 민족 전선 연맹이 중국 국민당의 지원을 받아 창설하였다.

|정답해설| 사도하자 전투에서 승리한 부대는 지청천의 한국 독립군이다. 한국 독립군은 한국 독립당의 산하 부대로 쌍성보 전투, 대전자령 전투, 동경성 전투에서도 승리하였다.

|오답해설|
① 양세봉은 조선 혁명군 총사령관이었다.
② 미쓰야 협정이 체결된 것은 1925년이며, 한국 독립군은 주로 1930년대 초에 활약하였다.
④ 조선 민족 전선 연맹의 김원봉은 중국 국민당의 지원을 받아 1938년에 조선 의용대를 창설하였다.

|정답| ③

④ 한국광복군(1940)*

　㉠ 창설 : 대한민국 임시 정부의 김구와 지청천 등은 만주와 시베리아에서 항전하던 신흥 무관 학교 출신의 독립군과 중국 대륙에 산재하여 독립운동에 참여하던 무장 투쟁 세력을 모아 **충칭(重慶)**에서 **한국광복군**을 창설하였다.

　㉡ 조직 : 지청천을 총사령관, 이범석을 참모장으로 하였다.

　㉢ 군사력 증강 : 김원봉의 조선 의용대를 일부 **통합**하여 군사력을 증강하고, 중국 국민당 정부와의 적극적인 협력하에 연합군의 일원으로서 대일전에 참전하기 위해 노력하였다.

　㉣ 선전 포고 및 참전

　　• 임시 정부가 태평양 전쟁을 계기로 일본에 선전 포고(1941)를 한 후 한국광복군은 한영 군사 협정에 따라 영국군과 함께 인도와 미얀마 전선 등에 참전하였다(1943).

　　• 이들은 주로 암호 분석, 포로 심문, 통역 및 심리전 활동을 전개하였다.

　㉤ 국내 진입 작전 준비 : 중국에 주둔하고 있던 미국과 협조하여 1945년 9월에 실행하려고 국내 진입 작전을 준비하였으나 일제의 패망으로 실현하지는 못하였다.

사료　한국광복군의 활동

❶ 「한국광복군 선언」(1940)

대한민국 임시 정부는 대한민국 원년(1919)에 정부가 공포한 군사 조직법에 의거하여 …… 광복군을 조직하고 …… 공동의 적(敵)인 일본 제국주의자들을 타도하기 위하여 연합군의 일원으로 항전을 계속한다. …… 우리 민족의 확고한 독립 정신은 불명예스러운 노예 생활에서 벗어나기 위하여 무자비한 압박에 대한 영웅적 항쟁을 계속하여 왔다. …… 이때 우리는 큰 희망을 갖고 우리 조국의 독립을 위하여 우리의 전 투력을 강화할 시기가 왔다고 확신한다. …… 우리들은 한중 연합 전선에서 우리 스스로의 부단한 투쟁을 감행하여 동아시아를 비롯한 아시아 민중(民衆)들의 자유와 평등을 쟁취할 것을 약속하는 바이다.

❷ 한국광복군 준승 9개항

1. 한국광복군은 아국(중국)의 항일 작전 기간에는 본회에 직예(直隸)하고, 참모총장이 장악·운용한다.
2. 한국광복군은 본회에서 통할 지휘하되 아국이 항전을 계속하는 기간 및 한국 독립당·임시 정부가 한국 국경 내로 추진하기 전에는 아국 최고통수부의 군령만을 접수할 뿐이고, 기타의 군령이나 혹은 기타 정치적 견제를 접수하지 못한다. 한국 독립당·임시 정부와의 관계는 아국의 군령을 받는 기간에 있어서는 고유한 명의(名義) 관계를 보류한다.

❸ 「대일 선전 성명서」(1941. 12.)

우리는 3천만 한국 인민과 정부를 대표하여 삼가 미·영·중·소·캐나다 기타 제국의 대일 선전이 일본을 격패하게 하고 동아를 재건하는 가장 중요한 수단이 됨을 축하하여 이에 특히 다음과 같이 성명한다.
　• 한국 전 인민은 현재 이미 반침략 전선에 참가하였으니 한 개의 전투 단위로서 추축국에 선전한다.
　• 1910년의 합방 조약과 일체의 불평등 조약의 무효를 거듭 선포하며, 아울러 반침략 국가인 한국에 있어서의 합리적 기득권을 존중한다.
　• 한국·중국 및 서태평양으로부터 왜구를 완전히 구축하기 위하여 최후 승리를 거둘 때까지 혈전한다.

대한민국 임시 정부 주석 김구, 외무부장 조소앙

❹ 김구의 한탄

왜적이 항복한다 하였다. 아! 왜적이 항복! 이것은 내게 기쁜 소식이라기보다는 하늘이 무너지는 듯한 일이었다. 천신만고 끝에 수년 동안 애를 써서 참전할 준비를 한 것도 다 허사이다. 시안과 푸양에서 훈련을 받은 우리 청년들에게 여러 가지 비밀 무기를 주어 산둥에서 미국 잠수함에 태워 본국으로 들여보내어 국내의 중요한 곳을 파괴하거나 점령한 뒤에 미국 비행기로 무기를 운반할 계획까지도 미국 육군성과 다 약속이 되었던 것을 한 번 해 보지도 못하고 왜적이 항복하였으니 ……

김구, 「백범일지」

⑤ 조선 의용군(1942)
　㉠ 조선 독립 동맹
　　• 중국의 화북 지방에서 중국 공산당과 연계하여 독립운동을 추진하던 사회주의 세력
　　　은 화북 조선 독립 동맹을 결성하였다(김두봉, 김무정 주도).
　　• 그 산하에 **조선 의용군**을 조직하여 항일전을 전개하였다.
　㉡ 활동: 조선 의용군이 임시 정부의 광복군에 참여하지 않았으며, 해방 후 중국 공산군에
　　　편입되어 국·공 내전에 참전하였다가 1950년 4월 북한 인민군에 속해 6·25 전쟁에 참
　　　여하였다.
⑥ 1930년대 만주에서의 무장 활동
　㉠ 동북 인민 혁명군(1933): 항일 유격대로 만주에 남아 있던 사회주의 계열의 무장 독립
　　　군은 중국 공산당 유격대와 함께 중국 공산당 소속의 **동북 인민 혁명군**을 결성하였다.
　㉡ 동북 항일 연군(1936): 기존의 동북 인민 혁명군이 확대 개편되어 결성된 조직이다.
　㉢ 조국 광복회(1936): 동북 항일 연군의 한국인 간부들과 국내의 민족주의자 및 사회주
　　　의자들이 결합한 조직이다.
　㉣ 보천보 전투(1937): 동북 항일 연군은 조국 광복회 국내 지부와 연합하여 함경남도
　　　혜산진의 보천보를 습격하여 일제의 경찰 주재소와 면사무소 등을 파괴하였다(김일성
　　　주도).
⑦ 1930년대 중국 관내 민족 연합 전선 형성: 일제의 만주 침략 이후 위기의식이 고조되면서
　1930년대에는 통일 전선 운동이 다시 활성화되었다.
　㉠ 한국 대일 전선 통일 동맹(1932): 의열단, 한국 독립당, 조선 혁명당, 한국 혁명당, 한
　　　국 광복 동지회 등 5개의 단체가 협의 기관으로 한국 대일 전선 통일 동맹을 두었다.
　㉡ 민족 혁명당(1935): 우익의 조소앙, 지청천 등과 좌익계인 김원봉의 의열단이 참여하
　　　였으나 김구의 임시 정부 세력(추후 한국 국민당 창당)은 불참하였다. 그러나 조직의 주
　　　도권을 김원봉의 의열단계가 장악하자 조소앙, 지청천 등이 탈당하여 조선 민족 혁명당
　　　으로 개편되었다.

사료 **민족 혁명당 강령(1935)**

1. 원수 일본의 침략 세력을 박멸하여 우리 민족의 자주독립을 완성한다.
2. 봉건 세력 및 일체 반혁명 세력을 숙청함으로써 민주 집권제 정권을 수립한다.
3. 토지는 국유로 하고 농민에게 분배한다.
4. 대규모 생산 기관 및 독점 기업은 국영으로 한다.

　㉢ 조선 민족 전선 연맹(1937): 중일 전쟁 이후 조선 민족 혁명당 중심의 **좌익계 통일 전선**
　　　조직이며 그 예하 군대로 조선 의용대를 조직하였다.
　㉣ 한국 광복 운동 단체 연합회(1937): 민족 혁명당에서 탈당한 조소앙, 지청천 계열과 김
　　　구 등의 임정 고수파 계열의 우익 통일 전선 조직이다.
　㉤ 전국 연합 진선 협회(1939): 조선 민족 전선 연맹과 한국 광복 운동 단체 연합회의 통일
　　　체 조직이다.

│정답해설│ 제시된 자료는 대한민국 임시 정부에서 1941년 12월에 공포한 「대일 선전 성명서」이다. 「대한민국 건국 강령」은 1941년 11월에 제정되었다.

│오답해설│
① 김원봉이 이끌던 조선 의용대 일부 병력이 1942년 한국광복군에 편입되었다.
② 1943년 영국군의 요청에 따라 한국광복군이 인도, 미얀마 전선에 파견되었다.
③ 1942년 조선 의용대 화북 지대가 조선 독립 동맹에 편입되어 조선 의용군으로 개편되었다.

│정답│ ④

● 다음 자료가 발표된 이후의 사실에 해당하지 <u>않는</u> 것은?　　　　　20. 국가직 9급

우리는 3천만 한국 인민과 정부를 대표하여 삼가 중·영·미·소·캐나다 기타 제국의 대일 선전이 일본을 격파하고 동아를 재건하는 가장 유효한 수단이 됨을 축하하여 이에 특히 다음과 같이 성명한다.

1. 한국 전 인민은 현재 이미 반침략 전선에 참가하였으니 한 개의 전투 단위로서 추축국에 선전한다.
2. 1910년의 합방 조약과 일체의 불평등 조약의 무효를 거듭 선포하며 아울러 반(反) 침략 국가인 한국에 있어서의 합리적 기득권익을 존중한다.
　　　　　　……
5. 루스벨트·처어칠 선언의 각조를 견결히 주장하며 한국 독립을 실현키 위하여 이것을 적용하여 민주 진영의 최후 승리를 축원한다.

① 한국광복군은 김원봉이 이끌던 조선 의용대의 병력을 통합하였다.
② 영국군의 요청에 따라 인도, 미얀마 전선에 한국광복군이 파견되었다.
③ 조선 독립 동맹은 조선 의용대 화북 지대를 기반으로 조선 의용군을 조직하였다.
④ 대한민국 임시 정부는 김구를 주석으로 하는 단일 지도 체제를 만들고 「대한민국 건국 강령」을 제정하였다.

│정답해설│ (가) 한국광복군은 미 전략 사무국(OSS)과 협력하여 국내 진공 작전을 계획했지만 실행하지 못했다.

│오답해설│
② 1938년에 창설된 조선 의용대는 중국 관내 최초의 한인 무장 부대로 중국 국민당 정부의 지원을 받았다.
③ 양세봉이 지휘한 (라) 조선 혁명군은 영릉가 전투, 흥경성 전투에서 일본군을 격퇴하였다.
④ 지청천이 지휘한 (다) 한국 독립군은 중국 호로군과 쌍성보 전투, 대전자령 전투, 동경성 전투 등에서 일본군을 격퇴하였다.

│정답│ ①

● 〈보기〉의 (가)~(라)에 대한 설명으로 가장 옳은 것은?　　　　　21. 서울시 9급

┤ 보기 ├
(가) 한국광복군
(나) 한인 애국단
(다) 한국 독립군
(라) 조선 혁명군

① (가) – 미 전략 사무국(OSS)과 협력하여 국내 진공 작전을 계획하였다.
② (나) – 중국 관내 최초의 한인 무장 부대로, 중국 국민당 정부의 지원을 받았다.
③ (다) – 양세봉이 이끄는 군대로, 영릉가 전투와 흥경성 전투에서 일본군을 격퇴하였다.
④ (라) – 지청천이 이끄는 군대로, 항일 중국군과 함께 쌍성보 전투, 동경성 전투 등에서 일본군을 격퇴하였다.

일제 강점기 경제의 변화

☐ 1 회 독   월   일
☐ 2 회 독   월   일
☐ 3 회 독   월   일
☐ 4 회 독   월   일
☐ 5 회 독   월   일

01 식민지 수탈 경제
02 경제적 민족 운동

01 식민지 수탈 경제*

(1) 식민지 경제 체제

국권 피탈 후 일제는 우리 경제를 식민지 경제 체제로 개편하였다. 그중에서도 핵심적인 것은 농업 부문에서 강행된 토지 조사 사업이다.

(2) 토지 조사 사업(1910~1918)

① 목적

  ㉠ 표면적 목적 : 일제는 근대적 소유권이 인정되는 토지 제도와 지세 제도를 확립한다고 선전하였다.

  ㉡ 실제적 목적 : 실제로는 토지를 약탈하고 지주층을 회유하기 위한 것이었으며, 정확한 토지 면적과 생산량을 측정하여 지세를 확보하기 위한 것이었다.

② 절차

  ㉠ 토지 조사령(1912) : 일제는 1910년 임시 토지 조사국을 설치하고, 1912년 토지 조사령을 공포하였다. 이후 1918년까지 토지 조사 사업을 진행하여 조사한 토지의 지적도와 토지 대장을 작성하였다.

> **사료** 토지 조사령
>
> 1. 토지 소유권은 조선 총독 또는 그 권한을 위촉받은 자가 결재·확정한다.
> 2. 소유권의 주장은 신고주의(申告主義)를 원칙으로 한다.
> 3. 불복자(不服者)에 대해서는 증거주의를 채택한다.
> 4. 토지의 지주는 조선 총독이 정하는 기간 내에 그 주소·성명 또는 명칭 및 소유지의 소재·결수(結數)를 임시 토지 조사 국장에게 통지한다.

  ㉡ 기한부 신고제

   • 우리 농민이 토지 소유에 필요한 서류를 갖추어 지정된 기간 안에 신고해야만 소유권을 인정받게 하였다.

   • 당시 토지 신고제가 농민에게 널리 알려지지 않았으며, 신고 기간도 짧고 절차가 복잡하여 신고의 기회를 놓친 사람이 많았다.

   • 일제가 이렇게 까다로운 신고 절차를 택한 것은 한국인의 토지를 빼앗기 위한 것이었다.

단권화 MEMO

*식민지 수탈 경제

토지 조사 사업, 회사령, 산미 증식 계획, 농촌 진흥 운동, 인적 수탈, 물적 수탈을 시기별로 구분하고, 특징을 암기해야 한다.

■ 동양 척식 주식회사

1908년 일제가 한국의 토지와 자원을 수탈할 목적으로 설치하였다.

■ 농가구 호수 구성비

(단위 : %)

연도	지주	자작	자·소작	소작
1916	2.5	20.1	40.6	36.8
1920	3.3	19.5	37.4	39.8
1932	3.5	16.3	25.4	52.7

(1932년에는 화전민 비중이 2.1%)
『조선 총독부(조선 소작연보)』 1집

③ 결과
　㉠ 토지의 약탈
　　• 약탈 대상 : 일제는 미신고 토지, 역둔토, 궁장토(왕실의 일원 혹은 왕실에서 분가한 사람에게 지급한 토지)뿐만 아니라 소유자가 불분명한 마을이나 문중 소유 토지도 조선 총독부의 소유로 만들었다.
　　• 불하 대상 : 조선 총독부는 탈취한 토지를 동양 척식 주식회사를 비롯한 일본인의 토지 회사나 개인에게 헐값으로 불하하였다.
　　• 일제는 1914년 지세령을 공포하였고, 1918년 지세령을 개정하여 지역별 지가(토지 가격)와 그것의 1.3%를 토지세로 하는 과세 표준을 명시하였다.
　㉡ 농민 생활의 피폐
　　• 소작농으로의 전락 : 종래 농민은 토지의 소유권과 함께 경작권도 보유하고 있었는데, 일제의 토지 조사 사업으로 우리 농민은 많은 토지를 빼앗기고 기한부 계약에 의한 소작농으로 전락하였다.
　　• 지주제의 강화 : 토지 조사 사업이 끝난 1918년에는 겨우 3%의 지주가 경작지의 50% 이상을 소유하였으며, 이 과정에서 이전의 소작권은 인정하지 않고 지주의 소유권만 인정하여 지주제가 강화되었다.
　　• 고율의 소작료 부담 : 소작을 하지 않고는 살 수 없는 농가가 77%나 되었고, 소작농은 50~70%에 이르는 고율의 소작료를 내야 하였다.
　㉢ 해외로의 이주 : 생활 기반을 상실한 농민은 일본인의 고리대에 시달리게 되었고, 생계 유지를 위해 화전민이 되거나 만주·연해주·일본 등지로 이주하기도 하였다.

(3) 산미 증식 계획(1920~1934)

농민들의 생활은 1920년대부터 실시된 산미 증식 계획으로 더욱 악화되었다.

① 목적 : 제1차 세계 대전 후 일제는 고도성장을 위한 공업화 추진에 따라 일본 내 식량이 부족해지자 부족한 식량을 우리나라에서 착취하려는 산미 증식 계획을 세웠다.

> **사료** 산미 증식 계획 요강
>
> 일본 내 쌀 소비는 연간 약 6,500만 석인데, 생산고는 약 5,800만 석을 넘지 못해 해마다 그 부족분을 식민지 및 외국의 공급에 의지하는 형편이다. 게다가 일본의 인구는 해마다 약 70만 명씩 증가하고 있으며, 국민 생활의 향상과 함께 1인당 소비량도 역시 점차 증가하게 될 것은 필연적인 대세이다. …… 따라서 지금 미곡의 증수 계획을 수립하여 일본 제국의 식량 문제를 해결하는 데 도움을 주는 것은 진실로 국책상 급무라고 믿는다.
>
> 조선 총독부 농림국(1926)

② 경과
　㉠ 목표량 : 1920년부터 15년 계획으로 추진된 산미 증식 계획은 920만 석 증산이라는 무리한 목표를 설정하였기 때문에 증산량을 달성하지는 못하였다. 이에 일제는 토지 개량 사업을 통한 증산을 꾀하였으나 역시 목표를 달성하지 못하였다.
　㉡ 쌀 중심의 단작형(單作型) 농업 구조 고착 : 일제는 산미 증식 계획을 추진하면서 수리 조합 사업, 토지 개량 사업 등의 비용을 농민에게 전가하고 쌀 생산을 강요하여 논농사 중심의 농업 구조로 바꾸었다.
　㉢ 농촌 경제 파탄 : 목표한 대로 미곡을 수탈해 우리나라 농촌 경제는 파탄에 이르렀다.

○ 쌀 생산량, 수출량, 소비량

연도	쌀 생산량 (천 석)	일본 수출량 (천 석)	한국인 연간 1인당 소비량(석)	일본인 연간 1인당 소비량(석)
1912	11,568	2,910	0.772	1.068
1915	14,130	2,058	0.738	1.111
1917	13,933	1,296	0.720	1.126
1919	15,294	2,874	0.725	1.124
1921	14,882	3,080	0.675	1.153
1923	15,014	3,624	0.647	1.153
1925	13,219	4,619	0.519	1.128
1926	14,773	5,429	0.533	1.131
1927	15,300	6,136	0.523	1.095
1928	17,298	7,405	0.540	1.129
1929	13,511	5,609	0.446	1.110
1930	13,511	5,426	0.451	1.077

조선 총독부 농림국, 『조선 미곡 요람』

③ 결과

　㉠ 식량 부족의 심화: 증산량보다 훨씬 초과한 양의 미곡을 수탈당해 우리 농촌의 식량 부족이 심화되었다.

　㉡ 농민 생활의 악화: 소작료가 점차 올라가고 수리 조합비·비료대·증산에 투입된 운반비 등을 부담하게 되어 농민들의 생활은 갈수록 악화되었다.

　㉢ 잡곡(雜穀)의 배급제 실시: 일제는 부족한 식량을 만주에서 생산되는 값싼 잡곡으로 충당하였지만 근본적인 해결책이 되지는 못하였다.

(4) 산업의 침탈

▲ 근대~일제 강점기에 건설된 철도와 주요 항구

■ **조선 식산 은행**

조선 식산 은행은 1918년 산업 개발을 명분으로 종래의 농공 은행(農工銀行)을 통합하여 설립되었고, 동양 척식 주식회사의 실질적인 지배를 받으며 성장하였다.

■ **민족별 연해 어업 상황(1918)**

구분	한국	일본
출어 어선 수	39,000	14,118
출어 인원(명)	272,077	74,349
1척당 어획고 (원)	376	1,289
1인당 어획고 (원)	54	245

『최근 조선 사정 요람』 1920

① 일제의 식민지 경제 정책

　㉠ 이중 착취: 우리나라의 미곡과 각종 원료를 헐값으로 사가고, 일본에서 만든 제품을 들여와 비싼 값으로 팔아 이중으로 착취하였다.

　㉡ 산업의 통제: 일제는 우리의 자원을 약탈하기 위하여 광업령·임야 조사 사업·어업령 등을 실시하여 민족 경제가 성장할 수 있는 토대를 빼앗았다. 그리하여 우리의 산업 경제 활동은 일제가 설립한 금융 조합·농공 은행 등을 통하여 통제되었다. 또한 평남선(1910), 호남선(1914), 함경선(1914~1928) 등의 철도망을 확대하여 한국을 일본 경제권에 편입하고자 하였다.

　　• 삼림령(1911): 삼림령에 따른 임야 조사 사업이 실시되어 막대한 국·공유림과 소유주가 명확하지 않았던 임야가 거의 일본인에게 넘어가 전체 임야의 50% 이상이 조선 총독부와 일본인에게 점탈되었다.

　　• 어업령(1911): 일찍부터 한국 해안에 침입하여 우리 어민보다 우수한 선박과 기구로 많은 어획고를 올리던 일본 어민은 1910년 이후 조선 총독부의 후원하에 우리 어장을 독점하였다. 총독부는 어업령을 공포하여 일본 어민의 성장을 지원하고 우리 어민의 활동을 억압하였다. 이 때문에 우리 어민들은 전국의 어장에서 빼앗긴 어업권의 회복과 수호를 위한 항쟁을 치열하게 전개하였다.

　　• 조선 광업령(1915): 조선 총독부는 전국의 광산 자원을 광범위하게 조사하고, 우리 민족의 광업 활동을 제약하는 광업령을 제정·공포한 후 일본인 재벌에게 많은 광산을 넘겼다. 특히 제1차 세계 대전으로 군수 광산물의 수요가 격증하자 이 수요를 충당하기 위하여 본격적인 광산물 약탈을 자행하였다. 이때 일본의 대재벌들이 광업에 참여하였고, 생산물의 대부분은 일본으로 반출되었다.

② 민족 자본의 성장 억제

　㉠ 회사령(會社令)

　　• 1910년 공포된 회사령은 일제가 민족 기업을 규제하기 위하여 제정·공포한 법령이다. 회사령은 기업의 설립을 총독의 허가제로 하고, 허가 조건을 위반할 때는 총독이 사업의 금지와 기업의 해산을 명령할 수 있게 규제하였다.

　　• 1920년대에는 종래의 회사령을 폐지하고, 신고제(계출제)로 전환(1920)하였다. 또한 관세 철폐(1923) 등을 통해 일본 자본의 한국 진출을 용이하게 하였다.

　　• 결과: 민족 자본의 성장은 억제되고 일본인이 한국 공업을 주도하였다.

> **사료** 　회사령
>
> 제1조　회사의 설립은 조선 총독의 허가를 받아야 한다.
> 제5조　회사가 본령이나 혹 본령에 의거하여 발하는 명령이나 허가 조건에 위반하거나 또는 공공 질서와 선량한 풍속에 반하는 행위를 할 때 조선 총독은 사업의 정지, 지점의 폐쇄 또는 회사의 해산을 명한다.

　㉡ 일제의 독점 경영

　　• 조선 총독부와 일본의 대기업이 철도, 항만, 통신, 항공, 도로 등을 독점하였다.

　　• 조선 총독부는 1920년 홍삼 전매령, 1921년 연초 전매령을 공포하여 홍삼과 담배의 전매(독점 판매)를 통해 식민지 재정을 확대하고자 하였다.

　　• 결과: 민족 자본은 위축되고 경제 발전의 길이 막히게 되었다.

● 다음 자료와 관련된 사업에 대한 설명으로 가장 옳지 <u>않은</u> 것은?   16. 서울시 9급

> 만약 지주가 정해진 기한 내에 조사국 혹은 조사국 출장소원에게 신고 제출을 게을리하거나 신고
> 를 제출하지 아니하는 때는 당국에서 이 토지에 대해 지주의 소유권 유무 등을 심사하여 만약 소유
> 자로 인정하지 못할 경우에는 이 토지를 지주가 없는 것으로 간주하여 당연히 국유지로 편입하는
> 수단을 집행할 것이니, 일반 토지 소유자는 고시에 의한 신고 제출을 게을리하지 말도록 하였더라.
>
> 〈매일신보〉

① 소유권 분쟁을 인정하지 않아 분쟁은 발생하지 않았다.
② 명의상의 주인을 내세우기 어려운 동중, 문중 토지의 상당 부분이 조선 총독부의 소유가 되
    었다.
③ 한일 병합 조약이 체결된 직후 신속하게 사업이 시작되었다.
④ 사업의 결과 조선 총독부의 재정 수입이 크게 증가하였다.

● 다음 중 일제의 경제 침탈에 관한 설명으로 가장 적절하지 <u>않은</u> 것은?   14. 경찰직 1차

① 1910년대 시작된 토지 조사 사업은 토지의 소유권, 토지 가격, 지형 및 용도를 조사한 것으
    로, 토지에 대한 지주의 권리와 농민의 경작권을 함께 인정하였다.
② 1920년대 산미 증식 계획은 더 많은 쌀을 일본으로 가져가기 위해 추진되었으며, 수리 시설
    의 확대와 품종 교체, 화학 비료 사용 증가 등을 통해 이루어졌다.
③ 1930년대 이후 일제는 일본을 발전된 공업 지역으로, 만주를 농업과 원료 생산 지대로 만들
    고, 한반도를 경공업 중심의 중간 지대로 만들기 위해 조선 공업화 정책을 펼쳤다.
④ 1940년대 전시 동원 체제하에서 세금을 늘리고 저축을 강요하여 마련된 자금은 군수 기업
    에 집중 지원되었다.

● 무단 통치 시기에 조선 총독부가 실시한 경제 정책으로 옳지 <u>않은</u> 것은?   16. 지방직 7급

① 조선 광업령으로 일본 자본의 광산 진출을 촉진하였다.
② 회사령을 공포하여 회사를 설립할 때 총독의 허가를 받도록 하였다.
③ 토지 조사령에서 황무지의 국유지 편입을 규정하였다.
④ 조선 어업령으로 황실 소유 어장을 일본인 소유로 재편하였다.

(5) 1930～1940년대 일제의 경제 침탈

① 일제 독점 자본의 침투

 ㉠ 1920년대

- 계기 : 제1차 세계 대전을 계기로 성장한 일제 독점 자본은 1920년대부터 한국에 본격적으로 침투하기 시작하였다. 이들 독점 자본들은 광업·비료·섬유 회사 등을 설립하고 우리나라의 공업 생산을 장악하였다.
- 변화 : 1920년대 중반으로 들어서자 일본인의 자본 투자는 경공업(輕工業)에서 중공업(重工業) 분야로 옮겨졌다. 1926년 함경도에 부전강 수력 발전소가 완성되고, 1927년에 그 전력을 이용한 조선 질소 비료 공장이 흥남에 세워지면서 중공업 분야의 투자가 활기를 띠기 시작하였다.

 ㉡ 1930년대 : 일본이 만주와 중국을 침략함에 따라 우리나라는 군수 물자를 공급하는 병참 기지(兵站基地)가 되어 일본인의 중공업 투자가 더욱 증가하였다.

② 남면북양 정책(南綿北羊政策) : 일제는 산미 증식 계획이 어려움에 부딪히자 공업 원료 증산 정책으로 방향을 전환하여 **면화(綿花)의 재배와 면양(綿羊)의 사육**을 시도하는 이른바 남면북양 정책을 수립하고, 이를 우리 농촌에 강요하였다.

③ 병참 기지화 정책 : 일본 대기업들의 경제 침략은 대공황으로 극심한 타격을 받은 1930년대에 한층 강화되었다. 이것은 모두 일제의 전쟁 수행을 위한 것이었고, 한반도의 경제를 식민지 경제 체제로 철저히 예속시키기 위한 것이었다.

 ㉠ 농촌 진흥 운동

- 경제 대공황의 여파로 한국 농촌에서는 농산물 가격 폭락 등이 계속되어 한국 농민들의 삶은 더욱 악화되었다. 이에 소작 쟁의가 극심해지고, 사회주의 세력이 농촌에 침투하여 적색 농민 조합 운동이 확산되었다.
- 일제는 한국 농민 회유책의 일환으로 1932년부터 관제 운동인 조선 농촌 진흥 운동을 실시하였다. 춘궁 퇴치, 차금(借金) 예방을 위해 자작 농지 설정 사업 및 소작 조정령을 제정하고, 1933년에는 농가 경제 갱생 계획을 발표하였다. 또한 1934년에는 조선 농지령을 발표하여 농민의 소작권을 3년간 보호하는 규정을 마련하였다.
- 결과 : 침략 전쟁이 확대되는 과정에서 실효를 거두지는 못하였다.

■ **남면북양 정책**
공업 원료 증산을 위해 남부 지방에서는 면화를 재배하고, 북부 지방에서는 양을 기르도록 강요한 일제의 정책이다. 이는 일본의 방직 자본가를 보호하고자 한 조치였다.

사료 조선 농지령(1934)

제3조 임대인이 마름 등 소작지의 관리자를 둘 때는 조선 총독이 정하는 바에 의하여 부윤, 군수에게 신청한다.

제4조 부윤, 군수 또는 도사가 마름·기타 소작지의 관리자가 부당하다고 인정할 때는 부·군·도의 소작위원회의 의견을 듣고 임대인에게 그 변경을 명령할 수 있다.

제7조 소작자의 임대차 기간은 3년을 내려갈 수 없다. 단, 영년 작물(오랫동안 생육이 계속되는 작물) 재배를 목적으로 하는 임대차는 7년을 내려갈 수 없다.

제16조 불가항력에 의해 수확고가 현저히 감소하였을 때는 임차인은 임대인에게 소작료의 경감 또는 면제를 요청할 수 있다.

제19조 임대인은 임차인의 배신행위가 없는 한 임대차의 갱신을 거절할 수 없다. 단, 임대인에게 정당한 사유가 있으면 이 적용을 받지 않는다.

ⓛ 1930년대 말 : 중일 전쟁을 일으켜 대륙 침략을 본격화한 일제는 국가 총동원법을 내리고 한국에서 인적·물적 자원의 수탈을 강화하였다.

ⓒ 산미 증식 계획 재개(1940) : 군량 확보를 위해 중단되었던 산미 증식 계획을 재개하고 목표량을 설정하여 각 도에 할당하였으며, 이것을 다시 부·군·읍·면을 거쳐 각 마을, 각 개인에게까지 할당하였다.

ⓔ 식량의 배급 및 수탈의 강화 : 소비 규제를 목적으로 식량 배급제를 실시하였고, 더 나아가 미곡 공출 제도도 시행하였다. 또한 총독부는 일본군의 군수품을 충당하기 위하여 각종 가축 증식 계획을 수립하여 가축의 수탈도 강화하였다.

④ 1940년대 : 태평양 전쟁(1941)으로 침략 전쟁이 확대되면서 한국에는 전시 통제 경제가 실시되고, 식량 배급 제도와 각종 물자의 공출 제도를 강행하였다.

ⓖ 물적 수탈 : 모든 금속제 그릇을 강제로 공출하였는데, 농구·식기·제기는 물론, 교회나 사원의 종까지도 징발하여 전쟁 무기 제작에 이용하였다.

ⓛ 인적 수탈 : 일제는 우리나라의 청·장년과 부녀자까지 일본·중국·동남아시아·사할린 등지로 강제 동원하여 전쟁에 투입하거나 노역에 종사하게 하였다.

병참 기지화 정책	• 남면북양 정책 실시 : 공업 원료 증산 정책(면화와 면양) • 식민지 공업화 추진 : 중일 전쟁 도발 후 본격적으로 추진 → 발전소 건립, 군수 공장 설립, 광산 개발, 중화학 공업 육성 • 중요 산업 통제법(1937. 3.)·임시 자금 조정법(1937) 제정
인적·물적 자원 수탈	• 국가 총동원법(1938) 시행 : 전시 동원 체제 확립 • 물자 수탈 강화 : 산미 증식 계획의 재개, 식량 배급제 실시, 미곡 공출 제도 시행, 금속제 그릇 강제 징발(1941년 이후) • 인적 수탈 강화 : 지원병제, 징병제, 징용제, 여자 근로 정신대, 일본군 '위안부' 등

02 경제적 민족 운동

(1) 민족 기업의 육성

① 배경

ⓖ 형태 : 3·1 운동 이후, 민족 운동의 열기 속에서 민족 산업을 육성하여 경제적 자립을 도모하려는 움직임이 고조되었다. 그러나 일제의 각종 규제로 민족 기업 활동은 큰 회사의 설립보다는 소규모 공장의 건설에서 두드러지게 나타났다.

ⓛ 경공업 중심 : 공업 분야에서는 일제가 유통·무역·자본을 독점하는 상황에서도 서울을 비롯한 평양·대구·부산 등 대도시에서 순수한 민족 자본에 의하여 직포 공장, 메리야스 공장, 고무신 공장 등 경공업 관련 공장들이 세워졌다.

② 기업의 규모와 유형

ⓖ 기업의 규모 : 공장의 규모 면에서도 1910년대까지는 소상인이나 수공업자들이 1～2대에서 3～4대의 기계로 제품을 생산하는 정도에 불과하였으나 1920년대에 이르러서는 노동자의 수가 200명이 넘는 공장도 나타났다.

■ 미곡 생산량과 강제 공출량

(단위 : 천 석)

연도	생산량	공출량	비율(%)
1941	21,527	9,208	42.7
1942	24,885	11,255	45.2
1943	15,687	8,750	55.7
1944	18,919	11,957	63.2

아세아 문제 연구소, 『일제의 경제 침탈사』

■ 평양의 메리야스 공업

평양 지역의 메리야스 공업은 전통적인 직물 제조 기술을 토대로 기계를 이용하여 1920년대에는 공장 공업 단계로 발전하였으며 전국을 제패하였다. 1929년 경제 대공황으로 타격을 받았지만 1933년 이후 호황에 힘입어 전동 직조기를 도입하는 등 종합 메리야스 공업으로 발전하여 만주와 중국 등지로 수출하기도 하였다.

ⓒ 기업의 유형

대지주 출신 기업	대지주 출신 기업인이 지주와 상인의 자본을 모아 대규모의 공장을 세운 것으로서, 대표적으로 경성 방직 주식회사가 있음
서민 출신 기업	서민 출신 상인들이 자본을 모아 새로운 기업 분야를 개척한 것으로서, 대표적인 것이 평양의 메리야스 공장이 있음

③ 기업 운영 형태 및 제품의 특성 : 민족 기업은 순수한 한국인만으로 운영되었고, 한국인의 기호에 맞게 내구성이 강하고 무게 있는 제품을 만들어 시장에 내놓았다.

④ 민족계 은행의 설립 : 금융업에도 한국인의 진출이 활발하여 3·1 운동 이후에 설립된 민족계 은행으로는 삼남 은행 등이 있었다.

⑤ 민족 기업의 위축 : 민족 기업은 1930년대에 들어와 식민 통치 체제가 강화되면서 일제의 교묘한 탄압으로 해체되거나 일본인 기업에 흡수·통합되는 경우가 많았다. 따라서 이 시기의 민족 기업 활동은 1920년대에 비하여 크게 위축되었다.

ⓐ 통제에 따른 경쟁력 상실 : 영세한 자본을 가진 민족 기업은 일본 독점 자본과의 경쟁에서 점차 밀려났고, 특히 전시 체제하에서는 총독부의 물자 통제로 큰 타격을 받았다.

ⓑ 기업 정비령(1942) : 총독부는 민족 기업을 억압하여 강제 청산하거나 일본 공장에 흡수·합병되도록 하였다.

(2) 물산 장려 운동

① 배경 : 1920년대에는 점차 증가하고 있었던 민족 기업을 지원하고 민족 경제의 자립을 달성하기 위한 물산 장려 운동이 전개되었다.

② 목적 : 민족 산업을 육성하여 민족 경제의 자립을 기하려는 민족 운동이었다.

③ 조선 물산 장려회 조직

ⓐ 조직 : 조만식 등이 중심이 되어 서북 지방의 사회계·종교계·교육계 인사들을 규합하여 1920년 평양에서 조직하였고, 1923년에는 서울에서도 조직되었다.

ⓑ 회칙 내용 : '조선 물산을 장려하여 조선인의 산업 진흥을 도모하며, 조선인으로 하여금 경제상 자립을 얻게 함'이었다.

④ 운동의 확산

ⓐ 성격과 방향 : '내 살림 내 것으로', '조선 사람 조선 것으로', '우리는 우리 것으로 살자.'라는 구호를 통해 이 운동의 성격과 방향을 잘 알 수 있다.

ⓑ 확산 : 일본 상품을 배격하고 국산품을 애용하자는 것으로서, 전국적인 민족 운동으로 확산되었다. 또한 민족 자본의 육성을 위하여 소비 절약이 필요하다고 보고 근검 저축·생활 개선·금주 및 단연 운동도 추진하였다.

ⓒ 자작회(自作會) 운동(1922) : 학생들 사이에서 물산 장려 운동의 일환으로 전개된 절약·저축 및 금주·금연 운동이다.

▲ 조선 물산 장려회 선전물

⑤ 결과

ⓐ 초기에는 전국적으로 확산하면서 활발하게 추진되었으나, 일제의 탄압으로 큰 성과를 거둘 수 없었다.

ⓑ 당시 사회주의 세력들은 '자본가를 위한 운동'으로 비판하면서 참여하지 않았다.

물산 장려 운동

❶ 조선 물산 장려회 취지서(1923. 11.)

우리에게 먹을 것이 없고 입을 것이 없고 의지하여 살 것이 없으면 우리의 생활은 파괴가 될 것이다. ……
부자(富者)와 빈자(貧者)를 막론하고 우리가 우리의 손에 산업 권리 생활의 제일 조건을 장악하지 아니하
면 우리는 도저히 우리의 생명(生命)·인격(人格)·사회(社會)의 발전(發展)을 기대하지 못할지니, 우리는
이와 같은 견지에서 우리 조선 사람의 물산(物産)을 장려(獎勵)하기 위하여 조선 사람은 조선 사람이 지은
것을 사 쓰고, 조선 사람은 단결하여 그 쓰는 물건을 스스로 제작하여 공급하기를 목적하노라.

❷ 조선 물산 장려회 궐기문

내 살림 내 것으로!
보아라! 우리의 먹고 입고 쓰는 것이 다 우리의 손으로 만든 것이 아니었다.
이것이 세상에 제일 무섭고 위태한 일인 줄을 오늘에야 우리는 깨달았다.
피가 있고 눈물이 있는 형제들아, 우리가 서로 붙잡고 서로 의지하여 살고서 볼 일이다.
입어라! 조선 사람이 짠 것을
먹어라! 조선 사람이 만든 것을
써라! 조선 사람이 지은 것을
조선 사람, 조선 것

심화 일제 강점기 경제에 대한 평가 – 수탈인가, 개발인가

2005년에 발표된 한일 역사 공동 연구 결과에 의하면, 일본 측은 과학적 경영 기법이나 대규모 백화점, 신여
성 등의 출현을 예로 들면서 종전처럼 일본의 식민 정책으로 한국에 근대적 측면이 나타났다는 점을 강조하
였다.
반면에 한국 측은 일본 역사 교과서에 서술된 내용 가운데 식민 지배 미화론에 문제를 제기하였다. 그 근거
로 일본 역사 교과서에서 내세운 식민 근대화론에 대해 "근대성이 보이기는 하지만 이는 일제의 수탈적 식
민 지배의 다른 측면이므로 수탈적 구조를 명확하게 해야 한다."라고 주장하였다.

바로 확인문제

● 다음 설명을 내용으로 하는 일제 식민지 지배 정책은?   13. 해양 경찰

> 1. 농민에게 식량을 지급하고 농촌의 경제적 향상을 도모한다는 명목으로 1932년경부터 추진되었다.
> 2. 일제의 수탈로 궁핍화된 농민들이 소작 쟁의 등의 형태로 저항하는 상황에 대응하여 마련하였다.
> 3. 농촌이 피폐해진 원인을 농민 자신의 게으름, 낭비벽, 무식함에 있는 것처럼 돌렸다.
> 4. 자작 농지 설정 사업, 조선 소작 조정령, 조선 농지령 등 개량적인 토지 정책을 추진하였다.

① 토지 조사 사업
② 산미 증식 계획
③ 농촌 진흥 운동
④ 브나로드 운동

|정답해설| 1932년경 시작된 농촌 진
흥 운동은 일제가 주도한 것으로 자작
농지 설정 사업, 조선 소작 조정령, 조
선 농지령 등을 핵심 내용으로 전개되
었다.

|정답| ③

● 다음과 관련된 운동에 대한 설명으로 옳은 것은? 22. 지방직 9급

① 가뭄과 홍수로 인해 중단되었다.
② 조선 총독부의 회사령에 맞서기 위해 전개되었다.
③ 일부 사회주의자는 자본가 계급을 위한 운동이라고 비판하였다.
④ 조선에 사는 일본인이 일본 자본에 대항하기 위해 일으켰다.

● 조선 총독부의 식민지 경제 정책으로 옳지 <u>않은</u> 것은? 16. 국가직 7급

① 1910년대 – 회사 설립을 허가제로 한 회사령을 공포하였다.
② 1920년대 – 미곡 증산을 표방한 산미 증식 계획을 수립하였다.
③ 1930년대 – 농공 은행을 통합하여 조선 식산 은행을 설립하였다.
④ 1940년대 – 전체 농민까지 식량 공출을 강제한 식량 관리령을 제정하였다.

03 일제 강점기 사회 운동

01 한인의 국외 이주와 독립운동

(1) 19세기 중엽의 국외 이주

① 이주 목적 : 19세기 중엽부터 한국인들이 압록강·두만강을 건너 간도와 연해주 등지로 본격적인 이주를 하게 된 직접적인 동기는 기아와 빈곤 등 열악한 경제 상황을 타개하기 위해서였다.

② 지리적 조건 : 지리적으로 간도와 연해주 등지는 한반도와 연접해 있어서 이동하기가 쉬웠고, 풍토 역시 우리나라와 비슷해서 이주하여 사는 데 큰 문제가 없었다.

③ 이주 전의 상황 : 이전에도 변경 지대의 한국인 중 두만강과 압록강을 건너 간도 땅에서 농사를 짓고 가을이면 타작한 곡식을 가지고 돌아오는 계절 출가 이민이 있기는 하였지만 많은 수는 아니었다.

▲ 한민족의 해외 이주(1890 ~ 1930년대)

(2) 을사늑약 이후 국외 이주

① 이주 목적 : 일제의 침략이 노골화되자 이에 반감을 품은 인사들 가운데 일부는 국외로 건너가 새로운 삶을 도모하였다. 을사늑약(1905)이 체결되자 일제의 국권 침탈과 경제적 수탈이 가중되는 상황에서 국권 회복을 도모하고 일제의 탄압을 피하기 위한 정치적 망명자들의 국외 이주가 급격히 늘어났다.

② 국외 독립운동 전개

　㉠ 배경 : 국내에서 활동하던 의병과 애국지사들은 중국·연해주·미국·일본 등으로 망명하여 1910년대부터 본격적인 국외 독립운동을 전개하였다.

　㉡ 독립운동 기지 건설 : 민족 운동가들은 주로 서·북간도를 비롯한 남·북만주와 시베리아 연해주에서 독립운동을 위한 기지 건설을 활발히 추진하였다.

　㉢ 지역적 성격 : 이 지역들은 국내 진공이 유리한 국경 지역이라는 점 이외에도 수많은 한인들이 이주하여 폭넓은 한인 사회를 형성하고 있어서 지역 주민들의 협조와 지지를 얻을 수 있었다.

③ 독립운동 단체들의 활동
　　㉠ 표방 : 대부분의 독립운동 단체들은 자유로운 활동을 위하여 국내와 마찬가지로 중국과 일제의 눈을 피할 목적으로 경제 및 교육 단체를 표방하였다.
　　㉡ 강조 : 그들은 향후 독립 전쟁을 위한 동포들의 생활 대책을 강구하고자 하는 목적과 대중적인 운동 방법으로 경제 활동을 강조하였다.

(3) 만주 이주

① 이주 목적
　　㉠ 이주 초기 : 우리 민족이 만주 지역으로 이주하기 시작한 것은 19세기 후반부터였다. 처음에는 국내의 정치적·경제적·사회적 모순으로 궁핍하게 된 농민들이 생활 터전을 찾아 국외로 이주하였다.
　　㉡ 일제 침략 이후 : 20세기에 들어와 일제의 침략이 가속화되자 확고한 민족 의식을 가진 사람들이 항일 운동을 전개하기 위하여 많이 건너갔다. 이들은 지식 수준이 상당히 높았으며 경제적 여유도 있어 국권 회복 운동의 지도자 역할을 하였다.

② 이주 동포들의 활동
　　㉠ 독립운동의 기반 마련 : 간도와 연해주에서 활동한 독립운동가들은 간도를 독립운동 기지로 삼아 무력으로 독립을 쟁취하고자 하였다.
　　　• 생활 근거지 마련 : 이주 동포들은 현지 토착민들로부터 핍박을 받으면서도 황무지를 개간하여 생활 근거지를 마련하였다.
　　　• 학교 설립 : 수많은 민족 학교를 설립하여 항일 의식과 애국심을 고취하고, 항일 운동 단체를 결성하여 군사 훈련을 실시하는 등 무장 항일 운동을 준비하였다.
　　㉡ 독립군 편성 : 3·1 운동 이후에는 독립군을 편성하여 국경을 넘나들면서 일본 군경과 치열한 항일전을 전개하였으나 일제의 가혹한 탄압과 중국 군벌의 이해 부족으로 많은 어려움을 겪었다.

③ 만주 동포들의 시련
　　㉠ 간도 참변(1920) : 일본군 대부대가 만주로 출병하여 독립운동 기지를 초토화하면서 무차별적으로 학살한 간도 참변으로 많은 동포들이 희생되었다.
　　㉡ 일제의 대륙 침략 : 1930년대에 우리 동포들은 일제의 본격적인 대륙 침략으로 근거지를 상실하면서 갖은 수난을 당하였고, 만주에 있던 무장 부대의 활동은 점차 약화되어 갔다.

(4) 연해주 이주

① 이주 배경 : 러시아가 변방 개척을 위하여 처음에는 한국인의 연해주 이주를 허용하고 토지를 제공하기도 하여 만주로 이주한 동포보다 삶의 조건이 나았다.
② 이주 동포들의 활동
　　㉠ 한인촌의 형성 : 1905년 이후 이주 한인이 급증하여 여러 곳에 한인 집단촌이 형성되었으며, 많은 민족 단체들과 학교가 설립되었다.
　　㉡ 한민회 설치(1905) : 시베리아의 연해주 지방에 한인 자치 기구인 한민회가 설치되었다.
　　㉢ 13도 의군 결성 : 국내의 의병 운동에 호응하여 의병 활동을 전개함으로써 국외 의병 운동의 중심지가 되었고, 1910년대에는 연해주 의병의 통합체인 13도 의군이 결성되었다.

▲ 간도 동포들의 생활 모습

ⓔ 정부의 수립
  • 대한 광복군 정부 : 1914년 블라디보스토크에서 이상설과 이동휘를 정·부통령으로 하는 대한 광복군 정부를 수립하여 무장 투쟁의 기반을 닦았다.
  • 대한 국민 의회 : 3·1 운동 때에는 대한 국민 의회를 조직하여 손병희를 대통령으로 하는 정부를 수립하였다.
③ 이주 동포들의 시련
  ㉠ 1920년대 초 : 시베리아 내전이 종식되고 볼셰비키가 정권을 장악한 후 한국인의 무장 활동을 금지하고 무장 해제를 강요함으로써 연해주에서의 민족 운동은 약화되었다.
  ㉡ 1930년대 말 : 1937년에는 연해주의 한인들이 소련 당국에 의해 중앙아시아로 강제 이주되었으며, 그 과정에서 수많은 한인들이 희생되고 재산을 잃어버렸다.

사료　연해주에서 우즈베키스탄으로 강제 이주한 동포의 회고

우즈베키스탄의 늪지대에 내팽겨쳐진 고려인들은 땅굴 속에서 겨울을 난 후 늪지를 메워 목화 농사를 해야 만 했다. 그러나 우리 가족을 먹여 살릴 삼촌 두 명은 농장에서 일한 경험도 없는 데다, 연해주에 살 때 광부 일을 했기 때문에 일자리를 찾아 탄광 도시 카라칸다로 갔다. …… 고려인들의 주식인 쌀은 물론이고 간장, 된장도 전혀 구할 수가 없었다. 할 수 없이 우즈베키스탄 사람들이 먹는 보리빵으로 끼니를 때웠다. 그것도 아주 부족했다.

(5) 미주 이주

① 이주 동포들의 생활
  ㉠ 하와이 이주 : 1903년부터 하와이에 정착한 한국 사람들은 사탕수수 농장의 노동자와 그 가족이었다. 1905년까지 7,000여 명이 이주하였으며 가혹한 노동에 시달렸다.
  ㉡ 미국 본토 이주 : 미국 본토로 이주한 한국인들은 대부분 유학생이나 관리 출신으로 하와이 이주 한인들과는 달랐다. 다만 샌프란시스코에는 소수의 인삼 장수와 지식인들이 이주하였다.
② 이주 동포들의 활동
  ㉠ 교민 단체의 조직 : 하와이에는 한인 합성 협회(1907)가 있었고, 미국 본토에는 샌프란시스코 지역을 중심으로 공립 협회가 결성되었다가 뒤에 국민회로 재조직되었다. 안창호도 1913년 흥사단을 조직하여 활동하였다.
  ㉡ 독립운동 자금의 송금 : 한국인들이 미국이나 하와이로 이주하게 된 것은 주로 고국에서의 경제적 어려움 때문이었지만 이들은 미국에 도착한 뒤 모국을 위한 활동을 열렬히 전개하였다. 어려운 생활 속에서도 민족의식이 투철하여 애국 단체를 결성하고 독립운동 자금을 거두어 국내로 송금하는 일이 많았다.
  ㉢ 애국심의 고취 : 신문사를 설립하고 신문과 잡지를 발행하여 애국심을 고취하였다.
  ㉣ 대한인 국민회 조직(1910) : 통합 단체로 대한인 국민회를 조직하여 항일 운동을 전개하였다. 이 단체는 미국 사회에 일제의 야만성을 폭로·규탄하고, 한국의 독립을 주장하는 외교 활동도 활발히 전개하였다.
  ㉤ 대한민국 임시 정부 지원 : 1919년 대한민국 임시 정부가 수립된 이후에는 각종 의연금을 거두어 임시 정부에 송금하였으며, 임시 정부의 외교 기관인 구미 위원부의 활동을 적극적으로 지원하였다.
  ㉥ 태평양 전쟁 참전 : 제2차 세계 대전 때 군사 활동을 전개하여 한인군을 편성하였고, 많은 한인 청년이 미국군에 자원 입대하여 태평양 전쟁에서 일본군과 싸웠다.

(6) 일본 이주

① 이주 형태

    ㉠ 19세기 말: 학문을 배우기 위한 유학생들이 주종을 이루었다.

    ㉡ 국권 강탈 후: 일제가 주권을 강탈하고 경제적 수탈을 강화하자 생활 터전을 상실한 농민들이 일본으로 건너가 산업 노동자로 취업함으로써 그 수가 증가하였다.

② 이주 동포들의 활동: 일본에서는 최팔용, 이광수 등이 중심이 되어 조선 청년 독립단을 결성하였고, 「2·8 독립 선언」을 발표하여 3·1 운동의 도화선을 제공하였다.

③ 이주 동포들의 시련

    ㉠ 민족 차별: 이주 동포들은 일본 자본가에게 착취당하면서 열악한 노동 환경에서 고생을 해야 하였으며, 일본인의 민족 차별로 온갖 수모를 당하였다.

    ㉡ 관동 대지진: 1923년 일본 관동 지방에서 지진이 발생하였을 때 재일 동포 6,000여 명이 일본인에게 학살당하는 대참사가 발생하였다.

사료   한인 이주민의 노래

고향(故鄕)

작자 미상

산 설고 물 선 이곳에 와서 죽으나 사나 아는 이 없네
기적성 멀리 들릴 적마다 심장은 비이네
고향아 열라! 따뜻한 품을 헐벗은 영혼 안기우고저
황혼의 품 속에 피곤이 쉬는 고향의 형상이 눈앞에 뜨네
문 잡은 어머니 한숨지실 때 한 깊은 처자는 눈물을 지네
쓴 눈물지네

바로 확인문제

● 〈보기〉는 어느 동포의 강제 이주에 대한 회고록이다. 이 동포가 강제 이주되기 전에 거주하던 '㉠ 지역'에 대한 설명으로 가장 옳은 것은?   22. 6월 서울시(자체 출제) 9급

> ┤ 보기 ├
>
> 우즈베키스탄의 늪지대에 내팽겨쳐진 고려인들은 땅굴 속에서 겨울을 난 후 늪지를 메워 목화 농사를 해야만 했다. 그러나 우리 가족을 먹여 살릴 삼촌 두 명은 농장에서 일한 경험도 없는 데다, ▢㉠▢ 에 살 때 광부 일을 했기 때문에 일자리를 찾아 탄광 도시 카라간다로 갔다. …… 고려인들의 주식인 쌀은 물론이고 간장, 된장도 전혀 구할 수가 없었다. 할 수 없이 우즈베키스탄 사람들이 먹는 보리빵으로 끼니를 때웠다. 그것도 아주 부족했다.

① 일제는 독립군을 토벌한다는 명목으로 조선인 마을을 파괴하였으며, 경신참변을 일으켜 조선인들을 대량 살육하기도 하였다.

② 1905년 이후 민족 운동가들이 독립운동을 위한 정치적 망명을 시작해 여러 곳에 한인 집단촌이 형성되고 많은 민족 단체와 학교가 설립되었으며, 항일 의병 및 독립운동이 활발히 전개되었다.

③ 1923년 대지진이 발생했는데, 조선인들이 우물에 독을 탔다는 유언비어가 퍼져 적어도 6,000여 명의 조선인들이 학살당하였다.

④ 태평양 전쟁 발발 후에는 수백 명의 조선인 청년들이 미군에 입대하여 일본군과 싸웠다.

■ 관동 대지진

관동 대지진 당시 일본은 인명과 재산상에 큰 피해를 입으면서 민심이 흉흉해졌다. 이때 일본 당국은 "조선인이 폭동을 일으켜 일본인을 죽이고 있다."라는 유언비어를 퍼뜨려 사회 불안의 원인을 한국인의 탓으로 돌렸고, 이로 인해 재일 동포들이 일본인에게 무참하게 학살당하였다.

|정답해설| 제시된 자료는 연해주 동포의 중앙아시아로의 강제 이주에 대한 내용이다. 1937년 소련의 스탈린은 연해주의 한인들이 소련 침략을 계획한 일본과 결탁할 수 있다는 명분으로 한인(고려인) 약 172,000명을 카자흐스탄, 우즈베키스탄 등으로 강제 이주시켰다. 1905년 이후 연해주에서는 한인 집단촌(대표적: 블라디보스토크의 신한촌)이 형성되었고, 항일 의병 운동 및 독립운동이 활발하게 전개되었다.

|오답해설|
① 경신참변(간도 참변)은 간도에서 발생하였다.
③ 1923년 관동 대지진과 한국인 학살은 일본에서 일어났다.
④ 태평양 전쟁 발발 이후 한국 청년들은 중국에서 한국광복군에 합류하거나 미군에 입대하여 일본군과 싸웠다.

|정답| ②

(1) 독립운동 세력의 분화

① 계기 : 1919년 3·1 운동이 좌절된 후, 독립운동 진영 사이에 이견이 나타났다.

  ㉠ 독립운동의 방법과 독립 이후의 국가 체제 등에 대한 인식의 차이에서 비롯되었다.

  ㉡ 독립운동 진영은 민족주의 운동, 사회주의 운동, 아나키스트 운동 등으로 갈라졌다.

② 운동의 전개

  ㉠ 민족주의 세력

   • 주장 : 일제의 지배에서 벗어나 독립을 이루고, 독립한 다음에는 자본주의 국가를 세우고자 하였다.

   • 전개 : 민립대학 설립 운동, 물산 장려 운동 같은 실력 양성 운동을 추진하였다.

  ㉡ 사회주의 세력

   • 주장 : 노동자, 농민이 중심이 되는 사회주의 국가의 실현을 주장하였다.

   • 전개 : 노동자와 농민을 조직하여 노동조합과 농민 조합을 만들고, 이를 중심으로 한 계급 운동과 독립운동을 전개하였다.

  ㉢ 아나키스트 세력

   • 주장 : 사유 재산을 부정하고 일체의 계급 투쟁을 배격하였다.

   • 전개 : 외교 독립론, 실력 양성론, 자치론 등을 비판하였다.

(2) 사회주의 사상의 유입

① 사회주의 운동의 대두

  ㉠ 국내외의 민족 운동 : 3·1 운동 이후 국외에서는 대한민국 임시 정부를 수립하고 무장 항일 운동이 활발해짐으로써 민족 운동이 고조되었다. 국내에서는 민족의 역량을 배양하여 일제를 몰아내려는 민족 실력 양성 운동이 각 방면에서 일어났다. 이 무렵 국내외에서 사회주의 운동이 대두되었다.

  ㉡ 사회주의의 수용 : 1917년 러시아 혁명에 성공한 레닌이 세계 적화의 한 수단으로 약소 민족의 독립운동을 지원하겠다고 하자, 일부 민족 지도자들도 사회주의와 연결하여 독립운동을 추진하려는 움직임을 보였다. 이에 따라 사회주의 사상을 처음 받아들인 사람들은 러시아와 중국 지역에서 활동하고 있던 독립운동가들이었다.

② 사회주의 운동의 중심 세력

  ㉠ 초기의 사회주의 운동은 소수의 지식인이나 청년·학생이 중심이었고, 노동자·농민의 참여는 오히려 적었다.

  ㉡ 국내에서 사회주의 운동을 본격적으로 시작하면서 노동·농민·청년·학생·여성 운동과 형평 운동 등이 전개되기 시작하였다.

③ 영향

  ㉠ 의의 : 사회주의 사상은 청년·지식인층을 중심으로 널리 파급되면서 사회·경제 운동을 활성화하기도 하였다. 그리하여 청년 운동, 소년 운동, 여성 운동과 농민·노동 운동 등 각 방면에 걸쳐 사회주의 사상은 우리 민족의 권익과 지위 향상을 위한 활동에 영향을 주었다.

  ㉡ 비판

   • 노선의 대립 : 사회주의 운동은 그 노선에 따라 이해를 달리하는 계열이 있어 마찰과 갈등이 심화되었다.

■ 아나키스트(Anarchist)

모든 정치 조직, 권력, 사회적 권위를 부정하는 사상과 운동을 지지하는 사람을 말한다.

■ 1920년대 사회주의 운동의 어려움

일제는 사회주의 운동을 벌인 사람과 협조한 사람까지 처벌할 수 있는 치안 유지법을 만들어 사회주의 운동을 본격적으로 탄압하였고, 6·10 만세 운동 이후에는 탄압을 더욱 강화하였다. 이러한 상황에서 사회주의 운동은 새로운 돌파구를 찾아야만 하였다.

- 민족주의 운동과의 대립 : 사상적인 이념과 노선의 차이로 대립이 격화되어 민족 운동 자체에 커다란 차질을 초래하였다.
④ 결과 : 이와 같은 상황을 극복하기 위하여 민족 유일당 운동이 일어났다.

> **심화** 민족 유일당 운동의 전개
>
> 제1차 세계 대전 이후 민족주의 진영에서는 경제 발전과 교육 진흥을 통하여 실력을 양성하자는 문화 운동을 전개하였다. 민족주의 운동이 활발해지자 일제는 친일파를 육성하는 한편, 민족주의 세력을 회유하여 민족 운동을 약화시켰다. 민족주의 진영은 자치 운동 문제를 둘러싸고 타협적인 세력과 비타협적인 세력으로 나뉘어 대립하였다.

> **사료** 민족 유일당 운동의 전개
>
> ❶ 지금 우리 사회에는 두 가지 조류가 있다. 하나는 민족주의 운동(民族主義運動 : 민족 해방)의 조류요, 또 하나는 사회주의 운동(社會主義運動 : 계급 해방)의 조류인가 한다. 이 두 가지 조류가 물론 해방의 근본적 정신에 있어서는 조금도 다를 것이 없다. 그러나 운동의 방법과 이론적 해석에 이르러서는 털끝의 차이로 1,000리의 차이가 생겨 도리어 민족 운동의 전선을 혼란스럽게 하여 결국은 (일제로 하여금) 어부지리(漁父之利)의 이를 취하게 하며 골육(骨肉)의 다툼을 일으키는 것은 어찌 우리 민족의 장래를 위하여 통탄(痛歎)할 바가 아니랴.　　　　　　　　　　　　　　　　　　　〈동아일보〉, 1925. 9. 27.
>
> ❷ 조선 민흥회(朝鮮民興會)는 조선 민족의 공동 권익을 쟁취하고, 조선민의 단일 전선을 결성할 목적으로 창설되었다. 조선 민흥회는 산업 종사자·종교인·학생·지식인 등 전국민의 단합과 통일을 주창한다. 민족적 통합의 그 목적은 '조선 해방'에 있다. …… 유럽의 프롤레타리아 계급이 봉건주의와 독재주의를 타파할 목적으로 자본가들과 뭉쳤던 것처럼, 조선의 사회주의자들도 반제국주의 운동에서 공동 권익을 지향하는 계급들의 일체적 동원에 대한 필요성을 절감하고 있다. ……　　　　　〈조선일보〉, 1926. 7. 11.

> **심화** 일제 강점기 사회주의 운동사
>
> ❶ 해외에서의 사회주의 운동
> - 상해파 고려 공산당 : 1918년 6월 이동휘가 러시아 혁명의 볼셰비즘을 바탕으로 한인 사회당을 조직하였다. 상하이 임정 수립 이후에는 한인 공산당을 조직하고 이동휘 등이 임정에 참여하면서 1921년 고려 공산당이라 이름을 바꾸고 그 본부를 상하이로 옮겼다.
> - 이르쿠츠크파 고려 공산당 : 1919년 오하묵, 김철훈 등이 이르쿠츠크에서 전로 한인 공산당을 조직하였고, 1921년에는 전로 고려 공산당으로 개칭하였다.
> - 상해파와 이르크츠쿠파의 갈등
>   - 사회주의 혁명을 우선적으로 지향하는 측(이르쿠츠크파)과 민족 해방을 우선적 과제로 설정하자는 측(상해파)으로 갈리어 양 세력의 갈등이 첨예하였다.
>   - 결국 코민테른(1919년 모스크바에서 러시아 공산당에 의해 조직된 '국제 공산당' 기구)의 지시에 의해 양 세력은 모두 해체되고, 조선 공산당 조직을 위한 준비 기관인 오르그뷰로(조직국)가 설치되었다(1924).
> - 흑도회(1921) : 재일 한국인 사회주의 단체의 효시이다. 무정부주의자와 공산주의자 간의 이념 분쟁으로 곧 해체되었다. 이후 무정부주의 세력이 흑우회를 조직하였고, 비밀 결사인 불령사를 조직하였다.
> - 북성회(이후 북풍회) : 흑도회의 공산주의자 김약수 등이 1923년 도쿄에서 북성회를 조직하고, 이를 기반으로 1924년 서울에서 북풍회를 조직하였다.
>
> ❷ 국내에서의 사회주의 운동
> - 토요회 : 1923년 민태흥, 현칠종 등이 중심이 되어 조직한 사회주의 단체로, 공산주의 청년회 조직에 역점을 두고 활동하였다.
> - 화요회 : 1925년 4월 조선 공산당 창립을 주도한 단체로, 조봉암, 박헌영이 참가하였다.
> - 정우회(1926) : 화요회가 주도하여 북풍회, 조선 노동당, 무산자 동맹회 4개의 단체가 참여하였다. 1926년 6·10 만세 운동을 계기로 지도부 대부분 체포되었다. 도쿄 유학생 사회주의 단체인 일월회가 주도하여 민족주의자와의 공동 전선 형성 등의 내용을 담은 「정우회 선언」을 발표하고 민족 협동 전선을 모색하였다. 이에 신간회의 창립이 가능하게 되었다.

- 공산당의 창건
  - 소련에서 활동하던 이동휘, 정재달은 김재봉과 신철에게 각각 공산당과 공산 청년회를 조직할 것을 명하였다. 이에 1924년 김사국을 책임 비서로 서울계 공산당, 이정윤을 책임 비서로 서울계 공산 청년회를 조직하였다.
  - 1925년 김재봉을 책임 비서로 화요회계 공산당, 박헌영을 책임 비서로 화요계 공산 청년회가 조직되었다. 이에 1국 1당 원칙에 따라 서울계가 화요계에 가입되었다.
  - 일제는 이를 탄압하기 위하여 1925년 치안 유지법을 제정하여 '국체 또는 정체를 변혁하고, 사유 재산제의 부정을 목적으로 결사를 조직하거나 그 점을 알고, 이에 가입한 자는 10년 이하의 징역 또는 금고에 처한다.'라는 내용으로 일제는 반일 운동을 탄압할 구실을 만들었다.
  - 제1차 조선 공산당(1925. 4.): 김재봉을 책임 비서로 화요회계와 북풍회계가 중심이 되었다. 일본인 지주에게 소작료를 내지말 것, 일본인 교사에게 배우지 말 것, 일제 타도, 조선의 완전 독립 등을 내세우다 신의주에서 청년회원의 변호사 구타 사건을 계기로 조직이 탄로나 지도부 220여 명이 검거되고, 80명이 유죄 판결을 받았다(제1차 조선 공산당 사건).
  - 제2차 조선 공산당(1925. 12.): 화요회계 강달영을 책임 비서로 당을 재건하였으나 6·10 만세 운동에 연루되어 조직이 붕괴되었다(제2차 조선 공산당 사건).
  - 제3차 조선 공산당(1926. 9.): 김철수를 책임 비서로 조직을 재건하여 당명을 ML당이라 하였다. 이후 안광천, 김준연, 김세연 등으로 책임 비서가 교체되었다. '조선 공산당은 민족적 단일 협동 전선의 매개 형태'로서 신간회에 적극 참여하였으나, 1928년 2월 제3차 공산당 사건으로 해체되었다.
  - 제4차 조선 공산당(1928. 3.): 차금봉을 책임 비서로 조직되었다. 1928년 12월 코민테른 6차 대회에서 채택된 12월 테제에서 "공산당 조직의 곤란성은 다만 객관적 조건에서만 초래되는 것이 아니라 조선 공산주의 운동을 수 년 동안 괴롭히고 있었던 내부의 알력 과정에서도 초래되고 있었다."라고 지적하면서 인텔리 중심의 당의 해체와 노동자·농민 중심의 당의 재조직을 명령하였다. 이후 프로핀테른(코민테른 산하 기관: 적색 노동조합 인터네셔널)에서 9월 테제를 채택하여 신간회를 민족 개량주의 단체로 규정하고, 혁명적 노동조합을 건설할 것을 제시하였다.

(3) 민족 유일당 운동 – 신간회*

① 창립 배경

    ㉠ 1920년대 후반 민족 유일당을 건설하려는 움직임이 활발하게 전개되었다. 중국에서는 '민족 혁명의 유일한 전선을 만들라.'는 주장에 따라 한국 독립 유일당 북경 촉성회(1926)가 결성되었다.

사료	「한국 독립 유일당 북경 촉성회 선언서」(1926)

동일한 목적과 동일한 성공을 위해 운동하고 투쟁하는 혁명자들은 반드시 하나의 기치 아래 모여 하나의 호령 아래 단결해야만 비로소 상당한 효과를 거둘 수 있다는 것은 말할 필요도 없다.
바란다. 일본 제국주의를 타도하라! 한국의 절대 독립을 주장하라! 민족 혁명의 유일한 전선을 만들라! 전 세계 피압박 민중은 단결하라!

    ㉡ 국내에서는 소수의 비타협적 민족주의 세력과 사회주의 세력이 연합하여 조선 민흥회를 창립하였고(1926), 사회주의 세력인 정우회에서는 「정우회 선언」(1926. 11.)을 통해 비타협적 민족주의 세력과의 연대를 모색하였다.

사료	조선 민흥회(1926. 7.)

조선 민족의 공동 이익을 위해 분투하고 노력하는 것은 반드시 전 민족적인 각 계급의 역량을 집중한 조직력이 있어야만 가능할 것이다. 조선 민족의 중심 세력이 될 유일한 조직체를 완성하기 위해 조선 민흥회 발기 준비회를 조직한다.

＊ 신간회

민족 유일당 단체인 신간회의 조직 과정과 활동 모습을 알아 두어야 한다.

■ 국공 합작

국공 합작은 중국 국민당과 중국 공산당의 협력 관계를 지칭하는 용어이다. 제1차 국공 합작(1924. 1.~1927. 7.)은 북방의 군벌과 그 배후에 있는 제국주의 열강에 대항하기 위하여 맺어진 것으로서, 국민 혁명(북벌)에 크게 기여하였다. **제1차 국공 합작은 신간회 창립에 영향을 주었다**고 평가된다. 한편 제2차 국공 합작(1937. 9.~1945. 8.)은 일본 제국주의에 대하여 통일 전선을 결성한 것으로, 대일 전쟁에서 결정적인 역할을 수행하였다.

[결의]

하나. 실업·교육·노동·농민·언론·종교·여자·청년·형평·학생 사상 운동 등 각계를 총망라하여 조선 민흥회를 조직하기로 하고 준비 위원을 선정하여 각 계급에 교섭하여 발기회를 조직하기로 한다.

하나. 발기회의 날짜는 추후 발표한다.

하나. 조선 민흥회의 회명은 공중의 토의에 따라 발기회 또는 창립 대회에서 변경할 수 있다.

하나. 임시 사무소는 황금정 1정목 조선 물산 장려회 회관에 임시로 둔다.

사료 「정우회 선언」

우리가 승리를 향해 나아가기 위해서는 현실적으로 가능한 모든 조건을 충분히 이용하지 않으면 안 될 것이며, …… **민족주의적 세력에 대해서도 그것이 타락한 형태로 나타나지 않는 한 적극적으로 제휴**하여 대중의 개량적 이익을 위해서도 종래의 소극적 태도를 버리고 세차고 꿋꿋하게 떨쳐 일어나 싸워야 할 것이다.

심화 민족주의 세력의 분화

이광수는 1922년 잡지 〈개벽(開闢)〉에 「민족 개조론」을 발표하였고, 1924년에는 〈동아일보〉에 「민족적 경륜」을 게재하였다. 이후 자치론(타협적 민족주의)이 확산되기 시작하였다. 1924년 초에는 〈동아일보〉의 송진우와 천도교의 최린이 중심이 되어 자치론이 제기되었는데, 연정회와 같은 조직을 만들려고 하다가 강한 반발 여론에 부딪혀 미수에 그쳤다. 1926년 후반에 다시 최린과 김성수, 송진우 등이 비밀리에 자치 운동 단체를 조직하려다 무산되는 일이 있었는데, 이들 자치 운동 단체 재결성 움직임은 신간회가 결성되는 계기 중 하나가 되었다. 자치론에 반대하는 비타협적 민족주의자(조선 물산 장려회계들)들이 사회주의자(서울 청년회)와 연합하여 조선 민흥회(1926. 7.)를 만들었는데, 자치론으로 말미암아 결국 민족주의 계열이 타협적 민족주의와 비타협적 민족주의로 분화하게 되었다.

② 참여 인사 및 구성

- 언론계(〈조선일보〉 계열) 신석우·안재홍 등, 기독교계 이승훈, 천도교 권동진, 불교계 한용운, 공산당 한위건 등 좌우익 인사 28명이 발의하였다. 개별 가입제를 채택하여 이상재를 회장, 홍명희를 부회장으로 선출하였고, 합법 단체인 신간회를 결성하였다 (1927).
- 신간회는 전국 조직으로서 서울에 중앙 본부를 두고 지방에 지회를 두었는데, 143개 군에 지회가 만들어지고 회원 수도 4만여 명에 이르렀다. 중앙 조직은 민족주의 계열이 중심이 되고, 지회는 사회주의 계열이 중심이 되었다.

사료 신간회의 강령

1. 우리는 정치적·경제적 각성을 촉구한다.
2. 우리는 단결을 공고히 한다.
3. 우리는 기회주의를 일체 배격한다.

사료 신간회의 투쟁 목표

1. 언론, 집회, 출판, 결사의 자유 확보
2. 단결권, 파업권, 단체 계약권의 확립
3. 조선 민족을 억압하는 모든 법령 철폐
4. 경작권의 확립
5. 일본인의 조선 이민 반대
6. 8시간 노동제 실시
7. 부당한 납세 반대
8. 최저 임금, 최저 봉급제 실시
9. 모든 학교 교육을 조선인 본위로 실시할 것

③ 활동
　　㉠ 한국인에 대한 착취 기관의 철폐, 타협적 정치 운동의 배격, 한국인 본위의 교육, 사회
　　　과학 사상 연구의 보장 등을 내걸고 노동 쟁의, 소작 쟁의, 동맹 휴학 등의 대중 운동을
　　　지도하였다.
　　㉡ 광주 학생 항일 운동에 김병로를 단장으로 조사단을 파견하였고, 원산 총파업을 지원
　　　하였다. 그러나 1929년 민중 대회를 추진하다가 일제의 탄압을 받아 큰 위기에 봉착하
　　　였다.
　　㉢ 갑산 화전민 학살 사건 진상 규명 운동과 단천 산림 조합 사건 지원 운동을 하였다.
　　㉣ 자매 단체로 여성 단체들을 규합한 근우회가 조직되었다.

사료　근우회

❶ 취지문

인류 사회는 많은 불합리를 생산하는 동시에 그 해결을 우리에게 요구하여 마지않는다. 여성 문제는 그중
의 하나이다. …… 그러나 회고(回顧)해 보면 조선 운동은 거의 분산되어 있었다. 그것에는 통일된 조직이
없었고 통일된 목표와 지도 정신(指導精神)도 없었다. 그러므로 그 운동은 효과를 충분히 내지 못하였다.
우리는 운동상 실천으로부터 배운 것이 있으니 우리가 실지로 우리 자체를 위하여 우리 사회를 위하여
분투하려면 우선 조선 자매 전체의 역량을 공고히 단결하여 운동을 전반적으로 전개하지 아니하면 아니
된다. 일어나라! 오너라! 단결하자! 분투하자! 조선의 자매들아! 미래는 우리의 것이다.

❷ 행동 강령

　1. 여성에 대한 사회적·법률적 일체 차별 철폐
　2. 일체 봉건적인 인습(因襲)과 미신(迷信) 타파
　3. 조혼(早婚) 방지 및 결혼의 자유
　4. 인신 매매 및 공창(公娼) 폐지
　5. 농촌 부인의 경제적 이익 옹호
　6. 부인 노동의 임금 차별 및 산전 산후 임금 지불
　7. 부인 및 소년공의 위험 노동 및 야업 폐지　　　　　　　　　　　『한국 근대 민족 해방 운동사』

④ 신간회 해소(1931): 일제의 탄압, 타협적 민족주의 세력의 진출에 따른 지도부의 우경화
　경향, 코민테른의 지시를 받은 사회주의자들의 연대 포기 등으로 해소되었다.

사료　사회주의자들의 신간회 해소 주장과 비판

❶ 소시민(봉급 생활자, 자영업자 등)의 개량주의적 정치 집단으로 변질한 현재의 신간회는 무산 계급(농민,
　노동자)의 투쟁욕 성장에 장애가 되고 있다. 노동자 투쟁과 농민 투쟁을 강력하게 펼치기 위해서는 신간
　회를 해소하고 노동자는 노동조합으로, 농민은 농민 조합으로 돌아가야 한다.　　　　『삼천리』 1931년 4월호

❷ 조선인의 대중적 운동의 목표는 정면의 일정한 세력(일본 제국주의)을 향해 집중되어야 할 것이니, 민족
　운동과 계급 운동은 동지적 협동으로 함께 나란히 나아가야 할 것이요, 그 내부에 영도권이 다른 세력이
　섞여 있으므로 전체적으로 협동하여 일을 진행하기는 어려우므로, 역량을 분산시키거나 제 살 깎아 먹는
　식의 과오를 범하지 않도록 하는 데 주력해야 한다.　　안재홍, 「해소파에게 충고함」, 『비판』, 1931년 7·8월호

■ 신간회 해소론

해소는 단순히 해체하는 것이 아니라
다른 운동 형태로 발전한다는 의미로
쓰였다. 사회주의자들은 신간회를 해
소하고 노동자, 농민이 중심이 되는 계
급 투쟁을 더욱 적극적으로 전개할 것
을 주장하였다.

|정답해설| 제시된 지문은 이광수의 자치론에 해당한다. 일제는 1920년대 문화 통치를 통해 민족주의자들 중 일부를 친일화시켜 민족 운동을 분열시키려 하였다. 이에 사회주의 계열과 비타협적 민족주의 계열의 통합 운동 (민족 유일당 운동)이 진행되었고, 그 결과 1927년에 신간회가 조직되었다.

|정답| ①

● 다음 주장을 배격하면서 나타난 민족 운동은?

> 지금의 조선 민족에게는 왜 정치적 생활이 없는가? 일본이 조선을 병합한 이래로 조선인에게는 모든 정치 활동을 금지한 것이 첫째 원인이다. 지금까지 해 온 정치 운동은 모두 일본인을 적대시하는 운동뿐이었다. 이런 종류의 운동은 해외에서나 할 수 있는 일이고, 조선 내에서는 허용되는 범위 내에서 일대 정치적 결사를 조직해야 한다는 것이 우리의 주장이다.　　이광수, 「민족적 경륜」

① 신간회가 조직되었다.
② 조선사 편수회가 조직되었다.
③ 실력 양성 운동이 전개되었다.
④ 해외에서 독립운동 기지가 건설되었다.

|정답해설| 제시된 글은 1926년에 발표된 「정우회 선언」이다. 정우회는 1926년 6·10 만세 운동 당시 타격을 입은 사회주의 계열이 연합하여 만든 단체이다.
|오답해설|
① 1927년, ③ 1929년, ④ 1932년에 있었던 사건이다.
|정답| ②

● 다음과 같은 주장을 한 단체가 결성된 해에 전개된 사건은?　　12. 국가직 7급

> 민족주의 세력에 대하여는 그 부르주아 민주주의적 성질을 분명히 인식함과 동시에 과정상의 동맹자적 성질도 충분하게 승인하여 그것이 타락되지 않는 한 적극적으로 제휴하여 대중의 개량적 이익을 위해서도 종래의 소극적인 태도를 버리고 싸워야 할 것이다.

① 근우회 발족
② 6·10 만세 운동
③ 광주 학생 항일 운동
④ 훙커우 폭탄 투척

|정답해설| 〈보기〉의 단체는 '신간회'이다. 신간회는 비타협적 민족주의 계열과 사회주의 계열이 합작하여 만든 단체로, 1927년에 창립되어 1931년까지 활동하였다. 암태도 소작 쟁의는 1923~1924년에 전개되었다.
|오답해설|
①② 1929년, ③ 1930년에 일어났다.
|정답| ④

● 〈보기〉의 단체가 존속한 기간에 발생한 사건이 아닌 것은?　　18. 서울시 기술직 9급

> ┤ 보기 ├
> • 사회주의 계열과 비타협적 민족주의 계열의 합작으로 구성되었다.
> • 설립 당시 회장은 이상재, 부회장은 홍명희가 맡았다.
> • 전국에 140여 개소의 지회를 두고, 약 4만 명의 회원을 확보하였다

① 광주 학생 독립운동
② 원산 총파업
③ 단천 산림 조합 시행령 반대 운동
④ 암태도 소작 쟁의

---

03 농민 운동과 노동 운동

(1) 민중의 생존권 투쟁

① 민중의 집단적 저항: 국권 피탈 직후부터 식민지 수탈에 저항하는 민중의 생존권 투쟁이 활발하게 전개되었다. 농민·노동자들은 토지 조사 사업, 임야 조사 사업, 각종 잡세의 신설과 증세(增稅) 등에 집단적으로 저항하였다.

② 투쟁의 변화 양상

    ㉠ 초기 : 이들의 투쟁은 가혹한 수탈에 항거하는 경제적 투쟁부터 시작되었다.

    ㉡ 후기 : 점차 정치적 요구를 내세운 투쟁으로 발전하였다.

    ㉢ 변화 : 1910년대 말엽에는 폭력 투쟁의 성격도 띠게 되어 주재소, 면사무소, 우편국 등 일제의 지배 기구에 대한 습격으로 변화하였다.

(2) 농민 운동

① 소작 쟁의 : 농민 운동은 주로 소작 쟁의를 중심으로 추진되었다.

    ㉠ 1920년대 전반기 : 주로 소작인 조합이 중심이 된 소작 쟁의로 50% 이상이었던 고율의 소작료 인하와 소작권 이동 반대가 목적 이었다. 1923년에 일어난 암태도 소작 쟁의가 대표적 사건이다.

▲ 소작 쟁의 발생 횟수와 참가 인원수

    ㉡ 1920년대 후반기 : 자작농까지 포함하는 농민 조합이 소작 쟁의를 주도하였다. 1930년에 일어난 단천 산림 조합 시행령 반대 운동이 대표적 사건이다.

② 농민 운동의 성격 변화

    ㉠ 일본인 대지주나 일본 지주 회사들을 대상으로 한 소작 쟁의는 농장이나 회사에 속한 농민의 수가 많았기 때문에 그 규모도 크고 격렬해졌다.

    ㉡ 지주를 상대로 한 소작 쟁의뿐만 아니라 일제의 경제적 약탈 전반에 대항하는 투쟁으로 변화하였다.

    ㉢ 규모가 확대되고 기간도 장기화되었으며, 형태도 대중적 봉기 형태로 옮겨 갔다.

    ㉣ 동양 척식 주식회사 농장의 소작 쟁의는 항일 운동의 성격을 띠었다.

③ 1930년대 이후 : 1930년 적색(혁명적) 농민 조합이 결성되면서 빈농을 주체로 한 토지 혁명을 주장하였다(혁명적 농민 조합 운동).

사료   농민 운동 – 소작인 조합의 요구 사항

1. 소작 조건을 보장하고 소작료는 실제로 수확하는 양의 40%를 한도로 할 것
2. 지세(地稅)·공과금(公課金)은 지주가 부담할 것
3. 지주나 마름의 선물(膳物) 및 부역 강요에 대해서는 거절할 것
4. 머슴 및 일용 노동자들과의 단결을 도모할 것
5. 동양 척식 주식회사의 일본인 이민(移民)을 반대할 것   경상남도 노동 운동자 협의회, 1924

---

(3) 노동 운동

① 노동조합의 결성 : 노동 운동은 자유 노동자를 중심으로 상당수의 노동조합이 결성되어 임금 인상과 처우 개선 등을 내걸고 파업 투쟁을 벌여 나갔다.

② 열악한 노동 조건

    ㉠ 열악한 환경 : 한국인 노동자들의 경우 임금은 낮고 노동 시간은 길었으며, 작업 환경도 극히 열악하였다.

    ㉡ 초과 이윤의 획득 : 일본의 독점 자본주의는 노동 입법이 이루어지지 않은 한국의 상황을 최대한 이용하여 초과 이윤을 얻고자 하였다.

■ **암태도 소작 쟁의**

1923년 전라도 신안군 암태도에서 악질 지주 문재철을 상대로 소작농들이 1년여에 걸쳐 소작 쟁의를 펼쳤다. 당시 문재철은 7~8할이 넘는 고율의 소작료로 농민들을 착취하였는데, 소작농들은 1923년 8월 추수기를 앞두고 암태 소작회를 만들어 소작료를 4할로 인하할 것을 요구하면서 소작 쟁의를 시작하였다. 암태도 소작 농민들의 끈질긴 투쟁의 결과 문재철은 소작료를 4할로 낮추는 데 합의하였다.

■ **1920년대 노동·농민 단체의 조직**

ⓒ 민족적 차별: 이러한 상태에서 한국 노동자들은 일본 노동자의 절반에도 못 미치는 임금의 인상 요구와 8시간 노동제의 시행을 중심으로 쟁의를 벌였다.

③ 노동 운동의 확산

ㄱ 요구 조건: 노동 쟁의의 쟁점은 임금 인상 외에 단체 계약권의 확립, 8시간 노동제의 실시, 악질 일본인 감독의 추방, 노동 조건의 개선 등으로 점차 확대되었다. 특히 1923년에는 경성 고무 공장 여성 노동자들이 '아사 동맹'을 체결하여 파업을 하기도 하였다.

▲ 노동 쟁의의 발생 횟수

ㄴ 노동 운동의 대중화: 1920년대 후반기에는 서울·인천·목포 등의 대도시에 한정되던 노동 쟁의가 전국 각지로 확산되었으며, 영흥 노동자 총파업·원산 총파업 등 지역 총파업이 진행되어 노동 운동이 대중화하는 양상을 보였다.

④ 원산 총파업(1929)

ㄱ 계기: 한 석유 회사의 일본인 감독이 한국인 노동자를 구타한 사건을 계기로 3,000여 명이 참가한 **원산 총파업**은 일제 강점기 노동 운동에서 가장 규모가 컸다.

ㄴ 경과: 이 파업은 일제가 폭압적으로 탄압하는 상황에서 조선 노동자들이 단결하여 조직적으로 파업을 진행시키면서 투쟁하였고, 항일 투쟁 정신을 고취시켰다. 이로 인하여 노동자 파업이 전국 각지에서 잇따랐다.

ㄷ 결과: 이 운동은 비록 실패로 끝났지만 노동 운동이 항일적 성격을 띤 좋은 본보기가 되었다.

⑤ 1930년대 이후: 일제의 침략 전쟁이 확대되면서 노동 운동에 대한 탄압이 강화되었다. 이에 사회주의 세력과 노동 운동 세력이 적극적으로 결합하여 혁명적(적색) 노동조합 운동을 전개하였다.

■ 원산 총파업

1929년에 일어난 원산 총파업은 노동자들이 민족 운동에서 중요한 세력으로 등장하였음을 보여 준 대표적 투쟁이었다. 파업이 4개월이나 계속되면서 노동자들이 끼니를 잇기조차 어렵게 되자 전국 곳곳의 사회단체·청년 단체·노동 단체 등에 성금을 보냈다. 또한 일본 노동자들이 동조 파업을 벌였고, 중국·프랑스·소련의 노동자들까지 격려 전문을 보내왔다. 이렇듯 세계의 주목을 받으며 전개된 이 파업마저 일제 경찰의 가혹한 탄압 때문에 실패하고 말았다.

04 여성 운동과 청년 운동

(1) 여성 운동

① 여성 운동의 전개

ㄱ 의식 계발의 계기: 3·1 운동을 비롯한 국내외 항일 독립운동에서 여성들의 목숨을 건 참여와 희생의 경험은 이들의 정치적·사회적 의식을 획기적으로 계발시키는 계기가 되었다.

ㄴ 여성의 계몽 운동: 민족 실력 양성 운동에서 사회 개조와 신문화 건설에 여성들의 역할이 요구되자 이들은 스스로의 힘으로 이를 성취하기 위해서는 여성의 계몽과 교육이 무엇보다 선결 조건임을 자각하고, 문맹 퇴치·구습 타파·생활 개선의 실현을 위한 **여성 교육 계몽 운동**을 활발히 전개하였다.

② 여성 단체의 조직

ㄱ 1920년대 초반기: 민족주의의 영향 아래 가부장제 혹은 전통적 인습 타파라는 주제로 계몽 차원에서 전개되었다.

▲ 여성 잡지 〈신여성〉

- 전국적 규모의 단체 : 여자 청년회·부인회·조선 여자 교육회·조선 여자 청년회가 있었으며, 종교 계통으로는 조선 여자 기독교 청년회 등이 여성 계몽 운동을 목적으로 활동하였다.
- 지방의 단체 : 야학·강연회 등을 통한 문맹 퇴치·풍습 개량·지식 계발을 목적으로 하는 단체들이 조직되었다.

ⓒ 1920년대 중반기 : 여성 해방의 문제를 계급 해방·민족 해방의 문제와 연결 지으며 사회주의 운동과 결합되는 모습으로 변화하였다. 대표적으로 한국 최초의 사회주의 여성 단체인 조선 여성 동우회(1924)가 있었다.

ⓒ 1920년대 후반기 : 여성의 지위 향상을 취지로 여성 직업 단체들이 조직되어 여성에 대한 기술 교육·저축 장려·부업 알선 등을 실시하였으므로 더욱 많은 여성이 사회 활동에 참여하였다.

사료 일제 강점기 여성 노동자의 생활

어두컴컴한 공장에서 감독의 무서운 감시와 100도 가까운 열기 속에서 뜨거운 공기를 마시며 육골이 쑤시고 뼈가 으스러지도록 노동을 하는 여성 노동자는 대개 15~16세 혹은 20세 전후로 그 대부분은 각지 농촌에서 모집되어 온 사람이다. 그들은 하루 최고 15~16전으로 6~7년간 이런 환경 속에서 괴로운 훈련을 겪은 다음에야 겨우 40~50전을 받는다. …… 이 여성들의 낯빛은 중병 직후의 환자와 같고 몸은 쇠약할 대로 쇠약하여 졸도하는 일이 허다한데, 공장 내에는 특별한 규율이 있어 조금이라도 그 규율을 어기면 즉각 매를 맞는 형편이었다. 〈조선일보〉 1936. 7. 2.

(2) 청년 운동

① 방향 : 1920년 조직된 조선 청년 연합회 등 1920년대 초 청년 조직은 100여 개가 되었으며, 이들 청년 운동 단체들은 표면적으로는 청년의 품성 도야·지식의 계발·체육 장려·단체 훈련 강화 등을 내세웠고, 풍속 개량과 미신 타파 등을 통하여 사회 개선을 추구하였다. 그러나 이들 단체들은 실제로는 민족의 생활과 역량을 향상시킴으로써 자주독립의 기초를 이룩하려 하였다.

② 활동
  ㉠ 청년 단체들은 강연회·토론회 등을 개최하고, 학교·강습소·야학 등을 설치하고 운영하여 지식의 향상을 꾀하였으며, 운동회·조기회 등을 통하여 심신의 단련을 도모하였다.
  ㉡ 단연회·금주회·저축 조합 등을 결성하여 사회 교화와 생활 개선을 꾀하였다.

③ 학생 운동
  ㉠ 전개 : 학생 운동은 대개 동맹 휴학의 형태로 전개되었다. 처음에는 시설 개선이나 일인 교원 배척 등의 요구가 많았다. 그러나 점차 식민지 노예 교육 철폐, 조선 역사의 교육, 교내 조선어 사용, 학생회 자치, 언론 및 집회의 자유 등의 요구가 대두되었다.
  ㉡ 광주 학생 항일 운동(1929) : 일반 학생의 반일 감정을 토대로 일어난 민족 운동으로, 청년 운동의 절정을 이루었다.

④ 조선 청년 총동맹(1924) : 1920년대 초에 사회주의 사상이 유입된 이후, 청년 단체들은 민족주의 계열과 사회주의 계열로 나뉘었다. 이와 같은 청년 운동의 분열을 수습하기 위하여 조직된 것이 조선 청년 총동맹이었다.

(3) 소년 운동

① 전개
  ㉠ 본격화 : 소년 운동은 천도교 청년회가 소년부를 설치함으로써 본격화되었다.

■ 조선 여자 교육회
1920년에 조직된 여성 계몽 교육 단체로 전국을 순회하며 계몽 강연회를 개최하였다. 또한 여학교 설립을 도모하여 1921년에는 근화 학원을 설립하였다.

ⓒ 전국적 확산: 방정환은 천도교 소년회(1921)를 조직하였고, 색동회에서는 1923년 어린이날을 제정하였다(어린이날 제정 당시, 5월 1일).

사료 「어린이 선언문」(1923. 5. 1.)

1. 어린이를 재래의 윤리적 압박으로부터 해방하여 그들에 대한 완전한 인격적 예우를 허하게 하라.
1. 어린이를 재래의 경제적 압박으로부터 해방하여 만 14세 이하의 그들에 대한 무상 또는 유상의 노동을 폐하게 하라.
1. 어린이 그들이 고요히 배우고 즐겁게 놀기에 족한 각양의 가정 또한 사회적 시설을 행하게 하라.

---

② 발전

ⓐ 조선 소년 연합회(1927): 전국적 조직체로서 조선 소년 연합회가 조직되어 체계적인 소년 운동을 전개하였다.

ⓑ 방정환(색동회, 1923), 조철호 등은 소년 운동을 통하여 어린이들에게 용기와 애국심을 북돋워 주었다.

③ 중단

ⓐ 분열: 지도자들 사이에 사상과 이념의 대립이 나타나 소년 운동도 분열되었다.

ⓑ 일제의 탄압: 중일 전쟁 발발 후에는 일제가 한국의 청소년 운동을 일체 금지하고 단체를 해산함으로써 청소년 운동은 중단되었다.

(4) 형평 운동

① 배경: 천대를 받아 오던 백정들은 갑오개혁에 의해 법제적으로는 권리를 인정받았으나 사회적으로는 오랜 관습 속에서 지속적인 차별을 받고 있었다.

② 조직: 이에 반발하여 이학찬을 중심으로 한 백정(白丁)들은 진주에서 조선 형평사(朝鮮衡平社)를 창립하였다(1923).

③ 전개: 사회적으로 평등한 대우를 요구하는 형평 운동을 전개하였다.

사료 조선 형평사 취지문

공평(公平)은 사회의 근본이고, 사랑은 인간의 본성이다. 고로 우리는 계급을 타파하고, 모욕적인 칭호를 폐지하여 교육을 장려하고 우리도 참다운 인간으로 되고자 함은 본사(本社)의 주지이다. 지금까지 조선의 백정은 어떠한 지위와 압박을 받아왔던가? 과거를 회상하면 종일 통곡하고도 피눈물을 금할 수 없다.

▲ 조선 형평사의 전국 대회 포스터

|정답해설| 백정들에 대한 사회적 차별 철폐를 위해 1923년 진주에서 조선 형평사가 조직되었다.

|오답해설|

② 1894년 제1차 갑오개혁 때 공·사 노비 제도가 철폐되었다.

③ 무신정권 때 망이·망소이 난의 결과로 명학소가 충순현으로 승격되는 등 향·부곡·소 등의 특수 행정 구역이 점차 줄어들었다.

④ 조선 순조 때 일어난 홍경래의 난(1811)은 평안도 지역에 대한 차별과 지배층의 수탈에 항거한 민란이었다.

|정답| ①

바로 확인문제

● 자료에 나타난 운동에 대한 설명으로 가장 옳은 것은?　　　　22. 법원직 9급

> 진주성 내 동포들이 궐기하여 형평사라는 단체를 조직하여 계급 타파 운동을 개시할 것이라고 한다. …… 어떤 자는 고기를 먹으면서 존귀한 대우를 받고, 어떤 자는 고기를 제공하면서 비천한 대우를 받는다. 이는 공정한 천리(天理)에 따를 수 없는 일이다.

① 백정에 대한 차별 철폐를 요구하였다.

② 공·사노비 제도가 폐지되는 결과를 가져왔다.

③ 향·부곡·소를 일반 군현으로 승격할 것을 주장하였다.

④ 평안도 지역에 대한 차별과 지배층의 수탈에 항거하였다.

● 다음 선언문이 발표된 때로부터 가장 먼 시기에 있었던 사실로 적절한 것은? 18. 경찰직 3차

> 1. 어린이를 재래의 윤리적 압박으로부터 해방하여 그들에 대한 완전한 인격적 예우를 허하게 하라.
> 2. 어린이를 재래의 경제적 압박으로부터 해방하여 만 14세 이하의 그들에 대한 무상 또는 유상의 노동을 폐하게 하라.
> 3. 어린이 그들이 고요히 배우고 즐겁게 놀기에 족한 각양의 가정 또한 사회적 시설을 행하게 하라.

① 신채호는 김원봉의 요청으로 「조선 혁명 선언」을 지어 의열단의 투쟁 노선과 행동 강령을 제시하였다.

② 박상진을 총사령으로 하여 군대식 조직을 갖추고, 공화 정부 수립을 목표로 활동한 대한 광복회가 결성되었다.

③ 백정은 자신들에 대한 차별 대우를 폐지하여 저울처럼 평등한 세상을 만들겠다는 의지를 모아, 경남 진주에서 조선 형평사를 창립하였다.

④ 국내외의 독립운동 상황을 점검하고 새로운 활로를 모색하기 위하여 상하이에서 국민 대표 회의가 열렸다.

| 정답해설 | 제시된 사료는 1923년에 발표된 「어린이 선언문」이다. 대한 광복회는 1915년에 결성되었다.
| 오답해설 |
①③④ 1923년에 있었던 사실이다.

| 정답 | ②

04 민족 문화 수호 운동

01 식민지 문화 정책

(1) 우민화 교육과 언론 정책

① 우민화 교육: 일제는 우민화 교육과 동화 정책을 통하여 이른바 한국인의 황국 신민화를 꾀하였다.

　㉠ 중일 전쟁 이전: 우리 민족은 우리말 대신 일본어를 배우도록 강요당하였고, 각급 학교의 교과서는 일제의 침략 정책에 맞도록 편찬되었다. 또한 일제는 사립 학교나 서당 등 민족주의 교육 기관을 억압하였다. 다만 초급의 실업 기술 교육을 통하여 식민지 통치에 유용한 기술 인력의 양성만을 꾀하였다.

　㉡ 중일 전쟁 이후: 1930년대 후반 이후에는 더욱 혹독한 식민지 교육 정책이 실시되었다. 즉, 일제가 내세운 내선일체·일선 동조론·황국 신민화와 같은 허황된 구호 아래 우리말과 우리 역사의 교육은 금지되었으며, 항거하는 학교는 폐쇄되었다. 이에 일부 지도층 인사들은 민족적 양심을 저버리고 일제의 강요에 굴복하여 친일 행각을 벌이기도 하였다.

　㉢ 조선교육령

구분	실시 연도	내용
1차	1911	• 우리 민족을 일본에 '충량한 국민'으로 만들고자 하였으며, 일본어 보급을 목적으로 제시하였다. • 조선인의 노동력을 착취하기 위하여 초보적 실업 교육을 장려하였으며, 보통학교의 수업 연한을 4년으로 하였다.
2차	1922	• 보통학교의 수업 연한을 4년에서 6년으로, 고등 보통학교는 4년에서 5년으로 연장하였다. • 조선인과 일본인의 공학을 원칙으로 하였다. • 사범 학교를 설치하고 조선에서의 대학 교육을 허용하였다. • 교육 시설을 3면 1교로 하였다.
3차	1938. 3.	• 황국 신민 서사(1937년 제정)를 암송하도록 강요하였다. • 초등 교육 시설을 확장하였다(1면 1교). • 조선어를 수의(선택) 과목으로 규정하였지만, 일상생활에서 조선어 사용을 금지하였다. • 학교 명칭을 일본과 동일하게 수정하였다(보통학교 → 심상 소학교, 여자 고등 보통학교 → 고등 여학교). • 1941년 소학교의 명칭을 '국민학교'로 바꿨다.
4차	1943	• 군부에 의한 교육 통제를 강화하고, 조선어 과목을 완전히 폐지하였다. • 수업 연한을 단축하고, 사범 학교 교육을 확충하여 황국 신민을 양성하려 하였다.

제1조 조선에서의 조선인의 교육은 본령에 따른다.
제2조 교육은 교육에 관한 칙어(勅語)의 취지에 따라 충량한 국민을 육성하는 것을 본의로 한다.
제5조 보통 교육은 보통의 지식, 기능을 부여하고 특히 국민된 성격을 함양하여 국어(일본어)를 보급함을
　　　　목적으로 한다.
제6조 실업 교육은 농업, 상업, 공업에 관한 지식, 기능을 가르쳐주는 것을 목적으로 한다.
제9조 보통학교의 수업 연한은 4년으로 한다. 단 지방 실정에 따라 1년을 단축할 수 있다.

바로 확인문제

● 다음 법령이 시행되던 시기에 있었던 사실로 옳은 것은?　　　21. 경찰직 1차

제2조 국어를 상용하는 자의 보통 교육은 소학교령, 중학교령 및 고등 여학교령에 의한다.
제3조 국어를 사용하지 않는 자에게 보통 교육을 하는 학교는 보통학교, 고등 보통학교 및 여자
　　　　고등 보통학교로 한다.
제5조 보통학교의 수업 연한은 6년으로 한다. 단, 지역의 정황에 따라 5년 또는 4년으로 할 수
　　　　있다.

① 사립 학교령이 공포되었다.
② 조선어가 선택 과목이 되었다.
③ 경성 제국 대학이 설립되었다.
④ 소학교가 국민학교로 개칭되었다.

● 다음 법령이 제정된 때와 가장 가까운 시기에 있었던 사실로 가장 적절한 것은?　　18. 경찰직 2차

제1조 　소학교는 국민 도덕의 함양과 국민 생활의 필수적인 보통의 지능을 갖게 함으로써 충량한
　　　　　황국 신민을 육성하는데 있다.
제13조 심상 소학교의 교과목은 수신, 국어(일어), 산술, 국사, 지리, 이과, 직업, 도화, 소공, 창
　　　　　가, 체조이다. 조선어는 수의 과목으로 한다.

① '재만 한인 단속 방법에 관한 협약'이 맺어짐으로써 독립군의 활동은 큰 위협을 받게 되었다.
② 조선 청년 독립단의 이름으로 독립 선언서를 발표하였다.
③ 일제는 한글 연구로 민족의식이 고취되는 것을 막기 위해 조선어 학회를 강제로 해산시켰다.
④ 조선 민족 혁명당은 민족 연합 전선을 강화하기 위해 다른 단체들과 함께 조선 민족 전선 연
　맹을 결성하였다.

② 언론 탄압
　㉠ 국권 침탈: 한국인의 언론·집회·결사의 자유가 박탈되고, 일제의 식민 통치에 항거하
　　　는 신문은 모두 폐간되었다. 그러나 3·1 운동 이후에는 이른바 문화 통치에 의해 〈조선
　　　일보〉와 〈동아일보〉의 발행이 허가되기도 하였다.
　㉡ 일제의 박해: 민족지들은 일제의 검열에 의해 기사가 삭제되거나 정간·폐간되었고, 언
　　　론인들이 구속되는 등 온갖 박해를 받았다.

|정답해설| 제시된 법령 중 제5조의
"보통학교의 수업 연한을 6년으로 한
다."를 통해 1922년에 공포되어 1938
년까지 적용된 제2차 조선 교육령임
을 알 수 있다. 일제는 1924년에 경성
제국 대학을 설립하였다.

|오답해설|
① 1908년에 사립 학교령이 공포되
　었다.
② 1938년에 제정된 제3차 조선 교
　육령으로 조선어가 선택 과목이
　되었다.
④ 1941년에 제3차 조선 교육령이 일
　부 개정되면서 (심상)소학교가 국
　민학교로 개칭되었다.

|정답| ③

|정답해설| 제시된 법령의 "조선어는
수의 과목으로 한다."라는 내용을 통
해 1938년에 공포된 제3차 조선 교육
령임을 알 수 있다. 1937년에 조선 민
족 전선 연맹이 결성되었다.

|오답해설|
① 1925년 재만 한인 단속 방법에 관
　한 협약(미쓰야 협정)이 맺어져 독
　립군은 큰 위협을 받게 되었다.
② 1919년에 도쿄의 조선 청년 독립
　단이 독립 선언서를 발표하였다
　(「2·8 독립 선언」).
③ 일제는 1942년에 조선어 학회를 강
　제로 해산시켰다(조선어 학회 사건).

|정답| ④

(2) 한국사 왜곡

① 식민 사관

　㉠ 일제는 우리 민족의 긍지와 정체성을 심어 주는 한국사를 왜곡하여 한국인의 민족의식을 약화시키고, 나아가 이를 말살하려고 하였다.

　㉡ 한국사의 타율성·정체성·당파성 등이 강조되었고, 자율성과 독창성 등은 무시되었다.

② 조선사 편수회

　㉠ 1925년 일제가 조선 총독부 부설로 설치한 한국사 연구 기관이다.

　㉡ 식민 사관을 바탕으로 『조선사』를 편찬하는 등 대표적인 역사 왜곡 기구였다.

③ 청구 학회 : 경성 제국 대학 역사학 교수들과 조선사 편수회 식민 사학자들은 **청구 학회**를 통해 식민 사관을 널리 알리려 하였다.

사료　조선사 편수회

조선인은 다른 식민지의 야만인 혹은 반개민족(半開民族)과는 달리 독서를 하는 문화에 속해 있으며 문명인보다 열등하지 않다. 옛날부터 전해져 오는 역사서들이 많으며, 또한 새롭게 저술된 것도 적지 않다. 그런데 전자는 독립 시대의 저술로서 현대와는 관계가 없으며, 단지 독립국의 옛 꿈을 되새기게 만드는 폐단이 있다. 후자는 근대 조선에서 일청, 일로 사이의 세력 경쟁을 서술하면서 조선의 나아갈 바를 설명하고 있거나 혹은 『한국통사(韓國痛史)』라고 불리는 재외 조선인의 저서와 같이 사건의 진상을 밝히려 하지 않고 함부로 헛된 주장을 마음대로 하고 있다. 이러한 역사 서적이 인심을 고혹하는 해독은 진실로 이루 말할 수 없을 것이다. 그러나 이를 제거하는 방책으로, 절멸의 방책을 강구하는 것은 헛된 노력만 기울이고 효과가 없을 뿐 아니라 오히려 그 전파를 촉진하게 될 수도 있다. 차라리 옛 역사를 금지하는 것 대신 공명 정확한 역사서를 만드는 것이 지름길이며, 효과가 더욱 현저해질 것이다. 이것이 조선반도사의 편찬이 필요한 주된 이유이다.

조선 총독부 조선사 편수회, 『조선사 편수회 사업 개요』, 1938

---

02 민족 문화 수호 운동의 전개

일제의 민족 말살 정책에 대항하여 애국지사들은 민족 문화 수호 운동을 꾸준히 전개하였다. 이 운동의 핵심은 우리말과 우리 역사를 연구·보존하고 민족의식을 배양하려는 것이었다.

(1) 국학 운동

① 한글 보급 운동

　㉠ 조선어 연구회(1921)

조직	3·1 운동 이후 이윤재·최현배 등은 국문 연구소의 전통을 이은 조선어 연구회를 조직하여 한국어 연구와 한글의 보급에 힘씀
활동	한글 연구와 함께 '가갸날'을 정하고(1926), 잡지 〈한글〉을 창간(1927)

　㉡ 조선어 학회(1931)

개편	조선어 연구회가 조선어 학회로 개편되면서 그 연구도 더욱 심화됨
활동	한글 교육에 힘써 한글 교재를 출판하기도 하였으며, 회원들이 전국 각 지방을 순회하면서 한글을 보급하는 데 앞장섬. 또한 '한글 맞춤법 통일안'(1933)과 '표준어'를 제정(1936)하였으며, 『우리말 큰 사전』의 편찬에 착수하였으나 일제의 방해로 성공하지 못함
해산	1942년 일제는 조선어 학회 사건을 일으켜 수많은 회원들을 체포·투옥하고 강제로 해산시킴

▲ 조선어 학회 회원들

② 한글 보급 운동의 의의: 한글 보급 운동은 일제의 우리말·우리글 말살 정책에 정면으로 대항한 항일 운동인 동시에 민족 문자 수호라는 측면에서 중요한 의의가 있다.

사료　조선어 학회 공판 이유서

피고인 이극로를 중심으로 하여 문화 운동 중 그 기초적 중심이 되는 어문 운동의 방법을 취하여 …… 겉으로 문화 운동의 가면을 쓰고, 조선 독립을 목적한 실력 배양 단체로서 검거되기까지 10여 년이나 조선 민족에 대하여 조선 어문 운동을 전개해 온 것이니 그중 조선어 사전의 편찬 사업 같은 것은 민족적 대사업으로 촉망되었다.　　　　　　　　　　　　　　　　　　　　　　　　　　　　　　　『한글 학회 50년사』

심화　조선어 연구회, 조선어 학회

❶ 조선어 연구회는 각 학교에서 조선어를 가르치던 주시경(周時經)의 제자들이 1921년 "조선어의 정확한 법리를 연구"할 목적으로 설립하였다. 조선어 연구회는 주로 한글 철자법을 연구하였고, 동인지 〈한글〉을 중심으로 활동하였다. 1926년에는 훈민정음 반포 480주년을 맞아 훈민정음 반포일을 '가갸날'로 명명하고 기념식을 개최하는 등 한글 보급을 위해 활발한 활동을 벌였다.

조선어 연구회는 '조선어 사전 편찬회'를 조직하였는데, 이는 정확한 한글 사전 편찬을 통해 우리말과 우리글의 의미를 정리하고 체계화시키며, 민족의 글과 정신을 일깨워 궁극적으로는 민족의 갱생을 꾀하려는 목적이었다. 그런데 사전 편찬을 위해서는 통일된 표준어와 맞춤법 등이 필요하였다. 이에 1930년 12월 조선어 연구회는 한글 맞춤법 통일안을 제정하기로 결의하였다.

❷ 1931년 1월 조선어 연구회를 "조선어문의 연구와 통일"을 위한 기관인 조선어 학회로 개편하여 보다 적극적으로 한글 사전 편찬 사업을 추진하였다. 조선어 학회는 1933년 '한글 맞춤법 통일안'을 시작으로 '조선 표준어 사정안', '외래어 표기법 통일안'을 차례로 확정하였다. 1940년에는 그동안의 성과를 바탕으로 '한글 맞춤법 통일안'을 수정 발간하였으며, 본격적으로 한글 사전 편찬에 노력을 기울였다.

❸ 1940년 조선 총독부에 『조선어 대사전』 출판을 허가받았고, 1942년 원고를 출판사에 넘겨 한글 사전을 간행할 예정이었다. 하지만 1942년 10월에 발생한 이른바 조선어 학회 사건으로 한글 사전 편찬은 중단되었고, 원고와 서적은 전부 압수되었다. 조선어 학회 사건은 일제가 사전 편찬에 참여하던 교사 정태진(丁泰鎭)에게서 강제로 조선어 학회가 민족주의 단체로서 독립운동을 하고 있다는 자백을 받아 내면서 시작되었다. 일제는 1942년 10월부터 1943년 4월까지 조선어 학회 핵심 회원과 사전 편찬을 후원하는 찬조 회원을 대거 검거하였다. 이들에게는 치안 유지법의 내란죄가 적용되었고, 재판 과정에서 이윤재와 한징은 옥사하였으며, 이극로, 최현배, 이희승, 정인승, 정태진의 5명은 실형을 선고받았다. 이 사건으로 조선어 학회의 활동은 사실상 중단되었다.

사료　『우리말 큰 사전』 머리말

말은 사람의 특징이요, 겨레의 보람이요, 문학의 표상이다. 조선말은 우리 겨레가 반만년 역사적 생활에서 문화 활동의 말미암던 길이요, 연장이요, 또 결과이다. 그 낱낱의 말은 다 우리의 무수한 조상들이 잇고 이어 보태고 다듬어서 우리에게 물려준 거룩한 보배이다. 그러므로 우리말은 곧 우리 겨레가 가진 정신적·물질적 재산의 총목록이라 할 수 있으니, 우리는 이 말을 떠나서는 하루 한때라도 살 수 없는 것이다.

| 정답해설 | (가)는 조선어 학회이다. 조선어 학회에서는 ㄴ. 1933년 한글 맞춤법 통일안을 제정하였고, ㄷ. 『우리말 큰 사전』 편찬을 준비하였으나, 1942년 조선어 학회 사건으로 실패하였다.

| 오답해설 |
ㄱ. 국문 연구소는 1907년 대한 제국 학부 소속으로 만들어진 한글 연구 기관이다.
ㄹ. 천도교에서는 〈개벽〉, 〈어린이〉 등의 잡지를 발간하였다.

| 정답 | ③

● (가) 단체에 대한 설명으로 옳은 것을 〈보기〉에서 모두 고른 것은?

23. 법원직 9급

> 최현배, 이극로 등이 중심이 된 ☐ (가) ☐ 은/는 '표준어 및 외래어 표기법 통일안'을 제정하는 등 한글 표준화에 기여하였다. 이에 일제는 1942년 ☐ (가) ☐ 을/를 독립운동 단체로 간주하여 회원들을 대거 검거하였다. 일제는 이들을 고문하여 자백을 강요하였고 이윤재, 한징이 옥사하였다.

┤ 보기 ├

ㄱ. 국문 연구소를 설립하였다.
ㄴ. 한글 맞춤법 통일안을 만들었다.
ㄷ. 『우리말 큰 사전』 편찬을 준비하였다.
ㄹ. 〈개벽〉, 〈어린이〉 등의 잡지를 발행하였다.

① ㄱ, ㄴ   ② ㄱ, ㄷ   ③ ㄴ, ㄷ   ④ ㄴ, ㄹ

---

(2) 한국사의 연구*

① 민족주의 사학

㉠ 민족 문화 수호 운동은 한국사 연구에서도 활발하게 일어났다.

㉡ 일제의 한국사 왜곡에 맞서 민족주의 사학자들은 우리 민족 문화의 우수성, 한국사의 주체적 발전 등을 강조하였다. 대표적인 인물로 박은식, 신채호, 정인보 등이 있다.

② 박은식

㉠ 개관

- 1898년 〈황성신문〉 주필을 지냈으며, 1909년 「유교구신론」을 발표하였다. 이후 신규식과 함께 동제사 및 대동 보국단을 조직하였다.
- 역사학자로서 『안중근전』, 『한국 독립운동 지혈사』를 간행하였으며, 1924년 상하이 〈독립신문〉 사장, 1925년 3월에는 임시 정부 제2대 대통령에 취임하였다.

㉡ 역사 인식: 박은식은 원래 성리학적 사관을 가졌으나 1898년 양명학을 받아들여 실천적이고 민중적인 유교로 개신하고(「유교구신론」 주장), 1910년 대종교 역사의식도 수용하였다. 이를 토대로 근대적 민족주의 역사관을 확립하였다. 박은식은 여타 민족주의 사학자들이 고대사에 치중한 것과는 달리 근대사에 치중하였다.

㉢ 『한국통사』

- 박은식이 1915년 상하이에서 편찬한 역사서로서, 최초의 근대적 역사 인식에 기초한 한국 근대사이다. 서론에서는 단군, 부여, 고구려, 발해의 역사를 강조하며, 고종 즉위 이전까지를 긍정적으로 서술하였다.
- 본론에서는 고종 즉위에서 105인 사건을 상술하면서 근대 역사의 여러 사건들 속에서 국가의 멸망 원인을 파악하였다.
- '나라는 형(形: 형체, 魄: 몸)이며, 역사는 신(神: 정신, 혼)이다.'라고 강조하면서 국가의 외형적 요소는 멸망할 수 있지만 정신 또는 국혼(국어, 국사)이 멸망하지 않으면 반드시 국권을 회복할 수 있다고 강조하였다.

㉣ 『한국 독립운동 지혈사』

- 『한국 독립운동 지혈사』는 『한국통사』의 속편이라고 할 수 있다. 박은식은 3·1 운동에 자극받아 임시 정부의 사료 조사 편찬회(임시 사료 편찬 위원회)에서 『한일 관계 사료집』 4권을 편찬한 후 수집된 자료를 토대로 1920년 간행하였다.

韓國獨立運動之血史

▲ 『한국 독립운동 지혈사』

- 내용: 한국이 일본에 동화될 수 없고 계속되는 독립 투쟁, 특히 거족적인 3·1 운동에서 보듯이 한국의 국혼이 멸하지 않았으므로 투쟁을 계속하면 반드시 국권이 회복될 것이라는 데 중점을 두었다.

◎ 기타
- 태백광노(太白狂奴) 또는 무치생(無恥生)의 별호를 사용하였으며 윤세복이 만주에 세운 동창 학교의 운영에 참여하였다.
- 1911년 만주에서 고대사 유적지를 답사하면서 『동명성왕실기』, 『발해태조건국지』, 『몽배금태조』, 『명림답부전』, 『연개소문전』 등 무장 투쟁을 뒷받침하는 영웅주의적 역사를 서술하였다.
- 『안중근전』, 『단조사고』 등을 저술하고 최남선과 함께 조선 광문회를 설립하여 민족의 고전을 정리·간행하였다.

사료　박은식의 『한국 독립운동 지혈사』

우리 민족은 맨손으로 분기하고 붉은 피로써 독립을 구하여 세계 혁명사에 있어 한 신기원을 이룩했다. …… 갑진(甲辰) 의정서 6조와 을사조약 체결 이래 독립운동이 하루라도 그친 적이 없었으니, 독립을 위해 순사(殉死)한 우리의 의병이 수십만이요, 독립을 위해 순사한 우리의 열사가 천백이며, 우리의 지사단(志士團) 중 아직 죽지 않고 국내외로 바삐 뛰어다녀, 독립을 부르짖으면서 국혼(國魂)을 불러일으키는 자 또한 수없이 많다.

『한국 독립운동 지혈사』

---

③ 신채호
　㉠ 개관
- 성균관 박사를 지내고 〈황성신문〉 기자(1905), 〈대한매일신보〉 주필(1906), 신민회 참여(1907) 이후 1910년 블라디보스토크로 건너가 〈권업신문〉 주필, 상하이 임시 정부 의정원 의원을 지냈다.
- 1923년 국민 대표 회의에서는 창조파에 가담하였으며, 같은 해 의열단의 강령인 「조선 혁명 선언」을 작성하였고(이후 무정부주의 활동), 1928년 체포되어 10년 형을 받고 복역하다가 여순(뤼순)에서 1936년에 옥사하였다.

▲ 신채호

　㉡ 초기의 역사 인식
- 「독사신론」(1908, 〈대한매일신보〉에서 연재): 민족주의 사학의 기틀을 마련하였다고 평가되며, 기존 유교 사관인 단군−기자−위만이나 단군−기자−삼한의 고대사 체계를 부정하고, 단군의 전통이 부여·고구려로 계승되었다고 주장하였다. 임나일본부설을 부정하고 고대 한민족의 일본 경영과 중국에 대한 식민 활동을 강조하면서 민족 주체성을 부각하였다.
- 영웅 사관과 고대사 유적 답사: 신채호는 국외로 망명하기 전 신문 기고 등을 통해 「을지문덕전」, 「최도통전(최영 장군전)」, 「이순신전」 등 영웅 전기를 발표하였다. 1914년에는 대종교 3대 종사 윤세복의 초청으로 서간도 환인현의 동창 학교에서 1년간 국사를 가르쳤다. 이때 만주의 고구려 유적을 답사하였다.
　㉢ 1920년대 이후 역사 인식
- 1920년대 초 3·1 운동의 실패와 이승만 등 외교 독립론자들이 주도하는 임시 정부의 무능함에 실망하고, 민중의 직접적 폭력 혁명에 의해서만 식민지를 타파할 수 있다고 생각하였다. 신채호의 혁명 사관은 「조선 혁명 선언」, 『조선사연구초』, 『조선상고사』(1931)에 잘 나타나 있다. 이러한 민중 중심 역사관은 전근대적 유교 사관과 제국주의적 사회 진화론을 부정한 것으로 평가된다.

ⓔ 『조선사연구초』
　• 『조선사연구초』는 〈동아일보〉에 1924년 10월부터 1925년 3월까지 연재한 6편의 논문을 1929년 동 제목으로 간행한 것이다.
　• 내용: 묘청의 서경 천도 운동을 '조선 역사 일천년래 제일 대사건'으로 높이 평가하면서 조선이 사대주의의 노예가 된 원인을 묘청이 보수적 사대주의자인 김부식에게 패한 데서 찾고, 묘청의 몰락으로 자주적·진취적 사관이 소멸되었다고 보았다.

ⓜ 『조선상고사』
　• 1931년 〈조선일보〉에 연재한 『조선상고사』에서는 역사를 '시간에서부터 발전하여 공간으로 확대되는 심적 활동 상태의 기록'으로 정의하고 시간, 공간, 인간을 역사의 3요소로 규정하였다.
　• 인간의 정신적 요소를 강조하면서 비타협적, 폭력 혁명적, 저항적인 민족주의 의식을 분명히 하였다.
　• 역사를 '아(我)와 비아(非我)의 투쟁'으로 보아 대내적으로는 계급 간, 제 세력 간, 대외적으로는 민족 간 끊임없는 투쟁과 항쟁사로 규정하였다. 즉, 변증법적 발전론의 입장에서 역사를 파악하였다.

ⓗ 기타: 신채호는 민족의 고유 사상을 화랑도의 낭(낭가) 사상에서 찾으려 하였고, 시론인 「천희당시화」를 〈대한매일신보〉에 연재하였다. 또한 『동국고대선교고』(1910), 단편 소설인 『꿈하늘』(1916), 『조선상고문화사』(1931), 『조선사론』(신채호의 유고, 1946년 발행) 등을 저술하였다.

▲ 『조선상고사』

사료　신채호의 역사 인식

역사란 무엇이뇨. 인류 사회의 아(我)와 비아(非我)의 투쟁이 시간에서 발전하여 공간까지 확대하는 심적 활동의 상태의 기록이니, 세계사라 하면 세계 인류의 그리 되어 온 상태의 기록이며, 조선사라 하면 조선 민족이 그리 되어 온 상태의 기록이니라. 그리하여 아에 대한 비아의 접촉이 많을수록 비아에 대한 아의 투쟁이 더욱 맹렬하여 인류 사회의 활동이 휴식할 사이가 없으며, 역사의 전도가 완결될 날이 없다. 그러므로 역사는 아와 비아의 투쟁의 기록이니라.　　　　　　　　　　　『조선상고사』

④ 정인보
　ⓐ 계승: 신채호를 계승하여 고대사 연구에 치중하였고, 「오천 년간 조선의 얼」을 신문에 연재하였다.
　ⓑ 조선사 연구: 일제의 식민 사관에 대항하여 광개토 대왕릉비를 새롭게 해석하고, 한사군의 실재성을 부인하였다. 양명학과 실학사상을 주로 연구하였다.
　ⓒ 민족 사관: '얼' 사상을 강조하였고, 안재홍 등과 조선학 운동을 전개하였다.

사료　「오천 년간 조선의 얼」(1935. 1. 1.~1936. 8. 29., 〈동아일보〉 연재)

누구나 어릿어릿하는 사람을 보면 '얼'이 빠졌다고 하고, 멍하니 앉은 사람을 보면 '얼' 하나 없다고 한다. '얼'이란 이같이 쉬운 것이다. 그런데 '얼' 하나 있고 없음으로써 그 광대 용맹함이 혹 저렇기도 하고 그 잔루 구차함이 이렇기도 하다.
따라서 '얼'에 대하여는 자세히 살피기가 쉽지 않다. 무릇 '얼'이란 보이는 것이 아니라 항상 거짓과 진실에 비추어 감추고, 나타나며, 있다가도 없어지는 것이다.

1934년 다산 정약용 서거 99년 기념사업을 계기로 조선학 운동이 본격화되었다. 조선학 운동은 한국 역사와 문화의 독자성과 주체성을 탐구하고, 근대 민족국가 수립의 가능성을 실학에서 찾으려고 했던 운동이다. 정인보는 『오천 년간 조선의 얼』(1935) 등을 저술하여 민족 사관을 고취하였다. 또한 정인보, 안재홍 등은 『여유당전서』를 교열하여 『정다산전서』라는 이름으로 간행하는 등 실학 연구에 주력하였다. 역사학에서의 조선학 운동은 안재홍, 정인보, 문일평 등 비타협적 민족주의 사학자들에 의해 주도되었는데, 신채호 등의 민족주의 사학을 계승하되 이전 민족주의 사학의 한계를 인식하고, 민족의 고유성, 특수성과 세계사적 보편성을 동시에 추구하였다.

한편 1930년대로 갈수록 식민 사학의 침투가 강화되자 비타협적 민족주의 사학자 정인보, 문일평 등은 당시 활발하던 문화사적인 방법론과 계급 투쟁 사관, 민중 사학도 도입하여 민족주의 사학을 한 단계 발전시키는 역할을 하였다.

⑤ 기타

문일평	• 『대미 관계 50년사』, 『호암 전집』을 저술하고, 개항 후의 근대사 연구에 역점을 둠 • '조선심(朝鮮心)'을 강조하면서 1930년대 조선학 운동을 전개함
안확	『조선문명사』에서 붕당 정치를 긍정적으로 인식하여 일제의 당파성론을 비판함
최남선	• 『아시조선』, 『고사통』, 『조선역사』 등을 저술하고 백두산 중심의 불함문화론(不咸文化論)을 전개하여 식민 사관에 대항함 • 조선 광문회를 조직하여 고전의 정리·간행에 노력함
장도빈	『국사』, 『이순신전』, 『대한 위인전』 등을 저술하고, 민족주의 사학의 발전에 공헌함
이능화	『조선 불교 통사』, 『조선 도교사』 등을 저술하고, 한국 종교 및 민속 방면의 연구에 공헌함
안재홍	• '대내적으로는 민주주의적 방법으로 계급 모순을 해소하고, 대외적으로 민족적 자주성을 확고히 해야 한다.'라는 신민족주의자로 1930년대 조선학 운동을 전개함 • 『조선상고사감』을 저술하고, '민족 정기(民族正氣)'를 강조하였으며, 해방 이후에는 신민족주의와 신민주주의를 제창함
손진태	『조선 민족사 개론』, 『국사대요』를 저술하였으며, 신민족주의 사관을 확립하고자 노력함

사료 『사안(史眼)으로 본 조선』(문일평, 1933. 4., 〈조선일보〉)

조선글은 조선심에서 생겨난 결정인 동시에 조선학을 길러주는 비료하 하려니와 조선글이 된 이래 9세기 동안에 조선의 사상계는 자는 듯 조는 듯 조선학의 수립에 대하여 각별한 진전을 보지 못하였다.

그러나 오늘날은 차차 구사상에서 벗어나 신사상의 자극을 받게 된 조선인은 조선을 재인식할 때가 왔다. 한편으로 신문화를 받아들임과 동시에 한편으로 조선학을 잘 만들어 세계 문화에 기여가 있어야만 할 것이니 이는 문화 민족으로서 조선인에게 부과된 대사명인가 한다.

(3) 실증 사학

① 특징 : 문헌 고증에 의한 실증적인 방법으로 한국학을 연구함으로써 역사 상황을 정확하고 올바르게 인식하고자 하였다.

② 진단 학회 조직(1934) : 청구 학회 등 일제 어용학자들의 한국사 및 한국 문화 왜곡에 대항하여 이병도, 손진태 등 역사학자들과 이윤재, 이희승, 조윤제 등 국어학자들이 모여 1934년에 창립하였다. 이후 기관지인 〈진단 학보〉를 발간하였다. 한편 국가 총동원법 발표 이후 일제의 탄압이 계속되어 〈진단 학보〉는 1941년까지만 발행되었고, 진단 학회에 참여하였던 국어학자들이 1942년 조선어 학회 사건으로 구속되면서 활동이 중단되었다.

단권화 MEMO

■ **마르크스주의 역사학**

마르크스주의 역사학은 세계사적 발전 법칙인 사적 유물론(원시 공산 사회 – 고대 노예제 사회 – 중세 봉건 사회 – 근대 자본주의 사회 – 공산 사회)을 우리 역사에도 적용하여 한국사의 특수성에 매몰된 민족주의 사학을 비판하였다. 또한 일제 식민 사학자들의 **정체성론을 비판**하였으며, 중세 부재론(봉건제 결여론)이 허구임을 밝히는 데 역점을 두었다. 1930년대 이후 활동한 대표적 마르크스주의 역사학자에는 백남운, 이청원, 김태준, 김광진, 전석담 등이 있다.

■ **백남운의 연합성 신민주주의**

백남운은 해방 정국을 '변혁기'와 같은 의미를 지닌 '건국기'로 표현하면서 '건국'이 현 단계 조선 민족의 최대 과제임을 강조하였다. 새로 세우는 나라의 정치 체제는 자유 민주주의도, 프롤레타리아 민주주의도 아닌 신민주주의이며, 정권의 구성 형태는 좌우익 연합 정권으로 제시하였다.

(4) 사회 경제 사학

① 백남운

   ㉠ 연희 전문 학교 경제학 교수로 재임하면서 사적 유물론을 바탕으로 한국사 이해를 최초로 시도한 학자이다.

   ㉡ 『조선 사회 경제사』(1933, 원시 공산제, 고대사 서술)와 속편인 『조선 봉건 사회 경제사』를 저술하였다.

   ㉢ 원시 공산 사회(삼국 이전) – 노예제 사회(삼국) – 아시아적 봉건 사회(통일 신라~개항 이전) – 이식 자본주의(개항 이후)로 한국사의 전개를 상정하고, 한국사도 세계사적·보편적·일원론적 발전 법칙에 의해 역사가 발전하였음을 강조하였다.

   ㉣ 해방 후 남조선 신민당 위원장으로 활동하였다. 그는 **연합성 신민주의론**을 제시하였다. 이는 좌우익의 민족 통일 전선 수립을 가능하게 하는 이론이라는 점에서 특히 중간파 지식인들의 호응을 받았다. 이후 분단국가 수립 이전 월북하여 북한 정권 초대 교육상을 역임하였다.

> **사료** 백남운의 사회 경제 사학
>
> 우리 조선의 역사적 발전의 전 과정은 지리적인 조건, 인종적인 골상, 문화 형태의 외형적인 특징 등 다소의 차이를 인정한다 하더라도 외관상 특수성이 다른 문화 민족의 역사적 발전 법칙과 구별되어야 할 독자적인 것은 아니며, 세계사적 일원적인 역사 법칙에 의해 다른 제 민족과 거의 동궤적인 발전 과정을 거쳐 왔다.
>
> 『조선 사회 경제사』

② 이청원: 이청원은 1936년 『조선 사회사 독본』과 『조선 독본』을, 1937년에는 『조선 역사 독본』을 저술하여 사적 유물론을 한국사에 적용하였다. 그는 백남운과는 달리 삼국 시대부터 고려 시대까지를 고대 노예제 사회로 규정하였다는 점이 주목된다.

> **바로 확인문제**
>
> ● 〈보기〉에서 나타내고 있는 인물에 대한 설명으로 가장 옳지 <u>않은</u> 것은?   19. 2월 서울시 7급
>
> ┤ 보기 ├
> - 독립운동가이자 민족주의 역사학자
> - 태백광노(太白狂奴) 또는 무치생(無恥生)이라는 별호를 쓰기도 함
> - 상해에서 『안중근전』을 저술함
>
> ① '혼'과 '백' 중 '혼'을 잃지 않으면 나라를 되찾을 수 있다고 주장하였다.
> ② 윤세복이 만주에 세운 동창 학교에 참여하였다.
> ③ 대한민국 임시 정부의 대통령을 역임하였다.
> ④ 한인 애국단을 조직하였다.

|정답해설| 〈보기〉의 서술은 박은식에 대한 설명이다. 1931년 김구가 상하이에서 한인 애국단을 조직하였다.

|정답| ④

● 밑줄 친 '그'에 대한 설명으로 옳은 것은? 19. 지방직 7급

> 일제의 침략이 거세지자 그는 국외로 망명했다. 그는 의열단장 김원봉의 요청을 받아 「조선 혁명 선언」을 작성하였다. 이 선언에는 외교 운동에 주력하자는 주장에 반대하고 더욱 적극적인 독립운 동을 추진하자는 내용이 담겨 있다.

① 민족주의 역사학을 지향한 「독사신론」을 저술하였다.
② 철저한 문헌 고증을 지향하며 진단 학회를 조직하였다.
③ 동학을 천도교로 개편하고 친일적 인물들을 교단에서 내쫓았다.
④ 보편적 역사 발전 법칙에 따라 역사를 기술한 『조선 사회 경제사』를 집필하였다.

● 다음 주장을 한 인물에 대한 설명으로 옳은 것은? 17. 국가직(사복직 포함) 9급

> 계급 투쟁은 민족의 내부 분열을 초래할 것이며, 민족의 내쟁은 필연적으로 민족의 약화에 따르는 다른 민족으로부터의 수모를 초래할 것이다. 계급 투쟁의 길은 우리가 반드시 취해야 할 필요는 없 고, 민족 균등이 실현되는 날 그것은 자연 해소되는 문제다. …… 이 세계적 기운과 민족적 요청에 서 민족 사관은 출발하는 것이며, 민족사는 그 항로와 방법을 명백하게 과학적으로 지시하여야 할 것이다.
>
> 『조선 민족사 개론』

① 『조선상고사』와 『조선사연구초』를 저술하였다.
② 대동사상을 수용한 「유교구신론」을 주장하였다.
③ 〈진단 학보〉를 발간한 진단 학회의 발기인으로 활동하였다.
④ 「5천 년간 조선의 얼」이라는 글을 〈동아일보〉에 연재하였다.

단권화 MEMO

|정답해설| 밑줄 친 '그'는 신채호이 다. 신채호는 「독사신론」을 저술하여 민족주의 사학의 기틀을 마련하였다.

|오답해설|
② 이병도, 손진태 등. ③ 손병희. ④ 백남운에 대한 설명이다.

|정답| ①

|정답해설| 제시된 『조선 민족사 개 론』은 손진태의 저서이다. 손진태는 기존의 계급 사관(사회 경제 사학), 민 족주의 사학, 실증주의 사학을 뛰어넘 는 신민족주의 사관을 제시하였고, 진 단 학회의 발기인으로 활동하였다.

|오답해설|
① 신채호는 『조선상고사』와 『조선사 연구초』를 저술하였다.
② 박은식은 대동사상을 수용한 「유교 구신론」을 주장하였다.
④ 정인보는 「5천 년간 조선의 얼」이라 는 글을 〈동아일보〉에 연재하였다.

|정답| ③

(5) 신민족주의 사학

① 해방 이후 좌우 이데올로기적 분열이 심해지자 계급보다는 민족이 우선한다는 신민족주의 역사관이 제시되었다. 이는 계급 자체를 부정하는 것이 아니라 상위 개념인 민족 아래 계 급 간 융화를 주장한 것이다.
② 신민족주의 사학은 식민 사학을 부정하되 일제하 민족주의 사학, 마르크스주의 사학, 문헌 고증 사학(실증주의 사학)을 통합하는 새로운 민족주의 사학을 제시하였다.

(6) 신민족주의 역사학자

① 안재홍
　㉠ 『신민족주의와 신민주주의』(1945)라는 저서를 통해 신민족주의 이론을 처음으로 제창 하였다.
　㉡ 그는 식민지에서 해방된 한국이 모든 계급, 집단, 정치 세력을 끌어 안는 초계급적 통합 민족 국가를 건설해야 한다고 강조하였다. 또한 부르주아 민주주의, 프롤레타리아 민주 주의를 낡은 민주주의라고 비판하면서 경제 균등을 바탕으로 정치·교육(문화)의 평등 을 실현하는 새로운 신(新)민주주의를 강조하였다.
　㉢ 그가 지향한 사회는 모든 계급이 정치·경제·사회 평등의 권리를 누리는 초계급적 통합 민족 국가였다.

안재홍은 신채호의 고대사 연구를 계승·발전시켜 고대 국가의 사회 발전 단계를 해명하는 많은 논문을 발표하여 해방 후 『조선상고사감』이라는 단행본을 엮어냈고, 우리나라의 전통 철학을 정리하여 『불함철학대전』과 『조선철학』을 저술하였다. 또한 '신민족주의와 신민주주의'라는 독창적인 이론을 제시하면서 극좌와 극우를 배격하고 만민공생의 통합된 민족 국가를 건설하려 하였다

② 손진태
　ㄱ 일제 강점기에는 민속학에 관심을 기울였으며, 진단 학회에도 참여하였으나 기본적으로는 민족주의 사관을 가지고 있다.
　ㄴ 그는 해방 공간에서 신민족주의를 강조하였으며, 대표적 저서로는 『조선 민족사 개론』(1948), 『국사대요』(1948)가 있다.

사료 손진태의 신민족주의 사학

진정한 민족주의는 민족 전체의 균등한 행복을 위한 것이 아니면 안 될 것이다. 민족의 전체가 정치·경제·사회·문화적으로 균등한 의무·권리와 지위 아래 행복을 누릴 수 있을 때에 비로소 완전한 민족 국가의 이상이 실현될 것이며, 민족의 친화와 단결도 비로소 완성될 것이다.　　　　　　　『조선 민족사 개론』

③ 이인영 : 손진태의 연구를 비판적으로 계승하였으며, 『한국 만주 관계사의 연구』(1954)를 저술하였다.

03 민족 교육 진흥 운동

(1) 조선 교육회

① 일제하의 교육
　ㄱ 취학률 : 한국인의 초등학교 취학률은 일본인의 6분의 1에 지나지 않았다. 이와 같은 현상은 상급 교육 기관으로 올라갈수록 더욱 심하였다.
　ㄴ 식민지 교육의 강화 : 3·1 운동 이후 일제 식민 통치의 변화로 교육 시설이 확장되었지만 그것은 일본인을 위한 교육 시설의 확장이지 한국인을 위한 것이 아니었다. 이뿐만 아니라 정규 학교에서의 교육은 철저한 식민지 교육으로, 한국인을 위한 민족 교육은 거의 존재하지 않았다.
　ㄷ 민족 교육 기관 : 일제 강점기에 정규 공립 학교에서는 우리 민족을 위한 민족 교육이 어려웠으나 사립 학교나 개량 서당 및 야학에서는 민족의식의 배양을 위한 민족 교육 운동이 활발하게 일어났다.
② 조선 교육회 창설 : 1920년대에는 실력 양성 운동의 일환으로 민족 교육 진흥 운동이 일어났다. 한규설과 이상재 등은 조선 교육회를 조직하고 한민족 본위의 민족 교육 진흥에 노력하였다.
③ 민립대학 설립 운동
　ㄱ 배경 : 고등 교육 기관을 설립하여 우수한 인재를 양성하는 것이 긴요하다고 판단하여 총독부에 대학 설립을 요구하였다.

■민족 교육 기관

개량 서당(改良書堂)은 1910년대 일제의 교육 제도에 편입되는 것을 거부한 한국인들에게 교육의 기회를 제공하였다. 이에 일제는 1918년에 서당 규칙을 제정하여 탄압하였다. 민족 교육 운동은 1920년대 야학(夜學)으로 계승되어 가난한 사람들과 그 자녀들에게 민족 교육을 실시하였다. 교재로는 『대한 역사(大韓歷史)』, 『고등 소학 수신서(高等小學修身書)』 등을 이용하였다.

▲ 서당(1900년경)

ⓛ 경과 : 총독부가 이를 묵살하자 조선 교육회는 우리 손으로 대학을 설립하려는 **민립대학 설립 운동**을 전개하였다.

- 조선 민립대학 기성 준비회 결성(1922) : 민족 교육 진흥 운동의 중추적 역할을 하던 조선 교육회의 노력으로 이상재를 대표로 하는 **조선 민립대학 기성 준비회**가 결성되었다.
- 조선 민립대학 설립 기성회(1923) : 대학 설립이 한국인의 재력과 노력으로만 이루어져야 한다는 원칙을 세우고, 각지에 지방 지부 조직 구성을 서둘렀다.
- 모금 운동의 전개 : '한민족 1,000만이 한 사람 1원씩'이라는 구호를 내걸고 1,000만 원 모금 운동을 전개하였다. 전 민족의 참여를 위하여 100여 개소에 지방 조직이 구성되었으며, 만주 · 미국 · 하와이 등 해외에서도 모금 운동이 전개되었다.

ⓒ 결과
- 이 운동은 각 지역의 유지들과 사회단체의 후원으로 한때 순조롭게 진행되었으나 일제의 방해와 자연재해로 모금이 어려워져 결국 좌절되었다.
- 이후로도 연희 전문학교, 보성 전문학교, 이화 학당 등을 대학으로 승격시키려는 노력이 계속되었으나 일제의 방해로 실현되지 못하였다.
- 일제는 1924년 **경성 제국 대학(京城帝國大學)**을 설립하여 한국인의 불만을 무마하려고 하였다.

사료 　조선 민립대학 설립 기성회의 발기 취지서

우리의 운명을 어떻게 개척할까? …… 가장 급한 일이 되고 가장 먼저 해결할 필요가 있으며, 가장 힘 있고, 필요한 수단은 교육이 아니면 아니 된다. …… 민중의 보편적 지식은 보통 교육으로도 가능하지만 심오한 지식과 학문은 고등 교육이 아니면 불가하며, …… 오늘날 조선인이 세계 문화 민족의 일원으로 남과 어깨를 견주고 우리의 생존을 유지하며 문화의 창조와 향상을 기도하려면, 대학의 설립이 아니고는 다른 방도가 없도다.

(2) 문맹 퇴치 운동

① 배경
ⓐ 우리 민족은 일제의 가혹한 식민지 차별 교육 정책으로 교육의 기회를 상실하였기 때문에 문맹자가 증가하였다.
ⓑ 문맹자의 증가는 민족의 역량을 약화시키는 것이며, 바로 일제가 목표로 하였던 한국인의 우민화를 뜻하는 것이다.

② 전개 : 우리 민족은 3 · 1 운동을 계기로 문맹 퇴치가 급선무임을 자각하여 이를 실천에 옮겼다.
ⓐ 교육 기회의 박탈 : 공립 보통학교는 수용 능력이 많이 제한되어 있었을 뿐만 아니라 학비가 비싸서 우리 노동자나 농민, 그리고 도시 빈민에게는 교육의 기회가 주어질 수 없었다.
ⓑ 야학의 설립 : 1920년대에는 각지에 **야학**이 설립되었다.
- 성격 : 민족주의 색채가 강하여 가르치는 교과목도 한국어 중심이었다. 야학에서는 우리말로 수업을 하였고, 우리글을 가장 중요시함으로써 공립 학교와는 대조적이었다. 또한 야학은 미취학 아동뿐만 아니라 성인 남녀까지 받아들여 민족 교육 기관으로서 중요한 몫을 차지하였다.

- 일제의 탄압: 민족주의 색채가 강한 야학을 탄압하여 문을 닫게 하였고, 이른바 '1면 1교주의' 시책을 강행하여 공립 보통학교를 증설하였으나 이곳에 수용된 한국 아동은 학령 아동의 5분의 1에 지나지 않았다.

③ 언론의 활동: 1920년대 초부터 학생·지식 청년·문화 단체 등이 계몽 운동을 시작하였다. 이어서 1930년을 전후한 시기에는 언론계와 청년 학생이 힘을 합쳐 문맹 퇴치와 농촌 계몽을 통하여 민족의 자강을 이룩하고자 노력하였다.

㉠ 문자 보급 운동(1929): 〈조선일보〉는 민중 문화의 향상을 위한 문자 보급 운동을 시작하였다. "아는 것이 힘, 배워야 산다."라는 표어를 내걸고 방학 중에 귀향하는 중등 이상의 남녀 학생을 동원하여 전국 각지에서 문맹 퇴치에 힘쓰도록 하였다.

▲ 문자 보급 운동 표어

| 사료 | 〈조선일보〉의 문자 보급 운동 |

농민의 생활을 보라. 노동자의 생활을 보라. 그리고 부인의 생활을 보라. 그들이 무지몽매하기 때문에 그 생활은 더욱 저열하고 향상되지 못하지 않는가. 전 인구의 1,000분의 20밖에 문자를 이해하지 못하고, 취학 연령 아동의 10분의 3밖에 학교에 갈 수 없는 조선의 현실에서 간단하고 쉬운 문자의 보급은 우리 민족이 해결해야 할 가장 시급한 일이라 하겠다.

■ 브나로드

'브나로드(Vnarod)'란 말은 원래 러시아어로 '민중 속으로'라는 뜻이다. 〈동아일보〉가 전개한 문맹 퇴치 운동은 민중의 생활 개선과 문화 생활을 계몽하려는 의도에서 어원을 그대로 사용하였다.

㉡ 브나로드 운동(1931): 〈동아일보〉는 문맹자에게 글을 가르치면서 한편으로 미신 타파·구습 제거·근검 절약 등 생활 개선을 꾀하려는 브나로드 운동을 전개하였다.

| 사료 | 브나로드 운동 |

학생 여러분. 여러분은 여름 방학에 고향의 동포를 위하여 공헌하지 아니하시렵니까? 가령 글을 모르는 이에게 글을 가르쳐 주고, 위생 지식이 없는 이에게 위생 지식을 주고, 이러한 일을 아니 하시렵니까? 당신이 일주일만 노력하면 당신의 고향에 문맹이 없어질 것이요, 당신이 일주일만 노력하면 당신의 고향에 위생 사상이 보급될 것입니다.

〈동아일보〉, 1931

▲ 브나로드 운동 포스터

㉢ 일장기 말소 사건: 1936년 〈동아일보〉가 베를린 올림픽 마라톤 우승자 손기정 선수의 사진을 게재하면서 유니폼에 그려진 일장기를 삭제한 사건이다. 그 결과 〈동아일보〉는 무기한 정간 처분을 당하였다.

㉣ 조선어 학회의 참여: 언론사의 활동이 활발해지자 조선어 학회도 협조를 아끼지 않았다. 문자 보급 운동에 사용할 교재를 만들었으며, 조선어 학회 회원들은 솔선하여 전국을 순회하면서 한글 강습회를 열었다.

㉤ 일제의 탄압: 대규모의 순회 강습이나 문맹 퇴치 운동도 금지한다는 명령이 내려져 민족 교육 운동으로서의 문맹 퇴치 운동은 막을 내렸다.

04 일제 강점기의 종교 활동

일제 강점기에 종교계도 민중 계몽, 문화 사업, 민족 교육, 항일 운동 등의 분야에서 많은 노력을 기울였다.

(1) 천도교

동학의 후신인 천도교 지도자들은 제2의 3·1 운동을 계획하여 「자주독립 선언문」을 발표하였고,

〈개벽〉, 〈어린이〉, 〈신여성〉(1923년 발행), 〈학생〉 등의 잡지를 간행하여 민중의 자각과 근대 문물의 보급에 기여하였다.

> **사료** 「자주독립 선언문」
>
> 존경하는 천도교인과 민중 여러분!
> 우리 대한은 당당한 자주독립국이며, 평화를 애호하는 세계의 으뜸 국민임을 재차 선언합니다. 지난 기미년의 독립 만세 운동은 곧 우리의 전통적인 독립의 의지를 만방에 천명한 것이고, 국제 정세의 순리에 병진(竝進)하는 자유·정의·진리의 함성이었습니다. 그럼에도 불구하고, 일본의 무력적인 압박으로 말미암아 우리의 자유와 평등을 주장한 자주독립 운동은 가슴 아프게도 꺾였습니다. …… 우리의 독립을 위한 투쟁은 이제부터가 더욱 의미가 있고 중요합니다. 뜻이 맞는 동지끼리 다시 모여 기미년의 감격을 재현하기 위해 신명을 바칠 것을 결의하고 선언합니다. ……

(2) 개신교

① 개신교는 천도교와 함께 3·1 운동에 적극 참여하였고, 민중 계몽과 각종 문화 사업을 활발하게 전개하였다.

② 1930년대 후반에는 일제가 강요하는 신사 참배(神祠參拜)를 거부하여 탄압을 받기도 하였다.

(3) 천주교

① 개화기 이래 전개해 온 고아원, 양로원 등 사회 사업을 계속 확대하면서 〈경향〉 등의 잡지를 통해 민중 계몽에 이바지하였다.

② 일부 천주교도들은 만주에서 항일 운동 단체인 의민단(義民團)을 조직하여 항일 무장 투쟁에 나서기도 하였다.

(4) 대종교

① 천도교와 더불어 민족 종교의 양대 세력을 형성한 대종교는 교단 본부를 만주로 이동하여 단군 숭배 사상을 널리 전파하여 민족의식을 고취하였으며, 민족 교육과 항일 무장 투쟁에도 적극적으로 나섰다.

② 대종교 지도자들은 항일 무장 단체인 중광단(重光團)을 조직하였고, 3·1 운동 직후에는 북로 군정서(北路軍政署)로 개편하여 청산리 대첩에 참여하였다.

(5) 불교

① 호국 불교의 전통을 이어 온 불교계도 3·1 운동에 참여하였다.

② 한용운을 비롯한 승려들이 한국 불교를 일본 불교에 예속시키려는 조선 총독부의 정책에 맞서 민족 종교의 전통을 지키려 노력하였다.

③ 교육 기관을 설립하여 민족 교육 운동에 이바지하였다.

(6) 원불교

박중빈이 창시(1916)한 원불교는 불교의 현대화와 생활화를 주장하며 개간 사업과 저축 운동을 통하여 민족의 역량을 배양하였고, 남녀평등, 허례허식의 폐지 등 생활 개선 및 새 생활 운동에도 앞장섰다.

(7) 종교계의 친일 활동

일부 종교계 인사들은 일제의 강압에 굴복하여 친일적 성향을 보이기도 하였다.

■ 대종교

1909년 나철, 오기호 등은 단군교를 창시하였고, 1910년 대종교로 개칭하였다. 이후 북간도에 지사를 설치하였고, 1914년에는 본사를 북간도로 옮겨 포교 영역을 만주 일대까지 넓혔다.

■ 사찰령

일제는 사찰령(1911)을 제정하여 불교를 통제하였다. 사찰령의 핵심은 사찰 재산의 처분과 주지 임명을 조선 총독부 허가제로 운영한 것이다.

○ 각 송교별 활동

종교	대표적인 활동, 저술, 사건	
천도교	• 제2의 3·1 운동 계획 • 어린이날 제정, 「어린이 선언문」 제정	「자주독립 선언문」
개신교	신사 참배 반대	의료 및 교육 활동
천주교	잡지 〈경향〉 발간, 의민단 조직	고아원·양로원 설립 등 사회사업 전개
대종교	• 단군 숭배 • 항일 무장 단체인 중광단 조직 → 북로 군 정서로 개편	만주 교포 사회에서 발전
불교	3·1 운동에 참여	한용운의 「조선 불교 유신론」
원불교	• 저축·개간 운동 전개 • 남녀평등, 허례허식 폐지 등	생활 개선, 새 생활 운동 전개
유교	1919년 파리 장서 사건(유림단 사건)	박은식의 「유교구신론」

05 일제 강점기의 문예 활동

(1) 문학 활동

① 근대 문학 활동의 전개 : 우리나라의 근대 문학은 일제의 식민지 지배 체제 때문에 자유로운 발전이 억제되었으나 이러한 악조건 속에서도 저항적이고 자주 사상을 고취하는 문학 활동이 활발히 전개되었다.

　㉠ 1910년대 : 근대 문화 예술의 태동기로 이광수·최남선 등은 근대 문학의 개척에 공헌하였다.

이광수	소설 「무정(無情)」(1917년 〈매일신보〉 연재)은 계몽기 신문학의 대표적인 작품임
최남선	새로운 시(詩) 형태를 꾀하여 근대시의 발전에 공헌하였으며, 언문일치의 우리말 문장을 확립하는 데 선구적 역할을 함

　㉡ 근대 문학의 발전
　　• 민족 문학 : 한용운, 김소월, 염상섭 등은 민족 정서와 민족의식을 담은 「님의 침묵」, 「진달래꽃」, 「삼대」 등의 작품을 통하여 근대 문학 발전에 이바지하였다. 특히 김소월의 아름다운 서정시는 많은 사람들이 널리 애송하였다.
　　• 저항 문학 : 심훈, 이육사, 윤동주 등도 민족의식을 담은 작품을 발표하여 민족 정기를 일깨워 주었다.

■ 「삼대(三代)」
1931년 〈조선일보〉에 연재된 염상섭의 장편 소설로서, 일제 강점기 한국인 지주 가문의 몰락을 통해 우리 민족의 삶을 사실적으로 그려 냈다.

> **사료**　심훈의 「그날이 오면」
>
> 그날이 오면, 그날이 오면은
> 삼각산이 일어나 더덩실 춤이라도 추고
> 한강물이 뒤집혀 용솟음칠 그날이
> 이 목숨이 끊어지기 전에 와 주기만 하량이면
> 나는 밤 하늘에 나는 까마귀와 같이
> 종로의 인경(人磬)을 머리로 들이받아 울리오리다
> 두개골은 깨어져 산산조각이 나도
> 기뻐서 죽사오매 오히려 무슨 한이 남으오리까

② 3·1 운동 이후 문학: 3·1 운동 이후 일제가 우리 민족을 회유·동화하는 기만 술책으로 이른바 문화 통치를 내세우자 문예 활동을 하던 지식인들은 일제에 타협하거나 항일 운동에 적극 나서기도 하였다.

ㄱ 새로운 사조의 등장: 이전까지의 계몽주의적 성격과는 다른 새로운 사조가 들어왔고, 이때 일부 작가들이 동인지를 간행하였다. 그중에서 대표적인 동인지는 김동인이 주동이 된 〈창조〉와 염상섭이 주관한 〈백조〉였다.

ㄴ 순수 문학의 추구: 계몽주의적 성향의 작품 활동을 지양하고 순수 문학을 추구하였으나 염상섭, 이상화 등은 현실 타파와 현실 개조의 의지를 표현하였다.

ㄷ 종합 잡지의 간행: 〈개벽〉, 〈조선지광〉 등의 잡지가 많이 출간되어 작품 발표의 기회가 많아져 문학 활동이 왕성해졌다. 그러나 이들 잡지는 독립운동의 내용을 담은 작품을 발표함으로써 일제의 탄압을 받았다.

③ 1920년대 중반 문학: 문학 활동은 식민지적 현실을 극복하는 데 노력하여 새로운 문학의 기반과 사조를 형성하였다.

ㄱ 신경향파 문학의 대두
  • 신경향파 문학은 3·1 운동 이후 노동자, 농민들이 활발히 조직화되는 추세에서 문학의 사회적 기능이 강조되면서 등장하였다.
  • 이들은 순수 예술을 표방하는 문인들의 각성을 촉구하면서 문학이 현실과 생활을 반영할 것을 강조하였다.

ㄴ 프로 문학의 대두: 신경향파 문학 이후 프로 문학이 등장하여 극단적인 계급 노선을 추구하였기 때문에 대중과의 연대성이 약화되기도 하였다.

ㄷ 국민 문학 운동의 전개
  • 민족주의 계열에서는 국민 문학 운동을 일으켜 계급주의에 반대하고, 문학을 통해 민족주의 이념을 선양하려 하였다.
  • 민족의식과 민족애의 고취, 모국어 사랑, 전통문화의 부흥 등을 주요 내용으로 하는 문학 운동을 전개하였다.

④ 1930년대 문학

ㄱ 순수 문학 잡지의 간행: 1930년대에는 순수 문학의 경향이 뚜렷하게 부각되어 순수 문학 잡지가 간행되었다. 정지용과 김영랑은 〈시문학〉 동인으로 활약하면서 순수 문학과 서정시의 발전에 이바지하였다.

ㄴ 발전: 문학의 분야가 소설, 희곡, 평론, 수필 등으로 다양해졌을 뿐만 아니라 그 내용에서도 세련미를 갖추게 되었다.

⑤ 일제 말기의 문학: 침략 전쟁의 확대와 함께 일제의 탄압이 극심해져 한국 문학이 암흑기에 접어들었다.

ㄱ 문인들은 작품 활동을 중단하고 침묵으로 일관하기도 하였으나 이광수, 최남선 등의 일부 문인들은 침략 전쟁을 찬양하는 활동에 참여하였다.

ㄴ 저항 문학
  • 전문적 문인: 일제의 탄압 속에서도 한용운, 이육사, 윤동주 등은 항일 의식과 민족 정서를 담은 작품을 창작하였다.
  • 비전문적 문인: 조소앙은 「카이로의 그 소식」 등 일제에 저항하는 작품을 남겼다.
  • 역사 소설: 김동인, 윤백남 등은 역사 의식과 민족의식을 고취하기 위하여 많은 역사 소설을 남겼다.

단권화 MEMO

■ 〈삼천리〉
1929년 김동환에 의해 발행된 잡지로서, 문단의 중견 작가 여럿이 집필한 문예 강좌와 김동인의 춘원연구(春園研究) 등이 발표되었다.

■ 신경향파
사회주의 문학을 말한다. 1920년대 사회주의 사상이 지식인들 사이에 널리 퍼지면서 현실 비판 의식은 더욱 강화되었다. 1925년에 이들은 '카프(KAPF, 조선 프롤레타리아 예술가 동맹)'라는 단체를 결성하였다.

■ 국민 문학 운동
국민 문학 운동은 1926년부터 프롤레타리아 문학 운동에 저항하는 문인들에 의해 일어난 문학 운동이다. 문학에는 '민족' 또는 '국민' 의식이 필요하다고 역설하였으며, 그 기초 위에서 문학이 논의되어야 한다고 주장하였다. 주요 인물로는 최남선, 이광수, 이병기, 염상섭, 조운, 이은상, 양주동, 주요한 등이 있다.

▲ 이육사

▲ 윤동주

심화 저항 문학 및 친일 문학

이상화는 「빼앗긴 들에도 봄은 오는가」에서 식민지 현실의 참혹함과 독립의 염원을 표현하였다. 한용운은 「님의 침묵」(1926), 「당신을 보았습니다」(1926) 등을 통해 일제에 대한 저항 의식을 표현하였으며, 심훈은 「그날이 오면」(1930)을 통해 광복을 희구하였다. 그 외 이육사(「청포도」, 「광야」, 「절정」)와 윤동주(「하늘과 바람과 별과 시」) 등도 대표적 저항 문인이다. 한편 최남선, 이광수, 주요한, 모윤숙, 노천명, 김춘수, 서정주 등은 대동아 공영권을 찬양하면서 한국 청년들을 전쟁에 동원하기 위해 활동하였다.

(2) 민족 예술

① 음악 : 우리 민족은 식민지 지배하에서도 항일 독립 의식과 예술적 감정을 창작 음악과 연주 활동을 통해 표현하였다.

　㉠ 창가와 트로트
　　• 1910년대에는 서양 음악에 기반을 두고 창가를 작곡하기도 하였다. 그리하여 국권 피탈 후 「학도가」, 「한양가」, 「거국가」 등 망국민의 슬픔과 일제에 대한 저항적 성격의 노래가 크게 유행하였다.
　　• 1930년대 중반에는 일본 주류 대중음악의 영향을 받은 트로트 양식이 정립되었다.

　㉡ 가곡, 동요
　　• 가곡 : 창가 이후 우리 민족의 창작 음악은 가곡과 동요의 형태로 나타났는데 홍난파, 현제명, 윤극영 등이 많은 작품을 남겼다. 홍난파는 당시 한민족의 심정과 상황을 잘 표출한 「봉선화」를 작곡·발표하였다.
　　• 동요 : 「반달」, 「고향의 봄」 등이 만들어졌고, 이들 동요는 민족적 정서로 오늘날까지 애창되고 있다.

　㉢ 「한국(코리아) 환상곡」 : 국외에서는 안익태가 「애국가」와 이를 주제로 한 「한국 환상곡」을 작곡하였다. 「한국 환상곡」은 유럽 각국에서 안익태의 지휘로 연주되었고, 대부분 우리말 합창이었다.

② 미술 : 안중식이 한국 전통 회화를 발전시켰으며, 고희동과 이중섭은 서양화를 대표하는 화가로 활동하였다.

③ 연극 : 연극은 민족의식을 고취하는 수단으로서 다른 어느 분야보다 파급 효과가 컸다. 연극인들은 연극을 통하여 민중을 계몽하였고, 은연중에 독립 정신을 고취하는 데 앞장섰다.

　㉠ 3·1 운동 이전 : 신파극단들이 서민들의 사랑을 받아 왔다. 주로 사랑과 눈물을 자아내게 하는 신파극단들은 공연을 통해 민중과 더불어 일제의 지배 아래 나라 잃은 슬픔과 외로움을 나누었다.

　㉡ 3·1 운동 이후
　　• 극예술 협회(1920) : 민족 계몽 운동이 확산되자 도쿄 유학생들이 조직한 극예술 협회는 연극 공연을 민중 계몽의 수단으로 삼아 이 운동에 활기를 불어넣었다.
　　• 토월회(1923), 극예술 연구회(1931) : 본격적인 근대 연극은 토월회, 극예술 연구회가 조직되어 활동한 이후에 등장하였다. 그리고 이들 극단은 전국 순회공연을 통하여 민족을 각성시키고 민족의식을 고취하였다.

　㉢ 일제의 탄압
　　• 일제가 중일 전쟁을 계기로 혹독한 탄압을 가하여 연극 무대는 오락 일변도의 가극 무대로 변하였고, 일제의 강요에 못 이겨 일제를 찬양하는 연극도 공연하게 되었다.
　　• 일제 강점기 말에는 일본어를 쓰지 않는 연극은 공연이 허가되지 않았다.

■ 김은호·김인승
일제의 대륙 침략 정책에 협조하는 그림을 그리고, 친일 미술 단체에 참여하여 전시 체제에 협력하였다.

■ 3·1 운동 이후 연극 활동
많은 연극 단체가 곳곳에 창립되어 당시 피압박 민족의 비참한 현실을 고발하고, 일제 수탈 정책의 모순을 폭로하였다.

④ 영화

ㄱ 영화 활동은 다른 어느 분야보다 발전이 늦었다. 처음 일본 영화의 보조 수단으로 출발하여 한국 영화로 독립하기까지 자본·기술·기재 등에 있어서 많은 어려움을 겪었다.

ㄴ 나운규의 「아리랑」 발표: 1926년 나운규는 「아리랑」을 제작하였는데, 이는 한국 영화 사상 기념비적인 작품으로 남아 있다. 고유의 향토적인 정서가 은은히 배어 있는 슬픈 가락을 깔고 당시 일제 지배하의 망국과 통분의 슬픔을 자아내는 한편, 항일 의식과 애국심을 일깨워 주었다. 또한 예술성도 매우 뛰어난 작품이었다.

ㄷ 일제의 탄압: 1930년대까지 어느 정도 민족적인 색채를 띠던 영화 예술은 1940년 조선 영화령이 발표되면서 심한 탄압을 받았다.

⑤ 문화·예술 활동의 탄압: 제2차 세계 대전이 일어난 후 일제는 모든 문화·예술 분야에 대한 통제를 강화하여 조선 문인 협회·조선 음악 협회·조선 연극 협회 등을 조직하고, 모든 활동을 침략 전쟁과 일제의 식민 통치를 찬양하도록 강요하였다. 이와 같은 내용이 아닌 작품은 모두 만들지 못하게 하였다.

▲ 나운규와 영화 제작진

바로 확인문제

● 1930년대의 사회·문화 활동으로 가장 옳은 것은?　　　15. 경찰 간부

① 나운규가 민족의 비애를 담은 영화 「아리랑」을 발표하였다.

② 손기정 선수가 올림픽에서 마라톤 금메달을 획득하였다.

③ 조선 여성들의 공고한 단결과 지위 향상을 도모하는 근우회가 조직되었다.

④ 신분 차별을 폐지하고 평등한 세상을 만들겠다는 신념 아래 진주에서 조선 형평사가 창립되었다.

|정답해설| 손기정은 1936년 베를린 올림픽 마라톤 경기에서 금메달을 획득하였다.

|오답해설|
① 나운규의 「아리랑」은 1926년에 발표되었다.
③ 근우회는 여성계 민족 유일당 단체로, 1927년에 조직되었다.
④ 조선 형평사는 1923년에 진주에서 조직되었다.

|정답| ②

---

06 일제 강점기 사회 구조 및 생활 모습의 변화

(1) 사회 계층 구조의 변화

① 1910~1920년대

ㄱ 일제의 식민지 경제 정책은 한국의 사회 구조에 큰 변화를 가져왔다.

ㄴ 농민층의 분해: 토지 조사 사업과 산미 증식 계획으로 토지가 소수의 대지주에게 더욱 집중되어 농민층의 분해 현상이 나타났다.

• 자작농이나 자소작농이 줄고 소작농이 크게 늘어났으며, 소작농이 화전민이나 도시 빈민 등으로 몰락하는 경우도 많았다.

• 이와 함께 만주, 연해주, 일본 등으로 이주하는 농민도 늘어났다.

② 1930년대 이후 노동자의 급증

ㄱ 1930년대 이후 일제가 공업화 정책을 본격적으로 추진하면서 노동자의 수는 빠르게 증가하였다.

ㄴ 노동자의 상당수는 '막노동자', '지게꾼', '수레꾼' 등 날품팔이 미숙련 노동자로서, 도시 빈민층을 형성하였다.

ㄷ 공장 노동자의 경우에도 한국인이 고급 기술을 가진 경우는 극소수이고, 대부분 단순 노동자였다. 이들은 낮은 임금을 받으며 열악한 조건 속에서 일해야만 하였다.

(2) 식민지 도시화

① 개항장의 도시화: 개항 이후 서울, 평양 등과 함께 일제 침략의 전진 기지였던 개항장이 근대적 도시로 변화해 갔다.

② 교통의 발전과 도시화: 철도 교통이 발전함에 따라 대전과 신의주 등이 물산의 집산지로서 성장하였고, 일본과의 교역량이 늘어나면서 군산, 목포 등 항만 도시가 발전하였다.

③ 공업화의 발전과 도시화
  ㉠ 식민지 공업화의 결과 함흥, 청진 등 북부 지방의 공업 도시가 빠르게 성장하였다.
  ㉡ 공주, 개성 등은 식민 지배 정책에서 소외되면서 성장이 정체되었다.

④ 시가지의 형성
  ㉠ 도시에는 신작로가 뚫리고 새로운 시가지가 형성되었다.
  ㉡ 일본인은 시가지 중심을 차지하고 도시의 경제권을 차지하였다.
  ㉢ 일본인이 거주하는 도시의 중심 상권이 외형적으로 크게 발전하고, 화신 백화점(박흥식, 1931)과 같은 백화점도 만들어졌다.
  ㉣ 경성의 경우에는 북촌에는 조선인이, 남촌에는 일본인이 주로 거주하였다.
  ㉤ 도시 외곽의 **토막촌**에서 어렵게 살아가는 도시 빈민층이 크게 늘었다.

(3) 의식주의 변화

① 의생활의 변화
  ㉠ 한복에 고무신을 신고 모자를 쓰는 차림이 주를 이루었다.
  ㉡ 도시의 직장인들에게는 양복이 점차 보편화되어 갔고, 여성은 단발머리나 파마머리를 하고 블라우스와 스커트 차림에 하이힐을 신는 경우가 늘어났다.
  ㉢ 특히 1920년대 말 서울 거리에는 '모던 걸'과 '모던 보이'가 등장하였는데, 최신의 서양식 옷차림으로 한껏 멋을 부리고 다니며 쇼핑과 외식을 즐기던 젊은 남녀들을 말한다.
  ㉣ 1940년대 일제가 전시 통제 정책을 추진하면서 남성은 국방색의 국민복, 여성은 '**몸뻬**'라는 일 바지를 입도록 강요당했다.

② 식생활의 변화
  ㉠ 일제의 수탈 정책으로 1인당 쌀 소비량이 갈수록 줄어들었고, 잡곡밥을 먹거나 풀뿌리, 나무껍질로 연명하는 사람이 크게 늘었다.
  ㉡ 다만 도시의 상류층을 중심으로 일본 음식과 커피, 과자, 빵, 케이크, 아이스크림 등의 서양식 식품이 소비되면서 대중에게도 소개되었다.
  ㉢ 음식 조리 과정에서 왜간장, 조미료 등을 사용하였다.

③ 주생활의 변화
  ㉠ 농촌은 대부분 초가나 기와로 된 전통 한옥이 주류를 이루었다.
  ㉡ 도시에는 상류층이 거주하는 2층 양옥의 문화 주택이 곳곳에 들어섰고, 대청마루에 유리문을 단 개량 한옥이 만들어졌다.
  ㉢ 군수 산업체에 근무하는 노동자의 주택 부족 문제를 해결하기 위해 **영단 주택**이 많이 지어졌다(조선 주택 영단령, 1941).

혈색 좋은 흰 피부가 드러날 만큼 반짝거리는 엷은 양말에 금방 발목이나 삐지 않을까 보기에도 조마조마한 구두 뒤로 몸을 고이고, 스커트 자락이 비칠 듯 말 듯 한 정강이를 지나는 외투에 단발 혹은 미미가쿠시(당시 유행하던 머리 모양)에다가 모자를 푹 눌러 쓴 모양 …… 분길 같은 손에 경복궁 기둥 같은 단장을 휘두르면서 두툼한 각테 안경, 펑퍼짐한 모자, 코 높은 구두를 신고 ……

〈별건곤〉, 1927년 12월호

바로 확인문제

● 일제 강점기 조선인의 생활 모습으로 옳지 <u>않은</u> 것은?

18. 국가직 9급

① 도시 외곽의 토막촌에는 빈민이 살았다.

② 번화가에서 최신 유행의 모던 걸과 모던 보이가 활동하였다.

③ 몸뻬를 입은 여성들이 근로 보국대에서 강제 노동을 하였다.

④ 상류층이 한식 주택을 2층으로 개량한 영단 주택에 모여 살았다.

|정답해설| 영단 주택은 상류층이 아닌 노동자들의 집단 거주지로 만들어졌다.

|정답| ④

● 다음 〈보기〉의 내용과 같은 분위기가 유행한 시대에 대한 설명으로 가장 옳지 <u>않은</u> 것은?

17. 서울시 7급

| 보기 |

혈색 좋은 흰 피부가 드러날 만큼 반짝거리는 엷은 양말에, 금방 발목이나 삐지 않을까 보기에도 조마조마한 구두 뒤로 몸을 고이고, 스커트 자락이 비칠 듯 말 듯한 정강이를 지나는 외투에 단발 혹은 미미가쿠시(당시 유행하던 머리 모양)에다가 모자를 푹 눌러 쓴 모양 …… 분길 같은 손에 경복궁 기둥 같은 단장을 휘두르면서 두툼한 각테 안경, 펑퍼짐한 모자, 코 높은 구두를 신고 ……

〈별건곤〉 모년 12월호

① 〈신여성〉, 〈삼천리〉 등의 잡지는 새로운 패션이나 화장법을 소개하여 유행을 이끌었다.

② 대한 천일 은행, 한성은행, 조선은행 등이 설립되어 경성 상인에게 자본을 빌려 주어 유행을 뒷받침하였다.

③ 조선 총독부는 기존의 우측 통행 방침을 바꾸어 좌측 통행을 일반화하였다.

④ 사회주의 운동의 영향으로 식민지 현실의 계급 모순을 비판하는 프로 문학이 등장하였다.

|정답해설| 〈별건곤〉은 1926년에 발행된 대중 잡지로, 제시된 내용에서는 '스커트'를 입고, '미미가쿠시' 머리 모양을 한 여인들을 묘사하고 있다. 대한 천일 은행(1899), 한성은행(1897), 조선은행(1896)은 일제의 강점 '이전'에 설립되었다.

|오답해설|

① 〈신여성〉은 1923년, 〈삼천리〉는 1929년에 발행된 잡지로, 당시의 새로운 패션이나 화장법 등을 소개하여 유행을 이끌었다.

③ 1921년 조선 총독부에서 좌측 통행의 법령을 제정하였다.

④ 1920년대 중반 이후 사회주의 운동의 영향으로, 프로 문학이 유행하였다.

|정답| ②

PART

VIII

현대 사회의 발전

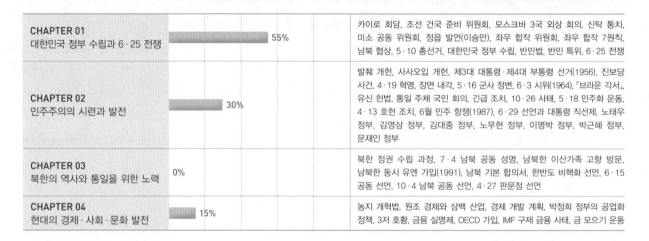

5개년 챕터별 출제비중 & 출제개념

CHAPTER 01 대한민국 정부 수립과 6·25 전쟁	55%	카이로 회담, 조선 건국 준비 위원회, 모스크바 3국 외상 회의, 신탁 통치, 미소 공동 위원회, 정읍 발언(이승만), 좌우 합작 위원회, 좌우 합작 7원칙, 남북 협상, 5·10 총선거, 대한민국 정부 수립, 반민법, 반민 특위, 6·25 전쟁
CHAPTER 02 민주주의의 시련과 발전	30%	발췌 개헌, 사사오입 개헌, 제3대 대통령·제4대 부통령 선거(1956), 진보당 사건, 4·19 혁명, 장면 내각, 5·16 군사 정변, 6·3 시위(1964), 「브라운 각서」, 유신 헌법, 통일 주체 국민 회의, 긴급 조치, 10·26 사태, 5·18 민주화 운동, 4·13 호헌 조치, 6월 민주 항쟁(1987), 6·29 선언과 대통령 직선제, 노태우 정부, 김영삼 정부, 김대중 정부, 노무현 정부, 이명박 정부, 박근혜 정부, 문재인 정부
CHAPTER 03 북한의 역사와 통일을 위한 노력	0%	북한 정권 수립 과정, 7·4 남북 공동 성명, 남북한 이산가족 고향 방문, 남북한 동시 유엔 가입(1991), 남북 기본 합의서, 한반도 비핵화 선언, 6·15 공동 선언, 10·4 남북 공동 선언, 4·27 판문점 선언
CHAPTER 04 현대의 경제·사회·문화 발전	15%	농지 개혁법, 원조 경제와 삼백 산업, 경제 개발 계획, 박정희 정부의 공업화 정책, 3저 호황, 금융 실명제, OECD 가입, IMF 구제 금융 사태, 금 모으기 운동

한눈에 보는 흐름 연표

1945~

【1948】 5·10 총선거, 대한민국 정부 수립 　【1950】 6·25 전쟁(~1953) 　【1952】 발췌 개헌 　【1954】 사사오입 개헌

~현재

【2018】 문재인, 4·27 판문점 선언 　【2007】 노무현, 10·4 남북 공동 선언 　【1987】 6월 민주 항쟁(6. 10.), 6·29 민주화 선언

【2000】 김대중, 6·15 남북 공동 선언

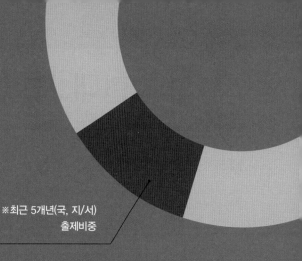

※최근 5개년(국, 지/서)
출제비중

11%

학습목표

CHAPTER 01 대한민국 정부 수립과 6·25 전쟁	❶ 해방 이후 분단국가가 수립되는 과정을 이해한다. ❷ 대한민국 정부 수립 이후 반민법의 제정과 반민 특위의 활동을 파악한다. ❸ 6·25 전쟁의 원인·과정·결과를 구분하여 기억한다.
CHAPTER 02 민주주의의 시련과 발전	❶ 이승만, 박정희, 전두환 등 독재 정권의 특징과 독재에 저항한 민주화 운동(4·19 혁명 등)을 비교하여 파악한다. ❷ 6월 민주 항쟁 이후 출범한 노태우. 김영삼. 김대중 정부의 주요 정책을 구분한다.
CHAPTER 03 북한의 역사와 통일을 위한 노력	❶ 해방 이후 북한 정권의 수립 과정을 파악한다. ❷ 각 시기별 주요 통일 정책(7·4 남북 공동 성명, 남북 기본 합의서 등)을 비교하여 구분한다.
CHAPTER 04 현대의 경제·사회·문화 발전	❶ 1950년대 농지 개혁법, 원조 경제, 삼백 산업을 기억한다. ❷ 1960~1970년대 경제 개발 계획, 박정희 정부의 수출 주도형 공업화 정책을 파악한다. ❸ 1980년대 3저 호황, 1990년대의 금융 실명제(93), OECD 가입(96), IMF 구제 금융 사태(97), 금 모으기 운동(98)을 구분한다.

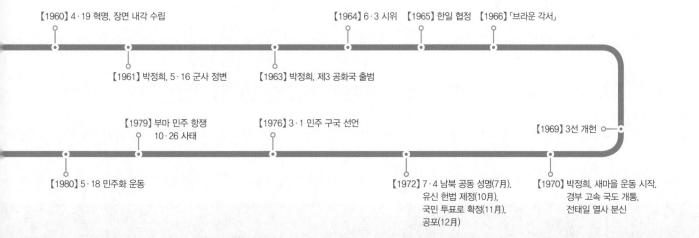

【1960】 4·19 혁명, 장면 내각 수립

【1964】 6·3 시위   【1965】 한일 협정   【1966】 「브라운 각서」

【1961】 박정희, 5·16 군사 정변

【1963】 박정희, 제3 공화국 출범

【1979】 부마 민주 항쟁
10·26 사태

【1976】 3·1 민주 구국 선언

【1969】 3선 개헌

【1980】 5·18 민주화 운동

【1972】 7·4 남북 공동 성명(7月),
유신 헌법 제정(10月),
국민 투표로 확정(11月),
공포(12月)

【1970】 박정희, 새마을 운동 시작,
경부 고속 국도 개통,
전태일 열사 분신

VIII 현대 사회의 발전

1 해방 이후의 정치적 변화

시기	사건
1945. 9. 7.	미국 극동군 사령부, 남한 군정 시행 선포
9. 16.	한국 민주당 결성(송진우, 김성수)
10. 23.	독립 촉성 중앙 협의회 결성(총재 이승만)
12. 16. ~12. 25.	모스크바 3국 외상 회의(미, 영, 소)
12. 28.	반탁 국민 총동원 중앙 위원회 결성(12. 31. 전국에서 반탁 데모 단행)
1946. 1. 2.	조선 공산당, 모스크바 3국 외상 회의 결정 사항 지지
1. 15.	남조선 국방 경비대 발족
3. 5.	북조선 임시 인민 위원회, 토지 개혁 법령 공포(무상 몰수, 무상 분배 원칙)
3. 20.	제1차 미소 공동 위원회 소집(5. 6. 무기 휴회)
6. 3.	이승만, 정읍 발언(남한 단독 정부 수립 주장)
7. 25.	좌우 합작 위원회 발족(10. 7. 좌우 합작 7원칙 발표)
8. 10.	북한, 주요 산업의 국유화 실시
8. 29.	북한에서 북조선 공산당과 북조선 신민당의 합당으로 북조선 노동당 결성
11. 30.	월남한 사람들을 중심으로 서북 청년단 결성
1947. 5. 21.	제2차 미소 공동 위원회 개최(10. 21. 결렬)
9.	미국, 한국 문제를 UN에 이관
11. 14.	유엔 총회, 한국 총선안 및 UN 한국 임시 위원단 설치안 가결

시기	사건
1948. 1. 8.	유엔 한국 임시 위원단 입국(12일 소련 사령부에 입북 요구, 23일 입북 거부)
2. 26.	유엔 소총회, 유엔 한국 위원회의 접근 가능 지역(남한)에서만의 총선거안 가결
3. 8.	김구, 남북 협상 제의
4. 3.	제주도에서 4·3 사건 발생
4. 19.	남북 협상 개최
5. 10.	유엔 감시 아래 남한만의 총선거 실시(좌익계·남북 협상파 불참)
7. 17.	헌법 및 정부 조직법 등 공포
7. 20.	국회, 대통령에 이승만, 부통령에 이시영 선출(24일 취임)
8. 15.	대한민국 정부 수립 선포(하지 중장, 미군정 폐지 선포)
9.	반민족 행위 처벌법 제정
10. 19.	여수·순천 10·19 사건 발생
12. 12.	유엔 총회, 한국 정부를 유엔 감시하의 선거가 가능하였던 지역에서 수립된 유일한 합법 정부로 승인
1949. 12.	교육법 공포로 '6−3−3학제' 공식화
1950. 6. 1.	초등 의무 교육 실시

시기	6·25 전쟁
1950. 6. 25.	북한군의 불법 남침으로 전쟁 발발(6. 28. 서울 함락)
6. 27.	유엔 안보리, 대북 제재 결의(7. 1. 연합군 지상 부대, 부산 상륙)
9. 15.	유엔군, 인천 상륙 작전 개시(9. 28. 서울 수복 → 10. 1. 38도선 돌파 → 10. 19. 평양 탈환)
10. 25.	중국군, 전쟁 개입 시작
1951. 1. 4.	1·4 후퇴
4. 12.	맥아더 장군 해임
4. 30.	국회에서 국민 방위군 해체 결의
1953. 6. 18.	이승만, 반공 포로 석방
7. 27.	정전 협정 조인
10.	한미 상호 방위 조약 체결

② 민주주의의 시련과 발전

시기	〈제1 공화국〉 이승만 정부
1950. 5. 30.	제2대 국회 의원 선거(反이승만 성향의 무소속 의원 대거 진출)
1952. 1. 18.	평화선 발표(독도에 대한 영토 주권 공표)
7. 4.	발췌 개헌안 통과
8. 5.	제2대 대통령·제3대 부통령 선거(대통령 이승만, 부통령 함태영 당선)
1953	장준하, 잡지 〈사상계〉 발간
1954. 11. 27.	국회, 개헌안 부결(11. 29. 사사오입 개헌: 사사오입 이론을 적용하여 통과 처리)
1956. 5. 5.	신익희 민주당 대통령 후보, 유세 중 이리(현재의 익산)에서 급서(5. 23. 국민장)
5. 15.	제3대 대통령·제4대 부통령 선거(대통령에 자유당 이승만, 부통령에 민주당 장면 당선)
11.	진보당 창당
1957	『우리말 큰 사전』 완간
1958. 1. 13.	진보당 사건(위원장 조봉암을 간첩 혐의로 구속, 1959. 2. 27. 사형 확정)
12. 19.	보안법 개정안 통과(1959. 1. 5. 보안법 반대 데모 전국으로 확산)
1959	〈경향신문〉 폐간
1960. 2. 15.	조병옥 민주당 대통령 후보 미국 월터리드 육군 병원에서 사망(2. 25. 국민장)
3. 15.	제4대 대통령·제5대 부통령 선거
	마산에서 부정 선거 규탄 데모
4. 11.	피살된 김주열의 시체 발견
4. 18.	고려대학교 학생들, 정치 깡패들의 습격으로 피해
4. 19.	4·19 혁명(피의 화요일)
4. 25.	전국 대학교수단 시국 선언문 발표("학생들의 피에 보답하라")
4. 26.	이승만, 대통령 하야 성명
4. 28.	허정 과도 정부 성립
6. 15.	내각 책임제 개헌안 국회 통과·공포
7. 29.	민의원·참의원 선거 실시(민주당의 압승)

시기	〈제2 공화국〉 장면 내각과 박정희 군정
1960. 8. 12.	민참 합동 회의, 제2 공화국 대통령에 윤보선 선출
8. 19.	민의원, 총리에 장면 인준(장면 내각 성립)
9. 22.	민주당 구파 분당 선언
11. 29.	개헌(부정 선거 관련자 처벌을 위한 소급 입법 근거 마련)
12.	반민주 행위자 공민권 제한법 제정
1961. 3. 1.	장면 내각 – 반공법, 데모규제법 제정 추진
4. 29.	충주 비료 공장 준공(국가 기록원 기록 기준)
5. 16.	군사 정변
	군사 혁명 위원회 발족(의장 장도영, 부의장 박정희)
5. 18.	장면 내각 총사퇴
5. 19.	군사 혁명 위원회, 국가 재건 최고 회의로 개편
1962. 1. 13.	제1차 경제 개발 5개년 계획 발표
3. 16.	정치 활동 정화법 공포
11. 12.	김종필–오히라 메모 작성
12. 17.	헌법 개정안 국민 투표 가결(1963. 10. 15. 직선제로 박정희 대통령 당선)

시기	〈제3 공화국〉 박정희 정부
1964. 4. 1.	김종필−오히라 메모 공개
5. 7.	울산 정유 공장 준공
6. 3.	6·3 시위
8. 1.	제1차 인민혁명당 사건
10.31.	한·베트남, 베트남 지원을 위한 국군 파견에 관한 협정 체결
12. 5.	제1회 수출의 날 기념식
1965. 6. 22.	한일 협정(한일 기본 조약) 조인
7. 2.	국무 회의, 1개 전투 사단 베트남 파병 의결
8. 1.	베트남 전쟁 전투 부대 파병 동의안 국회 통과
1968. 1. 21.	1·21 사태, 북한 무장 공비 31명 서울 침입
1. 23.	미 해군 정보함 푸에블로호(Pueblo 號), 북한에 피랍
4. 1.	향토 예비군 창설
11. 2.	울진·삼척 지구 무장 공비 침투 사건
11.21.	주민등록증 최초 발급
12. 5.	국민 교육 헌장 발표
1969. 2. 5.	중학교 무시험 진학 제도 실시
9.14.	3선 개헌안 국민 투표 법안 국회에서 변칙 통과 (10. 17. 국민 투표로 개헌안 통과)
1970. 4. 8.	와우 아파트 붕괴 사고
4.22.	새마을 운동 시작
7. 7.	경부 고속 국도 개통
11.13.	전태일 열사 분신
1971. 4. 2.	교련 반대 운동(연세대학교에서 시작)
4.27.	제7대 대통령 선거(박정희 당선)
8.10.	광주 대단지 사건
1972. 7. 4.	7·4 남북 공동 성명
8. 3.	경제 안정과 성장에 관한 긴급 명령(8·3 조치)
10. 17.	비상 계엄 선포(12. 27. 유신 헌법 공포)

시기	〈제4 공화국〉 박정희 정부(유신 체제)
1973	김대중 납치 사건
	개헌 청원 백만 명 서명 운동
	제1차 석유 파동
1974	서울, 부산 고등학교 입학생 연합 고사 첫 적용
9. 26.	천주교 정의 구현 전국 사제단 출범
1975. 3. 18.	동아 자유 언론 수호 투쟁 위원회 결성
1976. 3. 1.	민주 구국 선언
8. 18.	판문점 도끼 만행 사건
1977	수출 100억 불 달성
1978	제2차 석유 파동
1979	YH 사건(8월) → 신민당 총재 김영삼 국회 의원 제명(10. 4.) → 부마 민주 항쟁(10. 16.~20.) → 10·26 사태 → 12·12 사태
1980. 5. 17.	비상 계엄 전국 확대
5. 18.	민주화 운동
5. 31.	국가 보위 비상 대책 위원회 설치
7. 30.	7·30 교육 개혁 조치(과외 금지) 발표
10. 27.	개헌 공포(대통령 선거인단에 의한 간선제, 7년 단임제)

시기	〈제5 공화국〉 전두환 정부
1981. 3.	제5 공화국 출범
1982	통행 금지 해제
1983	아웅산 테러 사건
1985	최초의 남북한 이산가족 상호 방문
1986	금강산 댐 사건
1987. 1. 14.	박종철 고문치사 사건
4. 13.	호헌 조치
6. 9.	이한열 열사 최루탄 피격(7. 5. 사망)
6. 10.	6월 민주 항쟁(6. 10.~6. 29.)
6. 29.	6·29 민주화 선언(대통령 직선제 요구 수용)
10. 29.	직선제 개헌 공포
11. 29.	대한항공(KAL) 858기 피격 사건

시기	〈제6 공화국〉 노태우 정부
1988. 2. 25.	노태우 정부 출범
9. 1.	헌법 재판소 개소
9. 17.	서울 올림픽 대회 개최(~10. 2.)
1989. 2.	헝가리와 수교
3.	문익환 목사 방북 사건
11.	폴란드와 수교
1990	소련과 수교
1991. 9.	남북한 유엔 동시 가입
12. 9.	국제 노동 기구(ILO) 가입
12. 13.	남북 기본 합의서 채택
12. 31.	한반도 비핵화 선언
1992. 8. 24.	중국과 수교
12. 22.	베트남과 수교

시기	〈문민 정부〉 김영삼 정부
1993. 3.	북한, NPT(핵 확산 금지 조약) 탈퇴
8.	금융 실명제 실시
1994. 9.	북미 제네바 회담(한반도 핵 문제의 전면적 해결을 위한 협상)
1995. 3. 9.	KEDO(한반도 에너지 개발 기구) 설립
3. 20.	부동산 실명제법 공포
8. 15.	조선 총독부 청사 철거 시작
1996. 3.	학교 운영 위원회 설치
12.	OECD(경제 협력 개발 기구) 가입
1997. 12.	외환 위기(IMF의 구제 금융 지원)

시기	〈국민의 정부〉 김대중 정부
1998. 11.	금강산 관광 시작(해로)
1999. 6. 15.	제1차 연평 해전
9. 29.	동티모르 평화 유지군 상록수 부대 창설(10. 4. 출국, 10. 22. 작전 시작)
2000. 6. 15.	6·15 남북 공동 선언(제1차 남북 정상 회담)
8.	개성 공단 조성 합의
9.	경의선 복구 작업 착공(2003. 6. 14. 경의선 연결식 개최)
2002. 6. 29.	제2차 연평 해전

시기	〈참여 정부〉 노무현 정부
2003. 6.	개성 공단 착공(2004. 6. 개성 공단 시범 단지 완공)
2007. 10. 4.	10·4 남북 공동 선언(제2차 남북 정상 회담)

시기	2008~2013 이명박 정부
2010. 3.	천안함 피격 사건
11.	연평도 포격 사건

시기	2013~2017 박근혜 정부
2017	박근혜 대통령 탄핵

시기	2017~2022 문재인 정부
2018. 4. 27.	판문점 선언

01 대한민국 정부 수립과 6·25 전쟁

☐ 1 회독   월   일
☐ 2 회독   월   일
☐ 3 회독   월   일
☐ 4 회독   월   일
☐ 5 회독   월   일

단권화 MEMO

01 광복 직후의 국내 정세

(1) 광복 직전의 건국 준비 활동

① 국외의 건국 준비 활동: 국내외에서 민족의 독립을 쟁취하기 위하여 노력하던 우리 민족은 제2차 세계 대전에서 일본의 패전을 확신하고 건국을 준비하였다.

　㉠ 대한민국 임시 정부

　　• 「대한민국 건국 강령」 제정·공포(1941): 민족주의 계열의 독립운동 단체들을 한국 독립당으로 통합하여 그 지지 기반을 강화한 후, 보통 선거를 통한 민주 공화국의 수립을 규정한 「대한민국 건국 강령」을 제정·공포하였다.

　　• 정부 체제의 개편: 조선 민족 혁명당의 지도자들을 받아들여 정부의 체제를 개편하였으며, 김원봉 중심의 조선 의용대 일부를 흡수하여 한국광복군을 보강하고, 항일 전쟁을 더욱 적극적으로 전개하였다.

■ 「대한민국 건국 강령」
임시 정부의 기초 정당인 한국 독립당에서 조소앙의 삼균주의(三均主義)에 따라 정치·경제·교육의 균등을 규정하였다.

〈주요 내용〉
• 삼균 제도를 골자로 하는 헌법의 실시
• 경자유전(耕者有田)의 원칙에 따른 토지 제도 구상
• 보통 선거 제도와 의무 교육의 실시
• 정치·경제·교육의 균등 실시

사료　대한민국 임시 정부의 건국 강령

❶ 구성: 총강(總綱)·복국(復國)·건국(建國)의 3장 24개 항

• 제1장 총강: 민족의 과거 내력과 민족 국가 건설에 대한 방향을 제시하였다.
• 제2장 복국: 독립운동의 단계와 임무를 규정하였다.
• 제3장 건국: 광복 후 건설할 국가의 정체(政體)는 '민주 공화국(民主共和國)'이고, '균등 사회(均等社會)'를 실현한다는 전제하에 이를 위한 구체적이고 세부적인 방안들을 정리하였다.

❷ 제3장 건국

삼균 제도를 골자로 한 헌법을 실시하여 정치·경제·교육의 민주적 시설로 실제상 균형을 도모하며, 전국의 토지와 대생산 기관의 국유가 완성되고, 전국의 학령 아동 전체가 고급 교육의 무상 교육이 완성되고, 보통 선거 제도가 구속 없이 완전히 실시되어 …… 개인 간·민족 간·국가 간 균등을 추구한다.

　㉡ 조선 독립 동맹(1942): 중국 화북 지방의 사회주의 계열 독립운동가들도 민주 공화국의 수립을 강령으로 내세우고 건국 준비에 나섰다.

사료　조선 독립 동맹의 강령

본 동맹은 조선에 대한 일본 제국주의의 지배를 전복(顚覆)하고 독립 자유의 조선 민주 공화국을 수립할 목적으로 다음 임무를 실현하기 위하여 싸운다.
1. 전 국민의 보통 선거에 의한 민주 정권의 수립
2. 국민 의무 교육 제도를 실시하고, 이에 필요한 경비는 국가가 부담하는 것으로 함

② 국내의 건국 준비 활동

　　㉠ 조선 건국 동맹 조직(1944): 일제의 가혹한 탄압 속에서도 여운형을 중심으로 일부의 지도자들이 조선 건국 동맹을 조직하고, 일제 타도와 민주주의 국가 건설을 추구하였다.

　　㉡ 조선 건국 준비 위원회 조직(1945): 조선 건국 동맹은 해방 직후 조선 건국 준비 위원회로 개편되고 본격적인 건국 작업에 착수하였다.

> **사료** 　조선 건국 동맹의 여운형이 조선 총독에게 요구한 5개 조항
>
> 1. 정치·경제범을 즉시 석방할 것
> 2. 3개월분 식량을 확보할 것
> 3. 조선인의 치안 유지와 건국 운동을 위한 정치 활동에 대하여 절대로 간섭하지 말 것
> 4. 학생과 청년을 조직·훈련하는 데 간섭하지 말 것
> 5. 노동자와 농민을 건국 사업에 동원하는 데 절대로 간섭하지 말 것

③ 건국 준비 활동의 공통성: 국내외를 불문하고 독립운동을 추진하던 민족 지도자들은 일제의 패망 후 민주 공화국을 수립한다는 데 뜻을 같이 하였다.

> **바로 확인문제**
>
> ● 빈칸에 들어갈 인물에 대한 설명으로 가장 옳은 것은?　　　　　　　16. 서울시 7급
>
> > 　　　　은(는) 조선 총독에게 정치·경제범의 즉시 석방, 서울의 3개월분 식량 확보, 치안 유지 등을 위한 정치 운동·학생 및 청년 활동·노동자와 농민 동원 등에 대한 불간섭 등을 요구하였다.
>
> ① 만주 길림시에서 의열단을 조직하여 일본을 무너뜨리고 '민중적 조선'을 건설하는 것을 목표로 민족 투쟁을 벌였다.
> ② 김규식과 함께 좌우익의 대표로서 10인의 좌우 합작 위원회를 구성하여 남북한 통일 정부 수립 운동을 벌였다.
> ③ 단독 정부 수립 운동에 반대하며 분단을 막고 통일 정부 수립을 위하여 북한에 남북 지도자 연석 회의를 제안하였다.
> ④ 좌우 협력의 민족 운동인 신간회 운동을 주도한 인물 중 한 사람으로 조선학 운동을 통해 민족 문화 수호에 앞장섰다.

(2) 8·15 광복

1945년 8월 15일, 우리 민족은 일제의 지배로부터 벗어나 광복을 맞이하게 되었다. 우리 민족의 광복은 미국·영국·중국·소련 등 연합군이 승리한 결과이기도 하지만, 우리 민족이 국내외에서 줄기차게 전개해 온 독립 투쟁의 결실이었다.

▲ 8·15 광복

단권화 MEMO

■ 기타 정당의 활동

정당	인물	활동 내용
한국 민주당	송진우, 김성수	민족주의 우파 세력 중심. 임시 정부 지지. 미군정에 적극 참여
독립 촉성 중앙 협의회	이승만	이승만을 중심으로 한국 민주당, 국민당, 조선 공산당을 비롯한 2백여 개 단체가 모여 구성한 협의체로, 독립 쟁취를 위하여 공동 투쟁·공동 노선을 취할 것을 결의함
한국 독립당	김구	통일 정부 수립을 위한 활동 전개
국민당	안재홍	중도 우파, 신민주주의 및 신민족주의 표방
조선 인민당	여운형	중도 좌파, 좌우 합작 운동 전개

|정답해설| 제시된 내용은 '여운형'이 해방 직전 조선 총독에게 요구한 사항들이다. 여운형은 1944년 조선 건국 동맹을 조직하였고, 해방 직후 안재홍과 함께 조선 건국 준비 위원회를 설립하였다. 이후 미군정의 지원을 받아 김규식과 함께 좌우 합작 운동을 주도하였으나 1947년 7월 혜화동에서 암살되었다.

|오답해설|
① 김원봉은 1919년 만주 지린(길림)에서 의열단을 조직하였다.
③ 김구는 통일 정부를 수립하기 위해 북한에 남북 지도자 연석 회의를 제안하였다.
④ 안재홍은 신간회 운동을 주도하였고, 정인보 등과 함께 조선학 운동을 추진하였다.

|정답| ②

(1) 열강의 한국 독립 논의

① 카이로 회담(1943. 11.): 미국·영국·중국 3국의 수뇌는 카이로 회담에서 한국 인민의 노예 상태에 유의하여 적당한 시기에 한국을 독립시킬 것을 결의하였다.

② 포츠담 선언(1945. 7.): 카이로 회담의 결의를 포츠담 선언에서도 재확인하였다. 이렇듯 우리나라의 독립은 이미 국제 사회에서 약속된 것이었다.

■ **얄타 회담(1945. 2.)**

미국·영국·소련 3국 수뇌는 얄타 협정을 체결하여 소련의 대일전 참전을 결정하였다. 소련군이 대일 전쟁에 참전하자 미국은 소련군의 점령 지역이 과도하게 확대되는 것을 방지하기 위하여 소련에 북위 38도선을 경계로 일본군의 무장을 해제시킬 것을 제의하였으며, 소련이 이에 동의하였다. 한편이 회담에서 미국의 루스벨트 대통령이 20~30년간의 신탁 통치안을 처음으로 제안하였다고 알려져 있다.

사료   카이로 선언(1943. 12. 1.)

3대 동맹국은 해로와 육로, 항공로로 야만적인 적국에 대하여 끊임없는 압박을 가할 결의를 표명하였다. 이 압박은 이미 증대하고 있다. 3대 동맹국은 일본의 침략을 정지시키고 이를 벌하기 위하여 지금 전쟁을 속행하고 있다. 위 동맹국은 자국을 위하여 하등 이익을 요구하는 것이 아니며 또 영토를 확장할 아무런 생각도 가지고 있지 않다. 위 동맹국의 목적은 일본국으로부터 1914년 제1차 세계 대전 이후 일본이 탈취하고 또는 점령한 태평양의 도서를 일체 박탈할 것과 만주·타이완 및 펑후 제도와 같이 일본국이 중국인으로부터 훔친 일체의 지역을 중화민국에 반환함에 있고, 일본은 또 폭력과 탐욕에 의하여 약탈한 다른 일체의 지역으로부터 구축될 것이다. 앞의 3대국은 조선 인민의 노예 상태에 유의하여 적당한 시기에 조선이 자유 독립할 것을 결의한다.

사료   포츠담 선언(1945. 7.)

1. 우리들 합중국 대통령, 중화민국 정부 주석 및 대영국 수상은 우리들의 수억 국민을 대표하여 협의한 결과, 일본국에 대하여 이번 전쟁의 종결을 위한 기회를 주는 데에 의견이 일치되었다.
6. 우리들은 무책임한 군국주의가 세계에서 구축될 때까지는 평화, 안전, 정의의 신질서가 생길 수 없다고 주장하는 까닭에, 일본국 국민을 기만하여 그들로 하여금 세계 정복에 나서는 과오를 범하게 한 자의 권력과 세력은 영구히 제거되지 않을 수 없다.
7. 이와 같은 신질서가 건설되고 일본의 전쟁 수행 능력이 파괴되었다는 확인이 있기까지는 우리가 여기에 지적하는 기본적 목적을 확실히 달성하기 위해, 연합국이 지정한 일본 영역 내의 지점들은 점령될 것이다.
8. 카이로 선언의 모든 조항은 이행될 것이며, 일본의 주권은 혼슈·홋카이도·규슈·시코쿠와 우리가 결정하는 부속 도서로 한정한다.
12. 전기의 목적들이 달성되고, 또 일본 국민이 자유로이 표현하는 의사에 따라 평화적 경향을 갖고도 책임 있는 정부가 수립될 때에는 연합국의 점령군은 즉시 일본에서 철수할 것이다.

(2) 국토의 분단

① 민족 독립운동의 의의

　㉠ 8·15 광복은 온 민족이 일제의 지배에 맞서서 투쟁해 온 결실이었기 때문에 수많은 사람의 희생과 헌신은 민족 운동사의 위대한 업적으로 남게 되었다.

　㉡ 민족의 독립을 되찾기 위한 노력은 정치·경제·사회·문화·외교 등 모든 영역에 걸쳐 지속적으로 전개되었다.

　㉢ 독립운동의 방법도 무장 투쟁, 외교 활동, 민족 문화 수호 운동 또는 민족 실력 양성 운동 등으로 전개되었다.

　㉣ 이처럼 줄기차게 전개된 민족 독립운동이 국내외에 널리 알려짐에 따라 국제적으로도 우리 민족의 독립 국가 수립은 당연히 이루어져야 하는 것으로 여겨졌다.

② 38도선의 확정 : 우리나라는 감격적인 광복을 곧바로 독립으로 이어 가지 못하였다. 일본군의 무장 해제를 이유로 미소 양군이 북위 38도선을 경계로 하여 한반도의 남과 북에 각각 진주하였기 때문이다.

▲ 북위 38도선 표지판

③ 군정의 실시 : 남한에 주둔한 미군은 곧 군정을 실시하면서 친미적인 우익 정부의 수립을 후원하였다. 북한에서도 소련군과 공산주의자들이 중심이 되어 민족주의 계열의 인사들을 숙청하고, 공산주의 정권을 수립하기 위한 기반을 닦아 나갔다.

④ 민족 분단의 고착화 : 우리 민족은 스스로의 능력이나 의지와는 관계없이 자주독립의 통일 국가를 수립하지 못하고 민족 분단의 비극을 맞게 되었다.

사료　국토 분단의 배경

「일본국 대본영 일반 명령 제1호」(1945. 9. 2.)

1. 만주·북위 38도선 이북의 한국, 사할린, 쿠릴 열도에 있는 일본군은 소련 극동군 사령관에게 항복할 것
1. 일본국과 일본국 본토에 인접한 여러 소국, 북위 38도선 이남의 한국, 류큐 제도 및 필리핀 제도에 있는 일본군은 미합중국 태평양 육군 부대 최고 사령관에게 항복할 것
1. 위에 지정한 각 지휘관만이 항복을 수락할 권한이 부여된 연합국 대표이며, 모든 일본국 군대는 이 지휘관 또는 그 대표자에게만 항복할 것

바로 확인문제

● 다음 선언문을 발표한 회담과 관련한 설명으로 옳은 것은?　　　16. 국가직 7급

우리 동맹국은 일본이 제1차 세계 대전 이후에 탈취하거나 점령한 태평양의 도서 일체를 박탈할 것과 만주, 팽호도와 같이 일본이 청국에게서 빼앗은 지역을 모두 중화민국에 반환할 것을 목표로 한다. …… 그리고 우리 세 나라는 현재 한국 국민이 노예 상태하에 있음을 유의하여 적당한 시기에 한국을 자주·독립 국가로 할 결의를 가지고 있다.

① 회담 당사국은 미국, 영국, 소련이었다.
② 4개국에 의한 최장 5개년의 한반도 신탁 통치를 결정하였다.
③ 회담의 영향으로 임시 정부가 건국 강령을 발표하였다.
④ 제2차 세계 대전 중 최초로 한국의 독립을 국제적으로 보장하였다.

(3) 광복 이후 남북한의 정세

① 조선 건국 준비 위원회(1945. 8. 15.)와 조선 인민 공화국의 성립
　㉠ 광복 직후 조선 건국 동맹의 여운형(중도 좌익)을 중심으로, 안재홍 등의 우익이 참여하여 조선 건국 준비 위원회가 조직되었다. **조선 건국 준비 위원회는 완전한 독립과 진정한 민주주의 확립을 목표로 치안대를 조직**하고, 전국에 145개 지부를 설치하였다.

사료　조선 건국 준비 위원회 강령

조선 전 민족의 총의(總意)를 대표하여 이익을 보호할 만한 완전한 새 정권이 나와야 하며 이러한 새 정권이 확립되기까지의 일시적 과도기에 있어서 본 위원회는 조선의 치안을 자주적으로 유지하며 한걸음 더 나가 조선의 완전한 독립 국가 조직을 실현하기 위하여 새 정권을 수립하는 산파적인 사명을 다하려는 의도에서 아래와 같은 강령을 내세운다.

[강령]
우리는 완전한 독립 국가의 건설을 기함
우리는 전 민족의 정치적, 경제적, 사회적 기본 요구를 실현할 수 있는 민주주의적 정권의 수립을 기함
우리는 일시적 과도기에 있어서 국내 질서를 자주적으로 유지하며 대중 생활의 확보를 기함

단권화 MEMO

|정답해설| 제시된 선언문은 1943년 카이로 회담에서 발표한 선언문이다. 카이로 회담에서는 최초로 우리나라의 독립을 국제적으로 보장하였다.

|오답해설|
① 카이로 회담 당사국은 미국, 영국, 중국이었다.
② 1945년 12월에 개최된 모스크바 3국 외상 회의에 대한 설명이다.
③ 대한민국 임시 정부가 건국 강령을 발표한 것은 1941년이다.

|정답| ④

■ 건국 준비 위원회 조직의 의의

건국 준비 위원회(이하: 건준위)는 해방을 맞아 중요한 역할을 하였다. 해방이 되었을 때 국외 독립운동 세력은 너무 멀리 떨어져 있었고, 연합국의 대한(對韓) 정책 때문에 일찍 입국하기가 어려웠다. 김구와 김규식을 수반으로 한 대한민국 임시 정부는 중국 충칭에 있었고, 김두봉을 대표로 한 조선 독립 동맹도 중국 연안에 있었다. 만주에서 활동했던 빨치산은 소련의 하바롭스크 부근에 있었다. 만일 건준위가 조직되어 국내 곳곳에서 자주적으로 건국 활동을 하지 않았더라면 한국은 미국이 주장한 대로 신탁 통치를 받아 마땅하다는 논리에 대답하기가 쉽지 않았을 것이다.
서중석, 『사진과 그림으로 보는 한국 현대사』

ⓒ 연합군에게 정부로 인정받기 위하여 이승만을 주석, 여운형을 부주석, 허헌을 국무총리로 하는 **조선 인민 공화국**을 선포하고, 발전적으로 해체하였다(1945. 9. 6.). 그러나 실권은 조선 공산당을 재건한 박헌영이 장악하여 좌익 정부나 다름없었다.

ⓒ 1945년 9월 9일 주한 미육군사령관 하지(John R. Hodge) 중장은 아베 노부유키 조선 총독으로부터 정식으로 항복 문서를 접수하였다. 이어 9월 12일 하지 중장은 아놀드(A. V. Arnold) 소장을 군정 장관에 임명한 뒤, 20일 군정청의 성격·임무·기구 및 국·과장급 인사를 발표함으로써 남한에 본격적인 미군정 통치가 시작되었다. 미군정은 조선 인민 공화국을 정부로 인정하지 않았고, 친미적인 우익 정부의 수립을 지원하기 위해 한국 민주당 인사들과 긴밀하게 접촉하였다.

ⓔ 한국 민주당은 대한민국 임시 정부의 법통을 계승하려 한 반면(임시 정부 봉대론) 미군정은 중국과 친밀하고 민족주의적 성격을 지닌 임시 정부를 인정하지 않았다. 이에 주석인 김구의 귀국도 개인 자격으로만 허용하였다.

> **사료** 아놀드 미군정 장관의 조선 인민 공화국 부인 성명
>
> 북위 38도 이남의 조선에는 오직 한 정부가 있을 뿐이다. 이 정부는 맥아더 원수의 포고와 하지 중장의 명령과 아놀드 소장의 행정령에 의하여 정당히 수립된 것이다. 이는 아놀드 군정 장관과 군정관들이 엄선하고 감독하는 조선인으로 조직된 정부로서 행정 각 방면에 있어서 절대의 지배력과 권위를 가졌다. 자천자임(自薦自任)한 '관리'라든가 '경찰'이라든가 '국민 전체를 대표'하였노라는 대소 회합이라든가 (자칭) '조선 인민 공화국'이든가 (자칭) '조선 공화국 내각'은 권위와 세력과 실재가 전연 없는 것이다.

ⓜ 1945년 10월에 귀국한 이승만은 **독립 촉성 중앙 협의회**를 결성하고, '선 좌우익 통합, 후 친일파 제거'를 주장하였다.

ⓗ 한국 사정에 어두웠던 미군정은 총독부 체제를 그대로 유지하고, 친일파를 존속시켰다.

② 북한의 정세: 소련군의 진주로 자주적으로 독립 국가를 수립하려던 민족주의 인사들의 활동이 금지되었으며, 그 대신 소련군과 함께 북한에 들어온 김일성 등 공산주의자들을 중심으로 정치 활동이 전개되었다.

(4) 신탁 통치 문제*

*신탁 통치 문제

모스크바 3국 외상 회의의 결정 내용을 알아 두도록 한다.

① 모스크바 3국 외상 회의(1945. 12.)

ⓐ 38도선을 경계로 남과 북에 미군과 소련군의 군정이 실시되는 가운데 미국·영국·소련 3국의 외상은 모스크바에서 회의를 열어 한반도 문제를 협의하였다.

ⓑ 이 회의에서 한국에 임시 민주 정부를 수립하기 위하여 미소 공동 위원회를 설치하고, 한국을 최고 5년 동안 미·영·중·소 4개국의 신탁 통치하에 두기로 결정하였다.

> **사료** 모스크바 3국 외상 회의 결정서(1945. 12.)
>
> 1. 조선을 독립 국가로 재건하기 위하여 조선 민주주의 임시 정부를 수립하여 이로써 조선의 산업·교통·농업 발전과 민족의 문화 향상을 도모하게 할 것이다.
> 2. 조선에 민주적인 임시 정부 수립을 실현하며, 이에 대한 방침을 강구하기 위하여 남조선의 미국군 사령부 대표와 북조선의 소련군 사령부 대표로서 공동 위원회(共同委員會)를 설치한다. 이 위원회는 조선의 민주적 제(諸) 정당 및 사회단체들과 협의한다. 이 위원회의 건의는 미·소·영·중 4개국 정부에 제출되어 검토된 후 미소 양(兩) 정부가 최종 결정한다.

3. 위 공동 위원회는 조선 민주주의 임시 정부를 기타 각 민주주의 단체와 협력하여 조선을 정치적·사회적 및 경제적으로 발전시키며, 민주주의적 자치 정부를 수립하여 독립 국가로 육성시키는 데 사명이 있다. 공동 위원회의 제안은 조선 임시 정부와 타협한 후 미·영·중·소 정부에 제출하여 최고 5년간의 4개국 조선 신탁 통치에 관한 협정을 할 것이다.
4. 남한 및 북한에 관한 긴급 문제의 심의를 위하여 남한의 미군 사령부와 북한의 소련군 사령부 사이에 행정·경제 분야에서 부단한 협력을 확립하기 위한 방법을 검토하기 위하여 미소 점령 사령관의 대표로 구성되는 공동 위원회(共同委員會)를 2주일 내에 개최한다.

② 신탁 통치안의 결정
　ㄱ 신탁 통치안의 성격 : 신탁 통치는 강대국이 독립할 능력이 없는 나라를 일정 기간 통치하는 것인데, 실제로 우리 민족에게는 식민지 지배와 크게 차이가 없는 것이었다. 그러므로 모스크바 3국 외상 회의에서 한반도 신탁 통치 결정은 우리 민족에게는 모욕으로 생각될 수밖에 없었다.
　ㄴ 반탁 운동의 전개 : 이 소식이 국내에 전해지자 전국적으로 신탁 통치 반대 운동이 치열하게 전개되었으며, 이는 제2의 광복 운동과 같은 성격을 띠었다. 특히 김구를 비롯한 임시 정부 세력은 조직적인 반탁 운동을 전개하려는 목적에서 탁치(신탁 통치) 반대 국민 총동원 위원회를 결성하였다(1945. 12. 28.).
　ㄷ 좌우익의 대립 : 처음에는 좌익 세력도 신탁 통치에 반대하였다. 하지만 박헌영이 소련과 협의한 후 신탁 통치의 본질이 임시 정부 수립에 있다고 판단하고 모스크바 3국 외상 회의의 결정을 받아들이기로 하였다.

○ 좌우익의 대립

좌익 세력의 통일 전선 (민주주의 민족 전선)	• 일시 : 1946년 2월　• 주체 : 조선 공산당, 조선 인민당, 독립 동맹(조선 신민당) 등 • 인물 : 임시 정부 세력에서 이탈한 김원봉, 성주식, 김창숙, 장건상 등 • 목적 : 조선 민족의 완전한 독립 달성과 민주주의 정권 수립을 위시하여 …… 역사적 임무를 달성하기 위해 조직(규약 제2조) • 성격 : 조선 인민 공화국의 후신
우익 세력의 통일 전선 (비상 국민 회의)	• 일시 : 1946년 2월　• 주체 : 임시 정부 세력 중심(김구, 이승만) • 모체 : 비상 정치 회의 주비회(1월 20일) • 목적 : 우익의 통일 전선 구축 • 주장 : 좌우익의 연립을 요구하고 반탁을 중심으로 모든 정당이 통일할 것을 주장

사료　반탁 시위 대회 선언문

카이로 선언, 포츠담 선언과 국제 헌장으로 세계에 공약한 한국의 독립은 이번에 모스크바에서 열린 3국 외상 회의의 신탁 관리 결의로써 수포로 돌아갔으니, 다시 우리 3,000만 명은 영예로운 피로써 자주독립을 이루지 않으면 안 될 단계에 들어섰다. / 동포! …… 완전한 자주독립을 이루는 날까지 3,000만 전 민족은 최후의 피 한 방울이 다하도록 항쟁할 것을 선언한다.

심화　해방 직후 좌익과 우익 정당

❶ 좌익(사회주의 계열)
• 조선 공산당(박헌영, 조선 공산당 산하에 노동 조직인 조선 노동조합 전국 평의회와 농민 조직인 전국 농민 조합 총연맹이 존재함)
• 남조선 신민당(백남운, 조선 신민당 남조선 분국)
• 조선 인민당(여운형, 중도 좌파, 좌우 합작 추진)
→ 좌익 3당은 1946년 11월 통합하여 남조선 노동당이 되었다. 이 과정에서 여운형은 참가하지 않았다.

❷ 우익(민족주의 계열)
- 한국 민주당(김성수·송진우 계열, 대지주 출신, 도시 부유층 출신, 특히 많은 친일 세력들이 가담함)
- 독립 촉성 중앙 협의회(이승만 계열)
- 한국 독립당(김구 계열 임시 정부 세력)
- 조선 국민당(안재홍, 신민족주의, 신민주주의, 중도 우파)

|정답해설| 제시된 내용은 1945년 12월에 개최된 모스크바 3국(미, 영, 소) 외상(외무 장관) 회의의 결과이다. 신탁 통치는 1945년 2월 얄타 회담에서 최초로 논의되었다.

|정답| ③

바로 확인문제

● 〈보기〉의 결정을 내린 회의에 대한 설명으로 가장 옳지 않은 것은?   18. 서울시 7급

┤ 보기 ├

- 첫째, 한국을 독립 국가로 재건하기 위해 민주주의 임시 정부를 수립한다.
- 둘째, 한국 임시 정부 수립을 위해 미소 공동 위원회를 설치한다.
- 셋째, 미국, 영국, 중국, 소련의 4개국이 공동 관리하는 최고 5년 기한의 신탁 통치를 시행한다.

① 1945년 12월 모스크바에서 개최하였다.
② 미국, 영국, 소련 세 나라의 외무 장관이 참석하였다.
③ 한국의 신탁 통치에 대하여 처음 국제적으로 논의하였다.
④ 이 회의의 결정 소식은 국내 좌우익의 극심한 분열을 일으켰다.

(5) 미소 공동 위원회와 좌우 합작 운동*

① 제1차 미소 공동 위원회(1946. 3.)
  ㉠ 반탁 운동이 거세게 일어나는 가운데 미국과 소련은 서울에서 미소 공동 위원회를 열었으나 처음부터 난항에 직면하였다.
  ㉡ 소련의 입장: 소련은 신탁 통치 결정을 지지하는 정치 단체만을 미소 공동 위원회와의 협의 대상으로 참여시키자고 주장하였다. 소련의 주장은 신탁 통치를 지지하는 공산당만을 임시 정부 수립에 참여시키려는 의도였다.
  ㉢ 미국의 입장: 미국은 모든 정치 단체를 참여시켜야 한다고 주장하였다.
② 이승만의 정읍 발언(1946. 6. 3.): 제1차 미소 공동 위원회가 결렬(1946. 5.)되자 이승만은 남한만의 단독 정부 수립을 공식적으로 주장하였다.

사료   정읍 발언

이제 우리는 무기 휴회된 공위(共委)가 재개될 기색도 보이지 않으며 통일 정부를 고대하나 여의케 되지 않으니 남방만이라도 임시 정부 혹은 위원회 같은 것을 조직하여 38선 이북에서 소련이 철퇴되도록 세계 공론에 호소하여야 될 것이니 여러분도 결심하여야 될 것이다. 그리고 민족 통일 기관 설치에 대하여 지금까지 노력하여 왔으나 이번에는 우리 민족의 대표적 통일 기관을 귀경한 후 즉시 설치하게 되었으니 각 지방에서도 중앙의 지시에 순응하여 조직적으로 활동하여 주기 바란다.

③ 좌우 합작 운동(1946. 7.)
  ㉠ 이승만의 정읍 발언 이후 단독 정부 수립 운동이 일어나자 여운형, 김규식 등을 중심으로 좌우 합작 위원회를 조직하였다. 미군정도 좌우 합작 위원회를 지원하였다.
  ㉡ 좌우 합작 위원회는 1946년 10월 좌우 합작 7원칙을 발표하였으나 조선 공산당 및 한국 민주당의 강력한 반발로 별다른 성과를 거두지 못하였다.

1. 조선의 민주 독립을 보장한 삼상 회의 결정에 따라 남북을 통한 좌우 합작으로 민주주의 임시 정부를 수립할 것
2. 미소 공동 위원회 속개를 요청하는 공동 성명을 발표할 것
3. 토지 개혁에 있어서 몰수, 유조건 몰수, 체감매상(遞減買上, 토지 소유주의 소유 면적에 따라 토지 할인율 등급을 달리 적용해 사들이는 일) 등으로 토지를 농민에게 무상으로 나누어 주며, 시가지의 기지와 큰 건물을 적정 처리하며, 중요 산업을 국유화하며, 사회 노동 법령과 정치적 자유를 기본으로 지방 자치제의 확립을 속히 하며, 통화와 민생 문제 등등을 급속히 처리하여 민주주의 건국 과업 완수에 매진할 것
4. 친일파 민족 반역자를 처리할 조례를 본 합작 위원회에서 입법 기구에 제안하여 입법 기구가 심리 결정하여 실시케 할 것
5. 남북을 통하여 현 정권하에 검거된 정치 운동가의 석방에 노력하고 아울러 남북 좌우의 테러 행동을 일절 즉시로 제지토록 노력할 것
6. 입법 기구에서는 일체 그 권능과 구성 방법 운영에 관한 대안을 본 합작 위원회에서 작성하여 적극적으로 실행을 기도할 것
7. 전국적으로 언론, 집회, 결사, 출판, 교통, 투표 등 자유를 절대 보장되도록 노력할 것

ⓒ 미군정이 1946년 12월 좌우 합작 위원회와 한국 민주당을 결합하여 남조선 과도 입법 의원(의장 – 김규식)을 구성하자 여운형 등은 위원회를 탈퇴하였다.

ⓔ 1947년 2월 행정부의 최고 책임자인 민정 장관에 안재홍이 취임하였으며, 6월 군정법령 제141호에 따라 38선 이남 지역의 입법·사법·행정 각 부문의 모든 행정 기관을 '남조선 과도 정부'라 부르게 되었다. 7월에는 미국에 거주하던 서재필이 귀국하여 과도 정부의 고문인 한미 최고 의정관에 취임하였으나 별다른 성과를 얻지 못하였다.

ⓜ 결과: 1947년부터는 미국이 소련에 대한 봉쇄 정책으로 입장이 전환되면서 합작 운동이 난관에 빠지게 되었다.

④ 제2차 미소 공동 위원회(1947. 5.)
　ⓐ 1947년 트루먼 독트린이 발표되면서 미소 간 갈등과 냉전이 시작되었다.
　ⓑ 이승만은 미국에서 단독 정부의 수립을 주장하였고, 미국 국무성도 단독 정부의 수립을 시사한 후 제2차 미소 공동 위원회도 사실상 결렬되었다(1947. 10. 21.).
　ⓒ 미국이 제의한 미·영·중·소 4개국 회의에 대해 소련이 거부하였다.
　ⓓ 두 차례의 미소 공동 위원회 회의는 미국과 소련 간의 서로 다른 주장으로 끝내 아무런 합의도 얻지 못한 채 결렬되고 말았다.

바로 확인문제

● **(가)에 대한 설명으로 옳은 것은?**　　　　　　　　21. 지방직 9급

> 1945년 12월 모스크바에서 미국, 소련, 영국의 외무 장관들은 한국 문제를 논의하였다. 이 회의에서 미국, 소련, 영국, 중국이 최장 5년간 신탁 통치를 시행한다는 합의가 이루어졌다. 또 미국과 소련이　(가)　를/을 개최해 민주주의 임시 정부 수립 문제에 대해 논의하기로 했다. 이 합의에 따라 1946년 3월 서울에서　(가)　가/이 시작되었다.

① 미소 양측의 의견 차이로 결렬되었다.
② 조선 건국 준비 위원회를 조직하는 성과를 냈다.
③ 민주 공화제를 핵심으로 한 제헌 헌법을 만들었다.
④ 유엔 감시하의 총선거로 정부를 수립한다는 결정을 내렸다.

■ 트루먼 독트린

1947년 3월 미국 대통령 트루먼이 의회에서 선언한 미국 외교 정책에 관한 원칙이다. 그 내용은 공산주의 세력의 확대를 저지하기 위하여 자유와 독립의 유지에 노력하며, 당시 공산 세력으로부터 직접적 위협에 직면하고 있던 그리스와 터키의 반공(反共) 정부에 대하여 미국의 경제적·군사적 원조가 제공된다는 것이었다. 이때부터 미국과 소련의 냉전이 시작되었다.

|정답해설| 모스크바 3국 외상회의(1945. 12.)의 결정에 따라 (가) 미소 공동 위원회가 두 차례 개최되었다(1차 1946. 3., 2차 1947. 5.). 그러나 미소 공동 위원회와 협의할 정당 및 사회단체에 대한 미국과 소련의 의견 차이로, 회의는 두 차례 모두 결렬되었다.

|정답| ①

● 밑줄 친 '입법 기구'에 대한 설명으로 옳지 <u>않은</u> 것은?   17. 지방직 7급

> 1. 조선의 민주 독립을 보장한 3상 회의 결정에 의하여 남북을 통한 좌우 합작으로 민주주의 임시
>   정부를 수립할 것
> 2. 미소 공동 위원회 속개를 요청하는 공동 성명을 발(發)할 것
> 3. 토지 개혁에 있어 몰수, 유조건 몰수, 체감매상 등으로 토지를 농민에게 ……
> 4. …… 본 합작 위원회에서 <u>입법 기구</u>에 제안하여 <u>입법 기구</u>로 하여금 심리 결정케 하여 실시케
>   할 것 ……

① 입법 의원 의원 선거법을 제정하였다.
② 초대 의장으로 여운형이 선임되었다.
③ 관선과 민선 두 종류의 의원이 있었다.
④ 민족 반역자·부일 협력자·간상배에 대한 특별법을 제정하였다.

심화   **해방 이후 조선 공산당의 활동과 남조선 노동당(남로당)의 설립**

❶ 조선 공산당의 재건

- 박헌영 등 경성콤그룹(화요파) 계열은 1945년 8월 20일 '조선 공산당 재건 준비 위원회'를 결성하였고,
  9월 8일 위원회 중심의 당 재건을 결의하여 사실상 조선 공산당의 창립 대회를 열었다.
- 조선 공산당은 「현 정세와 우리의 임무(8월 테제)」를 발표하였는데, 그 내용은 다음과 같다.
  첫째, 조선의 해방이 소·영·미·중 등 진보적 민주주의 국가에 의해 실현됨으로써 평화적으로 혁명의
  성공이 가능함을 보여 주었다. 둘째, 조선은 부르주아 민주주의 혁명의 단계에 있으므로 민족적 완전
  독립과 토지 문제의 혁명적 해결이 가장 중요한 과제이다. 셋째, 진보적 민주주의 정치를 실시하기 위
  해 노동자·농민이 중심이 되고 도시 소시민과 인텔리켄차의 대표와 기타 모든 진보적 요소가 정견과
  계급과 단체 여하를 막론하고 참여하는 통일 전선을 결성하여 대중이 지지하는 혁명적 인민 정권을 수
  립해야 한다.

❷ 조선정판사 위조 지폐 사건(1946. 5.)

조선 공산당이 남한의 경제 혼란을 틈타 활동 자금 확보 목적으로 조선정판사에서 위조 지폐를 대량으로
제작하여 유통시킨 사건이다. 이 사건으로 조선 공산당에 대한 미군정의 탄압이 시작되었다.

❸ 신전술 발표(1946. 7.)

조선정판사 위폐 사건 이후 미군정의 탄압이 계속되자, 조선 공산당은 미군정과의 협조 노선을 포기하고,
테러, 파업 등 강경 대중 투쟁을 통해 미군정에 압력을 가한다는 신전술을 발표하였다.

❹ 9월 총파업(1946. 9.)

- 조선 공산당 산하 조선 노동조합 전국 평의회(전평)는 극심한 인플레이션, 식량난에 불만을 가진 노동
  자들의 파업을 지도하였다.
- 전국 철도 노동자의 총파업 이후 전신, 체신, 전기, 운송 등 각 산업 부문으로 파업이 확산되자, 미군정
  은 전평 주도 세력을 검거하는 등 강력하게 대응하였다.

❺ 10월 인민 항쟁(대구 10·1 사건, 1946. 10.)

- 전국에서 9월 총파업이 진행되는 가운데, 10월 1일 대구에서 군중과 경찰이 충돌하면서 경찰의 발포
  로 노동자가 사망하는 일이 일어났다. 다음날 시민들이 부청(府廳)과 경찰서를 포위하고 경찰의 사과와
  책임자의 처벌을 요구하며 점거하였다.
- 이후 대구 전역에서 시민들이 경찰과 우파 인물을 공격하여 사망자와 부상자가 대거 발생하였다.

❻ 남조선 노동당의 결성(1946. 11.)

조선 공산당, 남조선 신민당, 조선 인민당이 통합하여 창당되었으며, 여운형은 참여하지 않았다.

● 8·15 광복 직후에 결성된 정당의 중심 인물과 주요 내용을 정리하였다. 이와 관련된 정당을 바르게 연결한 것은?

14. 국가직 9급

> ㉠ 여운형 등이 중심이 되어 결성하였으며, 진보적 민주주의를 표방하면서 좌우 합작을 추진하였다.
> ㉡ 송진우 등이 중심이 되어 결성하였으며, 인민 공화국을 부정하고, 대한민국 임시 정부의 법통을 계승하려 하였다.
> ㉢ 안재홍 등이 중심이 되어 결성하였으며, 신민족주의를 내세워 평등 사회를 건설하려 하였다.

	㉠	㉡	㉢
①	조선 인민당	한국 민주당	한국 독립당
②	조선 신민당	민족 혁명당	한국 독립당
③	조선 신민당	한국 민주당	국민당
④	조선 인민당	한국 민주당	국민당

| 정답해설 | ㉠ 조선 인민당: 여운형, 중도 좌파, 좌우 합작 추진

㉡ 한국 민주당: 김성수·송진우 계열, 대지주 출신, 도시 부유층 출신, 특히 많은 친일 세력이 가담

㉢ (조선) 국민당: 안재홍, 신민족주의, 신민주주의, 중도 우파

| 정답 | ④

● 다음 내용과 관련이 없는 것은?

> • 모스크바 3국 외상 회의 결정에 의해 좌우 합작으로 임시 정부를 수립할 것
> • 몰수·유조건 몰수 등으로 농민에게 토지 무상 분여 및 중요 산업 국유화
> • 친일파, 민족 반역자 처리 문제는 장차 구성될 입법 기구에서 처리할 것
> • 남북 좌우의 테러적 행동을 일체 제지하도록 노력할 것

① 한국 민주당과 조선 공산당은 적극적으로 반대하였다.
② 여운형, 김규식 등이 주도하였다.
③ 위 내용이 발표된 이후 정판사 위폐 사건이 발생하였다.
④ 미군정은 위 자료를 발표한 세력을 지원하였다.

| 정답해설 | 제시된 자료는 1946년 7월에 구성된 좌우 합작 위원회에서 발표한 좌우 합작 7원칙(1946. 10.)이다. 정판사 위폐 사건은 1946년 5월 조선 공산당이 위조 지폐를 제작하다 발각된 사건이다. 이후 조선 공산당은 미군정의 탄압을 받았다.

| 오답해설 |
① 한국 민주당은 토지 개혁 내용에 반발하였고, 조선 공산당은 친일파 처단을 미루는 것에 불만을 가졌다.
② 좌우 합작 위원회는 여운형, 김규식 등 중도 세력이 조직하였으며, 좌우익 간 이견을 중도적 입장에서 조정하려 하였다.
④ 미군정은 이승만 세력이 적극적으로 반탁 운동을 추진하자 이승만을 배제하고 중도 세력을 중심으로 친미 정부를 세우기 위해서 좌우 합작 위원회를 적극적으로 지원하였다.

| 정답 | ③

03 대한민국 정부의 수립

(1) 유엔 한국 임시 위원단의 활동

① 한국 문제의 유엔 총회 상정

㉠ 원인: 미소 공동 위원회가 실패로 돌아가자 미국과 소련은 각기 남북한에서 별도의 정부를 세우는 데 관심을 가졌다.

• 북한의 상황: 소련은 북한에서 공산주의자들에 의한 사실상의 정부를 세워 통치 체제를 확립하였으며, 이를 남한으로 확대하려고 노력하였다. 그러므로 광복 이후 공산당을 중심으로 하는 공산주의 활동은 점점 무력 투쟁의 양상을 띠었다.

• 남한의 상황: 이승만 등의 정치 지도자들은 시급히 독립 국가를 수립하여 모든 국민의 열망을 성취해야 한다고 주장하였다. 한편 좌우 합작 운동을 주도했던 여운형은 1947년 7월 혜화동에서 암살당했다.

■ 유엔 한국 임시 위원단

"남북한의 인구 비례에 따라 남북한 자유 총선거를 실시한다."라는 유엔 총회의 결의에 따라 1948년 1월 한국에 파견되었다. 호주, 프랑스, 캐나다, 중국, 인도, 엘살바도르, 필리핀, 시리아, 우크라이나 등 9개국의 대표 35명으로 구성되었다(우크라이나는 불참). 의장은 인도인 크리슈나 메논이었다.

ⓛ 한반도 문제의 유엔 이관(1947. 9.): 미소 공동 위원회의 결렬로 미국과 소련이 한반도에서 통일 정부를 수립하는 문제에 관해 의견을 달리하게 되자, 미국은 한반도 문제를 유엔에 이관하기로 결정하였다.

② 유엔 한국 임시 위원단의 구성

ⓘ 유엔의 결정
- 유엔은 한반도에서 합법적이고 정통성 있는 정부 수립이 필요하다고 인식하여 남북한 총선거를 결의하였다(1947. 11.).
- 이를 위해 유엔 한국 임시 위원단을 파견하고(1948. 1.), 조속한 시일에 선거를 통하여 통일된 독립 정부를 한반도에 수립하도록 하였다.

ⓛ 소련의 반대: 소련은 남한까지도 공산화하려 했기 때문에 이 제안에 반대하였으며, 유엔 한국 임시 위원단이 북한에 들어오는 것조차 거절하였다.

ⓒ 총선거 실시 결정(1948. 2. 26.): 소련의 반대로 남북한 총선이 불가능해지자, 유엔은 소총회에서 우선 선거가 가능한 지역에서만이라도 총선거를 실시하여 정부를 수립하도록 결정하였다.

사료 유엔 총회의 남북한 총선거 결의(1947. 11.)

총회가 당면하고 있는 한국 문제는 근본적으로 한국민 자체의 문제이며, 그 자유와 독립에 관련된 문제이므로, …… 총회는 한국 대표가 한국 주재 군정 당국에 의하여 지명된 자가 아니라 한국민에 의하여 실제로 정당하게 선출된 자라는 것을 감시하기 위하여 조속히 유엔 한국 임시 위원단을 설치하여 한국에 주재케 하고, 이 위원단에게 한국 전체를 여행·감시·협의할 수 있는 권한을 부여할 것을 결의한다.

사료 유엔 소총회에서 채택된 남한만의 총선거 결의안(1948. 2. 26.)

소총회는 국제 연합 한국 임시 위원단 의장이 표명한 여러 의견을 명심하며, …… 한국 인민의 자유와 독립이 조속히 달성되도록 국제 연합 한국 임시 위원단과 더불어 상의할 수 있을 한국 인민의 대표를 선출하고, 그 한국 인민의 대표가 국회를 구성하여 한국의 중앙 정부를 수립할 수 있도록 선거를 시행함이 긴요하다고 사료하므로, …… **국제 연합 한국 임시 위원단이 접근할 수 있는 지역**에서 결의문 제2호에 기술된 계획을 시행함이 동 위원단에 부과된 임무임을 결의한다.

*남북 협상

김구의 통일 정부 수립 운동과 남북 협상의 내용을 파악해야 한다.

■ 남북 협상

1948년 4월 19일 ~ 30일까지 평양에서 열린 회담이다. 당시 5월 10일 남북의 총선거를 통해 통일 정부를 구성한다는 유엔의 결의를 북한과 소련 측이 반대하자, 남한 단독 선거라도 추진하자는 국제 여론이 점차 지지를 얻었다. 점차 분단이 확정되어 가자 남측의 김구와 김규식이 분단을 막기 위한 마지막 수단으로 평양을 방문하였다. 그러나 김일성은 통일 대신, 북한의 권력 장악을 꿈꾸고 있었기 때문에 아무런 성과를 얻지 못하였다.

③ 남북 협상(1948. 4.)*

ⓘ 남북한에서 총선거를 실시하여 통일 정부를 수립하려는 유엔의 결의는 소련과 공산주의자들이 반대하였기 때문에 남한에서만 선거가 실시될 수밖에 없었다.

ⓛ 이때 김구·김규식·조소앙 등은 남한만의 선거로 단독 정부가 수립되면 남북의 분단이 계속될 것을 우려하여 남북한이 협상을 통해서 통일 정부를 수립하자고 주장하였다. 이에 따라 김구·김규식 등은 남북 협상을 추진하였으나 결국 실패하였다.

ⓒ 통일 국가 수립을 위한 그들의 노력은 미소 간의 냉전 체제하에서는 실현되기 어려운 것이었다.

사료 김구의 통일 정부 수립 주장

조국이 있어야 한국 사람이 있고, 한국 사람이 있어야 민주주의도 공산주의도 무슨 단체도 있을 수 있는 것이다. 그러면 우리의 자주독립적 통일 정부를 수립하려는 이때에 있어서 어찌 개인이나 자기 집단의 사리사욕에 탐하여 국가 민족의 백년대계를 그르칠 자가 있으랴? …… 현실에 있어서 나의 유일한 염원은 3천만 동포가 다 손을 잡고 통일된 조국의 달성을 위하여 공동 분투하는 것뿐이다. 이 육신을 조국이 필요로 한다면 당장에라도 제단에 바치겠다. 나는 통일된 조국을 건설하려다 38선을 베고 쓰러질지언정 일신의 구차한 안일을 위하여 단독 정부를 세우는 데는 협력하지 않겠다.

김구, 「삼천만 동포에게 읍고함」, 1948. 2.

사료 | **남북 협상 이후 발표된 합의문(남북 정당 사회단체 지도자 협의회의 공동 성명서)**

1. 소련이 제의한 바와 같이 외국 군대는 우리 강토로부터 즉시 동시에 철거하는 것이 조선 문제를 해결하는 가장 정당하고 유일한 방법이다.

2. 남·북조선 정당·사회단체 지도자들은 외군이 철거한 이후 내전이 발생할 수 없다는 것을 확인한다. 이들 大 정당·사회단체들 간에 성취된 약속은 우리 조국의 완전한 질서를 수립하는 튼튼한 담보이다.

3. 외국 군대가 철거한 이후에 下記 제 정당들의 공동 명의로 전조선 정치 회의를 소집하여 조선 인민의 각 계각층을 대표하는 민주주의 임시 정부가 즉시 수립될 것이며 국가의 일체 정권과 정치·경제·문화 생활의 일체 책임을 가지게 될 것이다. 이 정부는 그 첫 과업으로서 일반적·직접적·평등적 비밀 투표에 의하여 통일적 조선 입법 기관 선거를 실시할 것이며 선거된 입법 기관은 조선 헌법을 제정하며 통일적 민주 정부를 수립할 것이다.

4. 남조선 단독 선거는 절대로 우리 민족의 의사를 표현하지 못할 것이며, 이 성명서에 서명한 정당·사회단체들은 남조선 단독 선거의 결과를 결코 승인하지 않을 것이며 지지하지 않을 것이다.

사료 | **김구의 '나의 소원'**

네 소원(所願)이 무엇이냐 하고 하느님이 내게 물으시면, 나는 서슴지 않고 "내 소원은 대한 독립(大韓獨立)이오." 하고 대답할 것이다. 그다음 소원은 무엇이냐 하면, 나는 또 "우리나라의 독립이오." 할 것이요, 또 그다음 소원이 무엇이냐 하는 세 번째 물음에도, 나는 더욱 소리를 높여서 "나의 소원은 우리나라 대한의 완전한 자주독립(自主獨立)이오." 하고 대답할 것이다.

동포(同胞) 여러분! 나 김구의 소원은 이것 하나밖에는 없다. 내 과거의 칠십 평생을 이 소원을 위하여 살아왔고, 현재에도 이 소원 때문에 살고 있고, 미래에도 나는 이 소원을 달(達)하려고 살 것이다.

독립이 없는 백성으로 칠십 평생에 설움과 부끄러움과 애탐을 받은 나에게는, 세상에 가장 좋은 것이 완전하게 자주독립한 나라의 백성으로 살아보다가 죽는 일이다. 나는 일찍이 우리 독립 정부의 문지기가 되기를 원하였거니와, 그것은 우리나라가 독립국만 되면 나는 그 나라의 가장 미천(微賤)한 자가 되어도 좋다는 뜻이다.

『백범일지』

바로 확인문제

● 〈보기〉는 해방 후 통일 정부 수립을 위해 노력하던 과정에서 발생한 사건들이다. 시간순으로 바르게 나열한 것은?

19. 2월 서울시 7급

┤ 보기 ├

(가) 미군정의 지원과 대중적 지지 속에 결성된 좌우 합작 위원회는 '좌우 합작 7원칙'을 발표했다.
(나) 서울의 혜화동에서 여운형이 암살되었다.
(다) 이승만은 전라북도 정읍에서 단독 정부를 수립하자고 연설했다.
(라) 미군정은 좌우 합작 위원회와 한민당을 주축으로 남조선 과도 입법 의원을 구성했다.
(마) 모스크바 3국 외상 회의의 결정 사항을 이행하기 위해 제2차 미소 공동 위원회가 재개되었다.

① (가)-(나)-(다)-(라)-(마)
② (가)-(라)-(마)-(나)-(다)
③ (다)-(가)-(라)-(마)-(나)
④ (마)-(가)-(다)-(나)-(라)

|정답해설| 제시된 사건들은 '(다) 이승만의 정읍 발언(1946. 6.) → (가) 좌우 합작 7원칙 발표(1946. 10.) → (라) 남조선 과도 입법 의원 구성(1946. 12.) → (마) 제2차 미소 공동 위원회 개최(1947. 5.) → (나) 여운형 암살(1947. 7.)' 순으로 일어났다.

|정답| ③

● **밑줄 친 '그'에 대한 설명으로 옳은 것은?**　　　　　22. 국가직 9급

> 한국 국민당을 이끌던 <u>그</u>는 독립운동 세력을 통합하고자 한국 독립당을 결성해 항일 운동을 주도하였다. 광복 직후 귀국한 <u>그</u>는 정부 수립을 위한 활동을 이어나갔으며, 남한 단독 선거가 결정되자 김규식과 더불어 남북 협상을 위해 평양을 방문하기도 하였다.

① 좌우 합작 위원회를 구성해 좌우 합작 7원칙을 발표하였다.
② 광복 직후 안재홍 등과 함께 조선 건국 준비 위원회를 만들었다.
③ 무장 항일 투쟁을 위해 하와이로 건너가 대조선 국민 군단을 결성하였다.
④ 모스크바 3국 외상 회의의 결정 사항이 알려지자 신탁 통치 반대 운동을 펼쳤다.

(2) 대한민국 정부의 수립

① **총선거 실시(1948. 5. 10.)**: 유엔의 결의에 따라 남한에서 5·10 총선거가 실시되어 제헌 국회가 구성되었다.
② **헌법 제정(1948. 7. 17.)**: 제헌 국회는 대한민국 임시 정부의 법통을 계승한 민주 공화국 체제의 헌법을 제정하였다.
③ **정부 수립(1948. 8. 15.)**: 제헌 국회에서 이승만을 대통령으로, 이시영을 부통령으로 선출하였다. 대통령 이승만은 정부를 구성하고 대

▲ 대한민국 정부 수립 기념식

한민국 정부 수립을 국내외에 선포하였다. 이후 1948년 12월 개최된 제3차 유엔 총회에서 '대한민국은 유엔 감시하의 선거가 가능하였던 한반도에서 수립된 유일한 합법 정부'임을 공식적으로 승인받았다.

> **사료**　　제헌 헌법의 일부
>
> ❶ **제4장 정부**
> **제1절 대통령**
> 제53조　대통령과 부통령은 국회에서 무기명 투표로써 각각 선거한다.
> 제55조　대통령과 부통령의 임기는 4년으로 한다. 단, 재선에 의하여 1차 중임할 수 있다. 부통령은 대통령 재임 중 재임한다.
>
> ❷ **제6장 경제**
> 제86조　농지는 농민에게 분배하며 그 분배의 방법, 소유의 한도, 소유권의 내용과 한계는 법률로써 정한다.
>
> ❸ **제10장 부칙**
> 제101조　이 헌법을 제정한 국회는 단기 4278년 8월 15일 이전의 악질적인 반민족 행위를 처벌하는 특별법을 제정할 수 있다.
> 제102조　이 헌법을 제정한 국회는 이 헌법에 의한 국회로서의 권한을 행하며 그 의원의 임기는 국회 개회일로부터 2년으로 한다.

(3) 대한민국 정부 수립 전후 국내 정세

정부 수립 초기에는 국내 질서의 확립과 일제의 잔재 청산이 시급한 과제였다.

① 4·3 사건과 10·19 사건

　⊙ 제주 4·3 사건(1948. 4.): 제주도에서 단독 선거 반대 시위가 일어났고, 이를 진압하는
　　　과정에서 수만 명의 인명 피해가 발생하였다.

　ⓛ 여수·순천 10·19 사건(1948. 10.)

　　• 전개: 제주도 4·3 사건을 진압하라는 명령을 받은 제14연대 내 일부 좌익 군인들이
　　　명령을 거부하고 반란을 일으켜 여수·순천 일대를 장악하였다.

　　• 결과: 국군과 경찰이 반란을 진압하는 과정에서 다수의 민중이 사망하였다.

　ⓒ 이승만 정부의 반공 정책 강화: 이승만 정부는 이러한 좌우 갈등을 극복하고 사회 질서
　　　를 확립한다는 명분으로 반공 정책을 강화하였다.

심화　4·3 사건과 10·19 사건

• 1947년 제주도의 3·1절 기념 행진에서 경찰의 발포로 사상자가 발생하자 주민들이 항의 시위를 벌였다.

• 시위자를 검거하는 과정에서 수많은 일반인이 체포되자 미군정에 대한 주민들의 반감이 높아졌고, 제주
도의 좌익 세력은 5·10 총선거를 앞두고 단독 선거 저지와 통일 정부 수립을 내세우면서 봉기하였다
(1948. 4. 3.). 미군정의 무력 진압 시도에도 총선거 당일 3개 선거구 중 2곳에서 선거가 실시되지 못했다.
이러한 저항은 대한민국 정부가 수립된 이후에도 계속되었다(1954년 9월 종결).

• 이승만 정부는 여수에 주둔한 국군 제14연대에 제주도 출동을 명령하였다. 그러나 부대 내의 좌익 세력은
'제주도 출동 반대', '통일 정부 수립' 등의 구호를 내세우고 무장봉기하여 여수와 순천 일대를 장악하였다
(1948. 10. 19.). 그러나 곧 정부군에게 진압되었다. 같은 해 12월 이승만 정부는 대한민국 내의 좌익 세력
을 척결한다는 명목으로 국가 보안법을 제정하였다.

• 제주 4·3 사건과 여수·순천 10·19 사건을 진압하는 과정에서 국가 공권력에 의한 대규모 민간인 학살
이 일어났다. 2000년 '제주 4·3 사건 진상 규명 및 희생자 명예 회복에 관한 특별법'이 제정되었고, 2005
년에는 '진실·화해를 위한 과거사 정리 기본법'이 만들어져 여수·순천 10·19 사건에 대한 조사도 진행
되었다.

② 반민족 행위 처벌법

　⊙ 제정(1948. 9.): 일제 잔재 청산을 위해 제헌 국회에서 반민족 행위 처벌법을 제정하
　　　였다.

　ⓛ 내용: 대한민국 정부 수립 후 친일파 처단을 요구하는 국민적 열망이 고조되어 1948년
　　　8월 헌법 제101조에 의거하여 국회에 '반민족 행위 처벌법 기초 특별 위원회(반민 특
　　　위)'가 구성되고, 9월 22일 법률 3호 반민족 행위 처벌법이 통과되었다. 주요 내용은 일
　　　제 강점기에 친일 행위를 한 사람들을 처벌하고 공민권을 제한하는 것 등이었다.

사료　반민 특위

제9조　반민족 행위를 예비 조사하기 위하여 특별 조사 위원회를 설치한다.
　　　　특별 조사 위원회는 위원 10인으로써 구성한다.
　　　　특별 조사 위원은 국회 의원 중에서 아래의 자격을 가진 자를 국회가 선거한다.
　　　1. 독립운동의 경력이 있거나 절개를 견수하고 애국의 성심이 있는 자
　　　2. 애국의 열성이 있고 학식, 덕망이 있는 자

제3장　특별 재판부 구성과 절차
제19조　본법에 규정된 범죄자를 처단하기 위하여 대법원에 특별 재판부를 부치한다.
제21조　특별 재판관과 특별 검찰관은 아래의 자격을 가진 자 중에서 선거하여야 한다.
　　　1. 독립운동에 경력이 있거나 절개를 견수하고 애국의 성심이 있는 법률가
　　　2. 애국의 열성이 있고 학식, 덕망이 있는 자　　　　　　　　　　대한민국 『관보』

ⓒ 반민 특위의 활동: 이 법에 따라 국회 의원 10명으로 구성된 '반민족 행위 특별 조사 위원회'에서 친일 혐의를 받았던 주요 인사들을 조사하였다.

ⓔ 결과: 반공을 우선시하던 이승만 정부의 소극적인 태도로 친일파 처벌은 좌절되었다.

사료 반민 특위 활동에 대한 이승만의 담화문(1949. 2. 18.)

국회에서는 대통령이 친일파를 옹호한다고 말하며 민심을 선동하고 있다 …… 공산당이 취하는 방식이라고 말할 수 있을 것이다. …… 국회에서는 치안 혼란을 선동하고 있다. 즉, 경찰을 체포하여 경찰의 동요를 일으킴은 치안의 혼란을 조장하는 것이다. …… 과거에 친일한 자를 한꺼번에 숙청하면 좋을 것인데 기나긴 군정 3년 동안에 못한 것을 지금에 와서 단행하면 앞으로 우리나라가 해 나갈 일에 여러 가지 지장이 많을 것이다.

〈서울신문〉

심화 반민족 행위 처벌법과 반민족 행위 특별 조사 위원회

5·10 총선거를 통해 출범한 제헌 국회는 우리 민족의 정기를 바로잡기 위해 1948년 9월 22일 친일파를 처벌하기 위한 반민족 행위 처벌법(반민법)을 제정·공포하였다. 1948년 7월 17일 제정된 헌법 제101조 "국회는 1945년 8월 15일 이전의 악질적인 반민족 행위를 처벌하는 특별법을 제정할 수 있다."라는 조항에 의거하여 반민법이 제정되었다.

이 법의 집행을 위해 김상덕 위원장과 김상돈 부위원장 등 국회 의원으로 구성된 반민족 행위 특별 조사 위원회(반민 특위)가 설치되었고, 친일 혐의를 받았던 주요 인사들의 명단을 작성하여 조사가 이루어졌다. 반민 특위는 반민족 행위자 제1호로 화신 재벌의 총수로 일제 침략 전쟁에 협력한 화신 산업 사장 박흥식을 체포하면서 본격적인 활동을 하였다. 이어 일제 경찰 간부를 지내면서 독립운동가들을 체포·고문한 악질 경찰 노덕술과 김태석·이종형, 이토 히로부미의 수양딸 행세를 하며 밀정 노릇을 한 배정자, 친일 행위를 한 최남선과 이광수, 문명기, 이성근 등을 구속하였다.

이에 대해 이승만 정부가 불만을 표시하던 중 국회 프락치 사건(1949), 경찰의 반민 특위 습격 사건 등이 일어나게 되었다. 결국 1950년 9월로 규정된 반민법의 시효를 단축시키는 법안이 통과되면서 반민 특위는 해체되고, 반공 정책을 우선시한 이승만 정부의 소극적 태도로 성과를 거두지 못하고 종료되고 말았다.

바로 확인문제

● 다음의 헌법 전문이 공포된 시기의 일로서 가장 적절하지 <u>않은</u> 것은?　　19. 경찰직 2차

> 유구한 역사와 전통에 빛나는 우리들 대한 국민은 기미 3·1 운동으로 대한민국을 건립하여 세계에 선포한 위대한 독립 정신을 계승하여, 이제 민주 독립 국가를 재건함에 있어서, 정의·인도와 동포애로써 민족의 단결을 공고히 하여, 모든 사회적 폐습을 타파하고 민주주의 제도를 수립하여 정치·경제·사회·문화의 모든 영역에서 각인의 기회를 균등히 하고 ……

① 이 헌법에서는 친일 반민족자의 처벌, 토지 개혁을 통한 지주제 폐지, 지하자원과 산업의 국유화, 사기업에서 노동자들의 이익 참가권 등을 규정하였다.

② 국회에서 간선제 방식으로 대통령에 이승만, 부통령에 이시영이 선출되었고, 이승만 대통령은 대한민국 정부의 수립을 국내외에 선포하였다.

③ 이승만은 국회에서 차지한 의석 비율을 참고하여 여러 당파를 아우르는 내각을 구성하고, 조봉암 등 중도 세력도 등용하여 정치적 안정을 도모하였다.

④ 그동안 이승만과 노선을 같이 했던 한국 민주당은 각료 배분에서 최대 다수석을 차지함으로써 여당으로서의 면모를 과시하였다.

|정답해설| 제시된 자료의 "기미 3·1 운동으로 대한민국을 건립", "정치·경제·사회·문화의 모든 영역에서 각인(각자)의 기회를 균등" 등의 내용을 통해 1948년에 제정된 제헌 헌법임을 알 수 있다. 한국 민주당은 제헌 의회 선거에서 29명의 당선자를 배출하였으나 초대 내각 구성에서는 소외되었다. 그 결과 한국 민주당은 이승만과 대립하게 되었다.

|오답해설| ③ 이승만 대통령은 조봉암을 농림부 장관으로 임명하는 등 중도 세력을 등용하여 정치적 안정을 도모하였다.

|정답| ④

● 다음의 사건을 시기순으로 바르게 나열한 것은? 20. 지방직 9급

> (가) 제헌 국회가 구성되어 헌법을 제정하였다.
> (나) 여운형과 김규식은 좌우 합작 위원회를 조직하였다.
> (다) 조선 건국 동맹을 기반으로 조선 건국 준비 위원회가 조직되었다.
> (라) 민주주의 임시 정부 수립을 논의하기 위해 제1차 미소 공동 위원회가 열렸다.

① (가) – (다) – (나) – (라)
② (나) – (다) – (라) – (가)
③ (다) – (라) – (나) – (가)
④ (라) – (나) – (가) – (다)

단권화 MEMO

| 정답해설 | 제시된 사건들은 '(다) 조선 건국 준비 위원회 조직(1945. 8. 15.) → (라) 제1차 미소 공동 위원회 개최(1946. 3.) → (나) 좌우 합작 위원회 조직(1946. 7.) → (가) 1948년 5·10 총선거로 제헌 의회 구성, 헌법 공포(1948. 7. 17.)' 순으로 일어났다.

| 정답 | ③

(4) 6·25 전쟁

① 배경

　㉠ 애치슨 선언(1950. 1.)으로 한반도가 미국 극동 방위선에서 제외되었고, 미군이 철수하기 시작하였다.

　㉡ 북한은 민주 기지론을 제기하면서 소련·중국과 군사 비밀 협정을 맺는 등 군사력을 증강하는 한편 조선 의용군을 인민군에 편입시켰다.

사료　애치슨 선언(1950. 1.)

미국의 극동 방위선은 알류산 열도·일본 본토를 거쳐 류큐로 이어진다. …… 방위선은 류큐에서 필리핀으로 연결된다. …… 이 방위선 밖에 위치한 나라의 안보에 대해서는 군사적 공격에 대하여 아무도 보장할 수 없다. 만약 공격이 있을 때에는 …… 제1차 조치는 공격받은 국민이 이에 저항하는 것이다.

애치슨 미 국무 장관의 대아시아 정책 설명 중

② 전개 과정 : 북한의 남침(1950. 6. 25.) → 국군, 낙동강 방어선까지 후퇴 → 인천 상륙 작전(1950. 9. 15.) → 서울 탈환(1950. 9. 28.) → 38도선 돌파(1950. 10. 1.) → 평양 탈환(1950. 10. 19.) → 중국군과 유엔군 최초 전투(1950. 10. 25.) → 흥남 철수 작전(1950. 12.) → 1·4 후퇴(서울 재철수, 1951. 1. 4.) → 서울 수복(1951. 3. 14.)

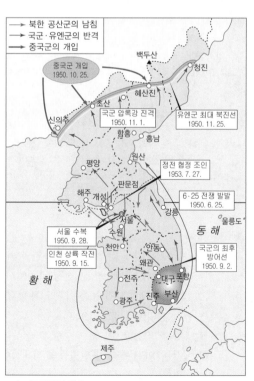

▲ 6·25 전쟁의 전개

■ 소련과 중국의 북한 지원

1948. 2.	인민군 창설: '민주 기지론(民主基地論)'에 의거함
1949	소련 및 중국과 군사 협정 체결
1949. 7. ~ 1950. 4.	옌안 조선 의용군 귀국, 인민군에 편입
1950. 3.~4.	• 김일성, 스탈린 비밀 회담 : 경제·문화 협정 체결 • 스탈린: 북한의 '통일 과업 개시(전쟁)'에 동의
1950. 5.	• 김일성, 마오쩌둥 베이징 회담 • 마오쩌둥: 미국이 참전할 경우 중공군의 파병 언급

■ 국민 방위군 사건(1951. 1. ~ 4.)

• 국민 방위군은 1950년 12월 21일 공포된 '국민 방위군 설치법'에 의해 편성된 만 17세 이상 40세 미만의 제2 국민병이었다.

• 국민 방위군 간부들이 약 25억 원의 국고금과 물자를 부정하게 착복하여 방위군 수만여 명이 아사(餓死, 굶어 죽음)하거나 질병에 걸렸다(국민 방위군 사건).

• 국민 방위군 사건으로 당시 국방 장관이었던 신성모가 물러나고 이기붕이 그 후임으로 임명되었으며, 사건의 직접적 책임자인 김윤근, 윤익헌 등 국민 방위군 간부 5명의 사형이 집행되었다.

③ 정전
  ㉠ 소련 유엔 대표 말리크의 제안으로 1951년 7월 개성에서 정전 회담이 시작되었다.
  ㉡ 포로 송환 방식에 대한 입장 차이(북 : 강제 송환, 유엔 : 자유 송환)가 좁혀지지 않아 난항을 거듭하였고, 이후 이승만 대통령의 반공 포로 석방 사건(1953. 6.)이 일어났으나 결국 정전이 성립되었다(1953. 7. 27.).
  ㉢ 한국과 미국 간에 한미 상호 방위 조약(1953. 10.)이 체결되었다.
  ㉣ 중립국 감시 위원국 : 스웨덴, 스위스, 체코, 폴란드

심화 정전 협정 과정

❶ 유엔군 측과 공산군 측은 1951년 7월 10일부터 1953년 7월 27일까지 개성(처음 시작)과 판문점 등지에서 정전 회담을 지속하였다. 양측 간에 합의된 협상 의제는 첫째 군사 분계선의 설정, 둘째 정전 감시 방법 및 그 기구의 설치, 셋째 포로 교환에 관한 협정, 넷째 쌍방의 당사국 정부에 대한 건의 등이었다.

❷ 먼저 군사 분계선 설정에 관한 협상은 현재의 접촉선을 군사 분계선으로 하자는 유엔군 측의 주장과 38도선을 군사 분계선으로 설정해야 한다는 공산군 측의 주장이 팽팽하게 맞서 회담이 교착되기도 하였다. 그러나 결국 이 문제는 현재 접촉선을 군사 분계선으로 하자는 유엔군 측의 주장이 관철되었다.

❸ 중립국 감시 위원회의 구성 문제는 소련의 포함 여부를 두고 양측의 견해가 팽팽하게 맞서 협상이 교착 상태에 빠지기도 하였다. 결국 이 문제는 1952년 5월에 재개된 본회의에서 공산군 측이 유엔군 측 제안을 수락하여 5월 7일 쌍방은 소련을 제외한 공산군 측이 지명한 폴란드와 체코슬로바키아 2개국과 유엔군 측이 지명한 스웨덴과 스위스 2개국 등 4개 중립국으로 정전 감시 위원회를 구성하는 데 합의하였다.

❹ 정전 회담에서 가장 난관이었던 문제는 포로 처리 문제였다. 유엔군 측은 포로 개개인의 자유 의사에 따라 한국·북한·중국 또는 대만을 선택하게 하는 이른바 '자유 송환 방식'을 주장한 반면, 공산군 측은 모든 중공군과 북한군 포로는 무조건 각기 고국에 송환되어야 한다는 이른바 '강제 송환 방식'을 고집하였다.

❺ 이승만 대통령의 반공 포로 석방 사건(1953. 6.)이 있었으나, 자유 송환을 원칙으로 결국 정전이 성립되었다(1953. 7. 27.). 이후 한국과 미국 간에 한미 상호 방위 조약(1953. 10.)이 체결되었다.

사료 정전 협정(1953. 7. 27.)

• 하나의 군사 분계선을 긋고 그로부터 쌍방이 2km씩 후퇴하여 비무장 지대를 설치한다.
• 한반도의 외부로부터 어떠한 무기도 추가로 반입할 수 없다.
• 정전 상태의 감시와 유지를 위해 군사 정전 위원회와 중립국 감독 위원회를 운영한다.

사료 한미 상호 방위 조약(1953)

제2조 당사국 중 어느 일국의 정치적 독립 또는 안전이 외부로부터의 무력 공격으로 위협을 받고 있다고 인정할 때에는 언제든지 당사국은 서로 협의한다.
제4조 상호 합의로 미합중국의 육군, 해군, 공군을 대한민국의 영토 내와 그 부근에 배치하는 권리를 대한민국은 허여(許與)하고 미합중국은 이를 수락한다.

④ 결과
  ㉠ 전쟁은 남북을 가릴 것 없이 엄청난 인명 피해와 재산 손실을, 그리고 적대적 대립 체제의 고착화를 가져왔다. 또한 전쟁 과정에서 발생한 **보도 연맹 관련자 처형, 거창 양민 학살, 노근리 학살 사건** 등은 아직도 해결되지 못한 난제로 남아 있다.
  ㉡ 남한에서는 미국의 영향력이 더욱 커졌고, 반공 체제 강화는 이승만 독재 정권을 강화하는 당위가 되었다.
  ㉢ 북한에서는 '미제'에 대한 인민들의 적개심이 어우러지면서 오늘날 북한 사회의 원형이 만들어졌다.

ⓔ 일본은 6·25 전쟁 특수를 계기로 미국의 원조와 시장 제공 등에 힘입어 경제 성장의 발판을 마련하였다.

심화 　보도 연맹

1948년 12월 시행된 국가 보안법에 따라 좌익 사상에 물든 사람들을 전향시켜 보호하고 인도한다는 취지하에 결성되었는데, 일제 강점기 사상 탄압에 앞장섰던 '시국 대응 전선 사상 보국 연맹' 체제를 그대로 모방하였다. 1949년 말에는 가입자 수가 30만 명에 달했고, 서울에만 거의 2만 명에 이르렀다. 주로 사상적 낙인이 찍힌 사람들을 대상으로 하였지만 지역별 할당제가 있어 사상범이 아닌 경우에도 등록되는 경우가 많았다. 6·25 전쟁이 발발하자 정부와 경찰은 초기 후퇴 과정에서 이들에 대한 무차별 검속과 즉결 처분을 단행하였다.

바로 확인문제

● 〈보기〉의 상황을 한국 전쟁의 전개 과정에 따라 순서대로 바르게 나열한 것은?

22. 6월 서울시(자체 출제) 9급

┌─ 보기 ├─
ㄱ. 유엔군이 인천 상륙 작전에 성공하였다.
ㄴ. 중국군이 대규모 병력을 파견하기 시작하였다.
ㄷ. 판문점 부근에서 휴전 회담이 열리기 시작하였다.
ㄹ. 이승만 정부가 반공 포로 석방 조치를 실행하였다.
└───

① ㄱ → ㄴ → ㄷ → ㄹ
② ㄱ → ㄷ → ㄹ → ㄴ
③ ㄴ → ㄱ → ㄷ → ㄹ
④ ㄴ → ㄹ → ㄱ → ㄷ

● 6·25 전쟁 중 있었던 사실로 옳지 않은 것은?

23. 지방직 9급

① 국군과 유엔군이 인천 상륙 작전을 감행하였다.
② 대통령 직선제를 포함한 발췌 개헌안이 국회에서 통과되었다.
③ 이승만 정부가 북한 송환을 거부하는 반공 포로를 석방하였다.
④ 미국이 한반도를 미국의 태평양 지역 방위선에서 제외한다는 애치슨 선언을 발표하였다.

단권화 MEMO

‒‒‒‒
|정답해설| 제시된 사건의 순서는 ㄱ. 유엔군의 인천 상륙 작전(1950. 9. 15.) → ㄴ. 중국군의 참전(1950. 10. 25.) → ㄷ. 휴전 회담 시작(개성, 1951. 7. 10.) → ㄹ. 반공 포로 석방(1953. 6. 18.)이다.
|정답| ①

‒‒‒‒
|정답해설| 1950년 1월 10일 발표된 애치슨 선언은 미국이 한반도를 미국 태평양 지역 방어선에서 제외한다는 내용이었다. 당시 김일성은 '남한을 미국의 태평양 방위선에서 제외하였으므로, 남한을 침공하여도 미국의 무력 지원은 없을 것'이라고 판단하였다. 결국 6·25 전쟁(1950. 6. 25.~1953. 7. 27.)의 배경이 되었다.

|오답해설|
① 1950년 9월 15일, 맥아더 장군의 지휘로 국군과 유엔군이 인천 상륙 작전을 감행하였다.
② (6·25 전쟁 중인) 1952년 대통령 직선제를 포함한 발췌 개헌안이 국회에서 통과되었다.
③ 이승만 정부는 1953년 6월 북한 송환을 거부하는 반공 포로를 석방하였다.

|정답| ④

02 민주주의의 시련과 발전

단권화 MEMO

＊4·19 혁명과 민주주의의 성장
이승만 정부의 독재 정치 내용과 4·19 혁명의 전개 과정을 파악해야 한다.

■ **자유당(1951)**
1951년 8월 15일 대통령 이승만의 '신당 조직 의사 표명'을 계기로 당시 이승만의 지지 기반이었던 원내의 공화 민정회(共和民政會) 소속 의원들과 국민회(國民會)·대한 청년단(大韓靑年團)·대한 노동조합 총연맹(大韓勞動組合總聯盟)·농민 조합 연맹(農民組合聯盟)·대한 부인회(大韓婦人會) 등 5개 우익 사회단체가 결합하여 결성되었다.

01 4·19 혁명과 민주주의의 성장＊

(1) 이승만 정부

① 자유당의 정치 횡포

발췌 개헌 (1952. 7.)	자유당을 창당하고 재선을 위해 **대통령 직선제**로 헌법을 고치는 이른바 발췌 개헌안을 강압적인 방법으로 국회에서 통과시켜 장기 집권을 획책하였다.
사사오입 개헌 (1954. 11.)	국민의 직선으로 재선된 이승만은 장기 집권을 위해 사사오입 개헌안을 통과시켰다. 사사오입 개헌안은 '**헌법 공포 당시의 대통령(이승만)은 중임 제한에 규정되지 않는다.**'라는 내용을 담고 있었다. 이 개헌을 반대하였던 정치인들은 민주당을 조직해서 이승만 정부를 비판·견제하였다.
1956년 선거	1956년 실시된 정·부통령 선거에서 당시 집권당인 자유당에서는 이승만(대통령 후보)과 이기붕(부통령 후보)이 출마하였으며, 야당인 민주당에서는 신익희(대통령 후보)와 장면(부통령 후보)이 출마하였다. 진보 세력인 조봉암도 대통령에 입후보하였다. 선거 과정 중 신익희가 갑자기 사망하였고 그 후 치러진 선거를 통해 대통령에 이승만, 부통령에 장면이 당선되었다. 조봉암은 대통령 선거에서 득표율 2위를 차지하였다.

사료   발췌 개헌안(1952)

제31조 입법권은 국회가 행한다. 국회는 민의원과 참의원으로 구성된다.
제53조 대통령과 부통령은 국민의 보통, 평등, 직접, 비밀 투표에 의하여 각각 선거한다.
부칙   이 헌법은 공포한 날부터 시행한다. 단 참의원에 관한 규정과 참의원의 존재를 전제로 한 규정은 참의원이 구성된 날로부터 시행한다.

사료   사사오입 개헌안(1954)

제31조 입법권은 국회가 행한다. 국회는 민의원과 참의원으로써 구성한다.
제55조 1항 대통령과 부통령의 임기는 4년으로 한다. 단 재선에 의하여 1차 중임할 수 있다. 대통령이 궐위할 때에는 부통령이 대통령이 되고 잔임 기간 중 재임한다.
부칙   이 헌법 공포 당시의 대통령에 대하여는 제55조 제1항 단서의 제한을 적용하지 아니한다.

② 진보당 사건(1958. 1.): 이승만 정권에서는 조봉암 등 진보당 간부들이 북한과 내통하였다는 혐의를 씌워 관련자들을 체포하였다(1959년 7월 조봉암 사형 집행). 이후 반공 체제의 강화를 표방하며 신국가 보안법을 통과시켰고(1958. 12.), 〈경향신문〉을 폐간(1959. 4.)시키는 등 언론 탄압을 자행하였다.

❶ 부산 정치 파동과 발췌 개헌(1952)

부산 정치 파동은 1952년 5월 25일의 계엄령 선포로부터 같은 해 7월 7일의 제1차 개정 헌법 공포에 이르기까지 전시 임시 수도였던 부산에서 일어난 정치적 사건이다. 이 과정에서 1952년 6월 21일 국회에 상정된 발췌 개헌안은 정부가 제출한 대통령 직선제와 상·하 양원제를 규정하고, 국무총리의 요청에 의한 국무 위원의 면직과 임명, 국무 위원에 대한 국회의 불신임 결의권 등을 덧붙인 절충안이었다.

❷ 사사오입 개헌(1954)

- 1948년 대한민국 수립 시에 대통령을 국회에서 간접 선거로 선출하도록 되어 있던 헌법을 1952년에는 대통령 직선제 헌법으로 개정(발췌 개헌)하여 이승만이 중임되었다. 이승만과 자유당은 3선을 하고자 하였으나 당시의 헌법에 따르면 대통령의 임기는 4년제이며 1차에 한하여 중임할 수 있다고 제한하고 있었다. 이에 이승만과 자유당은 초대 대통령에 대한 중임 제한 철폐를 골자로 한 개헌을 준비하였다.
- 국회에서 비밀 투표를 한 결과(1954. 11. 27.), 재적 의원 203명, 참석 의원 202명 중 찬성이 135표, 반대가 60표, 기권이 7표로 나타났다. 당시의 개헌 가능 의결 정족수는 재적 의원의 3분의 2 이상이었으므로 이 개헌안이 가결되기 위한 인원은 최소 136명이어야 하였다(재적 의원 3분의 2는 135.33⋯명이므로, 자연인은 136명이어야 함). 따라서 당시 사회자였던 부의장 최순주는 부결을 선포하였다. 그러나 자유당은 수학의 4사5입론을 적용하여 135.33명은 논리적으로 성립되지 않으며 0.33이란 자연인으로 존재할 수 없으므로, 반(半)도 안 되는 소수점 이하는 삭제하는 것이 이론상 옳다고 주장하였다. 결국 야당의 반대에도 불구하고 개헌안을 통과시켰다.

바로 확인문제

● **1950년대 정치와 사회에 대한 설명으로 가장 옳지 않은 것은?** 　　16. 서울시 9급

① 이승만 정권은 1951년 국민회, 대한 청년당, 노동 총연맹, 농민 총연맹, 대한 부인회 등 우익 단체를 토대로 자유당을 조직하였다.

② 이승만 정권은 신국가 보안법을 제정하였고 반공 청년단을 조직하였으며 진보당의 조봉암을 간첩 혐의로 사형에 처하였다.

③ 미국의 원조로 소비재 공업이 성장하였고 밀가루, 설탕, 면화 산업 등 삼백 산업이 중심을 이루었다.

④ 이승만 정권은 1954년 의회에서 부결된 대통령 직선제 개헌안을 사사오입의 논리로 통과시켰다.

|정답해설| 대통령 직선제로의 개헌은 1952년 발췌 개헌안의 주요 내용에 해당되며, 1954년 사사오입 개헌안은 '이 헌법 공포 당시의 대통령에 한하여 중임 제한을 철폐'한다는 것을 핵심 내용으로 한다.

|정답| ④

● **〈보기〉의 ㉠과 ㉡에 들어갈 인물들의 이름을 옳게 짝지은 것은?** 　　19. 10월 서울시 7급

┌ 보기 ┐

1956년의 제3대 정·부통령 선거에서는 평화 통일과 혁신 노선을 내세운 　㉠　 후보가 대통령 선거에 출마하여 전체 유효표의 30%를 차지하였고, 부통령 선거에서는 민주당의 　㉡　 후보가 자유당의 이기붕 후보를 누르고 당선되었다.

	㉠	㉡
①	조봉암	장면
②	신익희	장면
③	조봉암	김성수
④	신익희	김성수

|정답해설| 1956년 제3대 대통령·제4대 부통령 선거에서는 평화 통일과 혁신 노선을 내세운 ㉠ 조봉암이 유효표의 30%를 획득하였다(1위는 이승만, 70% 획득). 부통령 선거에서는 민주당의 ㉡ 장면이 46.4%의 득표율로 자유당의 이기붕 후보를 누르고 당선되었다.

|정답| ①

▲ 4·19 혁명 당시 대학교수단의 시위
모습

(2) 4·19 혁명(1960)

① 정부는 1960년 2월 28일 예정된 장면(민주당 부통령 후보)의 대구 유세에 학생들의 참여를 막고자 일요 등교를 강행 조치하였다. 이에 대구 지역 고등학생들은 자유당 정권을 규탄하는 시위를 시작하였다(2·28 민주 운동).

② 3·15 부정 선거에 반발하는 마산 시민들의 시위가 있었다. 이 과정에서 김주열 군이 사망한 사건이 발생하였다.

③ 4월 18일에는 고려대학교 학생들이 시위 도중 정치 깡패와 충돌하여 많은 사상자가 발생하였다.

④ 4월 19일에는 전국 학생, 시민들의 반독재 시위가 일어났다(4·19 혁명, 피의 화요일).

⑤ 4월 25일 대학교수들은 시국 선언문('쓰러진 학생의 피에 보답하라')을 발표하였다.

⑥ 4월 26일 이승만 대통령이 '국민이 원한다면'이라는 말을 남기고 하야하였고, 혁명 후의 혼란 상태를 수습하기 위해 허정을 내각 수반으로 하는 과도 정부가 수립되었다.

⑦ 4·19 혁명 이후 통일 운동이 활발해지면서 1960년 9월 '민족 자주 통일 중앙 협의회'가 조직되었다.

> **사료** 2·28 민주 운동(1960)
>
> 우리는 배움에 불타는 신성한 각오와 장차 동아(동아시아)를 짊어지고 나갈 꿋꿋한 역군이요 사회악에 물들지 않은 백합같이 순결한 청춘이요 학도이다. 백만 학도여! 피가 있거든 우리의 신성한 권리를 위한 서슴지 말고 일어서라!
>
> 대구 경북고등학교 학생들의 결의문

> **사료** 4·19 혁명
>
> ❶ 4·19 혁명 선언문
> 민주주의와 민중의 공복(公僕)이며 중립적 권력체인 관료와 경찰은 민주를 위장한 가부장적 전제 권력의 하수인으로 발 벗었다. 민주주의 이념의 최저의 공리(公利)인 선거권마저 권력의 마수 앞에 농단되었다. …… 나가자! 자유의 비결은 용기일 뿐이다.
>
> ❷ 자유의 종을 난타하는 타수의 일익을(서울대학교 문리대 학생회 4월 혁명 제1 선언)
> 상아의 진리탑을 박차고 거리에 나선 우리는 질풍과 같은 역사의 조류에 자신을 참여시킴으로써, 지성과 진리, 그리고 자유의 대학 정신을 현실의 참담한 박토에 뿌리려 하는 바이다. …… 보래! 우리는 기쁨에 넘쳐 자유의 횃불을 올린다. 보래! 우리는 캄캄한 밤의 침묵에 자유, 자유의 종을 난타하는 타수의 일원임을 자랑한다. 일제의 철추(鐵鎚)하에 미칠 듯 자유를 환호한 나의 아버지, 나의 형들과 같이 양심은 부끄럽지 않다. 외롭지도 않다. 영원한 민주주의의 사수파는 영광스럽기만 하다.
>
> ❸ 대학교수단 4·25 선언문
> 이번 4·19 참사는 우리 학생운동 사상 최대의 비극이요, 이 나라 정치적 위기를 초래한 중대 사태이다. 이에 대해 철저히 반성하고 바로잡지 않으면 이 민족의 불행한 운명은 도저히 만회할 길이 없다. 우리 전국 대학교 교수들은 이 비상시국에 대처하여 양심의 호소로서 다음과 같이 우리의 소신을 선언한다.
> 1. 마산 서울 기타 각지의 데모는 주권을 빼앗긴 국민의 울분을 대신하여 궐기한 학생들의 순수한 정의감의 발로이며 불의에는 언제나 항거하는 민족정기의 표현이다.
> 3. 합법적이요, 평화적인 데모 학생에게 총탄과 폭력을 기탄없이 남용하여 공전(空前)의 민족 참극을 빚어낸 경찰은 자유와 민주를 기본으로 한 대한민국의 국립 경찰이 아니라 불법과 폭력으로 권력을 유지하려는 일부 정치 집단의 사병(私兵)이다.

구호

이 대통령은 즉시 물러가라!

부정 선거 다시 하라!

살인귀 처단하라!

단기 4293년 4월 25일 대학교수단

사료 **이승만 하야 성명**

나는 해방 후 본국에 들어와서 우리 여러 애국애족하는 동포들과 더불어 잘 지내왔으니 이제는 세상을 떠나도 한이 없으나, ……

첫째는 국민이 원하면 대통령직을 사임할 것이며,

둘째는 지난번 정·부통령 선거에 많은 부정이 있었다고 하니 선거를 다시 하도록 지시하였고,

셋째는 선거로 인연한 모든 불미스러운 것을 없애게 하기 위해서 이미 이기붕 의장이 공직에서 완전히 물러가겠다고 결정한 것이다.

넷째는 내가 이미 합의를 준 것이지만 만일 국민이 원하면 내각 책임제 개헌을 할 것이다.

(3) 장면 내각

① 허정 과도 정부에서는 내각 책임제와 양원제 국회로 헌법을 개정하였다(1960. 6.). 이후 이 헌법에 따라 총선거가 실시되어 민주당 정부(장면 내각)가 수립되었다(1960. 8.).

② 장면 내각의 과제

  ㉠ 장면 내각은 사회 질서를 안정시키고 국가의 안보 체제를 확립하면서 경제·사회의 발전을 통하여 국력을 신장하고, 민족의 숙원인 평화 통일을 앞당겨야 하는 과제를 안고 있었다.

  ㉡ 민주당 내의 정치적 갈등(구파 – 윤보선 중심, 신파 – 장면 중심)이 심화되었고 1961년 3월에 반공법, 데모규제법 제정을 추진하여 거센 반대 운동이 일어났다.

사료 **장면 내각의 시정 방침**

[핵심 내용]

• 일본과의 국교 정상화 및 유엔 감시하의 남북한 자유선거에 의한 통일

• 관료 제도의 합리화와 공무원 재산 등록 및 경찰 중립화를 통한 민주주의의 구현

• 부정 선거의 원흉과 발포 책임자, 부정 및 불법 축재자 처벌

• 외자 도입과 경제 원조 확대를 통한 경제 개발 계획의 추진

• 군비 축소와 군의 정예화 추진을 통한 국방력 강화 및 군의 정치적 중립 확보

셋째로, 부정 선거의 원흉들과 발포 책임자에 대해서는 이미 공소가 제기되어 있으므로 사법부에서 법과 혁명 정신에 의하여 엄정한 판결을 내릴 것으로 믿고 ……

여섯째로, 경제 건설과의 균형상 국방비의 과중한 부담을 경감시키기 위하여 점차적 감군을 주장하여 온 우리 당의 정책을 실현하고자 국제 연합군 사령부와 협의하여 신년도부터 약간 감군할 것을 계획 중에 있으며, 동시에 새로운 장비를 도입하기 위한 계획도 이미 수립되어 있음을 양해하시기를 바란다.

단권화 MEMO

■ **제3차 개헌 이후 선거 결과**

4·19 혁명 이후 실시한 제5대 국회의원 선거(1960. 7. 29.)에서는 민의원 233명, 참의원 58명이 동시에 선출되었다. 민주당은 민의원 233석 중 175석을, 참의원 58석 중 31석을 장악하였으며, 당시 혁신 정당으로 분류할 수 있는 사회 대중당(혁신 정당의 재건을 목표로 구 진보당 간부와 민주 혁신당 일부가 결성한 정당)은 민의원 4석, 참의원 1석을 획득하는 데 그쳐 원내 진출이 예상 외로 부진하였다.

■ **내각의 구성**

총선의 결과로 민주당이 압승하여 새로 구성된 국회에서 윤보선을 대통령으로, 장면을 국무총리로 선출하였다.

■ **신민당**

민주당 내 구파(윤보선 중심)는 민주당을 탈당하여 1960년 12월에 신민당을 창당하였다.

● 다음 4·19 혁명 당시 일어났던 사실들을 순서대로 바르게 나열한 것은?

> ㄱ. 마산에서 부정 선거를 규탄하는 대규모 시위가 발생하였다.
> ㄴ. 고려대학교 학생들이 국회 의사당으로 행진하며 연좌 시위를 전개하였다.
> ㄷ. 서울 지역 대학교수들이 학생들의 시위를 지지하는 시위를 벌였다.
> ㄹ. 이승만이 '국민이 원한다면 대통령직을 물러나겠다.'는 하야 성명을 발표하였다.
> ㅁ. 서울 지역 대학생·고등학생과 시민들이 대규모 시위를 전개하며 경무대로 진출하였다.

① ㄱ－ㄴ－ㄷ－ㅁ－ㄹ   ② ㄱ－ㄴ－ㅁ－ㄷ－ㄹ
③ ㄱ－ㅁ－ㄴ－ㄷ－ㄹ   ④ ㄴ－ㅁ－ㄷ－ㄹ－ㄱ

● 다음 선언문이 발표된 민주화 운동에 대한 설명으로 옳은 것은?　한국사능력검정시험 고급 28회 변형

> 민주주의와 민중의 공복이며 중립적 권력체인 관료와 경찰은 민주를 위장한 가부장적 전제 권력의 하수인으로 발 벗었다. 민주주의 이념의 최저의 공리인 선거권마저 권력의 마수 앞에 농단되었다. …… 나이 어린 학생 김주열의 참시를 보라! 그것은 가식 없는 전제주의 전횡의 발가벗은 나상밖에 아무것도 아니다.

① 허정 과도 정부 성립의 배경이 되었다.
② 신군부의 비상 계엄 확대에 반대하여 일어났다.
③ 4·13 호헌 조치에 국민들이 저항하며 시작되었다.
④ 직선제 개헌을 약속한 6·29 민주화 선언을 이끌어 냈다.

● 다음 글은 어떤 사건이 일어났을 때 발표되었는가?　22. 지방직 9급

> 1. 마산, 서울 기타 각지의 데모는 주권을 빼앗긴 국민의 울분을 대신하여 궐기한 학생들의 순수한 정의감의 발로이며 부정과 불의에는 언제나 항거하는 민족정기의 표현이다.
> 　……
> 3. 합법적이고 평화적인 데모 학생에게 총탄과 폭력을 거리낌 없이 남용하여 참극을 빚어낸 경찰은 자유와 민주를 기본으로 한 대한민국의 국립 경찰이 아니라 불법과 폭력으로 권력을 유지하려는 일부 정부 집단의 사병이다.
>
> 「대학교수단 4·25 선언문」

① 4·19 혁명
② 5·18 민주화 운동
③ 6·3 시위
④ 6·29 민주화 선언

● 다음 시정 연설을 했던 정부 시기에 있었던 사실로 옳은 것은?

> 셋째로, 부정 선거의 원흉들과 발포 책임자에 대해서는 이미 공소가 제기되어 있으므로 사법부에서 법과 혁명 정신에 의하여 엄정한 판결을 내릴 것으로 믿고 ……
> 여섯째로, 경제 건설과의 균형상 국방비의 과중한 부담을 경감시키기 위하여 점차적 감군을 주장하여 온 우리 당의 정책을 실현하고자 국제 연합군 사령부와 협의하여 신년도부터 약간 감군할 것을 계획 중에 있으며, 동시에 새로운 장비를 도입하기 위한 계획도 이미 수립되어 있음을 양해하시기를 바란다.

① 화폐 개혁이 단행되었다.   ② 잡지 〈사상계〉가 창간되었다.
③ 주민등록증 발급이 시작되었다.   ④ 경제 개발 5개년 계획이 수립되었다.

|정답해설| 제시된 사료 중 "부정 선거의 원흉들과 발포 책임자에 대해 이미 공소가 제기"되었다는 내용을 통해 장면 내각의 정책임을 알 수 있다. 장면 내각에서는 경제 개발 5개년 계획안을 마련하였다.

|오답해설|
① 1961년 5·16 군사 정변 후, 박정희 군정 시기 화폐 개혁이 단행되었다 (1962. 6., 10환을 1원으로 개혁).
② 잡지 〈사상계〉는 1953년 4월에 장준하의 주도로 창간되었다.
③ 박정희 정부 시기인 1968년 11월부터 주민등록증이 발급되었다.

|정답| ④

02 5·16 군사 정변과 민주주의의 시련

(1) 5·16 군사 정변(1961)

① 장면 내각은 자유 민주주의의 실현을 위해 노력하였으나 박정희를 중심으로 한 군부 세력이 사회의 혼란을 구실로 군사 정변을 일으켜 정권을 잡으면서 9개월 만에 끝나게 되었다.
② 박정희는 군사 혁명 위원회를 설치하고 혁명 공약 6개조를 발표하였다.
③ 이후 군사 혁명 위원회를 국가 재건 최고 회의로 개칭(의장 박정희)하고 1962년 제1차 경제 개발 5개년 계획을 실시하고 정치 활동 정화법(1962. 3. 16.)을 제정하였다.

> **사료** 5·16 혁명 공약
>
> 1. 반공을 국시의 제일로 삼고 반공 태세를 재정비 강화한다.
> 2. 유엔 헌장과 국제 협약을 충실히 이행하고, 미국을 비롯한 자유 우방과의 유대를 더욱 공고히 한다.
> 3. 이 나라 사회의 모든 부패와 구악을 일소(一掃)하고 퇴폐한 국민 도의와 민족정기를 바로잡기 위하여 청신한 기풍을 진작시킨다.
> 4. 민생고를 시급히 해결하고, 국가 자주 경제 재건에 총력을 경주한다.
> 5. 민족의 숙원인 국토 통일을 위하여 공산주의와 대결할 수 있는 실력 배양에 전력을 집중한다.
> 6. 양심적인 정치가에게 민정 이양을 한다.

(2) 박정희 정부(1963~1972)

① 출범
  ㉠ 대통령 직선제, 단원제 국회의 권력 구조로 헌법을 개정하고(1962. 12. 5차 개헌), 민정 복귀의 약속을 저버린 채 민주 공화당을 창당하였다(1963. 2.).
  ㉡ 1963년 10월 15일에 실시된 제5대 대통령 선거에서 민주 공화당 후보 박정희가 당선되면서 제3 공화국이 출범하였다.
② 박정희 정부의 정책
  ㉠ 정치 체제: 대통령에 당선된 박정희는 군사 정부가 추진하던 주요 과제들을 대부분 그대로 실천하려 하였다. 강력한 대통령 중심제와 단원제의 권력 구조를 바탕으로 하는 헌법에 의거하여 국정을 운영하였다.
  ㉡ 경제 정책: 조국 근대화의 실현을 국정의 주요 목표로 삼고 경제 성장 정책을 추진하였다. 경제 성장 정책은 공업화의 급속한 추진으로 나타났다. 이 과정에서 외국으로부터 공업화에 필요한 자본을 도입하고, 일본과의 관계를 개선하여 한일 협정을 체결하였다.

■ 김종필 – 오히라 메모(1962)
무상 원조 3억 달러, 차관 2억 달러, 상업 차관 1억 달러(정식 체결 때 2억 달러 추가) 이상 등의 대일 청구권 자금과 경제 협력 자금 공여에 합의하였다.

| 사료 | 제1회 수출의 날 치사(1964. 12.) |

우리나라 수출 무역에 있어서 역사적인 기점을 마련한 오늘을 '수출의 날'로 정하여 널리 기념하게 된 것은 자립 경제의 근간이 되는 수출 증대의 앞날을 위하여서는 참으로 뜻깊은 일로 여기는 바입니다. …… 한편 수출 무역에 있어서 양적인 면에서만 진전을 보았을 뿐만 아니라, 근래에 와서는 국내 산업이 발전함에 따라 공업품 수출이 현저하게 증대되었습니다. 그리하여 후진적인 수출 구조에서 점차로 고도화된 수출 구조로 개선되어 가고 있어, 우리나라 수출 무역의 장래를 밝게 해주고 있음은 매우 고무적인 사실이 아닐 수 없습니다. …… 그러므로, 앞으로 우리는 지난날과 같이 농수산물 및 광산물과 같은 자연 자원 수출에만 치중할 것이 아니라, 우리 국민이 선천적으로 타고난 재질과 저렴하고 풍부한 노동력을 최대한으로 활용하여 다각적인 생산 활동을 벌여 나가야 합니다. 특히 노동집약적인 산업을 육성시키고 여기서 만들어지는 공산품 수출을 진흥시키는 데 더욱 노력할 것을 아울러 요망해 두고자 합니다.
끝으로 오늘 제1회 '수출의 날' 기념식에 즈음하여 상공 당국이나 대한무역진흥공사가 이룩한 업적을 높이 찬양하고, 또 관계관 여러분의 노고를 치하하면서 이 뜻 깊은 날이 자립 경제를 촉성하는 또 하나의 계기가 될 것을 기원하는 바입니다.

③ 6·3 시위(6·3 항쟁, 1964)
　㉠ 군사 정권은 경제 개발에 필요한 자본 확보가 당면 과제였다. 이에 김종필·오히라 간 비밀 협약을 추진하여 일본으로부터 차관을 제공받는 조건으로 한일 국교 정상화를 추진하였다.
　㉡ 식민 통치에 대한 사과나 배상은 요구하지 않은 채 차관 도입에만 관심을 둔 군사 정권에 반대하는 수만 명의 학생 시위가 전개되었고, 야당은 '대일 굴욕 외교 반대 범국민 투쟁 위원회'를 결성하였다.
　㉢ 정부는 계엄령을 선포하고 1차 인민혁명당 사건(1964. 8.)을 조작하는 등 시위를 강력하게 탄압하였다. 이후 1965년 6월 22일에 한일 기본 조약(한일 협정)이 체결되었다.

| 심화 | 인민혁명당 사건 |

1964년 8월, 국가 변란을 기도한 대규모 지하 조직인 인민혁명당(약칭 인혁당)이 '북괴의 지령'을 받고 한일 회담 반대 운동을 '배후 조종'한 것으로 중앙정보부에 의해 발표된 사건이다(1차 인혁당 사건).
한편 1974년 4월, 전국 민주 청년 학생 총연맹(이하 민청학련) 사건의 배후로 '인민혁명당 재건위원회'가 지목되었다. 당시 중앙정보부는 과거 인민혁명당 조직을 재건하려는 세력과 재일 조총련의 조종을 받은 일본 공산당 세력 등이 "정부 전복 후 공산 계열의 노농 정권 수립을 위한 과도적 통치 기구로서 '민족지도부'의 결성을 계획하였다."는 '인혁당 재건위 사건'을 발표하였다. 이후 1974년 7월, 서도원, 도예종, 송상진, 우홍선, 하재완, 이수병, 김용원, 여정남 등 8인에 대하여 사형이 선고되었고, 대법원 확정 직후 사형이 집행되었다(2차 인혁당 사건).

| 사료 | 한일 기본 조약(한일 협정, 1965) |

제1조　양국 간에 영사 관계를 수립한다. 양국은 대사급 외교 관계를 지체없이 교환한다. 양국은 또한 양국 정부가 합의하는 장소에 영사관을 설립한다.
제2조　1910년 8월 22일 및 그 이전에 대한 제국과 대일본 제국 간에 체결된 모든 조약 및 협정이 이미 무효임을 확인한다.
제3조　대한민국 정부가 국제 연합 총회의 결의 제195호(Ⅲ)에서 명시된 바와 같이 한반도에 있어서 유일한 합법 정부임을 확인한다.

| 심화 | 한일 기본 조약(한일 협정) |

기본 조약에 의하여 한일 양국은 외교·영사 관계를 개설하고 한일 병합 조약과 그 전에 양국 간에 체결된 모든 조약 및 협정이 무효임을 확인하였으며, 일본 측은 대한민국 정부가 한반도에서의 유일한 합법 정부임을 인정하였다.

부속 협정인 「청구권·경제 협력에 관한 협정」을 통해 일본이 3억 달러의 무상 자금과 2억 달러의 장기 저리 정부 차관 및 3억 달러 이상의 상업 차관(교환 공문)을 공여하기로 합의하였다. 이에 따라 1966년부터 1975년까지 5억 달러의 대일 청구권 자금이 도입되었다.

「어업 협정」에서는 양국 연안 12해리의 어업 전관 수역을 설정하고, 어업 자원의 지속적 생산성을 확보하기 위해 일정한 공동 규제 수역을 설정하였다. 「재일 교포의 법적 지위와 대우에 관한 협정」에 의하여 재일 한국인이 영주권을 획득할 수 있게 되었으며, 「문화재·문화 협력에 관한 협정」을 통하여 일제 강점기 일본으로 유출된 다수의 문화재를 돌려받게 되었다.

그러나 일본의 침략 사실 인정과 가해 사실에 대한 진정한 사죄가 선행되지 않았고, 청구권 문제, 어업 문제, 문화재 반환 문제 등에서 한국이 지나치게 양보하여 국내에서 크게 논란을 일으켰다. 「청구권·경제 협력에 관한 협정」은 이후 일제 강점기 피해자 보상과 일본군 '위안부' 보상 문제 등과 관련해 갈등이 발생하는 원인이 되었다.

④ 베트남 파병
　　㉠ 대한민국 정부는 미국의 요구를 수용하여 베트남에 전투 부대를 파병하였다(1965. 8., 전투 부대 파병 동의안 국회 통과).
　　㉡ 「브라운 각서」(1966): 미국은 한국군의 증파를 요구하면서 「브라운 각서」를 제시하였다. 각서의 핵심 내용은 국군의 전력 증강과 경제 개발에 필요한 기술 및 차관 제공을 미국이 약속한다는 것이었다.

사료 「브라운 각서」의 일부 내용

A. 군사 원조
　1. 한국에 있는 한국군의 현대화 계획을 위하여 앞으로 수년 동안에 걸쳐 상당량의 장비를 제공한다.
　2. 월남에 파견되는 추가 증파 병력에 필요한 장비를 제공하는 한편, 증파에 따른 모든 추가적 경비를 부담한다.
　3. 월남에 파견되는 추가 병력을 완전히 대치하게 될 보충 병력을 장비하고 훈련하며 이에 따른 재정을 부담한다.

B. 경제 원조
　4. 수출을 진흥시키기 위한 모든 분야에서 한국에 대한 기술 원조를 강화한다.
　5. 1965년 5월에 한국에 대해 약속했던 1억 5천만 달러 규모의 차관에 덧붙여 미국 정부는 적절한 사업이 개발됨에 따라 1억 5천만 달러 제공 약속에 적용되는 같은 정신과 고려 밑에 한국의 경제 발전을 돕기 위한 추가 AID차관을 제공한다.

⑤ 3선 개헌(1969. 9.): 박정희가 장기 집권을 위한 3선 개헌(6차 개헌)을 강행하자 여야 국회 의원들은 극심한 대립과 갈등을 겪었다. 3선 개헌은 1968년 1·21 사태, 푸에블로호 피랍 사건(이후 1968년 4월 1일 향토 예비군 창설), 울진·삼척 무장 공비 침투 사건(11월)이 일어나 대북 관계가 악화된 것을 대외적 배경으로 하였다.

사료 3선 개헌 반대

우리는 이제 3선 개헌을 강행하여 자유 민주에의 반역을 기도하는 어떤 명분이나 위장된 강변에도 현혹됨이 없이 헌정 20년간 모든 호헌 세력의 공통된 신념과 결단 위에서 전 국민의 힘을 뭉쳐 단호히 이에 대처하려 한다. 집권자에 의해서 자유 민주에의 기대가 끝내 배신당할 때, 조국을 수호하려는 전 국민은 요원의 불길처럼 봉기할 것이다. 우리는 날로 그 우방을 확장시키고 있고, 선악의 대결과 진부(眞否)의 결전에서 용솟음치는 결의를 가지고 있다.
자유 국민의 조국은 영원하다. 영원한 조국을 가진 국민은 용감하다.
전 국민이여! 자유 민주의 헌정 수호 대열에 빠짐없이 참여하라.　　　　　3선 개헌 반대 범국민 투쟁 위원회

■ 3선 개헌(三選改憲)
일요일 새벽 2시 국회 본회의장에서 3선 개헌안의 통과를 저지하기 위하여 점거 농성을 하고 있던 신민당 의원들을 피하여 여당계 의원 122명은 국회 제3 별관에 모여 기명 투표 방식으로 찬성 122표, 반대 0표로 개헌안을 변칙 통과시켰다. 그 내용은 대통령의 3선 연임 허용, 대통령에 대한 탄핵 소추 발의를 의원수를 30인 이상에서 50인 이상으로 상향 조정, 국회 의원의 각료 및 기타 직위 겸직 허용 등이었다.

바로 확인문제

● (가)와 (나) 사이에 있었던 역사적 사실로 옳은 것을 〈보기〉에서 모두 고르면?　　　13. 국가직 7급

> (가) 이번 4월의 참사는 학생 운동 사상 최대 비극이요, 이 나라의 정치적 위기를 극복하기 위한 중대 사태이다. 이에 대한 철저한 반성 없이는 이 민족의 불행한 운명을 도저히 만회할 길이 없다. 우리 전국 대학교 교수들은 이 비상시국에 대처하여 양심의 호소를 하는 바이다.
> (나) 대한민국과 일본국은 양국 국민 관계의 역사적 배경을 고려하며, 선린 관계 및 주권 상호 존중 원칙에 입각한 양국 관계의 정상화를 상호 의망(意望)함을 고려하고, 양국의 공동 복지 및 공동 이익을 증진하고 국제 평화 및 안전을 유지하는데 양국이 …… 협력하는 것이 중요하다는 사실을 인식한다.

─┤ 보기 ├─
ㄱ. 진보당 사건, 〈경향신문〉 폐간이 이어졌다.
ㄴ. 한일 회담에 반대하여 6·3 시위가 일어났다.
ㄷ. 국가 재건 최고 회의가 구성되어 군정이 실시되었다.
ㄹ. 부산 정치 파동으로 야당 국회 의원이 정치적 공격을 받았다.

① ㄱ, ㄴ　　　② ㄴ, ㄷ　　　③ ㄴ, ㄹ　　　④ ㄷ, ㄹ

● (가)에 들어갈 내용으로 가장 옳은 것은?　　　20. 법원직 9급

> 3차 개헌(1960. 6.) – 의원 내각제, 양원제 채택
> 5차 개헌(1962. 12.) – 대통령 직선제
> 6차 개헌(1969. 10.) – (　　　　가　　　　)
> 7차 개헌(1972. 12.) – 대통령 권한 강화

① 대통령 간선제
② 중임 제한 철폐
③ 국회 양원제 규정
④ 대통령의 3선 허용

(3) 유신 체제(1972)

① 배경: 1970년대에 들어서면서 국제 정세는 급변하기 시작하였다. 미국은 이른바 닉슨 독트린을 선언하고 베트남에서 미군을 철수하였으며, 그 뒤 베트남은 공산화되었다. 또한 미국은 주한 미군 병력의 감축을 결정하였다.

사료　닉슨 독트린(1969)

미국은 앞으로 베트남 전쟁과 같은 군사적 개입을 피한다. 미국은 아시아 여러 나라와의 조약상 약속을 지키지만 강대국의 핵에 의한 위협을 제외하고 내란이나 침략에 대해서는 아시아 각국이 스스로 협력하여 그에 대처하여야 할 것이다.
미국은 '태평양 국가'로서 그 지역에서 중요한 역할을 계속하지 직접적, 군사적 또는 정치적인 과잉 개입은 하지 않으며 아시아 각국의 자주적 행동을 측면 지원한다. 아시아의 각국에 대한 원조는 경제 중심으로 바꾸며 여러 나라 상호 원조 방식을 강화하여 미국의 과중한 부담을 피한다. 아시아 각국이 5~10년의 장래에는 상호 안전 보장을 위한 군사 기구를 만들기를 기대한다.

② 성립
- ㉠ 박정희 정부는 국가 안보와 사회 질서를 최우선적 과제로 내세우면서 지속적인 경제 성장을 이룩하기 위해서는 강력하고도 안정된 정부가 필요하다는 주장을 내세워 헌법을 개정하면서까지 장기 집권을 추구하였다.
- ㉡ 박정희 대통령은 비상 계엄을 선포하고 비상 국무 회의에서 유신 헌법을 제정하는 등 10월 유신을 단행하여 **민주적 헌정 체제를 부정하는 독재 체제를 구축하였다.**

③ 유신 헌법의 내용
- ㉠ 대통령의 중임 제한을 없앴으며(임기 6년), 통일 주체 국민 회의에서 간접 선출하도록 하여 사실상 영구 집권을 꾀하였다.
- ㉡ 대통령은 유신 정우회(유정회) 의원들을 통해 입법부를 장악할 수 있었으며, 법관 인사권에도 개입하여 사법부도 아우를 수 있었다.
- ㉢ 긴급 조치권, 국회 해산권 등의 절대 권력을 가지게 되었다.

사료   유신 헌법

제39조 제1항 대통령은 통일 주체 국민 회의에서 토론 없이 무기명 투표로 선거한다.
　　　　제2항 통일 주체 국민 회의에서 재적 대의원 과반수의 찬성을 얻은 자를 대통령 당선자로 한다.
제40조 제1항 통일 주체 국민 회의는 국회 의원 정수의 3분의 1에 해당하는 수의 국회 의원을 선거한다.
제47조 　　　대통령의 임기는 6년으로 한다.
제53조 　　　대통령은 천재·지변 또는 중대한 재정·경제상의 위기에 처하거나, 국가의 안전 보장 또는 공공의 안녕질서가 중대한 위협을 받거나 받을 우려가 있어 신속한 조치를 할 필요가 있다고 판단할 때에는 내정·외교·국방·경제·재정·사법 등 국정 전반에 걸쳐 필요한 긴급 조치를 할 수 있다.
제59조 　　　대통령은 국회를 해산할 수 있다.

심화   긴급 조치권

유신 헌법의 대표적인 독소 조항으로, 대통령은 긴급 조치권을 발동하여 헌법에 보장되어 있는 국민의 자유와 권리를 잠정적으로 정지·제한할 수 있었다(유신 헌법 제53조). 1974년 1월 긴급 조치 1·2호를 시작으로 1975년 긴급 조치 9호가 발표되었는데, 그 내용을 보면 유신 헌법을 부정하는 행위나 학생들의 정치 활동을 금지하는 것 이외에도 해외로 재산을 빼돌리거나 불법으로 이주하는 것을 막았고, 체제를 비방하는 언론 기관은 즉시 정간이나 폐간 조치가 가능하도록 하였다. 필요하면 병력을 동원하여 해결할 수 있도록 하였다.

---

④ 유신 체제에 대한 저항
- ㉠ 국내적 저항: 학원·언론·종교·정계 등 각 분야에서 민주 헌정의 회복과 개헌을 요구하는 시위가 일어났다. 이에 박정희는 긴급 조치와 같은 강압적인 방법을 동원하였으며, 시위와 관련된 사람들을 구속하였다. 한편 전국 민주 청년 학생 연맹 사건(민청학련 사건, 1974. 4.) 이후 반(反)유신 민주화 운동을 결집하기 위해 민주 회복 국민 회의가 결성되었고(1974. 11. 27.), 1976년에는 「3·1 민주 구국 선언」이 발표되었다.
- ㉡ 국제적 비판: 미국과 일본 등 우방 국가에서도 유신 체제의 인권 탄압을 비판하였으며, 이는 한때 외교 관계에 부정적인 영향을 끼치기도 하였다.

■ **통일 주체 국민 회의**

박정희가 조국의 평화적 통일을 추진한다는 명분으로 설립하였다. 통일 주체 국민 회의는 국민의 직접 선거에 의하여 선출된 2,000인 이상 5,000인 이하의 대의원으로 구성되었으며, 대의원으로 출마할 수 있는 자는 국회 의원 피선거권이 있고, 선거일 현재 30세에 달한 자로서 조국의 평화적 통일을 위하여 국민 주권을 성실히 행사할 수 있는 사람이어야 하였다.

주요 임무는 통일에 관한 중요 정책을 결정하거나 변경할 때 국론 통일을 위하여 필요한 경우에 통일 주체 국민 회의 심의에서 재적 대의원 과반수의 찬성을 얻은 통일 정책은 국민의 총의로 보는 통일 정책의 최종 결정 기관이었다. 또한 토론 없이 무기명 투표로 대통령을 선거하고, 정수의 3분의 1에 해당하는 국회 의원을 선거하였으며, 그 밖에 국회 의원이 제안한 헌법 개정안을 국회 의결 후 최종적으로 확정하는 권한을 가졌다.

사료 전국 민주 청년 학생 총연맹의 선언서

극심한 물가고와 공포 정치에 짓눌린 우리의 현실을 타개하고자 우리의 동지인 한국신학대학, 경북대학교, 서강대학교, 연세대학교 학우들이 피의 항쟁을 벌여 왔다.
앞서간 애국 시민 학생의 뒤를 이으며 민중의 편에 서서 민중의 이익을 대변하고자 전국의 모든 학생들은 이 시각을 기하여 총궐기하였다.

국민이여 모두 민주 전선에 우리의 뜨거운 피를 뿌리자!
근로 대중이여 궐기하라!
핍박 받는 민중이여 궐기하라!
지식인 언론인 종교인이여 궐기하라!

1. 굶어 죽을 자유 말고 먹고 살 권리 찾자.
2. 배고파서 못 살겠다. 기아 임금 인상하라!
3. 유신이란 간판 걸고 국민 자유 박탈 마라.
4. 남북통일 사탕발림 영구 집권 최후 수단
5. 재벌 위한 경제 성장 정권 위한 국민 총화
6. 왜놈 위한 공업화에 민중들만 죽어난다.

1974년 4월 3일 전국 민주 청년 학생 총연맹

사료 「3·1 민주 구국 선언」(1976)

민주주의는 대한민국의 국시이다. 따라서 대한민국의 정통성은 민주주의에 있다. 그러므로 어떤 구실로도 민주주의가 위축되어서는 안 된다. 노동자, 농민을 차관 기업과 외국 자본의 착취에 내맡긴 경제 입국 논리는 처음부터 국민을 위한 것이 아니었다. 국민의 경제력을 키우면서 그 기반 위에 수출 산업을 육성하지 않은 것이 잘못이다.
이 민족은 또다시 독재 정권의 쇠사슬에 매이게 되었다. 인권은 유린되고 자유는 박탈당하고 있다. 우리에게는 지켜야 할 마지막 선이 있다. 그것은 통일된 이 나라를 위한 최선의 제도와 정책이 '국민에게서' 나와야 한다는 민주주의의 대헌장이다. 민족 통일의 첩경은 민주 역량을 기르는 일이다.

심화 유신 체제에 대한 저항 – 김대중 납치 사건(1973)

❶ 내용

1973년 8월 8일 일본 도쿄에서 당시 야당 지도자였던 김대중이 중앙정보부(이후락 부장)에 의해 납치된 사건이다. 김대중은 1971년 대선에 신민당 후보로 출마하여 94만 표 차로 박정희에게 패하였다. 이후 그는 해외에 머물며 유신 반대 활동을 전개하였다.

❷ 경과

- 납치 : 김대중은 도쿄 그랜드 팰리스 호텔 2212호로 양일동 씨를 만나러 갔다가 납치되어 오사카로 옮겨졌다. 이후 배(용금호)로 부산에 도착한 뒤, 납치 129시간 만인 8월 13일 서울 동교동 자택 부근에서 풀려났다.
- 외교 문제로 비화 : 일본 경찰은 당시 사건 현장에서 김동운 주일 한국 대사관 서기관의 지문을 채취하였고, 한일 양국 간 외교 문제로 비화되었다.

❸ 결과

한국 정부는 관련이 없다고 하였다. 이후 관련자 증언 등으로 당시 이후락 부장을 비롯한 중앙정보부 요원(中情要員)들의 조직적 개입 의혹이 뚜렷해졌다. 김대중은 "나를 수장(水葬)시키려 하였다."라고 하였다.

■ 부마 민주 항쟁
YH 사건 이후 반유신 독재 운동을 추진하던 김영삼이 국회에서 제명당하자 일어났다. 당시 박정희 정부는 부산과 마산 일대에 계엄령을 선포하고 민중들을 탄압하였다. 이 사건은 유신 체제의 종말을 이끌어 냈다.

⑤ 유신 체제의 종말(1979)

　㉠ 부산·마산 등지에서 유신 체제에 반대하여 대학생과 시민들의 시위가 연일 계속되었으며, 집권 세력 내부에서도 갈등이 생기게 되었다.

ⓛ 민주주의를 열망하는 민중의 끊임없는 저항과 독재 체제에 대한 도전 속에서 박정희 대통령이 피살되는 10·26 사태가 일어나 유신 체제는 막을 내렸다.

바로 확인문제

● 다음 〈보기〉를 시대순으로 가장 적절하게 나열한 것은?   15. 경찰직 1차

┌─ 보기 ├─
ㄱ. 한미 상호 방위 조약 체결
ㄴ. 사사오입 개헌
ㄷ. 휴전 협정 조인
ㄹ. 발췌 개헌
ㅁ. 향토 예비군 창설
└──────

① ㄷ-ㄹ-ㄱ-ㅁ-ㄴ   ② ㄷ-ㄱ-ㄹ-ㅁ-ㄴ
③ ㄹ-ㄷ-ㄱ-ㄴ-ㅁ   ④ ㄹ-ㄱ-ㄷ-ㄴ-ㅁ

|정답해설| 제시된 사건들은 'ㄹ. 발췌 개헌(1952) → ㄷ. 휴전 협정 조인(1953. 7.) → ㄱ. 한미 상호 방위 조약 체결(1953. 10.) → ㄴ. 사사오입 개헌(1954) → ㅁ. 향토 예비군 창설(1968)' 순으로 일어났다.

|정답| ③

● 다음과 같이 개원한 국회가 운영되었던 시기의 정치 상황으로 옳은 것은?

한국사능력검정시험 중급 33회

제9대 국회 개원 당시 정당별 국회 의원 분포

① 3선 개헌안이 통과되었다.
② 4·13 호헌 조치가 발표되었다.
③ 대통령의 긴급 조치권이 발동되었다.
④ 지방 자치제가 전면적으로 실시되었다.
⑤ 반민족 행위 특별 조사 위원회가 활동하였다.

|정답해설| 민주 공화당은 박정희 정부 때의 여당이며, 유신 정우회는 유신 체제 시기 대통령이 임명한 의원들의 집단이다. 유신 체제에서는 대통령이 긴급 조치권, 국회 해산권 등의 막강한 권력을 행사하였다.

|오답해설|
① 박정희 정부는 장기 집권을 위해 대통령 중임으로 규정되어 있는 헌법을 고쳐 1969년에 3선 개헌안을 통과시켰다.
② 1980년대 중반 대통령 직선제 요구가 높아졌으나, 전두환 정부는 1987년 4·13 호헌 조치로 이를 거부하였다.
④ 지방 자치제가 전면적으로 실시된 것은 김영삼 정부 시기이다.
⑤ 1948년 9월에 반민법이 제정되었고, 이를 토대로 반민족 행위 특별 조사 위원회가 구성되었다.

|정답| ③

● 다음 사건들을 일어난 순서대로 바르게 나열한 것은?   16. 서울시 9급

(가) 김영삼 신민당 당수 국회 제명
(나) 김대중 납치 사건 발생
(다) 유신 헌법의 국민 투표 통과
(라) 국민 교육 헌장 제정
(마) 7·4 남북 공동 성명 발표

① (라) - (마) - (다) - (가) - (나)   ② (라) - (마) - (다) - (나) - (가)
③ (마) - (다) - (라) - (가) - (나)   ④ (마) - (다) - (라) - (나) - (가)

|정답해설| 제시된 사건들은 '(라) 국민 교육 헌장 제정(1968) → (마) 7·4 남북 공동 성명 발표(1972. 7. 4.) → (다) 국민 투표로 유신 헌법 확정(1972. 11. 21.) → (나) 김대중 납치 사건(1973) → (가) YH 사건(1979) 이후 반유신 운동을 추진하던 김영삼 국회 제명(1979. 10.)' 순으로 일어났다.

|정답| ②

■ 서울의 봄

1979년 10·26 사태 이후 1980년 5월 17일 전국적인 계엄령 선포 이전까지의 정치적 과도기를 일컫는 말로, 체코의 '프라하의 봄'에 비유한 것이다. 이 시기 대학가에는 자율화 바람이 거세게 불어 학내 민주화 운동과 정치 민주화 운동으로 발전하였다.

■ 5·18 민주화 운동

1980년 5월 신군부의 집권 의도를 반대하고 민주화를 요구하는 대규모 시위가 광주에서 일어났다. 5·17 비상 계엄 확대 조치 및 계엄군의 과잉 진압으로 광주에서는 사상자가 발생하였고, 이에 시민군이 결성되어 계엄군과 시가전을 벌이는 과정에서 수많은 시민과 학생이 희생되었다.

03 신군부 세력의 등장과 5·18 민주화 운동

(1) 12·12 사태(1979)

10·26 사태로 정치·사회는 심한 혼란 상태에 빠지게 되었고, 유신 체제의 마지막 총리이던 최규하가 통일 주체 국민 회의에서 대통령으로 선출되었다. 이후 계엄령이 선포되었고, 이 무렵 등장한 신군부 세력이 일부 병력을 동원하고 군권을 차지하여 국민들의 민주화 요구를 무력으로 진압한 뒤 통치권을 장악하였다.

(2) 5·18 민주화 운동(1980)

민주화를 열망하는 국민의 요구는 5·18 민주화 운동으로 이어졌다. 이때 민주주의 헌정 체제의 회복을 요구하는 시민들과 진압군 사이에 충돌이 일어났으며, 이 과정에서 다수의 무고한 시민들도 살상되어 국내외에 큰 충격을 안겨주었다.

> **사료** 5·18 민주화 운동 당시 광주 시민 궐기문
>
> 우리는 왜 총을 들 수밖에 없었는가?
> 먼저 이 고장과 민주주의를 수호하기 위해 피를 흘리며 싸우다 목숨을 바친 시민, 학생들의 명복을 빕니다.
> 우리는 왜 총을 들 수밖에 없었는가? 그 대답은 너무나 간단합니다. 너무나 무자비한 만행을 더 이상 보고 있을 수만 없어서 너도 나도 총을 들고 나섰던 것입니다. ……
> 그러나 정부 당국에서는 17일 야간에 계엄령을 확대 선포하고 일부 학생과 민주 인사, 정치인을 도무지 믿을 수 없는 구실로 불법 연행했습니다. …… 그러나, 아! 이럴 수가 있단 말입니까? 계엄 당국은 18일 오후부터 공수 부대를 대량 투입하여 시내 곳곳에서 학생, 젊은이들에게 무차별 살상을 자행하였으니!

(3) 전두환 정부

① 국가 보위 비상 대책 위원회(1980. 5. 31.): 신군부 세력은 국가 보위 비상 대책 위원회(국보위)를 구성하여 국가의 통치권을 장악하였고, 통일 주체 국민 회의를 통해 전두환이 11대 대통령에 당선되었다(1980. 8.).

② 전두환 정부의 출범: 신군부 세력은 7년 단임의 대통령을 간접 선거로 선출하는 헌법을 공포(제8차 개헌, 1980. 10.)하였고, 대통령 선거인단을 통해 전두환이 12대 대통령으로 선출되었다(1981. 2. 25.). 전두환 정부는 정의 사회의 구현·복지 사회의 건설 등을 통치 이념으로 내세웠으나 민주화 운동을 탄압하고 인권을 유린하여 국민적 저항에 부딪쳤다.

* 6월 민주 항쟁

6월 민주 항쟁의 결과 6·29 민주화 선언이 발표되었고, 이후 대통령 직선제로의 개헌이 이루어졌음을 알아 둔다.

04 6월 민주 항쟁(1987)*

(1) 배경

① 1980년대 중반에 일어난 민주화 운동의 핵심 주장은 대통령 직선제였다.

② 당시 시민·학생들은 대통령 선거인단에 의한 간접 선거 방식으로는 군사 정권을 종식시킬 수 없다고 판단하였고, 대통령 직선제를 지속적으로 요구하였다.

③ 당시 제1야당이었던 신민당은 1986년부터 1천만 명 개헌 서명 운동을 전개하였다.

▲ 6월 민주 항쟁 과정에서 희생된 이한열의 장례식(1987. 7.)

④ 이 과정에서 1987년 1월 박종철 고문치사 사건이 발생하였다.

(2) 전개

① 전두환 정부는 4·13 호헌 조치를 발표하여 직선제 요구를 거부하였다.
② 민주화 세력들은 5월 27일 민주 헌법 쟁취 국민운동 본부를 결성하여 조직적 항쟁을 시작하였다.
③ 6·10 민주 항쟁(연세대학교 학생 이한열의 죽음, 6월 민주 항쟁)에 굴복하여 민주 정의당 대표 노태우가 6·29 민주화 선언을 발표하였다.
④ 이후 5년 단임의 대통령 직선제를 내용으로 하는 개헌이 이루어졌다(제9차 개헌, 현행 헌법).

■9차 개헌
1987년 6·29 선언이 발표된 이후 여야 합의로 개헌안이 의결되고, 1987년 10월 27일 국민 투표로 확정되었다.

사료 4·13 호헌 조치(1987)

본인은 얼마 남지 않은 촉박한 임기와 현재의 국가적 상황을 종합적으로 판단하여 임기 중 개헌이 불가능하다고 판단하고, 현행 헌법에 따라 후임자에게 정부를 이양할 것을 천명하는 바입니다. 이와 함께 본인은 평화적인 정부 이양과 서울 올림픽이라는 양대 국가 대사를 성공적으로 치르기 위해 국론을 분열시키고 국력을 낭비하는 소모적인 개헌 논의를 지양할 것을 선언합니다.

사료 6·10 대회 선언문

오늘 우리는 전 세계 이목이 우리를 주시하는 가운데 40년 독재 정치를 청산하고, 희망찬 민주 국가를 건설하기 위한 거보를 전 국민과 함께 내민다. 국가의 미래요, 소망인 꽃다운 젊은이를 야만적인 고문으로 죽여 놓고 그것도 모자라서 뻔뻔스럽게 국민을 속이려 했던 현 정권에 국민의 분노가 무엇인지를 분명히 보여 주고, 국민적 여망인 개헌을 일방적으로 파기한 4·13 호헌 조치를 철회시키기 위한 민주 장정을 시작한다.

호헌 반대 민주 헌법 쟁취 운동 본부

사료 6·29 민주화 선언(1987)

1. 대통령 직선제로 개헌하고 1988년 2월 평화적으로 정부를 이양한다.
2. 대통령 선거법을 개정하여 자유로운 출마와 경쟁을 공개적으로 보장한다.
4. 인간의 기본권을 존중하기 위해 개헌안에 기본권 강화 조항을 보완한다.
6. 지방 자치, 대학의 자율화와 교육 자치를 조속히 실현한다.

○ 헌법 개정의 역사

구분	주요 내용	비고
제1차 개헌(1952)	대통령 직선제	발췌 개헌
제2차 개헌(1954)	헌법 공포 당시의 대통령(이승만)에 대한 대통령 중임 제한 철폐	사사오입 개헌, 이승만의 장기 집권 의도
제3차 개헌(1960)	의원 내각제, 양원제	부통령제 폐지, 민주당 정권 수립
제4차 개헌(1960)	3·15 부정 선거 관련자 처벌	소급 입법 특별법 제정
제5차 개헌(1962)	대통령 직선제, 국회 단원제	공화당 정권 수립 의도
제6차 개헌(1969)	3선 개헌	박정희 장기 집권 의도
제7차 개헌(1972)	대통령 간선제(임기 6년, 무제한 연임 가능, 통일 주체 국민 회의)	유신 체제, 박정희 종신 집권 의도
제8차 개헌(1980)	대통령 간선제(7년 단임, 대통령 선거인단)	국가 보위 비상 대책 위원회 주도
제9차 개헌(1987)	대통령 직선제(5년 단임)	여야 합의에 의한 현행 헌법

전두환 정부 시기의 주요 사건

❶ 언론 통폐합

1980년 11월 12일 전두환을 정점으로 한 신군부 세력이 언론을 장악하기 위하여 물리적 강제력으로 언론 매체를 폐지 또는 통합한 조치이다.

❷ 4·13 호헌 조치

전두환 정부는 1987년 4월 13일에 담화문을 발표하여 국민이 열망하였던 대통령 직선제 개헌과 민주화 요구를 외면하고, 사회 혼란을 구실로 대통령 간선제의 헌법을 고수하려 하였다.

❸ KAL기 폭파 사건(1987)

- 내용 : 1987년 11월 29일 이라크 바그다드에서 서울로 향하던 대한항공(KAL) 858기가 미얀마 상공에서 폭발한 사건이다. 이 사고로 승객과 승무원 115명이 희생되었다.
- 경과 : 정부(당시 안기부장 안무혁)는 북한의 지령을 받은 특수 공작원 김현희와 김승일이 88 서울 올림픽 대회를 방해하기 위해 저지른 범행이라고 발표하였다.
- 결과 : 김승일은 바레인 공항에서 체포 직후 자살하였고, 김현희는 국내로 압송되었다. 1990년 대법원에서 사형을 선고받은 김현희는 한 달 만에 특별 사면(特別赦免)을 받았다.

바로 확인문제

● **다음 (가)~(라)를 내용으로 하는 헌법이 적용되던 시기에 일어난 사건으로 바르게 연결한 것은?**

17. 지방직 9급

> (가) 대통령의 임기는 7년이며 중임할 수 없다.
> (나) 대통령과 부통령은 국회에서 무기명 투표로 각각 선거한다.
> (다) 대통령과 부통령의 임기는 4년으로 하며, 1차 중임할 수 있다. 단, 이 헌법 공포 당시의 대통령에 대하여 중임 제한을 적용하지 아니한다.
> (라) 6년 임기의 대통령은 통일 주체 국민 회의에서 선출된다.

① (가) – 남한과 북한은 함께 유엔에 가입하였다.
② (나) – 판문점에서 휴전 협정이 체결되었다.
③ (다) – 평화 통일론을 주장한 진보당의 정당 등록이 취소되었다.
④ (라) – 민족 통일을 위한 남북 공동 성명이 발표되었다.

● **다음은 같은 해에 벌어졌던 사건들이다. 이러한 사건들로 말미암아 나타난 사실로 옳은 것은?**

> - 박종철 고문치사 사건
> - 4·13 호헌 조치
> - 6·10 국민 대회 개최
> - 민주 헌법 쟁취 국민운동 본부 결성

① 국가 보위 비상 대책 위원회가 구성되었다.
② 5년 단임의 대통령 직선제 개헌이 이루어졌다.
③ 전국에 계엄령이 선포되고, 모든 정치 활동이 정지되었다.
④ 대통령의 중임 제한 철폐, 간선제를 골자로 하는 헌법이 제정되었다.

|정답해설| (가)는 1980년 국가 보위 비상 대책 위원회가 주도한 제8차 개헌, (나)는 1948년에 제정된 제헌 헌법, (다)는 1954년 제2차 개헌, (라)는 1972년 '발효'된 유신 헌법의 내용이다. 진보당 사건은 1958년에 발생하였으며, 사사오입 개헌(제2차 개헌)안이 적용되고 있던 시기이다.

|오답해설|
① 남북한이 함께 유엔에 가입한 것은 1991년이며, 당시는 제9차 헌법(1987년 개헌)이 적용된 시기이다.
② 휴전 협정은 1953년 7월 27일 체결되었고, 이 시기는 발췌 개헌(1952, 제1차 개헌)으로 개정된 헌법이 적용되고 있던 시기이다.
④ 민족 통일을 위한 남북 공동 성명(7·4 남북 공동 성명, 1972)은 유신 헌법 공포 이전 발표되었다.

|정답| ③

|정답해설| 제시된 사건들은 1987년 6월 민주 항쟁과 관련 있다. 6월 민주 항쟁이 확산되자 6·29 민주화 선언이 발표되었고, 이후 5년 단임의 대통령 직선제 개헌이 이루어졌다.

|오답해설|
① 전두환 중심의 신군부 시기, ③④ 유신 체제 시기에 해당한다.

|정답| ②

05 민주주의의 발전

(1) 노태우 정부(1988 ~ 1993)

① 6·29 민주화 선언: 1987년 6월에는 전국에서 격렬한 시위가 연일 심야까지 계속되었다. 이에 노태우(민주 정의당 대표)는 대통령 직선제를 골자로 하는 시국 수습 방안인 6·29 민주화 선언을 발표하였다.

② 노태우 정부 수립: 6월 민주 항쟁을 계기로 5년 단임의 대통령 직선제를 골자로 하는 헌법이 마련되었다. 이 헌법에 따라 대통령 선거에서 신군부 출신의 노태우가 당선되었다.

③ 노태우 정부의 정책

　㉠ 국정 지표: 민족 자존·민주 화합·균형 발전·통일 번영으로 설정하였으며, 지방 자치제를 부분적으로 실시하였다.

　㉡ 국위 선양: 제24회 서울 올림픽 대회가 성공적으로 개최되었다.

　㉢ 북방 정책: 동구 공산주의 국가 및 소련·중국과 외교 관계를 수립하는 북방 정책을 추진하였다. 또한 국제 연합(UN)에 북한과 함께 가입하는 등 적극적인 외교를 펼쳤다.

④ 3당 합당(1990)

　㉠ 1988년 4월, 제13대 국회 의원 총선거에서 당시 집권 여당이었던 민주 정의당은 과반수 의석 확보에 실패하여 여소야대(與小野大) 정국이 출현하였다.

　㉡ 이에 노태우 정부는 여소야대 정국을 극복하려 하였고, 그 결과 1990년 1월, 민주 정의당, 통일 민주당(김영삼), 신민주 공화당(김종필)을 통합하여 민주 자유당을 창당하였다.

(2) 김영삼 정부(1993, 문민 정부)

① 문민 정부 출범 직후 금융 실명제 실시(1993), 고위 공직자 재산 공개, 지방 자치제 전면 실시 등 개혁 조치가 진행되었다.

② 신군부의 뿌리인 하나회를 해체하여 군의 정치적 중립을 확보하였고, '역사 바로 세우기'를 내세워 전두환, 노태우 두 전직 대통령을 반란 및 내란죄로 수감하였다. 또한 조선 총독부 건물을 해체하였다(1995).

③ 1996년 경제 협력 개발 기구(OECD)에 가입하였으나, 임기 말 외환 위기를 맞아 국제 통화 기금(IMF)에 지원을 요청하였다(1997).

> **사료　금융 실명제 실시(1993)**
>
> 저는 이 순간 엄숙한 마음으로 헌법 제76조 제1항의 규정에 의거하여, 「금융실명거래 및 비밀보장에 관한 대통령 긴급명령」을 반포합니다. …… 금융 실명제에 대한 우리 국민의 합의와 개혁에 대한 강렬한 열망에 비추어 국회 의원 여러분이 압도적인 지지로 승인해 주실 것을 믿어 의심치 않습니다. 친애하는 국민 여러분, 드디어 우리는 금융 실명제를 실시합니다. 이 시간 이후 모든 금융거래는 실명으로만 이루어집니다. 금융 실명제가 실시되지 않고는 이 땅의 부정부패를 원천적으로 봉쇄할 수가 없습니다.

(3) 김대중 정부(1998, 국민의 정부)

① 최초의 선거를 통한 여야 정권 교체가 이루어졌다. 외환 위기 극복에 노력하였는데, 1998년에 국민들의 자발적인 참여로 전개된 '금 모으기 운동'이 대표적 사례이다(2001년 IMF 구제 금융 조기 상환).

② 국민 기초 생활 보장법(1999년 제정, 2000년 시행)을 제정하였고, 2001년 여성부를 신설하여 성차별 극복에 힘썼다.

■북방 정책

노태우 정부는 1988년 7·7 특별 선언을 발표하고 북방 정책을 추진하였다. 1989년 헝가리·폴란드, 1990년 체코슬로바키아·불가리아·소련과 외교 관계를 수립하였고, 1991년 남북 유엔 동시 가입을 이루었다. 1992년에는 중국과 수교하였다.

■지방 자치제

지방 의회 선거는 노태우 정부 때 실시되었고, 지방 자치 단체장 선거는 김영삼 정부 때 시행되었다.

③ 분단 이후 최초로 남북 정상 회담을 개최하여 2000년 6·15 남북 공동 선언을 이끌어 냈다.

(4) 노무현 정부(2003, 참여 정부)

① 노무현 정부는 참여 정부를 표방하고, 저소득층을 위한 복지 정책을 강화하였다.

② 2004년 한·칠레 자유 무역 협정(FTA)이 발표되었다.

③ 2005년 친일 반민족 행위 진상 규명 위원회를 조직하였다.

④ 김대중 정부의 대북 정책을 계승하여 2007년 제2차 남북 정상 회담을 성사시켰다.

(5) 이명박 정부(2008)

이명박 정부는 4대강 살리기를 포함한 친환경 녹색 성장 등을 추진하였고, 한미 FTA가 비준되어, 2012년 3월부터 발효되었다.

(6) 박근혜 정부(2013)와 문재인 정부(2017)

① 2013년 2월 취임한 박근혜 대통령은 5년 임기를 채우지 못하고, 2017년 3월 10일 탄핵되었다.

② 2017년 5월 9일 제19대 대통령 선거가 실시되어, 문재인 후보가 41.1%의 득표율로 당선되었다.

심화 역대 대통령 선거

구분	실시	대통령	선거 방식(주체)
제1대	1948. 7. 20.	이승만	간접 선거(제헌 국회 의원)
제2대	1952. 8. 5.	이승만	직접 선거
제3대	1956. 5. 15.	이승만	직접 선거
제4대	1960. 3. 15.	이승만	직접 선거(4·19 혁명으로 무효 처리)
제4대	1960. 8. 12.	윤보선	간접 선거(국회 의원)
제5대	1963. 10. 15.	박정희	직접 선거
제6대	1967. 5. 3.	박정희	직접 선거
제7대	1971. 4. 27.	박정희	직접 선거
제8대	1972. 12. 23.	박정희	간접 선거(통일 주체 국민 회의)
제9대	1978. 7. 6.	박정희	간접 선거(통일 주체 국민 회의)
제10대	1979. 12. 6.	최규하	간접 선거(통일 주체 국민 회의)
제11대	1980. 8. 27.	전두환	간접 선거(통일 주체 국민 회의)
제12대	1981. 2. 25.	전두환	간접 선거(대통령 선거인단)
제13대	1987. 12. 16.	노태우	직접 선거
제14대	1992. 12. 18.	김영삼	직접 선거
제15대	1997. 12. 18.	김대중	직접 선거
제16대	2002. 12. 19.	노무현	직접 선거
제17대	2007. 12. 19.	이명박	직접 선거
제18대	2012. 12. 19.	박근혜	직접 선거
제19대	2017. 5. 9.	문재인	직접 선거
제20대	2022. 3. 9.	윤석열	직접 선거

● 다음 연설을 한 대통령의 집권기에 일어난 사실로 가장 옳은 것은?　23. 법원직 9급

> 저는 이 순간 엄숙한 마음으로 헌법 제76조 제1항의 규정에 의거하여, 「금융·실명거래 및 비밀보장에 관한 대통령 긴급명령」을 반포합니다. …… 금융 실명제에 대한 우리 국민의 합의와 개혁에 대한 강렬한 열망에 비추어 국회 의원 여러분이 압도적인 지지로 승인해 주실 것을 믿어 의심치 않습니다. 친애하는 국민 여러분, 드디어 우리는 금융 실명제를 실시합니다. 이 시간 이후 모든 금융거래는 실명으로만 이루어집니다. 금융 실명제가 실시되지 않고는 이 땅의 부정부패를 원천적으로 봉쇄할 수가 없습니다.

① YH 무역 사건이 일어났다.
② 제4차 경제 개발 계획이 추진되었다.
③ 국민 기초 생활 보장법이 시행되었다.
④ 한국이 경제 협력 개발 기구(OECD)에 가입하였다.

● 〈보기〉에 제시된 헌법 개정의 주요 내용을 시간순으로 바르게 나열한 것은?　19. 2월 서울시 7급

> ┤ 보기 ├
> ㄱ. 대통령을 직선으로 선출하고 임기는 5년으로 하였다.
> ㄴ. 대통령을 대통령 선거인단에서 선출하고, 임기는 7년으로 하였다.
> ㄷ. 대통령과 부통령을 직선으로 선출하고, 임기는 4년으로 하였다.
> ㄹ. 대통령을 통일 주체 국민 회의에서 선출하고, 임기는 6년으로 하였다.

① ㄱ － ㄴ － ㄷ － ㄹ
② ㄴ － ㄹ － ㄷ － ㄱ
③ ㄷ － ㄹ － ㄴ － ㄱ
④ ㄹ － ㄷ － ㄴ － ㄱ

단권화 MEMO

|정답해설| 금융 실명제는 1993년 김영삼 정부(문민정부, 1993. 2.~1998. 2.) 때 처음 시작되었다. 김영삼 정부 시기인 1996년에 경제 협력 개발 기구(OECD)에 가입하였다.

|오답해설|
① 박정희 정부(유신 정부) 때인 1979년 YH 무역 사건이 일어났다.
② 1977년부터 제4차 경제 개발 5개년 계획이 추진되었다.
③ 김대중 정부(국민의 정부) 시기인 2000년에 국민 기초 생활 보장법이 시행되었다.

|정답| ④

|정답해설| 제시된 헌법의 개정 순서는 'ㄷ. 발췌 개헌안(1952, 제1차 개헌) → ㄹ. 유신 헌법(1972, 제7차 개헌) → ㄴ. 제5 공화국 헌법(1980, 제8차 개헌) → ㄱ. 제6 공화국 헌법(1987, 제9차 개헌)'이다.

|정답| ③

03 북한의 역사와 통일을 위한 노력

단권화 MEMO

■ 북한의 공산화 과정

북조선 임시 인민 위원회 조직(1946. 2. 8.) → 토지 개혁(1946. 3., 무상 몰수, 무상 분배) → 중요 산업체 국유화 법령 발표(1946. 8.) → 북조선 노동당 창당(1946. 8. 29.) → 북조선 인민 위원회 조직(1947. 2. 22.) → 남북 정치 협상 제의(1948. 1.) → 조선 인민군 창설(1948. 2. 8.) → 조선 최고 인민 회의 구성(1948. 9. 2.) → 조선 민주주의 인민 공화국 수립 선포(1948. 9. 9.)

01 북한의 정치

(1) 북한 정권의 수립

① 해방 이후 북한에서도 건국 준비 활동이 전개되었다. 평양에서는 조만식을 중심으로 평남 건국 준비 위원회가 결성되었고(1945. 8. 17.), 각지에서 자생적인 정치 조직들이 만들어 졌다.

② 북한에 소련군이 진주하면서 각 지역의 건국 준비 조직들은 도 단위의 인민 위원회로 통합되었다.

③ 소군정은 치안 담당, 공공 기관과 산업 기관의 접수, 관리 기구였던 인민 정치 위원회 활동을 통합·조정하기 위하여 **북조선 행정 10국**(1945. 11. 19.)을 조직하였다. 이듬해 2월에는 중앙 행정 기관인 북조선 임시 인민 위원회가 구성되었다. 반면 우익 세력들은 1945년 11월 신의주 학생 시위 등 반공 운동을 전개하고, 조만식 등이 모스크바 3국 외상 회의 결정에 반대하면서 소군정과 대립하였다.

④ 소련군과 함께 북한에 들어온 김일성은 조선 공산당 북조선 분국을 설립하고, 당 비서로 선출되었다. 김일성은 신탁 통치에 반대하던 조만식(조선 민주당)을 제거하고, 북조선 임시 인민 위원회 위원장으로 선출되었다.

⑤ 북조선 임시 인민 위원회(위원장 김일성, 부위원장 김두봉)는 민주 개혁의 일환으로 5정보를 상한으로 무상 몰수, 무상 분배 방식의 토지 개혁을 실시하였다. 또한 동년 6월에는 8시간 노동제 등을 규정한 노동 법령, 7월에 남녀 평등권에 대한 법률, 8월에는 주요 산업 국유화 법령을 공포하여 일제와 일본인, 그리고 친일파가 소유하던 주요 시설과 공장, 회사 등을 접수하였다.

> **사료**　북한의 토지 개혁
>
> **북조선 토지 개혁에 대한 법령(1946. 3. 5.)**
>
> 제1조　북조선 토지 개혁은 역사적 또는 경제적 필요성으로 된다.
> 　　　　토지 개혁의 과업은 일본인 토지 소유와 조선인 지주들의 토지 소유 및 소작제를 철폐하고 토지 이용권은 경작하는 농민에게 있다. 북조선에서의 농업 제도는 지주에게 예속되지 않은 농민의 개인 소유인 농민 경제에 의거한다.
> 제2조　몰수되어 농민 소유지로 넘어가는 토지들은 아래와 같다.
> 　　　　ㄱ. 일본 국가, 일본인 및 일본인 단체의 소유지
> 　　　　ㄴ. 조선 민족의 반역자, 조선 인민의 이익에 손해를 주며 일본 제국주의자의 정권 기관에 적극 협력한 자의 소유지와 일본 압박 밑에서 조선이 해산될 때에 자기 지방에서 도주한 자들의 소유

제3조   몰수하여 무상으로 농민의 소유로 분여하는 토지는 아래와 같다.
      ㄱ. 1 농호에 5정보 이상 가지고 있는 조선인 지주의 소유지
      ㄴ. 스스로 경작하지 않고 전부 소작 주는 소유자의 토지
      ㄷ. 면적에 관계없이 계속적으로 소작 주는 전 토지
      ㄹ. 5정보 이상을 소유한 성당, 사원 기타 종교 단체의 소유지

⑥ 소위 민주 개혁은 북한 지도부, 특히 김일성이 대중적 지지를 확보하는 결정적 계기가 되면서 북한에 혁명 기지를 건설한다는 '민주 기지론'으로 정립되었다.

⑦ 이어 1946년 8월 북조선 노동당 결성, 1947년 2월 북조선 인민 위원회 조직, 1948년 2월 조선 인민군 창설 및 8월 25일 최고 인민 회의 대의원 선거를 거쳐, 1948년 9월 9일 조선 민주주의 인민 공화국 수립을 선포하였다.

바로 확인문제

● 〈보기〉의 북한 정권 수립 과정을 시간순으로 바르게 나열한 것은?   18. 서울시 기술직 9급

┤ 보기 ├
ㄱ. 북조선 임시 인민 위원회 성립
ㄴ. 조선 인민군 창설
ㄷ. 토지 개혁 실시
ㄹ. 최고 인민 회의 대의원 선거 실시
ㅁ. 북조선 노동당 결성
ㅂ. 조선 민주주의 인민 공화국 성립

① ㄱ-ㄴ-ㄷ-ㄹ-ㅁ-ㅂ   ② ㄱ-ㄷ-ㅁ-ㄴ-ㄹ-ㅂ
③ ㄱ-ㅁ-ㄷ-ㄹ-ㄴ-ㅂ   ④ ㄱ-ㅁ-ㄴ-ㄷ-ㄹ-ㅂ

|정답해설| 제시된 사건들은 'ㄱ. 북조선 임시 인민 위원회 성립(1946. 2.) → ㄷ. 토지 개혁 실시(1946. 3.) → ㅁ. 북조선 노동당 결성(1946. 8.) → ㄴ. 조선 인민군 창설(1948. 2.) → ㄹ. 최고 인민 회의 대의원 선거(1948. 8. 25.) → ㅂ. 조선 민주주의 인민 공화국 수립(1948. 9. 9.)' 순으로 일어났다.
|정답| ②

(2) 김일성 체제의 강화 과정

① 북한 초기의 권력 변화
  ㉠ 갑산파, 연안파, 남로당, 소련파의 연립 형태였으나 전쟁을 치르면서 김일성계를 제외한 다른 계파의 인물이 차례로 제거되었다.
  ㉡ 허가이를 비롯한 소련파의 일부가 1950년 10월 당 조직을 잘못 정비한 책임을 이유로 제거되고, 직권 남용을 이유로 연안파 김무정이 군에서 숙청되었다.
  ㉢ 1952년 말에는 박헌영, 이승엽 등의 남로당계에 미 제국주의의 스파이로 쿠데타 음모를 시도하였다는 혐의가 씌워졌다.
  ㉣ 1956년 8월 종파 사건으로 연안파와 소련파가 제거되었다.

심화   8월 종파 사건

김일성은 전쟁 후 스탈린 노선을 모델로 하여 자립 경제를 목표로 중공업과 경공업 병진 정책을 추진하였으나 연안파의 최창익 등은 집단 지도 체제와 인민 생활 향상을 위한 경공업 우선 정책을 주장하였다. 이즈음 1953년 스탈린이 사망하고, 흐루쇼프가 집권하여 스탈린을 비판하자, 북한에서도 김일성 개인 숭배에 대한 연안파, 소련파의 비판이 있었다. 그러나 김일성은 연안파 등을 종파주의, 사대주의, 교조주의, 반혁명주의로 몰아 권력을 내세워 숙청하였다. 김일성이 주체를 강조하고 나선 것이 이 무렵이었다.

■ 북한 초기의 권력 구조
1948년 9월 2일 평양에서 최고 인민 회의 제1차 회의가 개최되어 최고 인민 회의 의장단 구성, 헌법 채택, 내각 구성 등이 논의되었다. 당시 북한은 김일성의 갑산파, 박헌영의 남조선 노동당 세력, 허가이의 소련파, 김두봉의 연안파 등이 각축을 벌이고 있었다. 결국 권력의 핵심인 내각 수상에는 김일성, 부수상에는 박헌영·홍명희·김책, 최고 인민 회의 의장에는 허헌, 상임 위원회 의장에는 김두봉이 선출되었다. 이렇듯 초기 북한 정권의 권력 구조는 집단 지도 체제의 성격을 띠었다.

■ 주체사상 구현
북한은 교조주의를 '남의 것을 기계적으로 옮겨다 놓은 비과학적인 사고방식'이라고 비판하면서 이를 극복하기 위해서는 주체사상과 이를 구현하기 위한 당 노선과 정책을 깊이 연구하고, 철저히 관철해야 한다고 강조하였다.

② 사상 검토 작업(1958 ~ 1959), 천리마운동(1958년 시작), 3대 혁명 운동(1958, 사상·기술·문화)가 전개되었다. 한편 1954년부터 1956년까지 3개년 계획을 통해 경제를 거의 전쟁 이전 수준으로 복구할 수 있었다. 이 기간에 협동 농장 체제로 전환하였으며, 1957년부터 시행된 5개년 경제 계획에서는 본격적인 사회주의 경제 체제를 확립하였다.

바로 확인문제

● 다음 자료에 나타난 문제를 해결하고, 권력을 자신에게 집중시키기 위해 김일성이 추진한 일은?

> 소련 수상 흐루쇼프는 스탈린에 대한 평가를 격하시키고, 개인 숭배를 비판하였다. 반김일성 세력은 1956년 8월 노동당 중앙 위원회 전원 회의에서 김일성 개인 숭배에 대해 비판하였다.

① 남로당과 그 중심 인물인 박헌영을 제거하였다.
② 연안파의 김두봉과 연합하여 북조선 노동당을 창건하였다.
③ 일반 주민에 대한 대대적인 사상 검토 사업을 시행하였다.
④ 김두봉 등 연안파 세력과 소련파 세력을 숙청하였다.

● 1960~1970년대에 남북한에서 일어났던 사실로 옳은 것은?

① 김일성은 1968년 8월 종파 사건을 계기로 연안파를 숙청하였다.
② 북한은 1960년부터 대중들에게 생산 경쟁을 유도하는 천리마운동을 시작하였다.
③ 박정희는 1971년 3선 개헌을 강행하여 1972년의 대통령 선거에서 야당의 김대중 후보와 경합을 벌였다.
④ 유신 헌법으로 대통령이 국회 의원 정원의 3분의 1을 임명하고 국회를 해산할 수 있는 권한을 가지게 되었다.

③ 1960년대에 들어서 4대 군사 노선을 강조하였고, 1967년 갑산파 내 온건 세력을 숙청하여 김일성 체제가 강화되었다. 1961년부터는 제1차 7개년 계획(1961 ~ 1967)을 추진하여 공업의 양적·질적 개선과 전면적인 기술 개혁 및 문화 혁명, 그리고 인민 생활의 급속한 개선을 목표로 하였다. 그러나 소련의 경제 원조 중단과 군사비 증액으로 1970년이 되어서야 마무리되었다.

④ 사회주의 헌법(1972)을 통해 주체사상을 사회 이념으로 공식화하고, 국가 주석제를 도입하여 김일성을 주석으로 하는 유일 체제가 성립되었다.

심화 · 북한 사회주의 헌법에 담긴 주체사상

조선 민주주의 인민 공화국은 마르크스와 레닌주의를 우리나라의 현실에 창조적으로 적용한 조선 노동당의 주체사상을 자기 활동의 지도적 지침으로 삼는다.

⑤ 1973년부터는 김정일 후계화가 시작되었는데, 3대 혁명 소조 운동을 추진하여 당내 기반을 넓히고, 사회 전반에 대한 세대 교체를 촉진함으로써 1980년 제6차 조선 노동당 대회에서 세습이 공식화되었다.

■ 천리마운동
'하나는 전체를 위하여, 전체는 하나를 위하여'라는 구호를 내건 사회주의 생산성 향상 운동이다.

| 정답해설 | 제시된 자료는 1956년 8월 종파 사건에 대한 내용이다. 이를 계기로 김일성은 연안파와 소련파 등 반대파를 숙청하였다.
| 오답해설 |
① 6·25 전쟁 직후, ② 1946년 8월, ③ 1958년의 상황이다.
| 정답 | ④

| 오답해설 |
① 8월 종파 사건은 1956년에 일어났다.
② 천리마운동은 1958년에 시작되었다.
③ 1969년 3선 개헌 후 1971년에 대통령 선거가 있었다.
| 정답 | ④

■ 4대 군사 노선
· 전 인민의 무장화
· 전 국토의 요새화
· 전군의 간부화
· 전군의 현대화

■ 주체사상과 수령론
주체사상은 '사람이 모든 것을 결정한다.'라는 철학적 원리를 바탕으로 '혁명과 건설의 주인은 인민 대중이며, 혁명과 건설을 추동하는 힘도 인민 대중에게 있다.'라는 것이 핵심 내용이다. 그러나 '인민 대중은 수령의 영도를 받아야만 자기 운명의 주인이 된다.'라는 수령론을 내세워 김일성 유일 체제와 김정일 후계 체제 확립에 이용되었다.

■ 3대 혁명 붉은기 쟁취 운동
'사상도 기술도 문화도 주체의 요구대로'라는 구호를 내세워 대중들을 동원하였다.

⑥ 1971년에 북한은 6개년 계획을 세워 공업 설비의 근대화와 기술 혁명을 추진하고자 하였다. 그러나 자본의 축적과 기술 발전이 뒤따르지 않아 경제 발전에는 한계가 있었고, 1977년이 되어서야 끝났다.

(3) 1980년대 이후 북한의 상황

경제 위기에서 벗어나고, 김정일 후계 체제 강화를 위한 제도를 마련하였다.

① 경제 부분: 합영법(1984), 나진·선봉 자유 무역 지대(1991), 외국인 투자법(1992), 합작법(1993), 제네바 기본 합의서(1994, 북미 관계 정상화 추진), 신의주 경제 특구(2002)

   ㉠ 1990년대 북한의 경제 성장률

연도	1990	1991	1992	1993	1994	1995	1996	1997	1998	1999	2000
경제 성장률(%)	-3.7	-3.5	-6.0	-4.2	-2.1	-4.1	-3.6	-6.3	-1.1	6.2	1.3

   ㉡ 합영법(合營法: 1984. 9. 제정, 1994. 1. 개정)

제1조	조선 민주주의 인민 공화국 합영법은 우리나라와 세계 여러 나라 사이의 경제 기술 협력과 교류를 확대·발전시키는 데 이바지한다.
제5조	합영 기업은 당사자들이 출자한 재산에 대한 소유권을 가지며 독자적으로 경영 활동을 한다.
제7조	공화국 영역 밖에 거주하고 있는 조선 동포들과 하는 합영 기업, 일정한 지역에 창설된 합영 기업에 대하여 세금의 감면, 유리한 토지 이용 조건의 제공 같은 우대를 한다.

   ㉢ 개정 헌법의 경제 관련 조항(1998)

첫째	개인 소유 범위 확대
둘째	특수 지대(特殊地帶)에서의 기업의 창설 및 운영 장려
셋째	독립 채산제 실시 및 원가·가격·수익성 개념 도입
넷째	국가 이외의 사회 협동 단체가 대외 무역의 주체가 될 수 있도록 허용

   ㉣ 북한 경제의 침체
- 원인: 사회주의 경제 체제가 가져온 생산력 저하, 동유럽 공산주의 국가의 몰락으로 교역 상대국 상실, 에너지와 원자재 부족으로 공장 가동률 저하 등으로 1990년대 이후 대부분 마이너스 경제 성장을 하였다.
- 위기 극복 정책: 나진·선봉 자유 무역 지대 설치(1991), 외국인 투자법 제정(1992)·합영법을 외국인 투자가 좀 더 유리하도록 개정(1994), 개정 헌법에 경제적 실용주의 노선을 반영(1998)하여 일정 부분 시장 경제적 요소를 수용하는 내용을 담고 있다.
- 2000년대: 2001년 중국과 합의하여 중국의 단둥과 북한의 신의주에 경제 특구를 설치하기로 하였고, 2002년 7월부터는 일부 생필품의 배급제를 시장 기능으로 보완하였다.

② 김정일 후계 확립: 1992년 헌법 개정(국방 위원회 권한 강화, 주석 권한 약화), 1993년 김정일 국방 위원장 취임, 1998년 헌법 개정(김일성 헌법, 유훈 통치)

심화   유엔 북한 인권 규탄 결의안 '요지' – 조선 민주주의 인민 공화국의 인권 상황

❶ 식량 부족에 대한 인식

  유엔 인권 위원회는 북한의 열악한 인도주의적 상황과 특히 상당수 어린이의 신체적·정신적 성장에 영향을 미칠 영양 부족 사태에 깊은 우려를 표명한다.

■ 김일성 유일 체제 확립

정권 수립 초기	연립 정권 형태: 김일성 + 박금철 + 이효순(갑산파)·김두봉 + 최창익(연안파)·박헌영(남로당)·허가이 + 박창옥(소련파)
1950 년대	• 6·25 전쟁 이후 남로당계 숙청 • 8월 종파 사건: 소련파와 연안파가 김일성 개인 숭배 비판(1956. 8.) → 소련파와 연안파 숙청 • 중앙당 집중 지도 사업: 주민들의 사상 검토
1960 년대	• 김일성 중심의 통치 체제를 뒷받침하기 위하여 유일사상 체계 확립 • 주체사상: 정치의 자주, 국방의 자위, 경제의 자립
1970 년대	• 사회주의 헌법 공포(1972): 국가주석제 도입 • 김일성의 유일 지도 체계를 확립하는 권력의 기초 마련

❷ 유엔의 촉구

우리는 이런 보고들을 국제 사회가 확인할 수 있도록 할 여건을 북한 당국이 조성하지 않는 것을 유감스럽게 여기고, 북한 정부가 긴급히 답변할 것을 촉구한다.

- 사상·양심·종교·의견과 표현, 평화적 집회와 결사의 자유, 정보 접근권, 국내외의 자유로운 여행을 원하는 모든 시민에게 부과된 제한 조치
- 고문과 그 밖의 잔혹하고 비인간적인 처벌과 대우·공개 처형·정치적 이유에 따른 사형·상당수의 강제 수용소 존재·강제 노동·자유를 박탈당한 사람들의 권리 존중 미약
- 장애 아동(障碍兒童)에 대한 부당한 차별 대우
- 여성의 인권과 기본적 자유에 대한 지속적인 침해

바로 확인문제

● 1945년 해방 이후 남북한의 정치 상황에 대한 설명으로 옳은 것은?   07. 국가직 9급

① 1948년 김일성은 남로당과 연안파 인사들을 배제하고 북한 정부를 구성하였다.

② 1965년 한국군은 UN군의 일원으로 베트남에 파병되었다.

③ 1969년 3선 개헌에 성공한 박정희는 간접 선거를 통해 1971년 대통령에 당선되었다.

④ 1972년 북한은 사회주의 헌법을 공포하여 수령 유일 지도 체제를 확립하였다.

| 오답해설 |
① 김일성은 남로당과 연안파 인사들을 흡수하였으며, ② 한국군은 미국의 요청으로 베트남에 파병되었다. 한편 ③ 박정희는 1971년 직접 선거로 대통령에 당선되었다.

| 정답 | ④

■ 남북한의 대립

구분	남한의 정책	북한의 정책
1950년대	• 남한 지역만의 자유 총선거 • 무력 북진 통일론	1950년대 중반 이후: 평화 통일 위장 공세 강화
1960년대	• 유엔 감시하에 남북한 자유 총선거: 장면 내각 • 국토 통일을 위한 실력 배양 주장: 군사 정부 • '선 건설 후 통일' 주장: 박정희 정부	연방제 통일 방안 (1960)

■ 7·4 남북 공동 성명

1972년 7월 4일에 발표된 분단 이후 최초의 남북 간 합의 문서로서, 이를 계기로 국내외적인 평화 분위기가 조성되었다. 그러나 곧 박정희 정부는 10월 유신을 선포하여 장기 집권을 꾀하였고, 북한도 사회주의 헌법을 개정하여 유일 지도 체제를 더욱 강화하였다.

---

02 통일을 위한 노력

(1) 해방 이후 남북한의 통일 논의

① 1950년대

㉠ 광복 이후 민족 통일 국가의 수립이 좌절되면서 민족의 최대 과제 중 하나는 민족 분단을 극복하고 통일 국가를 수립하는 일이었다.

㉡ 6·25 전쟁을 겪으면서 분단은 고착화되었고, 남한의 반공 정책과 북한의 적화 통일 정책으로 남북한 사이에는 통일을 위한 논의조차 이루어지지 않았다.

② 1960년대

㉠ 4·19 혁명 직후 학생들과 일부 정치인들을 중심으로 통일 논의가 활발하게 개진되어 중립화 통일론이나 남북 협상론 등이 제기되었다.

㉡ 이러한 통일 논의는 5·16 군사 정변, 남북한 간의 대립 등으로 더 이상 진전될 수 없었다.

③ 1970년대

㉠ 1970년대 들어와서 정부는 냉전 체제의 완화, 민주화의 요구 등 내외 여건의 변화에 따라 남북 교류를 제의하고, 남북 간에 이산가족 찾기 운동을 위한 적십자 대표 예비 회담을 열었다.

㉡ 서울과 평양에서 동시에 발표된 7·4 남북 공동 성명(1972. 7. 4.)은 자주·평화·민족적 대단결의 통일 원칙을 내세운 것으로 이후 통일 논의의 기본 원칙이 되었다.

④ 1980년대

㉠ 1980년대에 이르러 남한의 '민족 화합 민주 통일 방안'과 북한의 '고려 민주주의 연방 공화국 방안'이 제시되었다.

㉡ 남북한의 이산가족이 각각 서울과 평양을 방문하였다(1985. 9.). 이산가족 상봉은 부분적이기는 하지만 분단 후 처음 이루어진 역사적 사건이었다.

⑤ 1990년대

    ㉠ 급격한 국제 정세의 변화 속에서 적극적인 북방 외교 정책이 추진되었다.

    ㉡ 남북한이 동시에 유엔에 가입하였으며, 남북 고위급 회담이 열리고, 문화·체육의 교류가 이루어졌다.

    ㉢ '남북 사이의 화해와 불가침 및 교류·협력에 관한 합의서(남북 기본 합의서)'가 채택되고(1991. 12.), 한반도 비핵화 선언이 발표되었다(1991. 12. 31.).

    ㉣ 민간 차원의 적극적 통일 노력도 전개되어 평화 통일을 위한 논의가 활성화되었다.

    ㉤ 1994년에는 남북 정상 회담을 위한 예비 접촉이 이루어져 남북 관계가 진전될 기미를 보였지만 김일성의 사망으로 정상 회담이 무산되고, 김일성 조문 문제로 남북 관계는 다시 냉각되었다.

    ㉥ 1998년에 김대중 정부가 들어선 이후 남북 교류가 활성화되었다. 정부는 이른바 남북 화해 협력 정책(햇볕 정책)을 추진하여 민간 차원의 교류를 크게 확대하였다.

⑥ 2000년대

    ㉠ 2000년 남북 정상 회담이 이루어져 6·15 남북 공동 선언이 발표되고, 남북 이산가족이 만나는 등 남북 간의 긴장 완화와 화해·협력이 진전되었다.

    ㉡ 노무현 정부(2003년 출범)에서는 김대중 정부의 대북 햇볕 정책을 계승하였다. 그 결과 노무현 대통령은 2007년 육로로 북한을 방문하여, 남북 관계 발전과 평화 번영을 위한 선언(10·4 남북 공동 선언)을 발표하였다.

(2) 통일 정책의 추진*

① 1970년대

    ㉠ 자주 국방: 국력 신장을 바탕으로 자주 국방을 추진함과 동시에 한반도에서의 평화 정착을 이룩하기 위해서 대북 교섭을 추구하게 되었다.

    ㉡ 8·15 선언(1970): 북한에 대하여 선의의 체제 경쟁을 제의하였는데 한반도에서 평화 정착을 이룩하기 위한 것이었다.

    ㉢ 남북 적십자 회담 제의(1971): 대한 적십자사가 북한에 남북한의 이산가족 찾기를 제의하였다. 북한이 이 제의를 받아들여 남북한 적십자 회담이 이루어졌고, 평화 협상의 길이 최초로 열리게 되었다.

    ㉣ 7·4 남북 공동 성명(1972)

민족 통일의 3대 원칙	자주 통일, 평화 통일, 민족적 대단결
합의 사항	남북한 당국자들은 통일 문제를 협의하기 위해 남북 조절 위원회를 설치하기로 함

단권화 MEMO

▲ 제1차 남북 정상 회담(2000)

*통일 정책의 추진

7·4 남북 공동 성명, 남북 기본 합의서, 6·15 공동 선언, 10·4 남북 공동 선언의 내용은 사료와 함께 기억해야 한다.

사료   7·4 남북 공동 성명(1972. 7. 4.)

1. 쌍방은 다음과 같은 조국 통일 원칙들에 합의를 보았다.

    첫째, 통일은 외세에 의존하거나 외세의 간섭을 받음이 없이 **자주적(自主的)**으로 해결하여야 한다.

    둘째, 통일은 서로 상대방을 반대하는 무력 행사에 의거하지 않고 **평화적(平和的)** 방법으로 실현하여야 한다.

    셋째, 사상과 이념, 제도의 차이를 초월하여 우선 하나의 민족으로서 **민족적 대단결(民族的大團結)**을 도모하여야 한다.

2. 쌍방은 …… 서로 상대방을 중상(重傷)·비방(誹謗)하지 않으며 …… 무장 도발을 하지 않으며 불의의 군사적 충돌 사건을 방지하기 위한 적극적인 조치를 취하기로 합의하였다.
3. 쌍방은 지금 온 민족의 거대한 기대 속에 진행되고 있는 남북 적십자 회담이 하루빨리 성사되도록 적극 협조하는 데 합의하였다.
4. 쌍방은 …… 남북 사이에 제기되는 문제들을 직접·신속·정확히 처리하기 위하여 서울과 평양 사이에 상설 직통 전화를 놓기로 합의하였다.
5. 쌍방은 …… **남북 조절 위원회**를 구성·운영하기로 합의하였다.

　　　　ⓤ 6·23 평화 통일 선언(1973): 남북한의 유엔 동시 가입과 호혜 평등의 원칙하에 모든 국가에 대한 문호 개방을 주요 내용으로 하였다.
　　　　ⓥ 남북 상호 불가침 협정 체결(1974) 제안: 평화 통일의 3대 기본 원칙에 입각해서 북한에 제안하였다.
　　② 1980년대
　　　　㉠ 민족 화합 민주 통일 방안(1982): 민족 자결의 원칙에 의거해서 겨레 전체의 자유의사가 반영되는 민주적 절차와 평화적 방법으로 민족·민주·자유·복지의 이상을 추구하는 통일 국가를 수립하자는 것이다. 이 무렵 북한은 고려 민주주의 연방 공화국 방안을 제시하였다.
　　　　㉡ 남북 이산가족 고향 방문(1985): 남북한 당국자 간의 통일 논의의 재개를 추진하여 남북 이산가족 고향 방문단 및 예술 공연단의 교환 방문이 성사되었다.
　　　　㉢ 7·7 선언(민족 자존과 통일 번영을 위한 특별 선언, 1988): 북한을 상호 신뢰·화해·협력을 바탕으로 공동 번영을 추구하는 민족 공동체 일원으로 인식하였다.
　　　　㉣ 한민족 공동체 통일 방안(1989): 정부는 서울 올림픽 대회를 계기로 북방 정책의 추진과 함께 통일 정책에도 전진적인 자세를 취하였다. 그리하여 **자주·평화·민주**의 원칙 아래 '한민족 공동체 통일 방안'을 제시하기에 이르렀다.

> **사료**　7·7 선언(1988, 민족 자존과 통일 번영을 위한 특별 선언)
>
> 1. 남북 동포 간의 상호 교류 및 해외 동포의 자유로운 남북 왕래를 위한 문호 개방
> 2. 이산가족의 서신 왕래 및 상호 방문 적극 지원
> 3. 남북 간 교역을 위한 문호 개방
> 4. 비군사 물자에 대한 한국의 우방과 북한 간의 교역 찬성
> 5. 남북 간의 소모적인 경쟁·대결 외교 지양 및 남북 대표 간의 상호 협력
> 6. 북한과 한국 우방과의 관계 개선 및 사회주의 국가와 한국과의 관계 개선을 위한 상호 협조

　　③ 1990년대
　　　　㉠ **남북 기본 합의서**: 1991년 9월에 남과 북이 동시에 UN에 가입하였다. 이후 남북 기본 합의서가 채택되었으며(1991. 12. 13.) 한반도 비핵화 선언이 발표되었다(1991. 12. 31.). 그러나 1993년 북한이 핵 확산 금지 조약(NPT)를 탈퇴하여 북한의 핵 문제가 국제적 관심이 되었다. 이후 1994년 북미 제네바 회담(9. 23.~10. 21.)에서 한반도 핵 문제의 전면적 해결을 위한 협상이 진행되었다. 그리고 1995년 KEDO(한반도 에너지 개발 기구)가 설립되어 북한의 경수로 건설 공사를 시작하였다.

사료 남북 기본 합의서(1991. 12. 13.)

남과 북은 …… 7·4 남북 공동 성명에서 천명된 조국 통일 3대 원칙을 재확인하고, 정치적·군사적 대결 상태를 해소하여 민족적 화해를 이룩하고 …… 쌍방 사이의 관계가 나라와 나라 사이의 관계가 아닌 통일을 지향하는 과정에서 잠정적으로 형성되는 특수 관계라는 것을 인정하고, …… 다음과 같이 합의하였다.

제1장 남북 화해

제1조 남과 북은 서로 상대방의 체제를 인정하고 존중한다.
제2조 남과 북은 상대방의 내부 문제에 간섭하지 아니한다.
제4조 남과 북은 상대방에 대한 비방·중상을 하지 아니한다.
제5조 남과 북은 …… 평화 상태가 이룩될 때까지 현 군사 정전 협정을 준수한다.
제7조 남과 북은 …… 판문점에 남북 연락 사무소를 설치·운영한다.

제2장 남북 불가침

제9조 남과 북은 상대방에 대하여 무력을 사용하지 않으며 상대방을 무력으로 침략하지 아니한다.
제13조 남과 북은 우발적인 무력 충돌과 그 확대를 방지하기 위하여 쌍방 군사 당국자 사이에 직통 전화를 설치·운영한다.

제3장 남북 교류·협력

제15조 남과 북은 …… 자원의 공동 개발, 민족 내부 교류로서의 물자 교류, 합작 투자 등 경제 교류와 협력을 실시한다.
제16조 남과 북은 과학·기술·교육 …… 라디오·텔레비전 …… 등 여러 분야에서 교류와 협력을 실시한다.

사료 한반도의 비핵화에 관한 공동 선언(1991. 12. 31.)

남과 북은 한반도를 비핵화함으로써 핵전쟁 위험을 제거하고 우리나라의 평화와 평화 통일에 유리한 조건과 환경을 조성하며 아시아와 세계의 평화와 안전에 이바지하기 위하여 다음과 같이 선언한다.
1. 남과 북은 핵무기의 시험·제조·생산·접수·보유·저장·배치·사용을 하지 아니한다.
2. 남과 북은 핵에너지를 오직 평화적 목적에만 이용한다.
3. 남과 북은 핵 재처리 시설과 우라늄 농축 시설을 보유하지 아니한다.
4. 남과 북은 한반도의 비핵화를 검증하기 위하여 상대측이 선정하고 쌍방이 합의하는 대상들에 대하여 남북핵통제공동위원회가 규정하는 절차와 방법으로 사찰을 실시한다.
5. 남과 북은 이 공동 선언의 이행을 위하여 공동 선언이 발효된 후 1개월 동안 남북핵통제공동위원회를 구성·운영한다.

ⓛ 3단계 3기조 통일 정책(1993): 정부는 화해·협력, 남북 연합, 통일 국가 완성의 3단계 통일 방안과 이를 효율적으로 실천하기 위해 민주적 국민 합의, 공존·공영, 민족 복리의 3대 기조를 바탕으로 하는 통일 정책을 마련하였다.

ⓒ 민족 공동체 통일 방안(1994. 8.): 정부는 민족의 염원인 통일을 조속히 성취하기 위하여 한민족 공동체 건설을 위한 3단계 통일 방안으로서 자주·평화·민주의 3원칙과 화해·협력, 남북 연합, 통일 국가 완성의 3단계 통일 방안을 발표하였다. 이는 한민족 공동체 통일 방안과 3단계 3기조 통일 정책을 수렴하여 종합한 것으로서, 민족 공동체 통일 방안 또는 공동체 통일 방안이라고 한다.

④ 2000년대

㉠ 6·15 남북 공동 선언(2000)

• 통일 문제의 자주적 해결
• 통일을 위한 연합제(聯合制)와 연방제(聯邦制)의 공통성 인정
• 이산가족 방문단의 교환과 비전향 장기수 문제 해결을 위한 노력

- 경제 협력을 통한 민족 경제의 균형적 발전과 사회·문화·체육·보건·환경 등 제 분야의 협력과 교류의 활성화 합의
- 당국 간의 대화

사료   6·15 남북 공동 선언(2000. 6. 15.)

1. 남과 북은 나라의 통일 문제를 그 주인인 우리 민족끼리 서로 힘을 합쳐 자주적으로 해결해 나가기로 하였다.
2. 남과 북은 나라의 통일을 위한 **남측의 연합제 안**과 **북측의 낮은 단계의 연방제 안**이 서로 공통성이 있다고 인정하고, 앞으로 이 방향에서 통일을 지향시켜 나가기로 하였다.
3. 이산가족과 친척 방문단을 교환하며, 비전향 장기수 문제를 해결하는 등 인도적 문제를 조속히 풀어나가기로 하였다.
4. 남과 북은 경제 협력을 통하여 민족 경제를 균형적으로 발전시키고 **사회·문화·체육·보건 등 제반 분야의 협력과 교류를 활성화**하여 서로의 신뢰를 다져 나가기로 하였다.

ⓛ 10·4 남북 공동 선언(2007)
- 6·15 남북 공동 선언을 적극 구현하는 가운데, 자주적으로 통일 문제를 해결하며 민족의 존엄과 이익을 중시한다.
- 사상과 제도의 차이를 초월하여 법률적·제도적 장치들을 정비하고, 양측 의회 등 각 분야의 대화와 접촉을 적극 추진한다.
- 군사적 적대 관계를 종식시키고, 서해 평화 수역 지정을 위한 남측 국방 장관과 북측 인민 무력부 부장 간 회담을 평양에서 개최하기로 한다.
- 현 정전 체제를 평화 체제로 구축하기 위해 3자 또는 4자 정상들이 만나 종전을 선언하는 문제를 추진하기로 하고, 핵 문제 해결을 위한 6자 회담에서의 성명과 합의가 순조롭게 이행되도록 공동 노력한다.
- 민족 경제의 공동 발전을 위해 **서해 평화 협력 특별 지대**를 설치하고 '개성 – 신의주 철도'와 '개성 – 평양 간 고속도로'를 공동으로 이용하기 위해 개보수 문제를 협의 추진한다. 안변과 남포에 조선 협력 단지를 건설하며 농업·보건 의료·환경 보호 등 분야에서 협력하기로 하고, 현재의 남북 경제 협력 추진 위원회를 부총리급 남북 경제 협력 공동 위원회로 격상한다.
- 사회 문화 분야의 교류와 협력을 발전시켜 나가고, 백두산 관광을 실시하며 이를 위해 '백두산 – 서울 직항로'를 개설하기로 한다.
- 이산가족의 상봉을 확대하며 영상 편지 교환 사업을 추진하고, 금강산 면회소가 완공되는 데 따라 쌍방 대표를 상주시킨다.
- 국제 무대에서 협력을 강화해 나가는 가운데 이 선언의 이행을 위해 남북 총리 회담을 개최하기로 하고, 남북 관계 발전을 위해 정상들이 수시로 만나 현안 문제들을 협의하기로 한다.

ⓒ 4·27 판문점 선언(2018, 한반도의 평화와 번영, 통일을 위한 판문점 선언) 발표

사료   4·27 판문점 선언(2018)

양 정상은 한반도에 더 이상 전쟁은 없을 것이며 새로운 평화의 시대가 열리었음을 8천만 우리 겨레와 전 세계에 엄숙히 천명하였다.

1. 남과 북은 남북 관계의 전면적이며 획기적인 개선과 발전을 이룩함으로써 끊어진 민족의 혈맥을 잇고 공동번영과 자주 통일의 미래를 앞당겨 나갈 것이다.
   ① 남과 북은 우리 민족의 운명은 우리 스스로 결정한다는 민족 자주의 원칙을 확인하였으며 이미 채택된 남북 선언들과 모든 합의를 철저히 이행함으로써 관계 개선과 발전의 전환적 국면을 열어나가기로 하였다.
   ③ 남과 북은 당국 간 협의를 긴밀히 하고 민간 교류와 협력을 원만히 보장하기 위하여 쌍방 당국자가 상주하는 남북 공동 연락 사무소를 개성 지역에 설치하기로 하였다.
   ⑥ 남과 북은 민족 경제의 균형적 발전과 공동 번영을 이룩하기 위하여 10·4 선언에서 합의된 사업들을 적극 추진해 나가며 일차적으로 동해선 및 경의선 철도와 도로들을 연결하고 현대화하여 활용하기 위한 실천적 대책들을 취해 나가기로 하였다.

2. 남과 북은 한반도에서 첨예한 군사적 긴장 상태를 완화하고 전쟁 위험을 실질적으로 해소하기 위하여 공동으로 노력해 나갈 것이다.
   ① 남과 북은 지상과 해상, 공중을 비롯한 모든 공간에서 군사적 긴장과 충돌의 근원으로 되는 상대방에 대한 일체의 적대 행위를 전면 중지하기로 하였다. 당면하여 5월 1일부터 군사 분계선 일대에서 확성기 방송과 전단 살포를 비롯한 모든 적대 행위를 중지하고 그 수단을 철폐하며 앞으로 비무장 지대를 실질적인 평화 지대로 만들어 나가기로 하였다.
   ② 남과 북은 서해 북방 한계선 일대를 평화 수역으로 만들어 우발적인 군사적 충돌을 방지하고 안전한 어로 활동을 보장하기 위한 실제적인 대책을 세워나가기로 하였다.

3. 남과 북은 한반도의 항구적이며 공고한 평화 체제 구축을 위하여 적극 협력해 나갈 것이다. 한반도에서 비정상적인 현재의 정전 상태를 종식시키고 확고한 평화 체제를 수립하는 것은 더 이상 미룰 수 없는 역사적 과제이다.
   ① 남과 북은 그 어떤 형태의 무력도 서로 사용하지 않을 때 대한 불가침 합의를 재확인하고 엄격히 준수해 나가기로 하였다.
   ② 남과 북은 군사적 긴장이 해소되고 서로의 군사적 신뢰가 실질적으로 구축되는 데 따라 단계적으로 군축을 실현해 나가기로 하였다.
   ③ 남과 북은 정전 협정 체결 65년이 되는 올해에 종전을 선언하고 정전 협정을 평화 협정으로 전환하며 항구적이고 공고한 평화 체제 구축을 위한 남·북·미 3자 또는 남·북·미·중 4자 회담 개최를 적극 추진해 나가기로 하였다.
   ④ 남과 북은 완전한 비핵화를 통해 핵 없는 한반도를 실현한다는 공동의 목표를 확인하였다. 당면하여 문재인 대통령은 올해 가을 평양을 방문하기로 하였다.
   2018년 4월 27일
   판 문 점
   대한민국 대통령 문재인   조선 민주주의 인민 공화국 국무위원회 위원장 김정은

바로 확인문제

● 다음과 같은 남북 합의가 이루어진 정부에서 일어난 사실은?   17. 서울시 9급

> 제1조   남과 북은 서로 상대방의 체제를 인정하고 존중한다.
> 제2조   남과 북은 상대방의 내부 문제에 간섭하지 아니한다.
> 제3조   남과 북은 상대방에 대한 비방·중상을 하지 아니한다.
> 제4조   남과 북은 상대방을 파괴·전복하는 일체 행위를 하지 아니한다.

① 남북 조절 위원회 회담
② 금융 실명제 전면 실시
③ 남북 정상 회담 개최
④ 북방 외교의 적극 추진

| 정답해설 | 제시된 사료는 1991년 12월에 채택된 남북 기본 합의서의 내용이다. 노태우 정부 시기에 남북 기본 합의서가 채택되었고, 북방 외교가 활발히 추진되었다.

| 오답해설 |
① 남북 조절 위원회는 1972년 7·4 남북 공동 성명 이후 남북 대화를 위해 설치한 기구이다(박정희 정부).
② 금융 실명제는 1993년 김영삼 정부에서 전격적으로 실시하였다.
③ 남북 정상 회담은 김대중 정부(1차, 2000. 6.), 노무현 정부(2차, 2007. 10.), 문재인 정부(3차, 2018. 4.) 시기에 이루어졌다.

| 정답 | ④

① 한반도 비핵화는 한반도 비핵화 공동 선언(1991. 12.)에서 합의되었다.
② 남북한 동시 유엔 가입은 1991년 9월의 일이고, 6·15 남북 공동 선언은 2000년에 발표되었다.
④ 남북 기본 합의서는 1991년에 서울에서 열린 5차 남북 고위급 회담에서 채택된 것이다. 한편 남북 정상 회담은 2000년 김대중 정부 시기에 처음 이루어졌으며, 그 결과 6·15 남북 공동 선언이 발표되었다.
⑤ ⓒ 1972년 → ⓒ 1991년 → ㉠ 2000년 순으로 발표되었다.

|정답| ③

● 다음 ㉠, ㉡, ㉢에 대한 설명으로 옳은 것은?   14. 서울시 9급

> ㉠ 6·15 남북 공동 선언
> ㉡ 7·4 남북 공동 성명
> ㉢ 남북 간의 화해와 불가침 및 교류 협력에 관한 합의서

① ㉠-한반도 비핵화를 선언하였다.
② ㉠-남북한 동시 유엔 가입에 합의하였다.
③ ㉡-통일의 3대 원칙을 천명하였다.
④ ㉢-남북 정상 회담의 성과였다.
⑤ ㉠-㉡-㉢ 순으로 발표되었다.

심화 남북한 통일 정책 비교

❶ 1950~1960년대 초

	남한	북한
이승만 정부	• 북진 통일론 • 평화 통일론 탄압 → 반공 강조	• 무력 통일 • 연방제 통일
장면 내각	• 남북한 총선거에 의한 평화 통일: 유엔 감시하의 인구 비례 남북한 총선거 • 선 경제 건설, 후 통일론	• 제네바 회담(1954): 중립국 감시하의 총선거 주장 • 남북 연방제(1960): 통일 정부 수립까지 과도 단계로 연방제 실시

❷ 1960~1970년대

		남한	북한
박정희 정부		• 선 경제 건설, 후 통일론 계승 • 국력으로 북한 압도 후 통일 논의	• 7·4 남북 공동 성명(1972) 　- 사회주의 헌법 제정 　- 주체사상 명시 　- 주석제 신설 • 고려 연방제 제안(1973)
	1969	닉슨 독트린 후 긴장 완화	
	1970	• 8·15 평화 통일 구상 선언 　- 선의의 경쟁 주장 　- 유엔이 아닌 당사국 협상에 의한 통일	
	1971	남북 적십자 회담	
	1972	• 7·4 남북 공동 성명 　- 자주·평화·민족적 대단결의 3원칙 합의 　- 남북 조절 위원회 설치 　→ 남한은 10월 유신, 북한은 사회주의 헌법 제정, 두 국가 모두 독재 강화에 이용	
	1973	• 6·23 평화 통일 외교 선언 　- 유엔 동시 가입 제안 → 1991년 실현 　- 조국 통일 5대 강령	
	1974	상호 불가침 협정 제안	

❸ 1980년대

		남한	북한
전두환 정부	1982	• 민족 화합 민주 통일 방안 – 국민 투표로 통일 헌법 제정 – 남북한 총선거로 통일 국가 수립	• 고려 민주 연방 공화국 창설 방안(1980) – 1민족 1국가 2제도 2정부 – 남북 연합(X) – 국가 통일 → 민족 통일 • 조선 합작 경영법(합영법, 1984) – 외국의 선진 자본과 기술 도입 – 중국의 경제 특구, 개방 도시 모방
	1984	남북한 교역 및 경제 협력 교류 제의	
	1984	• 남북 경제 회담 – 북한의 수재 물자 제공 – 최대의 물자 교류	
	1985	남북 이산가족·예술단 교환 방문	
노태우 정부	1988	7·7 선언: 북한을 적대 관계에서 협력의 관계로 인식	• 남북 기본 합의서 합의(1991) • 나진·선봉 자유 무역 지대 설치(1991) • 외국인 투자법 제정(1992) • NPT(핵 확산 금지 조약) 탈퇴(1993)
	1989	• 한민족 공동체 통일 방안 – 자주, 평화, 민주 원칙 – 남북 연합이라는 중간 단계	
	1990	남북 고위급 회담	
	1991. 9.	남북한 유엔 동시 가입	
	1991. 12.	• 남북 기본 합의서 – 상대국 내부 간섭 안 함 – 상호 화해·불가침·교류와 협력 추진 – 남북은 통일을 지향하는 과정에서 잠정적으로 형성되는 특수 관계를 인정한다. • 한반도 비핵화 공동 선언 – NPT(핵 확산 금지 조약) 가입 → 1993년 북한의 NPT 탈퇴 선언	

❹ 1990년대 이후

		남한	북한
김영삼 정부	1994	• 민족 공동체 통일 방안 – 1민족 1국가 1체제 1정부 – 남북 연합 – 민족 통일 → 국가 통일	• 신합영법(1994) – 북한은 세계 여러 나라 사이에서 경제 기술 협력과 교류 확대 발전 도모 – 해외 조선 동포들과 하는 합영 기업, 일정한 지역에 창설된 합영 기업에 세금 감면, 유리한 토지 이용 조건 제공
김대중 정부	1998	금강산 관광 시작(해상 교통)	• 6·15 남북 공동 선언(2000) • 신의주 경제 특구(2002)
	2000	• 6·15 남북 공동 선언 – 최초의 남북 정상 회담 – 금강산 육로 관광 추진(2003. 9. 시작) – 개성 공단 조성 합의(2000. 8.), 2003. 6. 착공, 2004. 6. 시범 단지 완공 – 경의선 복원(2000. 9. 착공, 2002. 12. 31. 남측 구간 완료)	

04 현대의 경제·사회·문화 발전

＊현대 한국 경제의 특징
한국 경제의 특징을 1950, 1960, 1970, 1980년대 및 1990년대 이후로 구분해서 기억하자.

■ 미군정기 원조
미군정기의 원조는 독일·일본의 경우처럼 점령지 통치를 위한 점령지 행정 구호 원조(GARIOA)를 중심으로 이루어졌다. GARIOA 원조(약 4억 979만 달러)는 1946~1948년간 미국 대외 원조 총액의 4.5%를 차지하였다. 식료품, 농업 용품, 피복류 등 소비재가 중심 품목으로 경제 재건보다는 긴급 구호에 초점을 맞추었다. 한편 1947년부터의 원조는 한일 간 수직적 분업 구조 속에서 일본 경제 재건을 위해 한국이 일본 상품을 구매하도록 하는 방침하에 운영되었다.

■ 신한 공사
신한 공사는 일제 강점기 동양 척식 주식회사와 여타 일본인(회사·개인) 소유였던 토지를 관할하여 그 보전과 이용 및 회계 등을 담당한 미군정의 회사이다. 신한 공사의 법적 근거는 미군정 법령 제52호(1946년 2월 21일)에 의해 마련되었고, 그 실효는 1946년 3월 3일부로 개시되었다. 신한 공사의 운영은 미군정 장관의 지시에 따라 이루어졌고, 미군정 장교들이 신한 공사의 최종적 권한을 행사하였다. 1948년 3월 22일 중앙 토지 행정처 설치령과 신한 공사 해산령에 의거하여 그 재산 일체를 중앙 토지 행정처에 넘기고 해산하였다.

01 현대 경제의 발전*

1 8·15 광복과 새로운 경제 질서 형성

(1) 광복 직후의 경제 상황

① 광복 이후의 경제적 상황: 8·15 광복은 우리 손으로 국가를 수립하고 일제 지배의 잔재 청산과 각종 개혁 실시 및 제도 정비 등을 수행할 출발점이었다.

　㉠ 경제적 빈곤: 남북 분단과 정치적 혼란으로 경제적 어려움은 가중되었다.

　㉡ 공장 폐쇄: 광복 직후에 주로 일본 자본으로 운영되던 많은 기업이 원료와 기술, 자본 부족 등의 어려움으로 공장의 문을 닫아야만 하였다.

② 국토 분단과 경제 혼란의 지속

　㉠ 미군정 체제: 해방 이후 극심한 인플레이션이 발생하였고 원자재, 소비재, 식량 등이 부족하였다. 이에 미군정은 1946년 1월 25일에 '미곡수집령'을 제정하여 1946년 2월부터 미곡수집제를 실시하였다.

　㉡ 남북 분단: 지하자원과 중공업 시설이 북한에 치우쳐 있는 상황에서 국토가 분단되고 북으로부터 전기 공급마저 중단되자, 농업과 경공업 중심의 남한 경제는 어려움이 가중되었다.

　㉢ 월남민의 증가: 북한의 공산주의 체제에서 벗어나기 위하여 많은 동포가 월남하였고, 이 때문에 남한에서는 실업률의 증가와 식량 부족으로 경제 혼란이 심화되었다.

(2) 경제 회복을 위한 노력

① 경제 정책의 기본 방향

　㉠ 대한민국 수립 이후: 정부는 경제 정책의 기본 방향을 농업과 공업의 균형 발전, 소작제의 철폐, 기업 활동의 자유 보장, 사회 보장 제도의 실시, 인플레이션의 극복 등으로 설정하고 이를 실천하기 위하여 노력하였다.

　㉡ 경제 안정 시책의 추진

　　• 미국과 한미 원조 협정을 체결(1948. 12.)하여 재정적·기술적 원조를 지원받았다.

　　• 농지 개혁법을 제정·시행하여 농촌 경제의 안정을 꾀하였고, 귀속 재산을 매각하여 산업 자본의 형성에 기여하였다.

사료 한미 원조 협정(1948. 12.)

대한민국 정부는 대한민국의 경제적 위기를 방지하며 국력 부흥을 촉진하고 국내 안정을 확보하기 위하여 미합중국 정부에 재정적, 물질적 및 기술적 원조를 요청하였으며, 미합중국 국회는 1948년 6월 28일에 통과된 법률(제80의회, 법률 제793호)에 의하여 대한민국 국민에게 원조를 제공할 권한을 미합중국 대통령에게 부여하였으며, 대한민국 정부 및 미합중국 정부는 대한민국 정부의 독립과 안전 보장에 합치되는 조건에 의한 그 원조의 제공이 국제 연합 헌장의 근본 목적과 1947년 11월 14일의 국제 연합 총회 결의의 근본 목적을 달성함에 유효하고 미국 국민 및 한국 국민 간의 우호적 유대를 한층 강화할 것을 확신하므로, 아래 서명인은 각자 정부가 그 목적을 위하여 부여한 권한에 의하여 아래와 같이 협정하였다. ……

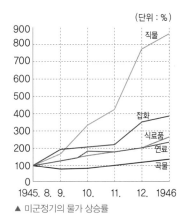

▲ 미군정기의 물가 상승률

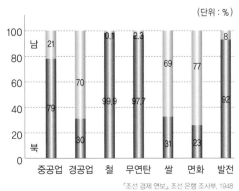

「조선 경제 연보」, 조선 은행 조사부, 1948

▲ 분단이 경제 구조 파행에 끼친 영향

② 농지 개혁법(1949년 6월 제정, 1950년 3월 실시)

　㉠ 목적 : 소작제를 철폐하고 자영농을 육성하여 민생의 안정을 도모하고자 경자유전(耕者有田)의 원칙(농사를 짓는 사람이 토지를 소유하는 원칙)에 따라 시행하였다.

　㉡ 원칙

　　• 3정보를 상한으로 하여 그 이상의 농지는 유상 매입·유상 분배하고 대신 지가 증권을 발급하여 5년간 지급하도록 하였다.

　　• 매수한 토지는 영세 농민에게 3정보를 한도로 유상 분배하여 5년간 수확량의 30%씩을 상환하도록 하였다.

　㉢ 결과 : 지주제가 정리되어 많은 농민이 자기 농토를 가질 수 있게 되었다. 또한 미군정이 접수했던 귀속 재산을 민간에 매각하는 정책도 추진하였다.

사료 농지 개혁법

제1조　본법은 헌법에 의거하여 농지를 농민에게 적정히 분배함으로써 농가 경제의 자립과 농업 생산력의 증진으로 인한 농민 생활의 향상 내지 국민 경제의 균형과 발전을 기함을 목적으로 한다.

제3조　본법에 있어 농가라 함은 가주 또는 동거가족이 농경을 주업으로 하여 독립 생계를 영위하는 합법적 사회 단위를 칭한다.

제5조　정부는 아래에 의하여 농지를 취득한다.

　1. 아래의 농지는 정부에 귀속한다.

　　(가) 법령 내지 조약에 의하여 몰수 또는 국유로 된 농지

　　(나) 소유권의 명의가 분명하지 않은 농지

　2. 아래의 농지는 적당한 보상으로 정부가 매수한다.

　　(가) 농가 아닌 자의 농지

　　(나) 자경(自耕)하지 않는 자의 농지

■ 귀속 재산 처리법과 한미 경제 조정 협정

귀속 재산을 유효 적절하게 활용하여 산업 부흥과 국민 경제의 안정을 도모하기 위해 1949년 12월 귀속 재산 처리법이 제정되었다. 한편 1952년 5월, 한미 경제 조정 협정이 체결되어 원조에 대한 한미의 역할과 두 나라의 관계가 조율되었다.

제12조 농지의 분배는 농지의 종목, 등급 및 농가의 능력 및 기타에 기준한 점수제에 의거하되 1가구당 총 경영 면적 3정보를 초과하지 못한다.

제15조 분배받은 농지는 분배받은 농가의 대표자 명의로 등록하고 가산으로서 상속한다.

심화 │ 농지 개혁의 실시

❶ 농지 개혁법의 주요 내용

- 법령 및 조약에 의하여 몰수하거나 국유로 된 농지, 직접 땅을 경작하지 않는 사람의 농지, 직접 땅을 경작하더라도 농가 1가구당 3정보를 초과하는 농지는 정부가 사들인다.
- 분배 농지는 1가구당 총 경영 면적이 3정보를 넘지 못한다.
- 분배받은 농지에 대한 상환액은 평년작을 기준으로 하여 주요 생산물의 1.5배로 하고, 5년 동안 균등 상환하도록 한다.

❷ 농지 개혁 실시 전후 소작지 면적의 변화

1947년 소작지의 89.1%가 1951년까지 자작지로 바뀌었다. 그중 미국 군정청에 귀속되었던 농지를 유상 분배한 것이 18.9%였고, 지주의 임의 처분에 의한 것이 49.2%였다. 따라서 농지 개혁의 실시로 소작지에서 자작지로 바뀐 것은 31.9%에 불과하였다.

이종범, 「농지 개혁사 연구」

사료 │ 귀속 재산 처리법(1949. 12.)

제2조 본 법에서 귀속 재산이라 함은 …… 대한민국 정부에 이양된 일체의 재산을 지칭한다. 단, 농경지는 따로 농지 개혁법에 의하여 처리한다.

제3조 귀속 재산은 본 법과 본 법의 규정에 의하여 발하는 명령이 정하는 바에 의하여 국용 또는 공유 재산, 국영 또는 공영 기업체로 지정되는 것을 제외하고는 대한민국의 국민 또는 법인에게 매각한다.

바로 확인문제

● **다음 법령의 시행 결과에 대한 설명으로 옳은 것은?**　　　　　16. 지방직 9급

> 제5조 정부는 다음에 의하여 농지를 매수한다.
>
> 　1. 다음의 농지는 정부에 귀속한다.
> 　　(가) 법령 및 조약에 의하여 몰수 또는 국유로 된 토지
> 　　(나) 소유권의 명의가 분명하지 않은 농지
> 　2. 다음의 농지는 본법 규정에 의하여 정부가 매수한다.
> 　　　　　……
> 제12조 농지의 분배는 1가구당 총 경영 면적 3정보를 초과하지 못한다.

① 협동조합이 모든 농지를 소유하게 되었다.
② 많은 일반 민유지가 총독부 소유로 되었다.
③ 소작지가 크게 줄어들고 자작지가 늘어났다.
④ 지주 소유 토지를 몰수하여 농민에게 무상으로 분배하였다.

│정답해설│ 제시된 법령 제5조 중 "농지를 매수", 제12조 중 "3정보"를 통해 1949년 6월 대한민국 정부에서 공포한 농지 개혁법임을 알 수 있다. 1950년 초부터 시작된 농지 개혁의 결과 자작농이 증가하면서 소작지가 크게 줄어들었다.

│오답해설│
① 농지 개혁에서 토지는 농민에게 유상으로 분배되었기 때문에 지급된 토지는 개인 사유지가 되었다.
② 일제 강점기 토지 조사 사업의 결과 많은 민유지가 총독부 소유가 되었다.
④ 무상 몰수, 무상 분배는 북한에서 실시한 토지 개혁 방식이다.

│정답│ ③

2 1950년대 이후 경제 성장

(1) 6·25 전쟁으로 인한 경제적 피해

① 생산 시설의 파괴: 6·25 전쟁으로 남한 생산 시설의 약 42%가 파괴되었다. 도로, 철도 등 물류 교통 시설이 파괴되었고, 제조업도 생산 시설의 절반이 파괴될 정도였다. 특히 격심한 피해를 입은 것은 경인 지방에 밀집되어 있던 섬유 공업과 인쇄 공업 분야였다.

② 물가 상승: 전비 지출(戰費支出)로 인플레이션이 가속화되었고, 물가 폭등과 물자 부족으로 국민들의 생활이 어려워졌다.

(2) 원조 경제

① 본격적 시행
   ㉠ 정전 이후 경제 복구 사업이 본격화되었는데, 전쟁 중에는 물론 전후 복구 기간에도 미국은 많은 경제 원조를 제공하였다.
   ㉡ 주로 식료품·농업 용품·피복·의료품 등 소비재와 면방직·제당·제분 공업의 원료에 집중되었다.

② 삼백 산업(三白産業)의 발달: 1950년대 후반기부터 원조 물자에 토대를 둔 **제분(製粉, 밀가루)·제당(製糖, 설탕)·면방직(纖維, 섬유)** 공업이 성장하였다.

③ 영향: 미국의 원조 물자로 식량이나 생활 필수품이 대량 공급되어 물자 부족이 해소되고, 소비재 공업도 성장하였다. 그러나 밀이나 면화 같은 농산물이 값싸게 들어와 당시 농촌 경제는 타격을 입었다.

④ 문제점
   ㉠ 생산재 공업의 발달 저하: 소비재 산업이 급속하게 성장한 데 비하여 기계 공업 등의 생산재 산업은 발전하지 못하였다. 이로 인하여 한국 경제는 생산재에서 원료에 이르기까지 수입에 의존할 수밖에 없는 취약성을 안게 되었다.
   ㉡ 농업 분야의 복구 미비: 농업 분야의 복구가 제대로 이루어지지 못하였고, 원조가 줄어들면서 우리 경제는 상당한 어려움을 겪게 되었다.

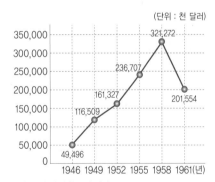

(단위 : 천 달러)

321,272
350,000
300,000
236,707
250,000
200,000
161,327   201,554
150,000
116,509
100,000
50,000
49,496
0
   1946 1949 1952 1955 1958 1961(년)

▲ 미국의 경제 원조액 변화

   ㉢ 차관으로의 전환: 1950년대 후반에 미국의 경제 원조가 차관으로 전환되면서 미국의 원조에 의존하였던 한국 경제는 타격을 입었다. 공장의 가동률이 떨어지면서 많은 중소기업이 파산하였으며, 서민들은 생활에 어려움을 겪었다.
   ㉣ 삼분 산업(三粉産業) 발달: 시멘트·비료·밀가루의 생산이 증가하였다.

단권화 MEMO

▲ 6·25 전쟁으로 잿더미가 된 대도시 (서울 충무로 일대)

▲ 직업을 찾아 거리에 나선 구직자의 모습(1953, 서울)

■ **미국의 원조**

해방이 되던 해부터 한국은 20억 달러가 넘는 미국의 원조를 받아 왔다. 원조 기관으로는 GARIOA(미군 점령 지구 구호 대책 위원회), 그 후의 ECA(미국 경제 협조처), CRIK(6·25 전쟁 중 설치된 유엔군 한국 민간 구호처) 및 ICA(미국 국제 협조 기구; 1955년부터 원조 주도)를 들 수 있다.

■ **차관(借款)**

외국의 기업이나 금융 기관, 정부로부터 빌린 자금으로, 물자의 형태로 제공되기도 한다.

*화폐 개혁의 역사

우리나라는 정부 수립 후 3차례에 걸쳐 화폐 개혁을 단행하였다. 이는 주로 경제적 이유보다는 정치적 목적이었다.

■리디노미네이션(Redenomination)

한 나라에서 통용되는 모든 지폐 및 동전의 액면(額面)을 동일한 비율의 낮은 숫자로 변경하는 조치를 말한다. 예컨대 100원을 1환(가칭)으로 바꾸는 방식이다. 디노미네이션은 화폐·채권·주식 등의 액면 금액 자체를 의미하며, 액면 금액을 변경하는 것과는 구분된다.

|정답해설| 정부가 중공업 건설에 주력한 것은 1970년대 제3·4차 경제 개발 5개년 계획을 추진하면서부터이다.

|정답| ④

○ 화폐 개혁의 역사*

구분	내용
제1차 화폐 개혁 (1950. 8.)	북한군이 1950년 6월 한국은행 본점에서 탈취한 화폐 사용을 막기 위해 단행하였다. 단, 화폐 단위의 변경은 없었다.
제2차 화폐 개혁 (1953. 2.)	높은 인플레이션을 막기 위한 조치로 통화 및 예금의 봉쇄 조치를 병행하였다. 100대 1의 비율로 화폐의 액면을 절하하고, 화폐 단위를 '원(圓)'에서 '환(圜)'으로 변경 조치하였다.
제3차 화폐 개혁 (1962. 6.)	과잉 유동성을 흡수하고, 퇴장 자금을 산업 자금으로 활용할 목적에서 단행하였다. 통화 및 예금의 봉쇄 조치도 병행하였다. 10대 1의 비율로 화폐의 액면을 절하하고, 화폐 단위를 '환(圜)'에서 '원(圓)'으로 변경하였다.

바로 확인문제

● 6·25 전쟁 직후의 경제 정책에 대한 설명으로 옳지 않은 것은?

① 정부는 산업 복구 국채를 발행하여 내자를 마련하였다.

② 정부는 한국은행에서 돈을 빌려서 적자 재정을 보충하였다.

③ 정부는 특혜로 원조 물자를 일부 기업에 집중적으로 배당하였다.

④ 소비재 중심의 공업보다는 기간 산업인 중공업 건설에 치중하였다.

(3) 경제 개발 계획의 추진과 고도성장

① 경제 개발 계획의 수립

    ㉠ 최초 계획: 정부의 경제 개발 계획이 처음 수립된 것은 이승만 정부가 작성한 7개년 계획이었다.

    ㉡ 수정: 장면 내각은 처음의 7개년 계획안을 5개년 계획안으로 수정하였다.

    ㉢ 실천: 1960년대에 들어서 박정희 정부는 경제 개발 5개년 계획을 추진하여 공업을 발전시키고 수출을 증대시키는 등 획기적인 경제 발전을 이룩하였다.

② 경제 개발 계획의 추진

    ㉠ 1960년대: 제1차(1962~1966)·제2차(1967~1971) 경제 개발 5개년 계획에서는 기간 산업의 육성과 경공업의 발전에 주력하였다. 한편 국내의 실업을 완화하고, 외화를 획득하기 위하여 국내 노동자들의 해외 파견을 장려하였다. 특히 1963년부터 1977년까지 8,000명의 광부가 서독의 석탄 광산에 파견되었고, 1965년부터 1976년까지 1만여 명의 간호사가 서독의 병원에 취업하였다. 이들은 고국으로 매년 1,000만 달러에 이르는 외화를 송금했으며, 이는 국제 수지 개선 및 국민 소득 향상 등 경제 성장의 밑거름이 되었다.

    • 경제 성장률이 매년 10% 안팎에 이를 정도로 고도성장이 이루어졌다.

    • 광공업의 비중이 높아지는 등 경제 구조의 변화도 뚜렷해졌다.

    • 경제 성장은 외국에서 도입한 차관과 국내의 풍부한 노동력을 결합시켜 섬유·신발 등 경공업 제품을 만들어 수출하는 방식으로 이루어졌다.

    • 정부는 수출 산업을 적극적으로 지원하는 한편, 수출품의 가격 경쟁력을 위해 저임금 정책을 펼쳤다.

ⓛ 1970년대 : 이 무렵에는 갚아야 할 차관의 원금과 이자가 늘어나고 경공업 제품의 수출이 차츰 벽에 부딪히면서 그동안 이룩해 온 경제 성장이 위기를 맞아 정책을 재조정할 필요가 있었다.

- 정부는 외국인의 직접 투자 유치, 기업에 대한 각종 특혜 제공, 중화학 공업화 정책의 추진 등으로 문제를 해결하였다.
- 마산·익산(구 이리)에 수출 자유 지역이 만들어져 많은 외국인 기업이 들어섰다. 울산·창원·포항·여수(구 여천)·구미 등에 새로운 공업 단지를 조성하여 철강, 조선, 기계, 전자, 비철 금속, 석유 화학 등 중화학 공업 등이 크게 발전하였다.
- 결과 : 1970년대 중반부터 중화학 공업 제품의 비중은 전체 제조업 분야의 수출 상품 구성에서 큰 비중을 차지하게 되었다. 특히 1977년에는 수출 100억 불을 달성하기에 이른다.

심화 1960~1970년대 무역의 특징

1. 원자재와 기술의 외국 의존도가 높아 외화 가득률이 낮았다. 1962년에서 1973년까지 공산품의 외화 가득률은 34%에서 62%로 증가하였지만, 수출 전체의 외화 가득률은 82%에서 65%로 줄었다.
2. 수출 위주의 정책으로 국가 경제의 무역 의존도가 높아졌다. 무역 의존도는 1961년의 21%에서 1975년에는 74%로 증가하였다.
3. 무역 상대국이 다변화되지 못하고 일본과 미국에 편중되어 있었다. 원자재와 기계를 일본에서 들여온 다음 상품을 만들어 주로 미국에 수출하는 구조를 가지고 있었다. 1967년에는 미국과 일본에 대한 편중도가 69%인데 1972년에는 72%로 증가하는 추세였다.
4. 산업 구조는 중화학 공업 중심으로 고도화되었다.

강만길, 「고쳐 쓴 한국 현대사」

③ 경제 개발 계획의 추진 결과
　㉠ 전국의 일일생활권화 : 경부 고속 국도(1970년 완공)를 비롯한 도로와 항만·공항 등의 사회 간접 시설도 확충되어 전국이 일일생활권에 들어갔다. 이로 인해 물류의 유통이 원활해져 산업의 발전이 가속화되었다.
　㉡ 식량 생산의 증대 : 녹색 혁명의 기치 아래 간척 사업이 진행되고 작물의 품종 개량이 이루어져 식량 생산도 증대되었다.
　㉢ 고도성장
- 경제 개발 5개년 계획의 계속적인 추진과 성공으로 1962~1981년 사이에 수출이 비약적으로 증대되는 등 고도성장을 이룩하였다.
- 이 과정에서 국내 자본의 축적이 이루어져 외국 자본에 의존하던 자본 구조가 어느 정도 개선되었다.

▲ 포항 제철소(포스코)
1968년 설립되어 1973년 1차 공사를 완료하였다.

▲ 경부 고속 국도
1968년에 착공하여 1970년에 개통하였다.

단권화 MEMO

■ 포항 종합 제철
1968년 4월 정부 주도로 설립되었으며, 1973년 7월에는 조강 능력 103만 톤이 가능한 제철 공장이 완성되었다.

■ 녹색 혁명
1950년대 이후 개발 도상국에서 일어난 대규모의 식량 증산 정책을 일컫는다.

④ 폐단: 자본의 집중이 심화되어 소수의 재벌이 생산과 소득에서 지배적인 위치를 차지하게 되었으며, 국내 산업의 수출 의존도가 심화되었다.

○ 경제 개발 5개년 계획의 추진

구분	시기	특징
제1차	1962~1966년	수출 산업 육성, 사회 간접 자본 확충
제2차	1967~1971년	경공업 중심의 수출 주도형 공업화 추진, 베트남 특수
제3차	1972~1976년	• 수출 주도형 중화학 공업화 추진: 철강·조선·전자 등 • 수출과 건설업의 중동 진출로 제1차 석유 파동 극복
제4차	1977~1981년	중화학 공업에 대한 과잉 투자 및 제2차 석유 파동으로 인한 경제 위기

○ 국내 총생산의 산업별 구조와 공업 구조의 변화 (단위: %)

구분	농림·어업	광공업	건설·전기·가스·수도업	서비스업	제조업 비중	
					경공업	중화학 공업
1960	36.8	15.9	4.1	43.2	76.6	23.4
1980	14.8	29.7	10.1	45.3	46.2	53.8
2000	4.6	31.8	11.0	51.6	22.8	77.2

한국은행, 『국민계정』

바로 확인문제

● 1962년 이후 실시된 경제 개발 5개년 계획에 대한 설명으로 옳지 않은 것은?　07. 법원서기보

① 정부 주도로 수출 주도형 산업에 집중한 성장 우선 정책이다.
② 1970년대 말에는 공업 구조가 중공업 중심으로 바뀌는 성과를 보였다.
③ 적극적 외자 도입을 통해 경제 개발의 재원을 마련하였다.
④ 산업 간, 도농 간의 격차는 심화되었으나 빈부 격차는 완화되었다.

(4) 경제 위기 극복과 경제력 집중

① 경제 위기의 극복
　㉠ 1970년대 말
　　• 대외적 요인: 석유 파동(오일 쇼크)이 발생하여 세계 경제가 침체되면서 외국 자본과 대외 무역에 의존하던 한국 경제는 위기를 맞았다.
　　• 대내적 요인: 정부의 적극적인 중화학 공업화 정책에 따라 많은 기업이 경쟁적인 과잉 투자를 함으로써 경제 위기는 더욱 심각해졌다.

심화　8·3 조치

정부는 1972년 8월 3일 '경제 안정과 성장에 관한 긴급 명령'을 선포하였다. 8·3 조치의 주요 내용은 기업과 사채권자의 모든 채권·채무 관계는 1972년 8월 3일 현재로 무효화되고 새로운 계약으로 대체된다는 것이었다. 채무자(기업)는 신고한 사채를 3년 거치, 5년 분할 상환(3년 후부터, 즉 4년째부터 8년째까지 5년 동안 나눠 상환) 조건으로 동결하고 월 이자는 1.35%(연 16.2%)로 하였다. 당시 기업들이 쓰고 있던 사채의 가중 평균 금리가 월 3.84%였는데 8·3 조치에 의해 기업의 사채 이자 부담이 약 3분의 1로 경감되었다.

ⓛ 1980년대
- 초기 : 전두환 정부는 경제 안정화 정책을 내세워 구조 조정에 적극 개입하였다. 과잉 투자 조정과 부실기업 정리, 재정·금융의 긴축 정책 실시 등을 단행하여 경제 활성화에 기여하였다.
- 중기 : 구조 조정 결과 한국 경제는 안정되었고 저금리·저유가·저달러의 3저 호황을 맞아 자동차, 가전제품, 기계, 철강 등 중화학 분야를 주력으로 한 고도성장을 계속해 나갈 수 있었다.

② 경제력 집중 : 경제 성장과 함께 경제력의 집중도 심화되었다.
- ㉠ 대기업 : 소수의 대기업은 자본력을 토대로 사업 분야를 확대하여 영향력을 키웠다.
- ㉡ 중소기업 : 자본의 취약성으로 경쟁에서 뒤쳐지는 현상을 가져왔다.
- ㉢ 경쟁력의 위기 : 세계 경제 구조가 고도의 기술력을 중심으로 재편되는 과정에서 한국 기업들의 독자 기술 개발 능력이 부족하여 경쟁력의 위기를 겪기도 하였다.

(5) 산업화의 진전과 경제적 갈등

① 산업화의 진전
- ㉠ '한강의 기적'이라고 일컬어지는 고도성장으로 제조업이 차지하는 비중이 크게 늘어났고, 산업별 인구 구성도 크게 바뀌었다.
- ㉡ 전통적인 농업 사회가 해체되면서 대다수의 인구가 도시에서 생활하였고, 노동자의 비중도 크게 늘어났다.
- ㉢ 경제 개발 5개년 계획으로 국민 총생산은 연평균 9% 이상 높은 성장률을 이룩하였고, 수출 신장률도 거의 4%에 육박하였다. 그 결과 1977년에는 수출 100억 불을 달성하였다.
- ㉣ 국민 소득이 증대되고, 수출 상품도 다양화되었으며, 수출 대상 지역도 종전과는 달리 널리 확대되었다.

② 경제적 갈등
- ㉠ 산업화 과정에서 농촌의 희생
  - 1950년대 : 농촌은 값싼 외국 농산물의 원조로 큰 타격을 받았다.
  - 1960년대 : 낮은 농산물 가격 정책으로 어려움에 처하였다.
  - 결과 : 이에 따라 많은 농민이 도시로 이주하게 되었는데, 이는 도시 빈민이나 실업자의 증가로 이어졌다.
- ㉡ 노동 조건의 악화
  - 제조업에 종사하였던 많은 노동자는 산업화 과정에서 열악한 작업 환경 아래 저임금과 장시간 노동이라는 악조건에 시달려야만 하였다.
  - 물가 상승으로 명목 임금은 계속 올라갔지만, 실질 임금의 증가율은 노동 생산성의 증가율에 미치지 못하는 한계를 보이기도 하였다.
  - 땅값과 집값 상승, 전세 및 월세 상승, 물가 상승 등으로 서민의 생활이 어려워지기도 하였다.

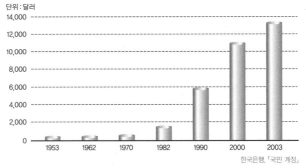

단위 : 달러

▲ 1인당 국민 총소득의 변화

한국은행, 「국민 계정」

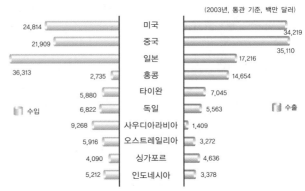

(2003년, 통관 기준, 백만 달러)

▲ 10대 교역국과의 수출입액

(6) 세계 속의 한국 경제

① 경제 규모의 확대 : 1960년대부터 계속된 고도성장으로 경제 규모는 비약적으로 커졌다.

ㆍ ㉠ 경제적 비중의 증대 : 무역 규모의 확대로 세계 경제에서 차지하는 한국의 비중은 크게 늘어났다. 기업의 해외 진출도 빠르게 늘어났으며, 우리나라 제품이 세계 여러 나라에 수출되고 있다.

ㆍ ㉡ 원조 제공국으로의 변화 : 우리나라는 원조를 받던 나라에서 원조를 제공하는 나라로 바뀌었다. 이러한 한국 경제의 성장은 적극적인 외자 도입과 수출 주도의 성장 정책 추진 등 세계 경제와의 밀접한 관련 속에서 이루어졌다.

② 시장 개방의 요구 : 상품과 자본의 자유로운 이동을 중시하는 새로운 국제 질서가 수립되었다.

ㆍ ㉠ 무역 경쟁의 심화 : 1993년 12월에 우루과이 라운드 협상이 타결되었고 1995년에 세계 무역 기구(WTO)가 출범함으로써 국제 무역 경쟁은 더욱 치열해졌다.

ㆍ ㉡ 산업의 위축 : 수입 개방 추세로 농업을 비롯한 1차 산업은 큰 타격을 받았다.

③ 정부의 노력

ㆍ ㉠ 산업의 조정 : 우리나라는 수입 자유화에 대응하여 1차 산업의 구조 조정을 추진하고 있다.

ㆍ ㉡ 무역 협정의 체결 : 다른 나라들과 자유 무역 협정을 체결하여 수출을 증대하려고 노력하고 있는 가운데, 2007년 한미 자유 무역 협정(KORUS FTA)을 체결하였다.

(7) 21세기 선진 복지 경제를 향한 노력

① 외환 위기 : 1997년에 우리나라는 국제 통화 기금(IMF)을 비롯한 국제 사회로부터 급하게 돈을 빌린 경험이 있다.

    ㉠ 외국에 갚아야 할 외환 부족으로 시작된 위기는 많은 기업의 도산과 대량 실업으로 이어졌다.

    ㉡ 국민의 헌신적인 노력과 정보 통신 기술, 자동차 공업, 선박 제조업, 반도체 생산 등과 같은 새로운 산업의 성장을 통해 외환 위기에서 벗어나게 되었다.

② 경제 개방

    ㉠ 경제 성장 속에서 국민 경제가 외국인에게 개방되었고, 그 결과 적지 않은 기업이 외국인의 손에 넘어가기도 하였다.

    ㉡ 기업이 경쟁력을 내세워 구조 조정을 추진함으로써 비정규직 노동자들도 많이 늘어났으며, 이러한 구조 조정과 개방 과정에서 빈부 격차가 확대되었다.

③ 개선 과제 : 한국 경제가 무한 경쟁의 세계 경제 질서 속에서 성장을 지속하고, 경제 성장의 성과를 바탕으로 삶의 질을 꾸준히 개선하기 위해서는 해결해야 할 문제가 많다.

    ㉠ 정부 : 경제의 구조와 체질을 개선하는 데 노력하고 있다.

    ㉡ 기업 : 지식 산업을 발전시킬 인재 양성과 연구 개발에 많은 투자를 하고 있다.

    ㉢ 공동의 노력 : 지역 간, 계층 간, 산업 간 불평등성을 극복하고 모든 국민이 고루 혜택을 누릴 수 있는 합리적인 경제 규범과 투명하고 공정한 감시 기구를 마련함으로써, 성장과 분배를 동시에 달성해 나갈 수 있는 길을 찾기 위해 노력하여야 한다.

단권화 MEMO

■ IMF
가맹국들의 고용 증대·소득 증가 등에 기여하는 것을 목표로 하는 국제기구이다.

심화   한국 경제의 발전

❶ 경제 규모의 변화 추이

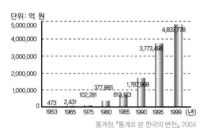

통계청, 「통계로 본 한국의 변천」, 2004

❷ 산업 구조의 변화 추이

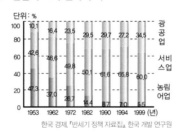

한국 경제, 「반세기 정책 자료집」, 한국 개발 연구원

■ **거시 경제 정책**
각 경제 주체(가계·기업·정부) 활동의 통합을 다루는 정책이다.

심화 **국제 통화 기금(IMF) 「양해 각서」의 주요 내용**

- 거시 경제 정책: 1998년 경제 성장률은 3% 수준, 물가 상승률은 5% 이내로 유지해야 한다.
- 통화 정책: 긴축적으로 운용하고 일시적으로 금리 상승을 허용하며, 탄력적인 환율 제도를 계속 유지해야 한다.
- 재정 정책: 강력한 긴축 재정을 유지해야 하며, 세수 확대를 위하여 교통세와 특별 소비세의 인상, 기업의 법인세와 내국세, 부가 가치세의 적용 범위의 확대가 필요하다.
- 금융 부문 구조 조정: 12월 대통령 선거 후에 금융 개혁 법안 연내 처리, 부실 금융 기관의 퇴출 제도(폐쇄·인수 및 합병)와 바젤 협약 기준*에 부합하는 금융 기관 건전성 감독 기준을 마련해야 한다.

※ 바젤 협약 기준: 국제 결제 은행(BIS)이 정한 은행의 위험 자산 대비, 자기 자본 비율 8% 이상

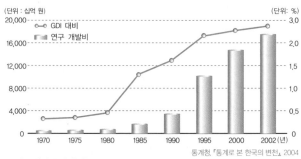

▲ 연구 개발 투자 추이

통계청, 「통계로 본 한국의 변천」, 2004

바로 확인문제

● **해방 이후의 경제 정책과 경제 생활에 관한 설명으로 옳은 것은?**　　08. 지방직 7급

① 1950년대에는 농지 개혁법의 시행으로 농민층의 부담은 경감되고, 지주층은 불리해졌다.
② 1960년대에는 두 차례에 걸친 경제 개발 계획으로 경제의 대외 의존도가 크게 완화되었다.
③ 1970년대에는 '8·3 조치'를 통해 기업에 특혜를 주었고, 중화학 공업화를 추진하였다.
④ 1980년대에는 '3저 현상'에 따른 한국 경제의 고속 성장으로 노동 운동이 위축되었다.

| 정답해설 | 1971년 무렵 외자를 통해 성장해 왔던 기업들의 도산이 이어지자 박정희 정부는 8·3 조치를 통해 대기업들의 사채를 동결시키는 금융 특혜를 제공하였다. 그리고 이들을 중화학 공업으로 끌어들이는 조치를 취하였다.

| 오답해설 |
① 분배받은 토지에 대해 농민이 지주나 정부에 갚아야 하는 부담이 컸다.
② 1960년대 박정희 정부는 미국의 권유로 차관 도입을 통한 수출 주도형 정책을 추진하게 되었고, 이로써 대외 의존도가 크게 높아졌다.
④ 3저 호황이란 1980년대 중반, 금리·유가·달러의 호조로 무역 흑자가 지속된 것을 말한다. 노동 운동은 1980년대부터 활성화되었다.

| 정답 | ③

---

02 현대 사회의 변화·발전

1 인구의 변화

(1) 변화의 추이

① 광복 직전: 우리나라 인구는 2,600만 명 정도였다.
　㉠ 1950년대 초: 1953년 휴전 이후에 출산율이 갑자기 높아져 이른바 '베이비 붐'이 나타났다. 1955~1960년 사이 평균 출산율은 6.3명에 달한 반면, 사망률은 점차 낮아져 인구는 폭발적으로 늘어났다.
　㉡ 1950년대 중엽: 1955년 남한의 인구는 2,150만 명 정도였는데, 1960년에 2,500만 명을 넘었다.

② 1960년대

ⓐ 가족 계획 사업의 시행: 정부는 가족 계획 사업을 시작하여 출산율을 낮추려 노력하였다. 여기에 여성의 혼인 연령 상승, 자녀 교육비 증가, 자식에 대한 가치관의 변화, 피임 확산 등으로 출산율은 점점 낮아졌다.

ⓑ 출산율: 1965년부터 1970년까지의 평균 출산율은 1가구당 4.6명이었다.

ⓒ 산업화의 영향: 가족 제도의 변화와 함께 연령별 인구 구성도 달라졌다. 1960년대까지만 해도 출산율과 사망률이 높았다.

단권화 MEMO

■ 인구 정책 표어
• 1960년대: 덮어놓고 낳다보면 거지 꼴을 못 면한다.
• 1970년대: 딸 아들 구별 말고 둘만 낳아 잘 기르자.
• 1980년대: 잘 키운 딸 하나, 열 아들 안 부럽다.

(2) 핵가족화의 진전

① 출산율의 감소

ⓐ 저출산의 영향: 1980년대 들어와서는 2명으로 떨어지다가, 2005년에는 1.23명으로 더욱 낮아졌다.

ⓑ 결과: 저출산으로 핵가족화가 급격히 진전되고 있으며, 남녀 성차별이 점차 둔화되고 있다.

② 인구 구성의 안정화

ⓐ 1990년대: 출산율과 사망률이 낮아지면서 안정적인 인구 구성을 이루었다.

ⓑ 고령화 사회로의 진행: 2000년대에 이르러 낮은 출산율이 지속되고 인구 고령화의 빠른 진전으로 고령화 사회와 출산율 감소가 사회 문제로 대두되었다.

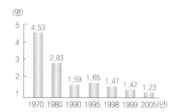

▲ 출산율 변화

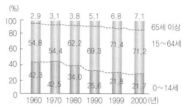

▲ 연령별 인구 구성의 변화

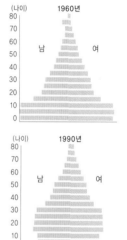

▲ 우리나라 인구 구조의 변화

심화 | 시대별 인구의 변화

❶ 일제 강점기 우리나라에 거주한 외국인 수

구분	1910년대	1920년대	1930년대	1940년대
일본인	17만여 명	35만여 명	50만여 명	75만여 명
중국인	1만 5천여 명	2만 4천여 명	6만 7천여 명	–
서양인	–	–	1,300여 명	–

『조선 총독부 통계 연보』

❷ 우리나라(남한) 총인구수

(단위: 천 명)

구분	1945년	1960년	1970년	1980년	1990년	2000년	2005년
총인구	16,136	25,012	32,241	38,124	42,869	47,008	48,294
서울 인구	901	2,445	5,686	8,516	10,473	10,078	10,033

한국은행 경제 통계국, 『숫자로 보는 광복 60년』, 2005. 8.

2 산업화와 도시화

(1) 산업화의 진전

① 사회 모습의 변화

    ㉠ 1960년대: 경제 개발 정책이 본격적으로 추진되면서 우리나라는 전통적인 농업 사회에서 산업 사회로 빠르게 바뀌어 갔다.

    ㉡ 1960년대 이후: 경제적으로 어려움을 겪고 있던 농촌 사람은 일자리를 찾아 대도시나 신흥 산업 도시로 나갔다. 이에 따라 처음에는 서울과 부산, 영남의 신흥 공업 도시의 인구가 급팽창하였다.

    ㉢ 지역적 불균형: 농업 위주의 다른 지역 인구는 크게 줄어 지역적 **불균형**을 낳았다. 또한 전체 인구 중에 도시에 거주하는 비율은 2005년에 80%를 넘어서 매우 불균형한 수치를 보여 준다.

② 사회 문제의 발생

    ㉠ 인구의 집중: 도시로 인구가 집중되면서 주택, 교통, 실업, 교육, 빈민, 환경 오염 등 여러 사회 문제를 낳았다.

    ㉡ 광주 대단지 사건(1971): 1971년 정부와 서울시가 서울 판자촌 주민을 경기도 광주(현재의 성남)로 강제 이주시키는 과정에서 이주민들이 반발하여 일어난 사건이다.

    ㉢ 정부의 노력: 정부는 신도시의 건설과 대규모 아파트 단지 조성, 지하철 건설과 도로망 확충, 사회 복지 제도 도입, 환경부 신설 등 각종 정책을 마련하여 사회 문제를 해결하기 위해 노력하고 있다.

(2) 도시화

① 생활의 변화

    ㉠ 핵가족화: 급격한 산업화와 도시화는 사람들의 의식과 생활에 큰 변화를 가져왔다. 도시로 이주한 가족은 대부분 핵가족의 모습을 띠었다.

    ㉡ 의식의 변화: 공동체 의식은 크게 약화되고 개인주의적 성향이 강해졌다.

② 가치관의 변화: 물질적 가치가 정신적 가치보다 우선시되는 물질 만능주의가 사회를 지배하게 되었고, 범죄의 증가 등 적지 않은 사회 문제를 낳았다.

3 농촌 사회의 변화

(1) 농지 개혁

① 1950년대
- ㉠ 1950년 3월, 땅이 없던 농민은 비록 적은 농토이기는 하지만 농지 개혁으로 자기 땅을 가지게 되었다. 하지만 농촌은 과잉 인구와 만성적인 빚으로 어려움을 겪고 있었다.
- ㉡ 정부는 사회 문제의 해결을 위해 4H 운동을 확대하였다.

② 1970년대
- ㉠ 새마을 운동을 전개(1970)하여 농촌의 생활 환경을 개선함으로써, 농촌의 모습을 크게 바꾸어 놓았다.
- ㉡ 다수확 품종의 개발로 쌀의 자급자족이 가능해졌고, 농민은 원예·축산 등 영농의 다각화를 시행하였다.
- ㉢ 농촌과 도시의 소득 격차는 좁혀지지 않았고, 교육과 일자리 등을 찾아 젊은층이 도시로 나가기 시작하였다.

(2) 경제 개방 정책

① 1980년대
- ㉠ 대외 경제 개방 정책은 농촌에 큰 영향을 끼쳤다.
- ㉡ 곡물에서 가공 식품 원료에 이르기까지 대부분의 농산물 수입이 개방됨으로써 농촌 경제는 커다란 타격을 받았다.

② 1990년대
- ㉠ 우리나라도 다른 나라에 농수산물 시장에 이어 쌀 시장까지 개방해야만 했다.
- ㉡ 정부의 농촌 지원 대책에도 불구하고 농촌의 상황은 좀처럼 나아지지 않았고, 농촌 인력은 갈수록 고령화되었다.

③ 농민 운동의 전개
- ㉠ 1990년대 이후 농민들은 자신들의 권익을 지키고자 적극적으로 나섰다.
- ㉡ 각지에서 농민회를 조직하고, 이를 중심으로 농산물 수입 개방 반대, 농가 부채 해결 등을 요구하는 농민 운동을 전개하였다.

단권화 MEMO

■ 4H 운동
19세기에 미국에서 시작된 농촌 지역 운동으로서, 머리(Head)·가슴(Heart)·손(Hands)·건강(Health)의 첫 글자를 따서 만든 용어이다.

■ 새마을 운동
'근면, 자조, 협동'을 강조하며 농촌에서 도시까지 확대된 운동이다. 그러나 수출 위주 저곡가 정책으로 도시와 농촌 간의 소득 격차는 줄지 않았다.

▲ 쌀 수입 반대 시위(1993)

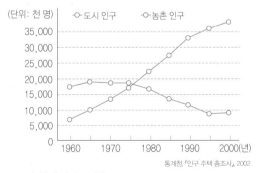

▲ 도시와 농촌의 인구 변화

4 노동 계층의 확대와 노동 운동

(1) 노동 계층의 확대

① 노동자의 증가

ㆍㆍ ⊙ 1960년대 이후 급속한 산업화가 진전됨에 따라 노동자 수가 크게 증가하였다.

ㆍㆍ ⓛ 산업화 초기에 노동자는 낮은 임금과 열악한 노동 환경 등으로 큰 고통을 겪었다.

② 전태일 분신 사건(1970)

ㆍㆍ ⊙ 1970년 11월, 서울 청계천 평화 시장에서 재단사로 일하던 전태일이 "근로 기준법을 지켜라.", "우리는 기계가 아니다." 등의 구호를 외치며 자기 몸을 불살라 암울한 노동 현실을 사회에 고발하는 사건이 일어났다.

ㆍㆍ ⓛ 이 사건은 노동자뿐만 아니라 학생·지식인·종교계 등에 큰 충격을 주었다.

■ 전태일의 분신 사건

1970년 근로 기준법을 지키라고 외치며 분신한 전태일의 장례식에서 어머니가 울음을 터뜨리고 있다.

> **사료** 전태일이 대통령에게 보내는 편지(1969. 11.)
>
> 대통령 각하.
> 저는 서울특별시 성북구 쌍문동 208번지 2통 5반에 거주하는 22살의 청년입니다. 직업은 의류 계통의 재단사로서 5년의 경력을 가지고 있습니다. 저의 직장은 시내 동대문구 평화 시장으로서 종업원이 3만여 명이 됩니다. …… 그러나 저희들은 근로 기준법의 혜택을 조금도 못 받으며 더구나 3만여 명을 넘는 종업원의 90% 이상이 평균 18세의 여성입니다. 인간으로서 어떻게 여자에게 하루 15시간의 작업을 강요합니까? …… 하루에 70원 내지 100원의 급료를 받으며 1일 15시간의 작업을 합니다. …… 저희들의 요구는 1일 15시간의 작업 시간을 1일 10시간 ~ 12시간으로 단축해 달라는 것입니다. 1개월 휴일 2일을 일요일마다 휴일로 쉬기를 원합니다. 건강 진단을 정확하게 하여 주십시오. 시다공의 수당을 50% 인상하십시오. 절대로 무리한 요구가 아님을 맹세합니다. 인간으로서 최소한의 요구입니다. ㅤㅤㅤㅤ 조영래, 『전태일 평전』

(2) 노동 운동의 탄압

① 1970년대

ㆍㆍ ⊙ 전태일 분신 사건 이후, 노동자들은 노동자의 생존권 쟁취 운동, 노동조합 설립 운동 등을 전개하였다.

ㆍㆍ ⓛ 박정희 정부는 노동자의 노동 3권을 크게 제한하여 노동 운동을 탄압하였다. 급기야 1979년에 야당(신민당) 당사에서 생존권 보장을 요구하며 농성하던 YH 무역 여성 노동자를 진압하는 과정에서 여성 노동자가 숨지는 사건이 일어났다.

② 1980년대

ㆍㆍ ⊙ 전두환 정권기에도 노동 운동의 상황은 나아지지 않았다. 1970년대 중반 이후 중화학 공업화의 진전으로 대규모 사업장이 등장하였고, 노동자의 수도 크게 늘어났지만 노동자는 노동조합조차 제대로 조직할 수 없었다.

ㆍㆍ ⓛ 1987년 민주 항쟁 이후 전국적으로 수많은 노동조합이 새로이 결성되었다.

③ 1990년대

ㆍㆍ ⊙ 1991년 정부는 국제 노동 기구(ILO)에 가입하여 국제 수준의 노동 규칙을 따르고자 하였다.

ㆍㆍ ⓛ 1997년 외환 위기로 국제 통화 기금(IMF)의 관리를 받게 되면서 노동자의 대량 실직 사태가 발생하였다. 이에 김대중 정부는 노사정 위원회를 구성하여 구조 조정에 따른 실업이나 노사 문제 등을 해결하고자 하였다.

■ YH 사건

가발 생산 업체인 YH 무역이 1979년에 폐업하자, 종사자들은 정상화를 요구하며 야당인 신민당사에 들어가 농성하였다. 경찰은 물리력을 동원해 농성을 강제로 해산하였다. YH 사건은 유신 체제 몰락의 한 원인이 되었다.

▲ 농성하는 YH 무역 여성 노동자들
(1979)

■ 최저임금법

저임금 노동자의 생활 안정을 위해 1986년 12월 최저임금법이 제정되었다.

5 시민운동의 성장

(1) 시민운동 단체(NGO)

① NGO의 증가
  ㉠ 1987년 6월 민주 항쟁 이후로 시민운동 단체가 많이 늘어났다.
  ㉡ 정치적 민주화의 진전, 냉전 종식에 따른 이데올로기 대립의 퇴조, 중산층의 형성, 사회의 다양화, 자연 생태와 환경의 위기 심화 등이 시민운동의 활성화를 가져왔다.
② NGO의 역할
  ㉠ 사회·경제의 민주화와 '삶의 질' 향상 등 사회 문제 해결에 노력하고 있다.
  ㉡ 국가 권력의 부패와 권력 남용, 불투명한 기업 운영, 정부·자치 단체나 기업의 환경 파괴 등을 감시하는 활동을 펴 정부와 기업에 대한 강력한 견제 세력으로 등장하였다.

(2) 국제적 연대 도모

① 1990년대 이후: 세계화의 본격적인 전개에 따라 국제·환경·경제·노동·통일 등의 문제도 국제화되었다. 이에, 관련 시민 단체들은 국제적 연대를 통한 문제 해결을 적극적으로 모색하고 있다.
② 기타 활동
  ㉠ 여성·빈민층 등 약자를 보호하려는 활동을 전개하고 있다.
  ㉡ 외국인 노동자 등 소수자의 보호 운동을 활발히 전개하고 있다.

6 의식주 생활의 변화

(1) 의생활의 변화

① 1950년대
  ㉠ 광복이 되자, 사람들은 일제의 강요로 입었던 국민복과 몸뻬를 벗고 한복을 다시 입었다.
  ㉡ 6·25 전쟁 후에 여성은 질기고 오래가는 나일론으로 만든 블라우스를 입었고, 남성은 옷감이 부족하여 군복을 물들여 입기도 하였다.
  ㉢ 여성의 복장은 유행에 따라 변하였다. 플레어 스커트, 타이트 스커트, 맘보 바지 등이 유행하였다.
② 1960년대
  ㉠ 1961년 군사 정권은 '신생활 재건 운동'을 추진하면서 남성은 작업복 스타일의 '재건복'을, 여성은 '신생활복'을 입도록 권장하였다.
  ㉡ 치마 길이가 짧은 미니 스커트와 바지통이 넓은 판탈롱이 등장하였다.
③ 1970년대
  ㉠ 여성복이 맞춤복 시대에서 기성복 시대로 넘어갔다.
  ㉡ 양장은 미니, 맥시, 판탈롱, 핫팬츠 등 다양한 모델을 선보였다. 젊은층 사이에서는 통기타와 팝송을 상징으로 하는 청년 문화의 복장으로 청바지와 장발 등이 크게 유행하였다.
④ 1980년대
  ㉠ 남성복은 1980년대에 기성복 시대로 변화되었고, 컬러 텔레비전의 보급으로 의복의 색상이 더 화려하고 다채로워졌다.
  ㉡ 캐주얼 웨어가 큰 인기를 끌었고, 스포츠·레저용 의류의 소비도 크게 늘었다.

단권화 MEMO

■ NGO
정부 간의 협정이 아닌, 민간단체가 중심이 되어 만들어진 비정부 국제 조직이다.

▲ 신생활 간소복(1961)

▲ 장발 단속

심화 의생활의 변화

- 1898년에 장옷을 폐지하고 대신 우산을 지니도록 청하는 상소를 시작으로, 사회 활동을 하는 여성과 여학생은 장옷을 벗고 활동하기 시작하였다.
- 1930년대에는 양복과 양장을 입는 사람이 늘었으나 일제는 전시 체제를 확대하면서 국민복과 몸뻬를 입도록 강요하였다.
- 1950년대에는 구호 물자가 들어와 옷차림이 한복에서 양복으로 빠르게 변화하였으며, 1960년대 이후에는 양복의 착용이 보편화되었다. 1970년대에는 기성복이 정착 단계에 이르렀고, 오늘날에는 생활 수준의 향상으로 개성 있는 옷을 입는 현상이 나타나고 있다.

(2) 식생활의 변화

① 1950년대
    ㉠ 광복 이후 인구의 빠른 증가와 6·25 전쟁 후 베이비 붐 등으로 식량난은 계속되었다.
    ㉡ 이때 미국에서 들여온 잉여 농산물은 밀가루가 주종을 이루었고, 정부는 분식·보리 혼식 등을 장려하여 식량난을 해결하고자 하였다.

② 1970년대
    ㉠ 주식(主食)인 쌀의 자급을 달성하였으나, 오히려 밀·옥수수·콩 등의 수입은 늘어났다.
    ㉡ 전체 곡물 자급률은 1977년의 65%에서 1986년에는 45%로 떨어졌다.

③ 1980년대
    ㉠ 식생활이 서구화되면서 밀가루 음식 소비가 부쩍 늘어남에 따라 쌀 생산은 과잉 상태에 이르렀다.
    ㉡ 서구화된 식생활 습관이 일반화되어 가공 식품과 동물성 식품의 섭취량이 빠르게 늘어났다.
    ㉢ 동물성 식품의 증가는 영양의 불균형과 영양 과잉 상태를 초래하여 생활 습관병과 비만 등의 문제를 낳았다.

④ 1990년대 : 안전하고 건강한 식품을 찾는 사람이 늘어났고, 농산물에 남아 있는 농약을 우려하는 목소리가 높아지면서 무공해 유기 농산물에 대한 관심도 높아졌다.

(3) 주거 문화의 변화

① 1950년대
    ㉠ 광복에 이어 6·25 전쟁으로 주택난은 더욱 심각해졌다.
    ㉡ 휴전 이후, 파괴된 주택을 복구하고자 재건 주택이 지어졌다.

② 1960년대 : 서울 마포에 아파트가 처음 등장하였고, 이후 아파트는 도시의 새로운 주거 형태로 자리 잡았다.

③ 1970년대
    ㉠ 아파트 단지가 강남과 잠실 등지에 건립되면서 도시의 주거 문화도 빠르게 변화하였다.
    ㉡ 서울의 높은 지대와 변두리에 '달동네'라는 빈민촌이 생겨났다.

④ 1980년대 : 서울과 수도권 도시, 지방 대도시 곳곳에 아파트 단지가 건설되었고, 달동네나 판자촌도 재개발되어 아파트 단지로 탈바꿈하였다.

▲ 도시 재개발로 철거 위기에 놓인 판자촌(1970)

■ 재건 주택(再建住宅)
유엔 한국 재건단(UNKRA)의 원조로 건립된 주택으로서, 9평 정도의 흙벽 돌집이다.

⑤ 1990년대

　　㉠ 수도권으로 인구가 몰려들어 주택난이 계속되자, 정부는 서울 주변에 대규모 아파트 단지를 중심으로 한 신도시를 건설하였다.

　　㉡ 지방 중소 도시까지 아파트가 공급되면서 아파트에 사는 사람이 국민의 절반을 넘었다.

바로 확인문제

● 다음 한국 현대사에서 있었던 사건들을 시간순으로 바르게 나열한 것은?

> ㄱ. 다수확 품종의 개발로 쌀의 자급자족이 가능해졌다.
> ㄴ. 전태일은 '근로 기준법을 지켜라.'고 외치며 분신하였다.
> ㄷ. 생존권 투쟁을 외치던 YH 무역 여성 노동자가 사망하였다.
> ㄹ. 직선제 개헌과 민주 헌법 제정을 요구하는 6월 민주 항쟁이 일어났다.

① ㄱ - ㄴ - ㄷ - ㄹ
② ㄱ - ㄴ - ㄹ - ㄷ
③ ㄴ - ㄱ - ㄷ - ㄹ
④ ㄴ - ㄷ - ㄹ - ㄱ

단권화 MEMO

|정답해설| ㄱ. 제3차 경제 개발 계획 기간(1972~1976) 당시 다수확 품종인 유신벼 및 통일벼의 재배를 정부 차원에서 권장하였다.
ㄴ. 1970년, ㄷ. 1979년, ㄹ. 1987년의 일이다.

|정답| ③

03 현대 문화의 성장과 발전

1 한국학 연구의 발전

(1) 전통문화의 복원

① 일제의 잔재 청산

　　㉠ 광복을 맞으면서 우리나라의 학술계는 자유로운 연구와 교육 활동을 바탕으로 일제의 잔재를 일소하고자 하였다.

　　㉡ 단절된 전통문화를 복원하여 현대 문화와 조화를 이루는 노력을 기울였다.

② 1950년대

　　㉠ 학회의 창립: 역사학회, 국어 국문학회, 한국 철학회 등이 창립되어 한국학에 관련된 많은 연구 업적이 축적되기 시작하였다.

　　㉡ 국어 발전에 공헌: 한글 학회가 일제에 의해 강제로 중단되었던 『우리말 큰 사전』을 완간(1957)하여 국어 발전에 이바지하였다.

③ 1960년대

　　㉠ 한국학 연구 활동: 새롭게 창립된 학회와 대학, 연구 기관 등을 중심으로 한국학 분야의 연구 활동이 눈에 띄게 활발해졌다.

　　㉡ 민족주의적 성격 강화: 식민 문화의 극복과 남북통일이 주요 주제로 부각되면서 한국학 연구는 민족주의적 성격이 강화되었다.

(2) 서구 문화의 수용과 전통문화의 계승

① 서구 문화의 수용
- ㉠ 일제의 탄압과 왜곡 속에서 파괴되었던 우리의 전통문화는 서구 문화가 본격적으로 유입되자 더욱 어려움을 겪게 되었다.
- ㉡ 서구 문화의 수용은 국제 사회에 대한 이해와 근대적 사고 형성에 기여하였다. 반면 무비판적 수용으로 전통문화 소외, 물질 위주의 향락 문화를 조장하는 폐단도 나타났다.

② 전통문화의 계승
- ㉠ 1970년대 이후에는 무비판적으로 수용하였던 서구 문화에 대한 반성이 일어나면서 전통문화를 되살리는 노력이 펼쳐졌다.
- ㉡ 대학가에서는 탈춤과 사물놀이가 유행하였고, 사회 전반에 전통문화가 대중화되었다.

③ 발전: 전통문화와 서구 문화를 접목하여 자기화하려는 움직임으로 발전하였다.

2 언론 활동의 발달

(1) 언론의 확대

① 매체의 다양화: 광복 이후 언론은 양적인 팽창을 거듭하고 있다. 신문과 잡지, 라디오와 텔레비전 방송도 급속하게 팽창하였고, 케이블 방송과 인터넷 신문·방송도 등장하였다.
② 기능: 언론의 확대는 정보의 독점을 막고 여론의 힘을 강화시키는 역할을 하고 있다.

(2) 언론 통제

① 정부의 통제: 역대 권위주의적 정부들은 언론을 장악해서 통제하려 하였다.
- ㉠ 박정희 정부와 전두환 정부는 강제로 언론을 통폐합하고 비판적인 언론인들을 구속하거나 해직시키는 등 언론 탄압을 강행하였다.
- ㉡ 전두환 정부는 보도 지침을 통해 언론의 보도 내용을 강제로 규정하기도 하였다.

② 언론 자유의 확대: 1987년 6월 민주 항쟁을 거치면서 언론에 대한 정부의 통제와 간섭은 줄어들고 언론의 자유는 확대되었다.

(3) 언론의 사회적 책임

① 여론의 비등: 1990년대 이후에는 언론의 상업주의 경향 및 편향적인 정보의 취사선택으로 언론의 정화와 사회적 책임을 요구하는 여론이 높아지고 있다.
② 폐단: 인터넷 매체가 기존 언론에 대한 대안으로 제시되고 있지만, 여론 형성 과정에서 나타난 익명성(匿名性)에 의한 부정적 문제점이 지적되고 있다.

3 교육의 확대

(1) 교육 체계 확립

① 학제: 미국식 교육 제도의 영향으로 6-3-3-4학제가 도입되었다.
- ㉠ 이념: 교육 이념으로는 홍익인간(弘益人間)을 채택하였다.
- ㉡ 목표: 민주 시민의 양성을 교육 목표로 확립하였다.

■ 방송의 변화

연도	특징
1927	라디오 최초 방송
1947	대한민국 국적의 라디오 최초 방송
1954	라디오 민간 방송 시작
1961	전국적인 TV 방송
1965	라디오 FM 방송 시작
1980	컬러 TV 방송 시작
1994	케이블 TV의 전국 방송 실시

② 교육 기관의 설립

    ㉠ 광복 이후 대학을 비롯한 고등 교육 기관을 설립하고 중등 교육 기관도 크게 늘어났다.

    ㉡ 현재에는 중학교까지 의무 교육이 실시되어 교육 인구가 급속히 늘어나고 문맹률은 크게 감소하였다.

심화   광복 이후의 교육 정책

광복 이후의 교육 정책은 미군정청 산하의 학무국 중심으로 시행되었다. 미군정 시기 학무국은 미국식 민주주의 교육을 실시함과 동시에 6-3-3-4의 단선형 학제를 결정하였다. 또한 기존의 5년제 중학교를 중학교 3년 및 고등학교 3년으로 분리시키고, 학기도 2학기제로 바꾸었다. 대한민국 정부 수립 이후에는 미군정 시대의 교육 제도를 바탕으로 1949년 12월 교육법이 공포되어 학제가 공식화되었고(1951년부터 실시), 1950년 6월부터는 초등 교육을 의무 교육화하였다.

---

(2) 교육열의 확산

① 교육열: 6·25 전쟁 중에도 피란지의 천막 학교 등에서 수업이 진행될 정도로 교육열이 높았다.

    ㉠ 성장의 원동력: 1950년대 후반부터 해외 유학이나 연수를 마치고 돌아온 전문가와 기업인들을 중심으로 고도성장을 이루었다.

    ㉡ 인적 자원: 이들은 1960년대 이후 경제와 사회 발전에 중요한 밑바탕이 되었다.

    ㉢ 국민 교육 헌장 공포(1968): 국민 교육 헌장은 우리나라 교육이 지향해야 할 이념과 목표를 세우고 민족 중흥의 새 역사를 창조할 것을 밝힌 교육 지표이지만, 국가주의적 교육 이념이 반영되었다는 비판도 존재한다.

사료   국민 교육 헌장

우리는 민족 중흥의 역사적 사명을 띠고 이 땅에 태어났다. 조상의 빛난 얼을 오늘에 되살려 안으로 자주독립의 자세를 확립하고 밖으로 인류 공영에 이바지할 때다. 이에 우리의 나아갈 바를 밝혀 교육의 지표로 삼는다. 성실한 마음과 튼튼한 몸으로 학문과 기술을 배우고 익히며 타고난 저마다의 소질을 계발하고 우리의 처지를 약진의 발판으로 삼아 창조의 힘과 개척의 정신을 기른다. 공익과 질서를 앞세우며 능률과 실질을 숭상하고 경애와 신의에 뿌리박은 상부상조의 전통을 이어받아 명랑하고 따뜻한 협동 정신을 북돋운다. 우리의 창의와 협력을 바탕으로 나라가 발전하며 나라의 융성이 나의 발전임을 깨달아 자유와 권리에 따르는 책임과 의무를 다하여 스스로 국가 건설에 참여하고 봉사하는 국민정신을 드높인다. 반공 민주 정신에 투철한 애국애족이 우리의 삶의 길이며 자유 세계의 이상을 실현하는 기반이다. 길이 후손에 물려줄 영광된 통일 조국의 앞날을 내다보며 신념과 긍지를 지닌 근면한 국민으로서 민족의 슬기를 모아 줄기찬 노력으로 새 역사를 창조하자.

1968년 12월 5일 대통령 박정희

---

② 사회적 폐단: 높은 교육열은 경제 성장의 바탕이 되었다는 긍정적인 면이 있지만, 일류 학교 진학을 위한 과열 경쟁으로 과외 열풍과 학교 교육의 파행이라는 사회 문제를 일으켰다.

③ 개선책

    ㉠ 입시 과열을 막기 위해 1969년부터 중학교 무시험 진학 제도가 도입되었다.

    ㉡ 1974년부터 고교 평준화 정책과 연합 고사(고등학교 입학 선발 고사제)가 시작되었다.

    ㉢ 1980년대 이후에는 고등 교육의 대중화를 위하여 대학이 많이 세워졌다.

(단위: 명)

구분	초등학교	중학교	고등학교	
			일반계	실업계
1970	62.1	62.1	60.1	56.1
1975	56.7	65.5	59.8	57.0
1980	51.5	65.5	59.9	59.6
1985	44.7	61.7	58.0	55.5
1990	41.4	50.2	53.6	51.5
1995	36.4	48.2	48.0	47.9
2000	35.8	38.0	44.1	40.3
2003	33.9	34.8	34.1	31.0

「교육 통계 연보」

▲ 학급당 학생 수

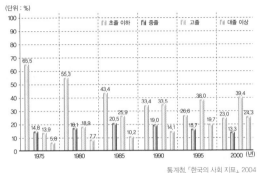

통계청, 「한국의 사회 지표」, 2004

▲ 25세 이상 인구의 학력 구성비

바로 확인문제

● **시대별 교육 문화의 변화에 대한 설명으로 옳지 않은 것은?**　　　17. 지방직 9급

① 미군정기 : 미국식 민주주의 교육과 6-3-3학제가 도입되었다.

② 1950년대 : 경제적 어려움 속에서도 초등학교 의무 교육제가 시행되었다.

③ 1960년대 : 입시 과열을 막기 위해 중학교 무시험 추첨제가 도입되었다.

④ 1970년대 : 국가주의 이념을 강조한 국민 교육 헌장이 제정되었다.

4 대중문화의 성장

(1) 미국 문화의 유입

① 유행 : 미군정기와 6·25 전쟁을 겪으면서 미국의 대중문화가 급속히 흘러들어와 미국식 춤과 노래가 크게 유행하였다.

② 대중 문화의 성장 : 우리나라의 대중문화는 경제 발전 및 대중 전달 매체의 보급이 확산된 1960년대부터 본격적으로 성장하기 시작하였다.

(2) 1970년대

① 텔레비전으로 방영된 가요, 드라마, 코미디가 대중문화의 중심이 되었다.

② 청소년층이 본격적으로 대중문화 소비의 주인공으로 대두하였다.

(3) 1980~1990년대

① 정치적 민주화와 사회·경제적 평등의 확대를 지향하는 민중 문화 활동이 대중문화에 영향을 미치기도 하였다.

② 1990년대에 들어 영화 산업은 미국 할리우드 대자본의 물량 공세에 맞서 한국적 특성이 담긴 영화를 제작하여 국내는 물론, 세계 영화계에서 각광을 받고 있다.

(4) 한류(韓流) 열풍

① 문화의 전파: 다양하게 발전한 우리의 대중문화는 최근 '한류'라는 이름으로 일본, 중국, 동남아시아 등지에서 선풍적인 인기를 끌고 있다. 대중가요와 영화에서 시작된 한류는 우리의 대중문화뿐만 아니라 전통문화도 다른 나라에 전파하는 역할을 하고 있다.

② 영향: 대중문화는 시장이 확대되면서 상업적 이익만이 아니라 국가의 이미지를 높이는 데에도 큰 영향을 미치게 되었다.

5 문학과 예술, 종교의 발달

(1) 문화계의 활동

광복 직후 문화계에는 좌우익의 이념 대립과 남북 분단으로 갈등이 나타났으며, 전통문화의 계승도 활발하지 못하였다. 그러나 시간이 흐름에 따라 여러 분야에서 다양한 활동을 전개하고 있다.

(2) 문학의 발달

① 순수 문학: 6·25 전쟁 이후 서정성이 중시되었다.

② 민족 문학: 1960년대에는 민족 문학이 대두하였다.

　㉠ 1970년대: 민족 문학이 확산되면서 문학의 장르가 다양해지고 독자층이 넓어졌다.

　㉡ 1980년대: 민주화의 진전과 발맞추어 더욱 다양하게 확대되었다.

(3) 음악·미술의 발달

① 1980년대에 국악 등 전통문화에 대한 이해가 깊어졌다.

② 노동자, 농민 및 통일 문제 등 사회 현실에 대한 문제 인식이 심화되면서 민중 예술 활동이 활발해졌다.

③ 이러한 경향은 다양한 문화 예술 발전의 토대가 되었다.

(4) 종교의 발달

① 광복 직후: 분단과 전쟁으로 불안해진 대중에게 정신적 안식처를 제공하였다.

② 전쟁 이후: 사회가 안정되면서 종교계는 양적 팽창을 하는 과정에서 분열하여 각 종교별로 새로운 종파가 생겨났다.

③ 1970년대: 일부 종교 지도자가 박정희 정부에 맞서 민주화 운동에 앞장서거나 노동·농민·통일 운동을 적극적으로 지원하기도 하였다.

④ 1990년대 이후: 종교계는 시민운동 등에 다양하게 참여하면서 포교 활동은 물론 갈등과 투쟁을 지양하고 사랑과 화해를 위해 노력하고 있다.

6 체육 활동의 성장

(1) 성장

① 의의: 광복 이후 국민을 단합시키고, 우리나라를 세계에 알리는 데 큰 기여를 한 것은 체육 활동이었다.

② 국위 선양: 1947년 보스턴 마라톤 대회에서 우리나라 선수가 우승하여 신생 독립 국가의 위상을 국내외에 알렸다.

(2) 정부의 지원 확대

① 지원: 1960년대에 들어 정부의 적극적인 지원으로 체육 활동은 활기를 띠었다.

② 선수촌 건립: 정부는 태릉 선수촌을 건립하는 등 엘리트 체육에 체계적인 지원을 하였다.

③ 올림픽 우승: 이에 힘입어 몬트리올 올림픽 대회(1976) 레슬링 종목에서 광복 이후 최초로 금메달을 획득하였다.

(3) 국제 대회의 개최

① 제10회 아시아 경기 대회(1986)와 제24회 서울 올림픽 대회(1988)를 성공적으로 개최하여 우리나라의 발전상을 전 세계에 알렸다.

② 시드니 올림픽 대회(2000)에서는 태권도가 공식 종목으로 채택되었다.

③ 월드컵 축구 대회 개최(2002): 우리나라가 일본과 공동으로 월드컵 축구 대회를 개최하여 한국에 대한 세계의 인식을 새롭게 하였다. 한국 축구는 4강 진출의 성과를 올렸고, 거리 응원이라는 세계에 자랑할 만한 응원 문화도 만들어 냈다.

▲ 2002년 한일 월드컵 대회 당시 거리 응원

(4) 체육 정책에 대한 반성과 지원

① 국민 소득이 증가하고 삶의 질에 대한 관심이 높아지면서 국가 주도의 엘리트 체육 정책에 대한 반성이 일어나고 있다.

② 현재에는 국민 건강과 삶의 질 향상에 기여하는 사회 체육에 대한 관심이 높아지고 이에 대한 지원도 활발해지고 있다.

(5) 남북 간의 교량 역할

① 남과 북을 오가는 통일 축구(1990)가 열린 이후, 일본 지바 세계 탁구 선수권 대회(1991)에서는 단일팀을 구성하여 우승하였다.

② 시드니 올림픽 대회(2000)에서는 남북한이 한반도기(旗)를 들고 함께 입장하여 한민족임을 세계에 알렸다.

7 과학 기술의 놀라운 발전

(1) 과학 기술의 발전

① 정부의 지원

　㉠ 광복 이후 한동안 과학 기술 분야는 정체된 상태였으나, 정부의 지속적인 과학 기술 육성책에 힘입어 비약적인 발전을 거듭하고 있다.

　㉡ 1950년대 후반에 원자력 연구소가 만들어지고, 1966년에 한국 과학 기술 연구소(KIST)가 설립되면서 본격적인 과학 기술 개발을 시작하였다.

② 과학 기술 진흥의 선도

　㉠ 정부는 장기적인 과학 기술 발전 계획을 수립하여 시행하였다.

　㉡ 외국에 유학한 재능 있는 과학자들을 유치하는 등 많은 지원을 하였다.

　㉢ 1950년대 후반에는 과학 기술처가 창설되어 과학 기술 진흥을 선도하였다.

(2) 초고속 성장

① 과학 기술에 대한 투자

　㉠ 정부와 민간의 꾸준한 과학 기술 투자를 바탕으로 여러 과학 분야에서 큰 발전을 가져왔다.

　㉡ 통신·교통·컴퓨터·반도체 등의 분야에서는 초고속 성장을 거듭하고 있다.

② 항공 산업

　㉠ 우주 항공 산업에서는 다목적 실용 위성 아리랑호를 비롯하여 무궁화 7호까지 잇따라 발사에 성공하여 현재 상용 서비스를 하고 있다.

　㉡ 군사 기술에서도 외국 의존을 벗어나 독자적인 기술 개발이 이루어지고 있다. 현재는 군사 항공 분야에서 독자 기술로 초음속 전투 연습기를 만들어 낼 정도로 큰 발전을 보이고 있다.

③ 전자 산업

　㉠ 반도체 등 여러 분야에서 세계 최고의 기술력을 가지고 있다. 특히 플래시 메모리 분야에서는 신제품을 개발할 때마다 항상 세계 최초 발명이라고 할 정도로 기술을 주도하고 있다.

　㉡ 놀라운 과학 기술 발전에 힘입어 무역 규모가 확대되는 등 빠른 경제 성장을 하였고, 생활 수준도 크게 향상되었다.

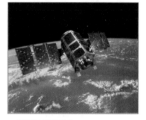

▲ 아리랑 위성 2호

(3) 오늘날의 과제

① 투자 부문: 경제 성장 과정에서 정부와 민간 기업이 도외시한 기초 학문에 대한 적극적인 투자가 이루어져야 한다.

② 갈등의 해결: 과학 기술도 인간 윤리 및 자연환경과 조화를 이루면서 발전해야 한다. 특히 유전 공학 분야에서는 생명과 관련된 윤리적 갈등을 풀어야 한다.

8 북한 문화와 예술의 이해

(1) 북한 문화의 이해

① 발전 : 북한의 문화와 예술은 아름다움을 추구하는 목적보다는 대중에게 공산주의 혁명 정신을 가르치는 당(黨)의 무기로써 발전하였다.

② 이론 : 김일성 주체사상에 바탕을 둔 문예 이론을 철저하게 지켰다.

③ 문학

　㉠ 주체 문예 이론이 대두한 1970년대부터 계급 혁명을 찬양하는「피바다」,「꽃 파는 처녀」 등의 혁명 투쟁 연극을 고쳐서 소설화하였다.

　㉡ 김일성 부자를 찬양하는 문학 외에 남녀 애정을 주제로 하는「청춘송가」 같은 소설이 발표되기도 하였다.

④ 음악

　㉠ 민족 음악을 표방하였지만, 당과 김일성 부자를 찬양하는 노래가 대부분이다.

　㉡ 남북 교류가 활발해지면서 우리 예술인의 평양 공연이 이루어지고, 남한의 노래도 알려지고 있다.

(2) 예술의 이해

① 영화 중시 : 북한에서는 예술 장르 중 영화가 가장 중시되고 있는데, 대중을 상대로 호소력과 전파력이 가장 강하여 정치 선전에 유리하다고 판단하기 때문이다.

② 집단 예술 발전 : 사회주의 국가의 특징으로 집단 체조, 카드 섹션, 서커스(교예) 등의 집단 예술이 발전하였다.

(3) 언어의 이질화와 문제점

① 이질화 : 북한은 우리의 표준어와 구분되는 문화어를 새로 만들었다.

　㉠ 1966년부터 말 다듬기 운동을 전개하여『조선말 대사전』을 편찬하였다.

　㉡『조선말 대사전』은 1992년 간행되었으며, 33만 개의 어휘가 수록되어 있고 새로 만든 문화어도 5만 개 중 2만 5천 개가 수록되어 있다.

② 문제점 : 분단의 장기화로 남북한 언어의 이질화가 심화되고 있다.

> **심화**　남북한 언어 이질화의 문제
>
> 북한말은 맞춤법부터 남한말과 다르다. 북한에서는 노동자를 '로동자'로 쓴다. 띄어쓰기와 문장 부호도 다르다. 북에서는 거위를 '게사니'로, 헬리콥터를 '직승기'라 부른다. 그래서 탈북 어린이는 수업 받는 내용의 절반 이상을 알아듣지 못한다고 한다. 옛날 이야기도 다르다. '토끼와 자라'를 보면 용왕은 "날마다 술만 퍼먹으면서 홍땅홍땅(흥청망청) 놀기만 해서 병에 걸렸고, 자라는 높은 벼슬과 재물을 바래서 뭍으로 갔다."라고 써 있다. 역사책은 더욱 다르다. 북의 어린이 책은 6·25 전쟁을 승리한 '인민 해방 전쟁'이라 적었다. 북에서 온 아이들이 역사 수업을 가장 버거워함은 너무나 당연하다. 수업 듣기도 벅찬 아이들이 북한 사투리 때문에, 또는 북에서 왔다는 이유로 놀림을 당한다고 들었다. 　　　　　통일 교실, 통일 교육원

부록
(꼭 알아야 할, 근현대 인물 20인)

꼭 알아야 할, 근현대 인물 20인

박규수
(1807~1877)

- 1807년 서울 계동에서 태어났으며, 박지원(朴趾源)의 손자이다. 헌종 14년(1848) 증광 문과 병과에 급제하여 사간원 정언으로 벼슬에 나선 뒤 병조 정랑 · 용강 현령 · 부안 현감(1850) · 사헌부 장령(1851) · 동부승지(1854) · 곡산 부사(1858) 등을 두루 거쳤다. 철종 12년(1861) 연행 사절(燕行使節)의 부사(副使)로 중국에 다녀왔으며, 1862년에는 임술 농민 봉기의 안핵사로 파견되어 민란을 수습하였다.
- 고종 즉위 후인 1866년에는 평안도 관찰사로 재임 중 **제너럴셔먼호를 격침**하였다. 대제학 시절인 1872년 진하사(청 황실에 파견된 축하 사절)의 정사로 다시 중국을 다녀오면서 청의 양무 운동을 목격하고 조선의 개국과 개화의 필요성을 절실히 느꼈다. 귀국 후 형조 판서 · 우의정을 거치면서 당시 강력한 통상 수교 거부 정책을 펼치던 흥선 대원군에게 천주교 박해 금지와 문호 개방의 필요성을 역설하였지만 뜻을 이루지 못하고 1874년 사퇴하였다. 이때부터 그는 젊은 양반 자제를 대상으로 실학적 학풍을 전하고 중국에서 얻은 견문과 국제 정세를 가르치며 개화파의 형성에 결정적인 역할을 하였다.
- 1875년 운요호 사건을 빌미로 일본이 수교를 요구해 오자 그는 고종에게 일본과 수교를 해야 한다고 주장하여 강화도 조약을 맺게 하였다. 저서로 『환재집(瓛齋集)』 · 『환재수계(瓛齋繡啓)』가 있다. 편저로는 『거가잡복고(居家雜服攷)』가 있다.

김홍집
(1842~1896)

- **1880년 제2차 수신사로 임명되어 일본에 다녀왔다. 이때 황쭌셴(황준헌)의 『조선책략』을 가지고 들어왔고,** 이후 『조선책략』의 유포는 조미 수호 통상 조약 체결(1882)의 계기가 되었다.
- 온건 개화파의 대표적 인물로서 1894년 제1차 김홍집 내각의 수반(총리대신)이 되었으며, 청일 전쟁 발발 이후에는 친일적 성격이 강했던 제2차 김홍집 내각을 성립시켰다(김홍집-박영효 연립 내각). 그러나 박영효, 서광범 등과의 불화로 내각은 와해되었고, 삼국 간섭 이후에는 제3차 김홍집 내각(친러시아적 성격)의 수반이 되었다. 또한 을미사변 이후에는 친일적 제4차 김홍집 내각을 형성하였다. 이 시기 일본의 압력으로 단발령 등 급격한 개혁을 추진하여(을미개혁) 의병 세력의 규탄을 받았으며, 1896년 아관 파천 이후 친러시아적 내각이 수립되면서 김홍집 내각은 붕괴되었다. 이때 김홍집은 광화문 앞에서 민중들에 의해 살해되었다.

김옥균
(1851~1894)

- 박규수, 오경석 등의 영향으로 개화사상을 가지게 되었으며, 1881년 조사 시찰단(신사 유람단)의 일원으로 일본에 파견되었다. 특히 1882년 제3차 수신사 박영효와 함께 일본에 다녀온 후 일본의 힘을 빌려 개혁을 추진하기로 결심하였다. 그러나 일본과의 차관 교섭에 실패한 후, 온건 개화파의 정치적 압력을 받게 되자 **1884년 갑신정변을 일으켰다.**
- 갑신정변은 우리나라 최초의 근대 국가 수립 운동으로 평가되지만 일본의 지원으로 추진되었다는 점, 토지 제도 개혁안이 없었다는 점에서 민중의 지지를 받지 못하였다. 결국 갑신정변은 청군의 개입으로 3일 만에 실패하였다. 갑신정변 실패 이후 일본으로 망명한 김옥균은 10년간 일본에서 생활하다가 1894년 상하이로 망명하였다. 그러나 1894년 민씨 정권이 보낸 자객 홍종우에게 피살당하였다.

유길준
(1856~1914)

- 1881년 조사 시찰단(신사 유람단)의 일원으로 일본에 건너간 유길준은 당시 일본 근대화의 상징적 인물이었던 후쿠자와 유키치에게서 영향을 받았다. 이후 1883년 보빙사 일행으로 미국에 건너갔다가 그곳에서 공부하였고, 1885년 유럽 여러 나라를 돌아볼 기회를 얻었다(이 경험은 『서유견문』 저술에 영향을 주었으며, **한반도 중립화론** 구상의 토대가 됨). 그러나 귀국 후 개화당 일파로 몰려 투옥되었다가 석방된 뒤 김홍집 내각에 입각하여 내무 협판 등을 역임하였다.
- 아관 파천 이후에는 일본으로 망명하였으나 순종 황제의 특사로 귀국한 뒤 흥사단(1907년 설립된 어린이용 교과서를 출판하는 사업체로, 1911년 해체되었는데 안창호의 흥사단과는 다른 단체임)을 창립하였고, 국민 경제회 및 계산 학교를 설립하였다.

최익현 (1833~1907) 	• 고종 3년(1868) 10월 경복궁 중건 중지, 당백전(當百錢) 폐지 등을 주장하며 대원군의 정책을 비판하였다. 이때 사간원의 탄핵을 받아 관직이 삭탈되었다. 또한 1873년에는 대원군의 만동묘(萬東廟) 철폐를 비롯한 실정을 비판하며 상소를 올렸다(계유 상소). 이 사건을 계기로 10년간 집권한 대원군이 하야하였고, 고종이 직접 정치를 하게 되었다. • 일본과의 통상 조약 체결이 추진되자 1876년 1월 도끼를 지니고 궁궐 앞에 엎드려 화의를 배척하는 상소(5불가소－왜양일체론)를 올렸다. • 1905년 10월 을사늑약이 체결되자, 11월 29일 「청토오적소(請討五賊疏)」를 올려 조약의 무효를 국내외에 선포하고 외부대신 박제순 등 5적을 처단할 것을 주장하였다. 이러한 상소 운동이 실패하자 전라북도 태인에서 거병하였으나 결국 일본에 체포되어 쓰시마섬에 유배된 후 순국하였다.
이상설 (1870~1917) 	• 유학자 집안에서 태어난 그는 1896년 성균관 교수 겸 관장에 임명되었다가 사임하고, 한성 사범 학교 교관에 임명되었다. 이 무렵 헐버트(H. B. Hulbert)와 친교를 맺어 영어·프랑스어 등 외국어와 신(新)학문을 공부하였다. 1904년 일본이 황무지 개척권을 요구하자 이를 반대하는 상소를 올렸다. 1905년 일본이 을사늑약을 강제로 체결하자 조약을 파기할 것을 주장하는 상소를 올렸다. 고종이 이를 듣지 아니하자 다섯 차례의 동일한 상소를 올렸다. • 1906년 북간도에 서전서숙(瑞甸書塾)을 설립하였고, 1907년 헤이그에 고종의 밀사로 파견되었다. 1909년 밀산부에 독립군 기지인 한흥동을 건설하고, 1910년 6월에는 이범윤(李範允)·이남기(李南基) 등과 함께 연해주 방면에 모인 의병을 규합하여 13도 의군(十三道義軍)을 편성하였다. • 일제 강점기 직후 연해주와 간도 일대의 교포들을 규합하여 성명회(聲鳴會)를 조직하고, 미국·러시아·중국 등에 일제의 침략을 규탄하고 한국 민족의 독립 결의를 밝히는 선언서를 보냈다. 1911년 12월에는 블라디보스토크에서 김학만(金學滿)·이종호(李鍾浩)·정재관·최재형(崔在亨) 등과 함께 권업회(勸業會)를 조직하고 그 기관지로 〈권업신문(勸業新聞)〉을 발행하였다. 또한 1914년에는 대한 광복군 정부의 대통령으로 추대되었다.
헐버트 [Homer Bezaleel Hulbert, 한국명: 활보(轄甫)] (1863~1949) 	• 고종 23년(1886) 소학교 교사로 초청을 받고 D. A. 벙커 등과 함께 내한(來韓)한 후 육영 공원(育英公院)에서 외국어를 가르쳤다. 1905년 을사늑약 후 한국의 자주독립을 주장하였고, 고종의 밀서를 휴대하고 미국에 돌아가 국무 장관과 대통령을 면담하려 하였으나 실패하였다. • 1906년 다시 내한하여 『한국평론(The Korea Review)』을 통해 일본의 침략을 폭로하였고, 1907년 고종에게 네덜란드에서 열리는 제2차 만국 평화 회의에 밀사를 보내도록 건의하였다. 그는 한국 대표보다 먼저 헤이그에 도착하여 〈회의 시보〉에 한국 대표단의 호소문을 싣는 등 한국의 국권 회복 운동에 적극 노력하였다. • 1908년 미국 매사추세츠주 스프링필드에 정착해 한국에 관한 글을 썼고, 1919년에는 3·1 운동을 지지하는 글을 서재필(徐載弼)이 주관하는 잡지에 발표하였다. • 저서로는 세계의 지리 지식과 문화를 소개한 『사민필지』, 『한국사(The History of Korea)』(2권), 『대동기년(大東紀年)』(5권), 『대한 제국 멸망사(The Passing of Korea)』 등이 있다.
홍범도 (1868~1943) 	• 1907년 한일 신협약(정미 7조약)의 체결로 전국적으로 의병 운동이 일어나자 홍범도는 주변의 포수들을 모아 신포대를 조직하였고, 의병을 일으켜 큰 활약을 하였다. 1910년 국권이 피탈되자 만주로 건너가 대한 독립군 사령관을 역임하였다. 이후 일제가 독립군 기지인 봉오동을 침공하자 약 120여 명을 사살하여 물리쳤으며(1920년 봉오동 전투), 청산리 전투에서도 활약하였다. • 소련에서 생활하던 홍범도는 1937년 스탈린이 한국인을 중앙아시아 지방으로 강제 이주시키자 그곳으로 옮겨갔고 1943년 카자흐스탄에서 사망하였다. • 1962년 건국 훈장 대통령장을 추서받았고, 2021년 8월 15일 홍범도 장군의 유해가 봉환되어, 국립 대전 현충원에 안장되었다.

김좌진
(1889~1930)

- 북로 군정서의 총사령관으로, 대한 독립군의 홍범도(1868~1943)와 함께 청산리 대첩(1920. 10.)의 주역이었다. 청산리 대첩 당시 북로 군정서를 비롯한 독립군 연합 부대는 백운평, 완루구, 천수평, 어랑촌 등에서 벌어진 10여 회의 전투 끝에 1,200여 명을 사살하는 혁혁한 전과를 올렸다.
- 간도 참변(경신참변) 이후 러시아 적군의 지원 약속에 따라 여러 독립군과 대한 독립 군단을 조직하여 러시아의 극동 지역으로 들어갔으나 자유시 참변(1921. 6.) 직전 만주로 돌아왔다. 이후 조성환 등과 함께 1925년 신민부를 조직하고 동포 사회를 관할하여 민족 유일당 운동을 준비하던 중 공산주의자 박상실에게 피살되었다(1930).

이회영
(1867~1932)

- 호는 우당이다. 안창호 등과 신민회에서 활동하였으며, 국권 피탈 이후에 다른 형제들과 일가족 전체를 거느리고 만주로 망명하여 항일 독립운동을 펼쳤다. 신흥 강습소(신흥 무관 학교)를 설립하고, 의열단 활동을 지원하는 등 국외 항일 운동 전반에 영향을 미쳤다.
- 신채호 등과 무정부주의(아나키스트) 운동을 전개하였으며, 1924년에는 재중국 조선 무정부주의자 연맹(在中國 朝鮮無政府主義者聯盟)을 조직하여 활동하였다.

이동휘
(1873~1935)

- 대한 제국 군인 출신으로 강화 진위대에서 참령으로 근무하였다. 또한 이동녕 · 안창호 등과 신민회를 조직하여 항일 투쟁을 전개하였다.
- 이후 러시아로 망명하여 1914년 설립된 **대한 광복군 정부의 부통령**을 지냈으며, 대한 국민 의회 결성을 주도하였다. 러시아 혁명 이후인 1918년에는 **최초의 사회주의 정당인 한인 사회당을 결성**하였다(한인 사회당은 1921년에 고려 공산당으로 개편됨).
- 대한민국 임시 정부가 상하이에 성립되자 임정에 참여하여 군무총장 및 국무총리를 역임하였다. 그러나 소련에서 제공받은 독립 자금의 일부를 유용한 것이 문제되어 임시 정부를 떠나게 되었다.

김원봉
(1898~1958)

- 1919년 의열단을 창설하여 6년간 대일 투쟁을 계속하였으나 연합 투쟁 및 조직 투쟁의 필요성을 깨달았다. 이 때문에 1925년에 황푸 군관 학교(중국 정부의 사관 학교)에 입교하여 군사 교육을 받았으며, 1927년에는 중국 국민당의 북벌(北伐)에 합류하였다. 이러한 경험은 1929년 상하이에서 정치 학교를 개설하고, 1932년 난징에서 조선 혁명 간부 학교를 창설하는 과정에서 중국 국민당의 지원을 받을 수 있는 계기가 되었다.
- 1935년에는 신한 독립당 · 한국 독립당 · 대한 독립당 · 조선 혁명당 · 의열단의 5개 단체를 규합하여 민족 혁명당(1937년 조선 민족 혁명당으로 개칭)을 조직하였다. 1937년 중일 전쟁이 발발하자 우한(武漢)으로 가서 조선 민족 혁명당을 중심으로 사회주의 계열 통합 단체인 조선 민족 전선 연맹을 결성하였다. 1938년에는 중국 국민당 정부의 동의를 얻어 **조선 의용대를 편성**하고 대장에 취임하였다. 김원봉 중심의 조선 의용대 일부는 1942년 한국광복군에 편입되었고, 김원봉은 1944년 임시 정부의 군무 부장에 취임하였으며 광복군 제1 지대장 및 부사령관을 역임하였다.
- 해방 이후 여운형이 암살되고 남한만의 단독 정부 수립이 본격화되자 월북하여 1948년 남북 제정당 사회단체 연석 회의(남북 협상)에 참가하였다. 북한 정권 수립 이후에는 국가 검열상 · 내각 노동상 · 최고 인민 회의 대의원 등을 역임하였으나 1958년 11월 숙청당하였다.

지청천
(1888~1957)

- 배재 학당과 대한 제국 무관 학교를 거쳐 일본에서 육군 사관 학교를 졸업한 군사 인재였다. 3·1 운동 이후 본격적으로 독립운동에 뛰어들어 신흥 무관 학교의 교장을 역임하고, 서로 군정서를 지휘하였다. 1924년 정의부가 조직되자 중앙 위원과 산하 의용군 총사령관에 선임되어 국내 진격 작전을 지휘하였다.
- 1930년 지린에서 홍진 등과 함께 한국 독립당을 조직하고 산하에 한국 독립군을 편성하여 총사령관이 되었다. 1931년 만주 사변이 일어나자 중국 호로군과 연합하여 쌍성보, 경박호, 동경성, 사도하자, 대전자령 등에서 혁혁한 전과를 올렸다. 이후 중국 관내(關內)로 이동하여 김구의 주선으로 낙양 군관 학교 한인 특별반 교관으로 재직하며 독립군의 양성에 노력하였다. 1940년에는 한국광복군 창설에 참여하여 총사령관을 맡았으며, 해방 후 1947년 대동 청년단을 조직하여 반공 운동 및 이승만 지지 활동을 하였다.

안창호
(1878~1938)

- 독립 협회에 참여하였고, 1899년에는 강서 지방 최초의 근대 학교인 점진 학교를 설립하였다. 1902년 미국으로 건너가 샌프란시스코에서 한국인 친목회를 조직하고, 이를 기반으로 1905년 4월 **대한인 공립 협회를** 설립하였다. 을사늑약 체결 이후 귀국하여 1907년 양기탁·신채호 등과 함께 비밀 결사인 신민회를 조직하였고, 평양에 대성 학교를 설립하였다.
- 일제 강점 직후인 1911년 미국으로 망명한 이후 1912년 샌프란시스코에서 **대한인 국민회 중앙 총회를** 조직하였고, 〈신한민보〉를 창간하였다. 또한 1913년에는 흥사단을 창설하였다.
- 1919년 3·1 운동 직후 상하이로 건너가 상하이 임시 정부 내무총장 겸 국무총리 대리직을 맡았고, 1923년 국민 대표 회의가 개최되었을 때 **개조파를** 대표하였다.
- 1932년 일본의 중국 본토 침략 정책에 대응하여 독립운동 근거지 건설 계획을 검토하던 중 일본 경찰에 붙잡혀 서울로 송환되었다. 이후 4년의 실형을 받고 복역하다가 1935년 2년 6개월 만에 가출옥하였으나, 1937년 6월 동우회 사건으로 재수감되었다가 병으로 보석되어 휴양 중 순국하였다.

조소앙(본명: 조용은)
(1887~1958)

- 「대동단결 선언」(1917)을 집필하였고, 대한민국 임시 정부에서 국무원 비서장, 외무 부장 등을 역임하였다.
- 삼균주의(정치, 경제, 교육의 균등)를 주장하였고, 그의 주장은 1941년 발표된 「대한민국 건국 강령」의 기초 이념이 되었다.
- 해방 이후 귀국하여 1946년 비상 국민 회의를 조직한 후 의장이 되었으며 김구와 함께 임시 정부의 정통성 고수를 주장하였다. 1948년 4월 남북 협상 때 평양에 다녀왔고, 12월에는 사회당을 결성하고 당수가 되었다.
- 1950년 5·30 총선거 때 서울 성북구에서 전국 최고 득표자로 당선되어 제2대 국회에 진출하였으나, 6·25 전쟁 시기 서울에서 강제 납북되었다.

박은식
(1859~1925)

- 〈황성신문〉과 〈대한매일신보〉의 주필을 역임하였으며, 신민회에도 참여하였다. 또한 일본이 유림계를 친일화하려는 정치 공작을 전개하자 대동교를 창립하여 저항하였다. 대동교는 양명학의 지행합일적 입장에서 유교를 실천적으로 개혁한 단체였다. 이는 「유교구신론」을 통해 확인할 수 있다.
- 일제 강점 이후 만주로 망명하여 서간도에서 1년 동안 머물면서 『동명성왕실기』, 『발해태조건국지』, 『명림답부전』, 『천개소문전』, 『대동고대사론』 등을 저술하였다.
- 상하이로 거처를 옮긴 후 신규식과 함께 동제사, 대동보국단을 조직하였고, 1917년 7월 신규식, 조소앙 등과 함께 「대동단결 선언」을 발표하여 국내외 독립운동 세력의 통합과 단결을 통한 임시 정부의 수립을 제의하였다.
- 1919년 대한국민 노인 동맹단으로 조직하여 취지서를 쓰고 지도자로서 활동하였고, 일본의 왕과 조선 총독 앞으로 '독립 요구서'를 보내기도 하였다.
- 1925년 3월 '임시 대통령 이승만 면직안'이 임시 의정원에서 통과된 뒤 **대한민국 임시 정부의 제2대 임시 대통령으로 선출되었으나,** 개헌 이후 1925년 11월 1일 66세를 일기로 상하이에서 서거하였다. 대표적인 저서로는 『**한국통사**』와 『**한국 독립운동 지혈사**』가 있다.

신채호
(1880~1936)

- 1907년 신민회와 국채 보상 운동 등에 참여하였다. 일제 강점 이후에는 블라디보스토크로 이주하여 권업회의 기관 지인 〈권업신문〉에서 주필로 활동하기도 하였다. 1915년에는 상하이로 이동하여 신한 청년회 조직에 참가하였다.
- 임시 정부 수립 이후에는 의정원 의원을 역임하였으나 〈신대한〉을 창간하여 이승만 중심의 임시 정부를 비판하였다. 1923년 상하이에서 열린 국민 대표 회의에서는 임시 정부를 해체하고 새로운 조직을 만들자는 **창조파**에 가담하였다.
- 1927년 신간회의 발기인이었으며 무정부주의 동방 동맹에 가입하기도 하였다. 그러나 자금 조달차 타이완으로 가던 중 지룽항에서 체포되어 10년형을 선고받고 뤼순 감옥에서 복역 중 1936년 옥사하였다.
- 역사학자로서 고조선과 묘청의 난 등에 대한 새로운 해석을 시도하였고 '역사는 아와 비아의 투쟁이다.'라는 명제를 통해 민족 사관을 수립하였다. 저서로는 「독사신론」, **「조선상고사」**, 「조선상고문화사」, **「조선사연구초」**, 「조선사론」, 「이태리 건국삼걸전」, 「을지문덕전」, 「이순신전」, 「동국거걸최도통전」 등이 있다.

김구
(1876 ~ 1949)

- 1893년 동학에 입교하여 농민 운동에 참여하였고, 일본인 쓰치다 살해 사건으로 사형 선고를 받았으나 고종의 특사로 감형되었다. 이후 황해도 안악의 양산 학교에서 학생들을 가르쳤고, 신민회에도 참가하였다. 그러나 1911년 105인 사건으로 체포되어 15년형을 선고받았다(복역 중 감형으로 1915년 출옥).
- 3·1 운동 이후에는 상하이로 망명하여 대한민국 임시 정부에 참여하였고, 초대 경무국장·내무총장·국무령을 역임하였다. **1931년에는 한인 애국단을 조직하여** 이봉창·윤봉길 등의 의거를 지휘하였고, 1935년에는 한국 국민당을 조직하였다. 1940년 대한민국 임시 정부가 충칭(중경)으로 거점을 옮긴 후에는 **대한민국 임시 정부 주석으로서 1941년 대일 선전 포고 및 「대한민국 건국 강령」을** 발표하였다.
- 해방 이후 개인 자격으로 입국한 김구는 한국 독립당 위원장으로서 모스크바 3국 외상 회의 성명을 반박하고 신탁 통치 반대 운동을 주도하였다. 1948년 4월에는 남한만의 단독 선거에 반대하면서 **남북 협상**을 결행하였으나 실패하였다. 1949년 6월 26일 경교장에서 육군 포병 소위 안두희에게 암살당하였다.

김규식
(1881~1950)

- 1918년 모스크바에서 개최된 약소민족 대회 및 **1919년 파리 강화 회의에 한국 대표로 파견**되었고, 1922년에는 동방 피압박 민족 대회에도 참석하였다. 임시 정부의 제5차 개헌 이후 부주석을 역임하였으며 해방 이후에는 반탁 운동을 전개하였다.
- 1946년 2월에는 우익 통합 단체인 민주 의원의 부의장을 역임하였고, **1946년 7월부터 여운형과 함께 좌우 합작 운동을 추진**하였다. 1947년 10월에는 중도 우익 세력을 통합하여 민족 자주 연맹을 창설하기도 하였다.
- 1948년에는 이승만의 남한 단독 정부 수립 주장에 반대하면서 김구와 연합하여 그해 2월 남북 협상을 제안하였다. 이후 3월 15일 김일성·김두봉의 회신에 따라 남북 협상 5원칙을 제시하고, 4월 21일 38선을 넘어 평양을 방문하여 4자 회담을 가졌다(남북 협상).
- 1950년 6·25 전쟁 과정에서 강제 납북되어 사망한 것으로 알려져 있다.

이승만
(1875~1965)

- 1895년 배재 학당에 입학한 후 외국 문화를 접하면서 진보적인 사상을 갖게 되었다.
- 1904년 미국으로 건너간 후 1905년부터 1910년까지 워싱턴대학교, 하버드대학교, 프린스턴대학교 등에서 서구 문화를 공부하였으며, 하와이를 중심으로 박용만·안창호와 협력하여 독립운동에 매진하였다(대한인 국민회 참여).
- 1919년 3·1 운동 이후 **대한민국 임시 정부가 수립되자 초대 대통령으로 추대**되었다. 그러나 1925년 탄핵을 받아 대통령직에서 물러난 후 주로 미국에서 외교 독립 활동에 매진하였다.
- 해방 이후 반탁 운동과 남한만의 단독 정부 수립 운동을 주도하였다. 1948년 제헌 국회에서 대한민국 초대 대통령에 당선되어 1948년 8월 15일 취임하였다. 1952년 부산 정치 파동을 통한 발췌 개헌안 처리, 1954년 사사오입 개헌, 1960년 3·15 부정 선거 등을 통해 독재 권력을 유지하고자 하였으나, 4·19 혁명이 발발하면서 대통령직에서 하야하였고, 하와이로 망명하여 생애를 마쳤다.

개념 적용문제

V 근대 태동기의 우리 역사

교수님 코멘트 ▶ 광해군의 중립 외교, 두 차례의 호란, 예송 논쟁, 숙종 때의 환국, 영·정조의 탕평 정책은 빈출 주제이다. 경제에서는 조선 후기 수취 제도의 변화, 이앙법의 전국적 확대, 신분제의 동요 등을 이해해야 하며, 문화에서는 실학자들의 개혁론, 『동사강목』, 『발해고』, 『해동역사』 등 주요 역사서를 꼭 암기해야 한다.

근대 태동기의 정치

01
17. 서울시 9급

임진왜란으로 발생한 문제를 해결하기 위해 광해군 재위 기간 중에 추진된 정책에 해당하지 **않는** 것은?

① 토지 대장과 호적을 새로 정비하였다.
② 공납 제도의 문제점을 보완하기 위해 대동법을 실시하였다.
③ 임진왜란 때 활약한 충신과 열녀를 조사하여 추앙하였다.
④ 진관 체제에서 제승방략 체제로 변경하였다.

02
13. 경찰직 1차

다음 반정(反正)을 도모한 정치 세력의 대외 인식을 반영한 것으로 가장 적절한 것은?

> 적신 이이첨과 정인홍(鄭仁弘) 등이 또 그의 악행을 종용하여 임해군(臨海君)과 영창 대군을 해도(海島)에 안치하여 죽이고 …… 대비를 서궁(西宮)에 유폐하고 대비의 존호를 삭제하는 등 그 화를 헤아릴 수 없었다. 선왕조의 구신들로서 이의를 두는 자는 모두 추방하여 당시 어진 선비가 죄에 걸리지 않으면 초야로 숨어 버림으로써 사람들이 모두 불안해하였다. 또 토목 공사를 크게 일으켜 해마다 쉴 새가 없었고, 간신배가 조정에 가득 차고 …… 임금이 윤리와 기강이 이미 무너져 종묘사직이 망해가는 것을 보고 개연히 난을 제거하고 반정(反正)할 뜻을 두었다.
> 『조선왕조실록』

① 명나라 신종에게 재조지은(再造之恩)을 갚기 위해 만동묘를 설치하였다.
② 광해군 집권 당시에는 중립 외교를 적극적으로 주장하였다.
③ 명의 원군 요청에 적절히 대처하고 후금과 친선을 도모하였다.
④ 대의명분보다 실리를 중요시하는 외교 정책을 제시하였다.

03

조선 시대에 제기된 다음 주장에 대해 바르게 서술한 것을 〈보기〉에서 모두 고르면?

> 저 오랑캐는 반드시 망할 형세이다. 먼젓번 칸(청나라 황제) 때는 번성하였으나, 지금은 점점 소모되어 인재도 없고 군비도 소홀하고 중국의 일을 모방하려 하니, 이것이 오랑캐가 점점 쇠하고 미약해진다는 것이다. 오랑캐의 정세는 내가 오랫동안 살펴보았다. 정예한 포수병 10만을 양성하여 사랑하기를 자식과 같이 하면 모두 용감히 죽을 수 있는 병사로 만들 수 있다. 그런 뒤에 곧장 만주 벌판으로 나아가면 중원의 호걸들이 어찌 메아리처럼 응하는 자가 없겠는가?

┤ 보기 ├

ㄱ. 성리학적 의리 명분론에 바탕을 두고 있었다.
ㄴ. 서인 정권의 군사적 기반 강화에 이용되었다.
ㄷ. 비변사의 기능이 강화되는 계기를 마련하였다.
ㄹ. 조선의 청에 대한 문화적 우월감이 작용하였다.
ㅁ. 효종 때 가장 왕성하게 추진되어 실행에 옮겨졌다.

① ㄱ, ㄴ, ㄷ
② ㄱ, ㄴ, ㄹ
③ ㄴ, ㄷ, ㄹ
④ ㄴ, ㄹ, ㅁ

04

(가) 시기에 있었던 사실로 옳지 <u>않은</u> 것은?

임진왜란   (가)   병자호란

① 인조반정이 발생하였다.
② 영창 대군이 사망하였다.
③ 강홍립이 후금에 항복하였다.
④ 청에 인질로 끌려갔던 봉림 대군이 귀국하였다.

05

〈보기〉의 글에 대한 설명으로 가장 옳지 <u>않은</u> 것은?

┌ 보기 ┐

우리나라는 실로 신종 황제의 은혜를 입어 임진왜란 때 나라가 폐허가 되었다가 다시 존재하게 되었고 백성은 거의 죽었다가 다시 소생하였으니, 우리나라의 나무 한 그루와 풀 한 포기와 백성의 터럭 하나하나에도 황제의 은혜가 미치지 않은 것이 없습니다. 그런즉 오늘날 크게 원통해야 하는 것이 온 천하에 그 누가 우리와 같겠습니까?

① 송시열이 제출하였다.
② 효종에게 올린 글이다.
③ 북벌 정책에 대해 논하였다.
④ 청의 문물 수용을 건의하였다.

정답&해설

01 ④

④ 진관 체제에서 제승방략 체제로의 개편은 임진왜란 이전인 '명종' 시기의 일이다.

|오답해설|

① 광해군은 임진왜란으로 유실된 토지 대장과 호적을 새로 정비하여 국가 재정을 확충하였다.
② 광해군 때 공납 제도의 문제점을 보완하기 위해 경기 지역에서 대동법을 처음 실시하였다(1608).
③ 광해군은 임진왜란 때의 충신과 열녀 등에 대해 조사하고 추앙하는 작업을 진행하였다. 이는 성리학적 질서의 강화를 통해 왜란 후 혼란한 사회 질서를 바로잡기 위함이었다.

02 ①

결정적 문제 광해군의 중립 외교와 인조의 친명 배금 정책을 관련 붕당과 연결하여 알아두자!

서인의 인조반정에 대한 설명이다. ① 서인은 광해군의 중립 외교를 반대하면서 친명 배금적 입장을 분명히 나타냈다.

03 ②

호란 이후 오랑캐에게 당한 치욕을 씻자는 북벌론이 제기되었다.

ㄱ.ㄹ. 북벌론은 청에 대한 문화적 우월감과 성리학적 의리 명분론에 그 사상적 기저가 있었다.
ㄴ. 효종 시기의 대표적 서인인 송시열, 송준길, 이완 등을 중심으로 북벌 운동이 활발하게 추진되었으나, 효종의 죽음으로 실현되지 못하였다.

|오답해설|

ㄷ. 비변사의 기능이 강화된 계기는 임진왜란이다.
ㅁ. 북벌론은 실행에 옮겨지지 못했다.

04 ④

(가)는 임진왜란(1592)과 병자호란(1636) 사이의 역사적 사실이다. ④ 병자호란 이후인 1637년(인조 15) 소현 세자와 봉림 대군 등은 청나라에 인질로 끌려갔다가 1645년 귀국하였다.

|오답해설|

① 1623년 인조반정이 발생하였다.
② 광해군 재위 시기인 1614년 영창 대군이 사망하였다.
③ 광해군은 국제 정세의 변화 속에서 명과 후금 사이에 중립 외교(명과의 관계를 유지하면서도 후금과도 친선을 도모)를 전개하였다. 이후 명의 후금 정벌을 위한 출병 요청에 응하여, 강홍립의 출병이 있었으나 곧 항복(1619)하였고, 그 결과 후금과 화친을 맺게 되었다.

05 ④

제시된 사료는 송시열이 효종에게 올린 『기축봉사』(효종 즉위년, 1649) 중 일부로, 그 내용은 임진왜란 때 조선에 원병을 보낸 명 황제(신종)의 은혜를 강조하고 북벌을 주장한 것이다. ④ 청의 문물 수용(북학론)은 제시된 사료와 관계가 없다.

|정답| **01** ④   **02** ①   **03** ②   **04** ④   **05** ④

06

18. 국가직 7급

㉠~㉣에 대한 설명으로 옳지 <u>않은</u> 것은?

> 예조가 아뢰기를, "㉠ 자의 왕대비께서 선왕의 상에 입어야 할 복제를 결정해야 하는데, ㉡ 어떤 사람은 삼년복을 입어야 한다고 하고 ㉢ 어떤 사람은 기년복(期年服)을 입어야 한다고 하니 어떻게 결정해야 할지 모르겠습니다."라고 하였다. 이에 국왕은 여러 대신에게 의견을 물은 다음 ㉣ 기년복으로 결정하였다.
>
> 『조선왕조실록』

① ㉠ – 인조의 계비 조 대비를 가리킨다.

② ㉡ – 윤휴는 왕통을 이었으면 적장자로 보아야 하므로 3년복을 입어야 한다고 주장하였다.

③ ㉢ – 송시열은 '체이부정(體而不正)'을 내세워 기년복을 입어야한다고 주장하였다.

④ ㉣ – 『국조오례의』의 상복 규정에 따라 기년복으로 결정되었다.

07

한국사능력검정시험 고급 26회

밑줄 그은 '논쟁'에 대한 설명으로 옳은 것을 〈보기〉에서 모두 고르면?

> 예조에서 선왕의 국상에 대해 아룁니다. 선왕께서 차남으로 왕위에 오르시어 자의 대비의 복상 기간에 대한 논쟁이 불거졌습니다. 오례의에는 참고할 수 있는 사항이 없으니 대신들과 함께 의논하소서.

┤ 보기 ├

ㄱ. 남인과 서인 간에 발생한 전례 문제이다.

ㄴ. 북인 세력이 정권을 장악하는 배경이 되었다.

ㄷ. 송시열이 『주자가례』에 따라 기년설을 주장하였다.

ㄹ. 외척 세력인 대윤과 소윤 간의 대립으로 일어났다.

① ㄱ, ㄴ ② ㄱ, ㄷ

③ ㄴ, ㄷ ④ ㄴ, ㄹ

⑤ ㄷ, ㄹ

08

20. 경찰직 1차

다음 글을 지은 인물이 속했던 조선 시대 정치 세력(붕당)에 대한 설명으로 가장 적절한 것은?

> 내 버디 몇치나 ᄒ니 水石(수석)과 松竹(송죽)이라.
> 東山(동산)의 ᄃᆞᆯ 오르니 긔 더옥 반갑고야.
> 두어라 이 다ᄉᆞᆺ 밧긔 또 더ᄒᆞ야 머엇ᄒᆞ리.

① 예송에서 왕의 예는 일반 사대부와 다르다고 주장하였다.

② 효종의 비가 죽었을 때 시어머니인 자의 대비가 대공복을 입어야 한다고 주장하였다.

③ 자신들의 학문적 정통성을 확립하기 위하여 조식을 높이고 이언적과 이황을 폄하하였다.

④ 경종이 즉위하자 그가 병약하다는 이유를 들어 이복동생 연잉군을 세제로 책봉할 것을 요구하였다.

09

16. 경찰직 2차

(가)~(라) 시기에 있었던 역사적 사실로 적절하지 <u>않은</u> 것은?

	(가)	(나)	(다)	(라)	
광해군 즉위		인조반정	정묘호란	경신환국	이인좌의 난

① (가) – 명나라의 요청으로 강홍립을 도원수로 삼아 약 1만 3천 명의 원병을 파견하였다.

② (나) – 공로 평가에 불만을 품은 이괄이 난을 일으켰다.

③ (다) – 청과 국경을 확정하고 백두산에 정계비를 세웠다.

④ (라) – 안용복이 일본에 가서 울릉도와 우산도가 우리 영토임을 확인받았다.

10

〈보기〉에서 설명하고 있는 기구에 대한 설명으로 가장 옳은 것은?

┤ 보기 ├

재신(宰臣)으로서 이 일을 맡은 사람을 지변재상(知邊宰相) 이라고 불렀습니다. 그러나 이것은 일시적인 전쟁 때문에 설치한 것으로 국가의 중요한 모든 일들을 참으로 다 맡긴 것은 아니었습니다. 오늘에 와서 큰일이건 작은 일이건 중요한 것으로 취급되지 않는 것이 없는데, 정부는 한갓 헛이름만 지니고 육조는 모두 그 직임을 상실하였습니다. 명칭은 '변방의 방비를 담당하는 것'이라고 하면서 과거에 대한 판하(判下)나 비빈(妃嬪)을 간택하는 등의 일까지도 모두 여기를 경유하여 나옵니다.

「효종실록」

① 대원군에 의해 기능이 강화되었다.
② 의정부의 기능을 약화시켰다.
③ 붕당 정치의 폐단을 막기 위해 설치되었다.
④ 왜구의 침입에 대비하여 16세기 초 상설 기구로 설치되었다.

---

06 ④

제시된 사료는 현종 때 있었던 '1차 예송 논쟁(기해예송)'에 관한 내용이다. ㉠ 인조의 계비 조씨, ㉡ 윤휴, 허목 등 남인, ㉢ 송시열 등 서인에 해당한다. ④ 『주자가례』의 상복 규정에 따라 송시열 등 서인의 주장을 받아들여 기년복(1년복)으로 결정되었다.

|오답해설|
① ㉠ 자의 왕대비는 인조의 계비인 조씨이다.
② ㉡ 윤휴, 허목 등 남인들은 효종이 차남이지만 왕통을 이었기 때문에 적장자로 보아야 한다고 주장하며, 3년복을 주장하였다.
③ ㉢ 송시열 등 서인들은 효종의 왕위 계승이 체이부정(體而不正, 서자가 계승한 경우)으로 규정하고, 기년복(1년복)을 주장하였다.

07 ②

밑줄 친 '논쟁'은 현종 때 서인과 남인 간에 벌어진 '1차 예송 논쟁'이다. 예송은 차남으로 왕위에 오른 효종의 정통성과 관련하여 1659년 효종의 사망 시(1차 예송: 기해예송)와 1674년 효종비의 사망 시(2차 예송: 갑인예송)에 자의 대비(인조의 계비, 효종의 계모)가 상복을 얼마 동안 입어야 하는지에 대하여 생긴 논쟁이다.

|오답해설|
ㄴ. 북인은 임진왜란 과정에서 광해군과 교류하였고, 광해군 즉위 이후 권력을 독점하였다.
ㄹ. 명종 때 외척 세력인 대윤과 소윤 간의 대립으로 을사사화가 발생하였다.

08 ①

제시된 사료는 윤선도의 「오우가」 중 일부이다. ① 윤선도는 윤휴와 함께 대표적인 남인이었으며, 예송 논쟁에서는 '왕의 예는 일반 사대부와 다르다[王者禮不同士庶].'라고 주장하였다.

|오답해설|
② 2차 예송 때 대공복(9개월복)을 주장한 붕당은 서인이다.
③ 조식을 높이고, 이언적과 이황을 폄하했던 붕당은 북인이다.
④ 경종 때 연잉군(훗날 영조)을 왕세제로 책봉할 것을 주장한 붕당은 노론이다.

09 ③

③ 백두산정계비는 '숙종 38년(1712)'에 건립되었기 때문에, (라) 시기인 경신환국(숙종 6년, 1680)과 이인좌의 난(영조 4년, 1728) 사이에 해당한다.

10 ②

"변방의 방비를 담당하는 것"이라는 명칭을 가진 기구는 '비변사'이다. ② 비변사는 을묘왜변(1555) 이후 상설 기구가 되었는데, 비변사의 기능이 확대되면서 의정부의 기능은 약화되었다.

|오답해설|
① 흥선 대원군은 비변사 폐지를 추진하였다.
③ 비변사는 여진과 왜구의 침입을 막고자 설치되었다.
④ 비변사는 16세기 초 삼포 왜란(1510)을 계기로 설치되었으나 임시 기구로 기능하였다.

|정답| 06 ④ 07 ② 08 ① 09 ③ 10 ②

11

다음 내용과 관련된 군사 조직에 대한 설명으로 옳은 것은?

> 외방 곳곳에서 도적들이 일어났다. 나는 청하기를 "양곡 1천 석을 군량으로 하되, 한 사람당 하루에 2승씩 급료를 준다면 사방에서 군인으로 응하는 자가 모여들 것입니다." …… 얼마 안 되어 수천 명을 얻어 조총 쏘는 법과 창·칼 쓰는 기술을 가르치고, 초관과 파총을 세워 그들을 거느리게 하였다. 또 당번을 정하여 궁중을 숙직하게 하고, 국왕의 행차가 있을 때에 이들로써 호위하게 하니 민심이 점차 안정되었다.
>
> 「서애집」

① 양반에서 노비에 이르기까지 편제 대상이 되었다.

② 진도와 제주도를 중심으로 몽골군에 항쟁을 하였던 부대이다.

③ 서리, 잡학인, 신량역천인 등이 소속되어 유사시에 동원되었다.

④ 이 군인들은 면포와 수공업 제품의 판매를 통해 난전에 가담하였다.

12

같은 국왕 대에 일어난 사실들로 바르게 짝지은 것은?

> (가) 적극적인 북벌 운동을 계획하고 어영청을 2만여 명으로 확대하였다.
> (나) 서인이 송시열을 영수로 하는 노론과 윤증을 중심으로 하는 소론으로 갈라졌다.
> (다) 대외적으로 명과 후금의 싸움에 휘말리지 않으면서 실리적인 외교 정책을 펼쳤다.

> ㄱ. 하멜이 가져온 조총의 기술을 활용하여 서양식 무기를 제조하였다.
> ㄴ. 후금의 태종이 광해군을 위한다는 명분으로 황해도 평산까지 쳐들어 왔다.
> ㄷ. 대동법을 처음으로 경기도에 시행하였다.
> ㄹ. 백두산정계비를 세워 서쪽으로 압록강, 동쪽으로 토문강을 경계로 삼았다.

① (가) - ㄹ   ② (가) - ㄴ

③ (나) - ㄱ   ④ (다) - ㄷ

13

〈보기〉의 사건들을 일어난 순서대로 바르게 나열한 것은?

> ┤ 보기 ├
> ㄱ. 남인이 제2차 예송을 통해 집권하였다.
> ㄴ. 노론과 소론이 민비를 복위하는 과정을 거쳐 집권하였다.
> ㄷ. 서인은 허적이 역모를 꾸몄다고 고발하여 남인을 축출하고 집권하였다.
> ㄹ. 남인은 장희빈이 낳은 왕자가 세자로 책봉되는 과정을 거쳐 집권하였다.

① ㄱ - ㄷ - ㄹ - ㄴ

② ㄴ - ㄹ - ㄷ - ㄱ

③ ㄷ - ㄱ - ㄴ - ㄹ

④ ㄹ - ㄷ - ㄱ - ㄴ

14

영조의 정책에 대한 서술로 옳은 것을 〈보기〉에서 모두 고르면?

> ┤ 보기 ├
> ㄱ. 형벌 제도를 개선해 가혹한 악형을 없앴다.
> ㄴ. 서얼 출신의 학자를 검서관에 기용하고 공노비의 해방을 추진하는 등 서얼과 노비에 대한 차별을 개선하기 위해 노력하였다.
> ㄷ. 균역법을 시행하여 양반과 상민이 똑같이 군포를 부담하게 하였다.
> ㄹ. 청계천 준설 사업으로 일자리를 만들어주고 홍수에 대비하게 하였다.

① ㄱ, ㄹ   ② ㄴ, ㄷ

③ ㄱ, ㄴ, ㄷ   ④ ㄱ, ㄷ, ㄹ

15

다음과 같은 내용의 교서를 발표한 왕에 대한 설명으로 가장 적절한 것은?

> 우리나라는 원래 땅이 협소하여 인재 등용의 문도 넓지 못하였다. 그런데 근래에 와서 인재 임용이 당에 들어 있는 사람만으로 이루어지고, 조정의 대신들이 서로 공격하여 공론이 막히고 서로를 반역자라 지목하니 선악을 분별할 수 없게 되었다. 지금 새로 일으켜야 할 시기를 맞아 과거의 허물을 고치고 새로운 정치를 펴려 하니, 유배된 사람은 경중을 헤아려 다시 등용하되 탕평의 정신으로 하라. 지금 나의 이 말은 위로는 종사를 위하고 아래로 조정을 진정하려는 것이니, 이를 어기면 종신토록 가두어 내가 그들과는 나라를 함께 할 뜻이 없음을 보이겠다.

① 문물제도의 정비를 반영한 『탁지지』 등을 편찬하였다.
② 초계문신제를 신설하여 인재 재교육 정책을 추진하였다.
③ 통공 정책을 실시하여 자유로운 상업 활동의 범위를 확대하였다.
④ 신문고 제도를 부활시키고 『동국문헌비고』 등을 편찬하여 문물과 제도를 정비하였다.

---

11 ④

제시된 사료의 "급료를 준다", "조총 쏘는 법과 창·칼 쓰는 기술을 가르치고(삼수병과 관련)"에서 '훈련도감'에 대한 내용임을 알 수 있다. ④ 조선 정부는 훈련도감 군인의 부족한 급료를 보충하기 위해 군인들의 상행위를 허용하였다. 당시 훈련도감 군인들이 받던 면포는 질이 좋아 고가(高價)에 판매되었다. 남대문 밖 칠패 시장이 훈련도감의 군인 가족이 상업에 종사했던 대표적 장소이다.

12 ④

(가) 어영청을 중심으로 북벌 운동을 전개하였던 시기는 효종 때이다.
(나) 서인은 숙종 시기의 경신환국(1680) 이후 노론과 소론으로 분열되었다.
(다) 명과 후금 사이에서 실리적인 외교 정책을 펼친 인물은 광해군이다.
ㄷ. 광해군은 이원익과 한백겸의 주장에 따라 선혜청을 설치하고 경기도에서 처음으로 대동법을 실시하였다(1608).

| 오답해설 |
ㄱ. 하멜이 가져온 조총의 기술을 활용하여 서양식 무기를 제조한 것은 '효종' 때이다.
ㄴ. 후금이 광해군을 위한다는 명분으로 조선에 침입해 온 것은 '인조' 때의 정묘호란(1627)이다.
ㄹ. 백두산정계비는 조선 '숙종' 때인 1712년에 건립되었다.

13 ①

제시된 사건의 순서는 다음과 같다.
ㄱ. 제2차 예송(갑인예송): 현종 15, 1674년
ㄷ. 경신환국: 숙종 6, 1680년
ㄹ. 기사환국: 숙종 15, 1689년
ㄴ. 갑술환국: 숙종 20, 1694년

14 ①

ㄱ. 영조는 형벌 제도를 개선하여 가혹한 형벌을 폐지하였다.
ㄹ. 영조는 준천사를 세우고 20여만 명을 동원하여 청계천을 준설하였고, 그 결과 홍수의 피해를 줄일 수 있었다.

| 오답해설 |
ㄴ. 정조는 서얼 출신 학자들을 규장각 검서관에 기용하였고, 서얼과 노비에 대한 차별을 개선하고자 하였다.
ㄷ. 영조 때 균역법을 시행한 것은 맞지만(균역법의 시행으로 상민들의 군포 부담을 줄여줌), 양반에게도 군포를 부담시킨 것은 아니다.

15 ④

제시된 사료는 영조의 『탕평교서』 중 일부이다. ④ 영조는 민의를 반영하기 위해 신문고 제도를 부활시키고, 『동국문헌비고』(홍봉한 등이 편찬한 한국학 백과사전) 등을 편찬하여 문물과 제도를 정비하였다.

| 오답해설 |
① 『탁지지』 편찬, ② 초계문신제 실시, ③ 통공 정책(1791, 신해통공)은 모두 정조의 업적이다.

| 정답 | **11** ④ **12** ④ **13** ① **14** ① **15** ④

16

다음과 같이 주장한 인물에 대한 설명으로 옳은 것은?

> 달은 하나이나 냇물의 갈래는 만 개가 된다. …… 나는 그 냇물이 세상 사람들이라는 것을 안다. 빛을 받아 비추어서 드러나는 것은 사람들의 상이다. 달이라는 것은 태극이요, 태극은 나이다.

① 『해동농서』를 편찬하도록 하였다.

② 갑인예송에서 왕권을 강조하며 기년복을 주장하였다.

③ 이순신에게 현충이라는 시호를 내리고 강감찬 사당을 건립하였다.

④ 민간의 광산 개발 참여를 허용하는 설점수세제를 처음 실시하였다.

17

다음 ㉠~㉢의 인물들이 행한 일로 가장 적절한 것은?

> "아! (㉠)은/는 (㉡)의 아들이다. (㉢)께서 종통(宗統)의 중요함을 위하여 나에게 효장 세자(孝章世子)를 이어받도록 명하신 것이다. 아! 전일에 (㉢)께 올린 글에서 '근본을 둘로 하지 않는 것[不貳本]'에 관한 나의 뜻을 볼 수 있을 것이다. …… 이미 이런 분부를 내리고 나서 괴귀(怪鬼)와 같은 나쁜 무리들이 이를 빙자하여 추숭(追崇)하자는 의논을 한다면 (㉢)께서 유언하신 분부가 있으니, 마땅히 해당 형률로 논죄하고 (㉡)의 영령(英靈)께도 고하겠다."

① ㉠은/는 금난전권을 폐지하였다.

② ㉡은/는 『동국문헌비고』와 『속대전』 등을 편찬하였다.

③ ㉢은/는 수원 화성을 건설하였다.

④ ㉠와/과 ㉡은/는 탕평책을 실시하였다.

18

조선 시대의 법전에 대한 설명으로 옳지 않은 것은?

① 『경국대전』 – 성종 대 6전 체제의 법전으로 완성하였다.

② 『대전회통』 – 법규교정소에서 만국공법에 기초하여 제정하였다.

③ 『대전통편』 – 18세기까지의 법령을 모아 원·속·증 표식으로 체계화하였다.

④ 『속대전』 – 영조가 직접 서문을 지어 간행하였다.

19

다음과 같이 파견되었던 외교 사절에 대한 설명으로 옳은 것은?

회차	파견 연도	정사(正使)	파견 인원
1	선조 40년(1607)	여우길	467
2	광해군 9년(1617)	오윤겸	428
3	인조 2년(1624)	정립	300
:		:	
10	영조 24년(1748)	홍계희	475
11	영조 40년(1764)	조엄	477
12	순조 11년(1811)	김이교	328

① 조사 시찰단이라고 불리기도 하였다.

② 새해, 동지 등에 정기적으로 파견하였다.

③ 류큐, 시암, 자와 등 동남아시아 각국에 파견하였다.

④ 조선의 선진 문화를 일본에 전파하는 역할도 하였다.

20

조선 후기 통신사에 대한 설명으로 옳지 않은 것은?

① 일본의 막부 정권은 정치적 권위를 과시하기 위해 조선에 통신사 파견을 요청하였다.

② 통신사는 외교 사절과 조선의 선진 문화를 일본에 전하는 구실을 하였다.

③ 개항 이후에는 영선사라는 이름으로 파견되었다.

④ 일본은 통신사를 국빈으로 대접하였다.

16 ①

제시된 사료는 '정조'의 「만천명월주인옹자서(萬川明月主人翁自序)」 중 일부이다. 정조는 왕으로서의 초월적 존재를 부각시키기 위해 자기 스스로를 '만 갈래 냇물에 비치는 밝은 달과 같은 존재'라고 규정하였다. ① 정조는 서호수에게 『해동농서』를 편찬하도록 하였다. 『해동농서』는 우리 고유의 농학을 중심으로 중국 농학을 선별적으로 수용하여 정리한 농서로, 한국 농학의 새로운 체계를 만들었다고 평가된다.

| 오답해설 |

② 현종 때의 갑인예송(2차 예송) 당시 남인들은 왕권을 강조하며 기년복(1년복)을 주장하였다.

③ 숙종 때 이순신에게 '현충'이라는 시호를 내리고, 평안북도 의주에 강감찬 사당을 건립하였다.

④ 효종 때 처음으로 설점수세제를 실시하였다.

17 ①

㉠ 정조, ㉡ 사도 세자(장헌 세자, 장조), ㉢ 영조이다. ① 정조는 1791년 신해통공을 통해 육의전을 제외한 시전 상인의 금난전권을 폐지하였다.

| 오답해설 |

② ㉢ 영조 때 『동국문헌비고』와 『속대전』 등을 편찬하였다.

③ ㉠ 정조 때 수원 화성을 건설하였다.

④ ㉠ 정조는 준론 탕평을, ㉢ 영조는 완론 탕평을 실시하였다.

18 ②

② 『대전회통』은 흥선 대원군 섭정 시기에 '국왕 중심의 통치 질서를 확립'하기 위해 1865년에 편찬된 법전이다. 법규교정소(1897년 교전소가 1899년 법규교정소로 분리 개편)에서 만국공법에 기초하여 제정한 것은 「대한국 국제」이다.

| 오답해설 |

① 『경국대전』은 세조 때 편찬되기 시작하여 성종 때 반포된 조선 시대 기본 법전으로, 이·호·예·병·형·공전의 6전 체제로 구성되었다.

③ 『대전통편』은 정조 9년(1785)에 『경국대전』과 『속대전』 및 그 뒤의 법령을 통합해 편찬한 법전이다. 『경국대전』의 원 내용은 '원(原)', 『속대전』의 내용은 '속(續)', 그리고 새롭게 추가된 법령은 '증(增)'으로 표시하였다.

④ 『속대전』은 영조 22년(1746)에 『경국대전』 시행 이후에 공포된 법령 중에서 시행할 법령만을 추려서 편찬한 법전이다. 『속대전』은 영조가 직접 서문을 지어 간행되었다는 점이 특징이다.

19 ④

제시된 표는 일본으로 파견된 사절단인 통신사와 관련된 내용이다.

| 오답해설 |

① 조사 시찰단(신사 유람단)은 개항 이후 일본에 파견된 사절단이다.

② 명(조천사)·청(연행사)에 파견된 사신에 대한 설명이다.

③ 조선 후기에 파견된 통신사는 에도 막부의 요청으로 일본에만 파견되었다.

20 ③

일본은 조선의 선진 문화를 받아들이고, 에도 막부의 쇼군이 바뀔 때마다 그 권위를 국제적으로 인정받기 위하여 조선에 사절의 파견을 요청하였다. 이에 조선 정부에서는 1607～1811년까지 총 12회에 걸쳐 '통신사'라는 이름으로 사절을 파견하였다. 통신사는 외교 사절뿐만 아니라 조선의 선진 문화를 일본으로 전파해 주는 역할도 하였다. ③ 영선사는 개항 이후 청에 파견된 사절단이다.

| 정답 |　**16** ①　**17** ①　**18** ②　**19** ④　**20** ③

21

다음 비문과 관련된 설명으로 옳은 것은?

> 西爲鴨綠 東爲土門 故於分水嶺上 ……
> (서는 압록이며 동은 토문이다. 분수령 위에 ……)

① 이 비문의 해석을 둘러싸고 조선과 청 사이에 간도 귀속 분쟁이 발생하였다.
② 이 비석은 광해군의 중립 외교 결과로 세워졌다.
③ 4군 6진을 개척하면서 조선의 국경선을 정한 것이다.
④ 조선이 일본 막부와 울릉도 귀속 문제를 해결하고 이를 기록으로 남긴 것이다.

22

다음과 관련된 내용으로 가장 옳지 <u>않은</u> 것은?

> 오라총관 목극등이 황제의 명을 받들어 변경을 답사하여 이곳에 와서 살펴보니, 서쪽은 압록이 되고, 동쪽은 토문이 되므로, 분수령 위에 돌을 새겨 기록하노라.

① 19세기 이후 간도가 우리 민족의 생활 터전으로 바뀌면서 청과의 영유권 분쟁이 발생하였다.
② 청 건국 후 조선과 청은 양국의 모호한 경계를 확정하기 위해 1712년 백두산정계비를 세웠다.
③ 조선은 어윤중을 서북 경략사, 이범윤을 토문 감계사로 파견하였다.
④ 우리의 외교권을 빼앗은 일제가 1909년 간도 협약을 체결하여 남만주의 철도 부설권을 얻는 대가로 간도를 청의 영토로 인정하였다.

23

독도가 대한민국의 영토임을 알 수 있는 자료로 옳은 것만을 모두 고르면?

> ㄱ. 일본의 『은주시청합기』(1667년)
> ㄴ. 일본의 『삼국접양지도』(1785년)
> ㄷ. 일본의 『태정관 지령문』(1877년)
> ㄹ. 일본의 『시마네현 고시』(1905년)

① ㄱ, ㄴ, ㄷ
② ㄱ, ㄴ, ㄹ
③ ㄱ, ㄷ, ㄹ
④ ㄴ, ㄷ, ㄹ

24

㉠에 대한 설명으로 옳지 <u>않은</u> 것은?

> **칙령 제41호**
> 제1조 울릉도를 울도라 개칭하여 강원도에 부속하고, 도감을 군수로 개정하여 관제 중에 편입하고, 군의 등급은 5등으로 한다.
> 제2조 군청 위치는 태하동으로 정하고, 구역은 울릉전도(鬱陵全島)와 죽도, (㉠)을/를 관할한다.

① 『세종실록지리지』에는 강원도 울진현 소속으로 구분하고, 우산으로 표기하였다.
② 숙종 때 안용복은 일본에 건너가 울릉도와 더불어 조선의 영토임을 확인받았고, 당시 일본에서는 '송도(松島)'로 기록하였다.
③ 일본 정부는 1870년대에 조선의 영토임을 인정했으면서도, 1905년 국제법상 무주지(無主地)라는 명목으로 일본 영토에 편입시켰다.
④ 1952년 UN군 사령부와 협의하에 이승만 정부는 '인접 해양의 주권에 관한 대통령 선언'을 발표하여 한국의 영토로 확인하였고, 당시 일본은 이를 묵인하였다.

25

다음 제도에 대한 설명으로 옳은 것을 〈보기〉에서 모두 고른 것은?

> 공물을 각종 현물 대신 쌀로 통일하여 징수하였고, 과세의 기준도 종전의 가호에서 토지의 결수로 변경하였다. 토지를 가진 농민들은 토지 1결당 쌀 12두만 납부하면 되었기 때문에 공납의 부담이 경감되었고 무전 농민이나 영세 농민은 일단 이 부담에서 해방되었다. 또 쌀을 납부하기 어려운 지방에서는 포목, 동전 등으로 대신하도록 하였다.

─ 보기 ├─

ㄱ. 재정 감소분을 결작 등으로 보충하였다.
ㄴ. 이를 관리하는 기관으로 선혜청이 설치되었다.
ㄷ. 인징, 족징 등의 폐단을 해결하기 위해 도입되었다.
ㄹ. 전국적으로 실시되는 데 100여 년의 시간이 소요되었다.

① ㄱ, ㄴ
② ㄱ, ㄷ
③ ㄴ, ㄹ
④ ㄷ, ㄹ

26

다음은 조선 시대 양난 이후 수취 체제의 변화에 대한 설명이다. 가장 적절하지 <u>않은</u> 것은?

① 영정법에서는 연분 9등법을 따르지 않고 풍흉에 관계없이 전세를 토지 1결당 미곡 4두로 고정시켰다.
② 대동법의 시행으로 공납이 전세화되어 농민은 대체로 토지 1결당 미곡 12두만 납부하면 되었다.
③ 영정법에 따라 전세의 비율이 이전보다 다소 낮아져 대다수 농민의 부담이 경감되었다.
④ 대동법은 부족한 국가 재정을 보완하고 농민의 부담을 경감하기 위한 개혁론으로 제기되었다.

---

21 ①

결정적 문제 간도와 독도는 시사 문제로 자주 출제된다. 관련 내용을 숙지해 두자!
제시된 자료는 백두산정계비의 내용 중 일부이다. 백두산정계비는 1712년 청의 목극등과 조선의 박권이 만나 조·청 간의 국경을 확정한 후 세운 비석이다. ① 그런데 19세기 후반 토문강에 대한 해석 차이로 인해(청 – 두만강, 조선 – 쑹화강 유역) 국경 문제로 비화되었다. 조선이 외교권을 박탈당한 이후 청과 일본이 1909년에 체결한 간도 협약에 의해 간도는 청의 영토로 귀속되었다.

22 ③

제시된 내용은 '백두산정계비'에 해당한다. 백두산정계비는 숙종 38년(1712) 청의 목극등과 조선의 박권이 만나 백두산에 세운 경계비로, 백두산 정상 동남방 약 4km, 해발 2,200m에 세워졌다. 그 내용은 '西爲鴨綠 東爲土門 故於分水嶺上', 즉 서쪽은 압록강, 동쪽은 토문강을 경계로 양국의 국경을 정한다고 쓰여 있다. 19세기 이후 토문강의 해석을 둘러싸고 간도 귀속 문제가 제기되었다. ③ 조선은 간도에 대한 영토 주권을 강화하기 위해 어윤중을 서북 경략사, 이중하를 토문 감계사로 파견하였고, 대한 제국 시기에는 이범윤을 간도 관리사로 임명하였다.

23 ①

|오답해설|
ㄹ. 일본은 1905년 독도를 '주인 없는 땅'으로 규정하고, 일본의 시마네현에 강제로 편입시켰다. 따라서 일본의 「시마네현 고시」는 독도가 대한민국의 영토임을 입증할 수 있는 자료가 아니다.

24 ④

제시된 사료는 1900년 발표된 「대한 제국 칙령 제41호」이며, '독도'에 대한 영토 주권 의식이 명확하게 표기되어 있다. ④ 이승만 대통령은 1952년 '인접 해양의 주권에 관한 대통령 선언(한반도 평화선언)'을 발표하여 독도 영토 주권을 명확히 하였다. 하지만 당시 일본은 1951년 조인된 샌프란시스코 강화 조약에서 독도가 명시되어 있지 않다는 등의 근거를 들어 강력하게 반발하였다.

25 ③

결정적 문제 대동법의 내용, 실시 시기, 결과 등을 빠짐없이 기억해 두자!
자료에 제시된 내용은 방납의 폐단을 시정하기 위해 시행된 '대동법'에 대한 설명이다.
ㄴ. 대동법을 관리하는 기관으로 선혜청이 설치되었다.
ㄹ. 대동법은 토지 결수를 기준으로 세금을 부과하는 제도였기 때문에 많은 토지를 가진 지주들이 강력하게 반대하여 전국적으로 실시되는 데 100여 년의 시간이 소요되었다.

|오답해설|
ㄱ. 균역법 시행으로 부족한 재정은 결작 부과, 선무군관포 징수, 각종 잡세를 걷어 보충하였다.
ㄷ. 인징, 족징은 군역 제도의 가장 큰 폐해였다. 대동법은 방납의 폐단을 바로잡기 위해 실시되었다.

26 ③

③ 영정법(1결당 4~6두로 고정 과세)은 공법(1결당 최고 20두에서 최하 4두씩 차등 과세)에 비해 세율은 낮았으나, 각종 부과세와 삼수미세(훈련도감의 삼수병의 급료를 마련하기 위해 1결당 2.2두씩 부과) 등이 추가되어 실질적으로 농민들의 부담이 줄어든 것은 아니었다.

|정답| **21** ① **22** ③ **23** ① **24** ④ **25** ③ **26** ③

27

12. 사복직 9급

다음의 폐단을 시정하기 위해 실시한 제도에 대한 설명으로 옳지 않은 것은?

> 나라의 100여 년에 걸친 고질 병폐로서 가장 심한 것은 양역이다. 호포니 구전이니 유포니 결포니 하는 주장들이 분분하게 나왔으나, 적당히 따를 만한 것이 없다. 백성은 날로 곤란해지고 폐해는 갈수록 더욱 심해지니, …… 이웃의 이웃이 견책을 당하고, 친척의 친척이 징수를 당하고, 황구는 젖 밑에서 군정으로 편성되고, 백골은 지하에서 징수를 당하며 ……

① 양반들도 군역을 지는 것으로 개선하였다.
② 군역 부담자의 군포 부담을 1필로 정하였다.
③ 균역청에서 관리하다가 선혜청이 통합하여 관리하였다.
④ 평안도와 함경도를 제외한 6도의 토지 1결당 쌀 2두씩을 부과하였다.

28

20. 지방직 7급

조선 후기의 농업 변화에 대한 설명으로 옳지 않은 것은?

① 벼농사에서 이앙법이 널리 보급되면서 노동력이 절감되고 수확량이 늘어났다.
② 담배, 인삼, 채소 등 상품 작물을 재배하는 상업적 농업이 발달하였다.
③ 고구마 종자는 청(淸)에 파견된 연행사가 가져왔다.
④ 밭에서의 재배 방식으로 견종법(畎種法)이 보급되었다.

29

15. 경찰직 2차

다음과 같은 상황이 나타났던 시기의 농촌 사회 모습으로 옳은 것을 〈보기〉에서 모두 고르면?

> 상품 화폐 경제가 발달하면서 지주 전호제도 변화해 갔다. 양반은 소작료와 그 밖의 부담을 마음대로 강요할 수 있었으나, 소작인의 저항이 심해지자 소작료를 낮추거나 일정액으로 정하는 추세가 나타났다. 즉, 지주 전호제가 신분적 관계보다 경제적 관계로 바뀌어 간 것이다.

─ 보기 ─

ㄱ. 광작이 성행하고 서민 지주가 출현하기도 하였다.
ㄴ. 시장에 팔기 위한 작물을 재배하여 수입을 증가시켰다.
ㄷ. 몰락 농민들은 임노동자가 되거나 상공업에 종사하기도 하였다.
ㄹ. 소작농들은 벼 수확 후 논에서 보리 농사를 짓는 것을 선호하였다.

① ㄱ, ㄴ
② ㄱ, ㄹ
③ ㄱ, ㄴ, ㄷ
④ ㄱ, ㄴ, ㄷ, ㄹ

30

15. 경찰직 2차

조선 후기 상업 발달에 대한 설명으로 가장 적절하지 않은 것은?

① 포구가 새로운 상업 중심지로 되었고, 포구에서의 상거래는 장시보다 규모가 컸다.
② 객주나 여각은 주로 포구에서 상품의 매매를 중개하고, 부수적으로 운송, 보관, 숙박, 금융 등의 영업도 하였다.
③ 청(淸)과의 무역이 활발해지면서 국경 지대를 중심으로 공적으로 허용된 무역인 개시와 사적인 무역인 후시가 이루어졌다.
④ 국제 무역에서 사적인 무역이 허용되면서 상인이 무역 활동에 적극적으로 참여하였는데, 특히 내상(萊商)은 대중국 무역을 주도하면서 재화를 많이 축적하였다.

31

조선 후기 활동한 사상(私商)과 그에 대한 설명으로 가장 적절하지 않은 것은?

① 송상 – 개성을 근거지로 하여 상행위를 하였으며, 전국에 송방이라는 지점을 설치하였는데, 주로 인삼을 재배·판매하였다.

② 경강상인 – 선상(선박을 이용한 상행위)을 하였으며, 주로 서남 연해안을 오가며 미곡·소금·어물 등의 운송과 판매를 장악하여 부를 축적하였다.

③ 만상 – 의주를 근거지로 활동하였으며, 주로 대청 무역을 담당하였다.

④ 유상 – 동래를 근거지로 하여 활동하였다. 주로 대일 무역을 담당하였으며, 인삼·무명·쌀 등을 수출하고, 은·구리·황·후추 등을 수입하였다.

32

다음의 자료에 보이는 시기의 경제 동향에 대한 설명으로 옳지 않은 것은?

> 배에 물건을 싣고 오가면서 장사하는 장사꾼은 반드시 강과 바다가 이어지는 곳에서 이득을 얻는다. 전라도 나주의 영산포, 영광의 법성포, 흥덕의 사진포, 전주의 사탄은 비록 작은 강이나 모두 바닷물이 통하므로 장삿배가 모인다. …… 그리하여 큰 배와 작은 배가 밤낮으로 포구에 줄을 서고 있다.
>
> 「비변사등록」

① 강경, 원산 등이 상업 중심지로 성장하였다.

② 선상은 선박을 이용해서 각 지방의 물품을 거래하였다.

③ 객주나 여각은 상품의 매매를 중개하고, 숙박, 금융 등의 영업도 하였다.

④ 상업 활동이 활발해지면서 삼한통보 등의 동전을 만들어 유통하였다.

정답&해설

27 ①

제시된 사료는 조선 후기 군정의 폐단에 관한 내용이다. 영조는 이를 해결하기 위해 '균역법'을 실시하였다. 균역법은 양정의 군포 부담을 1년에 2필에서 1필로 줄여 주는 것이었다. ① 양반들도 군역을 지는 것(군포를 부담하게 된 것)은 흥선 대원군 때 호포법 실시로 이루어졌다.

28 ③

조선 후기에는 버농사에서 이앙법(모내기법)이 전국적으로 보급되었고, 밭농사에서는 견종법이 보급되었다. 또한, 담배, 인삼, 채소 등 상품 작물 재배가 발달하였다. ③ 고구마 종자는 18세기 영조 때 조엄이 일본으로부터 가져왔다.

29 ④

제시문은 조선 후기 상황이며, 〈보기〉 내용 전체가 조선 후기에 해당한다.

30 ④

결정적 문제▶ 조선 후기 상업 발전의 특징은 최근 빈출되고 있으니 꼼꼼히 보자!
④ 대중국 무역을 주도했던 상인은 만상(의주 상인)이었다. 내상은 대일본 무역을 주도하였다.

31 ④

④ '내상'이 동래를 근거지로 하여 활동하였다. 주로 대일 무역을 담당하였으며, 인삼·무명·쌀 등을 수출하고, 은·구리·황·후추 등을 수입하였다. 한편 '유상'은 평양을 근거지로 활동한 거상이다.

| 보충설명 | 조선 후기의 거상

- **송상**
  - 개성을 중심으로 인삼을 직접 재배하고, 이를 가공하여 전국에 판매하였다.
  - 전국에 송방이라는 지방 조직을 두고 내상(동래 상인), 만상(의주 상인)과 연계하여 외국과 교역하였다.
- **경강상인**
  - 한강을 근거지로 삼아 세곡 운반 등 곡물 도매상으로 발전하였다.
  - 선박의 생산까지 담당하였다.
- **의주의 만상**은 대청 무역을 통해, **동래의 내상**은 대일 무역을 통해 대상인으로 성장하였으며, 평양에서는 유상이 활동하였다.

32 ④

제시된 사료는 조선 후기 포구를 중심으로 발전한 상업 활동의 모습을 보여 주고 있다. ④ 삼한통보는 고려 숙종 때 주전도감에서 만들어진 화폐이다. 조선 후기에는 상평통보가 전국적으로 유통되었다.

| 오답해설 |
①② 조선 후기에는 강경포, 원산 등이 상업 중심지로 성장하였고, 선상(대표적 선상: 경강상인)들이 선박을 이용하여 각 지방의 물품을 유통시켰다.
③ 포구에서는 객주나 여각들이 성장하여 도매업, 창고업, 위탁 판매, 숙박업, 운송업 등에 종사하였다.

| 정답 | 27 ① 28 ③ 29 ④ 30 ④ 31 ④ 32 ④

33

다음과 같이 실학자 유수원이 주장한 조선 후기의 수공업은?

> • 상인의 경영 규모 확대와 상인이 수공업자를 직접 지배하면서 물건을 생산한다.
> • 상공업을 진흥시키기 위한 구체적 방안으로서 상인 간의 합자를 통한 경영 규모의 확대와 상인이 생산자를 고용하여 판매를 주관할 것을 제안하였다.

① 선대제 수공업
② 가내 수공업
③ 독립 수공업
④ 공장제 수공업

34

17. 국가직(사복직 포함) 9급

다음의 자료에 보이는 시기의 경제 상황에 대한 설명으로 옳지 않은 것은?

> 황해도 관찰사의 보고에 따르면, 수안군에는 본래 금광이 다섯 곳이 있었다. 올해 여름에 새로 39개소의 금혈을 뚫었는데, 550여 명의 광꾼들이 모여들었다. 도내의 무뢰배들이 농사를 짓지 않고 다투어 모여들 뿐만 아니라 다른 지방에서 이익을 좇는 무리들도 소문을 듣고 몰려온다. …… 금점을 설치한 지 이미 여러 해가 된 곳에는 촌락이 즐비하고 상인들이 물품을 유통시켜 큰 도회지를 이루고 있다.

① 밭농사에서는 견종법이 보급되었다.
② 면화, 담배 등 상품 작물을 재배하였다.
③ 일부 지방에서 도조법으로 지대를 납부하였다.
④ 개간을 장려하기 위해 사패전을 부농층에 분급하였다.

근대 태동기의 사회

35

16. 지방직 9급

다음 자료에 나타난 시기의 사회 모습에 대한 설명으로 옳은 것은?

> 옷차림은 신분의 귀천을 나타내는 것이다. 그런데 어찌된 까닭인지 근래 이것이 문란해져 상민·천민들이 갓을 쓰고 도포를 입는 것을 마치 조정의 관리나 선비와 같이 한다. 진실로 한심스럽기 짝이 없다. 심지어 시전 상인들이나 군역을 지는 상민들까지도 서로 양반이라 부른다.

① 불교의 신앙 조직인 향도가 널리 확산되었다.
② 서얼의 청요직 진출이 부분적으로 허용되었다.
③ 양민의 대다수를 차지한 농민을 백정(白丁)이라고 하였다.
④ 선현 봉사(奉祀)와 교육을 위한 서원이 설립되기 시작하였다.

36

20. 국가직 9급

(가), (나) 신분층에 대한 설명으로 옳지 않은 것은?

> 오래도록 막혀 있으면 반드시 터놓아야 하고, 원한은 쌓이면 반드시 풀어야 하는 것이 하늘의 이치다. (가) 와/과 (나) 에게 벼슬길이 막히게 된 것은 우리나라의 편벽된 일로 이제 몇백 년이 되었다. (가) 은/는 다행히 조정의 큰 성덕을 입어 문관은 승문원, 무관은 선전관에 임명되고 있다. 그런데도 우리들 (나) 은/는 홀로 이 은혜를 함께 입지 못하니 어찌 탄식조차 없겠는가?

① (가)의 신분 상승 운동은 (나)에게 자극을 주었다.
② (가)는 수차례에 걸친 집단 상소를 통해 관직 진출의 제한을 없애 줄 것을 요구하였다.
③ (나)에 해당하는 인물로는 정조 때 규장각 검서관으로 등용된 유득공, 박제가, 이덕무 등이 있다.
④ (나)는 주로 기술직에 종사하며 축적한 재산과 탄탄한 실무 경력을 바탕으로 신분 상승을 추구하였다.

37

다음 자료를 통해 짐작할 수 있는 향촌 사회의 변화 내용으로 적절한 것을 〈보기〉에서 모두 고르면?

영덕의 구향(舊鄕)은 사족이며, 소위 신향(新鄕)은 모두 향리와 서리의 자식입니다. 근래 신향들이 향교를 주관하면서 구향들과 서로 마찰을 빚고 있습니다. 뜻있는 선비들이 향약을 실시하려 해도 수령과 아전, 향임들이 싫어하여 모든 수단을 써서 막기 때문에 실시할 수 없습니다.

| 보기 |

ㄱ. 향회가 수령의 세금 부과 자문 기구로 변하였다.
ㄴ. 재지 사족과 수령 사이에 향전이 일어났다.
ㄷ. 부농들은 향안에 이름을 올리고 향회를 장악하였다.
ㄹ. 사족들은 향약을 통해 향촌 사회에 대한 지배력을 강화하였다.

① ㄱ, ㄴ　　　　　② ㄱ, ㄷ
③ ㄴ, ㄷ　　　　　④ ㄷ, ㄹ

38

다음 사료와 관련된 종교가 확산될 수 있었던 원인을 〈보기〉에서 모두 고르면?

거듭 말씀드리거니와 천주교를 믿음으로써 제 양반 칭호를 빼앗긴다 해도 저는 천주께 죄를 짓기를 원치 않습니다. 그리고 신주를 모시지 않는 서민들이 정부를 반대하는 것이 아니라는 것과 가난하기 때문에 모든 제사를 규정대로 지내지 못하는 양반들도 엄한 책망을 당하지 않는다는 점을 고려하여 주십시오. 그러므로 제 낮은 생각으로는 신주를 모시지 않고 제 집에서 천주교를 충실히 믿는 것은 결코 국법을 어기는 것이 아닌 듯합니다.

| 보기 |

ㄱ. 이양선의 출몰
ㄴ. 내세 신앙의 교리
ㄷ. 정조 사후 벽파의 집권
ㄹ. 세도 정치로 인한 사회 불안
ㅁ. 신 앞에 모든 인간은 평등하다는 논리

① ㄱ, ㄴ, ㄷ　　　　② ㄱ, ㄷ, ㄹ
③ ㄴ, ㄷ, ㄹ　　　　④ ㄴ, ㄹ, ㅁ

33 ①

① 선대제 수공업은 상인이 물주로서 수공업자를 지배하는 현상을 말한다. 특히 이러한 현상은 종이나 화폐, 철물 등의 제조 분야에서 두드러지게 나타났으며, 17~18세기 수공업의 가장 보편적인 현상이었다.

34 ④

제시된 사료는 조선 후기 민영 광업과 관련된 내용이다. ④ 사패전(賜牌田)은 고려 말에서 조선 초까지 지급된 토지이다. 사패전에는 공신에게 지급한 공신 사패전(이미 개간된 토지 지급)과 원 간섭기에 토지 개간을 목적으로 왕의 측근과 권세가들에게 지급한 개간 사패전이 있었다.

|오답해설|
① 조선 후기에는 밭농사에 견종법이 보급되면서 농업 생산력이 증가하였다.
② 조선 후기에는 면화, 담배 등 상품 작물을 재배하였다.
③ 조선 후기에는 도조법(정액 지대제)이 대두하였다.

35 ②

제시된 자료는 '조선 후기' 양반 중심의 신분제 사회가 동요되고 있음을 보여 준다. ② 18세기 영·정조 시대를 거치며 서얼들의 사회적 위상이 높아졌고, 청요직으로의 진출이 부분적으로 허용되기 시작하였다. 특히 1851년 신해허통의 조치로 '서얼들의 청요직 제한이 법적으로 폐지'되었다.

|오답해설|
① 불교 신앙 조직으로서의 향도는 고려 시대에 널리 유행하였다.
③ 고려 시대 농민들을 백정(白丁)이라 하였다.
④ 1543년에 최초의 서원인 백운동 서원이 설립되었고, 이후 서원 설립이 확대되었다(16세기).

36 ③

(가) 서얼, (나) 기술직 중인이다. ③ 정조 때 규장각 검서관으로 등용된 유득공, 박제가, 이덕무 등은 서얼 출신이다.

37 ②

결정적 문제 조선 후기에는 양반 수가 증가하고, 향촌 사회의 주도권 다툼이 많아졌다. 이 시기 관권의 동향과 향회의 위상 변화를 파악해 두자!
조선 후기에는 신향과 구향의 대립 속에서 수령을 중심으로 한 관권이 성장했다.
ㄱ.ㄷ. 조선 후기 향회는 수령의 자문 기구로 전락하였으며, 부농들은 양반 신분을 획득하여(신향) 향회의 주도권을 확보하였다.

38 ④

ㄴ.ㅁ. 천주교는 내세 신앙과 평등 사상을 전파하면서 급속하게 확산되었고, 정부는 사교로 규정(제사 거부, 신분 질서 부정)하여 탄압하였다.
ㄹ. 처음 서학으로 소개된 천주교는 18세기 후반 일부 남인 출신 실학자들에 의해 신앙으로 발전하였다. 특히 세도 정치 시기의 사회 불안은 피지배 계급을 중심으로 천주교가 확산될 수 있는 원인이 되었다.

| 정답 | 33 ① 　 34 ④ 　 35 ② 　 36 ③ 　 37 ② 　 38 ④

39

22. 2월 서울시(자체 출제) 9급

〈보기〉의 조선의 천주교 전파 상황을 순서대로 바르게 나열한 것은?

┌ 보기 ┐

ㄱ. 이승훈이 북경에서 서양 신부에게 영세를 받고 돌아왔다.

ㄴ. 윤지충이 모친상 때 신주를 불사르고 천주교 의식을 행하였다.

ㄷ. 이수광이 『지봉유설』에서 마테오 리치의 『천주실의』를 소개하였다.

ㄹ. 황사영이 북경에 있는 프랑스인 주교에게 군대를 동원하여 조선에서 신앙과 포교의 자유를 보장받을 수 있도록 청하는 서신을 보내려다 발각되었다.

① ㄱ - ㄴ - ㄹ - ㄷ

② ㄱ - ㄷ - ㄹ - ㄴ

③ ㄷ - ㄱ - ㄴ - ㄹ

④ ㄷ - ㄴ - ㄱ - ㄹ

40

20. 국가직 9급

다음 자료에 나타난 사상에 대한 설명으로 옳은 것은?

사람이 곧 하늘이라. 그러므로 사람은 평등하며 차별이 없나니, 사람이 마음대로 귀천을 나눔은 하늘을 거스르는 것이다. 우리 도인은 차별을 없애고 선사의 뜻을 받들어 생활하기를 바라노라.

① 이 사상에 대해 순조 즉위 이후 대탄압이 가해졌다.

② 이 사상을 바탕으로 『동경대전』과 『용담유사』가 편찬되었다.

③ 이 사상을 근거로 몰락한 양반의 지휘 아래 평안도에서 난이 일어났다.

④ 이 사상을 근거로 단성에서 시작된 농민 봉기는 진주로 이어졌다.

41

14. 경찰직 2차

동학의 발생과 전개 과정에 대한 설명으로 적절하지 않은 것은?

① 최시형은 교세를 확대하면서 『동경대전』과 『용담유사』를 펴내어 교리를 정리하는 한편, 의식과 제도를 정착시켜 교단 조직을 정비하였다.

② 1860년대에 등장한 동학은 사람이 누구나 평등하다는 사상을 가지고 있었다.

③ 동학이 농민들에게 환영을 받은 이유로는 교리에 주문과 부적 등 민간 신앙의 요소들이 결합되어 있었기 때문이다.

④ 제3대 교주인 손병희는 친일 세력을 내쫓고, 단군 신앙을 기반으로 창시된 대종교와 통합하여 동학을 천도교로 개편하였다.

42

다음에 제시된 사건에 관한 설명 중 옳은 것을 〈보기〉에서 모두 고르면?

평서 대원수는 급히 격문을 띄우노니 관서의 부로(父老)와 자제와 공사 천민들은 모두 이 격문을 들으라. …… 조정에서는 관서를 버림이 분토(糞土)와 다름없다. 심지어 권세 있는 집의 노비들도 서토의 사람을 보면 반드시 '평안도 놈'이라 말한다. 어찌 억울하고 원통하지 않은 자 있겠는가. …… 지금 임금이 나이가 어려 권세 있는 간신배가 그 세를 날로 떨치고 김조순·박종경의 무리가 국가 권력을 오로지 갖고 노니 어진 하늘이 재앙을 내린다.

┌ 보기 ┐

ㄱ. 함경도 전 지역을 장악하였다.

ㄴ. 지역 차별에 따른 저항이었다.

ㄷ. 광산 노동자가 대거 가담하였다.

ㄹ. 관리들의 탐학이 시정되는 계기가 되었다.

① ㄱ, ㄴ   ② ㄱ, ㄷ

③ ㄴ, ㄷ   ④ ㄴ, ㄹ

43

다음 사건에 대한 설명으로 옳은 것은?

진주민 수만 명이 머리에 흰 수건을 두르고 손에는 나무 몽둥이를 들고 무리를 지어 진주 읍내에 모여 서리들의 가옥 수십 호를 불사르고 부수어서, 그 움직임이 결코 가볍지 않았다. 우병사가 해산시키려고 장시에 나갔다. 그때 흰 수건을 두른 백성들이 그를 빙 둘러싸고 백성의 재물을 횡령한 조목, 그리고 아전들이 세금을 포탈하고 강제로 징수한 일들을 여러 번 문책하였다. 그 능멸하고 핍박함이 조금도 거리낌이 없었다.

① 신유박해를 시작하게 된 계기가 되었다.
② 이필제가 난을 주도하였다.
③ 전봉준 등이 사발통문을 보내 봉기를 호소하였다.
④ 삼정이정청을 설치하게 된 배경이 되었다.

---

39 ③

제시된 내용의 순서는 다음과 같다.
ㄷ. 이수광의 『지봉유설』: 1614년(광해군 6)
ㄱ. 이승훈은 1783년 청에 갔다가, 1784년 그라몽(Gramont) 신부에게 세례를 받았다(최초의 천주교 세례 교인).
ㄴ. 신해박해: 1791년(정조 15)
ㄹ. 황사영 백서(帛書) 사건: 신유박해(1801) 이후

40 ②

제시된 자료는 동학(1860년 최제우 창도)의 인내천 사상(사람이 곧 하늘)에 대한 내용이다. ② 동학의 2대 교주인 최시형이 『동경대전』과 『용담유사』를 편찬하였다.

|오답해설|
① 순조 즉위 이후인 1801년에 대대적인 천주교 탄압이 있었다(신유박해).
③ 1811년 홍경래의 지휘 아래 평안도에서 대규모 반란(홍경래의 난)이 일어났는데, 이 사건은 동학과 관련이 없다.
④ 1862년에 일어난 임술 농민 봉기는 동학과 관련이 없다.

41 ④

④ 동학의 3대 교주 손병희는 이용구 등 친일 세력을 축출하고, 동학을 천도교로 개편하였다. 하지만 대종교와 통합한 것은 아니다. 대종교는 단군 신앙을 바탕으로 나철, 오기호 등이 조직한 민족 종교이다.

42 ③

제시된 사료는 '홍경래의 난' 당시 홍경래가 띄운 격문이다.
ㄴ. 홍경래의 난은 세도 정치 이후 농촌 경제 파탄과 서북인(평안도)에 대한 차별 대우 등을 이유로 1811년에 일어났다.
ㄷ. 홍경래의 난에는 몰락 양반, 영세 농민, 중소 상인, 유랑민, 광산 노동자 등이 참여하여 한때 청천강 이북 전역을 거의 장악하였다.

43 ④

제시된 사료는 1862년 임술 농민 봉기에 대한 내용이다. ④ 임술 농민 봉기 이후 안핵사로 파견된 박규수의 건의로 삼정의 문란을 시정하기 위해 삼정이정청이 설치되었다.

|오답해설|
② 이필제의 난은 동학교도인 이필제가 영해 등에서 1871년에 일으킨 반란이다.

|정답| **39** ③ **40** ② **41** ④ **42** ③ **43** ④

44

조선 후기에 제기한 다음 주장과 관련된 서술로 옳은 것을 〈보기〉에서 모두 고르면?

> 송나라 시대에 와서 정자와 주자 두 선생이 일어나서 …… 6경의 본래의 뜻이 이제야 찬란하게 다시 세상에 밝혀졌다. …… 그러나 경에 실린 말이 그 근본은 비록 하나이지만, 그 단서는 천만 갈래이다. …… 확실하지 못하고 넓게 보지 못한 식견을 대강 서술하여 모아서 책을 만들어 이름을 『사변록』이라 하였다. 혹시 선배 유학자들이 세상을 깨우치고 백성을 도와주는 뜻에 조금이라도 도움이 되지 않을까 함이요, 결코 다투기를 좋아하는 마음에서 새롭게 학설을 세운 것이 아니다.
>
> 「사변록」

⎯ 보기 ⎯

ㄱ. 현실 정치에 반영되었다.
ㄴ. 모순 해결의 방법을 주자의 학설에서 찾았다.
ㄷ. 6경과 제자백가의 의미를 새롭게 해석하였다.
ㄹ. 이 주장을 제기한 인물은 노론으로부터 사문난적으로 몰렸다.

① ㄱ, ㄴ 　　　② ㄱ, ㄷ
③ ㄴ, ㄷ 　　　④ ㄷ, ㄹ

45

조선 후기 노론 내부에 주기설과 주리설의 분파가 생겨 이른바 '호락시비(湖洛是非)'로 불리는 큰 논쟁이 일어났다. 이 호락(湖洛) 논쟁에 대한 설명으로 가장 적절하지 않은 것은?

① 영조 때에 한원진과 윤봉구로 대표되는 충청도 노론은 인성(人性)과 물성(物性)은 다르다고 보는 '인물성이론(人物性異論)'을 내세웠다.
② 호론의 주장에는 청나라를 중화로 보려는 대의명분론이 깔려 있었다.
③ 이간, 김창협 등으로 대표되는 서울 중심의 노론은 인성과 물성이 같다는 '인물성동론(人物性同論)'을 주장하였다.
④ 낙론의 주장은 북학파의 과학 기술 존중과 이용후생 사상으로 이어졌다.

46

다음과 같이 주장한 학자에 대한 설명으로 옳은 것은?

> 나의 학문은 안에서만 구할 뿐이고 밖에서는 구하지 않는다. …… 그런데 오늘날 주자를 말하는 자들로 말하면, 주자를 배우는 것이 아니라 다만 주자를 빌리는 것이요, 주자를 빌릴 뿐만 아니라 곧 주자를 부회해서 자기들의 뜻을 성취하려 하고 주자를 끼고 위엄을 지어 자기들의 사욕을 달성하려 할 뿐이다.

① 양지와 양능의 본체성을 근거로 지행합일을 긍정하였다.
② 교조화된 주자학을 비판하다가 사문난적으로 몰리어 죽음을 당하였다.
③ 서인의 영수로서 왕과 사족, 서민은 예가 같아야 한다고 주장하였다.
④ 유교 문명 이외에도 유럽·회교·불교 문명권을 소개하여 시야를 넓혀 주었다.

47

다음 〈보기〉의 밑줄 친 (가), (나) 학파의 사상에 대한 설명으로 가장 적절한 것은?

⎯ 보기 ⎯

> 18세기 전반에 농업 중심의 개혁론을 제시한 실학자들을 (가) 학파라고도 하는데, 이 학파는 공통적으로 농민 생활의 안정을 위한 토지 제도 개혁을 중요하게 생각하였다. 이에 반해 18세기 후반에 청나라 문물을 적극적으로 수용하여 이용후생에 힘쓰자고 주장한 이들을 (나) 학파라고도 한다.

① (가) 학파의 선구적인 인물은 유수원으로, 『반계수록』을 저술하였다.
② (나) 학파의 이익은 나라를 좀먹는 여섯 가지 폐단을 지적하였다.
③ (나) 학파의 홍대용은 『의산문답』에서 지전설을 주장하였다.
④ (나) 학파의 박지원은 생산과 소비의 관계를 우물물에 비유하여 절약보다 소비를 권장해야 한다고 주장하였다.

48

다음을 주장한 실학자의 활동으로 옳은 것은?

> 무릇 1여(閭)의 토지는 여민이 함께 농사하고 경계를 나누지 않는다. 여장은 매일 개개인의 노동량을 장부에 기록하여 두었다가 가을이 되면 수확물을 여장의 집에 가져온 다음에 분배한다. 이때 국가에 바칠 세와 여장의 봉급을 제하며, 그 나머지를 가지고 노동 일수에 따라 여민(閭民)에게 분배하도록 한다.

① 박제가와 함께 종두법을 연구하고 실험하였다.
② 이익의 역사 의식을 계승하여 『동사강목』을 저술하였다.
③ 지구가 우주의 중심이 아니라는 무한 우주론을 내놓았다.
④ 『북학의』를 저술하여 청의 문물을 적극 수용하자고 하였다.

정답&해설

44 ④

조선 후기에는 주자 중심의 성리학을 상대화하고, ㄷ. 6경과 제자백가 등에서 모순 해결의 사상적 기반을 찾으려는 경향이 나타났다. ㄹ. 그 대표적 인물이 윤휴와 박세당(『사변록』 저술)이었는데, 그들은 당시 권력을 장악하고 있었던 노론의 공격을 받아 사문난적으로 몰렸다.

45 ②

② 호론은 '이(理)'와 '기(氣)' 각각의 독자성을 강조하였다. 즉, 중화 문화를 '이', 청의 문화를 '기'로 규정하여 청의 문화와 중화의 문화를 구별하였다.

| 보충설명 | **호락 논쟁**

- 호락 논쟁은 노론 사이의 논쟁이며, 노론은 이이의 사상을 계승한 세력이다. 이이는 '이(理)'도 중요하지만 '기(氣)' 또한 중요하다고 생각하였던 인물이었다.
- 충청도 지역의 노론(호론)은 '이'와 '기' 각각의 독자성을 강조하였다. 이는 중화를 '이', 청 문화를 '기'로 구분하자는 주장으로 나타났으며 이후 위정척사 사상과 연결되었다.
- 서울·경기 지역의 낙론은 '이'와 '기'의 상호 관계를 중시하였다. 이것은 '이(理)' 안에 '기(氣)'의 요소가 들어있다는 의미로 확대되어 이(중화)와 기(청 문화)가 결국은 같은 것이니 청 문화를 수용하자는 주장(북학론)으로 연결되었다.

46 ①

제시된 사료는 '정제두'의 문집인 『하곡집』의 일부이다. ① 정제두는 양명학자로서, 양지와 양능의 본체성을 근거로 지행합일을 긍정하였다.

| 오답해설 |

② 윤휴는 교조화된 성리학을 비판하다가 사문난적으로 몰려 죽음을 당하였다.
③ 송시열은 서인의 영수로서 왕과 사족, 서민은 예가 같아야 한다고 주장하였다.
④ 이수광은 『지봉유설』에서 유교 문명 이외에도 유럽 문명, 회교 문명, 불교 문명권을 소개하여 문화 인식의 폭을 확대하였다.

47 ③

제시된 자료의 (가) 학파는 중농주의(경세치용 학파), (나) 학파는 중상주의(이용후생 학파, 북학파)이다. ③ 홍대용은 중상주의 학파로, 『의산문답』을 저술하여 지전설을 주장하였다.

| 오답해설 |

① 『반계수록』은 중농주의 실학자 유형원의 저서이다.
② 중농주의 실학자인 이익은 나라를 좀먹는 여섯 가지 폐단을 지적하였다.
④ 생산과 소비의 관계를 우물물에 비유하여 소비를 강조한 중상주의 실학자는 박제가이다.

48 ①

결정적 문제 ▶ 중농주의 실학자 중 정약용이 가장 자주 출제된다. 정약용의 토지 개혁론, 저서 등은 꼭 알아두자!

제시된 사료는 '정약용'의 토지 개혁론인 여전론이다. ① 정약용은 정조 22년(1798)에 『마과회통』을 저술하였으며, 박제가와 함께 종두법을 연구하여 실험하기도 하였다.

| 오답해설 |

② 이익의 역사 의식을 계승하여 『동사강목』을 저술한 인물은 안정복이다.
③ 무한 우주론은 홍대용 등이 주장한 이론이다.
④ 『북학의』를 저술하여 청의 문물을 적극적으로 수용하고, 소비를 강조하였던 인물은 박제가이다.

| 정답 | 44 ④ 45 ② 46 ① 47 ③ 48 ①

49

다음 글이 나오는 책을 지은 학자에 대한 설명으로 옳은 것은?

> 수령이라는 직책은 관장하지 않는 것이 없으니, 여러 조목을 열거하여도 오히려 직책을 다하지 못할까 두려운데, 하물며 스스로 실행하기를 기대할 수 있겠는가? 이 책은 첫머리의 부임(赴任)과 맨 끝의 해관(解官) 2편을 제외한 나머지 10편에 들어있는 것만 해도 60조나 되니, 진실로 어진 수령이 있어 제 직분을 다할 것을 생각한다면 아마도 방법에 어둡지는 않을 것이다.

① 노론의 중심 인물로 대의명분을 중시하였다.
② 조세 제도 개혁을 통해 정전제의 이념을 구현하려 하였다.
③ 자영농 육성을 위해 토지를 재분배하자는 균전론을 제기하였다.
④ 본인의 연행 경험을 바탕으로 상공업 진흥과 기술 발전을 제안하였다.

㉠~㉢에 들어갈 책의 이름이 옳은 것은?

> • (㉠)에서는 『주례』에 나타난 주나라 제도를 모범으로 하여 중앙과 지방의 정치 제도를 개혁할 것을 제안했다.
> • (㉡)는 수령들이 백성을 수탈하는 도적으로 변한 현실을 바로잡기 위해 백성을 기르는 목민관으로서 지켜야 할 규범을 제시한 일종의 수신 교과서이다.
> • (㉢)는 백성들이 억울한 벌을 받지 않도록 형법을 신중하게 집행하기 위해 지은 책이다.

	㉠	㉡	㉢
①	『경세유표』	『목민심서』	『흠흠신서』
②	『목민심서』	『경세유표』	『흠흠신서』
③	『흠흠신서』	『목민심서』	『경세유표』
④	『경세유표』	『흠흠심서』	『목민심서』

51

다음과 같은 주장을 한 조선 후기 실학자에 대한 설명으로 옳은 것은?

> 농사를 힘쓰지 않는 자 중에 그 좀(蠹)이 여섯 종류가 있는데, 장사꾼은 그중에 들어가지 않는다. 첫째가 노비요, 둘째가 과거요, 셋째가 벌열이요, 넷째가 기교요, 다섯째가 승려요, 여섯째가 게으름뱅이들이다. 저 장사꾼은 본래 사민(四民)의 하나로서 그래도 통화의 이익을 가져온다. 소금·철물·포백 같은 종류는 장사가 아니면 운반할 수 없지만, 여섯 종류의 해로움은 도둑보다도 더하다.

① 절검보다는 소비를 강조하였다.
② 자영농 육성을 위한 토지 제도 개혁론으로 여전론을 주장하였다.
③ 신분에 따른 차등 분배를 주장하였다.
④ 관직은 적은데 과거에 응시한 사람이 많은 데서 붕당이 생긴다고 보았다.

다음 내용을 주장한 사람에 대한 설명으로 가장 적절한 것은?

> 옛날에 백성에는 네 가지 부류가 있었습니다. 이는 사농공상입니다. 사의 업은 오래되었습니다. 농공상의 일은 처음에 역시 성인의 견문과 생각에서 나왔고, 대대로 익힌 것을 전승하여 각기 자신의 학문이 있었습니다. …… 그러나 사의 학문은 실제로 농공상의 이치를 포괄하는 것이므로 세 가지 업은 반드시 사를 기다린 뒤에 완성됩니다. 일반적으로 이른바 농업에 힘쓰는 것이나, 상업을 유통시켜 공업에 혜택을 준다고 했을 때 그 힘쓰는 것이나, 상업을 유통시켜 공업에 혜택을 준다고 했을 때 그 힘쓰게 하고 유통시키고 혜택을 주게 하는 것은 사가 아니라면 누가 하겠습니까?

① 지구가 둥글다는 것을 인정하고, 중국이 세계의 중심이라는 생각을 비판했다.
② 토지를 공동으로 소유·경작하여 노동량에 따라 수확량을 배분하자고 제안했다.
③ 양반의 상업 종사를 강조하였고, 절약보다는 소비를 권장해야 한다고 주장했다.
④ 농업 생산력을 높이는 데 관심을 기울였으며, 화폐 유통의 필요성을 주장했다.

53

다음과 같이 주장한 실학자에 대한 설명으로 옳은 것은?

> 재물은 대체로 샘과 같다. 퍼내면 차고, 버려 두면 말라 버린다. 그러므로 비단옷을 입지 않아서 나라에 비단 짜는 사람이 없게 되면 여공이 쇠퇴하며, 찌그러진 그릇을 싫어하지 않고 기교를 숭상하지 않아서 공장(工匠)이 기술을 익히지 않게 되면 기예가 사라지게 되고, 농사가 황폐해져서 그 법을 잊었으므로, 사민이 모두 곤궁하여 서로 구제할 수 없게 된다.

① 『의산문답』에서 중국이 세계의 중심이라는 생각을 비판하였다.

② 서양 선교사를 초빙하여 서양의 과학 기술을 배우자고 제안하였다.

③ 신분별로 차등을 둔 토지 재분배로 자영농을 안정시킬 것을 주장하였다.

④ 중국과 일본에 있는 우리나라 관련 기록을 참조하여 『해동역사』를 저술하였다.

---

49 ②

제시된 사료는 정약용의 『목민심서』 중 일부이다. ② 정약용은 조세 제도 개혁 등을 통한 농민 생활 안정을 위해 정전제의 이념을 실현하고자 하였다.

| 오답해설 |

① 송시열은 노론의 중심 인물로서, 대의명분을 중요시하였다.

③ 유형원은 자영농 육성을 위해 신분에 따라 차등 있게 토지를 재분배하는 균전론을 제시하였다.

④ 박지원은 본인의 연행(청에 사신으로 다녀옴) 경험을 바탕으로 상공업 진흥과 기술 발전을 제안하였다.

50 ①

㉠ 『경세유표』: 『주례』의 이념을 바탕으로 당시 조선의 현실에 맞도록 조정하여 정치·사회·경제 제도를 개혁하고 부국강병을 이루는 데 목표를 두고 있다.

㉡ 『목민심서』: 수령이 지켜야 할 지침을 밝히고, 당시 관리들의 폭정을 비판한 저서이다.

㉢ 『흠흠신서』: 형법의 신중한 집행을 강조한 저서이다.

51 ④

제시된 사료는 이익이 나라를 좀먹는 여섯 가지 폐단을 지적한 것이다(6좀 폐지론). ④ 이익은 『곽우록』에서 붕당의 폐해를 지적하면서 당쟁의 근본 원인을 한정된 관직 수에서 찾았다. 그리고 당쟁을 없애는 방법으로 생업에 종사하지 않는 양반의 생활 방식 개선과 함께 과거 합격자 축소, 천거제인 공거제(貢擧制)를 과거제와 병행 실시할 것 등을 제시하였다.

52 ④

제시된 사료는 박지원의 『과농소초』 중 일부이다. 박지원은 사(士)의 학문이 농·공·상의 이치를 포괄해야 하고, 농·공·상의 일도 사가 있어야 이루어진다고 주장하였다. ④ 박지원은 농업 생산력을 높이는 데 관심을 기울였으며, 화폐 유통의 필요성(용전론)을 주장하였다.

| 오답해설 |

① 홍대용은 지구가 둥글다는 것을 주장하였고(지구 구형설), 중국이 세계의 중심이라는 생각을 비판하였다(성리학적 세계관 비판).

② 정약용은 여전론에서 토지를 공동으로 소유·경작하여 노동량에 따라 수확량을 배분하자고 제안하였다.

③ 박제가는 양반의 상업 종사를 강조하였고, 『북학의』를 통해 절약보다는 소비를 권장해야 한다고 주장하였다.

53 ②

[결정적 문제] 박제가는 중상주의 실학자로서 소비를 강조했음을 기억하자!

제시된 사료는 '박제가'의 『북학의』 중 일부이다. ② 박제가는 기하학과 과학 기술에 정통한 중국 흠천감의 서양인 선교사들을 초빙하여 과학 기술을 가르치게 하자는 제안을 하였다.

| 오답해설 |

① 홍대용은 『의산문답』에서 중국이 세계의 중심이라는 생각을 비판하였다(성리학적 세계관 비판).

③ 유형원은 균전론을 통해 신분별로 차등을 두어 토지를 분배하여 자영농을 안정시킬 것을 주장하였다.

④ 한치윤은 중국과 일본에 있는 우리나라 관련 기록 500여 권을 참조하여 『해동역사』를 저술하였다.

| 정답 | 49 ② 50 ① 51 ④ 52 ④ 53 ②

54

〈보기〉와 같은 주장을 편 인물에 대한 설명으로 가장 옳은 것은?

┤ 보기 ├

토지 소유를 제한하는 법령을 세우십시오. 모년 모월 이후부터 제한된 토지보다 많은 자는 더 가질 수 없고, 그 법령 이전부터 소유한 것은 비록 광대한 면적이라 해도 불문에 부치며, 그 자손에게 분급해 주는 것은 허락하고, 혹시 사실대로 하지 않고 숨기거나 법령 이후에 제한을 넘어 더 점유한 자는 백성이 적발하면 백성에게 주고, 관아에서 적발하면 관아에서 몰수하십시오. 이렇게 한다면 수십 년이 못 가서 전국의 토지는 균등하게 될 것입니다.

「한민명전의」

① 『북학의』를 저술하여 청 문물의 수용을 역설하였다.
② 「양반전」, 「호질」 등을 지어 놀고먹는 양반을 비판하였다.
③ 화폐 제도의 문제점을 지적하며 폐전론을 주장하였다.
④ 마을 단위로 토지를 공동 경작하여 분배할 것을 제안하였다.

55

다음과 같이 주장한 조선 후기의 실학자에 대한 설명으로 옳은 것은?

천체가 운행하는 것이나 지구가 자전하는 것은 그 세가 동일하니, 분리해서 설명할 필요가 없다. 생각건대 9만 리의 둘레를 한 바퀴 도는 데 이처럼 빠르며, 저 별들과 지구와의 거리는 겨우 반경(半徑)밖에 되지 않는데도 오히려 몇 천만 억의 별들이 있는지 알 수가 없다. 하물며 은하계 밖에도 또 다른 별들이 있지 않겠는가!

① 『북학의』에서 소비를 권장하여 생산을 촉진하자고 주장하였다.
② 『임하경륜』에서 성인 남자에게 2결의 토지를 나누어 주자고 주장하였다.
③ 『반계수록』에서 신분에 따라 토지를 차등 있게 재분배하자고 주장하였다.
④ 『우서』에서 상업적 경영을 통해 농업 생산성을 높여야 한다고 주장하였다.

56

조선 후기 토지 개혁론에 대한 설명으로 옳은 것을 〈보기〉에서 모두 고르면?

┤ 보기 ├

ㄱ. 연암 박지원은 한전론(限田論)을 제안하였는데, 토지 소유의 상한선을 정하면 토지 소유의 양극화를 해소할 수 있다고 생각하였다.
ㄴ. 풍석 서유구는 둔전론(屯田論)을 주장하였는데, 소농 생활의 안정을 위해서는 세금을 줄일 뿐만 아니라 지주제도 철폐해야 한다고 생각하였다.
ㄷ. 다산 정약용은 정전론(井田論)을 제시하였는데, 구획이 가능한 곳은 정자(井字)로, 불가능한 곳은 계산상으로 구획한 뒤 노동력의 양과 질에 따라 토지를 등적으로 분급할 것을 주장하였다.
ㄹ. 성호 이익은 농가를 안정시키는 방법으로 매 호마다 영업전(永業田)을 갖게 하고, 그 이외의 토지는 매매를 허락하여 점진적으로 토지 균등을 이루어 나가자고 주장하였다.

① ㄱ, ㄴ, ㄷ   ② ㄱ, ㄴ, ㄹ
③ ㄱ, ㄷ, ㄹ   ④ ㄴ, ㄷ, ㄹ

57

안정복의 『동사강목』에 대한 설명으로 옳지 않은 것은?

① 단군 조선부터 고려 시대까지를 다룬 역사서이다.
② 단군 – 기자 – 마한 – 통일 신라 – 고려로 이어지는 것을 정통으로 보았다.
③ 20년간 문헌 고증 작업으로, 실증 사학의 토대를 마련하였다는 평가를 받는다.
④ 신라와 발해를 동등한 비중으로 다루면서 발해를 우리 민족사의 일부로서 평가하였다.

58

다음은 조선 후기 집필된 역사서의 일부이다. 이 책에 대한 설명으로 옳은 것은?

> 삼국사에서 신라를 으뜸으로 한 것은 신라가 가장 먼저 건국했고, 뒤에 고구려와 백제를 통합하였으며, 또 고려는 신라를 계승하였으므로 편찬한 것이 모두 신라의 남은 문적(文籍)을 근거로 했기 때문이다. …… 고구려의 강대하고 현저함은 백제에 비할 바가 아니며, 신라가 차지한 땅은 남쪽의 일부에 불과할 뿐이다. 그러므로 김씨는 신라사에 쓰여진 고구려 땅을 근거로 했을 뿐이다.

① 우리 역사의 독자적 정통론을 세워 이를 체계화하였다.
② 단군 – 부여 – 고구려의 흐름에 중점을 두어 만주 수복을 희구하였다.
③ 중국 및 일본의 자료를 망라한 기전체 사서로 민족사 인식의 폭을 넓혔다.
④ 여러 영역을 항목별로 나눈 백과사전적 서술로 문화 인식의 폭을 확대하였다.

59

(가), (나)에 대한 설명으로 옳은 것은?

> **(가)** 역사서의 저자는 다음과 같은 글을 지어 왕에게 바쳤다. "성상 전하께서 옛 사서를 널리 열람하시고, '지금의 학사 대부는 모두 오경과 제자의 책과 진한(秦漢) 역대의 사서에는 널리 통하여 상세히 말하는 이는 있으나, 도리어 우리나라의 사실에 대하여서는 망연하고 그 시말(始末)을 알지 못하니 심히 통탄할 일이다. 하물며 신라 · 고구려 · 백제가 나라를 세우고 정립하여 능히 예의로써 중국과 통교한 까닭으로 범엽의 『한서』나 송기의 『당서』에는 모두 열전이 있으나 국내는 상세하고 국외는 소략하게 써서 자세히 실리지 않았다. …… 일관된 역사를 완성하고 만대에 물려주어 해와 별처럼 빛나게 해야 하겠다.'라고 하셨다."
>
> **(나)** 역사서에는 다음과 같은 서문이 실려 있다. "부여씨와 고씨가 망한 다음에 김씨의 신라가 남에 있고, 마땅히 남북국사가 있어야 할 터인데, 고려가 그것을 편찬하지 않은 것은 잘못이다."

① (가)는 동명왕의 업적을 칭송한 영웅 서사시이다.
② (가)는 불교를 중심으로 고대 설화를 수록하였다.
③ (나)는 만주 지역까지 우리 역사의 범위를 확장하였다.
④ (나)는 고조선부터 고려에 이르는 역사를 체계적으로 정리하였다.

---

54 ②

제시된 사료는 박지원이 『한민명전의』에서 토지 소유의 상한선을 설정할 것을 주장한 '한전론'이다. ② 박지원은 『양반전』, 『호질』 등을 지어 놀고먹는 양반을 비판하였다.

|오답해설|
① 박제가는 『북학의』를 저술하여 청 문물의 수용을 역설하였다.
③ 이익은 화폐 제도의 문제점을 지적하며 폐전론을 주장하였다.
④ 정약용은 여전론을 통해 마을 단위로 토지를 공동 경작하여 분배할 것을 제안하였다.

55 ②

제시된 사료는 '홍대용'의 『의산문답』(『담헌서』에 수록) 중 지전설의 일부 내용이다. ② 홍대용은 『임하경륜』에서 성인 남자에게 2결의 토지를 나누어 주자는 '균전론'을 주장하였다.

|오답해설|
① 박제가는 『북학의』에서 소비를 권장하여 생산을 촉진하자고 주장하였다.
③ 유형원은 『반계수록』에서 신분에 따라 토지를 차등 있게 재분배하자고 주장하였다(신분에 따른 차등 분배가 전제된 균전론).
④ 유수원은 『우서』에서 상업적 경영을 통해 농업 생산성 향상을 주장하였다.

56 ③

|오답해설|
ㄴ. 서유구의 '둔전론'은 지주제를 인정하는 것을 전제로 제시되었다. 즉, 국가와 지주가 대농장을 설치하고 농민들을 노동자로 고용하여 그들의 생활을 안정시키는 것이 둔전론의 목적이었다.

57 ④

④ 안정복의 『동사강목』은 신라에 비중을 두어 발해를 본국사에서 제외하고 외기로 처리해 버린 한계가 있다.

|오답해설|
①② 『동사강목』(강목체)은 단군에서 고려까지의 통사로서, 단군 – 기자 – 마한 – 통일 신라 – 고려로 이어지는 것을 정통으로 보았다.
③ 『동사강목』은 문헌 고증 사학의 토대를 마련하였다고 평가된다.

58 ①

제시된 사료는 안정복의 『동사강목』 중 일부이다. ① 안정복은 단군 조선에서 시작하는 독자적 (삼한) 정통론을 내세우면서 중국 중심의 역사관을 벗어나려고 노력하였다.

59 ③

(가) 『삼국사기』, (나) 『발해고』이다. ③ 『발해고』는 신라와 발해의 역사를 대등하게 인식하여(기존 역사서와 비교했을 때 발해의 역사를 강조) 발해의 영토였던 만주 지역까지 우리 역사의 범위를 확대하였다.

|오답해설|
① 동명왕의 업적을 칭송한 영웅 서사시는 이규보의 『동명왕편』이다.
② 일연의 『삼국유사』는 불교를 중심으로 고대 설화를 수록하였다.
④ 고조선에서 고려까지의 역사를 체계적으로 정리한 대표적 역사서로는 『동국통감』, 『동사강목』 등이 있다.

| 정답 | 54 ② 55 ② 56 ③ 57 ④ 58 ① 59 ③

60

조선 후기 역사서에 나타나는 정통론에 대한 설명으로 옳지 않은 것은?

① 임상덕의 『동사회강』에서는 마한을 정통으로 인정하지 않고, 삼국을 무통으로 보았다.

② 안정복의 『동사강목』에서는 삼국을 무통으로 하고, 단군 – 기자 – 마한 – 통일 신라를 정통으로 하였다.

③ 홍만종의 『동국역대총목』에서는 단군을 배제하고 기자 – 마한 – 통일 신라의 흐름을 정통으로 규정하였다.

④ 홍여하의 『동국통감제강』에서는 기자의 전통이 마한을 거쳐 신라로 이어졌다고 하여 기자 – 마한 – 신라를 정통 국가로 내세웠다.

61

〈보기〉의 내용 중 옳은 것을 모두 고른 것은?

┤ 보기 ├

ㄱ. 정상기는 최초로 백 리를 한 자로 축소한 『동국여지도』를 만들어 우리나라의 지도 제작 수준을 한 단계 높였다.

ㄴ. 국어에 관한 연구도 활발하여 신경준의 『고금석림』과 유희의 『언문지』가 나왔다.

ㄷ. 유득공은 『동사강목』을 지어 고조선부터 고려 말까지의 우리 역사를 체계적으로 정리하였다.

ㄹ. 이중환의 『택리지』는 각 지역의 경제생활까지 포함하여 집필되었다.

ㅁ. 허준의 『동의보감』은 우리나라뿐 아니라 중국 및 일본의 의학 발전에 큰 영향을 끼쳤는데, 예방의학에 중점을 둔 것이다.

① ㄱ, ㄴ   ② ㄴ, ㅁ

③ ㄷ, ㄹ   ④ ㄹ, ㅁ

62

조선 후기에 전개된 국학 연구에 대한 설명으로 옳지 않은 것은?

① 유희는 『언문지』를 지어 우리말의 음운을 연구하였다.

② 이의봉은 『고금석림』을 편찬하여 우리의 어휘를 정리하였다.

③ 한치윤은 『기언』을 지어 토지 제도의 개혁을 주장하였다.

④ 이종휘는 『동사』를 지어 고구려사에 대한 관심을 고조시켰다.

63

우리나라 농서에 대한 설명으로 옳은 것은?

① 『농가집성』은 고려 말 이암이 원에서 들여온 것이다.

② 『농사직설』은 정초 등이 왕명을 받아 편찬한 것이다.

③ 『산림경제』는 박세당이 과수, 축산 등을 소개한 것이다.

④ 『과농소초』는 홍만선이 화초 재배법에 대해 저술한 것이다.

64

조선 후기 의학에 대한 설명으로 옳지 않은 것은?

① 허준은 『동의보감』을 편찬하여 의학 발전에 공헌하였다.

② 허임은 『침구경험방』을 저술하여 침구술을 집대성하였다.

③ 『향약집성방』에서 우리 풍토에 맞는 약재와 치료 방법을 소개하였다.

④ 이제마는 『동의수세보원』에서 사상 의학을 확립하였다.

65

조선 후기 과학 문화에 대한 설명으로 옳지 않은 것은?

① 유클리드 기하학을 중국어로 번역한 『기하원본』이 도입되기도 하였다.

② 지석영은 서양 의학의 성과를 토대로 서구의 종두법을 최초로 소개하였다.

③ 「곤여만국전도」 같은 세계 지도가 전해짐으로써 좀 더 과학적이고 정밀한 지리학의 지식을 가지게 되었다.

④ 서호수는 우리 고유의 농학을 중심에 두고 중국 농학을 선별적으로 수용하여 한국 농학의 새로운 체계화를 시도하였다.

66

조선 시대 미술에 대한 설명으로 가장 적절하지 않은 것은?

① 18세기에 들어 중국의 화풍을 배격하고 우리의 고유한 자연과 풍속을 있는 그대로 묘사한 진경산수(眞景山水)의 화풍이 등장했으며, 정선은 진경 산수화의 대가로 「금강전도」, 「인왕제색도」 등을 그렸다.

② 김홍도는 섬세하고 정교한 필치로 정조의 화성 행차와 관련된 병풍, 행렬도, 의궤 등 궁중 풍속을 많이 남겼다.

③ 신윤복은 주로 도시인의 풍류 생활과 부녀자의 풍속, 남녀 사이의 애정 등을 감각적이고 해학적인 필치로 묘사하였다.

④ 김정희의 「묵란도」, 「세한도」, 장승업의 「홍백매도」, 「군마도」 등은 19세기의 대표적인 작품들이다.

67

다음 그림들을 시대순으로 바르게 배열한 것은?

ㄱ. 강희안, 「고사관수도」
ㄴ. 장승업, 「군마도」
ㄷ. 이상좌, 「송하보월도」
ㄹ. 정선, 「인왕제색도」

---

① ㄱ - ㄷ - ㄴ - ㄹ
② ㄱ - ㄷ - ㄹ - ㄴ
③ ㄷ - ㄱ - ㄹ - ㄴ
④ ㄷ - ㄱ - ㄴ - ㄹ

정답&해설

60 ③

③ 홍만종의 「동국역대총목」(숙종 31년, 1705)에서는 우리 역사가 단군으로부터 시작되었음을(단군을 정통으로 상정) 강조하였다.

61 ④

|오답해설|
ㄱ. 정상기는 최초로 100리 척을 사용한 「동국지도」를 제작하였다.
ㄴ. 이의봉의 「고금석림」은 우리나라의 방언과 해외 언어를 정리해 편찬한 저서이다. 참고로 신경준은 「훈민정음운해」를 편찬하였다.
ㄷ. 「동사강목」은 안정복이 편찬한 역사서로, 고조선부터 고려 말까지의 우리 역사를 체계적으로 정리하였다.

62 ③

③ 「기언」은 허목의 저서이다. 한치윤의 저서로는 「해동역사」가 대표적이다. 허목은 「기언」에서 붕당 정치와 북벌 정책의 폐단을 시정하기 위해 왕(王)과 6조(六曹)의 기능 강화, 중농 정책의 강화, 사상(私商)의 난전(亂廛) 금지, 부세(賦稅)의 완화, 호포제(戶布制) 실시 반대, 서얼 허통 반대 등을 주장하였다.

|오답해설|
① 「언문지」는 순조 24년(1824) 유희가 지은 한글 및 한자음 관계 연구서이다.
② 이의봉은 「고금석림」에서 우리의 방언과 산스크리트어·몽골어·일본어·만주어·타이어·거란어·퉁구스어 등 해외 언어 정리를 정리하였다.
④ 이종휘의 「동사」에서는 우리 역사를 단군 - 부여 - 고구려에 중점을 두어 만주 수복을 희구하였다. 특히 고구려 역사 연구를 심화시켰다는 점에서 의의가 있다.

63 ②

② 세종의 명을 받아 정초 등이 편찬한 「농사직설」은 우리 환경에 맞는 농법을 최초로 수록한 농서이다.

|오답해설|
① 「농가집성」은 조선 후기 신속의 저서로, 이앙법 보급에 기여하였다. 한편 고려 말 이암이 원에서 들여온 농서는 「농상집요」이다.
③ 「산림경제」는 홍만선의 농서이다. 박세당은 「색경」을 저술하였다.
④ 「과농소초」는 박지원이 저술한 농서이다.

64 ③

③ 「향약집성방」은 조선 초기 세종 때 우리 풍토에 적합한 의학을 찾기 위한 노력의 일환으로 편찬되었다.

65 ②

② 종두법은 18세기 정약용의 「마과회통」에서 이미 언급되었다.

66 ①

① 정선은 우리나라 산천을 소재로 조선의 전통 화법과 중국의 남종화법(南宗畵法)을 '결합'하여 진경 산수화를 개척하였다. 정선의 대표적 작품으로는 「인왕제색도」와 「금강전도」가 있다.

67 ②

ㄱ. 강희안, 「고사관수도」(15세기) → ㄷ. 이상좌, 「송하보월도」(16세기) → ㄹ. 정선, 「인왕제색도」(18세기) → ㄴ. 장승업, 「군마도」(19세기)

| 정답 | **60** ③ **61** ④ **62** ③ **63** ② **64** ③ **65** ② **66** ① **67** ②

68

다음 그림이 그려진 시기의 문화에 대한 설명으로 옳지 <u>않은</u> 것은?

① 「흥보가」 등의 판소리가 성행하였다.
② 「홍길동전」과 같은 한글 소설이 읽혀졌다.
③ 회회청 안료를 사용한 청화 백자가 만들어졌다.
④ 권선징악, 기복 등을 기원하는 민화가 유행하였다.
⑤ 성현이 음악의 역사를 정리하여 『악학궤범』을 편찬하였다.

69

다음 설명에 해당하는 문화유산으로 옳은 것은?

〈문화재 카드〉

• 종목: 국보 제55호
• 소재지: 충청북도 보은군
• 소개: 상륜부를 갖춘 다층의 높은 건물로, 현존하는 우리
  나라 유일의 조선 시대 목조탑이다. 통층으로 구성된 건물
  내부에는 석가모니의 생애를 여덟 장면으로 표현한 불화
  가 그려져 있다.

①

법주사 팔상전

②

금산사 미륵전

③

무량사 극락전

④

화엄사 각황전

⑤

마곡사 대웅보전

70

밑줄 친 '이 시기'에 관한 다음 설명 중 가장 옳지 <u>않은</u> 것은?

청화 백자
까치호랑이문 항아리

<u>이 시기</u>에는 형태가 단순하고 꾸밈이 거의 없는 것이 특색인 백자가 유행하였고, 흰 바탕에 푸른 색깔로 그림을 그린 청화 백자도 많이 만들어졌다. 특히 청화 백자는 문방구, 생활용품 등의 용도로 많이 제작되었다.

① 판소리, 잡가, 가면극이 유행하였다.
② 위선적인 양반의 생활을 풍자하는 「양반전」, 「허생전」 등의 한문 소설이 유행하였다.
③ 서얼이나 노비 출신의 문인들이 등장하였고, 황진이와 같은 여류 작가들도 활동하였다.
④ 김제 금산사 미륵전, 보은 법주사 팔상전, 논산 쌍계사 등이 이 시기를 대표하는 불교 건축물이다.

71

다음 내용과 관련된 설명으로 옳지 <u>않은</u> 것은?

정조 18년 1월부터 정조 20년 8월에 걸친 성곽의 축조는 대규모의 토목·건축 공사로서 많은 경비와 기술이 필요하였다. 이에 그 공사 내용에 관한 자세한 기록을 남기고자 정조가 편찬을 명령하여, 1796년 9월에 시작하여 그해 11월에 원고가 완성되었고 이어 순조 1년 9월에 발간되었다.

① 『화성일기』에 관한 설명이다.
② 의식 절차와 공사 진행에 관한 절차를 기록하고 있다.
③ 정교한 활자와 높은 수준의 인쇄술을 보여 준다.
④ 각종 건조물과 공사에 사용된 기계·도구 등의 그림이 수록되어 있다.

72

15. 지방직 7급

유네스코(UNESCO)에 등재된 세계 기록 유산으로 옳지 <u>않은</u> 것은?

① 『승정원일기』
② 『월인천강지곡』
③ 『훈민정음 해례본』
④ 새마을 운동 기록물

73

17. 국가직 7급

유네스코 '세계 기록 유산'에 등재된 것만을 모두 고르면?

> ㄱ. 『일성록』
> ㄴ. 『난중일기』
> ㄷ. 『비변사등록』
> ㄹ. 『승정원일기』
> ㅁ. 한국의 유교책판

① ㄱ, ㄴ
② ㄱ, ㄴ, ㄹ
③ ㄱ, ㄴ, ㄹ, ㅁ
④ ㄱ, ㄴ, ㄷ, ㄹ, ㅁ

---

68 ⑤

제시된 그림은 조선 후기에 그려진 김홍도, 신윤복의 풍속화이다. 풍속화는 조선 후기에 유행하였던 회화적 흐름이었으며, 그 밖에 판소리, 한글 소설, 민화 및 청화 백자가 유행하였다. ⑤ 성현의 『악학궤범』은 15세기에 편찬된 음악 서적이다.

69 ①

① 법주사 팔상전은 우리나라에 현존하는 유일한 목탑이다. 정유재란 때 소실되어 선조 때인 1605년부터 공사를 시작하여 인조 때인 1626년에 완공되었다.

| 오답해설 |

② 금산사 미륵전은 전라북도 김제시에 있는 목조 건물로서, 1635년(인조 13년)에 건축되었다.
③ 무량사 극락전은 충청남도 부여군에 있으며, 조선 중기 불교 건축물이다.
④ 화엄사 각황전은 전라남도 구례군에 있으며, 17세기 불교 건축물이다.
⑤ 마곡사 대웅보전은 백제 무왕 41년(640)에 자장 율사가 창건한 마곡사의 건물로, 임진왜란 때 소실된 것을 조선 효종 2년(1651)에 중건하였다.

70 ③

청화 백자가 유행한 시기는 '조선 후기'이다. ③ 황진이는 16세기(조선 전기)의 여류 문인이다.

71 ①

① 제시된 내용은 『화성성역의궤』에 대한 설명이다.

| 오답해설 |

②③④ 화성 축성 후, 1801년에 발간된 『화성성역의궤』는 정교한 활자와 높은 인쇄술을 보여준다. 그 내용은 축성 계획, 제도, 법식 뿐만 아니라 동원된 인력의 인적 사항, 재료의 출처 및 용도, 예산 및 임금 계산, 시공 기계, 재료 가공법, 공사 일지 등이 상세히 기록되어 있어 성곽 축성 등 건축사에 큰 발자취를 남겼다.

72 ②

유네스코에 등재된 우리나라의 세계 기록 유산(2024년 5월 기준)으로는 『훈민정음 해례본』, 『조선왕조실록』, 『직지심체요절』, 『승정원일기』, 『조선왕조의궤』, 해인사 대장경판 및 제경판, 『동의보감』, 『일성록』, 5·18 민주화 운동 기록물, 『난중일기』, 새마을 운동 기록물, 한국의 유교책판, KBS 특별 생방송 '이산가족을 찾습니다' 기록물, 조선왕실어보 및 어책, 조선통신사 기록물, 국채 보상 운동 기록물, 동학 농민 혁명 기록물, 4·19 혁명 기록물' 등이 있다.

73 ③

| 오답해설 |

제시된 기록물 중 ㄷ. 『비변사등록』은 유네스코 세계 기록 유산으로 등재되지 않았다.

| 정답 | 68 ⑤ 69 ① 70 ③ 71 ① 72 ② 73 ③

VI 근대사(개항기)

교수님 코멘트 ▶ 흥선 대원군의 정책과 강화도 조약의 내용은 빈출 주제이며, 임오군란, 갑신정변, 동학 농민 운동, 갑오·을미개혁, 독립 협회, 광무개혁은 배경과 결과를 꼼꼼하게 파악해두어야 한다. 또한, 화폐 정리 사업, 〈한성순보〉 등의 언론도 시험에 출제되는 주제이니 반드시 세부 내용을 기억하여야 한다.

흥선 대원군의 개혁 정치와 문호의 개방

01
22. 국가직 9급

밑줄 친 '그'에 대한 설명으로 옳은 것은?

> 고종이 즉위한 직후에 실권을 장악한 그는 러시아를 견제하기 위해 천주교 선교사를 통해 프랑스와 교섭하려 했다. 하지만 천주교를 금지해야 한다는 유생의 주장이 높아지자 다수의 천주교도와 선교사를 잡아들여 처형한 병인박해를 일으켰다. 이후 고종의 친정이 시작됨에 따라 물러난 그는 임오군란이 일어났을 때 잠시 권력을 장악했지만, 청군의 개입으로 곧 물러났다.

① 미국에 보빙사라는 사절단을 파견하였다.
② 전국 여러 곳에 척화비를 세우도록 했다.
③ 국경을 획정하고자 백두산정계비를 세웠다.
④ 통리기무아문을 설치하고 그 아래에 12사를 두었다.

02
16. 지방직 7급

다음 자료에 나오는 인물의 활동으로 옳은 것은?

> 그가 대단한 능력을 발휘하여 힘써 교정하고 쇄신하니 치도(治道)가 맑고 깨끗하여 국가의 재정이 풍족하게 된 것은 득이며 장점인 것이요. …… 쇄국을 스스로 장하다 하여 대세의 흐름을 부질없이 반대하였으니 이것은 단점이요 실정인 것이다.

① 군국기무처에서 총재관을 역임하였다.
② 을미의병이 확산되자 해산 권고 조칙을 발표하였다.
③ 갑신정변이 발발하자 청군의 개입을 요청하였다.
④ 임오군란으로 집권하여 5군영을 복구하였다.

03
16. 사복직 9급

(가)와 (나) 시기 사이에 있었던 역사적 사건으로 옳은 것은?

> (가) 병인년에 프랑스인이 강화도를 점령하자 양헌수가 정족산성에 들어가 그들과 맞서 싸웠다.
> (나) 신미년에 미국인이 강화도를 침범하자, 어재연이 광성보에서 그들과 맞서 싸웠다.

① 운요호가 강화도 초지진을 공격하였다.
② 영남 지역의 유생들이 만인소를 올렸다.
③ 미국과 '조미 수호 통상 조약'이 체결되었다.
④ 오페르트가 남연군의 무덤을 도굴하려 하였다.

04
19. 2월 서울시(사복직 포함) 9급

1876년 체결된 조일 수호 조규에 들어있지 않은 조항은?

① 조선은 자주국으로 일본과 동등권을 갖는다.
② 인천과 부산에 일본 공관을 둔다.
③ 일본인 거주 지역 내에서의 치외 법권을 인정한다.
④ 일본 선박의 조선 연해 측량을 인정한다.

05

다음 자료가 조선 조정에 소개된 이후에 일어난 사건으로 옳지 않은 것은?

> 러시아를 막을 수 있는 조선의 책략은 무엇인가? 중국과 친하고[親中], 일본과 맺고[結日], 미국과 연합해[聯美] 자강을 도모하는 길뿐이다.

① 육영 공원(育英公院)을 설립해 서양의 새 학문을 교육하였다.
② 임오군란이 일어나고 제물포 조약이 체결되어 일본에 배상금을 지불하였다.
③ 개화파가 우정총국 개국 축하연을 이용해 정변을 일으켜 정권을 장악하였다.
④ 최익현은 일본과 통상을 반대하는 오불가소(五不可疏)를 올렸다.

정답&해설

01 ②

밑줄 친 '그'는 흥선 대원군(집권 1863~1873)이다. ② 흥선 대원군은 신미양요(1871) 이후 전국 각지에 척화비를 세우도록 하였다.

| 오답해설 |
① 1883년 미국에 보빙사가 파견되었다.
③ 숙종 때 조선은 청과의 경계를 명확히 하고자 백두산정계비를 세웠다(1712).
④ 조선 정부는 개화 정책을 추진하기 위해 1880년에 통리기무아문을 설치하고 그 아래 12사를 두었다.

02 ④

제시된 자료 중 "쇄국"이라는 단어를 통해 자료에 나오는 인물이 '흥선 대원군'임을 알 수 있다. ④ 흥선 대원군은 임오군란으로 재집권하여 5군영 복구, 통리기무아문 폐지 등을 추진하였다.

| 오답해설 |
① 군국기무처는 제1차 갑오개혁 시기에 설치된 초정부적 개혁 기구로, 김홍집이 총재관을 역임하였다.
② 고종은 아관 파천 이후 을미의병에 대한 해산 권고 조칙을 발표하였다.
③ 갑신정변이 발발하자 명성 황후는 청군의 개입을 요청하였다.

03 ④

▶결정적 문제◀ 제너럴셔먼호 사건 - 병인양요 - 오페르트 도굴 사건 - 신미양요의 내용을 살펴보고, 선후 관계를 파악해 두자!
(가)는 병인양요(1866), (나)는 신미양요(1871)이다. 1866년부터 1871년 사이에 있었던 역사적 사실은 ④ 1868년 오페르트 도굴 사건이다.

| 오답해설 |
① 운요호 사건은 1875년에 발생하였다.
② 영남 만인소는 1881년에 이만손 등이 개화 정책에 반대하며 올린 글이다.
③ 1882년에 조선은 미국과 '조미 수호 통상 조약'을 체결하였다.

04 ②

② 조일 수호 조규(강화도 조약)에는 부산 외 2개의 항구를 개항한다는 규약은 있으나 인천과 부산에 일본 공관을 둔다는 내용은 없다.

05 ④

제시된 자료는 제2차 수신사였던 김홍집이 1880년 국내에 소개한 『조선책략』이다.
④ 최익현의 5불가소는 1876년에 체결된 강화도 조약에 반대하는 상소였다.

| 오답해설 |
① 육영 공원은 1886년에 설립된 근대 교육 기관이다.
② 1882년 임오군란을 계기로 조선은 일본과 제물포 조약을 체결하였다.
③ 1884년에 급진 개화파가 우정총국 개국 축하연을 이용해 갑신정변을 일으켰다.

| 정답 | **01** ② **02** ④ **03** ④ **04** ② **05** ④

06

(가)에 대한 다음 설명 중 가장 옳은 것은?

> 조선 땅은 실로 아시아의 요충을 차지하고 있어 열강들이 서로 차지하려고 할 것이다. 조선이 위태로우면 중국도 위급해진다. (가) 이/가 영토를 넓히고자 한다면 반드시 조선이 첫 번째 대상이 될 것이다. …… 그렇다면 오늘날 조선이 세워야 할 책략으로 (가) 을/를 막는 것보다 더 급한 일이 없다. (가) 을/를 막는 책략은 무엇인가? 중국과 친하고, 일본과 맺고, 미국과 이어짐으로서 자강을 도모할 뿐이다.

① (가)는 남해의 전략적 요충지인 거문도를 불법 점령하였다.
② (가)는 자국인 신부의 처형을 구실로 강화도를 침략하였다.
③ (가)의 공사관으로 을미사변 이후 신변의 위협을 느낀 고종이 피신하였다.
④ (가)와 조선은 서양 국가 중에 최초로 조약을 체결하였다.

07

조약 (가), (나) 사이 시기의 경제 상황으로 옳은 것은?

(가)	(나)
• 조선국 항구에 머무르는 일본은 쌀과 잡곡을 수출·수입할 수 있다. • 일본국 정부에 소속된 모든 선박은 항세(港稅)를 납부하지 않는다.	• 입항하거나 출항하는 각 화물이 세관을 통과할 때에는 세칙에 따라 관세를 납부해야 한다. • 조선 정부가 쌀 수출을 금지하고자 할 때에는 반드시 먼저 1개월 전에 지방관이 일본 영사관에게 통고해야 한다.

① 메가타 재정 고문이 화폐 정리 사업을 시도하였다.
② 혜상공국의 폐지 등을 주장한 정변이 발생하였다.
③ 양화진에 청국인 상점을 허용하는 조약이 체결되었다.
④ 함경도 방곡령 사건으로 일본과 외교적 마찰이 일어났다.

08

개항기 체결된 통상 협약에 대한 설명으로 옳지 않은 것은?

① 조일 통상 장정(1876) – 곡물 유출을 막는 방곡령 규정을 합의하였다.
② 조청 상민 수륙 무역 장정(1882) – 서울에서 청국 상인의 개점을 허용하였다.
③ 개정 조일 통상 장정(1883) – 일본과 수출입하는 물품에 일정 세율을 부과하였다.
④ 한청 통상 조약(1899) – 대한 제국 황제와 청 황제가 대등한 위치에서 조약을 체결하였다.

09

20. 국가직 9급

다음 자료에 나타난 사상에 대한 설명으로 옳은 것은?

> 군신, 부자, 부부, 붕우, 장유의 윤리는 인간의 본성에 부여된 것으로서 천지를 통하는 만고불변의 이치이고, 위에 존재하는 것으로서 도(道)가 됩니다. 이에 대해 배, 수레, 군사, 농사, 기계가 국민에게 편리하고 나라에 이롭게 하는 것은 외형적인 것으로서 기(器)가 됩니다. 신이 변혁을 꾀하고자 하는 것은 기(器)이지 도(道)가 아닙니다.

① 왜양일체론(倭洋一體論)을 주장하였다.
② 근대 문물 수용의 사상적 기반이 되었다.
③ 갑신정변 주도 세력의 견해를 대변하였다.
④ 우등한 사회가 열등한 사회를 지배하는 것이 당연하다고 보았다.

10

18. 국가직 7급

1880년대 개화 정책과 관련된 사실에 대한 설명으로 옳은 것만을 모두 고르면?

> ㄱ. 교정청은 개화 정책을 총괄하는 기구였다.
> ㄴ. 청에 파견된 영선사 김윤식 일행은 무기 제조법을 배웠다.
> ㄷ. 미국에 파견된 보빙사는 근대 시설을 시찰하고 대통령을 접견하였다.
> ㄹ. 김홍집은 조사 시찰단으로 일본을 방문하여 『조선책략』을 가지고 돌아왔다.

① ㄱ, ㄴ
② ㄱ, ㄹ
③ ㄴ, ㄷ
④ ㄷ, ㄹ

---

06 ③

제시된 사료는 청의 외교관인 황쭌셴이 쓴 『조선책략』 중 일부이며, (가)는 러시아이다. ③ 고종은 을미사변이 일어나자 신변의 위협을 느껴 러시아 공사관으로 피신하였다(아관 파천, 1896).

| 오답해설 |
① 영국은 러시아를 견제하고자 거문도를 점령하였다(거문도 사건, 1885~1887).
② 프랑스는 자국인 신부가 처형당한 일을 구실로 강화도를 침략하여 병인양요(1866)를 일으켰다.
④ 조선은 서양 국가 중 미국과 최초로 통상 조약을 체결하였다(조미 수호 통상 조약, 1882).

07 ③

(가)는 1876년에 체결된 조일 무역 규칙, (나)는 1883년에 체결된 조일 통상 장정의 내용이다. ③ 임오군란을 계기로 체결된 조청 상민 수륙 무역 장정(1882)에 양화진에서 청국인의 상점 개설을 허용하는 내용이 규정되었다.

| 오답해설 |
① 제1차 한일 협약(1904)으로 대한 제국의 재정 고문이 된 메가타는 1905년에 화폐 정리 사업을 시작하였다.
② 혜상공국 폐지는 갑신정변(1884) 직후 발표된 「개혁 정강 14개조」에 수록되어 있다.
④ 1889년에 함경도 관찰사가 방곡령을 실시하였다. 그러나 일본의 반발에 굴복해 조선은 배상금을 지불하게 되었다.

08 ①

1876년 강화도 조약 직후 체결된 조일 무역 규칙(조일 통상 장정)에는 무관세와 무항세가 규정되었으며, 양곡의 무제한 유출이 가능해졌다. ① '방곡령 조항'은 1883년에 개정된 조일 통상 장정에 포함되었다.

09 ②

② 제시된 사료에 나타난 사상은 동도서기론(東道西器論, 동양의 사상 및 제도는 지키고 서양의 과학 기술'만'을 받아들이자는 이론)으로, 개항 이후 근대 문물 수용의 사상적 기반이 되었다.

| 오답해설 |
① 위정척사 운동을 이끈 최익현은 1870년대에 왜양일체론(倭洋一體論)을 주장하였다.
③ 갑신정변을 주도한 세력(개화당, 급진 개화파)은 외국의 사상과 제도까지 수용하는 문명개화를 주장하였다.
④ 사회 진화론에서는 우등한 사회가 열등한 사회를 지배하는 것이 당연하다고 보았다.

10 ③

ㄴ. 1881년: 청에 파견된 영선사 김윤식 일행은 무기 제조법을 배웠으며, 이는 이후 기기창(근대적 무기 제조 기구) 설치의 계기가 되었다.
ㄷ. 1883년: 미국에 파견된 보빙사는 근대 시설을 시찰하고, 미국의 대통령을 접견하였다. 보빙사를 통해 신식 우편 제도와 선진 농업 기술이 들어왔다.

| 오답해설 |
ㄱ. 동학 농민 운동(1894)이 일어난 이후 조선 정부는 자주적으로 개혁을 추진하기 위해 같은 해 6월 교정청을 설치하였다.
ㄹ. 김홍집은 1880년에 제2차 수신사로 일본을 방문하여 황쭌셴의 『조선책략』을 국내로 가지고 들어왔다.

| 정답 | 06 ③ 07 ③ 08 ① 09 ② 10 ③

11

(가) 시기에 있었던 일로 옳은 것은?

강화도 조약을 체결하였다.
⇩
(가)
⇩
청에 영선사를 파견하였다.

① 군국기무처를 두고 여러 건의 개혁안을 처리하였다.

② 개화 정책을 추진할 기구로 통리기무아문을 설치하였다.

③ 국정 개혁의 기본 방향을 담은 「홍범 14조」를 공포하였다.

④ 구본신참의 개혁 원칙을 정하고 「대한국 국제」를 선포하였다.

12

다음 주장을 펼친 인물에 대한 설명으로 옳은 것은?

일단 강화를 맺고 나면 저 적들의 욕심은 물화를 교역하는 데 있습니다. 저들의 물화는 모두 지나치게 사치하고 기이한 노리개이고 손으로 만든 것이어서 그 양이 무궁합니다. …… 저들은 비록 왜인이라고 하나 실은 양적입니다. 강화가 한번 이루어지면 사학의 서적과 천주의 초상화가 교역하는 속에서 들어올 것입니다.

① 『조선책략』을 입수하여 국내에 소개하였다.

② 임병찬과 함께 독립 의군부를 조직하려고 하였다.

③ 서원 철폐 조치 등에 반대하면서 홍선 대원군을 탄핵하였다.

④ 일제의 침략상을 고발한 『한국 독립운동 지혈사』를 저술하였다.

13

다음 사건에 대한 설명으로 옳은 것은?

임오년 서울의 영군(營軍)들이 큰 소란을 피웠다. 갑술년 이후 대내의 경비가 불법으로 지출되고 호조와 선혜청의 창고도 고갈되어 서울의 관리들은 봉급을 못 받았으며, 5영의 병사들도 가끔 결식을 하여 급기야 5영을 2영으로 줄이고 노병과 약졸들을 쫓아냈는데, 내쫓긴 사람들은 발붙일 곳이 없으므로 그들은 난을 일으키려 했다.

① 군대 해산에 반발한 군인들은 의병 부대에 합류하였다.

② 보국안민, 제폭구민의 대의를 위해 봉기할 것을 호소하였다.

③ 정부의 개화 정책에 반대하는 서울의 하층민들도 참여하였다.

④ 충의를 위해 역적을 토벌한다는 명분을 내걸고 유생들이 주동하였다.

14

밑줄 친 '그들'이 추진했던 정책에 대한 설명으로 옳은 것을 〈보기〉에서 모두 고르면?

그들의 실패는 우리에게 무척 애석한 일이다. 내 친구 중에 이 사건을 잘 아는 이가 있는데, 그는 어쩌다 조선의 최고 수재들이 일본인에게 이용당해서 그처럼 큰 잘못을 저질렀는지 참으로 애석하다고 했다. 진실로 일본인이 조선의 운명과 그들의 성공을 위해 노력을 다했겠는가? 우리가 만약 국가적 발전의 기미를 보였다면 일본인들은 백방으로 방해할 것이 자명한데 어찌 그들을 원조했겠는가? 「한국통사」

┤ 보기 ├

ㄱ. 토지의 평균 분작을 실현한다.

ㄴ. 러시아와 비밀 협약을 추진한다.

ㄷ. 보부상 단체인 혜상공국을 혁파한다.

ㄹ. 의정부, 6조 외의 불필요한 관청은 없앤다.

① ㄱ, ㄴ   ② ㄱ, ㄷ

③ ㄴ, ㄹ   ④ ㄷ, ㄹ

15

다음의 자료와 관련된 조약에 해당하는 것은?

> 1. 청일 양국 군대는 4개월 이내에 조선에서 동시 철병할 것
> 2. 청일 양국은 조선 국왕의 군대를 교련하여 자위할 수 있게 하되, 외국 무관 1인 내지 여러 명을 채용하고 두 나라의 무관은 조선에 파견하지 않을 것
> 3. 장차 조선에서 변란이나 중대사로 두 나라 중 한 나라가 출병할 필요가 있을 때는 먼저 문서로 조회하고 사건이 진정된 뒤에는 즉시 병력을 전부 철수하여 잔류시키지 않을 것

① 한성 조약
② 제물포 조약
③ 시모노세키 조약
④ 톈진 조약

---

11 ②

② 강화도 조약 체결(1876)과 영선사 파견(1881) 사이의 역사적 사실은 통리기무아문 설치(1880)이다.

|오답해설|
① 군국기무처는 1894년 제1차 갑오개혁 때 설치된 초정부적 개혁 기구이다.
③ 고종은 1894년에 국정 개혁의 기본 방향을 담은 「홍범 14조」를 발표하였다.
④ 「대한국 국제」는 대한 제국의 헌법으로, 1899년에 공포되었다.

12 ③

제시된 사료 중 "저들은 비록 왜인이라고는 하나 실은 양적입니다(왜양일체론)."라는 내용을 통해 최익현의 '오불가소(五不可疏)' 중 일부임을 알 수 있다. ③ 최익현은 서원 철폐 조치 등에 반대하면서 흥선 대원군을 탄핵하였다(1873, 계유 상소).

|오답해설|
① 제2차 수신사 김홍집이 황쭌셴의 『조선책략』을 입수하여 국내에 소개하였다.
② 최익현은 항일 의병 운동을 전개하다가 대마도에 유배되어 1906년에 순국하였다. 함께 유배되었다가 돌아온 임병찬이 1912년에 독립 의군부를 조직하였다.
④ 박은식은 일제의 침략상을 고발한 『한국 독립운동 지혈사』를 저술하였다.

13 ③

제시된 사료에 나타난 "임오년 서울의 영군들이 큰 소란을 피운" 사건은 '임오군란'(1882)이다. ③ 임오군란에는 당시 정부의 개화 정책에 반대하는 서울의 하층민들이 다수 참여하였다.

|오답해설|
① 군대 해산 이후 군인들은 의병에 합류하였다(정미의병, 1907).
② 동학 농민 운동 당시 농민군들이 보국안민, 제폭구민의 대의를 위해 봉기할 것을 호소하였다.
④ 1890년대 초반에 전개된 항일 의병 운동에 대한 설명이다.

14 ④

제시된 사료의 "조선의 최고 수재들이 일본인에게 이용당해서"라는 내용을 통해 밑줄 친 '그들'이 갑신정변을 주도한 '급진 개화파'임을 알 수 있다.
ㄷ.ㄹ. 갑신정변 직후 급진 개화파 세력이 발표한 「개혁 정강 14개조」 중 일부이다.

|오답해설|
ㄱ. 동학 농민 운동 시기 농민군이 제시한 「폐정개혁안」 내용 중 하나이다.
ㄴ. 러시아와의 비밀 협약 추진은 갑신정변 주도 세력이 실시한 정책이 아니다.

15 ④

④ 제시된 내용은 갑신정변 이후 체결된 톈진 조약이다. 갑신정변은 우정총국 개국 축하연을 계기로 김옥균 등 급진 개화파가 일으킨 사건이다. 급진 개화파 세력은 「개혁 정강 14개조」를 발표하고 개혁을 추진하였으나, 청군의 개입으로 3일 만에 실패하였다. 갑신정변 이후 조선은 일본과 '한성 조약'을 체결하였고, 청과 일본은 '톈진 조약'을 체결하였다.

|정답| **11** ② **12** ③ **13** ③ **14** ④ **15** ④

16

갑신정변 이후 국내외 정세로 옳지 않은 것은?

① 독일 부영사 부들러는 조선의 영세 중립국화를 건의하였다.

② 러시아의 남하 정책에 대응하여 영국 함대가 거문도를 불법 점령하였다.

③ 조청 상민 수륙 무역 장정을 체결하여 청나라 상인에게 통상 특혜를 허용하였다.

④ 청일 양국 군대가 조선에서 철수하는 것 등을 내용으로 하는 톈진 조약이 체결되었다.

17

다음 내용을 주장한 인물에 대한 설명으로 가장 적절한 것은?

우리나라가 아시아의 인후에 처해 있는 지리적 위치는 유럽의 벨기에와 같고, 중국에 조공하던 처지는 터키에 조공하던 불가리아와 같다. 그런데 불가리아가 중립 조약을 체결한 것은 유럽 여러 대국들이 러시아를 막으려는 계책에서 나온 것이었고, 벨기에가 중립 조약을 체결한 것은 유럽의 여러 대국들이 자국을 보전하려는 계책에서 나온 것이었다. 대저 우리나라가 아시아의 중립국이 된다면 러시아를 방어하는 큰 기틀이 될 것이고, 또한 아시아의 여러 대국들이 서로 보전하는 정략도 될 것이다. 오직 중립만이 우리나라를 지키는 방책인데, 우리 스스로가 제창할 수도 없으니 중국에 청하여 처리해야 할 것이다. 중국이 맹주가 되어 영국, 프랑스, 일본, 러시아 같은 아시아에 관계있는 여러 나라들과 화합하고 우리나라를 참석시켜 같이 중립 조약을 체결토록 해야 될 것이다. 이것은 비단 우리나라만을 위한 것이 아니라 중국의 이익도 될 것이고, 여러 나라가 서로 보전하는 계책도 될 것이니 무엇이 괴로워서 하지 않겠는가.

① 1881년에 조사 시찰단으로 일본에 다녀왔고, 1884년에 우정총국이 설립되자 우정국 총판에 임명되었다.

② 1882년 수신사로 일본에 다녀왔고, 일제 강점기에는 일제로부터 후작을 받고 중추원 고문에 임명되었다.

③ 갑신정변 이후 일본을 거쳐 미국에 망명하였고, 1894년에 귀국하여 제2차 김홍집 내각의 법부대신이 되었다.

④ 1894년 제1차 갑오개혁 당시 군국기무처의 회의원으로 참여하였고, 후에 국어 문법서인 『조선문전』을 저술하였다.

18

(가)의 체결 이후에 일어난 사실로 옳은 것은?

청군과 일본군의 개입으로 사태가 악화되자 농민군은 폐정 개혁을 제시하며 정부와 (가) 을/를 맺었다. 이에 따라 농민군은 해산하였다.

① 농민군이 황토현에서 감영군을 격파하였다.

② 고부 군수 조병갑이 만석보를 쌓아 수세를 강제로 거두었다.

③ 안핵사 이용태가 농민을 동학도로 몰아 처벌하였다.

④ 남접군과 북접군이 논산에서 합류하여 연합군을 형성하였다.

19

다음에 제시된 역사적 사건들을 시간 순서대로 바르게 나열한 것은?

ㄱ. 우금치 전투   ㄴ. 전주 화약
ㄷ. 황룡촌 전투   ㄹ. 교정청 설치
ㅁ. 군국기무처 설치

① ㄴ - ㄷ - ㄱ - ㅁ - ㄹ

② ㄷ - ㄴ - ㄹ - ㅁ - ㄱ

③ ㄷ - ㄴ - ㄹ - ㄱ - ㅁ

④ ㄴ - ㄷ - ㄹ - ㅁ - ㄱ

20

다음 내용과 관련된 사건에 대한 설명으로 가장 적절하지 <u>않은</u> 것은?

> 대개 적은 천한 노비들로 구성되어 있었으므로 양반들을 가장 미워하였다. 길에서 갓을 쓴 사람을 만나면 갑자기 달려들어 '너도 양반이냐'며 갓을 빼앗아 찢어 버렸다. …… 주인을 협박하여 노비 문서를 불태우고 천민에서 면해 줄 것을 강요하였다. 이들 중 몇몇은 주인을 결박하여 주리를 틀고 곤장을 때리기도 하였다. 이 무렵 노비가 있는 집안에서는 이런 소문을 듣고 노비 문서를 불태워 화를 피하기도 하였다.
>
> 황현, 「오하기문」

① 동학 농민군은 대도소(大都所)를 중심으로 전라도 일대에 독자적인 자치 기구인 집강소를 설치하였다.

② 제2차 농민 봉기는 손병희가 이끄는 남접과 전봉준이 이끄는 북접이 연합하여 전개되었다.

③ 동학 농민군은 화승총으로 무장한 관군과 싸우기 위해 장태를 이용하였다.

④ 동학 농민군의 잔여 세력은 활빈당, 영학당, 남학당 등을 조직해 항일 투쟁을 계속하였다.

21

다음 자료에 해당하는 개혁 기구는 무엇인가?

> 1894년 6월 11일 내정 개혁에 관한 정책 입안을 위해 설치한 임시 관청이다. 당시 영의정 심순택, 영중추부사 신응조, 판중추부사 김홍집 등 재상들이 총재관으로 임명되어 매일 개혁 정책을 협의하여 임금께 품신하였다. 이 기구는 일본이 강압한 5개조 내정 개혁안을 물리치고, 자주적인 내정 개혁을 꾀하기 위해 설치한 것이다.

① 군국기무처　　　　② 교정청

③ 통리기무아문　　　④ 집강소

정답&해설

16 ③

갑신정변은 1884년에 급진 개화파 세력(개화당)이 일으킨 사건이다. ③ 조청 상민 수륙 무역 장정은 1882년 임오군란 직후 체결되었다.

| 오답해설 |

① 1884년 갑신정변 직후 독일의 외교관이었던 부들러(Budler, H.)가 조선 정부에 '영세 중립'을 권고하였다.

② 갑신정변 이후인 1885년에 조선이 청의 내정 간섭에 대항하여 러시아와 비밀 협약을 체결하려 하자, 영국이 러시아의 남하를 견제한다며 거문도를 불법 점령하였다.

④ 갑신정변 이후 청일 양국 군대가 조선에서 철수하는 것과 만일 조선에 변란이 발생하여 청일 양국 혹은 한 국가가 파병할 경우에는 문서로 알려야 한다는 내용의 텐진 조약(1885)이 체결되었다(청: 이홍장, 일: 이토 히로부미).

17 ④

제시된 사료는 1885년 거문도 사건 이후 유길준이 제시한 '한반도 중립화론'이다. ④ 유길준은 제1차 갑오개혁 당시 초정부적 개혁 기구인 군국기무처에 참여하였고, 국어 문법서인 『조선문전』을 저술하였다.

| 오답해설 |

① 홍영식, ② 박영효, ③ 서광범에 대한 설명이다.

18 ④

결정적 문제 ▶ 동학 농민 운동의 전개 과정과 「폐정개혁안」의 내용은 꼭 알아 두자!

(가)는 '전주 화약'이다. 청군과 일본군의 개입으로 사태가 악화되자 조선 정부와 농민군은 전주 화약을 맺었고, 이후 농민군은 전라도 일대에 집강소를 설치하였다(폐정 개혁안 실시: 반봉건·반외세적 성격). 그러나 조선 정부의 철군 요구에도 불구하고, 일본군이 경복궁을 점령하고 내정 간섭을 강화하자 동학 농민군은 재봉기하였다. ④ 남접군과 북접군이 논산에 집결하여 관군과 일본군에 맞섰으나 공주 우금치 전투에서 대패하였다.

19 ②

제시된 사건을 순서대로 나열하면 ㄷ. 황룡촌 전투(1894. 4.) → ㄴ. 전주 화약(1894. 5.) → ㄹ. 교정청 설치(1894. 6. 11.) → ㅁ. 군국기무처 설치(1894. 6. 25.) → ㄱ. 우금치 전투(1894. 11.)이다.

20 ②

제시된 사료는 동학 농민 운동 당시의 상황을 보여 준다. ② 제2차 농민 봉기는 손병희가 이끄는 '북접'과 전봉준이 이끄는 '남접'이 연합하여 전개되었다.

| 오답해설 |

① 동학 농민군은 전주에 대도소(大都所)를 설치하고, 전라도 53개 지역에 독자적인 자치 기구인 집강소를 설치하였다.

③ 동학 농민군은 장태(대나무를 쪼개 원통을 만들고 볏짚으로 속을 채운 후, 그 밑에 바퀴를 단 일종의 방탄 무기)를 이용하여 관군을 격퇴하였다.

④ 동학 농민군의 잔여 세력은 활빈당, 영학당, 남학당 등을 조직하여 항일 투쟁을 계속하였고 1900년경에 활빈당으로 결집하였다.

21 ②

동학 농민 운동 이후 조선 정부는 개혁의 필요성을 절감하였다. ② 이에 농민군의 요구 사항을 바탕으로 '교정청'을 설치하여 자주적 개혁을 추진하려고 하였다.

| 정답 | 16 ③ 　17 ④ 　18 ④ 　19 ② 　20 ② 　21 ②

22

밑줄 친 '이 내각'의 재정 개혁안으로 옳은 것은?

> 이 내각의 개혁 정책은 초정부적 비상 기구인 군국기무처를 중심으로 추진되었다. 당시 군국기무처에는 박정양, 유길준 등의 개화 인사들이 참여하여 개혁 정책을 결정하였다.

① 모든 재정은 호조에서 통할하도록 한다.
② 국가 재정을 탁지아문의 관할로 일원화시키도록 한다.
③ 궁내부 산하의 내장원에서 광산, 홍삼 사업 등의 재정을 관할하도록 한다.
④ 국가 재정은 탁지부에서 전관하고, 예산과 결산을 국민에게 공표하도록 한다.

23

다음 내용이 포함된 개혁에 대한 설명으로 옳지 <u>않은</u> 것은?

> • 공·사 노비 제도를 모두 폐지하고, 인신매매를 금지한다.
> • 연좌법을 폐지하여 죄인 자신 외에는 처벌하지 않는다.
> • 과부의 재혼은 귀천을 막론하고 그 자유에 맡긴다.

① 중국 연호의 사용을 폐지하였다.
② 독립 협회 활동의 영향을 받았다.
③ 군국기무처의 주도하에 추진되었다.
④ 동학 농민 운동의 요구를 일부 수용하였다.

24

1894년 제1차 갑오개혁 내용 중 동학 농민군의 주장과 가장 관련이 깊은 것을 〈보기〉에서 모두 고르면?

> ┤ 보기 ├
> ㄱ. 삼사 언론 기관 폐지
> ㄴ. 과부의 재가 허용
> ㄷ. 공·사 노비법 혁파
> ㄹ. 중국 연호 폐지

① ㄱ, ㄴ   ② ㄱ, ㄹ
③ ㄴ, ㄷ   ④ ㄷ, ㄹ

25

(가)의 내용으로 가장 적절한 것은?

> 고종은 문무백관을 거느리고 종묘에 나가 내정 개혁 및 자주 독립을 선포하는 독립 서고문을 바치면서 국정 개혁의 기본 강령이라고 할 수 있는 [(가)]을/를 1894년 12월 반포하였다.

① 문벌에 구애받지 않고 인재 등용의 길을 넓힌다.
② 의정부와 6조 외의 불필요한 관청은 모두 없앤다.
③ 무명잡세는 거두지 않는다.
④ 칙임관은 황제가 정부에 자문하여 그 과반수 의견에 따라 임명한다.

26

(가)에 들어갈 가장 적절한 내용은 무엇인가?

> 정부가 전국에 단발령을 선포하는 등 여러 개혁 정책을 추진하기로 하였다. 정부는 백성 모두가 상투를 자르도록 명령하는 한편, 개혁 정책의 일환으로 [(가)]

① 태양력을 사용하기로 하였다.
② 과거제를 폐지하기로 하였다.
③ 신분 제도를 철폐하기로 하였다.
④ 군국기무처를 설치하기로 하였다.

다음 건의문이 결의된 이후에 일어난 사실로 옳은 것은?

1. 외국인에게 의지하지 말고, 관민이 힘을 합하여 전제 황권을 견고하게 할 것
2. 외국과의 이권에 관한 조약은 각 대신과 중추원 의장이 합동 날인하여 시행할 것
3. 국가 재정은 탁지부에서 전관하고, 예산과 결산을 국민에게 공포할 것
4. 중대 범죄를 공판하되, 피고의 인권을 존중할 것
5. 칙임관을 임명할 때에는 정부의 자문을 받아 다수의 의견에 따를 것
6. 정해진 규정을 실천할 것

① 군국기무처를 중심으로 개혁이 추진되었다.
② 황제권 강화 작업의 일환으로 원수부가 설치되었다.
③ 고종이 러시아 공사관으로 거처를 옮기게 되었다.
④ 서재필을 중심으로 민중 계몽을 위한 〈독립신문〉이 창간되었다.

---

22 ②

밑줄 친 '이 내각'은 '제1차 김홍집 내각'으로, 군국기무처를 중심으로 제1차 갑오개혁을 추진하였다. ② 제1차 갑오개혁 때는 국가 재정을 탁지아문의 관할로 일원화한다고 규정하였다.

| 오답해설 |
① 1884년 갑신정변 직후 발표된 「개혁 정강 14개조」의 내용 중 일부이다.
③ 대한 제국이 실시한 정책에 해당한다.
④ 「헌의 6조」(1898)의 내용 중 일부이다.

23 ②

제시된 자료는 제1차 갑오개혁(1894) 시기의 개혁 내용이다. ② 독립 협회는 1896년에 창립되어 1898년에 해체되었다.

| 오답해설 |
① 제1차 갑오개혁 시기에는 중국 연호를 폐지하고, 개국 기원을 사용하여 청과의 사대 관계를 청산하고자 하였다.
③④ 1894년 조선 정부는 일본의 강요로 군국기무처를 만들어 제1차 갑오개혁을 추진하였다. 군국기무처는 군국의 기무와 일체의 개혁 사무를 관할한 초정부적 입법 및 정책 기구로서, 동학 농민 운동의 요구 사항을 일부 수용하기도 하였다.

24 ③

동학 농민 운동 당시 농민들이 요구하였던 「폐정개혁안」 중 ㄴ. 과부의 재가 허용, ㄷ. 노비제의 혁파 등은 제1차 갑오개혁에 반영되었다.

25 ①

(가)는 「홍범 14조」이다. 고종은 문무백관을 거느리고 종묘에 나가 「독립 서고문」을 바치고, 국정 개혁의 기본 방향을 제시한 「홍범 14조」를 반포하였다. ① 그 내용 중 하나가 "문벌에 구애받지 않고 인재 등용의 길을 넓힌다."라는 것이다.

| 오답해설 |
② 갑신정변 직후 발표된 「개혁 정강 14개조」의 내용 중 일부이다.
③ 동학 농민군의 「폐정개혁안 12개조」의 내용 중 일부이다.
④ 「헌의 6조」의 내용 중 일부이다.

26 ①

1895년 '을미개혁' 때 단발령이 실시되었다. ① 을미개혁은 태양력 사용, 종두법 시행, '건양' 연호 사용, 우편 사무 재개, 단발령 공포 등을 주요 내용으로 하였다.

| 오답해설 |
② 과거제 폐지는 제1차 갑오개혁의 개혁 내용에 해당한다.
③ 신분 제도의 철폐는 제1차 갑오개혁 시기에 단행되었다.
④ 일본이 경복궁을 점령한 후 군국기무처가 설치되었다. 군국기무처는 제1차 갑오개혁을 주도한 초정부적 개혁 기구이다.

27 ②

제시된 사료는 독립 협회가 1898년 관민 공동회에서 발표한 「헌의 6조」이다. ② 원수부는 「대한국 국제」(1899)가 발표된 이후 설치된 황제 직속의 최고 군 통수 기관이었다.

| 오답해설 |
① 군국기무처는 1894년에 개혁 기구로 설치되어 제1차 갑오개혁을 주도하였다.
③ 아관 파천은 1896년 2월에 발생하였다.
④ 〈독립신문〉은 1896년 4월에 창간되었다.

| 정답 | **22** ② **23** ② **24** ③ **25** ① **26** ① **27** ②

28

다음 글에서 설명하고 있는 문화유산은?

> 이곳은 원래 성종의 형인 월산 대군(月山大君)의 집이 있던 곳으로, 선조가 임진왜란 뒤 임시 거처로 사용하면서 정릉동 행궁으로 불리었고, 광해군 때는 경운궁이라 하였다. 아관 파천 후 고종이 이곳에 머물렀다. 주요 건물로는 중화전, 함녕전, 석조전 등이 있다.

① 경복궁
② 경희궁
③ 창덕궁
④ 덕수궁

29

〈보기〉의 (가), (나) 문서에 대한 설명으로 가장 옳지 <u>않은</u> 것은?

> ┤ 보기 ├
> (가) 대한 제국의 정치는 이전으로 보면 500년 전래하시고 이후로 보면 만세에 걸쳐 불변하오실 전제 정치니라.
> (나) 외국인에게 의부 아니하고 관민이 동심합력하여 전제 황권을 견고케 할 것.

① (가)에서는 입법·사법·행정의 모든 권력이 황제에게 있음을 천명하였다.
② (나)에서는 정부의 예산과 결산을 인민에게 공표할 것을 주장하였다.
③ (나)를 수용한 고종은 「조칙 5조」를 반포하였다.
④ (가)에 따른 전제 정치 선포에 반발하며 독립 협회는 의회 개설 운동을 전개하였다.

30

대한 제국의 광무개혁에 대한 설명으로 가장 적절하지 <u>않은</u> 것은?

① '옛 것을 근본으로 하고 새로운 것을 참작한다.'라는 구본신참의 원칙을 내세워 개혁을 추진하였다.
② 황실 재정을 담당하는 내장원의 기능을 확대하고, 이를 바탕으로 황실 주도의 개혁 사업을 추진하였다.
③ 재정 확보를 위해 양전 사업을 실시하고, 일부 지역에서는 토지 소유권을 보장하는 문서인 지계를 발행하였다.
④ 재판소를 설치하여 사법 제도의 근대화를 꾀하였으며, 「교육 입국 조서」를 반포하고 교육 개혁을 추진하였다.

31

대한 제국의 지계 발급 사업에 대한 설명으로 옳지 <u>않은</u> 것은?

① 지계아문에서 토지 측량과 지계 발급을 담당하였다.
② 개항장에서 외국인의 토지 소유를 인정하지 않았다.
③ 모든 산림·토지·전답·가옥을 발급 대상에 포함하였다.
④ 러일 전쟁으로 중단되어 전국적으로 확대되지 못하였다.

32

17. 경기 북부 여경

다음 제시된 조약을 체결된 순서대로 가장 적절하게 나열한 것은?

> ㄱ. 한국 정부는 시정 개선에 관하여 통감의 지도를 받을 것
> ㄴ. 대일본 제국 정부는 대한 제국의 독립과 영토 보전을 확실히 보증할 것
> ㄷ. 일본국 정부는 한국과 타국 간에 현존하는 조약의 실행을 완전히 하는 임무가 있으며, 한국 정부는 금후(今後)에 일본국 정부의 중개를 거치지 아니하고 국제적 성질을 가진 하등조약(何等條約)이나 약속을 하지 않기로 함
> ㄹ. 대한 정부는 대일본 정부가 추천하는 일본인 1명을 재정 고문으로 하여 대한 정부에 용빙(傭聘)하고, 재무에 관한 사항은 일체 그의 의견을 물어 실시할 것

① ㄱ - ㄴ - ㄹ - ㄷ
② ㄹ - ㄴ - ㄷ - ㄱ
③ ㄴ - ㄹ - ㄷ - ㄱ
④ ㄹ - ㄷ - ㄱ - ㄴ

33

21. 지방직 9급

다음과 같은 내용이 담긴 조약에 대한 설명으로 옳은 것은?

> 일본 정부는 그 대표자로 한국 황제 밑에 1명의 통감을 두되, 통감은 전적으로 외교에 관한 사항을 관리하기 위하여 경성에 주재하고 친히 한국 황제를 만날 수 있는 권리를 가진다. 또한, 일본 정부는 한국의 개항장 및 일본 정부가 필요하다고 인정하는 지역에 이사관을 설치할 권리를 가지며, 이사관은 통감의 지휘하에 종래 재(在)한국 일본 영사에게 속하였던 모든 권리를 집행한다.

① 조선 총독부를 설치한다는 조항이 포함되어 있다.
② 헤이그 특사 사건 이후 일제의 강요로 체결되었다.
③ 방곡령 시행 전에 미리 통보해야 한다는 합의가 실려 있다.
④ 일본의 중재 없이 국제적 성격을 가진 조약을 체결할 수 없다는 내용이 담겨 있다.

---

28 ④

④ 덕수궁의 옛 이름은 경운궁이며 중화전, 함녕전, 석조전 등의 건물이 있다.

| 보충설명 | **덕수궁**

> 덕수궁은 원래 월산 대군의 집이었던 것을 임진왜란 이후 선조가 임시 거처로 사용하면서 정릉동 행궁으로 불리다가 광해군 때에 경운궁으로 개칭되었다.
> 1907년에 고종이 순종에게 양위한 후 이곳에 머무르자 순종은 고종의 장수를 빈다는 의미로 덕수궁(德壽宮)이라고 명명하였다.
> 1897년 고종이 환궁한 이후 중화전을 비롯하여 정관헌, 돈덕전, 즉조당, 석어당, 경효전, 준명전, 흠문각, 함녕전, 석조전 등을 정비하였다.

29 ④

(가)는 1899년에 공포된 「대한국 국제」의 일부이며, (나)는 1898년에 발표된 「헌의 6조」의 일부이다. ④ 독립 협회는 「대한국 국제」 공포 이전인 1898년에 해체되었다.

30 ④

④ 재판소 설치 등 사법 제도의 근대화, 「교육 입국 조서」의 반포는 제2차 갑오개혁 때 추진되었다.

| 보충설명 | **광무개혁의 주요 내용**

> • 구본신참을 원칙으로 점진적 개혁을 추진하였다.
> • 황실 재정을 담당하는 내장원의 기능을 확대하였다.
> • 국가 재정을 확보하기 위해 양전 사업을 실시하고, 일부 지역에서 토지의 소유권을 명시한 '지계'를 발급하였다(1901년 지계아문 설치).
> • 금본위제 화폐 제도를 채택하였다.
> • 1899년(광무 3) 대한 제국과 청이 대등한 위치에서 한청 통상 조약을 체결하였다.

31 ②

② 대한 제국 정부는 개항장에서만 외국인의 토지 소유를 인정하였다.

32 ③

제시된 조약은 ㄴ. 한일 의정서(제3조) → ㄹ. 제1차 한일 협약(제1조) → ㄷ. 을사늑약(제2조) → ㄱ. 한일 신협약(정미 7조약, 제1조)의 순서로 체결되었다.

33 ④

제시된 사료는 1905년에 체결된 을사늑약(제2차 한일 협약)의 내용이다. ④ 을사늑약에는 '통감 부임'(1906년 통감부 설치)과 '외교권 박탈'이 명시되어 있다.

| 오답해설 |

① 조선 총독부는 1910년 한일 병합 이후 설치되었다.
② 1907년 일제는 헤이그 특사 사건을 빌미로 고종을 강제 퇴위시켰고, 순종이 즉위한 직후 한일 신협약(정미 7조약)을 체결하였다.
③ 1883년 개정된 조일 통상 장정에 방곡령이 규정되었다. 여기에는 방곡령 시행 1개월 전 일본에 미리 통보해야 한다는 합의가 포함되어 있다.

| 정답 | **28** ④   **29** ④   **30** ④   **31** ②   **32** ③   **33** ④

다음 두 사건이 일어난 이후의 사실로 옳은 것만을 〈보기〉에서 모두 고르면?

> • 고종 황제의 강제 퇴위
> • 일제에 의한 군대 해산

─┤ 보기 ├─

ㄱ. 안중근이 만주 하얼빈에서 이토 히로부미를 사살하였다.
ㄴ. 민영환이 일제에 대한 저항을 강력하게 표현한 유서를 남기고 자결하였다.
ㄷ. 장지연이 민족의식을 고취하는 「시일야방성대곡」을 〈황성신문〉에 발표하였다.
ㄹ. 이인영을 총대장으로 하는 13도 연합 의병 부대(창의군)가 서울 진공 작전을 시도하였다.

① ㄱ, ㄴ   ② ㄱ, ㄹ
③ ㄴ, ㄷ   ④ ㄷ, ㄹ

35

자료의 의병에 대한 설명으로 옳은 것을 〈보기〉에서 모두 고른 것은?

> 군사장은 미리 군비를 신속히 정돈하여 철통과 같이 함에 한 방울의 물도 샐 틈이 없는지라. 이에 전군에 명령을 전하여 일제히 진군을 재촉하여 동대문 밖으로 진격할 때, 대군은 긴 뱀의 형세로 천천히 전진하게 하고, …… 3백 명을 인솔하고 선두에 서서 동대문 밖 삼십 리 되는 곳에 나아가 전군이 모이기를 기다려 일거에 서울로 공격하여 들어가기로 계획하더니, 전군이 모이는 시기가 어긋나고 일본군이 갑자기 진격해 오는지라. 여러 시간을 격렬히 사격하다가 후원군이 이르지 않아 할 수 없이 퇴진하였다.

─┤ 보기 ├─

ㄱ. 고종이 해산 권고 조칙을 내리자 대부분 해산하였다.
ㄴ. 13도 창의군을 결성하여 서울 진공 작전을 시도하였다.
ㄷ. 각국 영사관에 교전 단체로 인정해 줄 것을 요구하였다.
ㄹ. 의병 잔여 세력이 활빈당 등의 무장 결사를 조직하였다.

① ㄱ, ㄴ   ② ㄱ, ㄹ
③ ㄴ, ㄷ   ④ ㄷ, ㄹ

36

다음 자료와 관련된 단체의 설명으로 옳지 <u>않은</u> 것은?

> • 시장에 외국 상인의 출입을 엄금할 것
> • 다른 나라에 철도 부설권을 허용하지 말 것
> • 시급히 방곡령을 실시하고 구민법을 채용할 것
> • 금광의 채굴을 금지하고 인민의 방책을 꾀할 것

① 정치적·경제적·각성을 촉진하고, 단결을 공고히 함을 강령으로 삼아 투쟁하였다.
② 1900년 전후 충청과 경기, 낙동강 동쪽의 경상도 등지에서 활동하였다.
③ '가난한 사람을 살려내는 무리'라는 뜻으로 『홍길동전』에서 이름을 따왔다.
④ 을사늑(조)약 이후에 이들 가운데 일부는 의병 운동에 참여하였다.

다음 조직이 발표된 이후의 상황에 대한 설명으로 옳은 것만을 〈보기〉에서 모두 고른 것은?

> 〈관보〉 호외
> 짐이 생각건대 쓸데없는 비용을 절약하여 이용후생에 응용함이 급무라. 현재 군대는 용병으로서 상하의 일치와 국가 안전을 지키는 방위에 부족한지라. 훗날 징병법을 발표하여 공고한 병력을 구비할 때까지 황실 시위에 필요한 자를 빼고 모두 일시에 해산하노라.

─┤ 보기 ├─

ㄱ. 신돌석과 같은 평민 출신의 의병장이 처음으로 등장하였다.
ㄴ. 단발령의 실시로 위정척사 사상에 바탕을 둔 의병 운동이 시작되었다.
ㄷ. 연합 의병 부대인 13도 창의군이 결성되어 서울 진공 작전을 계획하였다.
ㄹ. 일본군의 '남한 대토벌 작전'으로 의병 부대의 근거지가 초토화되었다.

① ㄱ, ㄴ   ② ㄱ, ㄹ
③ ㄴ, ㄷ   ④ ㄷ, ㄹ

38

다음 취지서를 발표한 단체의 활동에 대한 설명으로 옳은 것은?

> 무릇 나라의 독립은 오직 자강(自强)의 여하에 달려 있는 것이다. …… 그러나 자강의 방도를 강구하려 할 것 같으면 다른 곳에 있지 않고 교육을 진작하고 산업을 일으키는 데 있으니 무릇 교육이 일어나지 않으면 민지(民智)가 열리지 않고 산업이 일어나지 않으면 국부가 증가하지 못하는 것이다. 교육과 산업의 발달이 곧 자강의 방도임을 알 수 있는 것이다.

① 만민 공동회를 개최하여 러시아의 침략 정책을 강력하게 규탄하였다.
② 고종의 강제 퇴위 반대 운동을 전개하다가 일본의 탄압으로 해산되었다.
③ 방직, 고무, 메리야스 공장을 육성하여 경제 자립을 이루자는 운동을 전개하였다.
④ 일본의 황무지 개간에 대한 대중적인 반대 운동을 일으켜 이를 철회시키는 데 성공하였다.

34 ②

헤이그 특사 사건으로 고종이 강제 퇴위당하고, 대한 제국 군대가 해산된 것은 1907년이다. 따라서 ㄱ. 1909년 안중근의 이토 히로부미 사살, ㄹ. 1908년 13도 창의군의 서울 진공 작전이 이에 해당한다.

|오답해설|
ㄴ. 민영환은 1905년에 을사늑약이 체결되자 자결로써 저항하였다.
ㄷ. 장지연은 1905년에 을사늑약이 체결된 직후 「시일야방성대곡」을 〈황성신문〉에 발표하였다.

35 ③

제시된 사료에서 "군사장", "동대문 밖으로 진격" 등의 내용을 통해 정미의병이 주도한 서울 진공 작전(1908)임을 알 수 있다. ㄴ. 정미의병은 13도 창의군을 결성해 서울 진공 작전을 펼쳤고, ㄷ. 국제법상 교전 단체로 인정받기 위해 노력하였다.

|오답해설|
ㄱ. 을미의병(1895)은 고종의 해산 권고 조칙에 따라 대부분 해산하였다.
ㄹ. 을미의병의 잔여 세력이 참여하여 1900년경 활빈당이 조직되었다.

36 ①

제시된 자료는 '활빈당'의 강령인 「대한사민논설 13조」 중 일부이다. ① 정치적·경제적 각성을 촉진하고, 단결을 공고히 함을 강령으로 삼아 투쟁한 단체는 신간회이다.

37 ④

제시된 사료의 '군대를 일시에 해산한다.'라는 내용을 통해 1907년 '한일 신협약(정미 7조약)'이 체결된 시기임을 알 수 있다. ㄷ. 전국 연합 의병 부대인 13도 창의군이 결성되어 1908년에 서울 진공 작전을 추진하였으나 실패하였다. ㄹ. 1909년 일본군의 '남한 대토벌 작전'으로 의병 부대의 근거지가 초토화되었다.

|오답해설|
ㄱ. 1905년 을사늑약을 계기로 봉기한 을사의병에 신돌석과 같은 평민 출신 의병장이 처음 등장하였다.
ㄴ. 1895년에 을미사변과 단발령 실시를 계기로 을미의병이 시작되었다.

38 ②

제시된 사료는 1906년에 창립된 '대한 자강회'의 설립 취지문이다. ② 대한 자강회는 1907년에 고종의 강제 퇴위 반대 운동을 전개하다가 일본의 탄압으로 해산되었다.

|오답해설|
① 독립 협회(1896~1898)에 대한 설명이다.
③ 1920년대 초반 전개된 물산 장려 운동에 대한 설명이다.
④ 1904년에 창립된 보안회에 대한 설명이다.

| 정답 | **34** ② **35** ③ **36** ① **37** ④ **38** ②

39

한국사능력검정시험 고급 31회

다음 활동을 전개한 단체에 대한 설명으로 옳은 것은?

남만주로 집단 이주하려고 기도하고, 조선 본토에서 상당한 재력이 있는 사람들을 그곳에 이주시켜 토지를 사들이고 촌락을 세워 새 영토로 삼고, 다수의 청년 동지들을 모집하고 파견하여 한인 단체를 일으키고, 학교를 세워 민족 교육을 실시하고 나아가 무관 학교를 설립하여 문무를 겸하는 교육을 실시하면서 기회를 엿보아 독립 전쟁을 일으켜 구한국의 국권을 회복하고자 하였다.

① 민립대학 설립 운동을 전개하였다.
② 일본의 황무지 개간권 요구를 철회시켰다.
③ 농촌 계몽을 위해 브나로드 운동을 전개하였다.
④ 고종의 강제 퇴위에 반대하는 시위를 주도하였다.
⑤ 계몽 서적을 출판하기 위해 태극 서관을 설립하였다.

개항 이후의 경제·사회·문화

40

다음은 어느 독자가 〈대한매일신보〉에 투고한 글이다. 이 글의 내용과 관련이 깊은 운동은?

혹 어떤 사람들이 말하기를, '그 돈을 내가 썼나, 남이 썼더라도 한 푼이나 누가 구경하였나, 왜 우리더러 물라는가, 무슨 돈을 1,300만 원이나 차관하여서 다 무엇에 썼나. 우리가 돈을 모아 물어 주면 재미가 있어 또 차관만 하게 할 것이다.' …… 설령 그 세간살이 하던 사람이 미워서 갚고 싶지 않더라도 가옥 전토를 다 빼앗기고 보면, 그 부모와 집안 식구들은 다 어디다 두며 제 몸은 어디다 담으며 무엇을 먹고 살겠소. 그렇게 되고 보면 그 자식들이 어디 가서 사람이라고 행사할 수 있소.

① 국채 보상 운동
② 민립대학 설립 운동
③ 물산 장려 운동
④ 황무지 개간권 반대 운동

41

한국사능력검정시험 고급 28회

밑줄 친 '이 사업'에 대한 설명으로 옳은 것을 〈보기〉에서 모두 고르면?

역사 신문

제△△호   1905년 ○○월 ○○일

오늘부터 신화폐로 교환해야

정부는 지난 6월 발표한 탁지부령 제1호에 근거하여 구 백동화를 일본의 제일 은행권으로 교환하는 작업을 오늘부터 실시한다고 발표했다. 이 사업을 주도한 인물은 일본 정부가 추천한 재정 고문 메가타로 알려져 추진 배경에 의구심이 증폭된다.

┤ 보기 ├

ㄱ. 화폐 주조를 위해 전환국이 설립되었다.
ㄴ. 통화량이 줄어들어 국내 상인들이 타격을 입었다.
ㄷ. 황국 중앙 총상회가 중심이 되어 반대 운동을 전개하였다.
ㄹ. 일본에서 차관이 도입되어 정부의 재정 예속화를 심화시켰다.

① ㄱ, ㄴ   ② ㄱ, ㄷ
③ ㄴ, ㄷ   ④ ㄴ, ㄹ
⑤ ㄷ, ㄹ

42

밑줄 친 '철도'에 대한 설명으로 옳지 <u>않은</u> 것은?

> 그 종점이 되는 초량 등은 혹시 그럴 수도 있으므로 괴이할
> 것이 없으나 중간 장시나 향촌의 참(站)에는 화물이 풍부하
> 지 않고 탑승객이 많지 않은데 어찌 그 부지로 20만 평이나
> 쓰는가. 이는 일본인의 식민 계략이니, …… 또한 본 <u>철도</u>
> 선로가 완성되면 물산 제조와 정치상 사업이 진보하여 얼마
> 간 확장되는 면이 있겠으나 일본의 식민 욕심은 이 때문에
> 더욱 절실해질 것이다.
> 『황성신문』, 1901년 10월 7일

① 군용 철도 명목으로 개통되었다.
② 부설을 위하여 한성 전기 회사가 설립되었다.
③ 부설 과정에서 한국인의 토지와 가옥이 강압적으로 수
  용되었다.
④ 일본은 부설에 따른 각종 이권을 획득하고자 군사적 위
  협을 가하였다.

39 ⑤

남만주에 촌락(삼원보)을 세우고 한인 단체(경학사)와 무관 학교(신흥 무관 학교)를 설립한 단체는 '신민회'이다. ⑤ 신민회는 대구에 출판사 '태극 서관'을 설립하여 운영하였다.

|오답해설|

① 1920년대 초 조선 교육회 등이 민립대학 설립 운동을 추진하였으나 실패하였다. 일제는 한국인들을 회유하기 위해 1924년에 경성 제국 대학을 설립하였다.
② 1904년에 창립된 보안회는 일본의 황무지 개간권 요구에 반대하여 이를 좌절시켰다.
③ 1931년부터 추진된 브나로드 운동은 학생이 중심이 된 일종의 농촌 계몽 운동으로, 〈동아일보〉가 주도하였다.
④ 헌정 연구회를 계승한 대한 자강회는 교육과 산업의 진흥을 통한 실력 양성에 주력하였다. 1907년에 고종 강제 퇴위 반대 운동을 전개하다가 해산되었다.

40 ①

① 제시된 사료의 "1,300만 원이나 차관하여서"를 통해 '국채 보상 운동'과 관련 있음을 알 수 있다. 국채 보상 운동은 일본에서 도입한 차관 1,300만 원을 갚아 주권을 회복하고자 한 운동이다.

41 ④

밑줄 친 '이 사업'은 1905년에 메가타가 추진한 '화폐 정리 사업'이다.

ㄴ.ㄹ 화폐 정리 사업 때 구 백동화 중 병종으로 판정된 화폐는 교환을 해주지 않았기 때문에 화폐 유통량이 부족해졌다. 또한 일본에서 차관을 도입하여 화폐 정리 사업의 비용을 충당했기 때문에 대한 제국의 경제가 일본에 예속되는 결과를 가져왔다.

|오답해설|

ㄱ. 전환국은 근대식 화폐를 발행한 기구로, 1883년에 설치되었다.
ㄷ. 개항 이후 시전 상인들은 외국 상인들의 상권 침탈에 저항하기 위해 1898년에 황국 중앙 총상회를 조직하였고, 독립 협회와 함께 상권 수호 운동을 전개하였다.

42 ②

제시된 사료 중 "종점이 되는 초량(현재의 부산광역시)"을 통해 경부선(1904년 완공, 1905년 1월 운행 시작)에 관한 내용임을 알 수 있다. ② 한성 전기 회사는 1898년에 설립되었고, 1899년에는 서대문부터 청량리까지 전차가 개통되었다.

43

(가)에 대한 설명으로 옳은 것을 〈보기〉에서 모두 고른 것은?

> 대황제 폐하께서 갑오년 중흥(中興)의 기회를 맞아 자주독립의 기초를 확정하시고 새로이 경장(更張)하는 정령(政令)을 반포하실 때에 특히 한문과 한글을 같이 사용하여 공사 문서(公私文書)를 국한문으로 섞어 쓰라는 칙교(勅敎)를 내리셨다. 모든 관리가 이를 받들어 근래에 관보와 각 부군(府郡)의 훈령, 지령과 각 군(各郡)의 청원서, 보고서가 국한문으로 쓰였다. 이제 본사에서도 신문을 확장하려는 때를 맞아 국한문을 함께 쓰는 것은, 무엇보다도 대황제 폐하의 성칙(聖勅)을 따르기 위해서이며, 또한 옛글과 현재의 글을 함께 전하고 많은 사람들에게 읽히기 위함이다.
>
> – (가) 창간사 –

┌─ 보기 ─
ㄱ. 경술국치 이후 강제로 〈한성신문〉으로 바뀌어 발행되다가 폐간하였다.
ㄴ. 천도교 기관지로 창간되었으며 인민의 교육을 강조하고 반민족적 행위 등을 규탄하였다.
ㄷ. 1898년 8월 창간한 일간지로 개화 문명의 수용을 통해 근대 사회를 건설하고자 국민 계몽에 주력하였다.
ㄹ. 1898년 9월에 창간되어 광무 정권이 표방한 '구본신참'의 원칙에 따라 온건하면서도 점진적인 개혁을 제시하였다.
└─

① ㄱ, ㄷ   ② ㄱ, ㄹ   ③ ㄴ, ㄷ   ④ ㄴ, ㄹ

44

밑줄 그은 '이 신문'에 대한 설명으로 옳은 것은?

> 이 신문은 처음에는 한글과 영어를 겸용했으나 후에 국한문 혼용으로 바뀌었다. 또한 일반 대중을 위해서는 한글판을, 외국인을 위해서는 영문판을 발간하였다. 당시 이 신문의 발행인은 영국인으로 되어 있었기 때문에 통감부의 통제를 어느 정도 벗어날 수 있었으며, 신문사 정문에 '일본인 출입금지'라고 붙여 놓고 일본의 침략 행위를 규탄하기도 하였다.

① 1898년 이종일이 일반 대중의 계몽을 목적으로 발간하였다.
② 서재필 등이 정부의 자금 지원을 받아 발간하였다.
③ 을사늑약의 불법성을 폭로하는 고종 황제의 친서를 게재하였다.
④ 박문국에서 발행한 최초의 근대적 신문이다.

45

근대 서구 문물의 도입을 시기순으로 바르게 나열한 것은?

> ㄱ. 박문국을 세워 신문을 발행하였다.
> ㄴ. 경복궁에 전등이 처음 가설되었다.
> ㄷ. 최초의 서양식 극장인 원각사가 창설되었다.
> ㄹ. 한성의 서대문에서 청량리 사이에 전차가 개통되었다.

① ㄱ – ㄴ – ㄷ – ㄹ
② ㄱ – ㄴ – ㄹ – ㄷ
③ ㄷ – ㄱ – ㄹ – ㄴ
④ ㄹ – ㄱ – ㄴ – ㄷ

46

근대의 구국 계몽 운동에 대한 설명으로 가장 옳은 것은?

① 송수만, 심상진은 대한 자강회를 조직하고 일본의 황무지 개척에 반발하는 운동을 전개하여 이를 철회시켰다.

② 이종일은 순 한글로 간행한 〈황성신문〉을 발간하여 정치 논설보다 일반 대중을 위한 사회 계몽 기사를 많이 실었다.

③ 최남선은 을지문덕, 강감찬, 최영, 이순신 등의 애국 명장에 관한 전기를 써서 애국심을 고취하였다.

④ 고종은 을사늑약의 불법성을 폭로하는 친서를 양기탁과 영국인 베델의 〈대한매일신보〉를 통하여 발표하였다.

47

근대 교육 기관 및 교육에 대한 설명으로 가장 적절한 것은?

① 고종은 광무개혁의 일환으로 「교육 입국 조서」를 반포하며 지·덕·체를 아우르는 교육을 내세웠고, 이에 따라 소학교, 한성 사범 학교 등이 설립되었다.

② 배재 학당, 숭실 학교, 경신 학교, 정신 여학교는 개신교 선교사들이 설립한 사립 학교이다.

③ 최초의 사립 학교인 육영 공원은 함경도 덕원 주민들과 개화파 인사들의 합자로 설립되었으며, 외국어·자연 과학·국제법 등 근대 학문과 함께 무술을 가르쳤다.

④ 대성 학교, 오산 학교, 서전서숙, 보성 학교는 국내에 설립된 교육 기관이다.

정답&해설

43 ②

(가)는 국한문 혼용체로 발간된 〈황성신문〉이다.

ㄱ,ㄹ. 〈황성신문〉은 1898년 9월에 창간되어 유학자들의 계몽을 위해 노력하였으며 광무개혁의 원칙인 구본신참을 통한 점진적 개혁을 지지하였다. 국권 피탈(경술국치, 1910. 8. 29.) 직후 〈한성신문〉으로 제호를 바꾸었으나, 얼마 후 폐간되었다(마지막 신문 발행일: 1910. 9. 14.).

|오답해설|

ㄴ. 천도교의 기관지로 창간된 것은 〈만세보〉이다.

ㄷ. 1898년 8월에 창간된 일간지는 〈제국신문〉으로, 한글로 발행되었다.

44 ③

"발행인은 영국인"이라는 내용으로 밑줄 친 '이 신문'이 〈대한매일신보〉임을 알 수 있다. ③ 〈대한매일신보〉는 을사늑약의 불법성을 폭로한 고종의 친서를 게재하였다.

|오답해설|

① 〈제국신문〉, ② 〈독립신문〉, ④ 〈한성순보〉에 대한 설명이다.

45 ②

제시된 내용을 순서대로 나열하면 ㄱ. 박문국 설립(1883) → ㄴ. 전등 가설(1887) → ㄹ. 서대문~청량리 간 전차 개통(1899) → ㄷ. 원각사 창설(1908)이다.

46 ④

④ 〈대한매일신보〉(1904)는 고종이 을사늑약에 서명하지 않았다는 사실과 조약의 불법성을 폭로하는 친서를 게재하였다. 〈대한매일신보〉는 신문사 정문에 '일본인 출입 금지'라는 문구를 붙여 놓을 만큼 일본의 침략을 강력히 규탄하였고, 국채 보상 운동에도 앞장섰다.

|오답해설|

① 송수만, 심상진 등은 보안회를 조직하고 일본의 황무지 개간권 요구를 철회시켰다.

② 이종일은 순 한글로 〈제국신문〉을 간행하여 일반 대중을 위한 사회 계몽 기사를 많이 실었다.

③ 신채호 등 역사학자들은 『을지문덕전』, 『이순신전』 등 애국 명장들의 전기를 써서 애국심을 고취하였다.

47 ②

② 배재 학당, 숭실 학교 등은 모두 개신교 선교사들이 세운 사립 학교이다.

|오답해설|

① 「교육 입국 조서」는 제2차 갑오개혁의 연장선에서 1895년에 발표되었다.

③ 최초의 근대식 사립 학교는 1883년에 설립된 원산 학사이다. 육영 공원은 1886년 한성에 설립되었고, 헐버트, 길모어 등 외국인 교사들이 초빙되어 현직 관료와 양반 자제들을 대상으로 영어 및 근대 학문(산학, 지리학 등)을 교육하였다.

④ 대성 학교, 오산 학교, 보성 학교는 국내에 설립된 학교이지만, 서전서숙은 북간도에 설립된 학교이다.

|정답| **43** ② **44** ③ **45** ② **46** ④ **47** ②

48

우리나라 근대 교육에 대한 설명으로 옳은 것만을 모두 고르면?

> ㄱ. 함경도 덕원 주민들의 건의로 근대식 학교인 원산 학사
> 가 설립되었다.
> ㄴ. 선교사들이 들어와서 세운 기독교 계통의 학교에는 배재
> 학당과 이화 학당 등이 있었다.
> ㄷ. 정부는 외국어 교육 기관으로 동문학을 설립하였다.
> ㄹ. 「교육 입국 조서」가 반포되었고, 사범 학교와 외국어 학
> 교의 관제가 제정되었다.

① ㄱ
② ㄱ, ㄴ
③ ㄱ, ㄴ, ㄷ
④ ㄱ, ㄴ, ㄷ, ㄹ

49

근대 문화에 대한 설명 중 가장 적절하지 <u>않은</u> 것은?

① 1920년대에는 나운규가 일제 강점기 민족의 아픔을 그
린 영화 「아리랑」을 제작하였다.
② 한용운은 일본 불교의 침투에 대항하면서 민족 불교의
자주성을 지키기 위해 노력하였으며, 『조선 불교 유신
론』을 저술하였다.
③ 1907년에는 국문 연구소가 만들어져 주시경과 지석영
등의 주도로 국문의 정리와 국어의 이해 체계가 확립되
기 시작하였다.
④ 〈만세보〉는 손병희, 오세창 등이 창간한 일간지로 순 한
글판으로 발행되었으며, 일진회를 공격하고 반민족 행
위에 대하여 맹렬한 비판을 가하였다.

정답&해설

48 ④

제시된 내용은 모두 옳은 설명이다.

| 보충설명 | **근대 교육**

- 근대 교육 기관
  - 원산 학사(1883): 함경도 덕원 주민들의 건의로 세운 최초의 근대적 사립 학교
  - 동문학(1883): 외국어를 교육하여 통역관을 양성한 관립 학교
  - 육영 공원(1886): 헐버트 등 외국인 교사를 초빙하여 상류층 자제를 대상으로 영어 및 근대 학문 교육
- 「교육 입국 조서」(1895, "국가의 부강은 국민의 교육에 있다.")
  - 1895년 2월 고종이 발표한 교육에 관한 조칙
  - 밝히고 있는 것: 1. 교육은 국가 보존의 근본임, 2. 신교육은 과학적 지식과 실용을 추구함, 3. 교육의 3대 강령은 지양·체양·덕양임, 4. 교육 입국의 정신을 들어 학교를 많이 설립하고 인재를 길러 내는 것이 국가 중흥·보존으로 직결됨
- 사립 학교
  - 개신교 선교사: 배재·이화·경신·정신·숭실 학교 등을 세움
  - 민족주의계: 보성·양정·휘문·진명·숙명·중동·대성·오산 학교 등을 세움
  - 일본은 1908년에 사립 학교령을 발표하여 사립 학교의 설립과 운영을 통제함

49 ④

④ 〈만세보〉는 1906년에 오세창·손병희를 중심으로 발행된 천도교계 신문이었다. 국한문을 혼용하면서 한자를 잘 모르는 독자들도 쉽게 읽을 수 있도록 한자 옆에 한글로 음을 달기도 하였다. 이 신문은 친일 단체인 일진회를 강경한 논설로 계속 공격하였으며 반민족적인 행위 등을 단호히 규탄하였다.

| 오답해설 |
① 1926년 나운규가 「아리랑」을 제작하여 망국인의 슬픔과 애국심을 고취하였다.
② 『조선 불교 유신론』은 한용운의 저술이다. 한용운은 대표적인 시집 『님의 침묵』을 출판하여 일제에 '문학'으로 저항하였다. 일제의 사찰령(1911)에 맞서 종래의 무능한 불교를 개혁하고 불교의 현실 참여를 주장하였다. 또한 3·1 운동 당시 민족 대표 33인 중 한 사람이었다.
③ 국문 연구소(1907)는 대한 제국 정부의 학부 아래 설치되었고, 여기에서 주시경·지석영이 활동하였다.

| 정답 | 48 ④   49 ④

일제 강점기

교수님 코멘트 ▶ 조선 태형령(1912), 치안 유지법(1925), 국가 총동원법(1938)은 일제 식민 통치 정책에서 매우 중요한 법령이니 중점적으로 학습하여야 한다. 대한민국 임시 정부, 의열단, 한인 애국단, 조선 의용대, 한국광복군 등은 빈출된 주제이니 헷갈리지 않도록 확실히 기억해두어야 한다. 또한, 박은식, 신채호, 백남운 등 역사학자들의 저서는 꼭 암기해야 한다.

일제의 식민 통치와 항일 민족 운동

01
16. 지방직 9급

다음 법령이 시행되던 시기에 볼 수 있는 모습으로 옳은 것은?

> 제1조 3개월 이하의 징역 또는 구류에 처하여야 할 자는 그 정상에 따라 태형에 처할 수 있다.
> 제6조 태형은 태로써 볼기를 치는 방법으로 집행한다.
> 제13조 본령은 조선인에 한하여 적용한다.

① 회사령 공포를 듣고 있는 상인
② 경의선 철도 개통식을 보는 학생
③ 동양 척식 주식회사의 설립식에 참석한 기자
④ 대한 광복군 정부의 군사 훈련에 참여한 청년

02
18. 경찰직 1차

1910년대 일제의 식민 통치에 대한 설명으로 가장 적절하지 않은 것은?

① 일본은 국권 침탈 이후 본격적으로 토지 침탈 정책을 추진하기 위하여 '토지 조사 사업'을 실시하였다.
② 중추원은 총독부 자문 기구로서 1919년 3·1 운동이 일어나기 전까지는 수시로 개최되어 식민 행정에 간여하였다.
③ 우리 민족 기업을 탄압하고 조선인의 회사 설립을 통제하기 위하여 '회사령'을 공포하여 회사를 설립할 경우 총독부의 허가를 받도록 하였다.
④ 일본은 광산·어장·산림 등 자원에 대해서도 수탈을 강화하였다.

정답&해설

01 ④

제시된 사료는 1912년에 공포된 '조선 태형령'이며, 1920년까지 적용되었다. ④ 대한 광복군 정부는 1914년 연해주에서 설립되었다.

| 오답해설 |
① 회사령은 1910년에 공포되었다.
② 경의선은 1906년에 개통되었다.
③ 동양 척식 주식회사는 1908년에 설립되었다.

02 ②

② 총독부 자문 기구인 중추원은 1919년 3·1 운동이 일어나기 전까지 정식 모임을 한 차례도 갖지 않았던 형식적 기구였다.

| 오답해설 |
① 일본은 국권 침탈 이후 토지 침탈을 목적으로 1910년에 임시 토지 조사국을 설치하고 '토지 조사 사업(1910~1918)'을 실시하였다.
③ 일제는 1910년에 '회사령'을 공포하여 회사를 설립하려는 사람은 총독부의 허가를 받도록 하였다. 이것은 우리 민족 기업을 탄압하고 한국인의 회사 설립을 통제하기 위한 것이었다.
④ 일본은 광산(조선 광업령, 1915)·어장(조선 어업령, 1911)·삼림(삼림령, 1911) 등 자원에 대해서도 수탈을 강화하였다.

| 정답 | **01** ④ **02** ②

〈보기〉는 일제가 제정한 법령의 일부이다. 이 법령에 의해 처벌된 사건이 <u>아닌</u> 것은?

┤ 보기 ├

국체를 변혁하는 것을 목적으로 결사를 조직하는 자 또는 결사의 임원, 그의 지도자로서의 임무에 종사하는 자는 사형, 무기 또는 5년 이상의 징역 또는 금고에 처한다. …… 사유재산 제도를 부인하는 것을 목적으로 결사를 조직하는 자, 결사에 가입하는 자, 또는 목적 수행을 위한 행위를 돕는 자는 10년 이하의 징역 또는 금고에 처한다.

① 김상옥의 종로 경찰서 폭탄 투척 사건
② 조선 공산당 사건
③ 수양 동우회 사건
④ 조선어 학회 사건

다음 '시정 방침'에 따른 통치가 이루어지던 시기에 일어난 대중 운동으로 옳지 <u>않은</u> 것은?

총독은 문무관 어느 쪽이라도 임용될 수 있는 길을 열고, 나아가 헌병에 의한 경찰 제도를 바꿔 보통 경찰에 의한 경찰 제도를 채택할 것이다. 그리고 복제를 개정하여 일반 관리, 교원이 제복을 입고 칼을 차던 것을 폐지하고, 조선인의 임용, 대우를 더 많이 고려하고자 한다. 사이토 마코토, 「시정 방침」

① 전국적 규모의 노동자 조직으로서 조선 노동 공제회가 결성되었다.
② 빈농을 주체로 한 토지 혁명을 주장하는 농민 조합 운동이 일어났다.
③ 대중 운동 전국적 조직화의 일환으로 조선 청년 총동맹이 결성되었다.
④ 백정들이 신분에 대한 불만을 타파하고자 조선 형평사를 설립하였다.

밑줄 친 ㉠, ㉡과 관련된 설명으로 옳은 것은?

• 일제는 한민족을 일본인으로 동화시켜 '충성스럽고 선량한 황국 신민'으로 만들기 위하여 ㉠ 황국 신민화 정책을 본격적으로 추진하였다.
• 일제는 한국의 엄청난 자원을 약탈하고, ㉡ 한국인을 침략 전쟁에 동원하기 위해 끌고 가 강제 수용하고 노예처럼 혹사시켰다.

① ㉠ – '황국 신민 서사'를 아동은 물론 성인에게도 암송하도록 강요하였다.
② ㉠ – '궁성 요배'라 하여 서울의 남산을 비롯하여 전국 각지의 중요한 장소에 신사를 세우고 예배하도록 하였다.
③ ㉡ – 군 인력 보충을 위해 처음에 '징병 제도'를 실시했으나, 이후에는 '지원병 제도'로 바꾸었다.
④ ㉡ – '만보산 사건'을 일으키기 직전에 국가 총동원법을 제정·공포하였다.

(가)에 들어갈 법령이 제정된 이후의 사실로 가장 옳은 것은?

(가)

제4조 제국 신민을 징용하여 총동원 업무에 종사하게 할 수 있다. 단, 병역법의 적용을 방해하지 않는다.
제7조 노동 쟁의의 예방 혹은 해결에 관하여 필요한 명령을 내리거나 작업소의 폐쇄, 작업 혹은 노무의 중지 등 노동 쟁의에 관한 행위의 제한 혹은 금지를 행할 수 있다.
제8조 물자의 생산·수리·배급·양도 기타의 처분, 사용·소비·소지 및 이동에 관하여 필요한 명령을 내릴 수 있다.

① 중국 본토에서 중일 전쟁이 발발하였다.
② 백남운이 『조선 사회 경제사』를 저술하였다.
③ 조선 사상범 예방 구금령이 제정·공포되었다.
④ 양세봉의 조선 혁명군이 영릉가 전투에서 승리하였다.

07

밑줄 친 ㉠, ㉡에 대한 설명으로 옳은 것은?

> 일제의 가혹한 탄압으로 독립운동은 큰 제약을 받게 되었다.
> 그러나 그러한 제약 속에서도 비밀 결사의 형태로 독립운동
> 단체가 결성되었다. ㉠ 독립 의군부와 ㉡ 대한 광복회는 모
> 두 이러한 비밀 결사 단체였다.

① ㉠은 공화국의 건설을 목표로 하였다.
② ㉡은 고종의 비밀 지령을 받아 조직되었다.
③ ㉠과 ㉡은 모두 1910년대 국내에서 결성된 단체이다.
④ ㉠은 박상진을 중심으로, ㉡은 임병찬을 중심으로 한 조
직이었다.

정답&해설

03 ①

제시된 사료는 1925년에 공포된 치안 유지법의 일부이다. ① 김상옥의 종로 경찰
서 폭탄 투척 사건은 1923년에 있었던 것으로, 치안 유지법 제정 이전의 일이다.

|오답해설|
② 조선 공산당은 1925년에 처음 만들어졌고, 총 네 차례 설립과 해체를 반복하
였다.
③ 수양 동우회 사건은 1937년부터 1938년까지 이어졌다.
④ 조선어 학회 사건은 1942년에 발생하였다.

04 ②

제시된 사료는 1920년대 문화 통치에 대한 내용이다. 따라서 1920년대 해당하지
않는 지문을 고르는 문제이다. ② 1930년대 빈농을 주체로 한 토지 혁명을 주장하
는 혁명적(적색) 농민 조합 운동이 일어났다.

|오답해설|
① 1920년 조선 노동 공제회가 설립되었다.
③ 1924년 조선 청년 총동맹이 결성되었다.
④ 1923년 조선 형평사가 설립되었다.

05 ①

|오답해설|
② 궁성 요배는 시간을 정하여 일본 왕이 살고 있는 도쿄의 궁성을 향해 절을 하는
것이다. 제시된 내용은 신사 참배에 대한 것이다.
③ 일제는 군 인력을 보충하기 위해 처음에는 지원병 제도를 운영하였으나 이후 강
제로 군 인력을 동원하는 징병 제도를 시행하였다.
④ 만보산 사건은 1931년 만주 사변의 원인이 되었던 사건이다. 국가 총동원법은
1937년 중일 전쟁이 발생한 이후인 1938년에 공포되었다.

06 ③

제시된 사료는 1938년 제정된 국가 총동원법 중 일부이다. ③ 조선 사상범 예방 구
금령은 1941년에 제정·공포되었다.

|오답해설|
① 중일 전쟁은 1937년에 발발하였다.
② 백남운의 『조선 사회 경제사』는 1933년에 간행되었다.
④ 양세봉이 이끈 조선 혁명군은 1932년에 영릉가 전투에서 승리하였다.

07 ③

결정적 문제 ▶ 독립 의군부는 복벽주의를 추구하였으며, 대한 광복회는 공화주의를
지향하였음을 구분하자!
③ 독립 의군부와 대한 광복회는 모두 1910년대 국내에서 결성된 비밀 결사 단체
이다.

|오답해설|
① 독립 의군부는 고종의 복위를 꾀한 복벽주의 단체였다.
② 고종의 비밀 지령을 받아 조직된 단체는 독립 의군부이다.
④ 독립 의군부는 '임병찬'을 중심으로, 대한 광복회는 '박상진'을 중심으로 조직되
었다.

|정답| 03 ① 04 ② 05 ① 06 ③ 07 ③

〈보기〉의 밑줄 친 '이 단체'에 대한 설명으로 가장 옳은 것은?

┤ 보기 ├

이 단체는 조선 국권 회복단의 박상진이 풍기 광복단과 제휴하여 조직하였다. 무력 투쟁을 통한 독립을 목표로 하였고, 군자금 모집, 독립군 양성, 무기 구입, 친일 부호 처단 등 활동을 전개하였다.

① 독립군 양성을 위한 신흥 강습소를 설치하였다.
② 블라디보스토크에 최초의 임시 정부를 수립하였다.
③ 무력 항쟁의 의지를 담은 「대한 독립 선언서」를 발표하였다.
④ 공화주의 이념에 따라 공화 정치를 실현하는 것을 목표로 하였다.

09

밑줄 친 '그'의 활동으로 옳은 것은?

경술년(1910)에 여러 형제들이 모여서 같이 만주로 갈 준비를 하였다. …… 그(1867~1932)는 1만여 석의 재산과 가옥을 모두 팔고 큰집, 작은 집이 함께 압록강을 건너 떠났다. 그는 만주에서 독립군 양성 기관인 신흥 강습소를 설립하였다.

① 조선어 학회 사건으로 옥고를 치렀다.
② 독립운동 단체인 경학사를 조직하였다.
③ 3·1 운동 민족 대표 33인 중 한 명이었다.
④ '삼균주의'에 입각한 한국 국민당을 결성하였다.

10

㉠~㉣에 들어갈 단체로 옳은 것은?

• 1911년 북간도로 거점을 옮긴 대종교는 (㉠)(이)라는 무장 독립 단체를 만들었다. 이 단체는 3·1 운동 이후 북로 군정서로 발전하였다.
• 러시아 연해주에서는 권업회를 기반으로 한 (㉡)이/가 수립되었다. 이 단체는 이상설과 이동휘를 중심으로 하여 독립 전쟁을 준비하였다.
• 1915년 의병 계열과 애국 계몽 운동 계열의 비밀 결사들이 통합하여 결성된 (㉢)은/는 공화국 건설을 목표로 하였다. 그러나 군자금을 마련하던 중 경찰에게 조직이 드러나 해체되었다.
• 경상도 일대에서는 윤상태, 서상일, 이시영 등이 중심이 되어 (㉣)을/를 조직하였다. 이 단체는 3·1 운동이 일어나자 이에 적극 가담하여 각 지방의 만세 운동을 주도하였다.

	㉠	㉡	㉢	㉣
①	중광단	대한광복회	대한광복군정부	조선국권회복단
②	조선국권회복단	중광단	대한광복회	대한광복군정부
③	중광단	대한광복군정부	대한광복회	조선국권회복단
④	대한광복군정부	중광단	조선국권회복단	대한광복회

11

밑줄 친 '이곳'에서 일어난 사실로 옳은 것을 〈보기〉에서 모두 고르면?

이곳에서는 한인 집단 거주지인 신한촌이 형성되어 자치 기구와 학교가 만들어졌으며, 다양한 독립운동이 일어났다. 이곳에서 이상설 등은 성명회를 조직하여 독립운동을 벌였고, 이후 임시 정부의 성격을 가진 대한 국민 의회가 전로 한족회 중앙 총회로부터 개편·조직되었다.

┤ 보기 ├

ㄱ. 권업회라는 독립운동 단체가 조직되었다.
ㄴ. 독립군 양성을 위한 신흥 강습소가 설치되었다.
ㄷ. 대한 광복군 정부가 수립되어 독립운동을 벌였다.
ㄹ. 신규식, 박은식 등의 주도로 동제사가 조직되었다.

① ㄱ, ㄴ   ② ㄱ, ㄷ
③ ㄴ, ㄹ   ④ ㄷ, ㄹ

12

17. 국가직(사복직 포함) 9급

밑줄 친 '이곳'에서 전개된 민족 운동으로 옳은 것은?

> 1903년에 우리나라 공식 이민단이 이곳에 도착하였다. 이주 노동자들은 사탕수수 농장, 개간 사업장, 철도 공사장 등에서 일하며 한인 사회를 형성하여 갔다. 노동 이민과 함께 사진 결혼에 의한 부녀자들의 이민도 이루어졌다. 또한 한인 합성 협회 등과 같은 한인 단체가 결성되었다.

① 독립운동 기지인 한흥동이 건설되었다.
② 독립운동 단체인 권업회가 조직되었다.
③ 자치 기관인 경학사와 부민단이 만들어졌다.
④ 군사 양성 기관인 대조선 국민 군단이 창설되었다.

13

다음은 박은식이 저술한 『한국 독립운동 지혈사』의 일부분이다. 여기에서 언급된 사건과 관련된 설명으로 옳지 않은 것은?

> 만세 시위가 확산되자, 일제는 헌병 경찰은 물론이고 군인까지 긴급 출동시켜 시위 군중을 무차별 살상하였다. 정주, 사천, 맹산, 수안, 남원, 합천 등지에서는 일본 군경의 총격으로 수십 명의 사상자를 냈으며, 화성 제암리에서는 전 주민을 교회에 집합, 감금하고 불을 질러 학살하였다.

① 일제는 무단 통치를 이른바 '문화 통치'로 바꾸었다.
② 독립운동의 중요한 분기점이 된 대규모의 만세 운동이었다.
③ 세계 약소민족의 독립운동에도 커다란 자극을 주었다.
④ 파리 강화 회의에 신규식을 대표로 파견하여 이 사건의 진상을 널리 알렸다.

---

08 ④

제시된 설명의 "박상진"을 통해 밑줄 친 '이 단체'가 1915년에 결성된 대한 광복회임을 알 수 있다. ④ 대한 광복회는 공화정을 기반으로 한 근대 국가 수립을 목표로 하였다.

|오답해설|
① 남만주(서간도) 삼원보에 설립된 자치 단체인 경학사가 신흥 강습소를 설치하였다.
② 블라디보스토크에서 1919년 3월 17일에 설립된 '대한 국민 의회'가 최초의 임시 정부로 평가된다.
③ 「대한 독립 선언서」(1918년 작성, 1919년 발표)는 만주 지린(길림)에서 독립운동가 39인이 발표한 것으로 대한 광복회와는 관련이 없다.

09 ②

밑줄 친 '그'는 이회영이다. 이회영의 6형제와 가족들은 가산(家産, 집안 재산)을 정리하여 서간도(남만주)로 이주하였다. ② 이회영은 서간도에서 경학사를 조직하고 신흥 강습소를 설립하였다.

|오답해설|
④ 김구는 삼균주의에 입각하여 1935년에 한국 국민당을 결성하였다.

10 ③

대종교는 북간도에 무장 단체인 ⊙ '중광단'을 설립하였다. 연해주에서는 권업회를 모체로 1914년 ⓒ '대한 광복군 정부'가 설립되었다. 한편 국내에서는 의병 계열과 애국 계몽 운동 계열이 연합하여 1915년에 ⓒ '대한 광복회'를 결성하고, 공화정을 표방하였다. 경상도의 유생 윤상태 등은 ⓔ '조선 국권 회복단'을 설립하였다.

11 ②

제시된 자료의 "신한촌", "성명회", "전로 한족회 중앙 총회", "대한 국민 의회"는 모두 연해주에 있었다. ㄱ,ㄷ. 연해주에서는 1911년에 권업회가 설립되었고, 이후 1914년에 대한 광복군 정부가 수립되었다.

|오답해설|
ㄴ. 서간도(남만주)에 독립군 양성을 위한 신흥 강습소가 설치되었다.
ㄹ. 상하이에서 신규식, 박은식 등의 주도로 동제사가 조직되었다.

12 ④

밑줄 친 '이곳'은 '하와이'이다. 1903년부터 하와이에 노동 이민자로 정착하기 시작한 한인들은 1907년 한인 합성 협회를 조직하였다. ④ 1914년에는 박용만을 중심으로 군사 양성 기관인 대조선 국민 군단을 조직하였다.

|오답해설|
① 북만주 밀산부(소련과 만주의 경계 지역)에 독립운동 기지인 한흥동이 건설되었다.
② 1911년 연해주에서 독립운동 단체인 권업회가 조직되었다. 권업회는 1914년에 설립된 대한 광복군 정부의 근간이 되었다.
③ 남만주(서간도)에서는 신민회 인사들을 중심으로 독립운동 기지인 삼원보가 건설되었다. 또한 자치 기관인 경학사(이후 부민단 → 한족회로 개편)가 만들어졌다.

13 ④

결정적 문제 3·1 운동의 원인, 과정, 결과를 파악하자!
제시된 자료는 '제암리 학살 사건'에 대한 것이다. 이 사건은 3·1 운동과 관련 있다. ④ 신한 청년당에서는 3·1 운동 이전인 1919년 1월에 김규식을 파리 강화 회의에 대표로 파견하였다.

| 정답 | 08 ④ 09 ② 10 ③ 11 ② 12 ④ 13 ④

PART Ⅶ 일제 강점기 · 437

14

다음 중 3·1 운동의 배경·전개·의의에 관한 설명으로 옳지 않은 것은?

① 미국 대통령 윌슨의 민족 자결주의는 제1차 세계 대전 이후 지구상의 모든 식민지 처리에 적용되었다.

② 상하이의 신한 청년단은 파리 강화 회의에 보낼 독립 청원서를 작성하여 김규식을 대표로 파견하였다.

③ 만주, 연해주, 일본 등지에서도 만세 운동이 벌어졌다.

④ 제1차 세계 대전 승전국의 식민지에서 일어난 최초의 반제 민족 운동이다.

15

(가)에 대한 설명으로 옳은 것은?

> 3·1 운동 직후에 만들어진 ___(가)___ 은/는 연통제라는 비밀 행정 조직을 만들었으며, 국내 인사와의 연락과 이동을 위해 교통국을 두었다. 또 외교 선전물을 간행하여 일제 침략의 부당성을 널리 알리고자 하였다. 그러나 이러한 활동은 뚜렷한 성과를 내지 못하였다. 그러한 가운데 ___(가)___ 의 활동 방향을 두고 외교 운동 노선과 무장 투쟁 노선 사이에서 갈등이 빚어지기도 하였다.

① 외교 운동을 위해 미국에 구미 위원부를 설치하였다.

② 비밀 결사 운동을 추진하고자 독립 의군부를 만들었다.

③ 이인영, 허위 등을 중심으로 서울 진공 작전을 추진하였다.

④ 영국인 베델을 발행인으로 한 〈대한매일신보〉를 창간하였다.

16

다음 발의로 개최된 ㉠에 대한 설명으로 옳은 것은?

> 베이징 방면의 인사는 분열을 통탄하며 통일을 촉진하는 단체를 출현시키고 상하이 일대의 인사는 이를 고려하여 개혁을 제창하고 있다. …… 근본적 대해결로써 통일적 재조를 꾀하여 독립운동의 신국면을 타개하려고 함에는 다만 민의 뿐이므로 이에 ___㉠___ 의 소집을 제창한다.

① 창조파와 개조파 등의 주장이 대립되었다.

② 한국 국민당을 통한 정당 정치 실시가 결정되었다.

③ 삼균주의를 바탕으로 한 건국 강령이 채택되었다.

④ 파리 강화 회의에 김규식을 파견하는 것이 논의되었다.

17

대한민국 임시 정부가 임시 의정원 회의를 통해서 마련한 임시 헌장의 개정 명칭과 그 내용이 가장 적절하지 않은 것은?

① 제1차 개헌(1919) 임시 헌법 – 대통령 중심제와 내각 책임제 절충

② 제2차 개헌(1925) 임시 헌장 – 국무총리 중심의 내각 책임 지도제

③ 제3차 개헌(1927) 임시 약헌 – 국무 위원 중심의 집단 지도 체제

④ 제4차 개헌(1940) 임시 약헌 – 주석 지도 체제로 강력한 지도력 발휘

18

㉠ 정당에 대한 설명으로 옳은 것은?

> 한국 국민당과 조선 혁명당, 한국 독립당은 몇 차례에 걸친 논의를 통해 통합하기로 결정하였다. 이들은 1940년에 자신들의 조직을 해체하고 힘을 합쳐 ┌───㉠───┐을/를 조직하였다. 강화된 조직력을 바탕으로 ┌───㉠───┐은/는 독립운동을 활발하게 펼쳐 나갈 수 있게 되었다.

① 조선 의용대 화북 지대를 흡수하여 조선 의용군을 조직하였다.
② 무력 투쟁을 준비하기 위해 만주에 신흥 무관 학교를 창설하였다.
③ 대한민국 임시 정부를 주도적으로 이끌어 나가는 역할을 하였다.
④ 쌍성보와 대전자령 전투에서 일본군을 물리쳤다.

정답&해설

14 ①

① 윌슨의 민족 자결주의는 제1차 세계 대전의 패전국인 독일 제국, 오스만 제국, 오스트리아 – 헝가리 제국 등의 식민지에만 적용되었다는 한계가 있었다. 제1차 세계 대전의 승전국이었던 일본의 식민지인 한국에는 적용되지 않았다.

15 ①

(가)는 대한민국 임시 정부이다. ① 대한민국 임시 정부는 미국에 구미 위원부를 설치하고 이승만을 중심으로 외교 활동을 전개하였다.

| 오답해설 |
② 독립 의군부는 고종의 밀명을 받은 임병찬이 1912년에 조직하였다.
③ 이인영, 허위 등은 13도 창의군을 이끌고 1908년에 서울 진공 작전을 추진하였으나 실패하였다.
④ 영국인 베델, 양기탁 등은 1904년에 〈대한매일신보〉를 창간하였다.

16 ①

제시된 사료는 북경 군사 통일회의 '국민 대표 회의 소집' 요구 중 일부 내용이다. 북경 군사 통일회는 1921년 베이징에서 독립운동 군사 조직의 대표자들이 모여 통일된 군사 조직을 논의하였던 모임이며, 박용만·신채호 등이 참여하였다. 이들은 반(反) 임시 정부 노선을 견지하고, 국민 대표 회의를 소집하여 군사 기관 문제를 해결하기로 결의하였다. ① 1923년 개최된 국민 대표 회의는 창조파와 개조파의 주장이 대립하면서 결렬되었고, 상당수 인사들이 임시 정부를 탈퇴하였다.

17 ②

② 제2차 개헌(1925)은 국무령 중심의 내각 책임제가 핵심 내용이었다.

| 보충설명 | **대한민국 임시 정부 개헌의 핵심 내용**

개헌	시기	정치 체제
제1차	1919년	대통령 중심제를 중심으로 내각 책임제 절충
제2차	1925년	국무령 중심의 내각 책임제
제3차	1927년	국무 위원 중심의 집단 지도 체제
제4차	1940년	주석제
제5차	1944년	주석·부주석제

18 ③

김구의 한국 국민당, 지청천의 조선 혁명당, 조소앙의 한국 독립당이 통합하여 1940년에 ㉠ 한국 독립당을 결성하였다. ③ 한국 독립당은 대한민국 임시 정부의 기초 정당으로서 대한민국 임시 정부를 주도적으로 이끌어 나가는 역할을 하였다.

| 오답해설 |
① 조선 독립 동맹(1942)은 조선 의용대 화북 지대를 흡수하여 조선 의용군을 조직하였다.
② 만주 지역 독립운동가들은 1919년에 서간도의 신흥 강습소를 발전시켜 신흥 무관 학교를 창설하였다.
④ 지청천이 지휘하는 한국 독립군은 중국 호로군과 연합하여 쌍성보와 대전자령 전투에서 일본군을 물리쳤다.

| 정답 | **14** ① **15** ① **16** ① **17** ② **18** ③

19

(가) 인물에 대한 설명으로 옳지 않은 것은?

> [(가)]은/는 국권이 피탈되자 해외에 사는 교민들이 현실적인 독립운동의 기반이라고 생각하였다. 이에 교민들에게 민족의식을 심어주고 독립운동에 필요한 인물을 양성하기 위하여 1913년 5월 13일 미국 샌프란시스코에서 흥사단을 설립하였다.

① 실력 양성론을 주장하였다.
② 양기탁 등과 함께 신민회를 조직하였다.
③ 대성 학교를 설립하여 민족 교육을 실시하였다.
④ 국민 대표 회의에서 새로운 정부 수립을 주장하였다.

20

17. 지방직 9급

다음 자료에 나타난 사상을 정립한 인물에 대한 설명으로 옳지 않은 것은?

> 우리나라의 건국 정신은 삼균 제도(三均制度)의 역사적 근거를 두었으니 선조들이 분명히 명한 바 수미균평위(首尾均平位)하야 흥방보태평(興邦保泰平)하리라 하였다. 이는 사회 각층 각급의 지력과 권력과 부력의 향유를 균평하게 하야 국가를 진흥하며 태평을 보유(保維)하려 함이니 홍익인간(弘益人間)과 이화세계(理化世界)하자는 우리 민족의 지킬 바 최고 공리(公理)이다.

① 정치·경제·교육의 균등을 주장하였다.
② 제헌 국회 의원에 당선되었다.
③ 임시 정부의 국무 위원이었다.
④ 한국 독립당을 창당하였다.

21

다음 내용과 관계 있는 무장 항일 단체는?

> 일제 군경에 대한 유격전을 전개하여 상당한 전과를 거두었으며, 만주의 광복군 사령부와 긴밀하게 협력하였다. 그 후 일제 군경의 집요한 반격으로 활동이 여의치 않자 만주로 이동하여 대한 통의부에 편입하였다.

① 보합단 　　　　② 경학사
③ 구월산대 　　　④ 천마산대

22

다음의 내용을 배경으로 일어난 항일 민족 운동은?

> • 순종의 인산일을 기해서 시작하였다.
> • 학생과 민족주의자, 사회주의자들이 중심이 된 항일 민족 운동이다.
> • 일제의 수탈 정책과 식민지 교육에 대한 항거를 목적으로 하였다.

① 3·1 운동 　　　　② 광주 학생 항일 운동
③ 「2·8 독립 선언」 　④ 6·10 만세 운동

23

다음에 해당되는 역사적 사건은?

> • 조선 공산당이 천도교 구파 및 학생들과 함께 시위를 모의
> 했으나, 사전에 발각되었다.
> • 당일에는 학생들이 대대적인 반일 시위 운동을 전개하였다.
> • 민족 협동 전선인 신간회 결성의 계기가 되었다.

① 3·1 운동
② 물산 장려 운동
③ 광주 학생 운동
④ 6·10 만세 운동

24

19. 지방직 7급

밑줄 친 '이 운동'에 대한 설명으로 옳은 것은?

> 1929년에 통학 열차를 이용하던 한 일본인 학생이 한국인
> 여학생을 희롱한 사건이 일어났다. 이에 분노한 한국인 학생
> 은 일본인 학생에 맞서 싸웠다. 이때 일제 경찰은 일본인 학
> 생만 두둔하고 나섰다. 광주의 학생들은 이에 대응해 시위를
> 벌였다. 일제의 차별 정책에 맞서 일어난 이 운동은 전국으
> 로 퍼졌고 곳곳에서 동맹 휴학 투쟁이 연이어 벌어졌다.

① 진주에서 조선 형평사가 창설되는 결과로 이어졌다.
② 조선 민립대학 설립 운동이 시작되는 배경이 되었다.
③ 신간회가 그 진상을 규명하고자 조사단을 현지에 파견
하였다.
④ 비타협적 민족주의자들이 조선 민흥회를 만들게 된 계
기가 되었다.

---

19 ④

(가)는 안창호(1878~1938)이다. ④ 안창호는 1923년 국민 대표 회의에서 불거진 창조론(새 정부 구성)과 개조론(현 정부의 틀 속에서 개혁) 논쟁에서 개조론의 입장이였다.

|오답해설|
① 안창호는 민족의 교육을 강조하는 실력 양성론을 주장하였다.
②③ 안창호는 1907년에 양기탁 등과 함께 비밀 조직인 신민회의 결성을 주도하고, 평양에 대성 학교를 설립하여 민족 교육에 힘썼다.

20 ②

삼균 제도는 삼균주의를 의미하며, '조소앙'이 제창하였다. ② 조소앙은 김구, 김규식과 마찬가지로 제헌 국회 의원 선거에 출마하지 않았다.

|보충설명| **충칭 임시 정부와 한국 독립당**

> • 1930년대 중반 이후 민족주의 세력은 크게 3당으로 나뉘어 있었다. 김구의 한국
> 국민당, 조소앙·홍진 등이 주도하고 있던 한국 독립당(재건), 지청천·최동오 등 만
> 주 지역에서 활동하던 인사들이 중심을 이룬 조선 혁명당이 그것이다. 이들 3당은
> 1937년 8월에 임시 정부를 옹호·유지한다는 전제하에 한국 광복 운동 단체 연합
> 회를 결성하여 연합을 이루고 있었지만 각기 독자적인 조직과 세력을 유지하며 활
> 동하고 있었다.
> • 당시 임시 정부는 3당의 통합을 추진하였다. 그 결과 1940년 5월 9일에 한국 독립
> 당 창당 대회를 개최하여 한국 국민당·한국 독립당·조선 혁명당 3당의 과거 조직
> 을 공동 해소하고 통일을 이루어 새로운 한국 독립당을 창당하였다.

21 ④

제시된 내용 중 "대한 통의부에 편입하였다."라는 내용을 통해 '천마산대'임을 알수 있다. ④ 3·1 운동 이후 설립된 천마산대는 최시흥을 중심으로 구한말 군인들이 다수 참여하였다는 것이 특징이다.

22 ④

제시된 내용은 1926년에 일어난 ④ 6·10 만세 운동에 관한 것이다.

23 ④

④ 6·10 만세 운동(1926)에 대한 설명이다.

24 ③

밑줄 친 '이 운동'은 1929년에 일어난 광주 학생 항일 운동이다. ③ 신간회는 광주학생 항일 운동 당시 진상 조사단을 현지에 파견하였다.

|오답해설|
① 조선 형평사는 1923년 진주에서 창설되었다.
② 1920년대 초 민립대학 설립 운동이 시작되었다(1920년 조선 교육회 설립 발기회 개최, 1922년 조선 민립대학 기성 준비회 결성).
④ 조선 민흥회는 일부 비타협적 민족주의자들(조선 물산 장려회 계열)과 일부 사회주의 세력(서울 청년회)이 결합하여 1926년에 결성되었다.

|정답| **19** ④ **20** ② **21** ④ **22** ④ **23** ④ **24** ③

25

다음 사건 직후에 벌어진 사실로 가장 적절한 것은?

> 6월 7일 상오 7시 북간도에 주둔한 아군 7백은 북로 사령부 소재인 왕청현 ○○○을 향하여 행군하다가 뜻지 않게 같은 곳을 향하는 적군 3백을 발견하였다. 아군을 지휘하던 ○○○, ○○○ 두 장군은 즉시 적을 공격하였다. 급사격으로 적 1백 20여 명의 사상자를 내게 하고 도주하는 적을 즉시 추격하여 현재 전투 중에 있다.

① 일제가 중국 마적을 매수하여 훈춘의 민가, 일본 영사관을 습격하고, 이를 핑계로 일본 군대를 두만강 이북으로 출병시켰다.

② 중국 의용군과 연합하여 영릉가 전투, 흥경성 전투에서 일본군에 크게 승리하였다.

③ 백운평 전투를 시작으로 일본군과 6일 동안 10여 회에 걸친 전투를 벌여 크게 승리하였다.

④ 중국 호로군과 한중 연합군을 편성하여 쌍성보·사도하자·경박호·동경성·대전자령 전투 등 여러 전투에서 일본군을 상대로 큰 승리를 거두었다.

26

다음 〈보기〉를 시대순으로 가장 적절하게 나열한 것은?

┤ 보기 ├

> ㄱ. 일본군이 간도 참변을 일으켜 우리 동포를 학살하였다.
> ㄴ. 한일 학생 간의 충돌 사건을 계기로 광주 학생 항일 운동이 일어났다.
> ㄷ. 대한민국 임시 정부는 국내외의 독립운동 상황을 점검하고 새로운 활로를 모색하기 위하여 상하이에서 국민 대표 회의를 열었다.
> ㄹ. 일제와 만주 군벌 사이에 독립군의 탄압, 체포, 구속, 인도에 관한 이른바 미쓰야 협정이 맺어짐으로써 독립군의 활동은 큰 위협을 받게 되었다.

① ㄱ－ㄷ－ㄹ－ㄴ

② ㄱ－ㄷ－ㄴ－ㄹ

③ ㄷ－ㄱ－ㄴ－ㄹ

④ ㄷ－ㄱ－ㄹ－ㄴ

다음 사실들을 시기순으로 바르게 나열한 것은?

> ㄱ. 홍범도, 최진동, 안무 등이 연합하여 봉오동에서 일본군을 급습하여 크게 이겼다.
> ㄴ. 윤봉길이 상하이에서 폭탄을 던져 일본군 장성과 다수의 고관을 살상하였다.
> ㄷ. 연해주 지역에 한인 집단촌인 신한촌이 건설되고, 대한 광복군 정부가 조직되었다.
> ㄹ. 한국 독립당, 조선 혁명당, 의열단을 비롯한 여러 단체의 인사들이 민족 혁명당을 창건하였다.

① ㄱ－ㄴ－ㄷ－ㄹ

② ㄴ－ㄷ－ㄹ－ㄱ

③ ㄷ－ㄱ－ㄴ－ㄹ

④ ㄹ－ㄷ－ㄱ－ㄴ

28

다음에서 설명하는 사건은 무엇인가?

> (상하이파 고려 공산당 계열인) '사할린 의용대'와 (이르쿠츠크파 고려 공산당 계열인) '자유 대대' 간 독립군 지휘권을 둘러싼 싸움이 일어났다. 결국 자유 대대를 지지한 러시아 적군으로부터 포위 공격을 받아 다수의 독립군이 희생되었다.

① 간도 참변

② 자유시 참변

③ 훈춘 사건

④ 미쓰야 협정

29

다음에서 설명하는 단체는 무엇인가?

1923년 압록강 건너 남만주 일대를 관할하던 자치 정부 겸 독립운동 단체이며, 임시 정부와 연계하여 운영되었다.

① 통의부
② 참의부
③ 정의부
④ 신민부

30

다음 내용과 관련 있는 독립운동은?

강도 일본을 쫓아내려면 오직 혁명으로만 가능하며, 혁명이 아니고는 강도 일본을 쫓아낼 방법이 없는 바이다. …… 우리의 민중을 깨우쳐 강도의 통치를 타도하고 우리 민족의 신생명을 개척하자면 양병 10만이 폭탄을 한 번 던진 것만 못하며, 천억 장의 신문, 잡지가 한 번의 폭동만 못할지니라. …… 민중은 우리 혁명의 대본영(大本營)이다. 우리는 민중 속으로 가서 민중과 손을 맞잡아 끊임없이 폭력으로써 강도 일본의 통치를 타도하고, 우리 생활에 불합리한 일체의 제도를 개조하여 인류로써 인류를 압박하지 못하며, 사회로써 사회를 박탈하지 못하는 이상적 조선을 건설할지니라.

① 신간회의 활동
② 의열단의 투쟁
③ 민립대학 설립 운동
④ 문맹 퇴치 운동

정답&해설

25 ①

제시된 내용의 "6월 7일", "북간도", "왕청현", "적 1백 20여 명 사상" 등을 통해 봉오동 전투(1920. 6.)임을 알 수 있다. ① 봉오동 전투에서 패배한 일제는 훈춘 사건(1920. 9.)을 조작하여 대규모 병력을 만주에 파견하였다.

| 오답해설 |
② 양세봉의 조선 혁명군은 1930년대 초반 중국 의용군과 연합하여 영릉가, 흥경성 등지에서 일본군을 격퇴하였다.
③ 김좌진의 북로 군정서군은 홍범도의 대한 독립군 등 여러 독립군들과 연합하여 백운평 전투를 시작으로 6일간에 걸친 10여 차례의 전투에서 일본군에게 막대한 타격을 입혔다(청산리 대첩, 1920. 10.).
④ 지청천의 한국 독립군은 1930년대 초반 중국 호로군과 연합하여 쌍성보 전투, 사도하자 전투, 대전자령 전투 등에서 일본군을 격퇴하였다.

26 ①

결정적 문제 ▶ 1920년대 국외 항일 운동은 사건의 순서를 나열하는 문제가 빈출되니 알아 두자!
〈보기〉의 사건을 순서대로 나열하면 ㄱ. 간도 참변(1920~1921) → ㄷ. 국민 대표 회의 개최(1923) → ㄹ. 미쓰야 협정(1925) → ㄴ. 광주 학생 항일 운동(1929)이다.

27 ③

제시된 사실들을 시기순으로 나열하면 ㄷ. 대한 광복군 정부 조직(1914) → ㄱ. 봉오동 전투(1920) → ㄴ. 윤봉길의 상하이 의거(1932) → ㄹ. 민족 혁명당 창건(1935)이다.

28 ②

간도 참변 이후 밀산 지역으로 이동한 3,500여 명의 독립군은 서일, 김좌진, 홍범도 등의 지휘로 대한 독립 군단을 조직하고 흑룡강 연안의 자유시로 옮겨 소비에트 적군과 연합 전선을 시도하였다. ② 그러나 일본과의 불화가 이롭지 못하다고 판단한 소비에트 적군이 무장 해제를 강요하자 이들과 충돌하여 많은 사상자가 발생하였다(자유시 참변, 1921).

29 ②

② '참의부'는 1923년 임시 정부 군무부 산하의 육군 주만 참의부로 조직되었으며, 압록강 건너편 지역을 관할하던 민정 기관이자 군정 기관이었다.

30 ②

제시된 사료는 신채호의 「조선 혁명 선언」(1923)이다. ② 의열단은 민중의 직접적 폭력 혁명을 강조한 이 글을 행동 강령으로 삼아 의열 투쟁을 전개하였다.

| 정답 | **25** ① **26** ① **27** ③ **28** ② **29** ② **30** ②

31

다음 글은 (가)의 부탁을 받고 (나)가 지은 것이다. (가)와 (나)에 대한 설명으로 옳은 것은?

> 우리는 '외교', '준비' 등의 미련한 꿈을 버리고 민중 직접 혁명의 수단을 취함을 선언하노라. 조선 민족의 생존을 유지하자면 강도 일본을 쫓아내야 하고, 강도 일본을 쫓아내려면 오직 혁명으로써만 가능하니, 혁명이 아니고는 강도 일본을 쫓아낼 방법이 없는 바이다.

① (가)는 조선 의용대를 결성하였고, (나)는 '국혼'을 강조하였다.
② (가)는 신흥 무관 학교를 세웠고, (나)는 형평사를 창립하였다.
③ (가)는 조선 건국 동맹을 조직하였고, (나)는 식민 사학의 한국사 정체성론을 반박하였다.
④ (가)는 황포 군관 학교에서 훈련받았고, (나)는 민족주의 역사 서술의 기본 틀을 제시하였다.

32

밑줄 친 '선생'의 활동으로 옳은 것은?

> 그 길로 함께 안공근의 집에 가서 선서식을 하고 폭탄 두 개와 300원을 주면서 "<u>선생</u>은 마지막 가시는 길이니 이 돈을 아끼지 말고 동경(東京) 가시기까지 다 쓰시오. 동경에 도착하여 전보를 치면 다시 돈을 보내드리리다."라고 말했다. 그리고 기념사진을 찍기 위해 사진관으로 갔는데, 사진을 찍을 때 내 얼굴에 자연 슬픈 기색이 있었던지 그가 나를 위로하면서 "저는 영원한 쾌락을 누리고자 이 길을 떠나는 것이니 서로 기쁜 얼굴로 사진을 찍으십시다."라고 하였다. 나 역시 미소를 띠고 사진을 찍었다.

① 홍커우 공원에서 폭탄을 던졌다.
② 만주에서 의열단을 결성하였다.
③ 하얼빈에서 이토 히로부미를 사살하였다.
④ 상하이에서 한인 애국단에 참가하였다.

33

지도에 표시된 전투가 일어났던 시기를 연표에서 옳게 고른 것은?

1910년	1919년	1931년	1937년	1945년
(가)	(나)	(다)	(라)	
국권 피탈	3·1 운동	만주 사변	중일 전쟁	8·15 해방

① (가)　　② (나)　　③ (다)　　④ (라)

34

㉠ 부대에 대한 설명으로 옳은 것은?

> 　㉠　은/는 1933년에 중국인 부대와 연합하여 동경성 전투 등을 치르며 큰 전과를 올렸고, 대전자령에서는 일본군을 기습 공격하여 승리를 거두었다.

① 하와이에 대조선 국민 군단을 창설하였다.
② 양세봉의 지휘하에 흥경성 전투에 참여하였다.
③ 만주 지역에서 활동했던 한국 독립당의 산하 조직이었다.
④ 중국 의용군과 연합하여 영릉가 전투에서 일본군을 물리쳤다.

35

다음 (가)의 활동에 대한 설명으로 옳은 것은?

> 1920년대 후반 민족 유일당 운동의 결과, 만주 지역 민족 해방 운동의 중심 단체이던 정의·신민·참의 3부가 국민부와 혁신 의회로 재편되었다. 이후 1930년대에 국민부 계통은 ☐(가)☐ 을/를 조직하여 남만주 일대를 중심으로 활약했다.

① 영릉가 전투와 흥경성 전투에서 일본군을 격파하였다.
② 혜산진 보천보를 습격하여 일제의 경찰 주재소와 면사무소를 파괴하였다.
③ 쌍성보 전투, 대전자령 전투 등에서 일본군을 상대로 대승을 거두었다.
④ 일본군과 6일 동안 10여 회의 전투를 벌여 대승을 거둔 청산리 대첩을 이끌었다.

31 ④

제시된 사료는 의열단의 (가) 김원봉이 (나) 신채호에게 부탁하여 작성된 「조선 혁명 선언」(1923, 의열단의 강령)이다. ④ (가) 김원봉은 황포 군관 학교에서 훈련받은 후 독립군 간부를 양성하기 위해 조선 혁명 간부 학교를 설립하였다. (나) 신채호는 「독사신론」을 저술하여 민족주의 역사학의 기틀을 제시하였다.

| 오답해설 |
① 김원봉은 1938년에 조선 의용대를 결성하였다. 국혼을 강조한 역사가는 박은식이다.
② 신흥 무관 학교 설립은 이회영, 이동녕 등과 관련이 있다. 조선 형평사는 1923년 진주에서 이학찬 등이 백정들에 대한 사회적 차별을 타파하기 위해 설립한 단체이다.
③ 조선 건국 동맹은 여운형을 중심으로 조직되었다. 백남운 등의 사회 경제 사학자들은 식민 사학의 정체성론을 반박하였다.

32 ④

④ 제시된 사료는 '한인 애국단 소속 이봉창'이 의거를 위해 일본에 가기 전의 상황을 보여 준다. 한인 애국단은 대한민국 임시 정부의 김구가 1931년 상하이에서 설립한 단체이다.

| 오답해설 |
① 윤봉길, ② 김원봉, 윤세주 등, ③ 안중근에 대한 설명이다.

33 ③

③ 만주 사변(1931) 이후 한중 연합군이 결성되었다. 지청천이 지휘하는 한국 독립군은 중국 호로군과 연합하여 쌍성보 전투(1932), 대전자령 전투(1933)에서 일본군을 격퇴하였다. 한편 양세봉의 조선 혁명군은 중국 의용군과 연합하여 영릉가 전투(1932), 흥경성 전투(1933)에서 일본군에 승리하였다.

34 ③

㉠ 부대는 '한국 독립군'으로, ③ 한국 독립당 산하 군사 조직이었다. 지청천이 지휘하는 한국 독립군은 중국의 호로군과 한중 연합군을 편성하고, 쌍성보 전투(1932), 사도하자 전투(1933), 동경성 전투(1933)에서 일본군을 크게 격파하였다. 특히 대전자령 전투(1933)에서는 4시간의 격전 끝에 승리하여 막대한 전리품을 획득하였다.

| 오답해설 |
① 박용만은 1914년 하와이에서 대조선 국민 군단을 창설하였다.
②④ 양세봉이 지휘하는 조선 혁명군은 중국 의용군과 연합하여 영릉가 전투(1932)와 흥경성 전투(1933)에서 일본군을 격퇴하였다.

35 ①

국민부 산하 조선 혁명군은 남만주 일대에서 활약하였다. ① 조선 혁명군은 중국 의용군과 연합하여 영릉가 전투, 흥경성 전투에서 일본군을 격퇴하였다.

| 오답해설 |
② 동북 항일 연군은 조국 광복회 국내 지부의 도움을 받아 보천보를 습격하여 일제의 경찰 주재소와 면사무소를 파괴하였다(1937).
③ 지청천의 한국 독립군은 중국 호로군과 연합하여 쌍성보 전투, 대전자령 전투 등에서 일본군을 상대로 대승을 거두었다.
④ 김좌진의 북로 군정서군, 홍범도의 대한 독립군 등 독립군 연합 부대는 일본군과 전투를 벌여 승리하였다(청산리 대첩, 1920).

| 정답 | **31** ④ **32** ④ **33** ③ **34** ③ **35** ①

36

밑줄 친 '이 단체'는 무엇인가?

> 1936년 결성된 이 단체는 만주 및 국내 함경도 지역의 공산주의 세력과 민족주의 세력이 결합하여 천도교 세력 및 농민, 노동자 등으로 대중적 기반을 확대했다. 이 단체는 창립 선언에서 '계급, 성별, 지위, 당파, 연령, 종교 등의 차별을 불문하고, 일치단결하여 조국을 광복시킬 것'을 강조하고, 통일 전선 노선을 지향하였다.

① 조선 혁명군
② 한국 독립군
③ (재만 한인) 조국 광복회
④ 조선 민족 혁명당

37

밑줄 친 '이 단체'에 대한 설명으로 옳은 것은?

> 1930년대 일제의 중국 침략이 본격화되자 중국 본토에서 활동하던 독립운동 단체들은 좌우의 대립을 지양하고 민족 연합 전선을 형성하기 위해 상하이에서 '한국 대일 전선 통일 동맹'을 결성하고 민족 유일당 건설을 제창하였다. 이에 여러 단체의 인사들이 난징에서 회의를 열고 이 단체를 창건하였다. 이는 단순한 여러 단체의 동맹이 아니라 단일 정당을 형성한 것이다.

① 한국 독립당, 한국 국민당, 조선 혁명당 3당의 통합으로 만들어졌다.
② 지청천, 조소앙의 독주로 김원봉이 탈퇴하였다.
③ 동북 항일 연군을 산하의 군사 조직으로 두었다.
④ 창설 당시 김구는 참여하지 않았다.

38

밑줄 친 '그해'에 발생한 사건으로 옳은 것은?

> 그해에는 이미 나의 앞에는 한 발자국 내어 디딜 땅조차 없었다. 그 때문에 사회로 나선 나의 첫 발길은 오대산으로 더 깊이 들어가는 것이었다. …… 전해에는 〈동아〉, 〈조선〉 두 신문의 폐간을 보았고, 그해에는 다시 『문장』 폐간호를 절간에서 받아 보게 되었다.
>
> 조지훈, 「화동 시절의 추억」

① 조선에 치안 유지법이 시행되었다.
② 한국 독립당이 건국 강령을 발표하였다.
③ 조선 민족 전선 연맹이 조선 의용대를 조직하였다.
④ 총독부가 국민 정신 총동원 조선 연맹을 설치하였다.

39

다음 자료와 같은 대일 선전 포고와 관련된 군대에 대한 설명으로 옳지 않은 것은?

> 1. 한국 전체 인민은 이미 반침략 전선에 참가하여 한 개의 전투 단위로서 추축국(樞軸國)에 대하여 전쟁을 선포한다.
> 2. 1910년의 합방 조약과 일체의 불평등 조약의 무효를 거듭 선포하며, 아울러 반침략 국가의 한국에서의 합리적 기득 권익을 존중한다.
> 3. 왜구를 한국과 중국 및 태평양에서 완전히 몰아내기 위하여 최후의 승리를 거둘 때까지 피로써 싸운다.
>
> 「대일 선전 성명서」

① 대한민국 임시 정부에서 창설하였다.
② 연합군의 일원으로 전쟁을 수행하였다.
③ 청산리 전투에서 혁혁한 공을 세웠다.
④ 국내 진공 작전을 계획하였으나 일본의 패망으로 기회가 무산되었다.

40

대한민국 임시 정부는 1940년 충칭에서 한국광복군을 창설하였는데, 이와 관련된 내용으로 옳지 <u>않은</u> 것은?

① 총사령에 이청천, 참모장에 이범석을 선임하였다.
② 영국군의 요청으로 일부 병력을 인도와 버마(미얀마) 전선에 참전시켰다.
③ 미국 전략 정보처(OSS)와 협력하면서 국내 진공을 준비하였다.
④ 조선 의용군과 연합하여 일본에 대해 선전 포고를 하였다.

정답&해설

36 ③

③ 동북 항일 연군 내 일부 한국인 공산주의자들은 1936년 만주 장백현과 함경도 일대에서 민족주의자들과 통일 전선 형태를 띤 '(재만 한인) 조국 광복회'를 결성하였다.

37 ④

밑줄 친 '이 단체'는 '민족 혁명당'이다. ④ 1935년 6월 중국 난징에서 각 혁명 단체 대표자 대회가 개최되었으나 김구 등 임시 정부 세력은 임시 정부 해체가 논의되자 반발하여 참여하지 않았고, 한국 국민당을 결성하였다.

| 오답해설 |
① 한국 독립당, 의열단, 신한 독립당, 조선 혁명당, 미주 대한 독립당의 5개 단체가 통합하여 민족 혁명당을 창당하였다.
② 조직의 주도권을 김원봉의 의열단계가 장악하자 조소앙, 지청천 등이 탈당하였고 민족 혁명당은 조선 민족 혁명당으로 개편되었다.
③ 동북 항일 연군은 민족 혁명당 산하의 군사 조직이 아니다.

38 ②

〈동아일보〉와 〈조선일보〉가 폐간된 "전해"는 1940년이며, 밑줄 친 '그해'는 1941년이다. ② 1941년 대한민국 임시 정부의 기초 정당인 한국 독립당이 주도하여 「대한민국 건국 강령」을 발표하였다.

| 오답해설 |
① 1925년에 치안 유지법이 시행되었다.
③ 1938년에 조선 민족 전선 연맹이 군사 조직인 조선 의용대를 만들었다.
④ 총독부는 1938년에 전국적 동원 조직인 국민 정신 총동원 조선 연맹을 만들었다.

39 ③

제시된 자료는 대한민국 임시 정부가 발표한 성명서로, '한국광복군'과 관련 있다. ③ 청산리 전투에서 크게 활약한 독립운동 단체는 북로 군정서, 대한 독립군 등이다.

| 오답해설 |
①②④ 한국광복군은 김구, 이범석, 지청천 등이 중심이 되어 1940년 9월 충칭(중경)에서 조직되었다. 1941년 태평양 전쟁이 발발한 이후에는 연합군의 일원으로 연합 작전을 수행하였다. 1945년 5월부터 미국 정보 전략국과 협력하여 국내 진공 작전을 준비하였으나 일제의 패망으로 실행하지 못하였다.

40 ④

결정적 문제 ▶ 1940년 충칭에서 결성된 한국광복군의 활동을 기억해 두자!
④ 조선 의용군이 창설된 시기는 1942년으로, 임시 정부가 대일 선전 포고를 한 이후이다.

| 오답해설 |
① 1940년 충칭(중경)에 정착한 임시 정부는 지청천(이청천)을 총사령, 이범석을 참모장으로 한국광복군을 조직하였다. 1942년에는 김원봉의 조선 의용대를 흡수하고 3개 지대로 구성하였다.
② 한영 군사 협정(1943)에 따라 10여 명의 비전투 요원들이 영국군과 함께 인도·미얀마 전선에 참전해 주로 암호 분석, 포로 심문, 통역 및 심리전을 전개하였다.
③ 미국 OSS와 연합하여 국내 진입 계획을 세웠지만 일제의 항복으로 실현하지 못하였다.

| 정답 | **36** ③   **37** ④   **38** ②   **39** ③   **40** ④

41

일제의 식민 통치 정책과 항일 투쟁이 시기적으로 옳게 연결된 것은?

> ㉠ 조선 태형령이 실시되어 헌병 경찰이 태형을 즉결 처분할 수 있었다.
> ㉡ 사상 통제와 탄압을 위하여 고등 경찰 제도를 실시하였다.
> ㉢ 한반도를 대륙 침략을 위한 병참 기지로 삼았다.
> ㉣ 국가 총동원법을 발표하여 인적·물적 자원의 수탈을 강화하였다.

① ㉠ – 한일 학생 간의 충돌 사건을 계기로 광주 학생 항일 운동이 일어났다.

② ㉡ – 의병은 연합 전선을 형성하여 13도 창의군을 결성하고 서울 진공 작전을 펼쳤다.

③ ㉢ – 국권 회복과 공화 정치 체제의 국민 국가 건설을 목표로 삼은 신민회가 결성되었다.

④ ㉣ – 대한민국 임시 정부에서는 만주 지역의 독립군과 각처에 흩어져 있던 무장 투쟁 세력을 모아 한국광복군을 창설하였다.

일제 강점기 경제의 변화

42
19. 국가직 7급

다음 법령이 시행되던 시기에 있었던 사실은?

> 제1조 회사의 설립은 조선 총독의 허가를 받아야 한다.
> ......
> 제5조 회사가 본령이나 본령에 의거하여 발하는 명령과 허가 조건에 위반하거나 또는 공공질서와 선량한 풍속에 반하는 행위를 할 때, 조선 총독은 사업의 정지, 지점의 폐쇄 또는 회사의 해산을 명할 수 있다.

① 경성 제국 대학이 설립되었다.

② 경찰범 처벌 규칙이 제정되었다.

③ 학교에서 조선어 사용이 금지되었다.

④ 일본 상품에 대한 관세가 철폐되었다.

43
16. 국가직 9급

다음 법령에 대한 설명으로 옳은 것은?

> 제17관 임시 토지 조사국은 토지 대장 및 지도를 작성하고, 토지의 조사 및 측량한 것을 사정하여 확정한 사항 또는 재결을 거친 사항을 이에 등록한다.

① 토지와 임야를 함께 조사하도록 하였다.

② 토지 등급은 물론 지적, 결수, 지목 등을 신고하도록 하였다.

③ 지역별 지가와 그것의 1.3%를 지세로 하는 과세 표준을 명시하였다.

④ 본 법령에 따라 토지 소유를 증명하는 토지 가옥 증명 규칙과 시행 세칙이 공포되었다.

44

다음 ㉠의 추진 결과 나타난 현상으로 옳지 <u>않은</u> 것은?

> 일본은 1910년대 이후 자본주의 경제가 급속하게 발전하면서 농민들이 도시에 몰려 식량 조달에 큰 차질이 빚어졌다. 이를 해결하기 위해 [㉠]을 추진하였는데, 이는 토지 개량과 농사 개량을 통해 식량 생산을 대폭 늘려 일본으로 더 많은 쌀을 가져가고 우리나라 농민 생활도 안정시킨다는 목표로 추진되었다.

① 쌀 생산량의 증가보다 일본으로의 수출량 증가가 두드러졌다.

② 만주로부터 조, 수수, 콩 등의 잡곡 수입이 증가하였다.

③ 한국인의 1인당 연간 쌀 소비량이 이전보다 줄어들었다.

④ 많은 수의 소작농이 이를 통해 자작농으로 바뀌었다.

45

1934년 공포된 '조선 농지령'에 관한 설명으로 옳지 <u>않은</u> 것은?

① 입법 취지는 소작농의 지위 안정과 소작지의 생산력 증대였다.

② 마름의 중간 수탈을 방지하는 규정을 신설하였다.

③ 소작 기간을 최소 5년간 설정하였다.

④ 소유권 이동 시에도 임대차 계약의 효력을 인정하였다.

---

41 ④

㉠ 조선 태형령(1912), ㉡ 특별 고등 경찰 제도(1922), ㉢ 병참 기지화 정책(1930년대), ㉣ 국가 총동원법(1938)에 대한 서술이다. ④ 한국광복군은 일제가 전시 체제를 확대하던 시기인 1940년에 창설되었다.

|오답해설|
① 광주 학생 항일 운동(1929), ② 서울 진공 작전(1908), ③ 신민회 결성(1907)에 대한 설명이다.

42 ②

제시된 법령은 1910년에 공포된 회사령 중 일부로, 1920년까지 적용되었다(허가제의 회사령은 1920년에 폐지되었고, 이후 회사 설립은 신고제로 개편됨). ② 경찰범 처벌 규칙은 1912년에 제정되었다.

|오답해설|
① 일본은 1924년에 식민지 관료를 양성하기 위해 경성 제국 대학을 설립하였다.
③ 제3차 조선 교육령 발표(1938) 이후 학교에서 조선어 사용이 금지되었다.
④ 1923년에 일본 상품에 대한 관세가 철폐되었다.

43 ②

제시된 자료는 토지 조사령(1912) 중 일부이다. ② 일본은 토지 조사 사업을 실시해 토지의 등급·지적·결수·지목 등을 신고하게 하여 소유자를 확정하였다.

|오답해설|
① 토지 조사 사업은 토지(농경지)만을 대상으로 시행되었으며, 임야는 1918년 임야 조사령을 통해 조사하였다.
③ 일본은 1918년 지세령을 개정하여 지역별 지가와 그것의 1.3%를 지세로 하는 과세 표준을 명시하였다.
④ 대한 제국 시기인 1906년에 토지 가옥 증명 규칙과 시행 세칙이 공포되었다.

44 ④

㉠은 1920년부터 시작된 '산미 증식 계획'이다. ④ 산미 증식 계획의 결과 자작농은 줄어들고 소작농이 증가하였다.

|오답해설|
①②③ 산미 증식 계획 실시 이후 증가된 생산량보다 일본으로의 쌀 수출량이 많아 한국인의 1인당 쌀 소비량이 급감하였다. 이에 일제는 만주에서 대량의 잡곡을 수입하여 한국인의 식량을 충당하고자 하였다.

45 ③

③ '조선 농지령'에는 소작 기간이 최소 3년으로 설정되었다.

| 정답 | **41** ④ **42** ② **43** ② **44** ④ **45** ③

46

다음 중 일제의 경제 침탈에 관한 설명으로 가장 적절하지 않은 것은?

① 1910년대 시작된 토지 조사 사업은 토지의 소유권, 토지 가격, 지형 및 용도를 조사한 것으로, 토지에 대한 지주의 권리와 농민의 경작권을 함께 인정하였다.

② 1920년대 산미 증식 계획은 더 많은 쌀을 일본으로 가져가기 위해 추진되었으며, 수리 시설의 확대와 품종 교체, 화학 비료 사용 증가 등을 통해 이루어졌다.

③ 1930년대 이후 일제는 일본을 발전된 공업 지역으로, 만주를 농업과 원료 생산 지대로 만들고, 한반도를 경공업 중심의 중간 지대로 만들기 위해 조선 공업화 정책을 펼쳤다.

④ 1940년대 전시 동원 체제하에서 세금을 늘리고 저축을 강요하여 마련된 자금은 군수 기업에 집중 지원되었다.

47

밑줄 친 '운동'에 대한 설명으로 옳은 것은?

> 조선 사람은 조선 사람이 만든 물건만 쓰고 살자고 하는 운동이 일어나고 있다. 그렇게 하면 조선인 자본가의 공업이 일어난다고 한다. …… 이 운동이 잘 되면 조선인 공업이 발전해야 하지만 아직 그렇지 않다. …… 이 운동을 위해 곧 발행된다는 잡지에 회사를 만들라고 호소하지만 말고 기업을 하는 방법 같은 것을 소개해야 한다.
> 〈개벽〉

① 조선 총독부가 회사령을 폐지하는 계기가 되었다.

② 원산 총파업을 계기로 조직적으로 전개될 수 있었다.

③ 조만식 등에 의해 평양에서 시작되어 전국으로 확산되었다.

④ 조선 노농 총동맹의 적극적 참여로 대중적인 기반이 확충되었다.

일제 강점기 사회 운동

48

다음은 일제 강점기에 우리 민족이 전개한 운동이다. (가)와 (나)에 대한 설명으로 옳은 것을 〈보기〉에서 모두 고르면?

> (가) 노동자 수의 증가, 값싼 임금, 열악한 노동 조건을 배경으로 노동자들이 일으킨 운동이다.
> (나) 일제의 식민지 수탈 정책으로 농촌 경제의 파탄, 고율 소작료, 불안정한 소작권을 배경으로 농민들이 일으킨 운동이다.

┤ 보기 ├

ㄱ. (가)에 참여한 계층이 물산 장려 운동을 주도하였다.

ㄴ. (나)는 일제의 산미 증식 계획 결과 쌀 생산량이 증가하자 주춤하였다.

ㄷ. (가)와 (나)는 노동자·농민들의 생존권 투쟁인 동시에 항일 투쟁의 양상으로 전개되었다.

ㄹ. (가)와 (나)는 1920년대 중반에 유입된 사회주의 사상으로 더욱 활기를 띠었다.

① ㄱ, ㄴ   ② ㄱ, ㄷ

③ ㄴ, ㄷ   ④ ㄷ, ㄹ

49

다음 자료의 사회 운동에 대한 설명으로 옳은 것은?

사칙(社則)

제2조 본사의 위치는 진주에 둔다.
단, 각 도에는 지사, 군에는
분사를 둔다.

제3조 본사는 계급 타파, 모욕적
칭호 폐지, 교육 권장, 상호
의 친목을 목적으로 한다.

제4조 본 사원의 자격은 조선인은
하인(何人)을 불문하고 입사
할 수 있다.

① 원불교를 중심으로 전개되었다.
② 민족 자본의 보호와 육성을 추구하였다.
③ 여학교 설립을 통해 여성 교육에 매진하였다.
④ 백정에 대한 사회적 차별 철폐를 목표로 하였다.
⑤ 언론사의 주관으로 진행된 농촌 계몽 운동이었다.

50

다음 선언으로 결성된 단체에 대한 설명으로 옳은 것은?

민족주의적 세력에 대하여는 그 부르주아 민주주의적 성질
을 분명히 인식함과 동시에 과정상의 동맹자적 성질을 충분
히 승인하여, 그것이 타락하지 않는 한 적극적으로 제휴하여
대중의 이익을 위해서도 종래의 소극적인 태도를 버리고 싸
워야 할 것이다.

① 조선인 본위의 교육 제도 실시를 주장하였고, 원산 노동
자 총파업을 지원하였다.
② 민중의 직접 폭력 혁명으로 강도 일본을 무너뜨리는 목
표를 설정하였다.
③ 언론을 통한 국민 계몽과 문맹 퇴치 운동, 민립대학 설
립 운동 등을 추진하였다.
④ 민족 자본의 육성을 위해 자급자족, 토산품 애용 등을
주장하며 물산 장려 운동을 벌였다.

---

46 ①

① 토지 조사 사업의 결과 전통적으로 인정되어 온 경작권이 부정되어 조선 농민들
의 삶이 더욱 피폐해졌다.

47 ③

제시된 사료의 "조선 사람은 조선 사람이 만든 물건만 쓰고 살자."라는 내용을 통해
밑줄 친 '운동'이 '물산 장려 운동'임을 알 수 있다. ③ 물산 장려 운동은 1920년 조
만식 등이 평양에서 시작하였고, 전국적으로 확대되었다.

|오답해설|
① 조선 총독부는 1920년에 허가제의 회사령을 폐지하고, 신고제(계출제)로 바꾸
었다. 이는 일본 자본의 한국 진출을 쉽게 하기 위한 것이었다.
② 원산 총파업은 1929년에 일어났다. 전국 각지의 노동조합·청년 단체·농민 단
체 등은 물론 일본·중국·프랑스·소련의 노동 단체들까지 총파업을 격려하고
후원하였다.
④ 조선 노농 총동맹은 1924년에 조직된 노동자·농민 조직이었다.

48 ④

(가)는 노동 운동, (나)는 농민 운동을 말한다. ㄷ. 1920년대 노동 운동과 농민 운동
은 생존권 투쟁의 성격이 강하였는데, ㄹ. 사회주의 세력과 결합하면서 항일 운동으
로 발전하였다.

|오답해설|
ㄱ. 물산 장려 운동은 조만식 등 민족주의 계열이 주도하였다.
ㄴ. 산미 증식 계획의 결과 쌀 생산량은 어느 정도 증가하였으나 수탈량이 더 많아
조선 농민들의 몰락은 가속화되었다. 이 때문에 농민 운동은 더욱 확대되었다.

49 ④

제시된 자료는 형평 운동에 대한 내용이다. 갑오개혁(1894)으로 신분제가 폐지된
이후에도 백정에 대한 사회적 차별은 계속되었다. ④ 1923년 진주에서 백정들이
조선 형평사를 조직하고 평등한 대우를 요구하였다(형평 운동).

|오답해설|
① 원불교는 박중빈이 창시한 불교계 민족 종교로서 1918년 영광 간척 사업, 1924
년 익산의 황무지 개간 등의 사업을 추진하였고, 남녀 평등, 허례허식 폐지와 같
은 새 생활 운동을 전개하였다.
② 1920년 조만식, 김동원 등 70여 명이 조선 물산 장려회를 설립하고 국산품 애용
(내 살림 내 것으로), 근검 풍토 조성, 경제 진흥, 실업자 구제 등을 실천 과제로
물산 장려 운동을 전개하였다.
③ 개항 이후 개신교 선교사들이 중심이 되어 여학교 설립을 통해 여성 교육에 매
진하였다. 1920년대에는 조선 여자 교육회 등이 여성 교육 운동을 벌였다.
⑤ 1920년대 후반부터 민족주의 세력은 〈조선일보〉 등 언론사를 중심으로 궁핍한
농촌 현실의 여러 문제들을 우선 해결하자는 취지 아래 농촌 계몽 운동을 전개
하였다.

50 ①

제시된 사료는 1926년에 발표된 정우회 선언이며, 이 선언을 계기로 결성된 단체는
'신간회'(1927)이다. ① 신간회는 조선인 본위의 교육 제도 실시를 주장하였고, 원
산 노동자 총파업(1929)을 지원하였다.

|오답해설|
② 민중의 직접적 폭력 혁명으로 강도 일본을 타도하고자 한 단체는 의열단이다.
③ 조선 교육회 인사들이 민립대학 설립 운동을 추진하였다.
④ 조선 물산 장려회가 물산 장려 운동을 주도하였다.

|정답| **46** ① **47** ③ **48** ④ **49** ④ **50** ①

51

다음 주장과 관련이 깊은 단체는?

> 우리는 실천에서 배운 것이 있으니, 우리가 실지로 우리 자체를 위하여 우리 사회를 위하여 분투하려면, 우선 조선 자매 전체의 역량을 공고히 단결하여 운동을 전반적으로 전개하지 아니하면 아니된다.
>
> 일어나라! 오너라! 단결하자! 분투하자! 조선 자매들아! 미래는 우리의 것이다.

① 근우회
② 조선 여성 동우회
③ 한인 애국단
④ 정우회

52

21. 지방직 9급

밑줄 친 '이 단체'에 대한 설명으로 옳은 것은?

> 1920년대 국내에서는 일본과 타협해 실익을 찾자는 자치 운동이 대두하였다. 비타협적인 민족주의자들은 이를 경계하면서 사회주의 세력과 연대하고자 하였다. 사회주의 세력도 정우회 선언을 발표해 비타협적 민족주의 세력과 제휴를 주장하였다. 그 결과 비타협적 민족주의 세력과 사회주의 세력은 1927년 2월에 이 단체를 창립하고 이상재를 회장으로 추대하였다.

① 조선 물산 장려회를 조직해 물산 장려 운동을 펼쳤다.
② 고등 교육 기관을 설립하기 위해 민립대학 설립 운동을 시작하였다.
③ 문맹 퇴치와 미신 타파를 목적으로 브나로드 운동을 전개하였다.
④ 광주 학생 항일 운동의 진상을 조사하고 이를 알리는 대회를 개최하고자 하였다.

민족 문화 수호 운동

53

21. 경찰직 1차

다음 법령이 시행되던 시기에 있었던 사실로 옳은 것은?

> 제2조 국어를 상용하는 자의 보통 교육은 소학교령, 중학교령 및 고등 여학교령에 의한다.
> 제3조 국어를 상용하지 않는 자에게 보통 교육을 하는 학교는 보통학교, 고등 보통학교 및 여자 고등 보통학교로 한다.
> 제5조 보통학교의 수업 연한은 6년으로 한다. 단, 지역의 정황에 따라 5년 또는 4년으로 할 수 있다.

① 사립 학교령이 공포되었다.
② 조선어가 선택 과목이 되었다.
③ 경성 제국 대학이 설립되었다.
④ 소학교가 국민학교로 개칭되었다.

54

24. 국가직 9급

다음에서 설명하는 단체는?

> • '가갸날'을 제정하였다.
> • 기관지인 〈한글〉을 창간하였다.

① 국문 연구소
② 조선 광문회
③ 대한 자강회
④ 조선어 연구회

55

(가) 단체에 대한 설명으로 옳은 것을 〈보기〉에서 모두 고른 것은?

> 최현배, 이극로 등이 중심이 된 　(가)　 은/는 '표준어 및 외래어 표기법 통일안'을 제정하는 등 한글 표준화에 기여하였다. 이에 일제는 1942년 　(가)　 을/를 독립운동 단체로 간주하여 회원들을 대거 검거하였다. 일제는 이들을 고문하여 자백을 강요하였고 이윤재, 한징이 옥사하였다.

| 보기 |
- ㄱ. 국문 연구소를 설립하였다.
- ㄴ. 한글 맞춤법 통일안을 만들었다.
- ㄷ. 『우리말 큰 사전』 편찬을 준비하였다.
- ㄹ. 〈개벽〉, 〈어린이〉 등의 잡지를 발행하였다.

① ㄱ, ㄴ
② ㄱ, ㄷ
③ ㄴ, ㄷ
④ ㄴ, ㄹ

56

다음 글을 집필한 역사가에 대한 설명으로 옳은 것은?

> • 옛 사람들이 말하기를 나라는 멸망할 수 있지만, 역사는 멸망할 수 없다고 하였으니, 나라는 형(形)이고 역사는 신(神)이기 때문이다. 지금 한국의 형은 허물어졌으나 신만이 홀로 남을 수는 없는 것인가. ○○○○ 서문
> • 무릇 역사는 국가의 정신이요, 영웅은 국가의 원기라. 국민의 수준이 높을수록 역사를 더욱 존중하고 영웅을 숭배하니 그 역사를 존중함과 영웅을 숭배함이 곧 그 국가를 사랑하는 사상이라. 고구려 영락 대왕 묘비 등본을 읽고

① 국가의 구성 요소를 국혼과 국백으로 나누었다.
② 역사 연구의 목표를 '조선 얼'의 유지에 두었다.
③ '아'와 '비아'의 투쟁으로 역사가 전개된다고 하였다.
④ 기자 조선 – 마한 – 통일 신라로 이어지는 정통론을 주장하였다.

정답&해설

51 ①

① 제시된 자료는 1927년에 설립된 여성계 민족 유일당 단체인 '근우회'의 창립 취지문 중 일부이다.

52 ④

'정우회 선언'을 계기로 비타협적 민족주의 세력과 사회주의 세력이 결합한 단체는 신간회(1927~1931)이다. ④ 신간회는 광주 학생 항일 운동의 진상을 조사하고 이를 알리는 대규모 민중 대회를 준비하였으나 사전에 발각되어 실패하였다.

| 오답해설 |
①② 물산 장려 운동과 민립대학 설립 운동은 1920년대 초에 추진되었다.
③ 1931년 〈동아일보〉는 문맹 퇴치와 미신 타파를 목적으로 브나로드 운동을 전개하였다.

53 ③

제시된 사료는 1922년에 공포된 제2차 조선 교육령이다. 제2차 조선 교육령은 1938년에 제3차 조선 교육령이 제정되기 전까지 적용되었다. ③ 일본은 1920년대 초에 일어난 민립대학 설립 요구를 무마하고자 1924년에 경성 제국 대학을 설립하였다.

| 오답해설 |
① 1908년에 사립 학교령이 공포되어 사립 학교의 설립과 운영이 통제되었다.
② 1938년에 제3차 조선 교육령에 의해 조선어가 선택 과목(수의 과목)이 되었다.
④ 1941년에 제3차 조선 교육령이 일부 개정되어 (심상) 소학교가 국민학교(황국 신민을 양성하는 학교)로 개칭되었다.

54 ④

④ 1921년 창립된 조선어 연구회는 '가갸날'(현재의 한글날)을 제정(1926)하고, 잡지 〈한글〉을 창간(1927)하였다.

55 ③

(가) 단체는 조선어 학회이다. 조선어 학회에서는 ㄴ. 한글 맞춤법 통일안을 제정(1933)하였고, ㄷ. 『우리말 큰 사전』 편찬을 준비하였으나, 1942년 조선어 학회 사건으로 실패하였다.

| 오답해설 |
ㄱ. 국문 연구소는 1907년 대한 제국 학부 소속으로 만들어진 한글 연구 기관이다.
ㄹ. 천도교에서는 〈개벽〉, 〈어린이〉 등의 잡지를 발간하였다.

56 ①

결정적 문제 ▶ 민족주의 사학자 박은식, 신채호, 정인보, 문일평 등의 주장과 저서는 빈출 주제이니 기억하자!

다음 글을 집필한 역사가는 '박은식'이다. ① 박은식은 국가가 국혼과 국백으로 이루어져 있다고 주장하였다.

| 오답해설 |
② 정인보, ③ 신채호의 주장이다.
④ 조선 후기 안정복의 삼한 정통론에 대한 설명이다.

| 보충설명 | 안정복의 『동사강목』(강목체)

> 단군 조선에서 고려까지 다룬 통사로, 주자의 정통론을 기본으로 하였으나 단군 – 기자 – 마한 – 삼국 – 통일 신라 – 고려로 이어지는 것을 민족의 정통으로 보았다. 단군 조선에서 시작하는 독자적 삼한 정통론은 중국 중심 역사관을 벗어나려는 노력이었으며, 고증 사학의 토대를 마련하였다고 평가된다. 다만 신라에 비중을 두고 발해를 본국사에서 제외하여 외기로 처리하였다는 한계가 있다.

| 정답 | 51 ① 52 ④ 53 ③ 54 ④ 55 ③ 56 ①

57

다음 글을 쓴 인물에 대한 설명으로 옳지 <u>않은</u> 것은?

> 역사란 무엇인가? 인류 사회의 아(我)와 비아(非我)와의 투쟁이 시간으로 발전하고 공간으로 확대되는 심적 활동 상태의 기록이니, 세계사라 하면 세계 인류가 그렇게 되어 온 상태의 기록이요, 조선사라 하면 조선 민족이 이렇게 되어 온 상태이다. 무릇 주관적 위치에서 있는 자를 아(我)라 하고, 그 밖의 것은 비아(非我)라 한다.

① 대한민국 임시 정부에서 구미 외교론을 주장하였다.
② 무장 항일 투쟁론에 입각하여 민중의 혁명을 주장하였다.
③ 한때는 역사의 주체를 영웅으로 파악하여 각종 위인전을 남겼다.
④ 묘청의 서경 천도 운동을 '조선 1천 년래의 제일 대사건'으로 평가하였다.

58

다음 글을 쓴 인물에 대한 설명으로 가장 적절한 것은?

> 묘청의 천도 운동에 대하여 역사가들은 단지 왕사(王師)가 반란한 적을 친 것으로 알았을 뿐인데 이는 근시안적인 관찰이다. 그 실상은 낭가(郎家)와 불교 양가 대 유교의 싸움이며, 국풍파(國風派) 대 한학파(漢學派)의 싸움이며, 독립당 대 사대당의 싸움이며, 진취 사상 대 보수 사상의 싸움이니, 묘청은 전자의 대표요 김부식은 후자의 대표였던 것이다. 묘청의 천도 운동에서 묘청 등이 패하고 김부식이 이겼으므로 조선사가 사대적, 보수적, 속박적 사상인 유교 사상에 정복되고 말았다. 만약 김부식이 패하고 묘청이 이겼더라면 조선사가 독립적, 진취적으로 진전하였을 것이니 이것이 어찌 일천 년래 제일 대사건이라 하지 아니하랴.

① 『한국 독립운동 지혈사』를 저술하였다.
② 유물 사관에 바탕을 두고 식민 사관의 정체성론을 비판하였다.
③ 「조선 혁명 선언」을 작성하였다.
④ 대한민국 임시 정부 2대 대통령을 역임하였다.

59

다음 민족 운동의 성과로 옳은 것은?

> • 정인보, 안재홍, 문일평 등이 중심이 되어 추진하였다.
> • 어느 실학자의 서거 100주기 행사와 관련되어 이루어졌다.
> • 1930년대 중반에 민족 문화 수호 운동의 일환으로 진행하였다.
> • 민족을 중시하고, 우리 문화의 고유성과 세계성을 찾으려 하였다.

① 조선 광문회에서 실학자들의 저술을 간행하였다.
② 박지원이 『열하일기』와 『과농소초』를 편찬하였다.
③ 북학파 실학과 개화사상과의 연관성을 새롭게 밝혔다.
④ 정약용의 저서들을 정리하여 『정다산전서』를 간행하였다.
⑤ 일종의 한국학 백과사전인 『증보문헌비고』를 간행하였다.

60

다음 ㉠의 인물에 대한 설명으로 옳은 것은?

> ㉠ 은 조선 시대에 민중을 위해서 노력한 정치가들과 혁명가들을 드러내고, 세종과 실학자들의 민족 지향, 민중 지향, 실용 지향을 높이 평가하는 사론을 발표하여 일반 국민의 역사의식을 계발하는 데 기여하였다. 또한 국제 관계에서 실리적 감각이 필요함을 절감하고, 이러한 시각에서 『대미 관계 50년사』라는 저서를 내기도 하였다.

① 1930년대에 조선학 운동을 주도하였다.
② 진단 학회를 창립하여 한국사의 실증적 연구에 힘썼다.
③ 한국사가 세계사의 보편적 법칙에 입각하여 발전하였음을 강조하였다.
④ 우리의 민족 정신을 혼으로 파악하고, 혼이 담겨 있는 민족사의 중요성을 강조하였다.

61

다음 주장을 한 일제 강점기의 민족주의 사학자는?

> 율곡도 역시 당쟁을 조화하여 무당주의를 주장했고, 이항복도 자손에게 유언하여 당에 참가하지 말라고 했으며, 『당의 통략』을 지은 이건창도 당의 폐단을 설명했으며, 근래의 인사도 또한 그러하다. 그러나 나는 생각하건대, 근대 정치는 당파로 인하여 발달을 이룩하고 오히려 당파가 진보하지 못하고 두절함으로 인해 정치가 쇠하였다고 단언하기를 주저하지 않는다.

① 현채
② 안확
③ 이청원
④ 문일평

정답&해설

57 ①

제시된 자료는 '신채호'가 저술한 『조선상고사』의 일부분이다. ① 이승만과 관련된 내용이다.

58 ③

제시된 사료는 '신채호'의 『조선사연구초』에 수록된 묘청의 난(서경 천도 운동)에 대한 내용이다. ③ 신채호는 1923년에 의열단의 강령으로 『조선 혁명 선언』을 작성하였다.

|오답해설|
① 『한국 독립운동 지혈사』는 박은식의 저서이다.
② 사회 경제 사학에 대한 설명이며, 대표적 학자로는 백남운, 이청원 등이 있다.
④ 대한민국 임시 정부의 제2대 대통령은 박은식이다.

59 ④

다산 정약용 서거 100주년 기념사업을 준비하면서 1934년부터 조선 문화 부흥 운동, 즉 '조선학 운동'이 일어났다. ④ 정인보, 안재홍 등은 『여유당전서』를 교열하여 『정다산전서』라는 이름으로 간행하는 등 실학 연구에 주력하였다.

|보충설명| **조선학 운동**

> 역사학에서의 조선학 운동은 안재홍, 정인보, 문일평 등 비타협적 민족주의 사학자들이 주도하였는데, 이들은 신채호 등의 민족주의 사학을 계승하되 이전 민족주의 사학의 한계를 인식하고, 민족의 고유성·특수성과 세계사적 보편성을 동시에 추구하였다. 1930년대로 갈수록 식민 사학의 침투가 강화되자, 비타협적 민족주의 사학자 정인보, 문일평 등은 당시 활발하던 문화사적인 방법론과 계급 투쟁 사관, 민중 사학을 도입하여 민족주의 사학을 한 단계 발전시키는 역할을 하였다.

60 ①

⊙은 '문일평'이다. ① 1930년대 조선학 운동을 주도한 문일평은 식민 사관을 부정하고, '조선심'을 강조하였다. 신채호와 마르크스주의 역사학의 영향을 받아 『조선 과거의 혁명 운동』(1923)과 『사안으로 본 조선』(1933)에서 민중 중심적 역사관을 제시하였고, 고려·조선에서 계급 간 투쟁이 있었음을 지적하였다. 또한 『대미 관계 50년사』(1934)에서 제국주의의 침략을 국제적 안목에서 파악하였다.

61 ②

제시된 자료는 ② '안확'의 『조선 문명사』 중 일부이다. 안확은 『조선 문명사』에서 서양의 근대 정치학 이론을 한국 정치사에 원용하여 민족사의 근원을 단군 건국 이전으로 끌어올렸으며, 조선 시대 붕당 정치를 긍정적으로 인식하였다(당파성론 비판).

|정답| 57 ① 58 ③ 59 ④ 60 ① 61 ②

62

밑줄 친 '나'에 대한 설명으로 옳은 것은?

> 나의 조선 경제사의 기도(企圖)는 사회의 경제적 구성을 기축으로 대체로 다음과 같은 제 문제를 취급하려 하였다.
> 제1. 원시 씨족 공산체의 태양(態樣)
> 제2. 삼국의 정립 시대의 노예 경제
> 제3. 삼국 시대 말기 경부터 최근세에 이르기까지의 아시아적 봉건 사회의 특질
> 제4. 아시아적 봉건 국가의 붕괴 과정과 자본주의 맹아 형태
> 제5. 외래 자본주의 발전의 일정과 국제적 관계
> 제6. 이데올로기 발전의 총 과정

① 순수 학문을 표방하면서 식민주의 사학에 학문적으로 대항하려 하였다.

② 실학에서 자주적인 근대 사상과 우리 학문의 주체성을 찾으려 하였다.

③ 일제 식민 사학의 정체성론을 극복하는 근거를 제공하였다.

④ 우리 고대사를 중국 민족에 필적하는 강건한 민족의 역사로 서술하였다.

63

다음 자료에 해당하는 단체는?

> • 실천성이 강한 유물 사관과 민족주의 역사학을 모두 거부하면서 순수 학문으로서 역사학을 전공하는 학자들이 결집하여 창립하였다.
> • 이병도, 이상백, 김상기 등의 와세다 대학 출신 역사학자와 이윤재, 이희승 등 국어학자, 그리고 손진태, 송석하 등 민속학자들이 참여하였다.

① 청구 학회

② 조선 문인 협회

③ 조선어 학회

④ 진단 학회

다음 주장을 한 인물에 대한 설명으로 옳은 것은?

> 계급 투쟁은 민족의 내부 분열을 초래할 것이며, 민족의 내쟁은 필연적으로 민족의 약화에 따르는 다른 민족으로부터의 수모를 초래할 것이다. 계급 투쟁의 길은 우리가 반드시 취해야 할 필요는 없고, 민족 균등이 실현되는 날 그것은 자연 해소되는 문제다. …… 이 세계적 기운과 민족적 요청에서 민족 사관은 출발하는 것이며, 민족사는 그 향로와 방법을 명백하게 과학적으로 지시하여야 할 것이다.
>
> 『조선 민족사 개론』

① 『조선상고사』와 『조선사연구초』를 저술하였다.

② 대동사상을 수용한 유교구신론을 주장하였다.

③ 〈진단 학보〉를 발간한 진단 학회의 발기인으로 활동하였다.

④ 「5천 년간 조선의 얼」이라는 글을 〈동아일보〉에 연재하였다.

65

(가)에 대한 설명으로 옳은 것은?

> 문화 통치의 일환으로 한글 신문의 발행이 허용되었다. 이에 따라 (가) 이/가 창간되었다. (가) 은/는 자치 운동을 모색하던 이광수의 「민족적 경륜」을 실어 비판받기도 하였으나, '일장기 말소 사건'으로 일제로부터 정간 처분을 받기도 하였다.

① 한글 보급 운동에 앞장서 『한글원본』을 만들었다.

② 브나로드 운동이라는 농촌 계몽 운동을 전개하였다.

③ 〈개벽〉, 〈신여성〉, 〈어린이〉 등의 잡지를 발행하였다.

④ 신간회가 결성되자 신간회 본부와 같은 역할을 하게 되었다.

66

〈보기〉는 일제 강점기의 한 운동에 대한 발기 취지서이다. 이에 대한 설명으로 옳지 <u>않은</u> 것은?

─┤ 보기 ├─

우리들의 운명은 어떻게 개척할까? 정치냐, 외교냐, 산업이냐? 물론 이러한 사업가들이 모두 다 필요하도다. 그러나 그 기초가 되고 요건이 되며, 가장 급선무가 되고 가장 선결의 필요가 있으며, 가장 힘있고 가장 필요한 수단은 교육이 아니면 불가능하도다. …… 그러므로 이제 우리 조선인들도 세계의 일각에서 문화 민족의 일원으로 다른 나라 사람들과 어깨를 나란히 하여 우리들의 생존을 유지해야 한다.

① 1922년 조선 교육령의 개정이 하나의 계기가 되었다.
② 이상재 등이 기성회를 조직하였다.
③ 1920년 조직된 조선 교육회가 중추적 역할을 하였다.
④ 모금 운동을 통해 경성 제국 대학이 세워졌다.

62 ③

결정적 문제 ▶ 사회 경제 사학자들은 일제의 정체성론을 비판했음을 기억하자!
밑줄 친 '나'는 사회 경제 사학자 '백남운'이다. ③ 백남운은 마르크스주의 역사학을 적용하여 조선의 역사도 중세를 거쳐 근대로 나아가고 있었음을 강조하면서 일제 식민 사학의 정체성론을 비판하였다.

| 오답해설 |
① 실증주의 사학은 역사학의 순수 학문화를 표방하면서 식민주의 사학에 학문적으로 대항하려 하였다.
② 1930년대에 전개된 조선학 운동은 실학에서 자주적 근대 사상과 우리 학문의 주체성을 강조하였다.
④ 신채호는 우리 고대사를 중국 민족에 필적하는 강건한 민족의 역사로 서술하였다.

63 ④

④ 청구 학회에 대한 반발로 1934년 진단 학회가 조직되고 기관지로 〈진단 학보〉가 발간되었다. 이 학회는 독립운동에 직접 기여하지는 않았지만 우리나라 문화사 연구의 지평을 넓혀 주었고, 역사학을 비롯한 국학 전반의 학문적 수준을 높이는 데 공헌하였다.

| 오답해설 |
② 조선 문인 협회는 1939년에 창립된 총독부 산하의 어용 문학 단체이다.

64 ③

제시된 『조선 민족사 개론』은 '손진태'의 저서이다. ③ 손진태는 진단 학회의 발기인으로 이병도 등과 함께 활동하였다. 또한 기존의 계급 사관(사회 경제 사학), 민족주의 사학, 실증주의 사학을 뛰어넘는 '신민족주의 사관'을 제시하였다.

| 오답해설 |
① 신채호, ② 박은식, ④ 정인보에 대한 설명이다.

65 ②

"『민족적 경륜』을 실어 비판받기도 하였다."라는 내용과 "일장기 말소 사건"을 통해 (가)가 〈동아일보〉임을 알 수 있다. ② 〈동아일보〉는 1931년부터 브나로드 운동이라는 농촌 계몽 운동을 전개하였다.

| 오답해설 |
① 〈조선일보〉는 한글 보급 운동(문자 보급 운동)을 벌이고 『한글원본』을 만들었다.
③ 천도교는 〈개벽〉, 〈신여성〉, 〈어린이〉 등의 잡지를 발행하였다.
④ 신간회의 초대 회장이었던 이상재는 〈조선일보〉의 사장을 역임하였으며, 신간회 창간 당시 〈조선일보〉계 인물들이 많이 참여하였다.

66 ④

제시문은 민립대학 기성회 발기 취지서이다. 조선 교육회의 주도로 1922년에 이상재를 대표로 하는 '조선 민립대학 기성 준비회'가 결성되었다. ④ 민립대학 설립 운동은 일제의 방해 등으로 중도에 좌절되었고, 일제는 우리 민족의 민립대학 설립 요구를 무마하고자 1924년에 경성 제국 대학을 세웠다.

| 정답 | 62 ③   63 ④   64 ③   65 ②   66 ④

67

다음 주장을 한 인물의 활동으로 옳은 것은?

> 불교의 유신은 마땅히 먼저 파괴를 해야 한다. 유신이란 무엇인가? 파괴의 자손이다. …… 그러나 파괴라고 해서 모든 것을 무너뜨려 없애 버리는 것을 뜻하지 않는다. 다만 구습 중에서 시대에 맞지 않은 것을 고쳐서 이를 새로운 방향으로 나아가야 한다는 것뿐이다.
>
> 『조선 불교 유신론』

① 만주에서 의민단을 조직하였다.
② 〈만세보〉를 발행하여 계몽 활동을 펼쳤다.
③ 「님의 침묵」 등의 문학 작품을 발표하였다.
④ 대성 학교를 설립하여 교육 활동에 힘썼다.
⑤ 중광단에 가입하여 독립 전쟁에 참여하였다.

68

다음의 선언문과 관련된 단체나 종교가 전개한 민족 운동은?

> 우리 대한은 당당한 자주독립국이며, 평화를 애호하는 세계의 으뜸 국민임을 재차 선언합니다. 지난 독립 만세 운동은 곧 우리의 전통적인 독립의 의지를 만방에 천명한 것이고, 국제 정세의 순리에 병진하는 자유, 정의, 진리의 함성이었습니다. 그럼에도 불구하고 일본의 무력적인 억압으로 말미암아 우리의 자유와 평등을 주장한 자주독립 운동은 가슴 아프게도 실패하였습니다. 우리의 독립을 위한 투쟁은 이제부터가 더욱 의미가 있고 중요합니다.

① 브나로드 운동을 전개하여 문맹 퇴치에 앞장섰다.
② 일제 강점기 말에는 신사 참배를 거부하는 운동을 벌였다.
③ 만주에서 항일 운동 단체인 의민단을 조직하여 무력 투쟁에 나섰다.
④ 어린이날을 제정하는 등 소년 운동을 전국적으로 확산시켰다.

69

다음 내용과 관련된 설명으로 옳지 않은 것은?

> (가) 청년 운동   (나) 종교 운동
> (다) 소년 운동   (라) 형평 운동

① (가) – 민족주의 계열과 사회주의 계열을 통합하여 조선 청년 총동맹이 결성되었다.
② (나) – 개신교에서는 제2의 3·1 운동을 계획하였다.
③ (다) – 천도교 청년회 소년부가 설치되어 어린이날을 제정하였다.
④ (라) – "직업의 구별이 있다고 한다면 금수의 생명을 빼앗는 자는 우리들만이 아니다."라는 주장을 하였다.

70

일제 강점기 사회·문화의 변화로 가장 적절하지 않은 것은?

① 현관과 화장실을 갖춘 개량 한옥이 보급되었고 복도와 응접실, 침실 등 개인의 독립된 공간이 있는 문화 주택이 등장하였다.
② 농민 운동이 활성화되면서 전국적인 농민 운동 단체인 조선 농민 총동맹이 결성되어 보다 조직적으로 농민 운동을 이끌었다.
③ 방정환과 조철호를 중심으로 어린이 운동이 전개되면서 처음으로 5월 5일을 어린이날로 정하였다.
④ 도쿄 유학생들을 중심으로 토월회가 결성되어 남녀평등, 봉건적 인습 비판 등을 주제로 작품을 만들어 순회 공연을 열었다.

71

22.6월 서울시(자체 출제) 9급

〈보기〉에서 일제 강점기의 의식주 변화에 해당하는 것을 모두 고른 것은?

┤ 보기 ├

ㄱ. 음식 조리 과정에서 왜간장, 조미료 등을 사용하였다.

ㄴ. 도시 인구 급증의 후유증으로 토막(土幕)집이 등장하였다.

ㄷ. 일제 말 여성들이 일본식 노동복인 몸뻬의 착용을 강요당하였다.

ㄹ. 경성의 경우, 북촌에는 조선인이, 남촌에는 일본인이 주로 거주하였다.

① ㄱ, ㄷ

② ㄱ, ㄹ

③ ㄴ, ㄷ, ㄹ

④ ㄱ, ㄴ, ㄷ, ㄹ

67 ③

『조선 불교 유신론』은 '한용운'의 저술이다. ③ 한용운은 대표적인 시집 『님의 침묵』을 출판하여 일제에 문학으로 저항하였으며, 일제의 사찰령(1911)에 맞서 종래의 무능한 불교를 개혁하고 불교의 현실 참여를 주장하였다. 또한 3·1 운동을 이끈 민족 대표 33인 중 한 사람이었다.

| 오답해설 |

① 의민단은 천주교계 무장 단체로서, 방우룡을 단장으로 청산리 대첩에 참여하였다.

② 〈만세보〉는 천도교 제3대 교주 손병희가 발행한 천도교 기관지이다.

④ 신민회의 안창호는 평양에 대성 학교를 설립하여 인재를 양성하였다.

⑤ 대종교 교인들을 중심으로 북간도에서 조직된 중광단은 3·1 운동 전후 정의단, 군정부를 거쳐 북로 군정서로 개편되었다. 특히 김좌진이 지휘한 북로 군정서군은 1920년 청산리 대첩에서 활약했다.

68 ④

제시된 자료는 1922년에 천도교에서 발표한 「자주독립 선언문」이다. ④ 천도교는 어린이날을 제정하고, 「어린이 선언문」을 작성하는 등 소년 운동을 전개하였다.

| 오답해설 |

① 〈동아일보〉, ② 기독교, ③ 천주교가 추진한 민족 운동이다.

69 ②

② 천도교가 제2의 3·1 운동을 계획하였다.

70 ③

③ 방정환과 조철호를 중심으로 어린이 운동이 전개되면서 처음으로 5월 1일이 어린이날로 정해졌다. 이후 1961년 제정·공포된 '아동 복지법'에 따라 어린이날은 5월 5일로 정해졌다.

| 오답해설 |

① 1920년대 현관과 화장실을 갖춘 개량 한옥이 보급되었고, 1930년대에는 복도와 응접실, 침실 등 개인의 독립된 공간이 있는 2층 양옥 형태의 문화 주택이 등장하였다.

② 1920년대 농민 운동이 활성화되면서 1927년에 전국적인 농민 운동 단체인 조선 농민 총동맹이 결성되었다.

④ 도쿄 유학생 김기진, 박승희 등을 중심으로 1923년에 토월회가 결성되었다. 이들은 남녀평등, 봉건적 인습 비판 등을 주제로 작품을 만들어 순회공연을 열었다.

71 ④

모두 일제 강점기에 해당하는 내용이다.

ㄱ. 음식 조리에 왜간장(일본식 제조 방법으로 만들어진 간장), 조미료 등을 사용하였다.

ㄴ. 도시의 인구 증가로 토막(土幕)집이 등장하였다.

ㄷ. 일제는 몸뻬를 보급하였고 여성의 노동력을 수탈하였다.

ㄹ. 경성의 북촌에는 조선인, 남촌(혼쵸도리)에는 일본인이 주로 거주하였다.

| 정답 | 67 ③ 68 ④ 69 ② 70 ③ 71 ④

현대 사회의 발전

교수님 코멘트 ▶ 분단국가 수립 과정의 주요 사건을 순서대로 알아두고, 9차례에 걸친 헌법 개정의 원인, 과정, 결과를 반드시 기억하여야 한다. 농지 개혁 등 각 정부의 주요 경제 정책 및 7·4 남북 공동 성명 등 통일을 위한 노력도 빈출되는 주제이다.

대한민국 정부 수립과 6·25 전쟁

01

16. 지방직 7급

밑줄 친 '이 사람'에 대한 설명으로 옳은 것은?

해방 며칠 전, 엔도 정무총감은 어제까지도 자기 마음대로 모욕하던 이 사람을 초청하여 일본인의 생명 보호를 애걸하였다. 그러자 이 사람은 감옥에 있는 정치범의 즉시 석방, 청년 학생의 자치대 결성, 정치적 활동의 자유 보장, 3개월간의 식량 확보 등 4개 조항을 조건으로 내걸고 응락하였다. 돌아오는 길에는 동지들로 하여금 자치대를 조직하게 하였다.

① 반탁을 주도하는 독립 촉성 중앙 협의회를 조직하였다.
② 미군정의 지원을 받은 좌우 합작 위원회에 참가하였다.
③ 신민족주의를 내세운 국민당을 창당하였다.
④ 연합성 신민주주의를 표방한 신민당을 결성하였다.

02

17. 국가직 7급 추가

다음 강령을 선포한 단체의 활동으로 옳은 것을 〈보기〉에서 모두 고르면?

• 우리는 완전한 독립 국가의 건설을 기함
• 우리는 전 민족의 정치적·사회적 기본 요구를 실현할 수 있는 민주주의 정권의 수립을 기함
• 우리는 일시적 과도기에 있어서 국내 질서를 자주적으로 유지하며 대중 생활의 확보를 기함

┤ 보기 ├
ㄱ. 전국에 지부를 건설하고 치안대를 조직하였다.
ㄴ. 이른바 8월 테제를 발표하여 토지 혁명을 제창하였다.
ㄷ. 남북을 통합한 좌우 합작으로 임시 정부 수립을 주장하였다.
ㄹ. 전국 인민 대표 대회에서 조선 인민 공화국의 수립을 선언하였다.

① ㄱ, ㄴ ② ㄴ, ㄷ
③ ㄷ, ㄹ ④ ㄱ, ㄹ

03

모스크바 3국 외상 회의에서 결정한 한국 정부 수립 방안을 순서대로 바르게 나열한 것은?

> ㄱ. 미소 공동 위원회 개최
> ㄴ. 미소 공동 위원회와 임시 민주 정부 협의하에 미·영·중·소에 의한 신탁 통치 방안 결정
> ㄷ. 미소 공동 위원회와 한국의 정당 및 사회단체의 협의
> ㄹ. 임시 민주 정부 수립

① ㄱ - ㄷ - ㄴ - ㄹ
② ㄱ - ㄷ - ㄹ - ㄴ
③ ㄷ - ㄱ - ㄹ - ㄴ
④ ㄷ - ㄹ - ㄱ - ㄴ

04

다음 결정문에 근거하여 실행된 사실로 옳은 것은?

> 조선을 독립시키고 민주 국가로 발전시키는 동시에 가혹한 일본의 조선 통치 잔재를 빨리 청산하기 위해 조선에 임시 민주주의 정부를 수립한다.

① 미소 공동 위원회가 개최되었다.
② 서울에서 건국 준비 위원회가 조직되었다.
③ 유엔 감시하에 남한에서 총선거가 실시되었다.
④ 한반도에서 미군과 소련군의 군정이 시작되었다.

정답&해설

01 ②

제시된 내용은 일제의 패망 직전인 1945년 8월 초 여운형과 전 정무총감 엔도 류사쿠의 협상 내용 중 일부로, 밑줄 친 '이 사람'은 여운형이다. ② 여운형은 김규식과 함께 미군정의 지원을 받은 좌우 합작 위원회에 참여하였다(1946. 7.).

| 오답해설 |
① 독립 촉성 중앙 협의회는 이승만이 조직한 단체이다.
③ 안재홍은 신민족주의를 주장하였고, (조선) 국민당을 창당하였다.
④ 백남운은 연합성 신민주주의를 표방하였고, (남조선) 신민당을 결성하였다.

02 ④

제시된 사료는 1945년 8월 15일 해방과 함께 결성된 '조선 건국 준비 위원회'의 강령이다. ㄱ. 조선 건국 준비 위원회는 전국에 지부를 건설하고 치안대를 조직하였으며, ㄹ. 전국 인민 대표자 대회에서 '조선 인민 공화국'을 선포(1945. 9. 6.)한 이후 발전적으로 해소되었다.

| 오답해설 |
ㄴ. 조선 공산당을 재건한 박헌영은 8월 테제를 발표하여 토지 혁명을 제창하였다.
ㄷ. 좌우 합작 위원회는 남북을 통합한 좌우 합작으로 임시 정부를 수립할 것을 주장하였다.

03 ②

결정적 문제 ▶ 모스크바 3국 외상 회의에서 결정된 내용과 좌우 정치 세력의 반응을 알아 두자!
제시된 내용의 순서는 다음과 같다.
1945년 12월에 개최된 모스크바 3국 외상 회의에서는 'ㄱ. 미소 공동 위원회 개최 → ㄷ. 미소 공동 위원회와 한국의 정당 및 사회단체 협의 → ㄹ. 임시 민주 정부 수립 → ㄴ. 미소 공동 위원회와 임시 민주 정부의 협의하에 미·영·중·소 4국의 신탁 통치 방안 결정' 순으로 한국 정부를 수립하는 것에 합의하였다.

04 ①

제시된 자료는 1945년 12월에 개최된 '모스크바 3국 외상 회의'의 결정문 중 일부이다. ① 모스크바 3국 외상 회의에서는 조선에 임시 민주주의 정부를 수립하기 위해 미소 공동 위원회를 개최하고, 이후 최고 5년간 4개국(미·영·중·소)이 신탁 통치할 것을 결정하였다.

| 정답 | 01 ②   02 ④   03 ②   04 ①

05

다음 주장을 한 조직에 대한 설명으로 옳은 것을 〈보기〉에서 모두 고르면?

> 카이로·포츠담 선언과 국제 헌장으로 세계에 공약한 한국의 독립 여부는 금번 모스크바에서 개최한 3국 외상 회의의 신탁 관리 결의로 수포로 돌아갔으니, 다시 우리 3천만은 영예로운 피로써 자주독립을 획득하지 아니하면 아니될 단계에 들어섰다. 동포여! 8·15 이전과 이후, 피차의 과오와 마찰을 청산하고서 우리 정부 밑에 뭉치자. 그리하여 그 지도하에 3천만의 총역량을 발휘하여 신탁 관리제를 배격하는 국민 운동을 전개하여 자주독립을 완전히 획득하기까지 3천만 전 민족의 최후의 피 한 방울까지라도 흘려서 싸우는 항쟁 개시를 선언한다.

─┤ 보기 ├─

ㄱ. 좌우 합작 위원회를 주도하였다.
ㄴ. 신탁 통치 반대 운동을 하였다.
ㄷ. 대한민국 임시 정부의 승인을 요구하였다.
ㄹ. 한반도 문제의 처리를 유엔으로 넘기자고 주장하였다.

① ㄱ, ㄴ 　　　② ㄴ, ㄷ
③ ㄷ, ㄹ 　　　④ ㄱ, ㄹ

06

㉠에 들어갈 명칭으로 옳은 것은?

> ┌─㉠─┐ 에서 소련 대표는 미국·소련·영국 외무 장관이 합의한 사항에 동의하는 사회단체와 정당을 한국 민주주의 임시 정부 수립 문제를 논의할 협의 대상으로 하자고 했다. 또 합의한 사항에 반대하는 세력을 협의 대상에서 배제해야 한다고 주장하였다. 미국은 소련이 '의사 표현의 자유'를 보장하지 않는다며 비판했다. 양측은 이 문제로 대립하였고, 결국 ┌─㉠─┐ 는 특별한 성과를 거두지 못한 채 휴회에 들어갔다.

① 미소 공동 위원회
② 모스크바 3상 회의
③ 좌우 합작 위원회
④ 조선 건국 준비 위원회

07

다음 선언을 한 인물의 주장으로 옳은 것은?

> ······ 이제 우리는 무기 휴회된 미소 공동 위원회가 재개될 기색도 보이지 않으며 통일 정부를 고대하나 여의케 되지 않으니 우리는 남방만이라도 임시 정부 혹은 위원회 같은 것을 조직하여 38선 이북에서 소련이 철퇴하도록 세계 공론에 호소하여야 될 것이니 여러분도 결심하여야 될 것이다. 1946. 6.

① 남한만의 단독 정부를 수립하자.
② 좌우익 정당을 통합하여 정부를 수립하자.
③ 남북 분단을 막기 위해 남북 협상을 추진하자.
④ 정부 수립은 모스크바 3국 외상 회의의 결정을 따르도록 하자.

08

다음에서 설명하는 위원회가 발표한 원칙의 내용으로 가장 적절하지 않은 것은?

> 중도파의 여운형과 김규식 등은 통일 정부 수립을 위해 운동을 전개하였다. 소련과 합의를 통해 한반도 문제를 해결하려던 미군정도 이를 지원하였다. 이들은 1946년 7월 하순 위원회를 구성하고, 이해 10월 몇 가지 원칙에 합의하고 이를 발표하였다.

① 한국의 민주 독립을 보장한 모스크바 3국 외상 회의의 결정에 따라 좌우 합작으로 민주주의 임시 정부를 수립한다.
② 미소 공동 위원회의 속개를 요청하는 공동 성명을 발표한다.
③ 친일파 민족 반역자를 처리할 조례를 본 합작 위원회에서 심리 결정하여 실시하게 한다.
④ 입법 기구의 권능과 구성 방법 및 운영 등에 관한 사항은 본 합작 위원회에서 작성하여 적극적으로 실행한다.

09

다음 원칙이 발표된 이후에 있었던 사실로 옳지 않은 것은?

> • 조선의 민주 독립을 보장한 삼상 회의 결정에 의하여 남북을 통한 좌우 합작으로 민주주의 임시 정부를 수립할 것
> • 토지 개혁에 있어서 몰수, 유조건 몰수, 체감매상 등으로 토지를 농민에게 무상으로 나누어 주며, …… 민주주의 건국 과업 완수에 매진할 것
> • 입법 기구에 있어서는 일체 그 권능과 구성 방법 운영에 관한 대안을 본 합작 위원회에서 작성하여 적극적으로 실행을 기도할 것

① 3·15 부정 선거에 대항하여 4·19 혁명이 일어났다.
② 친일파를 청산하기 위한 반민족 행위 처벌법이 공포되었다.
③ 제헌 국회에서 대통령에 이승만, 부통령에 이시영을 선출하였다.
④ 임시 민주 정부 수립을 논의하기 위해 제1차 미소 공동 위원회가 개최되었다.

10

밑줄 친 '이것'이 수행한 내용으로 옳은 것은?

> 당면한 한반도 문제를 심의하는 데 선거로 뽑힌 한반도 국민의 대표가 참여할 것을 결의한다. …… 참여할 한반도 대표가 한반도의 군정 당국에 의하여 지명된 자가 아니라 한반도 주민에 의하여 정당히 선거된 자임을 감시하기 위하여 조속히 이것을 설치하여 한반도에 보내고자 한다. 그리고 이것에 한반도 전체에서 여행·감시·협의할 수 있는 권한을 주기로 결의한다.

① 소련의 방해로 남한 지역에서만 총선거를 감시하였다.
② 북한을 침략자로 규정하고 유엔군 파견을 결정하였다.
③ 한국 경제의 재건과 복구를 지원하였다.
④ 남한을 한반도에서 유일한 합법 정부로 승인하였다.

정답&해설

05 ②

제시된 사료는 '신탁 통치 반대 국민 총동원 위원회'의 반탁 시위 선언문이다. 1945년 12월에 개최된 모스크바 3국 외상 회의에서 4개국(미·영·중·소)의 신탁 통치가 결정되었다는 소식이 전해지자 ㄴ. 김구 등 임정 세력이 중심이 되어 '신탁 통치 반대 국민 총동원 위원회'를 조직하고 신탁 통치 반대 운동(반탁 운동)을 전개하였다. 또한 ㄷ. 대한민국 임시 정부의 승인을 요구하였다.

06 ①

㉠은 미소 공동 위원회이다. 모스크바 3국 외상 회의(1945. 12.)의 결정에 따라 한국에 민주적 임시 정부를 수립하는 방안을 논의하기 위해 미소 공동 위원회가 개최되었다(1차: 1946. 3., 2차: 1947. 5.). 당시 미국은 신탁 통치에 반대하는 우익 세력을 미소 공동 위원회의 협의 대상에 포함시키려 한 반면, 소련은 신탁 통치를 지지하는 정당과 사회단체만을 고집하였다. 양측 모두 자신에게 유리한 입장을 관철시키려 하였기 때문에 회의는 모두 결렬되었다.

07 ①

제시된 자료는 1946년 6월에 '이승만'이 발표한 정읍 발언이다. ① 정읍 발언의 요지는 '남한만이라도 단독 정부를 수립하자'는 것이었다.

08 ③

김규식, 여운형 등 중도 세력은 좌우의 대립을 극복하고 통일 정부를 수립하기 위하여 1946년 7월에 좌우 합작 위원회를 결성하였고, 같은 해 10월에 좌우 합작 7원칙을 발표하였다. ③ 좌우 합작 7원칙에는 친일파 민족 반역자를 처리할 조례를 향후 설립될 입법 기구에 제안하여 입법 기구로 하여금 심리·결정하도록 명시되어 있었다.

09 ④

제시된 사료는 1946년 10월 발표된 좌우 합작 7원칙 중 일부이다. ④ 제1차 미소 공동 위원회는 1946년 3월부터 덕수궁에서 개최되었다.

| 오답해설 |

① 1960년 3·15 부정 선거에 대항하여 4·19 혁명이 일어났다.
② 1948년 9월 친일파를 청산하기 위해 반민족 행위 처벌법(반민법)이 제정되었다.
③ 1948년 5·10 선거를 통해 제헌 국회가 구성(1948. 5. 31.)되었다. 이후 1948년 7월 20일 국회에서 실시한 정·부통령 선거에서 대통령 이승만, 부통령 이시영이 선출되었다.

10 ①

밑줄 친 '이것'은 유엔 한국 임시 위원단이다. 유엔 한국 임시 위원단은 '제2차 유엔 총회(1947. 11.)'의 결정에 따라 '5·10 총선거'의 공정한 감시 및 관리를 위해 파견되었다. 그러나 ① 소련의 방해로 남한 지역에서만 총선거를 감시하였다.

| 오답해설 |

② 1950년 6월 27일 유엔 안전 보장 이사회에서는 북한을 침략자로 규정하고 유엔 회원국을 대상으로 한국에 원조를 권고하는 결의를 채택하였다.
③ 1953년 10월 한미 상호 방위 조약이 체결된 이후 미국은 한국 경제의 재건과 복구를 지원하였다.
④ 1948년 8월 15일 대한민국 정부가 수립되자 1948년 12월 12일 제3차 유엔 총회에서는 대한민국 정부만이 유엔 감시하에 치러진 총선거로 수립된 합법 정부임을 승인하였다.

| 정답 | **05** ② **06** ① **07** ① **08** ③ **09** ④ **10** ①

11

다음 제시된 해방 이후 사회·정치 상황을 시간 순서대로 바르게 나열한 것은?

> ㄱ. 유엔 한국 임시 위원단의 감시하에 남한만의 총선거가 실시되었다.
> ㄴ. 제헌 국회는 '경자유전'을 원칙으로 하는 농지 개혁법을 공포하였다.
> ㄷ. 이승만은 정읍에서 남쪽만이라도 먼저 정부를 수립하자고 주장하였다.
> ㄹ. 제헌 국회는 반민족 행위 처벌법을 제정하였다.
> ㅁ. 미군정은 좌우 합작을 추진하는 한편 남조선 과도 입법 의원 창설을 공포하였다.

① ㄷ - ㅁ - ㄱ - ㄴ - ㄹ

② ㅁ - ㄷ - ㄹ - ㄱ - ㄴ

③ ㄷ - ㅁ - ㄱ - ㄹ - ㄴ

④ ㄱ - ㅁ - ㄷ - ㄴ - ㄹ

12

제헌 국회와 관련된 설명으로 옳지 <u>않은</u> 것은?

① 김구, 김규식과 같은 남북 협상파는 제헌 국회를 구성하기 위한 총선거에 불참하였다.

② 국회 의원의 임기는 4년으로 정하였다.

③ 국회 내 간접 선거를 통해 대통령에 이승만, 부통령에 이시영을 선출하였다.

④ 제헌 국회에서는 반민족 행위 처벌법을 제정하였다.

13

대한민국 정부 수립 이후에 일어난 사건을 〈보기〉에서 모두 고르면?

> ┤ 보기 ├
> ㄱ. 반민족 행위 특별 조사 위원회 설치
> ㄴ. 농지 개혁법 시행
> ㄷ. 안두희의 김구 암살
> ㄹ. 제주 4·3 사건 발생
> ㅁ. 여수·순천 10·19 사건 발생

① ㄱ, ㄴ, ㅁ

② ㄱ, ㄴ, ㄷ, ㅁ

③ ㄱ, ㄴ, ㄹ, ㅁ

④ ㄱ, ㄴ, ㄷ, ㄹ, ㅁ

14

다음 법령에 대한 설명으로 옳지 <u>않은</u> 것은?

> 제1조 일본 정부와 통모하여 한일 합병에 적극 협력한 자, 한국의 주권을 침해하는 조약 또는 문서에 조인한 자와 모의한 자는 사형 또는 무기 징역에 처하고, 그 재산과 유산의 전부 혹은 2분의 1 이상을 몰수한다.
> 제2조 일본 정부로부터 작위를 받은 자 또는 일본 제국 의회의 의원이 되었던 자는 무기 또는 5년 이상의 징역에 처하고 그 재산과 유산의 전부 혹은 2분의 1 이상을 몰수한다.
> 제3조 일본 치하 독립운동자나 그 가족을 악의로 살상·박해한 자 또는 이를 지휘한 자는 사형, 무기 또는 5년 이상의 징역에 처하고 그 재산의 전부 혹은 일부를 몰수한다.

① 이 법령에 따라 특별 재판부가 설치되었다.

② 이 법령의 제정은 제헌 헌법에 명시된 사항이었다.

③ 이 법령에 따라 반민족 행위자들이 실형을 선고받았다.

④ 이 법령은 여수·순천 10·19 사건 직후에 국회에서 통과되었다.

15

다음 자료에서 밑줄 친 '위원회'에 대한 설명으로 옳은 것은?

> 대통령은 우리 <u>위원회</u>의 활동이 삼권 분립 원칙에 위배된다
> 고 주장하고 있으며, 내무 장관은 피의자인 노덕술을 요직에
> 등용하였다. …… 당국자가 노덕술을 보호하고, 우리 <u>위원회</u>
> 에 그의 석방을 요구한 이유가 무엇인가? 우리는 친일 경관
> 이 아니라 애국심을 지닌 경관이 등용되기를 바란다.

① 남북 협상을 추진하였다.
② 부산 정치 파동으로 인해 해산되었다.
③ 3·15 부정 선거를 규탄하는 시위를 주도하였다.
④ 제헌 헌법의 특별 규정에 의해 제정된 법률에 따라 구성
  되었다.

16

연표의 (가), (나) 시기에 있었던 사실로 옳은 것은?

(가)		(나)	
↑	↑	↑	
6·25 전쟁 발발	서울 수복	휴전 협정 체결	
(1950. 6. 25.)	(1950. 9. 28.)	(1953. 7. 27.)	

① (가) – 인천 상륙 작전이 실시되었다.
② (가) – 중국군의 참전으로 인해 한국군은 서울에서 후퇴
  하게 되었다.
③ (나) – 애치슨 선언이 발표되었다.
④ (나) – 유엔 안전 보장 이사회에서 유엔군 파병이 결정
  되었다.

---

11 ③

제시된 사건의 순서는 다음과 같다.
ㄷ. 이승만의 정읍 발언(1946. 6. 3.)
ㅁ. 남조선 과도 입법의원 창설(1946. 12.)
ㄱ. 남한만의 단독 선거(1948. 5. 10.)
ㄹ. 반민족 행위 처벌법 제정(1948. 9.)
ㄴ. 농지 개혁법 공포(1949. 6.)

12 ②

② 제헌 국회의 국회 의원 임기는 2년, 대통령 임기는 4년이었다.

13 ②

대한민국 정부 수립(1948. 8. 15.) 이후에 일어난 사건을 고르면 된다.
ㄱ. 1948년 9월에 반민법이 통과된 이후, 반민족 행위 특별 조사 위원회(반민 특위)
  가 설치되었다(1948. 10.).
ㄴ. 농지 개혁법은 1949년 6월에 법제화되었고, 1950년 초부터 시행되었다.
ㄷ. 1949년 6월에 육군 소위 안두희가 김구를 암살하였다.
ㅁ. 1948년 10월 19일에 여수·순천 10·19 사건이 발생하였다.

|오답해설|
ㄹ. 제주 4·3 사건은 1948년 4월 3일에 발생하였다.

14 ④

제시된 사료는 1948년 9월에 공포된 반민족 행위 처벌법(반민법)의 내용이다. ④
여수·순천 10·19 사건은 1948년 10월 19일에 발생하였다.

15 ④

밑줄 친 '위원회'는 반민족 행위 특별 조사 위원회(반민 특위)이다. 제헌 헌법에는
1945년 8월 15일 이전의 악질적인 반민족 행위를 처벌하는 특별법을 제정할 수
있다는 조항이 있는데, 이를 근거로 ④ 1948년 9월 22일에 반민족 행위 처벌법이
제정되었고, 같은 해 10월 22일에 반민족 행위 특별 조사 위원회(반민 특위)가 설
치되었다.

16 ①

① (가) 시기 유엔군 참전 이후 국군은 인천 상륙 작전으로 전세를 반전시켰으며,
9월 28일에는 서울을 탈환하고 북진하기 시작하였다.

|오답해설|
②③④ 1950년 1월 발표된 애치슨 선언에 따라 미국의 극동 방위선에서 한반도가
제외되었으며, 이는 6·25 전쟁의 배경이 되었다. 전쟁이 발발하고 3일 만에 서
울이 함락되었고, 국군은 낙동강 전선까지 후퇴하였다. 당시 유엔은 안전 보장
이사회를 개최하여 북한의 남침을 불법적 침략 행위로 규정하고, 유엔군 파병을
결정하였다. 1950년 10월에 중국군이 참전하여 국군은 한때 서울에서 후퇴하였
으나(1·4 후퇴, 1951), 곧이어 반격에 성공하여 서울을 재탈환하였다.

|정답| **11** ③ **12** ② **13** ② **14** ④ **15** ④ **16** ①

17

6·25 전쟁 중의 정전 회담과 1953년 7월 체결된 정전 협정에 대한 설명으로 가장 적절하지 <u>않은</u> 것은?

① 정전 회담의 주요 쟁점은 군사 분계선 설정 문제, 포로 교환 문제 등이었다.
② 소련이 정전을 제안하였고 유엔군과 공산군이 이를 받아들이면서 정전 회담이 시작되었다.
③ 유엔군과 한국군, 중국군, 북한군은 1953년 7월 27일에 정전 협정에 조인하였다.
④ 정전 협정에서 양측은 현 전선을 군사 분계선으로 정하고, 군사 분계선 남북 각각 2km 지역을 비무장 지대로 설치하였다.

민주주의의 시련과 발전

18

(가), (나) 헌법에 대한 설명으로 옳은 것을 〈보기〉에서 모두 고르면?

(가)
제31조 입법권은 국회가 행한다. 국회는 민의원과 참의원으로써 구성한다.
제53조 대통령과 부통령은 국민의 보통·평등·직접·비밀 투표에 의하여 각각 선거한다.
부 칙 이 헌법은 공포한 날로부터 시행한다. 단, 참의원에 관한 규정과 참의원의 존재를 전제로 한 규정은 참의원이 구성된 날로부터 시행한다. 헌법 제2호

(나)
제55조 대통령과 부통령의 임기는 4년으로 한다. 단, 재선에 의하여 1차 중임할 수 있다. 대통령이 궐위된 때에는 부통령이 대통령이 되고 잔임 기간 중 재임한다.
부 칙 헌법 공포 당시의 대통령에 대하여는 제55조 제1항 단서의 제한을 적용하지 아니한다. 헌법 제3호

⊣ 보기 ├

ㄱ. (가) – 6·25 전쟁 중에 공포되었다.
ㄴ. (가) – 정부 형태를 내각 책임제로 규정하였다.
ㄷ. (나) – 초대 대통령의 중임 제한을 철폐하였다.
ㄹ. (나) – 계엄하에서 국회 의원의 기립 표결로 통과되었다.

① ㄱ, ㄴ ② ㄱ, ㄷ
③ ㄴ, ㄷ ④ ㄴ, ㄹ

19

밑줄 친 '개헌안'에 대한 설명으로 옳은 것은?

> 1954년에 실시된 선거로 국회 내 다수 세력이 된 자유당은 새 개헌안을 국회에 상정하였다. 이 개헌안이 국회를 통과하기 위해서는 그 재적 의원 203명의 3분의 2 이상이 찬성해야 했다. 그러나 표결 결과 135표를 얻는 데 그쳐 부결되었다. 그럼에도 자유당은 이른바 '사사오입'이라는 논리로 부결을 번복하고 가결을 선언하였다. 이는 절차적 민주주의 원칙이 크게 훼손된 사건이었다.

① 대통령이 국회 의원의 3분의 1을 직접 지명하도록 규정하였다.

② 국가 보위 비상 대책 위원회가 언론을 통제한다는 규정이 포함되어 있었다.

③ 대통령 선거인단에 의한 간접 선거로 대통령을 선출한다는 조항을 두었다.

④ 당시 재임 중인 대통령에 대해서는 중임 제한 규정을 적용하지 않는다는 내용이 있었다.

20

다음 강령을 내세운 정당은?

> • 우리는 공산 독재는 물론, 자본가와 부패 분자의 독재도 배격하고 진정한 민주주의 체제를 확립하여 책임 있는 혁신 정치의 실현을 기한다.
> • 우리는 생산 분배의 합리적인 계획으로 민족 자본의 육성과 농민·노동자·모든 문화인 및 봉급 생활자의 생활권을 확보하여 조국의 부흥 번영을 기한다.
> • 우리는 안으로 민주 세력의 대동단결을 추진하고, 밖으로 민주 우방과 긴밀히 제휴하여 민주 세력이 결정적 승리를 얻을 수 있는 평화적 방식에 의한 조국 통일의 실현을 기한다.

① 자유당

② 민주 정의당

③ 진보당

④ 공화당

정답&해설

17 ③

1953년 7월 27일에 체결된 정전 협정에는 유엔군 총사령관 클라크, 북한군 최고 사령관 김일성, 중화 인민 공화국 인민 지원군 사령관 펑더화이가 서명하였다. ③ 당시 한국은 정전 회담에 참여하지 않았다.

|오답해설|

① 정전 회담의 주요 의제는 군사 분계선의 설정, 휴전 감시 방법 및 그 기구의 설치, 포로 교환에 관한 협정, 쌍방의 당사국 정부에 대한 건의 등이었다.

② 정전 회담은 소련의 유엔 대표 말리크가 제안하여 시작되었다. 유엔군 측과 공산군 측은 1951년 7월 10일부터 1953년 7월 27일까지 개성과 판문점 등지에서 휴전 회담을 지속하였다.

④ 양측은 1953년 6월 8일에 본국 송환을 거부하는 포로를 자유 송환 원칙에 따라 처리하는 것에 합의하였다. 또한 현재의 전선을 군사 분계선으로, 군사 분계선 남북 각각 2km 지역을 비무장 지대로 설정하기로 하고 1953년 7월 27일에 정전 협정을 조인하였다.

18 ②

(가)는 발췌 개헌(1952), (나)는 사사오입 개헌(1954)으로 개정된 헌법이다.

ㄱ. 발췌 개헌(제1차 개헌)은 6·25 전쟁 중인 1952년에 단행되었고, 그 결과 제2호 헌법이 공포되었다.

ㄷ. 제3대 국회의 민의원 선거(1954. 5.)에서 관권의 개입으로 압승을 거둔 자유당과 이승만 정부는 권력을 계속 장악하기 위해 초대 대통령에 한해 중임 제한을 철폐하는 내용의 헌법 개정안을 국회에 제출하였다. 국회에서는 표결에 참여한 인원이 정족수에 미달한다고 판단하여 부결시켰으나 자유당의 압박으로 부결 이틀 만에 사사오입의 논리를 내세워 가결을 선언하였다(1954. 11.).

|오답해설|

ㄴ. 제2호 헌법에서는 정부 형태를 대통령제로 규정하였다.

ㄹ. 발췌 개헌 당시 계엄하에서 국회 의원들의 기립 표결로 헌법 개정안이 통과되었다.

19 ④

밑줄 친 '개헌안'은 사사오입 개헌(제2차 개헌, 1954)이다. ④ 제2차 개헌은 '당시 재임 중인 대통령(초대 대통령 이승만)에 대해서는 중임 제한 규정을 적용하지 않는다'는 내용이 핵심이었다.

|오답해설|

① 유신 헌법(제7차 개헌, 1972)에서 국회 의원 정수의 3분의 1을 대통령이 추천하면 통일 주체 국민 회의가 승인·선출하도록 규정되었다.

② 국가 보위 비상 대책 위원회(국보위, 1980. 5. 31. 설치)는 신군부 세력의 권력 기구였으며, 제8차 개헌을 주도하였다.

③ 제8차 개헌(1980. 10.)에서 '대통령 선거인단에 의한 대통령 간선제 및 7년 단임제' 조항을 규정하였다.

20 ③

제시된 자료는 1956년에 조봉암을 중심으로 창당한 혁신계 정당인 ③ '진보당'의 강령이다. 진보당은 1957년 진보적 민주주의 세력이 정치의 주도권을 장악해야 한다는 주장과 함께 평화 통일론을 제시하였다. 그러나 이승만 정권은 이 통일론을 빌미로 1958년 1월에 국가 보안법 위반 혐의를 씌워 진보당 간부 18명을 구속하였고, 1959년에 당수 조봉암을 사형에 처하였다(진보당 사건).

| 정답 | 17 ③ 18 ② 19 ④ 20 ③

21

〈보기〉 선언문의 발표 후에 있었던 사건으로 가장 적합하지 않은 것은?

┤ 보기 ├

상아의 진리탑을 박차고 거리에 나선 우리는 질풍과 같은 역사의 조류에 자신을 참여시킴으로써 이성과 진리, 그리고 자유의 대학 정신을 현실의 참담한 박토에 뿌리려 하는 바이다. …… 무릇 모든 민주주의 정치사는 자유의 투쟁사다. 그것은 또한 여하한 형태의 전제로 민중 앞에 군림하는 '종이로 만든 호랑이'같이 헤슬픈 것임을 교시한다. …… 근대적 민주주의의 근간은 자유다. ……　서울대학교 문리과대학 학생 일동

① 이승만 대통령이 하야하였다.
② 장면 정권이 수립되었다.
③ 민족 자주 통일 중앙 협의회가 조직되었다.
④ 조봉암이 진보당을 결성하였다.

22

다음 헌법이 시행된 시기의 정부에 대한 설명으로 옳은 것은?

제32조　양원은 국민의 보통·평등·직접·비밀 투표에 의하여 선거된 의원으로써 조직한다.
제53조　대통령은 양원 합동 회의에서 선거하고 재적 국회의원 3분의 2 이상의 투표를 얻어 당선된다.
제71조　국무원은 민의원에서 국무원에 대한 불신임 결의안을 가결한 때에는 10일 이내에 민의원 해산을 결의하지 않는 한 총사직해야 한다.

① 내각 책임제로 운영되었다.
② 베트남 파병을 결정하였다.
③ 새마을 운동을 전개하였다.
④ 금융 실명제를 실시하였다.

23

다음 회담에 관한 설명으로 적절하지 않은 것은?

○○회담은 1965년 6월 22일 양국 외무 장관이 ○○협정에 서명함으로써 막을 내렸다. …… 이 협정에 대해 한편에서는 한국의 근대화와 경제 발전을 위한 종잣돈을 마련했다는 점에서 긍정적으로 평가한다. 그러나 다른 한편에서는 실리에 급급한 나머지 과거 청산의 명분과 기회를 희생시켰다는 부정적 평가를 내리기도 한다.

① 한반도에서 냉전이 완화되는 계기가 되었다.
② 한국은 식민 통치에 대한 사죄를 받아 내지 못했다.
③ 회담 내용이 알려지면서 전국적인 반대 시위가 발생하였다.
④ 한국 경제의 대일 의존도가 높아지는 계기가 되었다.

24

다음은 1960년대 어느 일간지에 실린 사설이다. 밑줄 친 '파병'에 대한 설명으로 옳은 것만을 모두 고르면?

우리는 원했든 원하지 안했든 이미 이 전쟁에 직접적인 관계를 맺었고 파병을 찬반(贊反)하던 국민이 이젠 다 힘과 마음을 합해서 파병된 용사들을 성원하고 있거니와 근대 전쟁이 전투하는 사람만의 전쟁이 아니라 온 국민이 참가하는 '총력전'이라는 것을 알고 이 전쟁의 승리를 위해 모든 국민의 단합을 호소하는 바이다.

ㄱ. 발췌 개헌안 통과에 영향을 주었다.
ㄴ. 「브라운 각서」를 체결하는 이유가 되었다.
ㄷ. 1960년대 경제 개발 계획의 추진에 기여하였다.
ㄹ. 한미 상호 방위 원조 협정을 체결하는 계기가 되었다.

① ㄱ, ㄴ　　　　　　② ㄱ, ㄷ
③ ㄴ, ㄷ　　　　　　④ ㄷ, ㄹ

25

다음 글의 밑줄 친 '이 정부'가 실시했던 정책이 <u>아닌</u> 것은?

> 이 정부는 '조국 근대화'의 실현을 가장 중요한 국정 목표로 삼아 경제 성장에 모든 힘을 쏟는 경제 제일주의 정책을 펼쳤다. 이로써 수출이 늘어나고 경제도 빠르게 성장함으로써 절대 빈곤의 상태에서 어느 정도 벗어날 수 있었다. 그러나 경제 개발에 필요한 자본의 대부분은 외국에서 빌려 온 것이었고, 개발을 효율적으로 추진한다는 구실로 국민의 자유를 억압하여 민주주의 발전을 저해하였다.

① 한중 수교
② 한일 협정
③ 유신 헌법 제정
④ 제1차 남북 적십자 회담

---

21 ④

제시된 사료는 1960년 4·19 혁명 당시 발표된 선언문이다. ④ 조봉암 등이 진보당을 결성한 시기는 1956년 11월로, 4·19 혁명 이전이다.

|오답해설|
① 4·19 혁명의 결과 1960년 4월 26일에 이승만 대통령이 하야 성명을 발표하였다.
② 이승만 하야 이후 허정 과도 정부가 구성되었다. 이후 개헌(양원제, 내각 책임제)이 이루어졌고, 총선거에서 민주당이 승리하면서 장면 내각이 수립되었다.
③ 4·19 혁명 이후 통일 운동이 활발해지면서 1960년 9월에 민족 자주 통일 중앙 협의회가 조직되었다.

22 ①

결정적 문제 ▶ 4·19 혁명과 제2 공화국의 수립 과정을 파악하자!

제시된 헌법 내용 중 제53조 "대통령은 양원 합동 회의에서 선거한다."와 제71조 "민의원"을 통해 의원 내각제가 실시된 '장면 정부(제2 공화국)'임을 알 수 있다. ① 제2 공화국은 내각 책임제와 양원제(민의원, 참의원)로 운영되었으며, 대통령에 윤보선(국회에서 간접 선출), 국무총리에 장면이 선출되었다.

|오답해설|
② 박정희 정부는 미국의 요구를 수용하여 국군의 월남(베트남) 파병안을 국회에서 통과시켰다(1964. 7. 30.).
③ 박정희 정부는 수출 주도형 공업화 정책으로 도농 격차가 심해지자 이를 해결하기 위해 1970년부터 새마을 운동을 전개하였다.
④ 1993년에 김영삼 정부(문민 정부)가 금융 실명제를 전격적으로 발표하였다.

23 ①

제시된 자료는 1965년 한일 협정 체결에 대한 내용이다. ① 이 협정은 냉전 완화와는 관련이 없다.

24 ③

제시된 사설의 밑줄 친 '파병'은 베트남 파병이다. 미국의 요청으로 정부는 1965년부터 전투 부대를 베트남에 파병하였다.
ㄴ. 박정희 정부는 미국의 한국군 증파 요구를 들어주는 대가로 한국군의 현대화, 차관 제공 등을 약속한 「브라운 각서」(1966)를 체결하였다.
ㄷ. 베트남 파병을 통한 '달러 유입'은 1960년대 경제 개발 계획 추진에 기여하였다.

|오답해설|
ㄱ. 대통령 직선제를 핵심 내용으로 한 발췌 개헌안은 1952년에 통과되었다(제1차 개헌).
ㄹ. 한미 상호 방위 원조 협정은 한국 정부와 미국 정부 사이의 경제 및 군사 원조에 관한 협정으로, 1950년 1월 26일에 발효되었다.

25 ①

제시된 자료의 밑줄 친 '이 정부'는 박정희 정부이다. ① 한중 수교는 노태우 정부가 내세운 북방 외교 정책의 결과로 1992년에 이루어졌다.

|오답해설|
② 1965년. ③ 1972년의 일이다.
④ 제1차 남북 적십자 회담은 1971년 제1차 예비 회담을 시작으로 1972년 본회담까지 이어졌다.

|정답| **21** ④ **22** ① **23** ① **24** ③ **25** ①

26

대한민국의 현대사 사건들을 발생한 순서대로 가장 적절하게 나열한 것은?

> ㄱ. 베트남 파병이 이루어지면서 미국과 한국 사이에 한국군의 현대화와 경제 협력을 약속하는 각서가 체결되었다.
> ㄴ. 근로 기준법의 준수를 요구하며 전태일이 분신하는 사건이 발생하였다.
> ㄷ. 7월 4일 역사적인 남북 공동 성명이 서울과 평양에서 발표되었다.
> ㄹ. 북한이 보낸 30여 명의 무장 공비가 청와대 기습을 노린 사건이 발생하였다.

① ㄱ - ㄹ - ㄴ - ㄷ
② ㄹ - ㄱ - ㄷ - ㄴ
③ ㄱ - ㄴ - ㄹ - ㄷ
④ ㄹ - ㄷ - ㄱ - ㄴ

27

〈보기〉의 법령이 실시된 시기에 일어난 민주화 운동으로 가장 옳은 것은?

┤ 보기 ├

> 모두 9차례 발표된 법령으로 마지막으로 선포된 9호에 따르면 헌법을 부정·반대 또는 개정을 요구하거나 이를 보도하면 영장 없이 체포할 수 있었다. 이로 인해 많은 학생, 지식인, 야당 정치인, 기자 등이 구속되었다.

① 3선 개헌 반대 운동이 일어났다.
② 「3·1 민주 구국 선언」이 발표되었다.
③ 민주 헌법 쟁취 국민운동 본부가 결성되었다.
④ 신민당이 직선제 개헌을 위한 서명 운동을 전개하였다.

28

〈보기〉와 같은 내용의 헌법으로 개정된 이후 발생한 사건으로 가장 옳은 것은?

┤ 보기 ├

> 제39조 대통령은 통일 주체 국민 회의에서 토론 없이 무기명 투표로 선거한다.
> 제40조 통일 주체 국민 회의는 국회 의원 정수의 1/3에 해당하는 수의 국회 의원을 선거한다.
> 제43조 대통령은 조국의 평화적 통일을 위한 성실한 의무를 진다.

① 굴욕적인 한일 회담에 반대하는 학생 시위가 전개되었다.
② 재야인사들이 명동 성당에 모여 「3·1 민주 구국 선언」을 발표하였다.
③ 친일파 청산을 위해 반민족 행위 특별 조사 위원회를 설치하였다.
④ 민생 안정을 위해 농가 부채 탕감, 화폐 개혁 등을 실시하였다.

29

밑줄 친 ㉠, ㉡의 내용으로 옳은 것은?

> • 투표는 ㉠ 이 헌법 제39조의 규정에 따라 토론 없이 무기명으로 투표 용지에 후보자 성명을 기입하는 방법으로 진행되었다. 투표 결과는 찬성 2,357표, 반대는 한 표도 없이 무효 2표로 박정희 후보를 선출하였다.
> • 집권 준비를 마친 전두환은 통일 주체 국민 회의를 통해 제11대 대통령으로 선출되었다. 그러나 국민의 반발과 악화된 국제 여론을 의식하여 개헌을 단행하였다. ㉡ 새 헌법에 따라 실시된 선거에서 전두환은 다시 대통령에 당선되었다.

① ㉠ - 대통령의 연임을 3회까지만 허용한다.
② ㉠ - 대통령이 국회를 해산할 권한을 갖는다.
③ ㉡ - 대통령의 임기는 5년으로 한다.
④ ㉡ - 통일 주체 국민 회의에서 대통령을 선출한다.

30

〈보기〉는 대한민국 헌법 개정을 시기순으로 나열한 것이다. (가)와 (나)에 들어갈 내용으로 옳은 것은?

┤ 보기 ├

제6차	제7차	제8차	제9차
1969년	1972년	1980년	1987년
대통령 3선 허용	유신 헌법 대통령 간선제 (임기 6년)	(가) (7년 단임)	(나) (5년 단임)

	(가)	(나)
①	대통령 간선제	대통령 직선제
②	대통령 직선제	대통령 직선제
③	대통령 간선제	대통령 간선제
④	대통령 직선제	대통령 간선제

31

다음 자료에 해당하는 역사적 사건의 직접적 원인은?

> 우리는 왜 총을 들 수밖에 없었는가? 너무나 무자비한 만행을 더 이상 보고 있을 수만 없어서 너도나도 총을 들고 나섰던 것입니다. …… 계엄 당국은 18일 오후부터 공수 부대를 대량 투입하여 시내 곳곳에서 학생, 젊은이들에게 무차별 살상을 실시하였으니! ……
>
> 시민군 궐기문

① 긴급 조치 9호
② 6월 민주 항쟁
③ 5·17 비상 계엄 확대
④ 부산 미 문화원 방화 사건

---

26 ①

제시된 사건의 순서는 다음과 같다.

ㄱ. 1966년 「브라운 각서」 체결
ㄹ. 1968년 1·21 사태
ㄴ. 1970년 전태일의 분신
ㄷ. 1972년 7·4 남북 공동 성명

27 ②

제시된 자료는 유신 헌법에서 규정된 대통령의 긴급 조치권에 관한 내용이다. 긴급 조치는 1974년 1호를 시작으로 1975년 9호까지 발표되었다. ② 유신 헌법(1972. 12. 공포~1980. 10. 8차 헌법 공포 이전)이 적용되었던 시기인 1976년에 「3·1 민주 구국 선언」이 발표되었다.

|오답해설|

① 1969년에 3선 개헌 반대 운동이 일어났다.
③ 1987년 5월 27일에 민주 헌법 쟁취 국민운동 본부가 결성되었다(1987년 6월 민주 항쟁 주도).
④ 신민당은 1985년에 당론으로 직선제 개헌을 채택하였다. 이후 1986년부터 직선제 개헌을 위한 1천만 명 개헌 서명 운동을 전개하였다.

28 ②

제시된 내용은 1972년 10월에 제정되고 1972년 12월에 공포된 유신 헌법 중 일부이다. ② 유신 체제에 반대하는 재야인사들은 1976년에 명동 성당에 모여 「3·1 민주 구국 선언」을 발표하였다.

|오답해설|

① 1964년에 굴욕적인 한일 회담에 반대하는 학생 시위가 전개되었다(6·3 시위).
③ 1948년 10월에 친일파 청산을 위해 반민족 행위 특별 조사 위원회가 설치되었다.
④ 1961년 5·16 군사 정변 이후 민생 안정을 명분으로 농가 부채 탕감, 화폐 개혁 등이 실시되었다.

29 ②

⊙ 유신 헌법(제7차 개헌), ⓒ 제5 공화국 헌법(제8차 개헌)이다. ② 유신 헌법에는 대통령의 국회 해산권이 규정되었다.

|오답해설|

① 1969년 3선 개헌(제6차 개헌)을 통해 대통령의 연임을 3회까지만 허용하였다.
③ 대통령의 임기 5년과 단임제가 규정된 것은 제9차 개헌안이다.
④ 통일 주체 국민 회의에서 대통령을 선출한 것은 유신 헌법(제7차 개헌)의 내용이다.

30 ①

① 제8차 개헌으로 대통령 선거인단을 통한 '대통령 간선제'(임기 7년 단임제)가 채택되었고, 제9차 개헌으로 '대통령 직선제'(임기 5년 단임제)가 채택되었다.

31 ③

제시된 자료는 1980년 '5·18 민주화 운동' 당시의 궐기문이다. ③ 1979년 12·12 사태를 일으킨 신군부는 '서울의 봄(1980년 초 민주화 분위기)'을 무력화하기 위하여 5·17 비상 계엄 전국 확대 조치를 실행하고, 이에 반발하여 일어난 5·18 민주화 운동을 유혈 진압하였다.

|오답해설|

① 유신 체제 시기, ② 1987년, ④ 1982년의 일이다.

| 정답 | **26** ① **27** ② **28** ② **29** ② **30** ① **31** ③

32

다음의 선언문이 나오게 된 배경으로 옳은 것은?

> 오늘 우리는 전 세계의 이목이 주시하는 가운데 독재 정치를 청산하고 희망찬 민주 국가를 건설하기 위한 거보를 전 국민과 함께 내딛는다. 국가의 미래요, 소망인 꽃다운 젊은이를 야만적인 고문으로 죽여 놓고 그것도 모자라서 뻔뻔스럽게 국민을 속이려 했던 현 정권에게 국민의 분노가 무엇인지를 분명히 보여 주고, 민주 장정을 시작하려 한다.

① 정부가 대통령 중심제에서 내각 책임제로 헌법을 개정하였다.
② 정부가 긴급 조치권을 발동하여 헌법 개정 논의를 탄압하였다.
③ 마산의 중앙 부두에서 김주열 군의 시신이 발견되었다.
④ 정부가 대통령 간선제 헌법의 고수를 천명하였다.

33

다음 기구들을 설립 순서대로 바르게 나열한 것은?

> ㄱ. 국가 재건 최고 회의
> ㄴ. 국가 보위 비상 대책 위원회
> ㄷ. 통일 주체 국민 회의
> ㄹ. 대통령 선거인단

① ㄱ - ㄷ - ㄴ - ㄹ
② ㄱ - ㄴ - ㄷ - ㄹ
③ ㄴ - ㄹ - ㄷ - ㄱ
④ ㄴ - ㄱ - ㄷ - ㄹ

34

〈보기〉의 특별 담화문을 발표한 대통령의 재임 시기에 있었던 사실로 가장 옳은 것은?

> ─ 보기 ├
> "광역 및 기초 단체장과 의원을 뽑는 이번 선거를 계기로, 우리나라는 전면적인 지방 자치를 실시하게 됩니다. …… 지방 자치는 주민 개개인의 건설적 에너지가 지역 발전으로 수렴이 되고, 나아가서 국가 발전으로 이바지하는 데 참뜻이 있습니다."

① 금융 실명제를 실시하고, 하나회를 해체하였다.
② 여소야대 정국을 돌파하기 위하여 3당 합당을 하였다.
③ 평양에서 남북 정상 회담을 갖고 6·15 남북 공동 선언을 발표하였다.
④ 친일 반민족 행위 진상 규명 위원회를 조직하였다.

35

대한민국 헌법과 개헌에 대한 ㉠부터 ㉣까지의 설명 중 옳고 그름의 표시(○, ×)가 바르게 된 것은?

> ㉠ 제헌 헌법은 임기 4년의 대통령을 국회에서 간접 선거로 선출하고, 국회는 단원제로 구성하는 것을 내용으로 하였다.
> ㉡ 유신 헌법은 대통령의 임기를 5년으로 규정하고 있었으며, 연임 제한을 두지 않았다.
> ㉢ 3차 개헌은 내각 책임제와 양원제 국회를 구성하는 것을 내용으로 하였다.
> ㉣ 8차 개헌은 6·29 선언을 계기로 이루어졌으며, 5년 단임의 대통령 직선제를 그 내용으로 하였다.

① ㉠(×) ㉡(○) ㉢(×) ㉣(○)
② ㉠(○) ㉡(×) ㉢(○) ㉣(×)
③ ㉠(○) ㉡(○) ㉢(×) ㉣(○)
④ ㉠(×) ㉡(×) ㉢(○) ㉣(×)

북한의 역사와 통일을 위한 노력

36

09. 국가직 9급

6·25 전쟁 이전 북한에서 일어난 사건들을 연대순으로 바르게 나열한 것은?

> ㄱ. 북조선 5도 행정국 설치
> ㄴ. 토지 개혁 단행
> ㄷ. 북조선 노동당 창당
> ㄹ. 조선 공산당 북조선 분국 조직

① ㄱ - ㄴ - ㄴ - ㄷ - ㄹ
② ㄱ - ㄴ - ㄹ - ㄷ
③ ㄴ - ㄱ - ㄹ - ㄷ
④ ㄹ - ㄱ - ㄴ - ㄷ

37

해방 이후 남북한의 정치 상황에 대한 설명으로 옳은 것은?

① 1948년 김일성은 남로당과 연안파 인사들을 배제하고 북한 정부를 구성하였다.
② 1965년 한국군은 유엔군의 일원으로 베트남에 파병되었다.
③ 1969년 3선 개헌에 성공한 박정희는 간접 선거를 통해 1971년 대통령에 당선되었다.
④ 1972년 북한은 사회주의 헌법을 공포하여 수령 유일 지도 체제를 확립하였다.

정답&해설

32 ④

"꽃다운 젊은이를 야만적인 고문으로 죽여 놓고"라는 부분에서 1987년 1월에 발생한 '박종철 고문치사 사건'과 관련 있음을 알 수 있다. ④ 전두환 정부는 4·13 호헌 조치를 통해 대통령 간선제 헌법 고수를 천명하였는데, 이 와중에 박종철 고문치사 사건이 드러나면서 1987년 6월 민주 항쟁이 일어났다.

33 ①

ㄱ. 5·16 군사 정변 직후 박정희 등 군부 세력은 군사 혁명 위원회를 구성하였다가 정권을 인수받은 후 군사 혁명 위원회를 국가 재건 최고 회의로 개편하였다.
ㄷ. 통일 주체 국민 회의(1972. 12.)는 10월 유신 직후 조직되었다.
ㄴ. 국가 보위 비상 대책 위원회(1980)는 신군부 세력이 5·18 민주화 운동 발발 직후 결성하였다.
ㄹ. 1980년 8월 27일 전두환이 통일 주체 국민 회의에서 제11대 대통령으로 선출되었다. 이후 유신 헌법을 일부 수정하여 대통령 선거인단(1981. 2.)이 대통령을 간접 선출하도록 결정하였다.

34 ①

'전면적인 지방 자치 실시'는 1995년 김영삼 대통령 재임 시기이다. ① 김영삼 대통령은 금융 실명제를 전격적으로 실시(1993)하였고, 군부 사조직인 하나회를 해체하였다.

|오답해설|
② 노태우 정부 시기, 여소야대 정국을 돌파하기 위해 3당(민주 정의당, 통일 민주당, 신민주 공화당)이 합당(1990)하였다.
③ 김대중 대통령은 평양에서 남북 정상 회담을 갖고 2000년 6·15 공동 선언을 발표하였다.
④ 노무현 정부에서는 2005년 친일 반민족 행위 진상 규명 위원회를 조직하였다.

35 ②

㉠ (O) 제헌 헌법(1948)은 임기 4년의 대통령을 국회에서 간접 선거로 선출하고, 국회는 단원제로 구성하였다(임기는 2년).
㉡ (×) 유신 헌법(제7차 개헌, 1972)에는 대통령의 임기를 6년으로 규정되었으며, 연임 제한을 두지 않았다.
㉢ (O) 제3차 개헌(1960, 제2 공화국 헌법)은 내각 책임제와 양원제 국회를 구성하는 것을 내용으로 하였다.
㉣ (×) 제9차 개헌(1987)은 6·29 민주화 선언을 계기로 이루어졌으며, 5년 단임의 대통령 직선제를 내용으로 하였다.

36 ④

제시된 사건의 순서는 'ㄹ. 1945년 10월 → ㄱ. 1945년 11월 → ㄴ. 1946년 3월 → ㄷ. 1946년 8월'이다.

37 ④

④ 북한은 1972년 12월 사회주의 헌법을 제정하였다. 이 헌법에 따라 '국가 주석제'를 신설하여 주석이 모든 권력을 행사할 수 있도록 하였다. 곧이어 국가 주석으로 김일성이 취임하면서 '수령 유일 독재 체제'가 완성되었다.

|오답해설|
① 초기 북한 정권은 김일성파(갑산파), 연안파, 소련파, 남로당 계열 등이 참여한 연립 정부의 성격을 가졌다.
② 미국의 요청으로 베트남 파병이 이루어졌으나, 유엔군의 일원은 아니었다.
③ 1971년 제7대 대통령 선거는 직선제로 치러졌고, 박정희와 신민당의 김대중이 대결한 결과 박정희가 당선되었다.

| 정답 | **32** ④ **33** ① **34** ① **35** ② **36** ④ **37** ④

38

다음의 경제 정책을 실시한 정부의 통일 노력으로 가장 적절한 것은?

> 마산, 이리(익산)에 수출 자유 지역이 만들어져 많은 외국인 기업이 들어섰다. 또 울산, 포항, 창원, 여천(여수), 구미 등에 새로운 공업 단지를 조성하여 철강, 조선, 기계, 전자, 비철금속, 석유 화학 등 중화학 공업이 크게 발전하였다.

① 민간 차원의 교류가 크게 확대되고, 금강산 관광이 실현되었다.
② 민족 화합 민주 통일 방안을 제시하고, 남북한의 이산가족이 각각 서울과 평양을 처음으로 방문하였다.
③ 남북한은 자주·평화·민족 대단결의 통일 원칙을 내세운 공동 성명을 발표하였다.
④ 남북한은 유엔에 동시 가입하고, 화해와 불가침 및 교류·협정에 관한 합의서를 채택하였다.

39

(가), (나) 사이 시기에 있었던 사실로 가장 옳은 것은?

> (가) 남과 북은 상대방에 대하여 무력을 사용하지 않으며 상대방을 무력으로 침략하지 아니한다. …… 민족 전체의 복리 향상을 도모하기 위하여 자원의 공동 개발, 민족 내부 교류로서의 물자 교류, 합작 투자 등 경제 교류와 협력을 실시한다.
> (나) 남과 북은 나라의 통일을 위한 남측의 연합제 안과 북측의 낮은 단계의 연방제 안이 서로 공통성이 있다고 인정하고 앞으로 이 방향에서 통일을 지향시켜 나가기로 하였다.

① 남북 조절 위원회가 설치되었다.
② 금강산 관광 사업이 시작되었다.
③ 제2차 남북 정상 회담이 개최되었다.
④ 남북 이산가족 상봉이 최초로 이루어졌다.

40

다음은 '남북 사이의 화해와 불가침 및 교류·협력에 관한 합의서'의 일부이다. ⊙, ⓒ에 해당하는 것을 바르게 연결한 것은?

> 남과 북은 분단된 조국의 평화적 통일을 염원하는 온 거레의 뜻에 따라, ⊙ 에서 천명된 ⓒ 을 재확인하고, 정치 군사적 대결 상태를 해소하여 민족적 화해를 이룩하고, 무력에 의한 침략과 충돌을 막고 긴장 완화와 평화를 보장하며, …… 다음과 같이 합의하였다.

	⊙	ⓒ
①	7·7 선언	남북 공동 번영 원칙
②	6·15 남북 공동 선언	대북 화해 협력 정책
③	7·4 남북 공동 성명	조국 통일 3대 원칙
④	한민족 공동체 통일 방안	3단계 통일 구상

38 ③

제시된 내용 중 '수출 자유 지역의 설치'와 '중화학 공업 정책 추진'을 통해 1970년대 박정희 정부 시기임을 알 수 있다. ③ 박정희 정부는 1972년에 7·4 남북 공동 성명을 발표하였다.

|오답해설|
① 금강산 관광이 해로를 통해 처음 시작된 것은 김대중 정부 시기인 1998년이다.
② 전두환 정부는 1982년에 민족 화합 민주 통일 방안을 제시하였고, 1985년에는 남북한의 이산가족이 각각 서울과 평양을 처음으로 방문하도록 하였다.
④ 남북한이 유엔에 동시 가입하고, 남북 기본 합의서를 채택한 것은 노태우 정부 시기인 1991년이다.

39 ②

(가) 1991년 12월 13일에 채택된 남북 기본 합의서(노태우 정부), (나) 2000년 6·15 남북 공동 선언(김대중 정부)이다. ② 1998년에 해로를 통한 금강산 관광이 처음 시작되었다(김대중 정부).

|오답해설|
① 1972년 7·4 남북 공동 성명 이후 남북 조절 위원회가 설치되었다(박정희 정부).
③ 2007년 제2차 남북 정상 회담에서 10·4 남북 공동 선언을 발표하였다(노무현 정부).
④ 1985년에 남북 이산가족 상봉이 최초로 이루어졌다(전두환 정부).

40 ③

제시된 사료는 1991년 12월 13일에 발표된 '남북 사이의 화해와 불가침 및 교류·협력에 관한 합의서(남북 기본 합의서)' 중 일부로 ⊙은 7·4 남북 공동 성명, ⓒ은 조국 통일 3대 원칙이다.

|보충설명| **남북 기본 합의서의 주요 내용**

> 남과 북은 …… 7·4 남북 공동 성명에서 천명된 조국 통일 3대 원칙을 재확인하고, 정치적·군사적 대결 상태를 해소하여 민족적 화해를 이룩하고 …… 쌍방 사이의 관계가 나라와 나라 사이의 관계가 아닌 통일을 지향하는 과정에서 잠정적으로 형성되는 특수 관계라는 것을 인정하고, …… 다음과 같이 합의하였다.
> 제1장 남북 화해
> • 제1조 남과 북은 서로 상대방의 체제를 인정하고 존중한다.
> • 제2조 남과 북은 상대방의 내부 문제에 간섭하지 아니한다.
> • 제4조 남과 북은 상대방에 대한 비방·중상을 하지 아니한다.
> • 제5조 남과 북은 …… 평화 상태가 이룩될 때까지 현 군사 정전 협정을 준수한다.
> • 제7조 남과 북은 …… 판문점에 남북 연락 사무소를 설치·운영한다.
> 제2장 남북 불가침
> • 제9조 남과 북은 상대방에 대하여 무력을 사용하지 않으며 상대방을 무력으로 침략하지 아니한다.
> • 제13조 남과 북은 우발적인 무력 충돌과 그 확대를 방지하기 위하여 쌍방 군사 당국자 사이에 직통 전화를 설치·운영한다.
> 제3장 남북 교류·협력
> • 제15조 남과 북은 …… 자원의 공동 개발, 민족 내부 교류로서의 물자 교류, 합작 투자 등 경제 교류와 협력을 실시한다.
> • 제16조 남과 북은 과학·기술·교육 …… 라디오·텔레비전 …… 등 여러 분야에서 교류와 협력을 실시한다.

| 정답 | 38 ③ 39 ② 40 ③

41

〈보기 1〉의 선언문을 발표한 정부 시기에 있었던 사실을 〈보기 2〉에서 모두 고른 것은?

┤보기 1├

남과 북은 …… 쌍방 사이의 관계가 나라와 나라 사이의 관계가 아닌 통일을 지향하는 과정에서 잠정적으로 형성되는 특수 관계라는 것을 인정하고, ……
제1조 남과 북은 서로 상대방의 체제를 인정하고 존중한다.
제4조 남과 북은 상대방을 파괴·전복하려는 일체 행위를 하지 아니한다.

┤보기 2├

ㄱ. 남북한 동시 유엔(UN) 가입
ㄴ. 서울 올림픽 개최
ㄷ. 금융 실명제 실시
ㄹ. 6·29 선언

① ㄱ, ㄴ
② ㄴ, ㄷ
③ ㄴ, ㄹ
④ ㄷ, ㄹ

현대의 경제·사회·문화 발전

42

다음 그래프에 표시된 시기에 일어난 사회 현상으로 옳지 <u>않은</u> 것은?

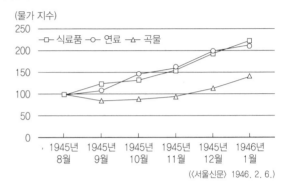

《서울신문》 1946. 2. 6.)

① 해외로부터 귀환인이 급증하여 식량이 부족했다.
② 38도선 분할 점령 이후 식료품 부문의 생산이 크게 위축되었다.
③ 미군정이 재정 적자를 메우기 위해 화폐를 과도하게 발행했다.
④ 미곡 수집제 폐지, 토지 개혁 실시를 주장하는 대규모 시위가 일어났다.

43

다음 법을 시행하기 이전 상황에 대한 설명으로 옳은 것은?

제1조 본법은 헌법에 의거하여 농지를 농민에게 적절히 분배함으로써 농가 경제의 자립과 농업 생산력의 증진으로 인한 농민 생활의 향상 내지 국민 경제의 균형과 발전을 기함을 목적으로 한다.
제17조 일체의 농지는 소작, 임대차 또는 위탁 경영 등 행위를 금지한다.

① 반민족 행위 처벌법의 시효가 단축되었다.
② 제2대 국회 의원 총선거가 실시되었다.
③ 미국의 공법 480호(PL 480)에 따른 잉여 농산물이 도입되었다.
④ 국민 방위군 사건이 일어났다.

44

20. 법원직 9급

다음 법령이 반포되었을 당시의 경제적 상황으로 가장 옳은 것은?

> 제2조   본 법에서 귀속 재산이라 함은 …… 대한민국 정부에 이양된 일체의 재산을 지칭한다. 단, 농경지는 따로 농지 개혁법에 의하여 처리한다.
> 제3조   귀속 재산은 본 법과 본 법의 규정에 의하여 발하는 명령이 정하는 바에 의하여 국용 또는 공유재산, 국영 또는 공영 기업체로 지정되는 것을 제외하고는 대한민국의 국민 또는 법인에게 매각한다.
>
> 귀속 재산 처리법

① 삼백 산업이 발달하였다.
② 금융 실명제가 실시되었다.
③ 수출 100억 달러를 달성하였다.
④ OECD 회원국으로 가입하였다.

45

19. 지방직 9급

다음 법령과 관련한 설명으로 옳은 것은?

> 제5조   정부는 다음에 의하여 농지를 취득한다.
>   1. 다음의 농지는 정부에 귀속한다.
>   (가) 법령 및 조약에 의하여 몰수 또는 국유로 된 토지
>   (나) 소유권의 명의가 분명하지 않은 농지

① 분배받은 농민은 평년 생산량의 30%를 5년간 상환하였다.
② 중앙 토지 행정처가 분배 업무를 주무하였다.
③ 신한 공사가 보유하던 토지를 분배하였다.
④ 농지 이외 임야도 포함되었다.

정답&해설

41 ①

제시된 사료는 1991년 12월 13일에 채택된 '남북 기본 합의서'의 내용으로, 노태우 정부(1988년 2월 25일~1993년 2월 24일) 시기에 발표되었다. ㄱ. 1991년에 남북한 동시 유엔(UN) 가입이 이루어졌고, ㄴ. 1988년에는 서울 올림픽이 개최되었다.

| 오답해설 |
ㄷ. 금융 실명제는 김영삼 정부 때인 1993년에 실시되었다.
ㄹ. 6·29(민주화) 선언은 전두환 정부 시기인 1987년에 여당인 민주 정의당 대표였던 노태우가 발표하였다.

42 ④

제시된 그래프는 1945년 8월부터 1946년 1월까지의 식료품, 연료, 곡물의 물가 지수를 보여 주고 있다. ④ 미군정은 1946년 1월 25일에 미곡 수집령을 제정하여 1946년 2월부터 미곡 수집제를 실시하였다. 한편 토지 개혁은 소군정 아래, 38선 이북 지역에서 1946년 3월에 실시되었다(북한의 토지 개혁).

| 오답해설 |
물가 지수가 상승했다는 것은 수요의 증가(① 국외로부터의 귀환인 급증)와 생산의 감소(② 미군정 시기, 식료품 생산의 위축)로 추정할 수 있다. ③ 미군정이 재정 적자를 충당하기 위해 화폐를 대량으로 발행하자 화폐 가치가 하락하고 물가가 상승하였다.

43 ①

제시된 자료는 농지 개혁법이다. 농지 개혁법은 1949년 6월 법제화되었으며, 1950년 3월부터 실시되었다. ① 1948년 9월에 제정된 반민족 행위 처벌법(반민법)은 친일파 세력의 반발로 공소 시효가 단축되었다(1950년 9월 22일에서 1949년 8월로 단축).

| 오답해설 |
② 1950년 5월 30일에 제2대 국회 의원 선거가 실시되었다.
③ 미국의 공법 480호(PL 480)는 1954년에 제정되었고, 이에 따라 1956년부터 우리나라에 잉여 농산물이 도입되었다.
④ 국민 방위군은 6·25 전쟁 중인 1950년 12월에 중국군의 인해 전술을 막기 위해 조직되었다. 국민 방위군 간부들이 공금을 착복하여 아사자가 늘자 1951년에 국회에서 이 사건을 조사하였다. 국회는 국민 방위군의 해체를 결의하였고, 관련자 5명은 사형에 처해졌다.

44 ①

제시된 사료는 1949년 12월에 제정된 귀속 재산 처리법이다. ① 삼백 산업은 제1 공화국(이승만 정권) 시기에 주로 발달하였다.

| 오답해설 |
② 1993년에 금융 실명제가 실시되었다(김영삼 정부).
③ 1977년에 수출 100억 달러를 달성하였다(유신 체제 시기).
④ 1996년에 OECD 회원국으로 가입하였다(김영삼 정부).

45 ①

제시된 자료는 1949년 6월에 제정된 농지 개혁법이다. ① 농지 개혁은 3정보를 상한으로 유상 매입, 유상 분배 방식으로 이루어졌다. 농지의 가격은 분배받은 농지의 평균 생산량 150%로 책정되었고, 평년 생산량의 30%씩 5년간 상환하도록 정해졌다.

| 오답해설 |
② 농지 개혁은 농림부가 분배 업무를 주관하였다.
③ 신한 공사는 농지 개혁법이 제정되기 이전인 1948년 3월에 폐지되었다.
④ 농지 이외 임야는 농지 개혁에서 제외되었다.

| 정답 | **41** ① **42** ④ **43** ① **44** ① **45** ①

19. 2월 서울시(사복직 포함) 9급

1960년대 정부의 경제 정책에 대한 설명으로 가장 옳은 것은?

① 귀속 재산 처리법을 공포하였다.
② 한미 경제 조정 협정을 체결하였다.
③ 경제 협력 개발 기구(OECD)에 가입하였다.
④ 제1차 경제 개발 5개년 계획이 실시되었다.

48

20. 국가직 9급

다음은 우리나라 경제 성장 과정을 시간순으로 나열한 것이다. (가)에 들어갈 내용으로 옳은 것은?

수출액 100억 달러를 돌파하다.
⇩
제2차 석유 파동으로 경제가 침체에 빠지다.
⇩
(가)
⇩
경제 협력 개발 기구에 가입하다.

① 제3차 경제 개발 5개년 계획이 실시되다.
② 저금리, 저유가, 저달러의 3저 호황을 경험하다.
③ 베트남 파병을 시작하고 「브라운 각서」를 체결하다.
④ 일본과 대일 청구권 문제에 합의하고 한일 기본 조약을 체결하다.

47

19. 법원직 9급

다음과 같은 기념물이 만들어지던 시기에 추진되었던 정부의 경제 정책으로 가장 적절한 것은?

① 중화학 공업을 적극 육성하였다.
② 경제 협력 개발 기구(OECD)에 가입하였다.
③ 미국의 잉여 농산물을 가공하는 삼백 산업을 육성하였다.
④ 자유 무역 협정(FTA)을 통해 시장 개방을 확대하였다.

49

17. 지방직 7급

우리나라의 시기별 교육 변화 양상으로 옳지 <u>않은</u> 것은?

① 1960년대 – 중학교 무시험 진학 제도가 처음 실시되었다.
② 1970년대 – 처음으로 고등학교 입학 시험이 연합 고사로 바뀌었다.
③ 1980년대 – 학교 교육과 별개로 사교육인 과외가 활성화되었다.
④ 1990년대 – 대학 수학 능력 시험이 실시되었다.

50

다음은 연대별 인구 정책을 상징하는 표어이다. 각 연대별로 일어난 일에 대한 설명으로 옳은 것만을 〈보기〉에서 모두 고르면?

연 대	표 어
(가)	덮어 놓고 낳다 보면 거지꼴을 못 면한다.
(나)	딸 아들 구별 말고 둘만 낳아 잘 기르자.
(다)	잘 키운 딸 하나 열 아들 안 부럽다.

┤ 보기 ├
ㄱ. (가) - 군사 정부가 '경제 개발 5개년 계획'을 추진하였다.
ㄴ. (나) - 유신 체제가 성립되었고, 2차례의 오일 쇼크와 중화학 공업 과잉 중복 투자에 따른 경제 불황이 있었다.
ㄷ. (다) - 6월 민주 항쟁과 저금리·저유가·저달러의 3저 호황이 있었다.

① ㄱ, ㄴ
② ㄱ, ㄷ
③ ㄴ, ㄷ
④ ㄱ, ㄴ, ㄷ

---

46 ④

④ 제1차 경제 개발 5개년 계획은 1962년부터 실시되었다.

|오답해설|
① 1949년 12월 19일에 귀속 재산 처리법을 공포하였다.
② 1952년 5월 24일에 한미 경제 조정 협정이 체결되었다.
③ 1996년 12월 12일에 경제 협력 개발 기구(OECD)에 가입하였다.

47 ①

수출 100억 불이 달성된 시기는 1977년이다(박정희 정부). ① 1970년대 박정희 정부는 중화학 공업을 적극 육성하였다.

|오답해설|
② 김영삼 정부 시기인 1996년에 경제 협력 개발 기구(OECD)에 가입하였다.
③ 1950년대 이승만 정부 시기에 삼백 산업(제분·제당·면방직)이 발전하였다.
④ 한 – 칠레 자유 무역 협정(FTA) 체결(2004년 4월 1일 발효) 이후 한국은 세계 여러 나라와 자유 무역 협정을 체결하였다.

48 ②

1978년 12월에 이란이 석유 수출을 금지하면서 제2차 석유 파동이 시작되었다. 1996년 12월에는 우리나라가 경제 협력 개발 기구(OECD)에 가입하였다. ② 3저 호황은 1980년대 중반에 나타났다.

|오답해설|
① 1972년에 제3차 경제 개발 5개년 계획이 실시되었다.
③ 1965년부터 전투 부대가 베트남에 파병되었고, 1966년에 「브라운 각서」가 체결되었다.
④ 1965년에 한일 기본 조약(한일 협정)이 체결되었다.

49 ③

③ 전두환 등 신군부 세력은 1980년에 정권을 잡은 후 7·30 교육 개혁 조치를 통해 과외를 전면 금지하였다.

|오답해설|
① 1969년에 중학교 무시험 진학 제도가 처음 실시되었다.
② 1974년부터 고등학교 입학 시험이 연합 고사로 바뀌었다.
④ 1994학년도 입시부터 대학 수학 능력 시험이 적용되었다(1993년 두 차례 실시).

50 ④

(가)는 1960년대, (나)는 1970년대, (다)는 1980년대 인구 정책을 상징하는 표어이다.
ㄱ. 1960년대에는 박정희 군사 정부가 제1차 경제 개발 5개년 계획을 시작하였다.
ㄴ. 1970년대에는 유신 체제가 성립(1972)되었고, 두 차례의 오일 쇼크(1차 – 1973, 2차 – 1978)가 발생하였다. 또한 중화학 공업 중복 투자에 따른 경제 불황이 이어졌다.
ㄷ. 1980년대에는 6월 민주 항쟁(1987), 3저 호황(1980년대 중반)이 있었다.

|정답| **46** ④ **47** ① **48** ② **49** ③ **50** ④

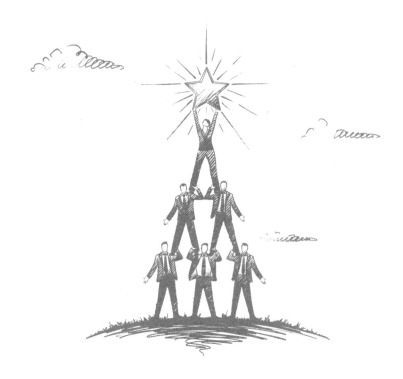

내가 꿈을 이루면
나는 누군가의 꿈이 된다.

– 이도준

편저자 **신형철**

■ **약력**
성균관대학교 역사교육과 수석 졸업
고려대학교 일반대학원 한국사학과 졸업
성균관대학교 일반대학원 사학과 박사 수료(한국사 전공)
현) 에듀윌 공무원 한국사 대표 교수

2025 에듀윌 9급공무원 기본서 한국사: 근대 태동기~현대

발 행 일	2024년 5월 30일 초판
편 저 자	신형철
펴 낸 이	양형남
펴 낸 곳	(주)에듀윌
등록번호	제25100-2002-000052호
주　　소	08378 서울특별시 구로구 디지털로34길 55
	코오롱싸이언스밸리 2차 3층

www.eduwill.net

대표전화 1600-6700

여러분의 작은 소리
에듀윌은 크게 듣겠습니다.

본 교재에 대한 여러분의 목소리를 들려주세요.
공부하시면서 어려웠던 점, 궁금한 점,
칭찬하고 싶은 점, 개선할 점, 어떤 것이라도 좋습니다.

에듀윌은 여러분께서 나누어 주신 의견을
통해 끊임없이 발전하고 있습니다.